DAS FISCHER LEXIKON

HEINZ F. WENDT

SPRACHEN

FISCHER TASCHENBUCH VERLAG

Durchgesehene und korrigierte Neuausgabe
Veröffentlicht im Fischer Taschenbuch Verlag GmbH,
Frankfurt am Main, Oktober 1987

Umschlaggestaltung: Jan Buchholz/Reni Hinsch
Satz: J. J. Augustin, Glückstadt
Druck und Bindung: Clausen & Bosse, Leck
Printed in Germany
ISBN-3-596-24561-3

EINLEITUNG

TITEL UND INHALT DES BANDES. Der Inhalt dieses Bandes wird durch die Mehrzahlform des Wortes Sprache — SPRACHEN — umrissen. Dadurch wird der Themenkreis zugleich eingeschränkt und erweitert. Man muß sich zunächst über die Bedeutung von ›Sprache‹ im Deutschen klar werden. Sprache bezeichnet zwei wesentlich verschiedene Erscheinungsformen: 1. Die *Sprache an sich* ist eine der wichtigsten gesellschaftlichen Erscheinungen, ein Verständigungsmittel unter Menschen mit Hilfe von Lautzeichen (›*Der Mensch hat die Gabe der Sprache*‹. ›*Das verschlägt mir die Sprache*‹.) Außerdem bezeichnet Sprache nicht nur die Fähigkeit zu sprechen, sondern auch die Art, wie man spricht (›Die Sprache des alten Schnauzbartes klingt rauh‹). Auch ein Verständigungsmittel, das aus anderen als aus Lautzeichen besteht, nennt man Sprache (›*Die Sprache der Gebärden*‹). Zu diesem Bereich kann man ferner die Verwendung des Wortes *Sprache* in übertragener Bedeutung rechnen (›*Die Sprache der Natur*‹). 2. Sprache ist eine Gesamtheit von Lautzeichen, die innerhalb einer bestimmten Gruppe von Menschen gelten. Diese Sprache (z. B. *die deutsche, französische, chinesische Sprache*) vereint eine gewisse Zahl von Menschen zu einer *Sprachgemeinschaft.*
Die Mehrzahlform *Sprachen* bezieht sich im allgemeinen auf die Sprache in der letzten Bedeutung. Damit ist der Themenkreis, wie oben angedeutet, auf die Betrachtung der Einzelsprachen, der Sprachen der verschiedenen Sprachgemeinschaften begrenzt. Der auf der einen Seite eingeschränkte Stoff weitet sich jedoch zu einem fast unübersehbaren Gebiet aus, wenn man jede heute oder früher gesprochene Sprache untersucht und das prüfende Lot noch tief in ihre Geschichte senkt. Deshalb ist eine Beschränkung auf Wesentliches in diesem Band geboten. Bei der Auswahl der Sprachen, die hier kurz dargestellt oder nur genannt und lokalisiert werden, waren praktische Erwägungen maßgebend. Für die Sprachwissenschaft ist jede Sprache wichtig; für den Leser jedoch, der sich unterrichten und nicht selbst forschen will, kann es nicht gleichgültig sein, ob er etwas Näheres über das von einem großen Teil der Menschheit gesprochene Chinesisch mit seiner langen Geschichte oder über eine von nur wenigen Menschen gesprochene Sudansprache ohne Geschichte erfährt, die dem Sprachforscher wohl wichtige Aufschlüsse über für ihn brennende Probleme (z. B. Pluralbildung durch Akzentverschiebung) geben kann, sonst aber ohne Bedeutung ist. Es schien deshalb nützlich, besonders von solchen Sprachen Einzelheiten

zu geben, die als Kultursprachen anerkannt sind und gleichzeitig guten Stoff zur Veranschaulichung wesentlicher sprachlicher Erscheinungen bieten. *Kultursprachen* haben eine mehr oder minder straff normierte Form, in der sie besonders auch für das Auge festgehalten werden.

Das einfachste Mittel, den flüchtigen Laut längere Zeit zu bewahren, ihn über große Strecken anderen zugänglich zu machen und ihn jederzeit wieder zum Leben zu erwecken, ist seine Übertragung ins Optische, in die *Schrift*, eine der genialsten Erfindungen der Menschheit. Die Bindung der Sprache an die Schrift prägt der Sprache den Stempel der Beharrlichkeit auf, hemmt eine allzu ungestüme Entwicklung der Sprache, verhindert einerseits, daß neue Wörter, Bedeutungen, Formen wie Unkraut wuchern, bereichert die Sprache aber andererseits durch versteinerte Elemente (Archaismen aller Art). Eine solche unter der Wirkung der Schrift gestaltete Sprache nennt man *Schriftsprache*. In diesem Band sind nur einige Schriftsprachen dargestellt; denn nur Schriftsprachen haben einen größeren Geltungsbereich und beanspruchen ein stärkeres allgemeines Interesse.

Der Schriftsprache zugrunde liegen meist ein oder mehrere Dialekte einer Sprachgemeinschaft. *Dialekt* kann als eine örtlich gebundene Sprechweise einer Sprachgemeinschaft definiert werden, die neben ihren örtlich gebundenen Sprechweisen über eine überregionale Schriftsprache verfügt. Dadurch haftet dem Wort ›Dialekt‹ heute neben seiner eigentlichen Bedeutung einer landschaftlichen Färbung der Sprache eine soziale Wertung an. Im Altgriechischen bezeichnet man auch die örtlich begrenzten Schriftsprachen als Dialekte. Daneben wird Dialekt häufig noch im Sinne einer schriftlosen Sprache verwendet, die einer anderen Sprache sehr nahe steht. Man spricht z. B. von Türk- und Bantudialekten, um damit anzuzeigen, daß sich diese Sprachen sehr ähnlich sind. Sobald diese Dialekte aber geschrieben werden — und mögen sie sich auch noch so nahe stehen —, spricht man von Schriftsprachen (z. B. → Suahili, → Türksprachen).

Neben der dialektischen Spaltung der Sprache, die auf einer horizontalen Ebene liegt (in den Sprachatlanten bezeichnet man den Geltungsbereich eines jeden Wortes durch Linien — *Isoglossen* —), gibt es eine durch die Sprechweise sozialer und beruflicher Gruppen bewirkte Schichtung der Sprache, eine vertikale Schichtung. Die Fachsprache (z. B. der Schneider, Jäger, Professoren) nennt man *Jargon*, die rein sozial abgestufte Sprache je nach der Stufe *Argot* (unterste Stufe mit Wörtern aus der Gaunersprache), *volkstümliche Umgangssprache*, *familiäre Umgangssprache*, *gute Um-*

gangssprache, *Hochsprache*, *Dichtersprache*. Die *Kanzleisprache* ist ein *Jargon* (der Kanzlisten, Juristen) innerhalb einer altertümlichen Hochsprache.

SPRACHWISSENSCHAFT. Wissenschaftlich erforscht werden die *Sprache* und die *Sprachen* im Rahmen der *Sprachwissenschaft* (*Linguistik*). Das Gebiet der Sprachwissenschaft ist bisher noch nicht in einer allgemein anerkannten Form abgesteckt und unterteilt. Man kann unterscheiden: *Die allgemeine Sprachwissenschaft* und die *spezielle* (*besondere*) *Sprachwissenschaft*.
Im weiteren Sinne behandelt die erstere Grundprobleme der Sprache an sich, z. B. das Wesen, den Ursprung und die Entwicklung der Sprache, die Frage nach einer Ursprache, das Verhältnis zwischen Sprechen und Denken. Untersuchungen dieser Art sind meist Teilgebiete anderer Disziplinen, vornehmlich der Philosophie, der Psychologie, der Medizin, der Soziologie. Über den Ursprung der Sprache gibt es verschiedene Theorien (z. B. rationalistisch: Sprache ist das Ergebnis willkürlicher Vereinbarung; theologisch: Die Sprache ist dem Menschen von Gott gegeben); einer wissenschaftlich exakten Lösung dieser Fragen kann man vielleicht durch Experimente näher kommen, die sich jedoch aus ethischen Gründen verbieten.
Das Ziel der allgemeinen Sprachwissenschaft im engeren Sinne besteht darin, aus den Ergebnissen der besonderen Sprachwissenschaft allgemein gültige Schlüsse zu ziehen. Die besondere Sprachwissenschaft verfolgt a) alle Erscheinungen einer Sprache in ihrer geschichtlichen Entwicklung. Mehrere auf diese Weise untersuchte Sprachen werden miteinander verglichen. Diese ***historisch-vergleichende Sprachwissenschaft***, die besonders im vorigen Jahrhundert zur größten Blüte, gelangte, hat ein helles Licht auf die verwandtschaftlichen Beziehungen vieler Sprachen geworfen (→ Klassifizierung, genealogisch). Richten sich die Bestrebungen dagegen auf die Erforschung der Sprache einer bestimmten Epoche, so spricht man von der *beschreibenden* oder *deskriptiven Sprachwissenschaft*. Indessen hat man etwa seit der Jahrhundertwende versucht, die Erscheinungen einer Sprache als besonders dieser Sprache eigenes System zu sehen. Die Sprache als System bestimmter Systeme (insbesondere des phonologischen und morphematischen Systems) zu betrachten und zu erforschen, hat sich der *Strukturalismus* zur Aufgabe gemacht. Die Beschreibung einiger Sprachen in diesem Band stützt sich auf die Ergebnisse dieser Richtung (→ Klassifizierung, typolo-

gisch, → Deutsch, Germanische Sprachen, Englisch, → Griechisch, → Romanische Sprachen, Französisch, → Semitisch-hamitische Sprachen, → Suahili, → Vietnamesisch).
Als Weiterführung *des Strukturalismus* werden die Theorien einer sogenannten *generativen Transformationsgrammatik* von Chomsky betrachtet, der durch sein 1957 veröffentlichtes Werk ›*Syntactic Structures*‹ Haupt einer einflußreichen linguistischen Bewegung wurde. Die nach den fünfziger Jahren entwickelten, meist auf Chomsky fußenden Systeme haben das Gebiet der neueren Linguistik zu einem schwer überschaubaren Glasperlenspiel gemacht, das sich nicht dazu eignet, dem gebildeten Laien Eigenarten und Merkmale einer Sprache zu veranschaulichen. Die neueren Linguisten sind der Meinung, daß auch die sprachlichen Erscheinungen nur mit Hilfe mathematischer Methoden zu erkennen sind. Abgesehen davon, daß eine solche Untersuchung durch die vielen eigens zum Zweck gebildeten Termini (die man in keinem allgemeinen Nachschlagewerk findet) dem Nichteingeweihten ganz unverständlich wäre, müßte sie, um eine vergleichende Schau zu ermöglichen, auf viele Sprachtypen ausgedehnt werden, was bisher noch nicht geschehen ist.
Die bisherigen Arbeiten befaßten sich nur mit *der* Sprache als einer Naturerscheinung, deren Wesen und deren Mechanismen ergründet werden sollen. Auf der Spur nach den in der Tiefe ruhenden Mechanismen gräbt man bislang nur an recht kurzen Sätzen herum, wie ›Paul verhaut kleine Mädchen‹ (Funk-Kolleg Sprache 1, p. 247). Die Unterscheidung zwischen *Tiefen-* und *Oberflächenstruktur* ist der Angelpunkt der generativen Transformationsgrammatik. Zum Beispiel haben die folgenden drei Sätze die gleiche Oberflächenstruktur, aber eine verschiedene Tiefenstruktur, die durch Transformation erkennbar wird:

1. Er hört einen Vogel singen.
2. Er geht einen Vogel kaufen.
3. Er hilft einen Vogel fangen.

Tiefenstruktur:

1. Er hört *einen Vogel*. Der Vogel singt.
2. Er geht *in der Absicht*, einen Vogel zu kaufen.
3. Er hilft *anderen, und andere* fangen *mit ihm* einen Vogel.

Es wird übersehen, daß auch die traditionelle Grammatik alle möglichen Umwandlungen zur Erklärung der grammatischen Beziehungen verwendete, daß der Zusammenhang, in dem der Satz steht, eine große Rolle spielt, daß auch die Bedeutung der Wörter die grammatische Konstruktion bestimmt. Ein Deutscher wird niemals den Satz ›*Er trinkt den Vogel essen*‹ ›generieren‹, weil die Bedeutung der Wörter eine solche Konstruktion nicht zuläßt. Daß sich die neueren Theorien immer mehr von

der Erscheinung Sprache entfernen, hat *G. Storz* in dem Buch ›*Sprachanalyse ohne Sprache*‹ eindrucksvoll dargelegt.
Die seit etwa 1965 stark entwickelte und in Mode gekommene *Soziolinguistik* ist bei näherer Betrachtung ihrer Themen und Ergebnisse nicht mehr ein Teilgebiet der Sprachwissenschaft, sondern der Soziologie. Im Vordergrund stehen die Wechselwirkungen zwischen Sprache und Sozialstruktur. Das Sprachvermögen (z.B. Ausdrucksfähigkeit, Ausspracheeigenheiten, Sprechtempo) von Angehörigen verschiedener gesellschaftlicher Gruppen (Unterschicht meist gleich Arbeiterschicht — Mittelschicht) wird verglichen, meist mit dem Ziel, die schwere Stellung eines durch *Sprachbarrieren* Gehemmten (der nach diesen Theorien immer der Unterschicht angehört) in der Gesellschaft durch verwickelte Strukturmodelle zu beschreiben, ohne daß gangbare Wege zur Beseitigung dieser Barrieren und zum Nutzen dieser so Gehemmten gezeigt werden. Die meisten Abhandlungen sind in rein wissenschaftlicher Sicht nicht ganz wertfrei, da die Verfasser mehr oder minder offen eine gewisse Sympathie für die Unterschicht erkennen lassen. Auf Aussagen wie ›Chancenungleichheit der Arbeiterklasse‹ trifft man immer wieder.
In diesem Buch werden in den Artikeln über eine Sprache oder Sprachgruppe und in besonderen Abschnitten die wichtigsten Gebiete der engeren Sprachwissenschaft, die auch von allgemeinem geisteswissenschaftlichen Interesse sind, dargelegt:

1. ***Phonologie*** (→ ***Phonetik***, → ***Phonologie***, → ***Orthographie***, → ***Akzent***; *Schriften* → ***Armenisch***, → ***Chinesisch***, → ***Georgisch***, → ***Griechisch***, → ***Hindi***, → ***Japanisch***, → ***Mongolisch***, → ***Persisch***, → ***Romanische Sprachen***, → ***Semitisch-hamitische Sprachen***, → ***Slawische Sprachen***).
2. ***Morphologie*** oder ***Morphematik*** (Lehre von der Form der Wörter und ihrer Funktion, insbesondere → Deutsch, → Germanische Sprachen, Englisch, → Griechisch, → Romanische Sprachen, Französisch, → Semitisch-hamitische Sprachen, → Vietnamesisch und alle übrigen Sprachmuster).
3. ***Syntagmatik*** (Lehre von den Wortgruppen. Dieses Teilgebiet ist noch nicht genau umrissen. → Deutsch, → Türkisch, → Chinesisch, → Vietnamesisch).
4. ***Syntax*** (Lehre von den Sätzen, ihren Typen. → Deutsch, → Türkisch, → Vietnamesisch und zerstreute Bemerkungen in den übrigen Sprachmustern).
5. ***Wortbildung*** (Lehre von der Struktur der Wörter; Bildung neuer Wörter durch Ableitung (Adfixe) und durch Zusammensetzung (Komposition). → Deutsch, → Chine-

sisch, → Griechisch, → Japanisch, → Semitisch-hamitische Sprachen, → Slawische Sprachen, → Vietnamesisch).

6. *Lexikologie.* Sie zerfällt in folgende Teilgebiete:
   a) *Semasiologie* (Lehre von der laxikalischen Bedeutung der Wörter im eigentlichen und übertragenen Sinne, z. B. *Ohr, Sitz des Gehörs;* von der Kälte rote *Ohren* haben; aber: die *Ohren* spitzen).
   b) *Phraseologie* (Lehre von den stereotypen Wortgruppen und ihren Typen, z. B. ›*mit Kind und Kegel*‹, ›*er war ganz Ohr*‹, ›*er war ganz Auge*‹).
   c) *Etymologie* (Lehre von der Herkunft der Wörter und ihrer Grundbedeutung). Man unterscheidet α) *Erbwörter,* Wörter, die sich weit zurückverfolgen lassen und sich in verwandten Sprachen finden, z. B. *Nase,* engl. *nose,* niederl. *neus,* altslaw. *nosŭ,* litauisch *nosis,* latein. *nāsus;* β) *Lehnwörter,* z. B. *Fenster* aus lat. *fenestra, Kaffee* aus türk. *kahve,* dies aus arab. *qahwa,* dies wahrscheinlich aus der Landschaft *Kaffa* in Abessinien. γ) *Fremdwörter,* z. B. *Nation,* aus dem Französischen seit etwa 1500. Der Ausdruck *Fremdwort* ist sprachwissenschaftlich anfechtbar, da er mit einem subjektiven (nationalistischen) Gefühlswert behaftet ist. δ) *Kunstwörter,* z. B. *Auto, Automobil.* → Griechisch

7. *Stilistik* (Lehre von den Gesetzen und Konventionen der Ausdrucksweisen einer Sprache).

Die Gebiete 1.–5., oft nur 2.–4., ohne Anwendung des strukturalistischen Standpunktes bilden die herkömmliche *Grammatik.* Die *Wortbildung* wird von vielen Forschern als ein besonderes Hauptgebiet betrachtet, das gleichen Anteil an der Grammatik und der *Lexikologie* hat.
Die Gebiete 1., 2., 5. und 6. finden eine praktische Anwendung in der *Lexikographie* im engeren Sinne, d. h. der Lehre von der Herstellung oder einfach der Herstellung einsprachiger erklärender und zwei- oder mehrsprachiger Wörterbücher.

EINIGE ERGÄNZENDE HINWEISE FÜR DIE BENUTZUNG DES BANDES. Dieser Band kann nicht nur als Nachschlagewerk, sondern mit Einschränkung des im ersten Abschnitt Gesagten auch als Lesebuch benutzt werden, das in die Sprachwissenschaft einführt. Diese Möglichkeit wird durch zwei wesentliche dem Band eigene Besonderheiten geschaffen: 1. Durch die Anwendung der internationalen Lautschrift auf alle gebotenen Sprachen. Diese Lautschrift macht alle Wörter und Sätze einer Sprache unabhängig davon, ob sie in lateinischer oder einer anderen Schrift aufgezeichnet wird, lesbar;

sie schließt wie ein Zauberschlüssel die Phoneme und wichtigsten phonetischen Varianten der Sprache auf und ermöglicht anregende Vergleiche. 2. Das durch zahlreiche Sprachmuster gebotene zeitgemäße Anschauungsmaterial bildet die Grundlage aller theoretischen Erörterungen. Der Weg führt von der Praxis zur Theorie. Ergänzend zu den Bemerkungen im zweiten Abschnitt dieser Einleitung seien einige Fingerzeige für die Benutzung des alphabetisch geordneten Stoffes als Einführung in die Sprachwissenschaft gegeben. Zur Aneignung der Grundeinheiten der Sprache lese man zunächst die Artikel → *Phonetik*, *Phonologie*, *Orthographie* (Schriften siehe unter den einzelnen Sprachmustern im Abschnitt zwei).

Über die nächst größere sprachliche Einheit, das Morphem und seine Funktionen, gibt der Artikel → *Deutsch* Aufschluß, der durch grundlegende Erläuterungen in anderen Artikeln (→ *Vietnamesisch*, *Chinesisch*, *Japanisch*, *Hindi*, Germanische Sprachen, *Englisch*, Romanische Sprachen, *Französisch*) ergänzt wird.

Die Erscheinung des *Lautwandels* und die *Entwicklung* einer Sprache wird im Zusammenhang mit der → *genealogischen Klassifizierung* am Beispiel der *indogermanischen Sprachen* (→ Griechisch; Germanische, Romanische, Slawische Sprachen; Armenisch) gezeigt. Die erwiesene genealogische Verwandtschaft wird durch Tabellen mit einigen wichtigen Wörtern des *Grundwortschatzes* für die → *finnisch-ugrischen* und indogermanischen Sprachen veranschaulicht. Das Problem einer angenommenen genealogischen Verwandtschaft wird durch eine Tabelle in dem Artikel → *Mongolische Sprachen* kurz beleuchtet.

Über die *Struktur* der Sprachen unterrichtet die → *Klassifizierung, typologisch* mit den dort gegebenen Hinweisen auf die einzelnen Artikel.

Nachdem die Menschen, soll man dem alten wunderbaren Mythos glauben, durch die Sprachverwirrung daran gehindert wurden, den himmelstürmenden Turm zu Babylon zu bauen, mögen sie wohl die Aufgabe haben, sich auf dieser Erde durch Erlernen fremder Sprachen darum zu bemühen, die Mauer der Vorurteile abzubauen, die die Völker trennen und oft genug geschichtliche Verhängnisse bewirkt haben.

Berlin, Pfingsten 1961, 1977

Heinz F. Wendt

Akzent. Das Wort Akzent wird zur Bezeichnung vieler voneinander sehr abweichender Erscheinungen gebraucht, innerhalb deren sich zwei große Gruppen herausheben. Man meint mit Akzent

1. das graphische Zeichen, z. B. ´ Akut, ` Gravis und ^ Zirkumflex. Diese drei Akzentzeichen stammen von griechischen Grammatikern.
2. die Hervorhebung einer Silbe durch größere Schallfülle und höhere Tonlage in einem Wort (Er*schei*nung, *Grup*pe, Stu*dent*); in einer Wortgruppe (*streng* verboten) oder in einem Satz (Na, wie *geht's* ?).

Ein graphisches Zeichen kann streng genommen nur dann als Akzent bezeichnet werden, wenn es dazu dient, den Laut, der durch den mit diesem Zeichen markierten Buchstaben dargestellt wird, aus seiner Umgebung hervorzuheben oder seine Tonbewegung irgendwie zu bestimmen. In allen anderen Fällen muß man von einem Unterscheidungszeichen oder einem *diakritischen Zeichen* sprechen. Beispiel: Im Französischen geben die Zeichen ´ ` ^ über manchen Vokalen nicht die Tonstelle des Wortes an, sondern sie dienen dazu, die Klangfarbe des Vokals näher zu bezeichnen, gleichzeitig einen etymologischen Hinweis zu geben oder gleichklingende Wörter für das Auge zu verdeutlichen. *e* ohne Akzentzeichen ist im Französischen [ə] oder stumm, *é* lautet wie [e] und è, ê wie [ɛ]. Der Zirkumflex erinnert zuweilen daran, daß in dem lateinischen Ursprungswort hinter dem *e* ein *s* gestanden hat, das im Französischen ausgefallen ist, aber seine Spur in der Klangfarbe des Vokals hinterlassen hat, z. B. *bête* ›Tier‹, ›Vieh‹ — lateinisch be*s*tia, *âne* ›Esel‹ aus lateinisch a*s*inus. Um gleichklingende Wörter zu unterscheiden, setzt man ` oder ^, z. B. *ou* ›oder‹, aber *où* ›wo‹; *du* (Genitiv des Artikels *le*), aber d*û* ›gemußt‹. Die Aussprache ist in beiden Fällen gleich. Im Französischen sind diese graphischen Zeichen also in Wirklichkeit keine Akzente, sondern diakritische Zeichen, wie z. B. im Tschechischen und Ungarischen, wo ´ immer die Länge des Vokals bezeichnet. Im Italienischen und im Spanischen gibt der Gravis bzw. der Akut meistens die Tonstelle an; er ist ein wirkliches Betonungszeichen, z. B. italienisch *città* ›Stadt‹ wird auf dem *a* betont, spanisch *estación* ›Station‹ auf dem *o*. Die Setzung der Akzentzeichen erfolgt in beiden Sprachen nach bestimmten Regeln. Diakritische Zeichen sind im Deutschen die ö- und ü-Striche, die Cedille unter *c* im Französischen (z. B. ça ›das‹ [sa]), unter *t* im Rumänischen (ţ = [ts]), unter *s* im Rumänischen und Türkischen (ş = [ʃ]), die Tilde im Spanischen über *n* (ñ = [ɲ]), im Portugiesischen über *a* und *o*, um die Nasalität dieser Vokale anzudeuten.

In der neuen chinesischen Lateinschrift geben die Akzentzeichen die Tonhöhe der Silbe an, im Vietnamesischen helfen einige Zeichen, z. B. der Zirkumflex, den Klang des Vokals zu bestimmen, während andere Zeichen, z. B. der Akut, der Andeutung des Tones der Silbe vorbehalten sind. In der Praxis werden, wie aus dem Obigen hervorgeht, Akzent und diakritisches Zeichen durcheinander gebraucht, und sehr oft ist der sogenannte Akzent ein diakritisches Zeichen.

AKZENT ALS SILBENGRUPPIERUNGSMITTEL. In sprachlicher Hinsicht bezieht man den Akzent in erster Linie auf das aus mehreren Silben bestehende Wort und versteht unter Akzent die größere Schallfülle, durch die eine Silbe des Wortes hervorgehoben ist. Im Deutschen und in vielen anderen Sprachen ist mit der größten Schallfülle auch eine höhere Tonlage (Hebung der Stimme) verbunden. In dem Wort ›Erscheinung‹ hat die Lautgruppe *schei-*n mit abklingendem *-n-* gegenüber denLautgruppen *er-* und *-n-ung* sowohl eine größere Schallfülle als auch eine höhere Tonlage. Die beiden anderen Lautgruppen werden durch die stärkere Lautgruppe wie durch einen Magneten angezogen, und der ganze, durch das Bindemittel des Akzents zusammengehaltene Lautkomplex gibt ein Wort. Diesen Akzent nennt man häufig *Druckakzent* oder Stärkeakzent oder *Intensitätsakzent* oder *dynamischen Akzent* oder *expiratorischen Akzent.*

Alle diese Bezeichnungen sagen über das Wesen des Akzentes wenig aus oder sind sogar irreführend, wie dynamischer oder expiratorischer Akzent. Es scheint vorteilhaft, von dem Bild des Magneten auszugehen und diese Art von Akzent *zentralisierenden* (oder *zentripetalen*) *Akzent* zu nennen. Für diese anschauliche, den Kern der Sache treffende Bezeichnung läßt sich auch leichter ein einprägsames Gegenstück finden, das auf die folgende Akzentgruppe Anwendung finden kann. In dem serbokroatischen Wort *Aleksandar* ›Alexander‹ verteilt sich der aus der Schallfülle und Tonhöhe bestehende Akzent über zwei Silben. Und zwar besitzt die Silbe *-lek-* im Vergleich zu den anderen Silben die größere Schallfülle, ohne daß mit dieser Schallfülle auch eine höhere Tonlage verknüpft ist. Vielmehr beginnt der Ton auf dem *e* der Silbe *-lek-* zu steigen, und er erreicht auf der folgenden Silbe *-san-* seine volle Höhe. Der Deutsche, der eine solche Trennung von Schallfülle und Tonhöhe in seiner Sprache nicht kennt und deshalb mit der höheren Tonlage auch eine größere Schallfülle verknüpft, ist geneigt, einmal *-lek-* und einmal *-san-* als Tonstelle zu nennen. Unrecht hat er in jedem Fall, da dieser Akzent mit einem statischen Begriff wie ›Tonstelle‹ nicht zu fassen ist. Auch im Französischen sind Schallfülle und Tonhöhe voneinander unabhängige Komponenten des Akzents, die sich ungebunden über eine Gruppe von Silben bewegen. Z. B. hat in dem Wort *parti* ›abgereist‹, ›weggegangen‹ die erste Silbe *par-* meist einen höheren Ton als die letzte mit größerer Schallfülle gesprochene Silbe *-ti*, in der das *t* weit nachdrücklicher artikuliert wird als das *p-* in *par-*.

Die allgemein verbreitete Anschauung, daß das einzelne französische Wort auf der letzten Silbe betont werde, ist nur sehr bedingt richtig. Da der Akzent im Französischen keine irgendwie bedeutungsunterscheidende Kraft hat, ist die Beachtung der Tonhöhenunterschiede beim einzelnen Wort nicht so wichtig. Von entscheidender Bedeutung werden jedoch die Tonhöhen im Französischen bei der Schaffung von Wortgruppen, die erst das Verständnis des Satzes erschließen. Man nennt diesen Akzent den melodischen oder *musikalischen Akzent*. Auch diese Bezeichnung ist wenig zutreffend, da schließlich jeder Akzent musikalisch ist. Denn auch der sogenannte Druckakzent schafft ja Silben unterschiedlicher Tonhöhe. Im Gegensatz zum Druckakzent jedoch werden nicht alle Komponenten des Akzents (Schallfülle und Tonhöhe) punktartig auf eine Silbe konzentriert. Selbst innerhalb einer Silbe mit langem Vokal kann er sich wie im Altgriechischen durch Wechsel der Schallfülle und der Tonhöhe (An- und Abschwellen des Tones) auswirken. Man kann diesen schwebenden, verteilten Akzent deshalb zum Unterschied vom zentralisierenden Akzent den *dezentralisierenden* (oder *zentrifugalen*) *Akzent* nennen.

In der internationalen Lautschrift (→ Phonetik) wird der zentralisierende Akzent mit ˈ vor der stark zu betonenden Silbe und mit ˌ vor der Silbe mit Nebenton bezeichnet, z. B. *Erˈscheinung*, *ˈFeuerverˌsicherungsgeˌsellschaft*. Die Tonhöhe ist durch waagerechte Striche, der Steig- und Fallton durch entsprechende Richtungsstriche angegeben, z. B. *A ˏlek¯sandar*, *¯par_ti*.

FREIER UND FESTER AKZENT. Sowohl der zentralisierende als auch der dezentralisierende Akzent können, auf ein mehrsilbiges Wort bezogen, frei, beschränkt frei oder fest sein. Der Akzent ist frei, wenn er jede Silbe eines Wortes, von der ersten bis zur letzten, treffen kann. So ist der Akzent im Russischen stark zentralisierend und frei, im Italienischen und Rumänischen zentralisierend und frei, im Litauischen dezentralisierend und frei; im Altgriechischen war er dezentralisierend und beschränkt frei, d. h. er konnte sich nur über die letzten drei Silben bewegen. Den häufig für ›frei‹ verwendeten Begriff ›beweglich‹ kann man den Fällen vorbehalten, in denen sich der Akzent im Verlauf der Flexion ändert. Der heutige lexi-

kalische Bestand des Deutschen, der unabhängig von seiner Herkunft betrachtet werden muß, hat freien Akzent, z. B. *ˈVorstellung* (erste Silbe), *Erˈscheinung* (zweite Silbe), *Stuˈdent, Naˈtion, Teleˈgramm* (letzte Silbe).
Im Verlauf der Flexion bleibt der Akzent jedoch konstant, z. B. *die ˈVorstellungen, Stuˈdenten, Teleˈgramme.* Das Deutsche hat demnach frei-konstanten zentralisierenden Akzent. Im Neugriechischen können bis auf einige Ausnahmen nur die drei letzten Silben eines Wortes betont werden. Der Akzent ist zentralisierend und beschränkt frei. Innerhalb der Flexion verlagert sich jedoch der Akzent nach bestimmten Regeln, z. B. *o ˈanthropos* (erste Silbe) ›der Mensch‹, aber *tu anˈthropu* ›des Menschen‹. Der beschränkt freie Akzent des Neugriechischen ist demnach außerdem beweglich. Das Neugriechische hat einen beschränkt freien, beweglichen, zentralisierenden Akzent. Ruht der Akzent immer auf einer bestimmten Silbe eines Wortes, so ist er fest. Festen Akzent haben z. B. das Isländische, Tschechische, Ungarische, Finnische, Mongolische und Bengali, in welchen Sprachen alle Wörter immer auf der ersten Silbe betont werden. Im Polnischen ruht der Akzent mit wenigen Ausnahmen immer auf der vorletzten Silbe, gleichgültig, ob das Wort in einer flektierten Form steht oder nicht.
Akzent als fester Bestandteil einer Einzelsilbe. Schon aus der Bezeichnung ›zentralisierend‹ und ›dezentralisierend‹ geht hervor, daß sich die Wirkung des Akzentes über mehrere Silben erstreckt. Er sorgt dafür, daß mehrere Lautgruppen als Ganzes erfaßt werden. Er schafft eine ›Integration‹; er ist ein silbengruppierendes Mittel.
Der Begriff *Akzent* wird jedoch auch auf die fest mit einer Silbe verbundenen Tonabstufungen und Tonbewegungen ausgedehnt, die die gleiche differenzierende Kraft haben wie Vokal- und Konsonantenphoneme. Dieser Akzent, der meist als ›*Ton*‹ bezeichnet wird, ist also keine die Silben zusammenhaltende Kraft, sondern ein den Vokalen und Konsonanten gleichwertiges Bauelement. Viele Sprachen, z. B. das Vietnamesische und Chinesische, verwenden diese Art von Akzent als wichtigen Grundstoff zum Bau von Wörtern. Das vietnamesische Wort für ›Geist‹, ›Teufel‹ *ma* wird im Verhältnis zu den übrigen Wörtern des Vietnamesischen in einem bestimmten gleichmäßigen hohen Ton gesprochen. Dieser Ton von *ma* ist so wichtig, wie das *-st* in ›Geist‹ oder die Silbe *-fel* in ›Teufel‹. Die Außerachtlassung des Tons in *ma* oder die Weglassung von *-st* in ›Geist‹ (Gei) oder von *-fel* in ›Teufel‹ (Teu) würde die Wörter völlig zerstören. Man könnte die verschiedenen ›Tonhöhenakzente‹ als Phoneme (→ Phonologie) betrachten. Da viele den Begriff Phonem nur in einer ziemlich

eingeengten Form gelten lassen wollen, empfiehlt es sich, den bedeutungsunterscheidenden Ton einer Silbe nach D. Jones *Tonem* zu nennen.

Sprachen, die Töne als zusätzliches Bauelement einer Silbe benutzen, nennt man Tonsprachen (→ Vietnamesisch, Chinesisch, Sudansprachen, Ewe, Haussa).

DIE LEISTUNG DES AKZENTES IM LEXIKALISCHEN UND GRAMMATISCHEN SYSTEM EINER SPRACHE. Abgesehen von seiner Wirkung als Tonem kann der Akzent in lexikalischer und grammatischer Hinsicht folgende Funktionen erfüllen:

1. Die Funktion null. Durch den Akzent können weder Wörter noch grammatische Kategorien oder Formen unterschieden werden. Dieser extreme Fall liegt im heutigen Französischen vor. (→ Französisch).

2. Der Akzent signalisiert die Wortgrenze, ohne sonstige Aufgaben zu erfüllen. Zu dieser Gruppe gehören die Sprachen, deren Wörter im allgemeinen auf der ersten Silbe (Tschechisch, Ungarisch, Finnisch usw.), auf der drittletzten (Georgisch), auf der vorletzten (Polnisch, Suahili) oder auf der letzten Silbe (Armenisch, Persisch) betont werden. Im Polnischen und Suahili z. B. signalisiert die auf die Akzentsilbe folgende schwach betonte Silbe das Ende des Wortes. (Französisch gehört nicht hierher, da das einzelne Wort, dessen letzte Silbe zwar durch eine etwas größere Schallfülle hervorgehoben ist, im Satzzusammenhang seinen Eigenakzent völlig aufgibt und einen durch Rhythmus und Inhalt bestimmten dezentralisierenden Gruppenakzent annimmt.)

3. Der Akzent differenziert die Bedeutung des Wortes, z. B. *ˈübersetzen* (über einen Fluß) — *überˈsetzen* (aus einer Sprache); italienisch *ˈsúbito* ›sofort‹ — *suˈbito* ›erlitten‹; russisch *ˈzamok* ›Schloß‹ (Palast) — *zaˈmok* ›Türschloß‹, *ˈmuka* ›Qual‹ — *muˈka* ›Mehl‹, neugriech. *ˈnomos* ›Gesetz‹ — *noˈmos* ›Verwaltungsbezirk‹.

4. Der Akzent dient zur Signalisierung grammatischer Kategorien, z. B. *ˈdamit* (fast immer Adverb: ›Damit bin ich einverstanden‹) — *daˈmit* (Konjunktion im Sinne von ›um ... zu‹); englisch *ˈimport* (Substantiv) ›Einfuhrartikel‹ — *imˈport* (Verb) ›importieren‹, *ˈsurvey* (Substantiv) ›Besichtigung‹, ›Gutachten‹ — *surˈvey* (Verb) ›besichtigen‹, ›begutachten‹.

5. Durch den Akzent werden grammatische Formen unterschieden, z. B. russisch *ˈslova* ›des Wortes‹ — *sloˈva* ›Wörter‹, neugriech. *ˈgrafi* ›er schreibt‹ — (na) *graˈfi* ›daß es geschrieben wird‹; im Bulgarischen werden Präsens- und Aoristform durch Akzentwechsel voneinander unterschieden: *čeˈte* ›er liest‹ — *ˈčete* ›er las‹, *ˈuči* ›er lernt‹ — *uˈči* ›er lernte‹, *ˈpita* ›er fragt‹ — *piˈta* ›er fragte‹ usw. In der Nandi-Sprache, die der Nil-

Äquator-Gruppe der Sudansprachen angehört, dient der Akzent zur Pluralbezeichnung: ˈ*muren* ›Krieger‹ — Plural *muˈren*. Auf Grund der beschriebenen Merkmale kann man in Hinblick auf die Leistung einen neutralen (1), rhythmischen (2), semantischen (3) und grammatischen (4 und 5) Akzent unterscheiden.

OBJEKTIVE UND SUBJEKTIVE AKZENTARTEN. Der Wortakzent ist, gleichgültig welche Funktion er erfüllt, ein Bestandteil des Wortes. Im allgemeinen kann der Sprecher ihn nicht grundlegend ändern, um seiner Mitteilung einen von ihm beabsichtigten Sinn zu geben. Auch die seelische Verfassung des Sprechers kann sich in einer Verlagerung des Wortakzentes nicht ausprägen. Ob man erfreut oder erbost, munter oder müde ist, ›Student‹ muß auf der Silbe *dent*, ›Erscheinung‹ auf *schei* und ›Absicht‹ auf *ab* betont werden. Verschiebungen des Akzentes in diesen Wörtern auf eine andere Silbe, z. B. ˈ*Stu*dent, Abˈ*sicht*, sind undenkbar. Auch im Satzzusammenhang, in der schnellen Rede ist der Wortakzent deutlich wahrnehmbar. Da dieser Akzent an das Wort als das ›Objekt‹ des Sprechenden, gebunden ist, kann man ihn den *objektiven Akzent* nennen. Im Gegensatz dazu steht der *subjektive Akzent*, der durch das Bestreben des Sprechers, der Person, seine Aussage (Wortgruppen, Sätze und Satzgefüge) sinnvoll zu gliedern, geregelt wird. Es ist schwer, für diesen Akzent feste Regeln zu geben, da seine Anwendung und Wirkung weitgehend von dem Ermessen und der Gemütslage des Sprechers abhängt. Aus einem gesprochenen Satz wie »ich fahre meistens mit dem Bus« kann man ohne weiteres erkennen, in welchem größeren Zusammenhang, in welcher Sprachsituation der Satz gesprochen wird. In einem Gespräch über die Zweckmäßigkeit der Verkehrsmittel — das ist hier sehr naheliegend — würde *Bus* den Hauptakzent im Satz tragen. Diese Betonung wäre logisch und am wenigsten subjektiv. Mit dieser Betonung würde man den Satz auch lesen, falls man nicht durch andere Sätze den näheren Zusammenhang kennt. Daneben ist jedoch auch eine andere Betonung möglich: ˈ*Ich* (nicht Sie), ˈ*meistens* (nicht immer), ˈ*dem* (dem, den Sie da sehen), wobei der Inhalt des Satzes verlangt, daß *Bus* immer einen Nebenton behält. Doch auch der durch den Sprecher bewirkte subjektive Akzent hat seine Grenzen. Es ist unmöglich, ˈ*fahre* oder *mit* zu betonen. Das liegt daran, daß fahre, obwohl ein Vollverb, im Grunde genommen nur ein morphologischer Bestandteil des Ausdrucks *Bus-fahren* ist, wobei *Bus* das sinntragende Element darstellt. *mit* ist ein morphologisches Element (ein loses Morphem), das im Deutschen dazu dient, den Instrumental (den Werkfall) auszudrücken. Einen logischen Kontrast, der eine Betonung von *mit* rechtfertigen würde, kann man sich nicht vorstellen. Eng verbunden mit diesem sich durch eine größere Schallfülle und Lautstärke ausprägenden Satzakzent ist die *Melodieführung* oder *Intonation*, die sich über sämtliche Silben des Satzes erstreckt. Dazu treten als weitere Mittel der sinnvollen Gliederung eines Satzes *Rhythmus*, *Pause* (*Zäsur*) und *Sprechtempo*. Erst in letzter Zeit hat man begonnen, das sich in bestimmten Sprechgepflogenheiten äußernde Faßbare von den subjektiven Gegebenheiten zu trennen und in Form von Intonationskurven (Melodiebildern) darzustellen. Die erste methodische Einführung in die hochdeutsche Satzintonation hat *v. Essen* gegeben. Hier seien nur zwei Erscheinungen genannt, die im Deutschen und in vielen Sprachen allgemeine Gültigkeit haben und durch den Sprecher nur geringfügig modifiziert werden können. Es sind dies der Steigton, der das letzte Glied einer Entscheidungsfrage (ja — nein) trifft, z. B. »Waren Sie schon mal in *Italien* ⁻ ⸗ · ˙ ?«, und die Kontrastbetonung, z. B. »Er will das Haus kaufen?« — »Nein, ˈ*ver*kaufen!« Wie man sieht, ist die Kontrastbetonung zuweilen so stark, daß sie die normale Wortbetonung überlagern kann (normal verˈ*kauf*en; Kontrast zu kaufen — ˈ*ver*kaufen). Tonsprachen (Chinesisch, Vietnamesisch), in denen die Silbentöne wortdifferenzierende Wirkung haben, — aber auch andere Sprachen — benutzen besondere Fragepartikeln oder besondere Satzfiguren, um die Frage zu kennzeichnen. Die Kontrastbetonung ist besonders auffällig im → Französischen, das nur einen schwach ausgeprägten, neutralen Wortakzent kennt.

Afrikanische Sprachen Die auf dem Boden Afrikas gesprochenen Sprachen lassen sich in mehrere große Gruppen teilen, die jedoch unter verschiedenen Gesichtspunkten betrachtet werden müssen. Während die in Nord- und Nordostafrika gesprochenen semitisch-hamitischen Sprachen einerseits und die Bantusprachen andererseits genealogisch verwandt sind, ließ sich für die sogenannten Sudan- oder Sudan-Guinea-Sprachen, die weit auseinandergehende Sprachtypen aufweisen, bisher keinerlei gemeinsame Basis finden. Die Behauptungen des einen Forschers über die Zugehörigkeit einer einzelnen Sprache oder einer kleineren Gruppe zu einer größeren Gruppe werden von dem anderen bezweifelt. Fest steht, daß die Verhältnisse der sogenannten Sudansprachen so verwickelt und die Einzelsprachen zum Teil so wenig erforscht sind, daß genealogische Gliederungen, wie sie für andere Sprachfamilien, z. B. das Indogermanische aufgestellt wurden, hier nicht möglich sind. Da wegen des Fehlens historischer Denkmäler (es handelt sich fast nur um schriftlose Sprachen) die früheren Stufen unbekannt sind, werden die wahren Zusammenhänge zwischen diesen Sprachen und Sprachgruppen wohl immer in Dunkel gehüllt bleiben. Mit den erwähnten Einschränkungen lassen sich vier anerkannte Gruppen unterscheiden:

1. Der *semitisch-hamitische Sprachstamm* im Norden und Nordosten Afrikas. Er wird ungefähr durch eine Linie begrenzt, die von der Mündung des Senegals nördlich des Tschadsees bis an den Nil bei Assuan, von dort in fast südlicher Richtung bis in die Gegend des Tana-Flusses verläuft. (→ semitisch-hamitische Sprachen).

2. Südlich und westlich dieser Linie zieht sich ein die *Sudan-* oder *Sudan-Guinea-Sprachen* umfassender Gürtel hin, der von der Senegal-Mündung bis zum Tschadsee eine Breite von 10° einnimmt und sich dann in nordlicher und südlicher Richtung auf die unter 1. genannte Linie erweitert. Das Gebiet dieser Sprachen greift östlich des Viktoriasees und westlich des Kilimandjaros mit einem tiefen Keil bis in den Bezirk von Kondoa-Irangi in das Gebiet der Bantusprachen hinein.

3. Die *Bantusprachen* werden in der ganzen Südhälfte Afrikas mit Ausnahme des Gebietes der Khoisansprachen gesprochen. Die Grenzlinie zwischen den Sudansprachen und den Bantusprachen verläuft etwa südlich vom Kamerun-Berg bis zum Tana-Fluß an der Ostküste.

4. In der südwestlichen Ecke Afrikas am südlichen Wendekreis herrschen die *buschmännisch-hottentottischen* oder paläoafrikanischen Sprachen, die auch unter dem Namen *Khoisansprachen* zusammengefaßt werden.

In diesem Kapitel werden nur die Gruppen 2—4 behandelt, die die französische Afrikanistin *L. Homburger* in ihrem Werk ›Les langues négro-africaines‹ zu der großen Familie der negroafrikanischen Sprachen (oder afrikanischen Negersprachen) zusammenfaßt. In dem ›Das Indus-afrikanische‹ betitelten Kapitel versucht sie, die Hypothese einer weitgreifenden Sprachgemeinschaft aufzustellen, zu der sie das Altägyptische, die dravidischen Sprachen in Südindien und die negroafrikanischen Sprachen rechnet.

Die Benennung der Sprachen. Der Versuch, die einzelnen Sprachen der Gruppen 2 und 3 zu ordnen und geographisch abzugrenzen, wird, abgesehen von der verzwickten Materie an sich, durch einen rein äußerlichen Faktor gehemmt: durch die Uneinheitlichkeit in der Benennung. Ein Blick in Kataloge afrikanischer Grammatiken und Wörterbücher genügt um festzustellen, daß ein und dieselbe Sprache oft unter ver-

schiedenen Bezeichnungen angeführt wird. Selbst in größeren Zusammenstellungen sucht man manche Sprachen vergebens. So ist z. B. *Tiv,* der Name eines bedeutenden Stammes (800000) in Nordnigeria, der auch für die Sprache gebraucht wird, in den Aufstellungen von *Schmidt* und *Kieckers* nicht enthalten. Die Haussa nennen diesen Stamm *Munschi,* und diese Bezeichnung findet man auch in europäischen Werken.
Die Vielfalt der Bezeichnungen hat verschiedene Ursachen. Man bezeichnet die Sprache mit dem einheimischen Wort, *Kisuahili* (d. h. die Sprache der → Suahili); mit dem Stammesnamen, z. B. *Mossi* (anstatt *More* oder *Mo*), *Dagomba* (anstatt *Dagbane*); mit dem Ortsnamen, z. B. *Logone* (anstatt *Kotoko,* das am Logone gesprochen wird) usw. Auch die phonetische Wiedergabe der Namen in europäischen Sprachen kann zu Unklarheiten führen. Die in den Sudansprachen häufig vorkommenden Nasalvokale werden teils nach den Gepflogenheiten der französischen Orthographie (*Vokal plus n*), teils phonetisch wiedergegeben, z. B. *Gan* oder *Gã,* einer Sprache bei Akkra in Ghana, und oft falsch unter Weglassung des Nasalierungszeichens: *Ga.* Die englische Orthographie lieferte das *z* in *Zulu,* das nach Duden auch für das Deutsche maßgebend geworden ist. Fast jeder Deutsche spricht deshalb falsch [ˈtsu:lu], anstatt mit einem stimmhaften *s* wie in ›Sonne‹. Doch ist diese aus der englischen Orthographie herrührende falsche Aussprache heute im Deutschen zur Regel geworden. Uneinigkeit herrscht in der Schreibung der Bezeichnung einer wichtigen in Ghana gesprochenen Sprache. Man findet *Tshi* oder *Twi* nach englischer Orthographie und *Odschi* in einem deutschen Werk. Das Schwanken in der Orthographie deutet schon auf Bemühungen hin, einen dem Englischen und Deutschen fremden Laut annähernd wiederzugeben. Genau wird das Wort [ˆt͡ʃwi:] ausgesprochen, d. h. man rundet die Lippen und spricht im selben Augenblick schnell etwa *tsch.* Das *i* hat einen steigenden und fallenden Ton (also etwa íì), der mit dem lateinischen Alphabet nicht dargestellt werden kann. In der *Tshi-Sprache* haben die Töne wie im Chinesischen bedeutungsdifferenzierenden Wert. Sie sind also genau so wichtig wie Vokale und Konsonanten.
Die Bezeichnung der Sprache, die sich bei uns als *Ful* eingebürgert hat, taucht im internationalen Schrifttum in mehreren Varianten auf, die gut die eben genannten Gründe für die Uneinheitlichkeit der Benennungen veranschaulichen. Der Angehörige des Stammes nennt sich selbst *Pulo,* d. h. *Ful*-Mann. Diese Wurzel gewann im Französischen mit einer Verzerrung des Vokals als *Peul* Geltung. Der Plural des Wortes ist *Fulɓe* (das *b* ist implosiv mit Kehlverschluß), und ihre Sprache

bezeichnen die *Fulbe* mit *Fulfulde*. Die erste, den beiden letzten Wörtern gemeinsame Silbe, nämlich *Ful*, führte *D. Westermann* für das Deutsche ein. Weitere Namen sind das der westsudanischen *Mandingo*-Sprache entstammende *Fula* oder *Fulani* (so schreiben die Engländer oft) oder *Fulah*; aus dem Haussa kommt der Ausdruck *Fellani*, aus der Kanuri-Sprache *Fellata*, und auch diese Bezeichnungen finden sich in europäischen Sprachen.

Eine der *Volta-Gruppe* (Sudansprachen) zugehörige Sprache erscheint unter der Bezeichnung *Mossi*, *More*, *Mole* und *Mo*. Werden in einer Zusammenstellung keine gegenseitigen Verweise gegeben, so kann man den Eindruck gewinnen, es handele sich um mehrere Sprachen. Tatsächlich ist *More* oder *Mole* der Name der Sprache, und *Mossi* (korrekter *Mose*) der Name der Bewohner des Landes Moro oder Mogo. Die von *Delafosse* benutzte Bezeichnung *Mo* ist die gemeinsame Stammsilbe der angeführten Wörter.

Auch andere zunächst ungereimt anmutende Doppelformen finden ihre Aufhellung schon durch eine flüchtige Kenntnis des Baus der Sprache. In den *Bantusprachen* werden alle Substantive bestimmten Klassen zugeordnet, die durch vor den Stamm tretende Präfixe gekennzeichnet sind. Ein ähnliches System herrscht im Deutschen, das drei Klassen *-r*, *-e*, *-s* unterscheidet, gewöhnlich männlich, weiblich und sächlich genannt. Allerdings sind die Vorsilben in den Bantusprachen nicht nach der geschlechtlichen Polarität und einer neutralen Mitte, sondern nach anderen Prinzipien geordnet, und ihre Zahl beträgt in vielen Bantusprachen acht.

Im → *Suahili* und in vielen anderen Bantusprachen weist das Präfix *ki-* auf die Sprache, auf Werkzeuge und andere Dinge hin. Auch im Deutschen sind Spuren eines solchen Systems vorhanden, denn das Klassenmerkmal *-s* mit einem auf ein Land bezügliches Adjektiv bezeichnet immer die Sprache. Man kann somit vergleichen:

da*s* Suahili — *Ki*suahili
da*s* Deutsche — *Ki*dachi [-tʃi]
da*s* Englische — *Ki*ingereza.

Diesem *ki-* des Suahili entspricht in anderen Bantusprachen eine palatalisierte Form, die man nach Beobachtungen der Tendenzen der Lautentwicklung in anderen Sprachen als jüngere Form betrachtet. Im Herero ist z. B. dieses *ki-* zu *-tji-* (ki > k̮i > ţi) geworden, mit *o*-Vorschlag *otyi*, also *Otyiherero*.

Eine Beachtung dieser Erscheinung erleichtert das Verständnis der Doppelformen, und will man eine bestimmte afrikanische

Sprache in einem Nachschlagewerk aufsuchen, so ist es oft nützlich, das betreffende Wort in Präfix und Stamm zu zerlegen. Meist besteht das Präfix aus (Vokal) plus Konsonant plus Vokal, zuweilen nur aus einem Vokal: *Ki*-Suahili, *Ki*-Kuyu, *Ki*-Luba, *Tchi*-Sena, *Lo*-Nkundo, *Lu*-Ganda, *Oshi*-Ndonga, *Otyi*-Herero.

BANTUSPRACHEN. Die Bezeichnung ›Bantu‹.

Die Klasse der Menschen wird in vielen Bantusprachen durch das Präfix *m* oder durch einen ähnlichen Nasal angedeutet. So heißt im Suahili ›der Mensch‹ *mtu*. Der Plural ›Menschen‹ wird durch Veränderung des Präfixes ausgedrückt, im Suahili *watu*. Im Herero lauten die entsprechenden Formen *omundu* ›Mensch‹, *ovandu* ›Menschen‹, im Oshindonga *omuntu*, *aantu*, im Luganda *omu-ntu*, *abantu*. In anderen Sprachen dieser großen Familie ist das Pluralzeichen für das Wort ›(*Nasal*) plus *tu* oder *du*‹ = (Mensch) *ba*- oder *wa*-, also *bantu* = ›Menschen‹. Dieses Wort wurde für die Bezeichnung der Sprachfamilie gewählt. Eine allgemein anerkannte Gliederung des Bantusprachstammes gibt es bisher noch nicht. *Kieckers* schließt sich der von *Drexel* aufgestellten Gliederung der afrikanischen Sprachen an, die auch *W. Schmidt* in seinem Buch ›Die Sprachfamilien und Sprachenkreise der Erde‹ übernommen hat, weist aber darauf hin, daß er Drexel nicht in allen Einzelheiten beipflichtet. Die Französin *L. Homburger* hält die von Drexel in ›Anthropos‹ veröffentlichten Arbeiten nicht für unbedingt zuverlässig und vermerkt besonders die Versuche Drexels, die modernen Bantusprachen mit dem Sumerischen in Verbindung zu bringen, mit kritischem Erstaunen. Die von Kieckers in seinem Buch ›Die Sprachstämme der Erde‹ übernommene Gliederung Drexels umfaßt folgende Gruppen: a) die *Teke*gruppe mit dem wichtigen *Duala*, b) das *Songo*, c) die *Ndonga*gruppe, zu der das *Herero* im Südwesten und das *Ganda* am Victoriasee gehört, d) die *Suahili*gruppe, e) die *Konde*gruppe in der Gegend um den Nyassasee und am Sambesi, f) die *Makua*gruppe an der Küste von Mosambik, g) die *Sotho*gruppe, zu der das *Kafir*, *Zula* und *Tschwana* gehören. Homburger glaubt nicht, daß das vorliegende Material und die daraus gezogenen Schlüsse genügen, um die Bantusprachen schon jetzt genealogisch gliedern zu können. Sie empfiehlt deshalb eine geographische Klassifizierung nach zwölf Gruppen. Folgt man diesem Einteilungsprinzip, so ergibt sich für die Verteilung der wichtigsten Bantusprachen untenstehende Liste. Da in Katalogen und anderen Werken die Sprachen oft mit dem Klassenpräfix genannt werden, haben wir dies nach Möglichkeit vor die eigentliche Sprachbezeichnung in Klammern gesetzt. Die Abkürzung Lit.-Spr. (*Literatursprache*) bedeutet, daß die betreffende Sprache heute — wenn zum Teil auch noch in geringem Umfang — als *Schriftsprache* Verwendung findet. Es ist zu vermuten, daß diese Schriftsprachen durch die politische Entwicklung später noch an Bedeutung gewinnen werden.

Im Norden: *(Lu)Ganda* (Lit.-Spr., 3,5 Mill.) nordwestlich vom Victoria-See in Uganda, *(Lu)Nyoro* nordwestlich vom Gebiet des Luganda, *Kinjaruanda* oder *Kinyarwanda* des Wanja-Ruanda-Volkes in der Republik Ruanda, ferner in Uganda und Zaire (etwa 15 Mill.) und das damit nahe verwandte *N(y)amwezi* südwestlich vom Victoria-See (Lit.-Spr., etwa 4 Mill. Sprecher in Tansania), *Tus(s)i*, *Kerewa* auf den Inseln im Victoria-See, *Bira* an den Quellen des Itari u.a.

Am Kilima-Ndjaro (das ist suahili und heißt: Hügel oder Berg der Geister): *Dschagga*, *Moschi*, *Mamba*, *Tambi*, *(Ki)Kamba* (Lit.-Spr.) zwischen dem Kenia und dem Kilima-Ndjaro in Kenia, *(Ki)Kuyu* oder *Kuju* in Kenia (4 Mill. Sprecher) u.a.

An der Ostküste: *(Ki)Bondei* zwischen der Küste und den Usambara-Bergen, *Shambala* in Usambara, *(Ki)Girjama*, *(Ki)Digo*, *(Ki)Nika* in der Umgebung der Hafenstadt Mombassa, *Konde* östlich des Malawi- (früher Nyassa-)Sees, *(Ma)Kua* (7 Mill. Sprecher) an der Küste von Mosambik, *Yao(Chiyao)* 1,5 Mill. Sprecher und *Ngoni(Kingoni)* östlich vom Nyassa-See, *(Chi)Nyanja* (5 Mill. Sprecher (deutsche Orthographie: Njandscha; Lit.-Spr.) südlich des Malawi-Sees in Malawi; *(Chi)Chewa* als wichtigster Dialekt des Nyanja in Zentral-Malawi, *Bissa* oder *Wisa* östlich vom Bangwelo-See, *(Ki)Suaheli* oder *Suahili* (Lit.-Spr. und bedeutendste Verkehrssprache, nach Schätzungen von 45 Millionen Menschen gesprochen) in Ost- und Zentralafrika; *(Ki-)Ngwana* od. *Lubumbaschi-Suaheli* im Osten von Zaire. Amtssprache ist *Suahili* jetzt in Tansania u. Kenia.

Am Sambesi: (*Tchi-* oder *Tschi-*)*Sena* in und bei der Stadt Sena, *Tete* in der Stadt *Tete*, *Subiya* westlich von Kasungula; *Karanga* am Sambesi in der Nähe der Victoria-Fälle in Simbabwe, *Shon* (a. *ChiShona*; etwa 7 Mill.) in Simbabwe (Republic of Zimbabwe); *Kololo* im Barotsereich, das von Sotho-Kriegern 1825 unterworfen wurde. Das Kololo gehört also zum *Sesuto* (s. nächste Gruppe) u.a.

Im Südosten: *Thonga* (auch *Tsonga* oder *Runga-Tsonga*), (4 Mill. Sprecher) mit seinem wichtigsten Dialekt, dem *Ronga* bei Lorenço Marques, *ci Venda* od. *Chivenda* der Republik ya Venda (700 000 Sprecher), *Tswana* od.

Tschwana (englisch *Sechuana* oder *Secwana* oder *Setswana* (Lit.-Spr., etwa 3,5 Mill.) in Botswana, früher Betschuana-Land, mit dem *Tlapi* im Süden des Landes, (*Se*)*Pedi*, (*Se*)*Sotho* (3 Mill.) oder *Sesuto* im Königreich Lesotho, früher Basuto-Land (Lit.-Spr.); *Kafrisch* oder *Kafir* oder *Xosa* (x in Xosa ist ein lateraler Schnalzlaut + k ['//kɔsa], Lit.-Spr., auch *Kosa* geschrieben) südlich der Drakensberge *Zulu* (['zu:lu] oder heute auch schon ['tsu:lu]) (Lit.-Spr., 6 Mill. Sprecher) im Zulu-Land, Südafrika und *Ndebele* (a. *JsiNdebele*), Dialekt des *Zulu* in Simbabwe (1,7 Mill. Sprecher), *Swazi* im Königreich Swaziland, (*Schi*)*Lenge* (portugiesisch *Xilenge*) in Süd-Mosambik am Limpopo u. a.

Im Südwesten: (*Otyi*)*Herero* in Angola u. Namibia, (*Oshi*)-*Ndonga* oder (*Ov*)*Ambo* (700000 Sprecher) im Süden des Kunene in Namibia, *Kwanyama* oder *Kuanyama* nördlich des Kunene, *Kwambi*.

Im Westen: *Süd-Mbundu* oder *Ovi-Mbundu* (2,5 Mill. Sprecher) im Hochland von Süd-Angola, *Nord-Mbundu* oder *A-Mbundu* (1,5 Mill. Sprecher) bei S. Paolo de Loanda (oder einfach Luanda) auch *Bunda* oder *Angola* genannt, das sich in Mittelangola zur Verkehrssprache entwickelt hat, *Mbamba* und *Mbangala* im selben Distrikt, *Rotse* und *Luji* (französisch *louyi*) nordöstlich vom Rotsetal.

Zentrum und Kongo: *Lingala*, (*Li*)*Ngala* (Verkehrs- und neuerdings auch Lit.-Spr.) längs des Kongo in Kongo und Zaire, besonders in der Hauptstadt Kinshasa; *Senga* im Kongobogen, (*Ki*)*Luba* und *Tschi Luba* (Lit.-Spr., 5 Millionen Sprecher) zwischen dem Kassai und dem oberen Kongo im Süden Zaires, Angola und Sambia (*a.* Zambia), *Lozi*, *Bemba* (Lit.-Spr., 2,5 Mill. Sprecher) in Sambia südwestlich des Bangwelo-Sees, (*Ki*) *Kongo* (Lit.-Spr., 7 Mill. Sprecher, davon (*Ba*)*Kongo* ½ Mill.) u. a. Varianten; (*Ki-*)*Tuba* od. *Munukutuba* entwickelt sich im Kongo, Angola, neben *Lingala* als Synthese verschiedener Dialekte zur Handelssprache; *Mongo* in Zaire am unteren Kongo, *Lala* am unteren Kongo, *Nyuema* nordwestlich des Tanganyika-Sees in Kongo, *Punu* u. a.

Gabun (am Äquator): *Punu*, *Pongwe* oder *Mpongwe*, *Galoa*; *Benga* an der Corisco-Bai (Inseln), ferner *Fang*, s. Seite 32 *Fang-Ewondo-Gruppe*.

Mittlerer Kongo: *Tele* oder *Tio*, (*Lo*)*Nkundo* (Lit.-Spr.), (*Lo*)*Mongo* (in der neuen Orthographie Lɔmɔngɔ) oder Lonkundó (1,8 Mill.) mit vielen Dialekten im Kongobecken, *Teke*, *Kiteke* (1,2 Mill. Sprecher) in Kongo.

Kamerun: *Duala* (Lit.-Spr., über 1 Mill. Sprecher), *Kwiri* oder *Kwili*, am Kamerungebirge, *Batanga* in Süd-West-Kamerun. *Bubi* in Äquatorial-Guinea (etwa 15000), *Ngumba*, *Abo* oder *Bo* oder *Bankon*, *Kosi* oder *Nkosi* u. a.

SUDANSPRACHEN. Während an der Zusammenfassung der Bantusprachen zu einer Sprachfamilie keine Zweifel bestehen und die Probleme der Gliederung sich nur auf den Grad der Verwandtschaft zwischen vielen Untergruppen beziehen, ist es bisher noch nicht gelungen, die verwandtschaftlichen Beziehungen zwischen der großen Zahl der nördlich der Bantusprachen gesprochenen Sprachen, der sogenannten Sudansprachen zu klären. *W. Schmidt* und *Kieckers* übernehmen die von *Drexel* in der Zeitschrift ›Anthropos‹ vorgeschlagene Einteilung, in der die eigentlichen Sudansprachen von den bantuiden Sprachen auf Grund morphologischer Merkmale getrennt werden. Wie aus einigen Bemerkungen Schmidts hervorgeht, spielen bei der Gruppierung der Sprachen nicht nur sprachliche, sondern auch andere Begriffe, besonders Begriffe der vergleichenden Völkerkunde eine Rolle; es wird z. B. von einer mutterrechtlichen ›Strömung‹ gesprochen, zu der Drexel auch die *nilotischen Sprachen* rechnet. Die bantuiden Sprachen sollen, wie auch bei Kieckers angeführt, eine frühere Entwicklungsstufe der Bantusprachen darstellen. Diese Ansicht wird, wie viele Forscher meinen, durch die Tatsache gestützt, daß die Bantusprachen einen ziemlich geschlossenen, einheitlichen Block bilden, was auf eine Ausstrahlung von einem Zentrum aus deutet. Die bantuiden Sprachen konzentrieren sich im Nordwesten Afrikas, nur eine kleine Gruppe befindet sich im Osten in Südkordofan. Nach diesen Theorien ergeben sich für die bantuiden oder Semi-Bantu (also ›Halb-Bantu‹) Sprachen, die nach *Westermann* auch ›sudanische Klassensprachen‹ genannt werden, folgende Untergruppen:

A. Die Nordgruppe: I. Nordwestsprachen mit dem *Wolof*;
II. Nordostsprachen mit dem *Ful*.
B. Die nördliche Zentralgruppe (*Gola*, *Gurma*, *Tem* u. a.).
C. Die südliche Zentralgruppe: I. Grussi-Gruppe;
II. Mossi-Gruppe.
D. Die Süd- oder Togogruppe.
E. Die Ostgruppe (z. B. *Tumtum*, *Talodi* u. a.).

Die eigentlichen Sudansprachen teilt Drexel — und nach ihm W. Schmidt und Kieckers — in vier Gruppen: *Wulesprachen*, *Manfusprachen*, *Ngonkesprachen*, *Kanurisprachen*. Als weitere große Gruppe, die nicht zu den eigentlichen Sudansprachen gezählt wird, werden die nilotischen Sprachen (*Nubisch*, *Shilluk* u. a.) genannt, und eine Gruppe für sich bildet das »isoliert dastehende *Haussa*«. Die Bezeichnung der ersten drei Gruppen soll auf einheimische Wörter für ›Menschen‹ (*wule*) oder auf morphologische Elemente (*man*-, -*fu*) zurückgehen. In den Manfusprachen soll *man* das Präfix und *fu* das Suffix des Plurals für Personen sein. Im *Ewe* (in Benin, Togo, Ghana), das nach diesem Schema zu einer Untergruppe der Manfusprachen gehört, gibt es jedoch kein Präfix *man*, und der Plural wird mit dem Element *wo* gebildet, das nicht als Suffix, sondern als selbständiges Wort gewertet werden muß, da es alleinstehend auch ›sie‹ (2. Person Plural) bedeutet, und ähnlich verhält es sich mit anderen dem Ausdruck der Beziehung dienenden Wurzeln. Das Ewe wird genauer charakterisiert, wenn man auf das fast vollständige Fehlen eigentlicher Präfixe und Suffixe zur Bildung neuer Wörter und auf die große Anzahl einsilbiger Wörter hinweist, die durch das Mittel der Tonhöhe differenziert werden. Das sind Züge, die das Ewe zum Typ einer isolierenden Sprache, z. B. des Chinesischen, stempeln. Man sieht an diesem Beispiel, daß die obige Gruppeneinteilung keinen allgemein gültigen Schlüssel darstellt, ja daß sie sogar irrige Vorstellungen über den Typ einer Sprache erwecken kann. Allein die Aufstellung einer historisch-vergleichenden Grammatik könnte die Aufhellung genealogischer Zusammenhänge ermöglichen. Da jedoch die früheren Stufen fast aller dieser Sprachen mit Ausnahme vielleicht einiger Lautentwicklungserscheinungen, die sich durch Vergleiche und einen hohen Wahrscheinlichkeitsgrad der Entwicklungstendenz (grob gesagt z. B.: *k* > *tj* ist wahrscheinlicher als *tj* > *k*) erschließen lassen, in Dunkel gehüllt bleiben, wird man auch schwerlich eine solche Grammatik aufstellen können. Zur Orientierung scheint die Einteilung des französischen Afrikanisten *Delafosse*, die eine gewisse geographische Geschlossenheit der einzelnen Gruppen bestehen läßt, vorläufig am zweckmäßigsten. Wir nennen nur die wichtigsten Sprachen unter Andeutung des Gebietes, in dem sie gesprochen werden. Durch die sich gegenwärtig auf afrikanischem Boden vollziehenden Gründungen selbständiger Staaten gewinnen Sprachen an Bedeutung, deren Namen früher nur einigen Spezialisten bekannt waren. Wir fügen nach Möglichkeit auch die Namen der neuen afrikanischen Staaten hinzu, so daß man sich ein ungefähres Bild davon machen kann, welche Sprachen z. B. in einem Staat wie Ghana von der einheimischen Bevölkerung gesprochen werden. Als Amtssprachen gelten in den neuen Staatengründungen je nach der früheren Verwaltung Englisch oder Französisch. Es ist jedoch möglich, daß später neben diese Sprachen eine einheimische Sprache (z. B. *Twi* (6 Mill. Sprecher) in *Ghana*; *Ful* oder *Malinke* in *Guinea*; *Haussa* (25 Mill. Sprecher), *Tiv* (2 Mill. Sprecher) und *Yoruba* (15 Mill. Sprecher) in *Nigeria*) als gleichberechtigte oder sogar erste Staatssprache tritt.

Delafosse zählt 450—500 von etwa 50 Millionen Menschen gesprochene Sudan-Guinea-Sprachen, die er in 16 Gruppen unterteilt:

1. *Nil-Tschad-Gruppe* (35 Sprachen). Im Niltal von Assuan im Norden bis Faschoda im Süden, im Westen bis über den Tschad-See, im Osten über den Atbara hinausgreifend; im Gebiet des Staates Sudan und in Tschad, Niger und Nigeria.

Nubisch oder *Nuba* (1,5 Mill. Sprecher) in Nubien, *Baria* oder *Barea* östlich des Atbara, *Kunama* südlich der Baria-Sprache, *Tub(b)u* oder *Tibbu* oder *Daza(gada)* in der östlichen Sahara, *Kanuri* (über 3 Mill. Sprecher) in Kamerun, Niger und Nigeria.

2. *Nil-Abessinien-Gruppe*, auch westnilotische Gruppe (20 Sprachen). Im Tal des mittleren Blauen und Weißen Nils, nördlich und südlich des Sobat. *Schilluk* (300000), entlang dem westlichen Ufer des Weißen Nils von Kaka im Norden bis zum No-See im Süden, *Dinka* (2 Mill.) am östlichen Ufer des Weißen Nils, *Nuer* (1 Mill.), *Atscholi* oder *Gang* (700000), *Djur* oder *Giur* oder *Luo* (3 Mill.) in Kenia und Tansania u. a.

3. *Nil-Äquator-Gruppe* (24 Sprachen). Zwischen dem Rudolf-See und dem Ostufer des Albert-Sees, Malindi am Indischen Ozean und dem Victoria-See.

Lotuxo oder *Latuka* bei Lado und Mongalla; *Bari* (500000) im Norden am 5° nördlicher Breite und 30° östlicher Länge, *Lango* (900000) in Uganda, *Turkana* od. *Teso-Turkana* (1,5 Mill.) und *Suk* westlich und östlich der südlichen Hälfte des Rudolf-Sees und südlich davon in Uganda und Kenia, *Massai* südlich am Äquator in Kenia und Tansania.

4. *Kordofan-Gruppe* (7 Sprachen). Diese Sprachen sind wenig bekannt. Sie nehmen ein kleines Gebiet in zwei Enklaven zwischen der 1. und 2. Gruppe westlich des Weißen Nils ein.

Talodi, *Lafofa*, *Tumtum*, *Tumeli* oder *Tumale* u. a.

5. *Nil-Kongo-Gruppe* (20 Sprachen). Hauptsprache ist das *Mangbetu* mit *Lugbata* und *Lendu* (1,5 Mill. Sprecher) in Uganda und Zaire. *Moru*, reicht über den 5° nördlicher Breite hinaus, westlich des Bahr-el-Dschebel in der Äquatorial-Provinz des Sudan, *Madi* am östlichen Ufer des Bahr-el-Dschebel in Uganda u. a.

6. *Ubangi-Gruppe* (25 Sprachen). Beiderseits des 5^0 nördlicher Breite, in der Zentralafrikanischen Republik, in Zaire und Kongo.
Sango (einschließlich *Ngbandi* od. *Gbandi* od. *Mongbandi*, 3 Mill. Sprecher, dazu in Zaire 700000, zwischen dem 24^0 und 25^0 östlicher Länge als Verkehrssprache an beiden Ufern des Ubangi verbreitet, *Zande* oder *Azande* oder *Panzande* oder *Nyamnyam* (3 Mill., Lit.-Spr.) zwischen 5^0 nördlicher Breite und dem Ubangi, *Banda* (200000) am 20^0 östlicher Länge, nordöstlich vom Gebiet der Zande-Sprache *Yakoma*; *Yakpa*, in Zentralafrika.
7. *Schari-Wadai* (12 Sprachen). Um den 10^0 nördlicher Breite östlich des Schari in Tschad und der Zentralafrikanischen Republik.
Sara, *Barma* oder *Bagirmi* (1,4 Mill. Sprecher) in Bagirmi östlich des unteren Schari, *Nduka* in Bagirmi, *Gula*, *Bongo* oder *Wadai-Bongo* u. a.
8. *Schari-Gruppe* (15 Sprachen). Nur dürftiges Material vorhanden. Beiderseits des Schari; sie wird von der 7. Gruppe bis auf die Westgrenze umschlossen.
Sokoro, *Fania*, *Bua* in Bagirmi u. a.
9. *Niger-Tschad-Gruppe* (34 Sprachen). Zwischen dem Tschad-See und der vom Niger und dem Benue gebildeten Gabel in Nord-Nigeria mit *Ful*-Enklaven (s. Gruppe 16). Von den meisten dieser Sprachen sind nur kurze Wörterverzeichnisse vorhanden.
Zu dieser Gruppe wird jedoch das bei *Kieckers* als alleinstehend verzeichnete → *Haussa* gerechnet. Es hat nächst dem Suahili von allen afrikanischen Sprachen die größte Verbreitung erlangt und ist vielleicht dazu berufen, in den neuen afrikanischen Staatenbildungen eine hervorragende Rolle zu spielen.
Yedina oder *Buduma* auf den Tschad-Inseln; *Kotoko* (200000 Sprecher) oder *Magari* am Logone; *Masa*; *Mubi*; *Musgu* oder *Musuk*; *Bola* oder *Bolantschi* in Nigeria, *Ankwe*, *Angas* in Bautschi (Nigeria), *Sara* in Tschad.
10. *Niger-Kamerun-Gruppe* (66 Sprachen). Sie umfaßt die größte Zahl sehr verschiedener Sprachen. Beiderseits des unteren Niger in Nigeria mit Ausnahme der Gruppe 11, erstreckt sich nach Osten bis nach Benin hinein.
Tiv oder *Munschi* (6 Mill.) in Kamerun und Nigeria, *Bamum* oder *Mom* in Kamerun, Provinz Fumban, *Nupe* (1 Mill.) in Nigeria im Gebiet nördlich des Zusammenflusses von Niger und Benue bis ungefähr zum 10^0 nördlicher Breite, *Gbira* oder *Igbira* in Nigeria, *Igbo* oder *Ibo* (etwa 14 Mill. Sprecher) zwischen dem Cross-Fluß und dem Niger, *Ibibio* zwischen dem Gebiet des Ibo und der Küste und dem Efik,

Yoruba (etwa 15 Mill.) im Südwesten Nigerias und in Benin (vor 1975 Dahomey, Tonsprache wie *Ewe*, s. Seite 32, 33), *Efik* oder *Fi* (nicht zu verwechseln mit Ewe, Gruppe 13.) im Südosten Nigerias (zus. mit *Bamileke* 2 Mill. Sprecher) an der Grenze Kameruns u. a.

Für die *Bamum*-Sprache wurde 1900 auf Befehl des Königs *Nyoja* eine besondere Schrift geschaffen. Die Grundlage der Schrift waren zunächst Bildzeichen; doch wurden diese Bilder, die konkrete Dinge darstellten, auch für gleich oder ähnlich klingende Wörter verwendet, die einen abstrakten Begriff ausdrückten. So wurde z. B. *Kolanuß* und *Treue* wegen ihrer lautlichen Ähnlichkeit mit einem Zeichen geschrieben (vgl. Chinesisch, Schrift). Auch wurden Eigennamen schon mit Silbenzeichen geschrieben. Die Schrift hat sich durch verschiedene Vereinfachungen (Reformen 1909, 1911, 1916—1918) zu einer rechtsläufigen Silbenschrift mit etwa 70 Zeichen entwickelt (vgl. Japanisch, Schrift). Unbekannten Ursprungs ist die aus Bild- und Begriffszeichen bestehende *Nsibidi*-Schrift, die zur Schreibung des Ibo und Efik von Geheimbünden dieser Stämme benutzt wurde.

11. *Gruppe des unteren Niger.* An der Küste im Mündungsgebiet.

Idjo oder *Ijaw* oder *Bonny* (1,4 Mill. Sprecher) in Südnigeria, *Brass*, *Ibani*. Nach *A. Léonard* sind diese Sprachen vielleicht mit dem Ibo (Gruppe 10) verwandt. Nach *Talbot* soll das *Idjo* die älteste Sprache Westafrikas sein.

12. *Volta-Gruppe* (53 Sprachen). Im Gebiet der oberen Volta mit ihren Nebenarmen um den 10° nördlicher Breite, Westnigeria, Benin, Togo, Ghana, Burkina Faso, früher Obervolta, Elfenbeinküste.

Kambari an beiden Ufern des Niger oberhalb von Bussa, *Gurma* (1 Mill. Sprecher) in Ghana, Togo; *Barba* oder *Ber* im Gebiet von Borgu, *Tem* oder *Tim* in Togo, *More* oder *Mo*, die Sprache der *Mossi* (6 Mill.) Burkina Faso (Obervolta), Hauptstadt Wagadugu (frz. Ouagadougou), *Mampuru* oder *Mampursi* oder *Mamprussi* als wichtiger Dialekt des *Dagomba* (besser *Dagbane*) in Nordost-Ghana und in Togo zwischen dem Oti und der Weißen Volta, *Frafra* in der Gegend der Stadt Léo, *Lobi* (100000), *Kulango*, *Bua* oder *Bwa* (100000) Elfenbeinküste, *Senufo* oder *Sjena*(2 Mill.) mit vielen Dialekten am oberen Bandama um den 10° nördlicher Breite im Norden der Elfenbeinküste, *Bura* u. a.

13. *Gruppe der Elfenbeinküste und Benin* (48 Sprachen). Südlich von der 12. Gruppe zwischen dem 5° westlicher Länge im Westen bis an die Grenze Nigerias im Osten, in Benin, Togo, Ghana und einem Teil der Elfenbeinküste.

Ewe (frz. *éhoué*), *Kwa* oder *Anglo* (*aŋlɔ*) als wichtigster Dialekt der westlichen Dialektgruppe des *Ewe* (auch *Kwa*, etwa 2 Mill.) in Benin, Togo und Ghana (östlich der Volta); *Fon* oder *Fõ* in Benin, *Mina* in Benin, *Adele* in Benin, *Logba* oder *Legba* im Gebiet von Djebiga und östlich von Sansane-Mangu (Togo, Benin (bis 1975 Dahomey), *Kabu* oder *Kögbörikö* in Togo, *Kposso* oder *Ikposso* in der Gegend von Basari und Sokode (Togo), *Tshi* oder *Twi* oder *Odschi* oder *Aschanti* (Lit.-Spr., etwa 4 Mill.) in Ghana um die Stadt Kumasi zwischen den Flüssen Asini und Tano im Westen, der Volta im Osten und dem Kong-Gebirge im Norden, etwa das Gebiet des früheren Asante-Reiches, Dialekte: *Akan*, *Brõng* oder *Kãnamã*, *Fanti* (*Fante*). Andere nehmen *Akan* als Oberbegriff mit den Untergruppen *Twi* (hauptsächlich etwa nördlich von Kumasi) und dem *Fanti*, gesamt: 8 Mill. Sprecher, (südlich von Kumasi bis zur Küste; ferner dem *Asante*, *A(s)hanti*; *Akwapim*, *Ak(y)em* (insg. 7 Mill. in Ghana). *Zema* oder *Nzima* in Ghana, *Ahanta* in Ghana, *Gan* oder *Gã* oder *Akkra* (*Accra*, 400000) in der Stadt und im Gebiet der Stadt Akkra an der Küste; *Agni* oder *Anyi* und das damit eng verwandte *Baule* in der Elfenbeinküste, *Adyukru* in der Elfenbeinküste; *Gora* oder *Gola* als Enklave in der 14. Gruppe im Westen des Staates Liberia. Als Nationalsprachen versucht man in der République de Côte d'Ivoire das *Baule*, *Bete*, *Senuto* und *Dyula* einzuführen, das sich als überregionale Verkehrssprache entwickeln soll.

14. *Niger-Senegal-Gruppe* (36 Sprachen). Große Verbreitung. Beiderseits des Niger von der Quelle bis zur Grenze Nigerias, weiter Streifen südlich und westlich der Stadt Bamako, beiderseits des Senegal, westlich von Kayes nach Westen vorspringender Keil in das Gebiet der 16. Gruppe. Enklave westlich von Conakry.

Zarma oder *Dscherma* (a. *Dyerma*) ein Dialekt des *Songoi* oder *Song(h)ai* (2 Mill.) östlich und südwestlich von und in Timbuktu; ein Dialekt davon, das *Dendhi* in der Republik Niger und Benin scheint eine Art Verkehrssprache zu werden; *Fur* (400000), *Busa* oder *Bisa* am 0° Länge und 12° nördlicher Breite, *Soninke* oder *Sarakollé* (*Saracholle*) an beiden Ufern des Senegal in der Gegend von Galam und Bakel, *Mandingo* oder *Mandingue* oder *Mande* (4 Mill., die *Mandingo* als Muttersprache sprechen, dazu weitere 2 Mill., die es als Hilfssprache benutzten), in Senegal, Mali, Guinea, Sierra Leone. Dialekte des Mandingo: *Bozo*, *Bambara* oder *Bamana* um Segu, Nord-, Süd- usw. *Malinke*, das ebenfalls zur Familie des Mandingo gehört, in Guinea, Mali, Sierra

Leone, Senegal und der Elfenbeinküste (insg. etwa 3 Mill.), sowie *Dyula* (oder *Diola*). In Gambia (oder Senegambia) ist *Malinke* zur Verkehrssprache zwischen Bambara, Diola, Wolof usw. Sprechenden geworden. *Vai* oder *Vei* im Nordwesten Liberias, *Kpelle* oder *Guerzé* oder *Gberesi* (650000) südöstlich des St. Paul-Flusses in den tropischen Wäldern Inner-Liberias, *Loma* od. *Toma* südwestlich von Beyla, *Mende* in Sierra Leone, *Sus(s)u* oder *Soso* in Guinea um Conakry und Sierra Leone.

Das *Vai* und *Mende* werden mit einer eigenen Schrift geschrieben. Die *Vai-Schrift* soll in der Mitte des vorigen Jahrhunderts durch den Afrikaner *Mɔmɔlu Duwalu Bukɛlɛ* aus schon vorhandenen Bildzeichen zu einer für die Wiedergabe der Phoneme dieser Sprache vorzüglich geeigneten Silbenschrift entwickelt worden sein. Alle Konsonantenphoneme der Sprache wie *g͡b*, (s. weiter unten die Angaben über Ewe), gewöhnliches *b*, *injektives b* wurden klar erkannt. Die Andeutungen der Tonhöhen werden von den Einheimischen weggelassen, da der Zusammenhang meist keine Zweifel aufkommen läßt. Wenn man bedenkt, daß nur ganz wenige Deutsche den Unterschied zwischen Laut, Phonem und orthographischem Zeichen ihrer eigenen Sprache kennen und selbst gebildete Deutsche, die sich mit der Geschichte der Sprache befassen, diese Begriffe durcheinander bringen, so muß einen die Leistung des Afrikaners mit Bewunderung erfüllen. Als Erfinder der aus 190 Silben bestehenden *Mende-Schrift* gilt der Schneider *Kisimi Kamala*, ein Neger mohammedanischen Glaubensbekenntnisses. Die von ihm geschaffene Schrift läuft wie die arabische (im Gegensatz zu der Vai-Schrift) von rechts nach links.

15. *Gruppe der Elfenbeinküste und Liberias* (24 Sprachen). *Bete* (a. *Betegbe*) mit dem *Ne* oder *Newole* (1 Mill.) in der Elfenbeinküste östlich der Sassandra, *Grebo* oder *Gre* oder *Baue* oder *Gbe* westlich dieses Flusses an der Mündung des Cavallys, *Bassa* oder *Gbassa*, *Kru* oder *Kra* oder *Ngana* (*Nyana*, *Ñana*) im Südosten von Liberia (1 Mill. Sprecher), *Dida* u. a.

16. *Senegal-Guinea-Gruppe* (24 Sprachen). Südlich des unteren Senegal bis zur Westküste, kreisförmig um Dakar, nördlich von Conakry (Guinea), Sierra Leone.

Ful(be) oder *Fulfulde* oder *Pular* oder *Fulani* (Frz. *Peul*), nach dem *Haussa* die verbreiteste Sprache im Sudan mit einem großen Ausstrahlungsgebiet nach Osten (etwa 25 Mill.). Es erstreckt sich östlich von Dakar in Form eines aus Enklaven bestehenden Gürtels südlich der Sahara von Senegambien über Burkina Faso (Obervolta) bis in den ägyptischen Sudan. *Wolof* (frz. auch *Oulof*, 2,3 Mill. im Senegal), südlich des Senegal an der Küste und im Innern, *Seres* (Teil davon in Guinea-Bissau), *Dyola* oder *Yola* an beiden Ufern der Casamance von der Mündung bis nach Sedhiu (mit 12–20 Dialekten), *Fada* oder *Biafada* im Zentrum und im Westen Guinea-Bissaus, *Timne* oder *Temne* in Sierra Leone, *Sherbro* oder *Bulom* in Sierra Leone, *Kissi* in Sierra Leone und Guinea (République de Guinée) u. a.

Für einige in Kamerun gesprochene Sprachen steht die Zugehörigkeit zu einer der obigen Gruppen nicht fest. Das *Fang* oder *Fan* (2,5 Mill. Sprecher) und das *Yaunde* (deutsche Orthographie *Jaunde*) oder *Ewondo* gliedert *Drexel* in die *Wulegruppe* der bantuiden Sprachen ein, während *van Bulck* die *Fang-Ewondo-Gruppe* der Nordwest-Abteilung der Bantusprachen zuzählt.

EWE. Um einige Merkmale einer Sudansprache zu zeigen, machen wir auf Grund des Wörterbuches der Ewe-Sprache, (Berlin 1954) von Dietrich *Westermann* einige Angaben über die Ewe-Sprache, die von den Ewe selbst *Eβegbe* genannt wird. Das Ewe wird jetzt in einer amtlichen Orthographie geschrieben, die sich auf das System der internationalen Lautschrift gründet. Es zerfällt in verschiedene Dialekte, von denen das der westlichen Dialektgruppe angehörende *Anglo* (*aŋlɔ*) schon um die Mitte des 19. Jh. Schriftsprache wurde. Heute ist diese Sprachform im ganzen westlichen Ewe-Gebiet die Umgangssprache der Gebildeten.

Das Ewe hat acht Vokale: i e ɛ a ə ɔ o u, die auch nasaliert werden können: ĩ ɛ̃ ã usw.

Von den Konsonanten sind besonders bemerkenswert: Die Palatalen: ty, dy, ny; das y ist hier Palatalisierungszeichen, ty also gleich [ţ] usw.; das retroflexe d: ɖ (→ Schwedisch, Hindi), das bilabiale ƒ (mit beiden Lippen gesprochen wie im Japanischen), das labiodentale f (wie im Deutschen), das bilabiale β (wie das b zwischen zwei Vokalen im Spanischen); das labiodentale v (wie das w im Deutschen).

Eine besondere Beschreibung erfordern die labiovelaren Laute kp, gb, ŋw, die in vielen Sudansprachen vorkommen. Es sind nicht etwa zwei aufeinanderfolgende Konsonanten, sondern ihre Eigenart besteht darin, daß je ein Verschluß am weichen Gaumen und an den Lippen gebildet wird, und daß beide Verschlüsse gleichzeitig gelöst werden.

Neben den Vokalen und Konsonanten spielen die Töne eine bedeutungsunterscheidende Rolle. Jede Silbe wird wie im Vietnamesischen und Chinesischen in einem bestimmten Ton gesprochen. Man unterscheidet zwei Grundtöne: á (Hochton), à (Tiefton); außerdem kann der Ton steigend -ǎ- oder fallend

-â- sein. Zwischen Hoch- und Tiefton gibt es noch Abstufungen, die Mitteltöne. Bezeichnet werden die Töne durch folgendes vereinfachte Verfahren: Der Hochton erhält immer einen Akut: á, während der Tiefton unbezeichnet bleibt: xɔ (mit Tiefton) ›Haus‹. Ist in einem mehrsilbigen Wort nur eine Silbe mit einem Tonzeichen versehen, so haben die folgenden Silben den gleichen Ton wie die Silbe mit dem Tonzeichen: wóɖo ›sie errichten‹. ɖo hat also den gleichen Ton wie wó: ɖó. Ferner hat jede Anfangssilbe eines Wortes ohne Tonzeichen den Tiefton: evelía muß also èvèlíá gelesen werden. lala ›warten‹ = làlà. In dem mit dem Personalpronomen wó ›sie‹ (pl.) zusammengesetzten Wort wólàlana muß die zweite Silbe la das Zeichen für den Tiefton erhalten, weil man sonst nach der ersten Silbe wó falsch lá lesen würde; das Wort heißt aber lala ›warten‹. Beide Silben haben also Tiefton. Aus den folgenden kurzen Sätzen kann man unschwer erkennen, daß das Ewe im wesentlichen als eine ›isolierende Sprache‹ charakterisiert werden kann.

Né	*wóɖo*	*gli*	*ɖeká*	*lá,*	*wólàlana*
wenn	sie-errichten	Maueraufsatz	ein	(Satzartikel)	sie-warten

né	*glia*	*náfu*	*háfi*	*wógàɖoa*
auf daß	Maueraufsatz-der	trockne	ehe	man-wieder-schafft

evelía	*ɖé*	*édzi;*	*álea*	*wónɔ̀a*	*wɔwɔ́ḿ*	*yidaséna*	*ésìme*
zweite	anderer	auf	so	man-ist	am-Tun	bis	in-diesem

xɔ	*flɔ́na;*	*xɔ*	*kɔ́kɔwo*	*nyé*	*gli*
Haus	Höhe-erreichen;	Haus	(hochsein)^{2}-sie	ist	Maueraufsatz

adé	*aló*	*adré.*
sechs	oder	sieben.

Übersetzung: Wenn man einen Maueraufsatz errichtet hat, so wartet man, bis er trocken ist und setzt dann den zweiten darauf; so macht man weiter, bis das Haus die gewünschte Höhe hat. Hohe Häuser sind 6—7 Aufsätze hoch.

Einige Erläuterungen: *ɖó* ›hinstellen‹, ›schaffen‹ wird mit dem Personalpronomen der dritten Person Plural wó ›sie‹ in einem Wort geschrieben. Die Wörter, von denen viele einsilbig sind, verändern sich nicht. *lá* wird als Satzartikel bezeichnet. Die Aufgabe der Partikel besteht darin, das Ende des Satzes zu signalisieren und damit den Sinnzusammenhang der lose gefügten Gruppen zu sichern.

Die an *lana* ›warten‹ angefügte Partikel *-na* deutet die gewohnheitsmäßige Handlung (etwa Präsens: ›man pflegt zu tun‹) des objektlosen Verbs an. Folgt dem Verb ein Objekt, so steht die Partikel *-a*. Die beiden Verbpartikeln erfüllen also zwei Funktionen: Sie deuten die Art der Handlung und das Vorhandensein oder Fehlen des Objektes an. Deshalb wógàɖo*a* mit der Partikel -a; denn es folgt das Objekt *evelia ɖé*. Die vor dem Verb stehende Partikel *na-* bezeichnet den Konjunktiv: *náfu* ›daß es trockne‹ von *fú* ›trocken sein‹. Die zwischen dem Pronomen und dem Verb eingeschobene Partikel *-ga-* zeigt die wiederholte Handlung an. Die Zusammenschreibung ändert nichts an der Tatsache, daß es sich um durchaus selbständige Wörter handelt. Auch in der heutigen chinesischen lateinischen Hilfsschrift (→ Chinesisch) werden Silben und Wörter, die einen Begriff bilden, zusammengeschrieben. *wɔwɔḿ* wird mit zwei tieftonigen *wɔ* gelesen, dem ein hochtoniges *m*, das eine selbständige Silbe bildet, folgt. Dieses *-m* drückt die Dauer der Handlung aus, vgl. englisch ›I am doing‹.

Ein Mittel der Wortbildung ist im Ewe die Verdoppelung (Reduplikation) der Wurzel. Durch Reduplikation bildet man Verben von Verben, Substantive von Verben und Adjektive von Verben, z. B. *kɔ́* ›hoch sein‹ bildet *kɔ́kɔ* ›hoch‹. Das Adjektiv steht immer nach dem Substantiv: *xɔ kɔ́kɔ* ›ein hohes Haus‹. Als Pluralzeichen wird *wó* ›sie‹ (3. Person Plural) an die Gruppe gehängt: *xɔ kɔ́kɔwo* ›hohe Häuser‹.

DIE BUSCHMÄNNISCH-HOTTENTOTTISCHEN SPRACHEN. Im Südwesten Afrikas nördlich des Oranje-Flusses in Namibia werden von etwa 56000 Menschen die hottentottischen Sprachen gesprochen. Das Hottentottische faßt man meist mit dem Buschmännischen zu einer großen Familie zusammen, doch wird die Verwandtschaft beider Gruppen gegenwärtig von einigen Forschern bezweifelt. Sie gründet sich auch mehr auf rein rassische Merkmale und auf gewisse phonetische Gemeinsamkeiten der beiden Gruppen (z. B. das Vorhandensein von Schnalzlauten), die an sich wenig besagen. Einige *Bantusprachen* (z. B. *Zulu*, *Sesuto*, *Xosa*) haben Schnalzlaute erst später von in Südafrika ansässigen Bevölkerungsgruppen übernommen, und es ist wohl möglich, daß die Hottentotten die vier Schnalzlaute ihrer Sprache z. B. aus den Sprachen der Buschmänner, die sieben solcher Laute besitzen, entlehnt haben.

Die Bezeichnungen *Hottentotte* und *Buschmann* stammen aus dem Holländischen. ›Hottentotte‹, früher auch ›ottentot‹ oder ›hottento‹, im heutigen Afrikaans ›hotnot‹, ist ein klangnachahmendes Wort, das früher im Niederländischen allgemein ›Stammler‹ oder ›Stotterer‹ bedeutete. Nachdem das Wort ein Eigenname geworden war, wurde ›hottentot‹ als Ausdruck für ›Stotterer‹ im Niederländischen ungebräuchlich. ›Buschmann‹

und englisch ›bushman‹ ist eine Übersetzung des niederländischen ›bosjesman‹ (*bosje* ›Busch‹, ›Wäldchen‹ von *bos* ›Wald‹, *man* ›Mann‹), französisch *bochiman* eine phonetische Nachahmung des niederländischen Wortes.
An Stelle dieser Namen verwendet man für ›Hottentotte‹ auch das einheimische *khói* (hottentottisch = ›Person‹, *khóib* ›Mann, Mensch, Freund‹) und *san* für ›Buschmann‹ (*san* ist der Name der Hottentotten für die Buschmänner).
Aus diesen beiden Wörtern wurde der Sammelname *Khoisan*- als Bezeichnung für die beiden Sprachgruppen geprägt. Ähnlichkeiten mit den Khoisan-Sprachen weist das in Tanganyika gesprochene *Sandawe* auf.
Das *Hottentottische* zerfällt in 14 oder 15 Untergruppen, von denen das *Nama* (25000 Sprecher in Süd-Namibia) die wichtigste ist. Einen Nama-Dialekt sprechen auch die von den Hottentotten unterworfenen *Bergdama* in den Gebirgen Namibias.
Die *Buschmann-Sprachen* zerfallen in die Nordgruppe in Angola und Namibia, in die Südgruppe im Kapland und in die Zentralgruppe in der nördlichen und mittleren Kalahari-Wüste, die sich keilförmig zwischen die beiden anderen Gruppen schiebt. Am besten bekannt ist das im Nordwesten vom Kapland (Südafrika) gesprochene *Khan* der südlichen Gruppe. Unter den Konsonanten fallen die *Schnalzlaute* auf. Nach der Stellung der Zungenspitze unterscheidet man 1. einen dentalen (/), 2. lateralen (//), 3. retroflexen (!) und 4. einen palatalen (≠) Schnalzlaut.

Armenisch.

ԳԱՅԼԸ	ՊԱՅՏԱՐ
gaĭlə	p'aĭt'ar
Wolf-der (als)	Hufschmied.

Գայլը	երբ	մի	օր	շրջում	էր
gaĭlə	jerp'	mi	or	ʃərdʒum	er
Wolf-der	als	ein	Tag	umherwandernd	war

լեռներում,	արօտների	մէջ	կապած	մի
lerrnerum,	arot'neri	medʒ (metʃ')	k'ap'ats'	mi
Bergen-den-in,	den-Weiden	in	angebunden	ein

էշ	տեսաւ :	Էշը	հասկացաւ,	որ	իր	վերջն
eʃ	t'esav	eʃə	hask'ats'av	vor	ir	vertʃ'ən
Esel	sah.	Esel-der	verstand,	daß	sein	Ende-

եկել է, ուստի դիմեց գայլին
jek'el e, ust'i dimets' gaĭlin
das gekommen ist, deshalb er-wandte sich Wolf-

եւ ասաց. «Գոհութիւն Աստուծոյ, որ քեզ
jev asats': „gohut'jun ast'uts'o, vor k'ez
den-an und sagte: „Dank dem Gott, der dich

ինձ մօտ բերաւ, ո՛վ գայլ։ Ուրախ եմ, որ
indz mot' berav ov gaĭl! urax em, vor
mir bei herbrachte o Wolf! Froh bin, wenn

ուտես ինձ եւ ազատես այս սուտ
ut'es indz jev azat'es aĭs sut'
ißt-du mich und befreist-du diesem falschen

կեանքից. ես շատ եմ տանջուել ու տառապել
k'jank'its'; jes ʃat' em t'andʒvel u t'arrap'el
Leben-von; ich viel bin gequält-worden und gelitten

այս աշխարհում։ Միայն թէ, աղաչում եւ պաղատում
aĭs aʃxarhum. miaĭn t'e, aγatʃ'um jev p'aγat'um
diese Welt-in. Nur jedoch, bittend und anflehend

եմ քեզ, խղճա ինձ, նախ եւ առաջ
em k'ez, xəγtʃ'a indz, nax jev arradʒ
bin-ich dich, erbarme-dich meiner, zuvor und zuerst

յետի ոտքիս բեւեռը հանի՛ր, յետոյ կե՛ր ինձ։
het'i vot'k'is beverrə hanir, het'o k'er indz!
letzten Fußes Nagel herausziehe, dann iß mich!

Ահա մէկ տարի է, որ տանջւում եմ
aha mek' t'ari e, vor t'andʒvum em
sieh-da eĭn Jahr ist, daß gequält-worden bin

ես, ոչ ապրել գիտեմ եւ ոչ մեռնել։
jes, votʃ' ap'rels git'em jev votʃ' mernels.
ich, weder leben-mein weiß-ich und noch sterben-mein.

Գայլը հաւատաց էշի խօսքին եւ ուզեց
gaĭlə havat'ats' eʃi xosk'in jev uzets'
Wolf-der glaubte des-Esels Rede und wollte

բեւեռը հանել: Բայց էշը բոլոր ուժով
beverrə hanel. baits' eʃə bolor uʒov
Nagel-den herausziehen. Aber Esel-der ganz Kraft-mit

աքացի տուաւ եւ ջարդեց գայլի դունչը ու
ak'ats'i tvav jev dʒart'ets' gaıli duntʃ'ə u
Fußtritt gab und zerschlug Wolfes Maul-das und

փշրեց ատամները, ինքն էլ սարերը
p'əʃrets' at'amnerə ink'ən el sarerə
zermalmte Zähne-die, er-selbst auch Berge-die

փախաւ: Գայլը լալով գնաց նստաւ
p'axav. gaılə lalov gənats' nəst'av
flüchtete. Wolf-der Weinen-mit ging setzte-sich

մի բլրի վրայ եւ այսպէս խօսեց ինքն իրեն.
mi bəlri vra jev 'aisp'es xosets' ink'ən iren:
einen Hügel auf und diese-Art sprach er zu selbst:

«Ո՛վ անմիտ եւ յիմար, ինչո՞ւ խաբել տուիր
ov anmit' jev himar! intʃ'u xap'el t'vir
o dummer und blöder! Warum täuschen du-gabst

քեզ: Արժանի՛ ես այդ ամենին: Դու սկզբից
k'ez. arʒani es aıd amenin! du əskəzbits'
dich würdig du-bist diesem allem, du von Anfang an

մսագործ էիր եւ մսագործի զաւակ, ասա՛,
məsagorts' eir jev məsagorts'i zavak', asa,
Schlächter warst und Schlächters Nachkomme, sag,

ո՞վ արաւ քեզ պայտար:»
ov arav k'ez p'aıt'ar?
wer machte dich (zum) Hufschmied?

Der Text ist eine neuarmenische Bearbeitung aus der armenischen Fabelliteratur des Mittelalters. Er ist der Neuarmenischen Grammatik von Dr. *Artasches Abeghian*, erschienen im Verlag von Walter de Gruyter & Co., Berlin und Leipzig 1936, entnommen.

Übersetzung: »Der Wolf als Hufschmied«.

Als der Wolf eines Tages in den Bergen umherwanderte, erblickte er auf der Weide einen angebundenen Esel. Der Esel begriff, daß sein Ende gekommen war; er wandte sich deshalb an den Wolf und sagte: »Dank sei Gott, der dich zu mir sandte, o Wolf! Ich bin froh, wenn du mich frißt und (mich) von diesem falschen Leben befreist. Ich bin in dieser Welt viel gequält worden und habe viel gelitten. Doch ich bitte und flehe dich an, erbarme dich meiner und zieh mir den Nagel aus dem Hinterfuß heraus, bevor du mich frißt! Seit einem Jahr quäle ich mich nun schon, und ich weiß nicht, ob ich lebe oder sterbe.« Der Wolf glaubte den Worten des Esels und wollte den Nagel herausziehen. Aber der Esel gab dem Wolf mit ganzer Kraft einen Fußtritt und zerschlug ihm das Maul und zermalmte ihm die Zähne. Dann flüchtete er in die Berge. Der Wolf ging jammernd hin, setzte sich auf einen Hügel und sprach so zu sich selbst: »Wie dumm und blöd bist du doch! Warum läßt du dich täuschen. Das geschieht dir ganz recht. Von jeher warst du Schlächter und der Nachkomme eines Schlächters, sag, wer hat dich zum Hufschmied gemacht?«

SCHRIFT. Bis zu Beginn des 5. Jh. n. Chr. soll das Armenische nach dem armenischen Historiker *Moses von Choren* († 489 n. Chr.?) in einigen Gegenden mit griechischen, in anderen mit sassanidisch-persischen Buchstaben geschrieben worden sein. Im Jahre 406 schuf der Missionar Mesrop, auch *Mesrop Maschthotz* genannt, eine neue, den Phonemen der armenischen Sprache gut angepaßte Schrift, die heute noch mit unwesentlichen Veränderungen die Reihe der Großbuchstaben bildet. Auf Mesrop soll auch die georgische *Chutsuri-Schrift* zurückgehen (→ Georgisch). Als Vorlage zur Schaffung der armenischen Schrift soll ihm nach *Junkers* das arsakidische *Pehlevi-Alphabet* Nordirans gedient haben. Der griechische Einfluß bei der Gestaltung des Alphabets erstreckte sich auf die Wandlung der linksläufigen Pehlevi-Schrift in eine rechtsläufige, die Bildung besonderer Vokalzeichen und die der griechischen im allgemeinen entsprechende Buchstabenfolge. Auch *Jensen* rechnet in seinem Werk ›Die Schrift in Vergangenheit und Gegenwart‹ die armenische Schrift zum iranischen Schriftenkreis. Nach der bei Jensen angeführten Ansicht von *Peeters* ist die armenische Schrift als eine freie Erfindung unter Verwendung iranischer und griechischer Muster zu betrachten.

Die kleinen Buchstaben der heute gebräuchlichen Druckschrift bildet die im 12.—14. Jh. hauptsächlich verwendete Rundschrift (բոլորագիր bolora'gir); als Unziale (Reihe der Großbuchstaben) dient die *Ferrea*, d. h. ›*Eisenschrift*‹ (երկաթագիր jerk'at'a'gir). Daneben kommen die *Notragir-* (Kursiv-) und die *Normanschrift* vor. Als Schreibschrift dient die *Schegagir* (շեղագիր ʃeγa'gir) aus dem 18.—19. Jh.

Das armenische Alphabet

1.	2.	3.	4.	5.	1.	2.	3.	4.	5.
Ա	ա	a		aĭb	Մ	մ	m		men
Բ	բ	b	p‘	ben	Յ	յ	h-, j		hi
Գ	գ	g	k‘	gim	Ն	ն	n		nu
Դ	դ	d	t‘	da	Շ	շ	ʃ		ʃa
Ե	ե	e, je-		jetʃ‘	Ո	ո	o, vo-		vo
Զ	զ	z		za	Չ	չ	tʃ‘		tʃ‘a
Է	է	e		e	Պ	պ	p’	b	p’e
Ը	ը	ə		ət‘	Ջ	ջ	dʒ	tʃ‘	dʒe
Թ	թ	t‘		t‘o	Ռ	ռ	rr		rra
Ժ	ժ	ʒ		ʒe	Ս	ս	s		se
Ի	ի	i		ini	Վ	վ	v		vev
Լ	լ	l		ljʉn	Տ	տ	t’	d	t’jʉn
Խ	խ	x		xe	Ր	ր	r		re
Ծ	ծ	ts’	dz	ts’a	Ց	ց	ts‘		ts‘o
Կ	կ	k’	g	k’en	Ւ	ւ	v, u		hjʉn
Հ	հ	h		ho	Փ	փ	p‘		p‘jʉr
Ձ	ձ	dz	ts	dza	Ք	ք	k‘		k‘e
Ղ	ղ	γ		γad	Օ	օ	o		o
Ճ	ճ	tʃ’	dʒ	tʃ’e	Ֆ	ֆ	f		fe

In den obigen Spalten sind verzeichnet:

1. Die armenischen Großbuchstaben;
2. die armenischen Kleinbuchstaben;
3. die Lautwerte der armenischen Buchstaben im Ostarmenischen;
4. die Lautwerte der Buchstaben im Westarmenischen, die vom Ostarmenischen abweichen;
5. die Namen der Buchstaben im Ostarmenischen.

Allgemeines. Die Zugehörigkeit des Armenischen zur indogermanischen Sprachfamilie wurde zuerst von dem Berliner Orientalisten Heinrich *Petermann* 1837 nachgewiesen. Er

und andere (*Windischmann*, Friedrich *Müller*) rechneten das Armenische zu der iranischen Gruppe, und zwar wegen der großen Zahl von Wörtern iranischen Gepräges, die sie nicht als Lehnwörter erkannten. Sie glaubten, diese Wörter gehörten zum altererbten Wortschatz des Armenischen. Heinrich *Hübschmann* kam dagegen in seiner armenischen Grammatik (1897) zu dem Schluß: »Die armenische Sprache ist ein selbständiger Zweig des indogermanischen Sprachstammes...«
Die folgende kurze grammatische Skizze zeigt, wie weit sich das Armenische typologisch vom Indogermanischen entfernt hat. Besonders in morphologischer Hinsicht weist es einen den → *Türksprachen* sehr ähnlichen Bau auf. In syntaktischer Hinsicht findet sich im Armenischen sowohl die analytische Form der Nebensätze mit Konjunktionen und Relativpronomen, als auch die synthetische Konstruktion, in der an die Stelle der Nebensätze Partizipien und substantivierte Infinitive mit Kasus- und Pronominalendungen treten.
Man unterscheidet drei geschichtliche Stufen: Das *Altarmenische* vom 5.—9.(?) Jh., das sich (als tote Sprache) bis zum 19. Jh. in der Kanzlei, Schule und in der Literatur gehalten hat. Daneben gab es schon früher, wohl schon im 5. Jh., verschiedene Formen einer Umgangssprache. Eine dieser Formen erlangte als *Mittelarmenisch* im 12. Jh. allgemeine Geltung. Das Mittelarmenische war z. B. die Kanzlei- und Umgangssprache am Hofe von Kilikien (11.—14. Jh.). Zur Schreibung vieler Fremdwörter, die z. B. aus dem Mittelfranzösischen in das Mittelarmenische drangen, wurden zwei neue Buchstaben, das օ und das ֆ [f] eingeführt. Das Mittelarmenische leitet mit seiner Lautverschiebung (siehe in der Alphabet-Tabelle die Laute, die in Spalte 3 und 4 vorkommen) zum *Neuwestarmenischen* über. Das *Neuarmenische* bildete sich im 16. Jh. heraus, als Schriftsprache wurde es jedoch erst im 19. Jh. anerkannt. Es zerfällt in zwei nicht wesentlich voneinander verschiedene Gruppen: Das *Westarmenische* und das *Ostarmenische*. Dialektische Unterschiede innerhalb der einen Gruppe sind oft größer als zwischen den beiden Gruppen. Maßgebend für die in Syrien, Ägypten, in dem Irak, in Frankreich, Amerika, Venedig zerstreut lebenden Gruppen von Armeniern wurde der westarmenische Dialekt der Konstantinopler Armenier. Das Ostarmenische, dem der *Ararat-Dialekt* zugrunde liegt, ist Staatssprache in der Armenischen SSR. Es wird dort von etwa 3,8 Millionen Personen gesprochen.
Außerdem wird es von den Armeniern in Persien und Indien gepflegt. Im ganzen wird Armenisch von etwa 5 Mill. Menschen gesprochen.

Die armenische Orthographie, die für das Altarmenische ganz nach phonetischen Prinzipien geschaffen war, trägt für die heutige Sprache einige historische Züge. Doch weicht die in der Schule gelehrte Aussprache des Ostarmenischen, die wir unter dem mit armenischen Buchstaben geschriebenen Text gegeben haben, nur wenig von dem Schriftbild ab. Die natürliche Sprechweise der Armenier unterscheidet sich durch Auslassung von Vokalen und Assimilation von Konsonanten stärker vom Schriftbild. Den Ersatz der stimmhaften Konsonanten im In- und Auslaut durch die entsprechenden aspirierten stimmlosen (b > pʻ; dʒ > tʃʻ usw.) haben wir in der Umschrift schon angedeutet.

Der Phonembestand des Armenischen geht im wesentlichen aus Spalte 3 des Alphabets hervor.

VOKALE: Das Vokalsystem ist sehr regelmäßig. Es gibt sechs Vokalphoneme, die man wie folgt anordnen kann:

vordere Reihe	mittlere	hintere Reihe
i	ə	u
ɛ	a	ɔ

Da ɛ und ɔ immer offen sind, schreiben wir [e] und [o]. Die Laute [e] und [o] werden durch je zwei Buchstaben dargestellt: ե է; ո օ.

In dem Beispieltext ist die historische Schreibweise beibehalten worden. In der Armenischen SSR ist die Orthographie stärker ›phonetisiert‹, und für die Laute [e] und [o] gilt folgende vereinfachte Schreibung: Am Anfang eines Wortes ե = [je] ո = [vo]; sonst ե = [e], ո = [o].

Um die Laute [e] und [o] am Anfang eines Wortes zu schreiben, verwendet man die Buchstaben է und օ; Beispiel: օր [or] ›*Tag*‹, է [e] ›*ist*‹; aber: Երեվան [jere'van] ›*Eriwan*‹, Hauptstadt der Armenischen SSR.

Das [u] wird durch die Kombination der Zeichen ու dargestellt. Nach einem j-Laut wird es mit vorgeschobener Zunge gesprochen und klingt fast wie ein unreines ü: [jʉ].

KONSONANTEN: Wie im → Georgischen ist im Ostarmenischen von jedem Verschlußlaut und jeder Affrikata eine ›Dreierreihe‹ vorhanden:

բ	[b]	դ	[d]	գ	[g]	ձ	[dz]	ջ	[dʒ]
պ	(p')	տ	[t']	կ	[k']	ծ	[ts']	ճ	[tʃ']
փ	[pʻ]	թ	[tʻ]	ք	[kʻ]	ց	[tsʻ]	չ	[tʃʻ]

Das Zeichen ' bedeutet Kehlkopfverschluß; p' t' k' sind schwach ejektive Laute. ʻ bedeutet starke Aspiration. Es besteht kein Zweifel, daß der ostarmenische Lautstand durch ein

starkes kaukausisches Substrat (→ Georgisch) bewirkt worden ist. r ist ein frikatives (geriebenes, nicht gerolltes) Zungen-r. rr ist gerolltes Zungen-r.
Die Wortbetonung ist fest; sie liegt immer auf der letzten Silbe, die kein ə enthält. Bei aus mehreren Silben bestehenden hinweisenden und fragenden Wörtern sowie bei Adverbien verschiebt sich die Betonung zuweilen sinngemäß auf die erste Silbe. Der Akzent ist im Armenischen an sich weder grammatisch noch lexikalisch von differenzierender Wirkung. Man könnte ihn als schwach wortsignalisierend bezeichnen.
Die Verbindung des Armenischen mit anderen indogermanischen Sprachen sei an einigen Wörtern gezeigt:
jem ›*ich bin*‹; sanskrit asmi; neupers. am; altgriech. eːˈmi; lat. sum; lettisch esmu; alban. jam;
jes ›*ich*‹; sanskrit aˈham; griech. eˈgɔː; lat. ego; gotisch ik; litauisch aš, lettisch es.
medʒ ›*Mitte*‹, ›*in*‹; altgriech. ˈmessos, lat. medius, gotisch midjis, althochdt. mitti, alban. mjet ›*mittel*‹; altkirchenslaw. mežda ›*Straße*‹.
hinkʻ ›*fünf*‹; griech. ˈpende; neupers. pandʒ usw. Indogermanisches p- wurde im Armenischen zu h-; daher auch:
hair ›*Vater*‹; griech. paˈtɛːr; lat. pater usw.
mair ›*Mutter*‹; griech. ˈmɛːtɛr; lat. mater usw.
Ein -t- zwischen zwei Vokalen schwand im Armenischen. Abschwächung und schließlicher Ausfall intervokalischer Verschlußlaute gehört zu den allgemeinsten Lautentwicklungserscheinungen.
Gekünstelt erscheint die Verknüpfung des Zahlwortes für ›*zwei*‹, armen. jerkʼu, mit der indogermanischen Wurzel *dvō. Das armenische *k*ʼ- entspreche, so wird argumentiert, der indogermanischen Phonemgruppe dv-; denn man vergleiche armen. *k*ʻo ›*deiner*‹ mit sanskrit tvad, und was die Gruppe jer- betreffe, so mag sie in einer vorwegnehmenden Angleichung aus jerekʻ ›*drei*‹ stammen. Sollten die Zusammenhänge wirklich stimmen, so könnte man daraus den sehr wichtigen Schluß ziehen, daß sich jeder Laut aus jedem entwickeln kann. Ohne weitere Anhaltspunkte zu haben und ohne die Zwischenstufen zu kennen, die von einem Laut zum anderen überleiten, haben Gleichungen der obigen Art wenig Zweck.

Einige wichtige Formen:
Das Armenische hat wie das Persische und die Türksprachen kein grammatisches Geschlecht. Bestimmt wird das Substantiv wie in den meisten südosteuropäischen Sprachen durch ein angehängtes *Morphem*, das man Artikel nennen kann: gaɫl-ə ›*der Wolf*‹, eʃ-ə ›*der Esel*‹. An die Stelle von ə

tritt -n, wenn das Substantiv auf einen Vokal endet oder das nächste Substantiv mit einem Vokal — auch [je] — beginnt: jes k'o hajrn jem (*ich, dein, Vater, bin*) ›*ich bin dein Vater*‹. Der unbestimmte Artikel ist die Kurzform des Zahlwortes eins: mi, z. B. mi or ›*eines Tages*‹.

Der Plural der Substantive wird durch das Suffix -er (meist bei einsilbigen) oder durch -ner gekennzeichnet: lerrn-er ›*Berge*‹ (hier taucht ein altes -n wieder auf, das im Nominativ schwindet: lerr ›*Berg*‹); arot'ner ›*Weiden*‹.

In der Deklination, die im wesentlichen durch eindeutige Suffixe bewirkt wird, unterscheidet man 7 Fälle. Neben Sonderformen, die auf die ältere Sprache zurückgehen, gibt es drei Deklinationen, deren Merkmal der Genitiv Singular ist: 1. -i; 2. -u; 3. -an. Beispiel für die erste Deklination, zu der die meisten Substantive gehören:

	Ohne Artikel		Mit Artikel
Nominativ	gaĺl	›der Wolf‹	gaĺl-ə
Genitiv	gaĺl-***i***	›des Wolfes‹	gaĺl-***i***
Dativ	gaĺl-***i***	›dem Wolf‹	gaĺl-***i-n***
Akkusativ	gaĺl	›den Wolf‹	gaĺl-ə
Ablativ	gaĺl-***its'***	›aus dem Wolf‹	gaĺl-***its'***
Instrumental	gaĺl-***ov***	›durch den W.‹	gaĺl-***ov***-ə
Lokativ	gaĺl-***um***	›in dem Wolf.‹	gaĺl-***um***-ə

Das Pluralsuffix tritt wie in den Türksprachen und im Georgischen zwischen Wort und Kasusendung; die Kasusendungen nach dem Pluralsuffix sind die der ersten Deklination:

Nom.	arot'-ner-ə	›die Weiden‹
Gen.	„ ner-i	›der Weiden‹ usw.
Dat.	„ ner-i-n	
Akk.	„ ner-ə	
Abl.	„ ner-its'-ə	
Instr.	„ ner-ov-ə	
Lok.	„ ner-um-ə.	

Mit Ausnahme des artikellosen Genitivs hat das Armenische wie die südosteuropäischen Sprachen Bulgarisch, Rumänisch, Albanisch und zum Teil Neugriechisch eine Form für den Genitiv und den Dativ.

Die Verhältniswörter, von denen die meisten heute Postpositionen sind, fordern einen bestimmten Fall, z. B. verlangen medʒ ›in‹, vra ›auf‹ den Genitiv: arot'neri medʒ, bəlri vra ›auf einem Hügel‹ (von blur ›Hügel‹ mit Ausfall des u).

Wie im Türkischen steht das Adjektiv unverändert vor dem Substantiv. Das Gleiche gilt für das Genitivattribut: sut' k'jank' *›falsches Leben‹*; het'i vot'k' *›Hinterfuß‹*; eʃi xosk'in *›der Rede* (Dat.) *des Esels‹*; məsagorts'i zavak' *›Nachkomme eines Schlächters‹*. Das alleinstehende substantivierte Adjektiv geht meist nach der 1. Deklination. Die Komparation erfolgt analytisch durch Vorsetzung von aveli ›mehr‹ vor das Substantiv: Amerik'an aveli mets' e k'an Jevrop'an (*Amerika mehr groß ist als Europa*) *›Amerika ist größer als Europa‹*. Oder ganz entsprechend der türkischen Konstruktion:

*Amerik'an Jevrop'aj**its'** mets' e*
türk.: *Amerika Avrupa**dan** büyüktür.*
Amerika Europa-von groß ist.

Der Superlativ wird durch amen-a- *›all‹*, *›gesamt‹* ausgedrückt, das mit dem Substantiv zu einem Wort verschmilzt:amena-mets' *›größt-‹*.

Die Personalpronomina haben zum Teil besondereFormen für die einzelnen Fälle:

jes	*ich*	du	*du* usw.
im	*meiner*	k'o	
indz	*mir*	k'ez	
indz	*mich*	k'ez	
indz-n-its'	*von mir*	k'eznits'	
indz-n-ov	*durch mich*	k'eznov	
indz-n-um	*in mir*	k'eznum	

ink'ən *er, sie, es*
ir(en) oder iran
iren oder iran usw.

Anstatt ink'ən wird auch häufig na verwendet.

menk' *›wir‹*, mer , mez usw.
duk' *›ihr‹*, dzer, dzez usw.
irenk', irents' oder irank' usw. *›sie‹*.

Die Personalpronomen im Genitiv werden, zum Teil mit hinter das betreffende Substantiv gesetzten Personalpartikeln, als Possessivpronomen gebraucht.

Das armenische Verb drückt Person (1., 2., 3.), Zahl (Sing. und Plur.), Modus (Imperativ, Indikativ, Konjunktiv, Konditionalis) und Zeit (Präsens, Imperfekt, Aorist, Perfekt, Plusquamperfekt, Futur) aus. An Formen ohne Personalendungen hat das Armenische Infinitiv, Partizip Präsens, Partizip Perfekt, Partizip Futur und ein Gerundium.

Bis auf den Aorist Indikativ, den Konjunktiv und den Imperativ werden alle Zeiten analytisch gebildet. Man kann neben einer Anzahl unregelmäßiger Verben nach der Infinitivendung drei Konjugationen unterscheiden: Verben auf 1. -il (oder -el), 2. -al, 3. -anal (oder -enal): ʃərdʒel ›umherwandern‹; k'ap'el *›binden‹*; t'esnel *›sehen‹*; hask'anal *›verstehen‹*; dimel *›sich wenden an‹*; asel *›sagen‹*; ut'el *›essen‹*; hanel *›herausziehen‹* usw.

Das Passiv wird wie in den Türksprachen durch ein Infixelement ausgedrückt, und zwar tritt zwischen Verbalstamm und Suffix das Infix -u- (-v-): Die gleiche Endung gilt auch für das Reflexivum: t'andʒel ›quälen‹ t'andʒvel *›gequält werden‹*, *›sich quälen›*. (Vgl. türkisch *-il-*, *-in-*.)

Der Stamm des Verbs, d. h. der Teil des Verbs ohne Infinitivendung, bleibt unverändert. Dieser Stamm wird auch der Präsens- oder erste Stamm genannt. Von diesem Stamm erhält man durch das Suffix -ats', -ets' den zweiten oder den Aoriststamm. Die Infixe -n- und -tʃ'- des Präsensstammes fallen aus, und es ergibt sich dann ein einfacher, unerweiterter Aoriststamm. Einige Beispiele: hask'ats'-; t'es- (weil t'es**nel**); dimets'-; asats' unregelmäßig von as**el**). Von dem Aoriststamm werden der Aorist und der Imperativ aller Verben, ferner mit einigen Einschränkungen das Partizip Präsens, das Perfekt und das Plusquamperfekt gebildet; die übrigen Zeiten werden vom Präsensstamm abgeleitet.

Die Formen des Präsens und Imperfekts entstehen analytisch aus dem Verb im Lokativ und den entsprechenden Formen von *›sein‹*, z. B. ʃərdʒ-um (j)em (*›umherwandern-in ich-bin‹*) *›ich wandere umher‹* (vgl. türk. gelmekteyim *›ich bin im Kommen‹*). Um ein Verb im Präsens und im Imperfekt konjugieren zu können, muß man die Formen von *›sein‹* kennen:

jem	*›ich bin‹*	ei[ɛ'i] *›ich war‹* usw.
jes	*›du bist‹*	eir
e	*›er ist‹*	er
jenk'	*›wir sind‹*	eink'
ek'	*›ihr seid‹*	eik'
jen	*›sie sind‹*	ein.

Die Aoristendungen sind nach gewissen Regeln aktivisch (-i, -ir, -; -ink', -ik', -in) oder mediopassivisch (-aj, -ar, -av; -ank', -ak', -an): t'esav *›er sah‹*; hask'ats' -av *›er verstand‹*; dimets' (-) *›er wandte sich an‹*; asats' (-) *›er sagte‹*. Der Konjunktiv oder Optativ hat bei den Verben auf -el folgende Endungen: -em, -es, -e; -enk', -ek', -en: ut'es *›daß du essest‹* von ut'el; azat'es *›daß du mich befreiest‹* von azat'el.

Neben der analytischen Satzverbindung durch Konjunktionen kennt das Armenische synthetische Satzfügungen hauptsächlich mit Hilfe substantivierter Infinitive und ver-

schiedener Partizipien (siehe Text: ap'rel*s* *›leben-mein‹*; merrnel*s* *›sterben-mein‹*).
Der Wortschatz des von Lord Byron hochgeschätzten Armenischen enthält wahrscheinlich noch manche aus asianiden Sprachen (z. B. Urartisch, Mittanisch) entlehnten Elemente, die wichtige kulturhistorische Hinweise geben können.
Zusammenfassung: Das Armenische ist eine im wesentlichen analytisch-agglutinierende Sprache mit einer Anzahl Unregelmäßigkeiten, die sich als Reste einer früheren Flexion erhalten haben.

Chinesisch.

1. 中 華 人 民 共 和 國 的
2. Zhōnghuá rénmín- gòng‿ hé‿ guó‿ di
3. -ḍẓʊŋ /hua /ẓən/mɪn \g̊ʊŋ /xʌ /g̊uɔ ḍɪ
4. Mitte-China Mensch-Volk gemein-sam -Eintracht-Staat (Gen.)
5. chinesisch Volk Republik
6. Der chinesischen Volksrepublik

1. 人 民 民 主 制 度, 也 就 是
2. rénmín mínzhǔ zhìdù ye jiùshì
3. /ẓən/mɪn /mɪnɹḍẓu \ḍẓʌ \ḍu ɹjɛ \ḍẓiu \ʂʌ
4. Mensch-Volk Volk-Herr Gesetz-Regel (Part.) so-ist
5. Volk demokratisch System das heißt
6. volksdemokratisches System, das heißt

1. 新 民 主 主 義 制 度 保 證
2. xīn mínzhǔ zhúyì zhìdù, bǎozhèng
3. -ɕɪn /mɪnɹḍẓu ɹḍẓu\i \ḍẓʌ\ ḍu, ɹḅao \ḍẓʌŋ
4. neu Volk-Herr Herr-Pflicht Gesetz-Regel, bürgen-bezeugen
5. neu demokratisch Prinzip System, garantieren
6. das System der neuen Demokratie, garantiert

1. 我 國 能 夠 通 過
2. wǒ guó nénggòu tōng guò
3. ɹwɔ /g̊uɔ /nʌŋ\g̊ou -tʻʊŋ\g̊uɔ
4. ich Land können-genug durchgehen hinübergehen
5. China können durch
6. (daß) China kann auf

1.	和乎的	道路	消滅	剝削
2.	hépíngdi	dàulù	xiāomiè	bōxuē
3.	ˊxʌ p‘ɪŋḍɪ	ˋḍao ˋlu	-çiao ˋmĭɛ	-ḅo-çyɛ
4.	Eintracht-glatt (Gen.)	Weg-Weg	schmelzen-auslöschen	schälen-beschneiden
5.	friedlich	Weg	bannen	ausbeuten
6.	friedlichem	Weg	bannen	die Ausbeutung

1.	和	貧困	建成	繁榮
2.	hé	pínkùn,	jiànchéng	fánróng
3.	ˊxʌ	p‘ɪnˋk‘un,	ˊḍʐiɛnˊtʂ‘ʌŋ	ˊfɑn ˊʐʊŋ
4.	Eintracht, mit	Armut-Not,	bauen-vollenden	zahlreich-blühend
5.	und	Armut,	bauen	blühend
6.	und die Armut	und	aufbauen	eine blühende

	幸福的	社會	主叉	社會
2.	xìngfúdi	shèhuì	zhúyi	shèhuì.
3.	ˋçɪŋ ˊfuḍɪ	ˋʂəˋxueɪ	ˏḍʐuˋi	ˋʂəˋxueɪ.
4.	Glück-Glück (Gen.)	Gesellschaft-Verein-Doktrin		Gesellschaft-Verein
5.	glücklich	Sozialismus		Gesellschaft.
6.	glückliche	sozialistische		Gesellschaft.

Übersetzung: »Das volksdemokratische System der chinesischen Volksrepublik, das heißt das System der neuen Demokratie, garantiert, daß China auf friedlichem Weg Ausbeutung und Armut beseitigen und eine blühende, glückliche sozialistische Gesellschaft aufbauen kann.«

Die Zahlen vor den Zeichen dieses Sprachmusters, eines Satzes aus der Verfassung der chinesischen Volksrepublik, bedeuten:

1. Text in chinesischer Schrift, in der die neu geschaffenen vereinfachten Schriftzeichen noch keine Anwendung finden.
2. Text in der neuen chinesischen Lateinschrift. Im folgenden werden chinesische Wörter nur in dieser Schrift geschrieben, sofern nicht die alten chinesischen Schriftzeichen erklärt werden sollen.
3. Umschrift mit den Zeichen der internationalen Lautschrift zur Angabe der Aussprache. Die Umschrift ist nötig, um die Lautwerte zu zeigen, die die neue chinesische Lateinschrift ausdrückt.
4. Wörtliche Übersetzung des aus einer Silbe bestehenden

chinesischen Wortes. Von den vielen Bedeutungen, die das ›Silbenwort‹ hat, ist nur diejenige genannt worden, die zum Verständnis des aus mehreren Silben bestehenden ›Kuppelwortes‹ hinleitet.

5. Wörtliche Übersetzung des aus mehreren Silben zusammengesetzten Wortes.
6. Übersetzung nach Wortgruppen mit den im Deutschen nötigen Funktionselementen (Endungen, Artikel, Konjunktionen usw.), die ungeachtet der dem chinesischen Text angelehnten Wortstellung bereits den Sinn des Textes verdeutlichen.

Das neue chinesische Lateinalphabet auch **pīnyīn-Umschrift** genannt. In der ersten Spalte sind die Buchstaben und Buchstabengruppen des neuen chinesischen Lateinalphabets aufgeführt, in der zweiten Spalte die entsprechenden Lautwerte mit den Zeichen der Association Phonétique Internationale.

1.	2.	1.	2.	1.	2.
Konsonanten		Vokale		Vokale + n oder ng	
b	ḅ	*a*	a, (ɑ, ɛ)	*an*	an
p	pʻ	*o*	ɔ, (o, ʊ)	*ian, yan*	ĭɛn
m	m	*e*	ɵ, ʌ, ɛ	*uan, wan*	wan
f	f	*i, yi*	i, (ɪ, ɹ, ɯ)	*üan, yuan*	y̆ɛn
d	ḍ	*u, wu*	u	*en*	ən
t	tʻ	*ü, yu*	y	*uen, un, wen*	wən
n	n	1.	2.	*in, yin*	ɪn
l	l	Diphthonge und Triphthonge		*ün, yun*	yn
g	g̥			*ang*	aŋ
k	kʻ	*ai*	aɪ	*iang, yang*	ĭaŋ
h	x	*ao*	ao	*uang, wang*	wɑŋ
j	ḍʑ	*ou*	ou	*ong*	ʊŋ
q	tɕʻ	*ei*	ɛɪ	*iong, yong*	ĭʊŋ
x	ɕ	*ia, ya*	ĭa	*eng*	ʌŋ
z	ḍz	*iao, yao*	ĭao	*ueng, weng*	wʌŋ
c	tsʻ	*iou, iu, you*	ĭou	*ing, ying*	ɪŋ
s	s	*ie, ye*	ĭɛ		
zh	ḍʐ	*ua, wa*	ŭa, wa		
ch	tʂʻ	*uai, wai*	ŭaɪ, waɪ		
sh	ʂ	*uo, wo*	ŭɔ, wɔ		
r	ʐ	*uei, ui, wei*	ŭeɪ, weɪ		
ng	ŋ	*üe, yue*	yɛ		
y	j	*er*	ɵɹ (klingt fast wie ›örl‹)		
w	w	-*i* (in *zhi, chi, shi, ri*)	ɹ (verlängertes vokalisiertes Zungenspitzen-r)		
		-*i* (in *zi, ci, si*)	ɯ (hinterer Zungenspitzenlaut, klingt wie ein dumpfes *u* ohne Lippenrundung)		

Man sieht, daß die heutige chinesische Lautschrift rein phonologisch aufgebaut ist. Man unterscheidet nur sechs Vokalphoneme, die zum Teile mehrere phonetische Varianten haben. Das freistehende *e* lautet [ɛ]; folgt ihm ein *n*, so wird es [ə] ausgesprochen. Das *a* lautet [a] in *an*, nach einem kurzen [i] oder [y] wird es, da die Zunge wie beim [i] oder [y] vorgeschoben bleibt, zu einem sehr ›hellen‹ [a], das fast einem [ɛ] gleichkommt. *o* ist nach einem [w]-Laut offen, vor einem [ŋ] so geschlossen, daß man es einem offenen *u* (= [ʊ]) gleichsetzen kann. Die umgebenden Konsonanten haben also auf die Klangfarbe des Vokals einen entscheidenden Einfluß. Nach den retroflexen Lauten wird das *i* apikal gesprochen, d. h. es ist ein Vokal der vorderen Zungengegend. Der besondere Klang des Vokals entsteht dadurch, daß die Zungenspitze nach oben gegen den harten Gaumen gebogen bleibt. Es klingt wie ein weit nach vorn geschobenes, unreines *i*. Genau genommen gibt es noch andere Vokalvarianten, als die in der Umschrift dargestellten. Das *e* in *zhe* ist, wenn man es genau darstellt, ein sehr offenes, ungerundetes *o*; man müßte also schreiben [d̥ʐɤ].

An dem Konsonantenbestand fällt auf: Stimmhafte Verschlußlaute wie *b g d* fehlen; sie sind stimmlos wie im Dänischen oder wie in einigen deutschen Dialekten, z. B. im Sächsischen. Die stimmlosen Verschlußlaute sind stark aspiriert: *p*ʻ oder *ph*. Es gibt drei palatale, und vier retroflexe Laute.

Das Pekinesische hat vier Töne, die phonemisch wirksam sind (andere Dialekte haben mehr). Man unterscheidet: 1. Den hohen ebenen Ton, z. B. *mā* ›Mutter‹, ›alte Frau‹; 2. den hohen steigenden Ton, z. B. *má* ›Hanf‹, ›Jute‹; 3. den kurz sinkenden und steigenden Ton, z. B. *mǎ* ›Pferd‹; ›Ziffer‹ und andere *mǎ*, die nur als Silben mehrsilbiger Wörter vorkommen; 4. den fallenden Ton, z. B. *mà* ›verfluchen‹, ›schimpfen‹.

Außerdem macht sich im Chinesischen ein deutlicher Wort- oder Gruppenakzent bemerkbar, der sich durch größere Schallfülle auszeichnet. Die Silbe mit der größeren Schallfülle muß deutlich in dem vorgezeichneten Ton gesprochen werden, während die Silbe mit dem ›leichten Ton‹ ihren eigentlichen Ton fast verloren hat z. B. *wǒmen* ›wir‹. Die zweite Silbe ist tonschwach, sie hat den sogenannten leichten Ton. In den neuen chinesischen Grammatiken wird er durch eine kleine o (Null) bezeichnet.

In mehrsilbigen Wörtern beeinflussen sich zudem die Töne. Folgen z. B. zwei vierte Töne aufeinander, dann fällt der erste Ton nur sehr wenig, z. B. *zàijiàn* ›auf Wiedersehen‹. Folgt einem dritten Ton ein erster, zweiter, vierter oder leichter Ton, so wird der dritte Ton zu einem fallenden Ton, z. B. *qǐngzuò* (›bitte setzen, ›Nehmen Sie bitte Platz!‹; *zǔguó* ›Vaterland‹. In der Schrift wird dieser Tonwechsel nicht ausgedrückt.

DIE CHINESISCHE SCHRIFT. Das Alter der chinesischen Schrift wird auf etwa 3500 Jahre geschätzt. Einmalig und erstaunlich ist die Beständigkeit dieser Schrift, die sich in dieser langen Zeit nur unwesentlich gewandelt hat. Sie kann, wie der hervorragende schwedische Sinologe Bernhard *Karlgren* sagt, zusammen mit der chinesischen Literatur »als ein eindrucksvolles Denkmal aus dem grauen Altertum betrachtet werden, das die gesamte ostasiatische Kulturwelt in seinen Bann gezogen hat«. Und dieses Denkmal ist »keineswegs eine Ruine, sondern es steht noch ganz unzerbrochen in seiner Erhabenheit da«. Ein chinesisches Zeichen sagt im allgemeinen fast nichts oder nur sehr Ungenaues über den Klang des Wortes aus, das es darstellt. Das Zeichen 人 z. B. steht für den Begriff ›Mensch‹ und wird auf chinesisch *rén* [ʐən] gelesen. Der Lautkomplex *rén*, der ›Mensch‹ bedeutet, kann aus der Gestalt des Zeichens ohne Kenntnis seiner Bedeutung nicht erschlossen werden. Die Tatsache allein, daß der Chinese in dem Zeichen 人 den Begriff ›Mensch‹ erkennt, veranlaßt ihn, dieses Zeichen *rén* zu lesen, ähnlich wie der Deutsche Zahlen, mathematische Zeichen liest: 2 ›zwei‹, = ›gleich‹ usw. Hätten die Deutschen aus irgendeinem Grunde die chinesischen Schriftzeichen übernommen, so würden sie das chinesische Zeichen ›Mensch‹ lesen (→ Japanisch). Die Schrift ist also kein optisches Spiegelbild des Lautkomplexes, sondern eine optische Darstellung der Begriffe, die in der Sprache ausgedrückt werden. Das Wort ist in der chinesischen Schrift nie in seine Lautbestandteile, z. B. [ʐ -ə- n], aufgelöst, sondern immer als unteilbare Einheit behandelt worden. So kommt es, daß Schrift und Sprache im Chinesischen ein weitgehend getrenntes Dasein geführt haben. Jedes Schriftzeichen und jedes Wort haben ihr voneinander unabhängiges Schicksal gehabt: Die Wandlung des Schriftzeichens im Laufe der Jahrhunderte, die ja sehr gering war, sagt nichts über die Lautentwicklung des Wortes, die — wie Karlgren, Simon und andere gezeigt haben — sehr beträchtlich war.

Die Masse der chinesischen Zeichen läßt sich nach der Art ihrer Bildung gliedern; es sind 1. unmittelbare Abbildungen. Man zeichnet den Gegenstand, den das Wort bezeichnet, das man schriftlich übermitteln will. Viele Bilder kann man trotz der stilisierten Formen, die sich im Laufe der Zeit entwickelt haben, heute noch erkennen.

Die folgende Tabelle zeigt die Entwicklung einiger chinesicher Schriftzeichen im Laufe der Jahrhunderte, und zwar in folgenden Stufen:

1. 1700—1400 v. Chr.
2. 776—250 v. Chr.
3. 250 v. Chr. bis 25 n. Chr.
4. 25 n. Chr. bis 220 n. Chr.
5. 380 n. Chr. bis heute.

rì [ˋʐʅ] ›Sonne‹

yuè [ˋjy̌ɛ] ›Mond‹

mǎ [ˏma] ›Pferd‹

yú [ˊjy] ›Fisch‹

2. Darstellungen hinweisender Gebärden: Punkt über einer Linie heißt ›oben‹ 丄, heute 上, Punkt unter einer Linie heißt ›unten‹ 丅, heute 下.

3. Symbolische Darstellungen eines Gegenstandes, einer Handlung, eines Zustandes, eines abstrakten Begriffes usw.:

中 *zhōng* ›Pfeil durch eine Scheibe‹ = ›Mitte‹;

大 *dà*, früher 亣, Darstellung eines erwachsenen Menschen = ›groß‹;

工 *gòng*, ein Winkelmaß als wichtigstes Handwerkzeug war Symbol der Arbeit = ›Arbeit‹;

東 *dōng*, die Sonne 日 ist noch hinter einem Baum 木 = ›Osten‹; die heute eingeführte vereinfachte Schreibung 东 läßt die alte Symbolik nicht mehr erkennen.

4. Zusammenfügungen zweier oder mehrerer Zeichen zu einem Sinnbild: 木 *mù* ›Baum‹; 林 ›zwei Bäume‹ = *lín* ›Wald‹ 女 *nǚ* ›Frau‹ plus 子 *zǐ* ›Kind‹ = 好 *hǎo* ›gut‹.

5. Homonymzeichen. Man verwendete für zwei gleichklingende Wörter ein Zeichen, indem man dem alten Zeichen eine weitere Bedeutung unterlegte. Oft erlosch dann die erste ursprüngliche Bedeutung des Zeichens. Das Zeichen 有 stellt eigentlich eine Hand über dem Mond (= Mondfinsternis) dar. Um das gleichklingende *yǒu* ›haben‹ zu schreiben, benutzte man das Zeichen für die Mondfinsternis. Dies Verfahren, das nicht sehr fruchtbar war, nennt man ›Entlehnung‹.

Die obigen Gruppen bilden jedoch nur einen kleinen Teil des chinesischen Zeichenvorrats. Fast neun Zehntel aller Zeichen werden durch Verbindung zweier Elemente, eines Begriffsdeuters und einer phonetischen Komponente, gebildet. Setzt man z. B. vor 同 *tóng* ›dasselbe‹, ›ähnlich‹ usw. das Zeichen für ›Baum‹ 木, so erhält man das Zeichen für ›Tungölbaum‹ 桐, das *tóng* ausgesprochen wird. Die beiden Wörter für ›dasselbe‹ und ›Tongölbaum‹ sind also Homonyme, nicht aber Homographe. Die Sprache ist in diesem Fall zweideutig, die Schrift eindeutig. Das Zeichen 江 *jiāng* ›Fluß‹ und ›Yangtse‹ setzt sich zusammen aus dem Begriffsdeuter 水 *shuǐ* ›Wasser‹, das abgekürzt 氵 geschrieben wird, und dem phonetischen Element 工 *gōng* ›Arbeit‹. Das phonetische Element gibt oder gab oft nur den ungefähren Lautwert wieder; in dem zuletzt angeführten Beispiel klafft jedoch ein solcher Spalt (*gōng*/*jiāng*), daß diese Abweichung nur als Ergebnis eines Lautwandels betrachtet werden kann. Wie Lu Hsün treffend sagt, »haben sich die chinesischen Schriftzeichen in Bilderzeichen ohne Bilder und in gleichlautende Zeichen ohne gleiche Laute gewandelt«.

Das erste Zeichen, das einen Hinweis auf die Begriffsgruppe des dargestellten Wortes gibt, wird Schlüssel, Radikal, Klassenhaupt, Klassenzeichen, der zweite Bestandteil Komplement, Lauter, phonetisches Element oder phonetische Komponente genannt.

Das Radikal steht häufig links von der phonetischen Komponente, kann jedoch auch an einem anderen Platz (oben, unten, rechts) stehen oder den Lauter umschließen. Dieser Radikale bediente man sich, um die Wörter lexikalisch zu ordnen. Die Zahl der Radikale, die in dem ältesten um 100 n. Chr. entstandenen chinesischen Wörterbuch, dem *shuōwén*, 540 betrug, wurde durch das auf Befehl des Kaisers Kang-hsi (1662—1723) hergestellte Wörterbuch auf die bis in die letzte Zeit geltenden 214 Radikale vermindert. Das neueste 1959 in Peking erschienene Chinesisch-deutsche Wörterbuch verwendet nur noch 182 Radikale. Die chinesisch-fremdsprachigen Wörterbücher sind meist nach dem Laut der Wörter angeordnet. Vor der Einführung des lateinischen Alphabets in China als vorläufiger Hilfsschrift gab es verschiedene Umschriftsysteme; am bekanntesten sind die Systeme von Wade (englisch) Lessing-Othmer (deutsch), Couvreur (französisch).

Da man jedoch meist die Aussprache des Zeichens, dessen Bedeutung man ermitteln will, nicht weiß, muß man den Umweg über das Radikal nehmen. Im Anhang der Wörterbücher findet man die Zeichen nach den Radikalen geordnet. Eine Liste der Radikale erleichtert das Erkennen des Radikals in dem gesuchten Zeichen. Die Radikale sind nach der Anzahl der Striche und ihrer Form geordnet. Möchte man die Aussprache und die Bedeutung von 江 ermitteln, sucht man zunächst in der Liste der Radikale nach einem Zeichen, das in 江 enthalten ist. Man entdeckt unter der Nummer 85 in den älteren Wörterbüchern den ersten Bestandteil als Abkürzung des Zeichens für ›Wasser‹. In dem neuen Pekinger Wörterbuch steht das Zeichen unter 28. In der folgenden Liste, in der alle Zeichen, nach Radikalen geordnet, aufgeführt sind, sucht man jetzt das obige Zeichen unter Nummer 85 bzw.

unter 28. In dieser Rubrik stehen alle Zeichen, die das Radikal ›Wasser‹ enthalten. Ihre Reihenfolge richtet sich nach der Anzahl der Striche des zweiten Bestandteils (der phonetischen Komponente); in dem obigen Fall zählt man offenbar drei Striche ㇀丨㇀. Man findet das Zeichen tatsächlich unter der Gruppe ›Drei Striche‹ des Radikals 85 bzw. 28. Hinter diesem Zeichen steht eine Zahl, die auf die Seite des Wörterbuches verweist. In dem neuen Pekinger Wörterbuch ist es die Seite 278, wo man in der rechten Spalte das gesuchte Zeichen mit der Aussprache *jiāng* als Stichwort findet. Unter diesem Stichwort sind auch die Zusammensetzungen, die aus dem Stichwort und zwei oder drei weiteren Zeichen bestehen, angegeben. Schlägt man denselben Weg bei dem Zeichen für ›Eintracht‹ 和 (*hé*) ein, so enden die Bemühungen mit einem Mißerfolg; denn wider Erwarten ist das Zeichen nicht unter dem linksstehenden Bestandteil, der auch in der Radikalliste aufgeführt ist, eingeordnet, sondern unter dem rechtsstehenden Quadrat. Neben diesem zeitraubenden Probieren, das durch eine ungewöhnliche Stellung des Radikals verursacht wird, kann sich noch eine Verzögerung des Nachschlagevorgangs durch unrichtiges Auszählen der Striche ergeben. Man muß die Strichführung kennen, um die Striche richtig auszählen zu können; man muß wissen, daß manche Striche ›um die Ecke‹ gehen, daß also ein Haken unter Umständen e i n Strich sein kann.

Die Reihenfolge der Striche beim Schreiben eines chinesischen Zeichens ist nicht gleichgültig. Sie ist durch eine lange Tradition festgelegt und beeinflußt entscheidend die Form des chinesischen Zeichens, die bei anderer Strichführung für den Chinesen unschön wirken würde.

Die folgenden Beispiele zeigen, wie einige Zeichen Strich für Strich geschrieben werden müssen.

Zeichen	Reihenfolge der Striche	Aussprache in der neuen Lateinschrift	Bedeutung
厂	一 厂	chǎng	›Fabrik; Schuppen‹
上	丨 卜 上	shàng	›oben; über; Spitze; früher; steigen‹ u. a.
下	一 丅 下	xià	›unten; unter; später; befehlen‹ u. a.
在	一 ナ 才 在	zài	›anwesend sein; in‹
前	䒑 丶 丷 䒑 月 刂	qián	›vorn; vor; früher‹
后	丿 ノ 𠂇 后	hòu	›hinten; hinter; nach; künftig‹

Das erste und das letzte Zeichen gehören zu den vereinfachten Schriftzeichen, die durch die im Januar 1956 eingeleitete

Schriftreform geschaffen wurden. Die alten komplizierteren Formen sind: 廠 *chăng* ›Fabrik‹ usw. und 後 *hòu* ›hinten‹, ›nach usw.‹

In dem Bestreben, das Nachschlagen eines chinesischen Zeichens zu beschleunigen, hat man seit etwa 30 Jahren versucht, andere Aufschlagsysteme auszuarbeiten, die das oft schwierige Erkennen des Radikals überflüssig machen. In der 4-Ecken-Aufschlagemethode sind die an den vier Ecken vorkommenden Striche in 10 Kategorien (0—9) geordnet; für jede Ecke gilt je nach der Art des Striches eine Zahl. Das gesamte Zeichen wird somit durch eine vierstellige Zahl bestimmt. Ein anderes, neuerdings in der Sowjetunion verwendetes System geht von den 24 Grundstrichen der chinesischen Druckschrift aus und klassifiziert die Zeichen nach dem Strich, der sich in der rechten unteren Ecke befindet.

Diese kurzen Hinweise geben eine Vorstellung davon, welche Widerstände das chinesische Schriftsystem trotz vieler sinnreicher Verbesserungen einer für praktische Zwecke geeigneten, leicht zugänglichen Erfassung des Wortschatzes entgegensetzt. Die häufig von Europäern aufgeworfene Frage, warum dieses Volk, das so einzigartige, überragende Kulturleistungen aufzuweisen hat, den Weg zu einer Lautschrift, zur Darstellung der Phoneme der chinesischen Sprache nicht fand, wird im wesentlichen durch die Struktur und Entwicklung der Sprache beantwortet.

Das Chinesische ist wie das Vietnamesische eine isolierende Sprache; man darf annehmen, daß diese Charakterisierung für das Altchinesische stärker zutraf als für das heutige Chinesische, das eine — wenn auch schwache — Tendenz zur Agglutination zeigt. Aus der Eigenart der Struktur der Sprache erklärt sich die Beständigkeit der Schrift. Die Wechselbeziehungen, die zwischen Sprache und Schrift bestanden, lassen sich auf die Formel ›eine Silbe = ein Wort = ein Zeichen‹ bringen. Um diese Formel, die den Eindruck größter Vollkommenheit macht, zu zerstören, hätte es wohl eines von der Sprache ausgehenden starken Anstoßes bedurft, z. B. einer auffälligen Wandlung vom isolierenden zu einem anderen Typ mit vielen grammatikalischen Elementen. Man glaubt, daß das Chinesische auf früheren Stufen (man nennt es Protochinesisch) eine Flexion gekannt hat. In einigen alten Texten findet man verschiedene Zeichen für die Personalpronomen, nicht jedoch für Substantive und Verben. Das beweist, daß die Chinesen schon zur Zeit der ältesten Texte die Wörter ihrer Sprache als unveränderlich erkannten. Der einzige Rest der (vermuteten) Flexion waren die Objektformen von Personalpronomen. Sie wurden in dieser Versteinerung aber schon als besondere Wörter empfunden.

Wenn in geschichtlicher Zeit auch eine gewisse Veränderung des morphologischen Systems in Richtung auf eine schwache Agglutination erfolgte, so war sie jedoch geringfügig im Vergleich zu dem auf eine starke Vereinfachung des Lautsystems hinauslaufenden Lautwandel, der die Beibehaltung der alten Schrift förderte, ja erforderlich machte, solange man an der überlieferten überregionalen Schriftsprache festhielt. Der Lautstand des Altchinesischen (von 600—1200 n. Chr.) ist in der Hauptsache aus drei Quellen erschlossen worden: 1. Dem Ts'ie-yün-Wörterbuch (610), in dem die Aussprache der Wörter durch eine *fan-qiē* (wende und schneide) genannte Methode angegeben ist. 2. Den sogenannten Reimwörterbüchern und 3. den chinesischen Dialekten, wobei besonders die südchinesischen Dialekte wegen ihrer größeren lautlichen Beharrlichkeit für die Sinologen von besonderem Wert sind. Nach der *fan-qiē*-Methode wurde jedes Wort in zwei Teile, den Anfangskonsonanten und den Rest, zerlegt (zerschnitten). Beide Teile wurden durch je ein Zeichen dargestellt, von dem das erste den Anfangskonsonanten, das zweite den phonetischen Rest des lautlich zu beschreibenden Zeichens angab, z. B. 1. *k*(uo), 2. (*γ*)*ān* = *kān* (heute *gan* ›Schild‹, ›Beziehung‹ usw.). Voraussetzung für die Benutzung des Wörterbuches war natürlich, daß man eine gewisse Anzahl von Zeichen schon kannte.

Einige Beispiele veranschaulichen den Abstand zwischen dem Altchinesischen (mittlere Spalte) und dem modernen Nordchinesischen (Peking, rechte Spalte); die Wörter sind in der internationalen Lautschrift dargestellt:

›König‹	*-jiwɒŋ*	*/wang*
›Reich‹, ›Land‹	*¯kwək*	*/guɔ*
›nicht‹	*¯pwət*	*\bu*
›auch‹	*_iɛk*	*\ji*
›gehen‹	*\k'ĭwo*	*\tç'y.*

Diese Lautentwicklung (Abfall der meisten Endkonsonanten, Palatalisierung usw.) führte zu der großen Lautarmut des heutigen Pekinger Dialektes, der — abgesehen von den Tönen — nur über 420 lautlich differenzierte Silben verfügt. Das Ergebnis der fortschreitenden phonetischen Vereinfachung war eine wachsende Zahl von gleichklingenden Wörtern, die das Verstehen eines nur gehörten schriftsprachigen Textes unmöglich machen, während der Sinn des gelesenen Textes durch die reich differenzierte chinesische Schrift gesichert ist. Die chinesische Schriftsprache, die sicher einmal aus einer gesprochenen Sprache entstanden war, besaß neben dem Fluidum des Althergebrachten zwei unbestreitbare Vorteile: Sie war

von einer einmaligen Kürze und Prägnanz, und sie wurde von allen Chinesen verstanden, gleichgültig welchen der lautlich stark differenzierten Dialekte sie sprachen.
Es ist klar, daß diese in der Vergangenheit wurzelnde, nur optisch wirklich funktionierende Sprache lediglich einer dünnen Oberschicht als Verständigungsmittel dienen konnte. Eine ähnliche Sprachsituation wie in China und in den von der chinesischen Sprache und Schrift beeinflußten Ländern (Japan, Korea, Annam) bestand lange Jahrhunderte auch in Europa, als Latein noch in vielen europäischen Ländern als Sprache der Kanzleien, der Kirche und der Wissenschaft herrschte (vgl. auch Griechisch).
Die eigentliche gesprochene Sprache war in zahllose Dialekte aufgespalten, von denen der sich gerade durch seine Lautarmut auszeichnende nordchinesische Dialekt durch die Zahl seiner Sprecher am bedeutendsten war und ist. Trotz einiger neuer morphologischer Mittel weist auch der nordchinesische Dialekt noch eine große Anzahl von Homonymen auf, die das Verständnis des gesprochenen Wortes erschweren oder den Themenkreis, innerhalb dessen man sich verständlich ausdrücken kann, erheblich einschränken.
Es ist möglich, daß sich die Homonymie durch das Festhalten an der alten Schriftsprache stärker entwickelt hat; denn das Vorhandensein einer reich ausgebildeten eindeutigen Schrift verschleierte das Anwachsen der Homonyme in den nicht als vollgültig betrachteten dialektalen Umgangssprachen.
Andererseits wurde man sich auch der Homonyme in der Umgangssprache nicht recht bewußt, weil man ja zur Aufzeichnung dieser *báihuà* (etwa ›verständliche, gesprochene Sprache‹) genannten Umgangssprache die chinesischen Zeichen benutzte. Das durch die Homonymie zerstörte phonologische Gleichgewicht des Chinesischen wurde mit Hilfe der Schrift immer wiederhergestellt, als ob die chinesische Sprache und die chinesischen Zeichen eine höhere Einheit bildeten. Aus diesen Gründen mußte dem Chinesen der Gedanke an eine Lautschrift abwegig erscheinen.
Zusammenfassend seien kurz die Vor- und Nachteile der chinesischen Schrift genannt. Die chinesische Schrift gleicht die durch Homonyme entstandenen Defekte der Sprache aus. Da sie von dialektalen Ausspracheunterschieden völlig unabhängig ist, bildet sie ein starkes, einigendes Band zwischen den Dialektgruppen. Durch sie wurde das Bewußtsein, zu einem Volk zu gehören, bei den Chinesen, die sich mündlich untereinander nicht verständigen konnten, entscheidend gestärkt. Man kann sie deshalb als eine staatsbildende Kraft

betrachten. Die chinesische Schrift ist anschaulich, schön und angenehm für das Auge.

Zu den Nachteilen gehört ihre schwere Erlernbarkeit. Auch heute noch muß man etwa 4000—5000 Zeichen kennen, um moderne Texte verschiedenen Inhalts (wissenschaftliche Bücher, Klassiker, Zeitschriften, Zeitungen usw.) lesen zu können. Das bekannte Kanghsi-Wörterbuch enthält über 40000 Zeichen, doch sind viele davon nur Varianten. Es ist eine Ansammlung von Zeichen, wie das große Wörterbuch von Grimm eine Ansammlung von Wörtern ist, von denen manche in einer gewissen Verbindung einmal vorgekommen sind, die aber sonst niemand kennt oder gebraucht. Ein weiterer Nachteil der chinesischen Schrift besteht darin, daß sie niemals Träger und Vermittler einer Aussprachenorm sein konnte. Man besaß bis in die neueste Zeit kein Mittel, um eine von einem Zentrum oder einer sozialen Schicht ausgehende Standardaussprache in allen Teilen Chinas schriftlich zu verbreiten. Die Reproduktion der Schrift mit Hilfe gewöhnlicher Schreibmaschinen ist nicht möglich. Um einen Text telegraphisch zu übermitteln, war man auf einen Code angewiesen, der die Zeichen durch Zahlen beschrieb. Die umständliche lexikographische Erfassung der Zeichen wurde schon erwähnt. Das Bedürfnis, die technischen Errungenschaften der westlichen Welt zu übernehmen, sich dem internationalen Verkehr zu öffnen, das gesamte chinesische Volk mit den Bildungsgütern der neuen, aber auch der alten Zeit vertraut zu machen, führte besonders nach der Revolution im Jahre 1911 zu ernsthaften Bestrebungen, die chinesische Schrift zu vereinfachen und für die Sprache sowohl mit Bezug auf die Aussprache als auch auf den lexikalischen und morphologischen Bestand eine gültige Norm zu schaffen. Diese Bestrebungen lassen sich durch folgende Stufen schematisch umreißen: Schon früher hatte sich vom kaiserlichen Hof in Peking aus neben der alten Schriftsprache, der *wényán*, eine Umgangssprache, eine *báihuà*, verbreitet, die sich zu einer begrenzten Verkehrssprache innerhalb der gebildeten Kreise, besonders der Beamten, entwickelte, und deshalb ›Mandarinendialekt‹ oder *guānhuà* genannt wurde. Unglücklicherweise ist der Mandarinendialekt einer der lautärmsten Dialekte. Bei der Verbreitung eines Dialektes spielen linguistische Faktoren jedoch kaum eine Rolle. Entscheidend war, daß er von einem Machtzentrum ausging und daß er zu den nordchinesischen Dialekten gehört, die von über 70% der chinesisch sprechenden Bevölkerung — etwa 400 Mill. Menschen — gesprochen werden, und zwar in den Gebieten nördlich des Yangtsekiang, in den Provinzen Hupeh mit Ausnahme des Südostens,

Szechuan, Yünnan, Kueichou und im Nordwesten der Provinz Hunan. Die übrigen Dialekte verteilen sich auf sieben Gruppen in den folgenden Gebieten: Kiangsu, Chekiang, Hunan, Kiangsi, Hakka, Nord-Fukien, Süd-Fukien und Kuangtung. Die Unterschiede zwischen den Dialekten sind hauptsächlich phonetischer Art, wobei die südchinesischen Dialekte den alten Lautstand besser bewahrt haben. Für die *guānhuà* wurde schon 1892 von Lu Dschuang-dschang eine Lautschrift geschaffen, die jedoch nicht durchdrang. Die Nankinger Regierung prägte für die von ihr verwendete *guānhuà*, die sich inzwischen natürlich besonders lexikalisch entwickelt hatte, den Namen *guóyǔ*. Für diese Sprachform, die im ganzen Reich zur Standardsprache erhoben werden sollte, erschien im Jahre 1926 eine mit lateinischen Buchstaben geschriebene Lautschrift, die *Gwoyeu Romatzyh*, in der die Töne durch ein ziemlich kompliziertes System von stummen Zusatzbuchstaben und Buchstabenvarianten bezeichnet wurden. Sie hat sich trotz ihres sehr sinnreichen Systems — sie konnte ohne Akzente mit jeder Schreibmaschine geschrieben werden — nicht durchsetzen können.

Die letzte, wirklich umwälzende Reform der chinesischen Schrift wurde in den letzten Jahren von der Regierung in Peking ausgearbeitet und in Gang gesetzt. Sie hat fest umrissene Ziele und sucht Theorie und Praxis fruchtbringend zu verbinden. Wenn diese Ziele erreicht werden, hat ein Volk von mehr als 1 Milliarde Menschen in wenigen Jahrzehnten eine einheitliche Schriftsprache, die jeder Chinese lesen, schreiben und verstehen kann. Damit träte ein bisher in der Geschichte immer durch Schriftsprache und Dialekte tief gespaltenes Volk als eine geschlossene Gemeinschaft auf den Plan.

Die Reform umfaßt drei Punkte:

1. Vereinfachung der chinesischen Schriftzeichen; die vereinfachten Zeichen sind weit schneller zu lernen und zu schreiben als die alten. Zum Teil gab es schon von komplizierten Schriftzeichen einfache Varianten. Diese werden jetzt allein für verbindlich erklärt. Die Reform bedeutet also keinen Bruch mit der Tradition, wie vielfach behauptet wird.

2. Um die Dialektschranken zu beseitigen, wird die heutige Umgangssprache, die *pǔtōnghuà* (›allgemeine Sprache‹) mit der Pekinger Aussprache als Norm — es ist im Grunde genommen dieselbe Sprache, die früher *guānhuà* und *guóyǔ* genannt wurde — im ganzen Lande durch Schulen, Presse, Rundfunk usw. verbreitet.

3. Zur Verbreitung dieser *putonghua* wurde eine einfache Lautschrift auf der Grundlage des lateinischen Alphabets aus-

gearbeitet. Sie dient zunächst als Hilfsschrift, da auch die *putonghua* noch zu viele Homonyme aufweist, die zu Mißverständnissen führen können.
Ist die *putonghua* im ganzen Volk verbreitet, so wird sie durch den dauernden Gebrauch auf allen Gebieten wahrscheinlich eine Norm finden, aus der alle das Verstehen empfindlich störenden Homonyme ausgestoßen sein werden. Wenn diese Stufe erreicht ist, könnte man unter Umständen dazu übergehen, nur die Lateinschrift zu verwenden. Die chinesischen Zeichen würden dann ein besonderes Studiumfach der Philologen und Historiker bilden und vielleicht noch für dekorative Zwecke verwendet werden. Doch ist die Anziehungskraft der oft nur aus wenigen Strichen bestehenden, anschaulichen und prägnanten chinesischen Zeichen vielleicht so groß, daß man sich auch dann, wenn sich die *putonghua* allgemein durchgesetzt hat, nur für einige Zwecke davon trennen wird. Telegramme z.B. können auch heute schon in Lateinschrift übermittelt werden.

SPRACHBAU. (Man vergleiche hierzu auch die Ausführungen unter Vietnamesisch.) Wie schon bei der Erklärung der Schrift erwähnt, gehört das Chinesische wie das Vietnamesische zu den sogenannten isolierenden Sprachen. Durch die Lautentwicklung sind im Chinesischen viele Wörter mit verschiedener Bedeutung gleichlautend (homonym) geworden, die das Verständnis des gesprochenen Wortes empfindlich stören können. Durch Abschaffung der Schriftsprache und Einführung der *putonghua*, die sowohl gesprochen als auch geschrieben wird, sucht man diese Schwäche, die wie ein Alp auf der gesamten chinesisch-japanischen Welt lastete, zu beseitigen. Dennoch zeigen schon ein paar Beispiele, daß die Homonymie im Chinesischen weit stärker wuchert als im Französischen, wo sie bereits zu einer Gefahr für das reibungslose Funktionieren der Sprache wird. Das erste Wort des Textes *zhōng* ›Mitte‹, das außerdem noch andere ganz abweichende Bedeutungen hat (›unterbrechen‹, ›abrechnen‹, Hilfswort, zur Andeutung des Präsens), kann man klanglich von den folgenden Wörtern überhaupt nicht unterscheiden. Jedes der mit einer Ziffer bezeichneten Wörter wird mit einem anderen chinesischen Zeichen geschrieben:

zhōng (2): ›treu‹, ›ehrlich‹, ›rechtschaffen‹;
zhōng (3): ›Tasse‹, ›Glas‹, ›Becher‹;
zhōng (4): ›herzlich‹, ›aufrichtig‹;
zhōng (5): ›Ende‹; ›endlich‹; ›ganz‹; ›Tod‹; ›sterben‹;
zhōng (6): ›Uhr‹; ›Stunde‹;
zhōng (7): ›vereinigen‹; ›Glas‹, ›Tasse‹.

Diese sieben *zhōng* werden alle im ersten Ton gesprochen; es gibt weitere vier *zhǒng* im dritten Ton, weitere fünf *zhòng* im vierten Ton. Dabei hat die Sprache die Möglichkeit des *zhong* im zweiten Ton nicht ausgenutzt; ein *zhóng* fehlt.
Ähnlich ist das Bild bei den folgenden Silben; es gibt fünf *huà*, drei *rén*; dagegen gibt es nur ein *mín*. Aber gerade dieses *mín* bildet in der heutigen Sprache allein kein Wort mehr. Es muß immer mit einem anderen Zeichen — hier *rén* — zusammenstehen, damit ein Wort entsteht. In der alten Sprache, z. B. in der bekannten ›Hohen Lehre des Konfuzius‹, war *mín* ein vollgültiges Wort mit der Bedeutung ›*Volk*‹.
Mit Bezug auf die Zeichen ergibt sich in der heutigen Sprache folgende Verteilung: 1. Es gibt Zeichen, die ein Wort darstellen, z. B. *rén* ›Mensch‹. 2. Andere Zeichen können nur mit einem anderen ein Wort bilden. Dies Wort ist dann zweisilbig, z. B. *rénmín* ›Volk‹; davon kann *rén* auch selbständig vorkommen, nicht aber *mín*. 3. Ein Wort kann auch von zwei Silbenzeichen gebildet werden, die beide allein nicht mehr gebräuchlich sind, z. B. *yǔyán* ›Sprache‹. Die Abhängigkeit der chinesischen Wortschatzerweiterung von den Zeichen zeigt sich besonders in der begrenzten Übernahme von Wörtern aus anderen Sprachen. Die Wörter müssen in die dem Chinesischen bekannte Silben aufgelöst und dann phonetisch durch entsprechende Zeichen, die ihre eigentliche chinesische Bedeutung verlieren, wiedergegeben werden. Das aus dem Englischen ins Chinesische gedrungene ›Kuli‹ (das Wort stammt ursprünglich aus dem Hindustani) wird lautlich durch zwei Zeichen dargestellt, die ›bittere Anstrengung‹ bedeuten. Es ist jedoch reiner Zufall, daß hier Laut und Bedeutung übereinstimmen. In manchen Fällen geben beide Zeichen nur den Laut ohne Begriffshinweis wieder, z. B. *pútao* ›Weintraube‹.
Aus dem Obigen und dem Text läßt sich ohne weiteres erkennen, daß die für den isolierenden Sprachtypus als so charakteristisch gerühmte Einsilbigkeit für die moderne Sprache nur noch in engen Grenzen gilt. Die meisten Wörter sind Zusammensetzungen aus zwei Wurzelwörtern, die zu einem neuen Begriff verschmolzen sind und zum Teil nur noch als Silben empfunden werden. Für die Art der Zusammensetzungen gelten ähnliche Regeln wie für das Vietnamesische, doch macht sich hier ein auch für die Wortstellung ganz entscheidender Wesenszug des Chinesischen bemerkbar: Das bestimmende Wort steht wie im Deutschen vor dem bestimmten. Es ist deshalb weit leichter, zusammengesetzte Wörter wie ›Feuerversicherungsgesellschaft‹ ins Chinesische zu übertragen als z. B. in das Französische: *huǒ* ›Feuer‹, *zāi* ›Unheil‹, *bǎoxiàn* ›Versicherung‹, *gōngsī*‹ Gesell-

schaft‹ = *huozai-baoxian-gongsi* ›Feuerversicherungsgesellschaft‹. Man vergleiche dagegen den überaus umständlichen Ausdruck im Französischen. Mit größter Leichtigkeit und ohne jede Einschränkung kann das Chinesische also neue Wörter bilden. Diese Fähigkeit ist für die Schaffung der riesigen für die heutige Technik und Wissenschaft erforderlichen Nomenklatur sehr günstig.

Im allgemeinen werden nur noch wenige einsilbige Wörter verwendet, z. B. *xīn* ›neu‹; *wǒ* ›ich‹; *guó* ›Land‹; *hé* ›und‹; *zhēn* ›sehr‹ usw. Weitaus die meisten Wörter bestehen aus zwei Silben und einige wenige aus drei Silben, *gōnghéguó* ›Republik‹, *zhǎnlǎnhuì* ›Ausstellung‹, *fādiànhàn* ›Kraftwerk‹. Die Vereinfachung des Lautsystems, auf welche die zahlreichen Homonyme zurückzuführen sind, bedingte auch einen Wandel des morphologischen Systems, das ein Gegengewicht gegen die Gefahr des durch die Homonymie verursachten Mißverstehens schuf. Die Wandlung äußerte sich hauptsächlich in folgenden vier Erscheinungen:

1. Die Wörter *ér* ›Sohn‹, ›Kind‹ und *zǐ* mit der gleichen Bedeutung verblaßten zu den unsilbigen Suffixen *-r* und *-z*. Die meisten Wörter mit diesen Endungen sind Substantive, z. B. *nǚer* ›Tochter‹, *nǚz* ›Frau‹, ›Mädchen‹; *shìr* ›Angelegenheit‹, ›Sache‹; *màiz* ›Weizen‹ usw.

2. An die Stelle der in der alten Sprache verbreiteten Einsilbigkeit trat als kennzeichnende Wortstruktur die Zweisilbigkeit. Wegen der Hauptkategorien dieser Wurzelkopplungen → Vietnamesisch. Auch Bildungen wie *niànshū* (lesen Buch) ›lesen‹, ›lernen‹ gehören hierher.

3. Die Wortarten Substantiv, Adjektiv und Verb werden häufig durch besondere Mittel gekennzeichnet. Zu Kardinalzahlen und Demonstrativpronomina treten Numerative, von denen *ge* am häufigsten gebraucht wird, z. B. *zhège zhǎnlǎnhuì* ›diese Ausstellung‹, *yìběn shū* (ein Heft Buch) ›ein Buch‹; *mànmanr* ›langsam‹ (Verdoppelung von *man* + r); *jiāng* Futurpartikel vor Verben usw.

4. Zur Verdeutlichung der Funktion eines Wortes oder einer Wortgruppe werden verschiedene Hilfswörter verwendet. Das wichtigste Strukturhilfswort ist *di*.

Die Funktion eines Wortes im Satz wird durch drei Mittel bestimmt: 1. Durch seine Stellung, 2. durch seine Bedeutung, 3. durch besondere Beziehungswörter. Der zweite Punkt ist für die zweisprachige Lexikographie überaus wichtig. Man kann z. B. *rénmín* nur mit einem Substantiv, nämlich ›Volk‹, übersetzen, nicht etwa mit einem Verb. Die Form des chinesischen Wortes sagt im allgemeinen nichts über die Zugehörigkeit zu einer Wortklasse aus, häufig aber hat der Gebrauch das Wort in eine bestimmte Klasse eingruppiert. *bāopiào* heißt z. B. sowohl ›Bürgschaft‹ als auch ›bürgen‹, während das im ersten Text verwendete *bǎozhèng* nur verbale Kraft hat.

Die *chinesische Wortstellung* ist durch zwei Richtungsverläufe charakterisiert: 1. Die nähere Bestimmung steht vor dem zu bestimmenden Wort, z. B. *zuì-dàdi fādiànzhàn di móxíng* (größtes Kraftwerk — Muster) ›das Muster des größten Kraftwerkes‹. 2. Auf das Subjekt folgt das Verb, auf das Verb folgt das Objekt. Schema: Attribut (Adjektiv oder Substantiv) ← Subjekt/→ Prädikat →/Attribut ← Objekt. Vor das Verb kann noch ein Abverb treten. Durch den ersten Punkt unterscheidet sich das Chinesische erheblich von dem Vietnamesischen und Siamesischen, die im wesentlichen nur einen Richtungsverlauf kennen, und zwar von links nach rechts. Der doppelte Richtungsverlauf macht das Chinesische überaus beweglich, aber auch schwieriger als das Vietnamesische, wenn sich das Attribut zu einer größeren Wortgruppe ausweitet, z. B.: *Ta shǐ wǒmen kàndào/jǐ nián lái/zǔguó zài gōngyè hé jiāotōng fāngmiàndi wěidà chéngjiù* (sie macht uns sehen/die letzten Jahre/Vaterland in Industrie und Verkehr Gebiet‿große Errungenschaft). Man kann diese Konstruktion im Deutschen durch die Verwendung des Partizips eines passenden Verbs nachahmen: ›Sie zeigt uns die in den letzten Jahren von unserem Vaterland auf dem Gebiet der Industrie und des Verkehrs *vollbrachten* Leistungen.‹

Für die gewöhnliche Satzstellung (Subjekt — Prädikat — Objekt) liefert das vorangestellte Sprachmuster gute Beispiele. Abweichungen ergeben sich dadurch, daß das Subjekt fehlen kann, daß ein anderer Satzteil — häufig das Objekt — absolut vorangestellt werden kann (Japanisch) u. a. Das Verb ›sein‹ fehlt häufig. Das am Ende stehende Adjektiv fungiert als Prädikat. In einem Satz wie *wǒ xīwàng dào Běijīng qù* (ich, hoffen, ankommen-nach, Peking, gehen) ›ich hoffe, nach Peking zu fahren‹ kann man *dào Běijīng* als adverbiale Bestimmung zu *qù* auffassen. Es scheint jedoch angebracht, in dieser Erscheinung eine Wortklammer (*dào . . . qù*) zu sehen, zumal solche Klammern auch in anderen Fällen, besonders präpositionalen Ausdrücken, auftreten, z. B. *zài gōngchǎng lǐbianr* (in Fabrik Innenseite) ›in der Fabrik‹. Verhältniswörter können im Chinesischen vor dem Wort stehen (Präpositionen), nach dem Wort (Postpositionen) oder das Wort umklammern (Zirkumpositionen). Einige wichtige Beziehungswörter:

di stellt ein Genitivverhältnis zwischen zwei Substantiven her. Es substantiviert ganze Wortgruppen, die im Deutschen durch einen Relativsatz zu übersetzen sind.

Es verknüpft größere Wortgruppen attributiv mit dem zu bestimmenden Wort. Diese den → Türksprachen ähnliche synthetische Ausdrucksweise entspricht im Deutschen häufig einer analytischen: ›Sie zeigt uns Vaterland-in-Industrie-und-Verkehrsgebiet-große Leistungen‹ = ›Sie zeigt uns die Leistungen Chinas auf dem Gebiet der Industrie und des Verkehrs‹. Es bildet Possessivpronomen, z. B. *wǒ* ›ich‹ + *di* = *wódi* ›mein‹, *nǐdi* ›dein‹, *tādi* ›sein‹, ›ihr‹ usw.
men dient in einigen Fällen zur Angabe des sonst nicht bezeichneten Plurals, z. B. *wǒmen* ›wir‹, *nǐmen* ›ihr‹, *tāmen* ›sie‹.
la zeigt die vollendete Handlung an, z. B. *jīntian tiānqíngla* (jetzt-Himmel Himmel-klar-ist-geworden) ›Heute hat es sich aufgeklärt‹, ›heute ist das Wetter wieder schön‹.
bǎ bezeichnet das Akkusativobjekt, wenn es vor dem Verb steht.
ba: Partikel, die den Satzabschluß signalisiert und den Begriff der Wahrscheinlichkeit oder der Aufforderung enthält, z. B. *Nǐ qù ba*! ›Sie gehen doch!?‹
ma: Fragepartikel am Ende eines Satzes, z. B. *Nín hǎo ma*? (Sie gut?) ›Wie geht es Ihnen?‹
Das moderne Chinesisch hat zahlreiche Konjunktionen, um zwei Sätze miteinander zu verbinden. ›wenn‹ im Bedingungssatz heißt *yàoshì*, dem im Hauptsatz unbedingt ein *jiù* ›so‹, ›dann‹ folgen muß, z. B. *yàoshì tā bù lái, wǒmen jiù qù* (wenn er nicht kommen, wir dann gehen) ›wenn er nicht kommt, (so) gehen wir‹. Das temporale ›wenn‹, ›als‹ muß durch eine vor *shíhòu* ›Zeit‹ gesetzte attributivische Wortgruppe ausgedrückt werden, z. B. *wǒ lái di shíhòu, tā yǐjing zǒu-la* (ich kommen-Zeit, er schon gehen-war), ›als ich kam, war er schon fort‹.
Trotz der zahlreichen Konjunktionen ist die asyndetische Fügung von Sätzen noch sehr lebendig. Die Beziehung der Sätze ergibt sich aus dem Rhythmus, der Symmetrie oder dem Parallelismus der Sätze, z. B. *déwén bào, wǒ néng kàn, zhōngwén bào, wǒ bù néng kàn* (Schema: x-a-b, c-d-e, y-a-b, c-N-d-e, deutsch Sprache Zeitung, ich kann sehen, chinesisch Sprache Zeitung, ich nicht kann sehen) ›Deutsche Zeitungen kann ich lesen, chinesische nicht‹. Parallelismus findet sich häufig in Sprichwörtern, z. B.: *sāntian dǎyú, liǎngtiān shàiwǎng* (drei Tag schlagen Fisch, zwei Tag trocknen), Sinn: ›Drei Tage fischen, zwei Tage das Fischnetz austrocknen lassen, das bedeutet, daß ein Mensch faul ist‹.
Wie man sieht, hat sich die ungewöhnliche Kürze und Prägnanz, die die chinesische Schriftsprache auszeichnete, auch in der Umgangssprache durchaus nicht verloren. Diese Eigenschaften scheinen tief im Geiste der chinesischen Sprache verwurzelt zu sein. Man darf diesen Wesenszug nicht mit den Auswüchsen der deutschen Zeitungssprache verwechseln. Die

Überschriften in vielen deutschen Tageszeitungen verstümmeln und mißhandeln die Sprache, um aus Gründen, die hier nicht genannt werden sollen, eine Kürze des Ausdrucks zu erreichen, die dem Geist der deutschen Sprache nicht angemessen ist. Man kann solche Überschriften im Telegrammstil wohl benutzen, um sich einen Wesenszug des Chinesischen klarzumachen, darf aber nicht vergessen, daß im Chinesischen solche kurzen Formulierungen vollendeter Ausdruck einer lang gepflegten Tradition sind. Im Deutschen sind solche die Gesetze der Sprache außer acht lassenden Kurzformulierungen nur für den Augenblick geschaffen; sie gründen sich nicht auf eine Tradition, sondern im Gegenteil sie verletzen sie. Das ist zweifellos ein grundlegender Unterschied. Inhalt, geschichtlicher oder lokaler Hintergrund sowie die Wahrscheinlichkeit machen solche Kurzmitteilungen verständlich. Liest man in einer deutschen Zeitung z. B. die gar nicht ungewöhnliche Schlagzeile ›Räuberbraut verhaftet‹, so weiß der Leser, daß ›verhaftet‹ hier nicht in der dritten Person Singular steht, denn wenn die Räuberbraut jemanden anders verhaftet (was inhaltlich vielleicht gar nicht ausgeschlossen wäre), so hätte man das Objekt wohl ausdrücken müssen, z. B. ›Räuberbraut verhaftet Inspektor‹. Man weiß also, daß ›verhaftet‹ ein Partizip ist und ergänzt die fehlenden Funktionselemente, die im Deutschen unbedingt nötig sind, damit der Satz wirklich deutsch ist: ›*Eine* Räuberbraut *ist* verhaftet *worden*‹. Denn wenn die Meldung erscheint, wird der Vorgang sicher abgeschlossen sein. Man wird nicht annehmen, daß die ›Räuberbraut (immer noch) verhaftet wird‹, weil sie sich vielleicht dagegen wehrt. Dieses Beispiel soll nur zeigen, daß der Chinese an solche Kombinationen durch den Mechanismus seiner Sprache gewöhnt ist.

Auch in der heutigen Zeit erscheinen immer wieder neue Formeln, die in dieser Kürze in europäischen Sprachen (auch im Englisch-Amerikanischen, wo sie häufiger sind, wohl auf Grund der Erscheinung des Puerilismus) nicht denkbar sind. Beliebt ist heute z. B. in China die Formel *sānfǎn* (›drei dagegen‹ oder ›drei anti‹) mit der Bedeutung: ›Kampf gegen die drei Grundübel, die Bestechung, die Verschwendung und den Bürokratismus in den staatlichen Ämtern‹. Alles, was zum Verständnis nicht unbedingt erforderlich ist, wird nicht ausgedrückt. Läßt der Sinn eines Satzes nur eine passivische Deutung zu, so ist ein das Passiv andeutendes Element, wie z. B. das Verb *bèi*, nicht erforderlich. Der Satz *wǒdi chábēi dǎpò-la* (meine Teetasse zerbrechen + Partikel der Vergangenheit) kann nur heißen ›Meine Teetasse ist zerbrochen worden‹.

Aus den obigen Hinweisen auf den Charakter der Sprache kann man schließen: Das heutige in der Form der *putonghua* gesprochene und geschriebene Chinesisch ist eine einheitliche Sprache. Durch die Wortkupplungen, die man als zweisilbige Wörter ansehen kann, und durch die Verwendung verschiedener Hilfswörter, von denen sich einige zu Wortbildungssuffixen entwickelt haben, schreibt man der heutigen Sprache eine Tendenz zum agglutinierenden Typus zu. Vergleicht man es mit dem → Vietnamesischen, so muß man es im Vergleich dazu wohl als schwach agglutinierend bezeichnen. Die Vorliebe zum bündigen, ›einsilbigen‹ Ausdruck jedoch zusammen mit den übrigen beschriebenen Merkmalen lassen keinen Zweifel daran, daß auch das heutige Chinesisch noch eine im wesentlichen isolierende Sprache ist.

Deutsch.

Wenn Herr Hugo Weinschenk, seit einiger Zeit Direktor
vɛn hɛʁ hu:go: vaɪnʃɛŋk zaɪt ʔaɪni·gə̯ tsaɪt di·ˈRɛkto·ʁ

im Dienste der städtischen Feuerversicherungsgesellschaft,
ʔɪm di:nstə deʁ ʃtɛ:tɪʃən ˈfɔʏə̯fɛʁˌzɪçəRʊŋsgeˌzɛlʃaft

mit seinem geschlossenen Leibrock, seinem schmalen,
mɪt zaɪnəm gəˈʃlɔsənən laɪb̥Rɔk zaɪnəm ʃmɑ:lən

schwarzen, auf männliche und ernste Art in die Mundwinkel
ʃvaRtsən aʊf mɛnlɪçə ʔʊnt ʔɛrnstə ʔɑ:Rt ʔɪn di· mʊntvɪŋkəl

hineingewachsenen Schnurrbart und seiner etwas hängenden
hɪˈnaɪngəˌvaksənən ʃnʊRbɑ:Rt ʔʊnt zaɪnə̯ ɛtvas hɛŋəndən

Unterlippe, wiegenden und selbstbewußten Schrittes
ʔʊntə̯lɪpə vi:gəndən ʔʊnt zɛlpstbəvʊstən ʃRɪtəs

über die große Diele schritt, um sich von den vorderen
ʔy:bə̯ di· gro:sə di:lə ʃRɪt ʔʊm zɪç fɔn de·n fɔRdəRən

Büros in die hinteren zu begeben, wobei er seine beiden
by:ˈro:s ʔɪn di· hɪntəRən tsu· bəˈge:bən voˈbaɪ ʔe·ʁ zaɪnə baɪdən

Fäuste vor sich hertrug und die Ellenbogen in legerer
fɔʏstə fo·ʁ zɪç ˈhe:ʁtRu:k ʔʊnt di· ˈʔɛlənbo:gən ʔɪn le·ˈʒe:Rə̯

Weise an den Seiten bewegte,
vaɪzə ʔan de·n zaɪtən bəˈve:ktə

bot er das Bild eines tätigen, wohlsituierten und
bo:t ʔe·ʁ das bɪlt ʔaɪnəs tɛ:ti·gən ˈvo:lzi·tu·ˌi:Rtən ʔʊnt

imponierenden Mannes.
ʔɪmpo·ˈni:Rəndən manəs.

(Aus: Die Buddenbrooks von Thomas Mann.)

Unter Deutsch soll im folgenden nur das Hochdeutsche bzw. die deutsche Hochlautung verstanden sein. Wesentliche Eigenarten der deutschen Sprache erhellen aus einem gedrängten Überblick über das phonologische, morphematische, syntaktische und Wortbildungssystem.

Das phonologische System. Das System der Vokalphoneme ist trotz der großen Anzahl der Phoneme sehr symmetrisch. Zwölf Vokalphoneme kann man zu sechs Paaren ordnen. Jedes Paar besteht aus einem kurzen offenen und einem langen geschlossenen Vokal derselben Klangfarbe, z. B. *in* — *ih*n. Vokaldauer und Öffnungsgrad sind also miteinander verkoppelt. Der lange Vokal kann aus subjektiven Gründen beliebig gedehnt werden, ohne daß die Bedeutung des Wortes zerstört wird: Hüüüüüüüte! Der kurze Vokal verträgt dagegen keine Längung. Bei zweisilbigen Wörtern mit kurzem Vokal liegt die Silbengrenze nicht hinter dem Vokal (Hü-te), sondern in dem Konsonanten. Diese Tatsache wurde von den Schöpfern der deutschen Orthographie, die zur Bezeichnung der Kürze eines Vokals den Konsonanten verdopelten, richtig gesehen. Man kann *Hütte* nicht in Hüüüüü..tte zerlegen, sondern nur in *Hüttt.....ttte*; man kann also den Konsonanten ›anhalten‹. Obwohl Längung eines Konsonanten nur an der Wortfuge vorkommt und auch hier von Deutschen nur in seltenen Fällen gesprochen wird (Bett-tuch), ist sie nach einem kurzen Vokal das einzige Mittel, ein Wort affektisch zu längen. Sie wird jedoch von kaum einem Deutschen geübt. Meistens wird versucht, den offenenVokal zu längen, häufig aber, und besonders im Gesang, setzt man an seine Stelle den geschlosseneren langen Vokal selbst auf die Gefahr hin, die Bedeutung des Wortes zu zerstören. So wird also anstatt z. B. ›in der Hütte dort‹ gesungen: ›ihn der Hüüüü-te doohrt‹. Wegen dieser gewaltsamen Verzerrung des phonologischen Systems besonders im anspruchs vollen Gesang ist es oft so schwer, den Text zu verstehen. Das *a* soll nach den von *Siebs* gesetzten Normen, ob kurz oder lang, ein mittleres *a* sein. InWirklichkeit wird das lange *a* jedoch meist ›dunkler‹, das kurze *a* ›heller‹ gesprochen (vgl. → Phonetik).

Übersicht über die deutschen Vokalphoneme:

Vordere Vokale		Mittlere Vokale		Hintere Vokale
ungerundet	gerundet	vorgeschoben	zurückgezogen	gerundet
i: Miete	*y:* Hüte			*u:* Ruhm
ɪ Mitte	*ʏ* Hütte			*ʊ* Rum, 'rum
e: Beet	*ø:* Höhle			*o:* Floß
ɛ Bett	*œ* Hölle			*ɔ* floß
ɛ: Gewähr		*a* Bann	*ɑ:* Bahn	

Diphthongische Phoneme:

aɪ leiten — *aʊ* lauten — *ɔʏ* läuten

Die Regelmäßigkeit des Systems wird allein durch das *ɛ:* gestört. Obwohl es phonologische Aufgaben zu erfüllen hat (*e:/ɛ:*: Gewehr/Gewähr, Ehre/Ähre, Meer/Mär, Beeren/Bären usw.), wird diese Gleichgewichtsstörung in der Umgangssprache beseitigt. Man spricht z. B. fast nur noch [ke:zə] ›Käse‹.

In unbetonten Silben wird das *e* häufig zu [ə] reduziert. Die langen Vokale kommen auch reduziert vor, z. B. [vɑ·'ʀʊm] ›warum‹. An häufigsten sind sie in Lehnwörtern aus romanischen Sprachen und in Kunstwörtern. Durch diese Lehnwörter, die ein fester Bestandteil der deutschen Sprache geworden sind (in der herkömmlichen Grammatik als ›*Fremd*wörter‹ bezeichnet, obwohl der Deutsche *Auto* und *Telefon* weit häufiger gebraucht als Kraftwagen und Fernsprecher!), ist der Bestand der phonetischen Vokalvarianten erweitert worden: Die langen Vokale werden auch mittellang oder fast kurz gesprochen, z. B. s*i*t*u*iert, R*e*p*a*r*a*tur.

Der Unterschied zwischen einem offenen und einem kurzen Vokal ähnlicher Klangfarbe muß genau beachtet werden, sonst wird der Sinn eines Wortes, ja einer ganzen Aussage, völlig geändert oder zerstört: ›Sah ein Knab' ein Röslein stehn ....‹ Wird das *ö* etwas kürzer und offener gesprochen, so steht ein kleines Roß auf der Heide.

Übersicht über die Konsonantenphoneme:

Konsonantenpaare

stimmlos	stimmhaft	stimmlos	stimmhaft
f fand	*v* Wand	*t* Tank	*d* Dank
p Pein	*b* Bein	*k* Kunst	*g* Gunst
		s reißen	*z* reisen

p t k sind vor betontem Vokal und im Auslaut aspiriert: *pʻ tʻ kʻ*. *s* steht nie im Anlaut.

Andere Konsonantenpaare

Der Phonemcharakter ist aus der Gegenüberstellung ersichtlich.

f	fand	*pf*	Pfand	*t*	Deut	*tʃ*	deutsch
t	Tank	*ts*	Zank	*x*	Buch	*k*	buk
r	Reim	*l*	Leim	*ç*	Teich	*k*	Teig
z	Sohn	*ʃ*	schon	*h*	Haar	*j*	Jahr
m	mein	*n*	nein	ʔ	vereist [fɛʀ ʔaɪst]	(*o*)	verreist [fɛʀaɪst]
n	sinnen	*ŋ*	singen				

Der Stimmlippenverschlußlaut wird in der Orthographie nicht geschrieben, obwohl er bedeutungsunterscheidende Kraft hat. Die Nasalvokale in Lehnwörtern aus dem Französischen werden je nach dem Bildungsstand des Sprechers mehr oder minder gut nachgeahmt oder durch Vokal + ŋ ersetzt, z. B. ›Teint‹ [tɛ̃:] oder [tɛŋ]. Die Nasalvokale sind im Deutschen immer lang.

x und *ç* sind zwei phonetische Varianten eines Phonems: Nacht [-x-] — Nächte [-ç-].
Assimilationen von Konsonanten sind im allgemeinen nicht erlaubt. In dem Wort ›Versicherungsgesellschaft‹ ist *-ng* [ŋ] stimmhaft, *s* stimmlos, *g* von -gesellschaft wieder stimmhaft. Die meisten Sprachen (auch das eng verwandte Niederländische) kennen Assimilationen, und man würde die Lautgruppe -ungsge- etwa so sprechen [-ʊŋzgə-]. Gewisse Angleichungen sind auch im Deutschen vorhanden, so ist z. B. das *-ng* ziemlich stimmlos. Doch vermag der Deutsche überaus rasch von der Stimmlosigkeit zur Stimmhaftigkeit überzuwechseln, z. B. au*ss*etzen [-sz-]. Im Auslaut einer Silbe oder eines Wortes werden alle Konsonanten stimmlos gesprochen, *b* wird also *p*ʻ, *d* > *t*ʻ, *g* > *k*ʻ, *z* > *s*, *v* > *f*. Im Silbenauslaut wird meist anstatt *p*ʻ ein *b* ohne Stimmton gesprochen (= *b̥*), ebenso *d* > *d̥*, *g* > *g̊*, z. B. endlich [ʔɛnd̥lıç]. Die absolute Stimmlosigkeit zeigt also das Ende eines Wortes an, sie ist ein grenzsignalisierendes Mittel. Ein vokalisch anlautendes Wort wird immer durch ʔ signalisiert. Die Wörter bleiben durch diese Mittel weitgehend selbständig; selbst in einer langen Wortkette büßen sie nichts von ihrem eigentlichen Körper ein. Das Deutsche ist in dieser Beziehung das Gegenstück zum Französischen und Japanischen. In seiner relativen Starrheit und seinem Widerstand, in einer Lautkette aufzugehen, steht das deutsche Wort, sieht man von seiner robusten Konsonantenstruktur ab, dem chinesischen sehr nahe. Jedes Wort bleibt intakt: ʔIß ʔendlich ʔauch ʔein ʔEi! Nicht: *i-ßend-li-chau-chei-nei*.
Das normale *r* der deutschen Hochlautung ist das wohl Anfang des 18. Jh. aus Paris eingeführte Zäpfchen-r [ʀ]; im Gesang und zum Teil im klassischen Drama herrscht noch das Zungenspitzen-r. Nach Vokal wird das *r* so schwach artikuliert, daß man nur noch von einem *r*-haltigen Vokal sprechen kann. Besonders auffällig ist die Verbindung eines unbetonten *e* mit *r* (ɚ), fast æ͡a, die verbreitet, besonders in Berlin, zu *a*, zum Teil mit Kehlkopfpressung, wird. Daher enthalten die Gassenhauer echte Reime: ›Was macht Herr Mey*er* auf'm Himalaya, rauf, ja das kommt er [kɔmta], aber [ɑ:ba] wie kommt er runter . . .‹
Die meisten Wörter oder bedeutungstragenden Morpheme des Deutschen haben die Strukturformel: Konsonant—Vokal—Konsonant(—Konsonant). Anstelle des ersten Konsonanten steht oft eine Kombination mit *s-*, *-r-*, *-l-* (*st-*, *str-*, *schl-*, *schr-*, *br-*, *bl-* usw.), z. B. Herr, wenn; Wein-schenk, seit, Zeit, im, Stadt, schließ-en, Leib-rock, schmal, schwarz, ʔArt, Mundwinkel, schritt usw.
Die Gleichförmigkeit des Auslauts der deutschen Wörter im Satz ist überraschend: *-n*, *-m*, *-ə*, *-ɚ*, *-t*, *-ʀ*, *-s* beherrschen das

Bild (s. den Text!). Diese Endungen erklären sich aus der Morphematik der deutschen Sprache. Als typisch für den Auslaut kann die Begrüßung gelten: Gute*n* Aben*d*, lieb*e* Hörerinne*n* und Hör*er*, wi*r* bringe*n* Ihne*n* Nachrichte*n*.

HOMONYMIE. Die reiche Skala der Phoneme, die vielen Kombinationsmöglichkeiten innerhalb der mit Konsonanten gut ausstaffierten häufigen Wortstrukturformel, die zahlreichen Wortbildungsmorpheme, die Leichtigkeit, mit der das Deutsche auch phonologisch zunächst ganz unpassende Lehnwörter seinem Sprachmaterial einverleibt, bilden ein mächtiges Wehr gegen das Entstehen störender Homonyme. Das deutsche Wort ist in akustischer Beziehung von großer Klarheit und Eindeutigkeit, kurz, das Deutsche ist homonymfeindlich. Dennoch findet man auch im Deutschen gleichklingende Wörter, doch selten treffen sie störend zusammen: ›*Macht macht* müde‹. ›*Heute* kommen *Häute*‹. ›Im ersten *Rang rang* ein Mann die Hände‹. Zwei Stilmittel der Dichtung, der *Reim* und die sogenannte *Lautmalerei* nutzen die phonologischen und phonetischen Möglichkeiten aus. Im Reim wird der Gleichklang zweier Wörter bis auf einen mehr oder weniger großen Rest (ein Phonem oder mehrere), in dem der Bedeutungsgehalt konzentriert ist, angestrebt: ›Am Golde h/ängt, nach Golde dr/ängt doch alles. Ach, wir Armen‹. Das ›homonyme‹ Phonembündel *-ängt* erhält seinen Bedeutungsgehalt erst durch *h-* oder *dr-*. Komische Wirkungen können durch Verzerrungen eines Vokalphonems innerhalb gewisser Grenzen erzielt werden. Der verzerrte Vokal steht unter dem Zwang des Reims: ›Sanft lächelnd reicht sie ihm die T*u*te, damit er Gutes drin vermute.‹ Bleibt nur das konsonantische Phonem vor einer betonten Silbe konstant und der übrige Wortkörper ändert sich, so spricht man von Stabreim oder Alliteration. Diese Art des Reims war in der älteren Dichtung der germanischen Völker verbreitet. Heute findet man ihn häufig in Werbesprüchen: ›*W*er *w*äscht *w*ohl *w*eiße *W*äsche *w*eißer?‹

Wer die Vorzüge der deutschen Sprache preist, vergißt nicht, auf den Reichtum an lautmalenden Wörtern hinzuweisen. Man glaubt, daß zwischen manchen Lautgruppen und der Bezeichnung des Vorganges oder des Gegenstandes ein unmittelbarer Zusammenhang bestehe: ›Das Wasser *rauscht'*, das Wasser schwoll, ein Fischer saß daran.‹ Viele glauben, in der Lautgestalt des Wortes *rauschen* das eigentümliche Geräusch selbst zu hören. Oder in dem Vers: ›Und es wallet und siedet und brauset und zischt, wie wenn Wasser mit Feuer sich mengt.‹ Wenn auch manche Wörter ihre Entstehung dem Bestreben verdanken, den gehörten Schall unmittelbar nachzuahmen, so muß man doch auf folgende einschränkenden Faktoren hinweisen: Die Lautmalerei kann nur in den engen Grenzen des phonologischen Systems der deutschen Sprache erfolgen. Der Bedeutungsgehalt eines Wortes ist entscheidender als sein Klangkörper. Das erst seit dem 16. Jh. gebräuchliche Wort *zischen* ist ein lautnachahmendes Wort, während das Wort *zwischen*, das mindestens genauso stark ›*zischt*‹, seinen Klangkörper durch die eigentümliche Lautentwicklung erhalten hat. Es ist eine Präposition und mehr nicht. *heulen* geht auf ›Eule‹, althochdt. *hûwila* zurück (wie eine Eule schreien). Aber stellt man sich bei *heulen* das Schreien einer Eule vor? Nimmt man das *h* von *heulen* und setzt es an die Stelle des *s* in *sausen*, das auf eine lautnachahmende Wurzel zurückgehen soll, so entsteht *hausen*, das eigentlich das Geräusch von *sausen* und *heulen* vereinen müßte. Es erinnert jedoch niemanden an einen Schall. Worin liegt die schallnachahmende Wirkung in *brausen*? In dem *br-* oder in *-ausen*? Liegt sie in dem *br-*, müßte *brauchen* die Vorstellung eines ähnlichen Geräusches wie *f*auchen, *pf*auchen vermitteln. In erster Linie ist die konventionelle Bedeutung des Wortes ausschlaggebend für seine Wirkung. Und erst die Verbindung, die zwischen der Bedeutung und dem Klangkörper hergestellt wird, schafft in vielen Fällen den Eindruck einer besonders geglückten Lautmalerei. Man muß diese Wörter, die sich in dem engen Rahmen der phonologischen Konventionen bewegen, von den Nachahmungen der Tierlaute trennen, die in der Sprache meist einen ziemlich selbständigen Charakter bewahrt haben: Kikeriki! Muh, muh! Mäh, mäh, mäh!

MORPHEMATIK. Die Morphematik umfaßt eine Bestandsaufnahme der Morpheme einer Sprache und eine Beschreibung ihrer Funktionen. Im folgenden kann nur ein flüchtiger Einblick in den Morphembestand und die Funktionen der Morpheme gegeben werden. Um die Erläuterungen verständlicher zu machen, werden, so weit wie möglich, die Fachausdrücke der herkömmlichen Grammatik verwendet. Die Morpheme kann man einteilen in Wortbildungsmorpheme (z. B. Schön*heit*, freund-*lich*) und grammatische (z. B. Kind-*er*, *du* sag-*st*). Innerhalb der grammatischen Morpheme unterscheidet man bedeutungstragende (*Haus*, *sag*-st) und funktionale (sag-*st*). Die Grenze zwischen Wortbildungs- und grammatischen Morphemen ist zuweilen fließend. Das Wortbildungsmorphem *-ig-* (beschön-ig-en) hat häufig nur die Aufgabe, ein Wort zu befähigen, bestimmte andere Morpheme anzunehmen. Es erfüllt also in erster Linie eine grammatische Aufgabe; z. B. kann das Wort *heute* nicht mit nominalen Morphemen (d*ie* heute ... Mode) verbunden werden. Es muß zu diesem Zweck ein ›Stützmorphem‹ annehmen: heut-*ig* : die heut*ige* Mode = die Mode

von heute. Im folgenden werden nur die grammatischen Morpheme behandelt, da sie wesentlich die Struktur der Sprache bestimmen. Die Art der grammatischen Morpheme:
A. Feste Morpheme:
Wurzelmorpheme: g*e*ben — g*a*b; Mutter — M*ü*tter.
Adfixe: Diese zerfallen in: Präfixe: *ge*-sehen; Infixe: an-*ge*-kommen, sag-*t*-est; Suffixe: sag-*en*, Mann*es*, Student-*en*.
B. Freie oder lose Morpheme: Gedichte *von* Uhland, *mit* dem Pfeil und Bogen, *du* brauchst *nicht zu* kommen. Es können mehrere Morpheme zugleich auftreten: *ge*-tr*u*nk-*en* (Präfix, Wurzelmorphem, Suffix). Die Verteilung der Morpheme im Deutschen ist sehr unpraktisch. Als Beispiel diene eine Übersicht über die Funktionen des Morphems *-er*. Es ist

Wortbildungsmorphem: Lehr*er*, Bäck*er*.
Grammatisches Morphem. Als solches bezeichnet es:

1. die Klasse: d*er* Mann (gegen d*ie* Frau, da*s* Kind).
2. den Kasus: d*er* Mann (Nominativ der r-Klasse), d*er* Frau, d*er* Männer, d*er* Frauen (Genitiv der e-Klasse und des Plurals), d*er* Frau (Dativ der e-Klasse).
3. die zweite Steigerungsstufe der Adjektive: reich — reich*er*.

Diese Mehrdeutigkeit kann störend wirken, z. B.: ›Das haben die Kinder d*er* Milchfrau erzählt‹. Weder das Morphem *-er* noch die Stellung des Wortes im Satz geben Auskunft darüber, ob ›der Milchfrau‹ Attribut zu Kinder ist (›die Kinder der Milchfrau‹) oder ob sich die Handlung auf das Objekt ›Milchfrau‹ erstreckt (›sie erzählten es der Milchfrau‹). Erst eine Umstellung der Satzglieder würde Klarheit bringen: ›Die Kinder haben das der Milchfrau erzählt‹ oder ›die Kinder der Milchfrau haben das erzählt.‹
Während im obigen Fall ein Morphem mehrere Funktionen versieht, muß eine Funktion oft durch mehrere Morpheme ausgedrückt werden: Die Bindung eines Substantivs an ein anderes erfolgt durch feste und seltener auch durch lose Morpheme. Beispiel:

das Bild eine*s* tätigen Mann*es*; die Arbeit de*s* Student*en*;
der Fuchspelz d*er* Frau; die Einfuhr spanisch*er* Apfelsinen.

Fehlt ein Träger des r-Morphems muß ein loses Morphem verwendet werden: die Einfuhr *von* Apfelsinen. Zuweilen kann die Lücke in diesem System überhaupt nicht ausgefüllt werden, z. B. ›er bemächtigte sich d*er* Stadt‹, ›er bemächtigte sich viel*er* Städte‹; aber: ›er bemächtigte sich (?) Städte.‹ Dieser morphematische Defekt kann nur mit lexikalischen Mitteln behoben werden: ›Er *eroberte* Städte‹.

Das Doppelmorphem *-s....s(..n)* (eine*s* Manne*s*) wird in der Umgangssprache durch eine Fügung ersetzt, die zwar nur ein festes Morphem benötigt, dafür aber eine Präposition oder ein Pronomen verwenden muß, die hier als lose Morpheme fungieren: ›das Bild *von* eine*m* tätigen Mann‹ oder ›eine*m* tätigen Mann *sein* Bild‹. Wie man sieht, ist das System nicht nur defektiv, sondern es wird auch durch innere Kämpfe (feste Morpheme gegen lose) erschüttert.

Nach den Wortarten lassen sich zwei große Morphemgruppen unterscheiden: Eine nominale und eine verbale Gruppe. Innerhalb der nominalen Morphemgruppe lassen sich wieder absolute Morpheme (Plural- und Steigerungsmorpheme) gegen relative (rein funktionale Morpheme) abgrenzen. Die Klassenmorpheme nehmen eine Mittelstellung ein. Die Pluralmorpheme sind für das Substantiv charakteristisch. Man unterscheidet (Singular — Plural):

1. Morphem Null: Lehrer — Lehrer
2. Wurzelmorphem: M*u*tter — M*ü*tter
3. Suffixe: *-s, -en, -e, -er*: Auto — Auto*s*, Mensch — Mensch*en*, Tag — Tag*e*, Kind — Kind*er*.
   Verschiedene Suffixe bei Wörtern aus anderen Sprachen: Konto — Kont*i* (oder Kont*en*), Examen — Exam*ina* (oder Examen, also Null).
4. Wurzelmorphem + Suffix: N*a*cht — N*ä*cht*e*, B*u*ch — B*ü*ch*er*.

Die Steigerungsmorpheme sind für das Adjektiv und das Adverb charakteristisch: reich — reich*er* — reich*st-*; mit Wurzelmorphem: groß — gr*ö*ß*er* — gr*ö*ß*t-*.

Das Morphem *-st-* ist nur noch beschränkt funktionsfähig, z.B. höch*st* interessant. Im allgemeinen muß es ein relatives Morphem annehmen: a*m* höchste*n*, der höchst*e* Berg.

A. Die Klassenmorpheme sind nur im Singular vorhanden:

-er *-e(ie)* *-s*

(d*er* Mann, d*ie*, ein*e* Frau, da*s* Kind). Das Morphem *-er* wird meist verkürzt *-r* geschrieben. Ihre Leistungen:

1. Sie bezeichnen das natürliche Geschlecht: der Mann, die Frau, das Kind. Doch ist das System unvollkommen: da*s* Mädchen, da*s* Weib, d*ie* Wache usw.

2. Sie differenzieren die Bedeutung gleichlautender Substantive: de*r* Erbe — da*s* Erbe; d*ie* Steuer — da*s* Steuer.

3. Bei substantivierten Adjektiven trennen die Klassenmorpheme Personen von abstrakten Begriffen: ›De*r* *Gute* räumt den Platz de*m* *Bösen*, und alle Laster walten frei‹ (Schiller). ›Da*s* *Gute* — dieser Satz steht fest, ist stets da*s* *Böse*, was man läßt‹.

4. Sie deuten an, daß ein Substantiv oder ein substantiviertes Wort folgt: ›De*r* *Mann*, der da*s* *Wenn* und da*s* *Aber* erdacht, hat sicher aus Häckerling Gold schon gemacht.‹

5. Sie verdeutlichen die Beziehungen zwischen einem Substantiv und einem stellvertretenden Wort (Distanz-Beziehung): ›Gleich nach Erledigung dieser Angelegenheit ... trat de*r* junge Konsul ein*e* Reise an, ein*e* Geschäftsreise nach Amsterdam, von der *er* nicht wußte, wieviel Zeit s*ie* in Anspruch nehmen werde‹ (Thomas Mann).

Innerhalb der Klassenmorpheme muß man eine weitere Kategorie Personen — Sachen unterscheiden: We*r* — Wa*s*. Der Unterschied wird besonders nach bestimmten freien Morphemen deutlich.

B. Zu den funktionalen Morphemen gehören die Kasusmorpheme, die im Singular an die Klassen gebunden sind. Ein bestimmter Kasus, z. B. der Kasus des direkten Objekts, findet je nach der Klasse seinen besonderen Ausdruck: ›Ich sehe de*n* Mann, d*ie* Frau, da*s* Kind‹. Die Kasusmorpheme bestehen aus einem präponierten Teil, der eines Trägers bedarf (Artikel, Adjektiv, Demonstrativpronomen, Indefinitpronomen usw.) und von dem zugehörigen Wort durch andere Wörter oder Wortgruppen getrennt werden kann, und einem suffigierten Teil, der meist Null ist: de*r* Mann, de*s* Manne*s*, de*m* Mann(*e*), de*n* Mann; d*ie* Frau, de*r* Frau, de*r* Frau, d*ie* Frau; da*s* Kind, de*s* Kinde*s*, de*m* Kind(*e*), da*s* Kind. Plural: d*ie* Männer, de*r* Männer, de*n* Männer*n*, d*ie* Männer.

Das kasusanzeigende Morphem wird von dem dazugehörigen Wort oft getrennt, z. B. *mit* seine*m* schmalen, schwarzen .... *Schnurrbart*‹.

Die Zahl der morphologisch ausgeprägten Fälle ist in den Klassen verschieden:

	1.	2.	3.	4.
r-Klasse:	-r	-s + Suff.	-m + Suff.	-n
s-Klasse:	-s	-s + Suff.	-m + Suff.	= 1.
Plural:	-e	-r	-n + (n)	= 1.
e-Klasse:	-e	-r	= 2.	= 1.

Bis auf die r-Klasse ist der 4. Fall dem 1. Fall gleich. Doch wird das Bewußtsein, daß das Deutsche einen 4. Fall hat, wesentlich von dem Personalpronomen der ersten und zweiten Person gestärkt: *ich — mich, du — dich, wir — uns, ihr — euch*. Die dritte Person fällt bis auf den 2. Fall unter die obigen Klassen: e*r* — ih*m* — ih*n*, sie — ih*r* — si*e*, e*s* — ih*m* — ih*n*.

Einige Funktionen der Fälle:

1. Subjektsandeuter: ›De*r* junge Konsul trat eine Reise an‹. Inhaltliche Ergänzung zu einigen Verben (z. B. sein, werden, bleiben): ›Er *wird* sicher ein gute*r* Arzt.‹

2. Bindemittel zwischen Substantiv und Substantiv, Adjektiv und Substantiv, Verb und Substantiv (Objektsandeuter): ›das Bild eine*s* tätigen Mann*es*‹. ›Er war seine*s* Erfolge*s* *sicher*.‹ ›Er erinnerte sich de*s* Tag*es* noch genau.‹
3. Objektsandeuter. Das Objekt ist oft das nicht von der Handlung getroffene Objekt: ›Er opfert eine*r* Gottheit, de*m* Bacchus.‹
4. Objektsandeuter. Das Objekt ist oft der von der Handlung direkt betroffene Gegenstand: ›Er opfert de*n* Wein.‹
Der richtige Gebrauch ist jedoch durch die Konvention festgelegt. Obwohl ›helfen‹ und ›unterstützen‹ sich lediglich stilistisch voneinander unterscheiden, muß man sagen: ›Er hilft de*m* Mann‹, aber ›er unterstützt de*n* Mann‹.
Lose Morpheme, die die Lage und das Verhältnis anzeigen (Präpositionen), verlangen, daß das folgende Wort ein festes Morphem der Gruppen (Fälle) 2—3 annimmt: ›*wegen* de*s* Regen*s*‹, ›*nach* de*m* Regen‹, ›*um* de*n* Tisch‹. Es ist ein nicht unbedingt erforderliches Bindemittel, denn erstens kann man die Gruppen austauschen, zweitens die Morpheme ganz weglassen, ohne daß das richtige Verstehen gefährdet wird: ›wegen dem Regen‹ (heute schon sehr häufig, da der 2. Fall eine Schwundtendenz zeigt), ›wegen Regen‹ (das Verständnis ist gesichert, die Form aber konventionell falsch).
Durch die Verbindung einiger loser Morpheme mit festen Morphemen werden jedoch zwei Kategorien, die Kategorie der Ruhe oder beschränkten Bewegung an einem Ort und die der gerichteten Bewegung, deutlich markiert: ›Er steckt den Brief *in* d*ie* Tasche‹. ›Der Brief steckt *in* de*r* Tasche.‹ Meist ist die Kategorie bereits durch den Bedeutungsgehalt des Verbs festgelegt: ›Er *geht ins* Kino‹. ›Er *sitzt im* Kino.‹
Alle festen Morpheme können auch Nullwert haben. Im zweiten Fall wird der Nullwert jedoch vermieden. ›Um Gotte*s* willen‹, aber ›*Gott* sei Lob und Dank‹ (d. h. de*m* Gott . . .). ›Wegen Trunkenheit am Steuer . . . ‹ (Null selten), aber ›de*r* Ruhe bedürfen‹. Nach Verben, die den 2. Fall verlangen, muß ein Morphem folgen; als Morphemträger fungiert hier der bestimmte Artikel, der jede hinweisende Kraft verloren hat. Einige Beispiele für den Nullwert der festen Morpheme:

1. Fall: ›Herr Hugo Weinschenk, . . . Direktor . . . .‹ ›Er wird Arzt.‹

3. Fall: ›Zimmer mit Bad und Telefon‹ (anstatt: eine*m* Bad und eine*m* Telefon). ›Echnaton opfert Aton‹.

4. Fall: ›ein Ritter ohne Furcht und Tadel‹. ›Frösche fangen Fliegen‹.

Das Fehlen eines Morphems kann sich als störend erweisen, wenn man den Sachverhalt selbst nicht kennt, z. B. *Echnaton opfert Aton.* Man muß wissen, daß *Aton* ein Gott ist, dem ein Opfer dargebracht wird, nicht etwa der Name eines Menschen, der geopfert wird.

Die Funktion des 4. Falls muß — bis auf die r-Klasse — nötigenfalls mit anderen morphologischen oder mit außermorphologischen Mitteln verdeutlicht werden. ›Auch Vögel fangen Frösche‹ kann unklar sein, da ›Frösche‹ hier Subjekt ist. Die Wortstellung ›Frösche fangen auch Vögel‹ läßt kaum Zweifel an dem Sinn des Satzes. Ganz eindeutig wird der Sinn durch den Gebrauch des Passivs, das im wesentlichen nur eine ›morphologische Umkehrung‹ des Aktivs ist: ›Auch Vögel werden von Fröschen gefangen‹.

Feste und lose Morpheme haben häufig gleiche Wertigkeit: ›Er antwortet *auf* Fragen‹. ›Er *be*antwortet Fragen.‹ Die durch das lose Morphem *auf* (+ 4. Fall, hier gleich Null) zwischen Verb und Objekt hergestellte Bindung kann auch durch das ›transitivierende‹ feste Wortbildungsmorphem, das hier auch eine grammatische Funktion hat, bewirkt werden.

Der Unterschied zwischen Personen und Sachen findet seinen Ausdruck im Fragepronomen (*Wer* —*Was*) und im Personalpronomen, wenn dies von gewissen freien Morphemen gesteuert wird: ›Er denkt *an* ih*n*, *an* si*e*, *an* e*s*‹; aber: ›Er denkt *daran*‹ (Sache). ›*An* we*n* denkt er?‹ (Personen; das Morphem der r-Klasse gilt für alle Klassen). ›*Woran* denkt er?‹ (Sache). In Verbindung mit gewissen losen Morphemen wird *was* zu *wo(r)*-, das für die Morpheme des dritten und vierten Falles eintritt: ›*Woran* wollen Sie teilnehmen?‹ (an de*m* Ausflug). ›*Woran* denken Sie?‹ (an de*n* Ausflug). Verlangt jedoch ein Verb das Morphem des dritten Falles, so ergibt sich bei *was* eine Lücke. Nach der Person kann man fragen: ›We*m* verdanken Sie das?‹ Will man nach einer Sache fragen, so muß das *m*-Morphem, das bei *was* fehlt (d*er* — d*as*, w*er* — w*as*; we*m* — ?) an einen anderen Ausdruck gefügt werden, z. B.: ›Welche*m* Umstande (oder ›Welche*r* Tatsache) verdanken Sie das?‹

Im zweiten Fall gibt es für *es* zwei Formen: ›seiner‹, wenn *es* Personen bezeichnet, z. B. ›Ich erinnere mich seiner‹ (d. h. des Kindes, des Mädchens); *es* oder *dessen*, wenn es Sachen bezeichnet, z. B. ›Ich habe *es* satt‹; ›ich erinnere mich *dessen*‹. In den Deklinationsschemas der herkömmlichen deutschen Grammatiken fehlt diese Aufteilung von *es* in eine Personen- und Sachkategorie.

Träger der Kasusmorpheme ist meist der Artikel. Der Artikel ist ein Substantivbegleiter, der neben seiner Funktion als Morphemträger die Aufgabe hat, ein Einzelding gegen Stoff-

namen, Abstrakta und Personennamen abzugrenzen. Auf ein bekanntes oder erwähntes Einzelding wird durch den bestimmten Artikel (der, die, das; die), auf ein noch nicht erwähntes Einzelding durch den unbestimmten Artikel (ein, eine, ein) hingewiesen. Der Gebrauch der Artikel ist vielfach jedoch festen Konventionen unterworfen. Die Form *ein* des unbestimmten Artikels trägt kein Morphem: ›*ein Mann*‹, ›*ein Kind*‹. Tritt ein Adjektiv vor das Substantiv, muß dieses das entsprechende Morphem annehmen: ›ein tätige*r* Mann‹, ›ein artige*s* Kind‹. Ein von einem zweiten Substantiv mit dem Morphem des zweiten Falls näher bestimmtes Substantiv muß von dem bestimmten Artikel begleitet sein: ›*das* Bild eine*s* tätigen Mann*es*‹.
Adjektive, vor denen ein Kasusmorphem steht, müssen ein eigenes Morphem annehmen. Dies Morphem ist im Singular im ersten Fall *-e*, im vierten Fall ebenfalls *-e*, wenn dieser morphologisch gleich dem ersten Fall ist. In allen übrigen Fällen und im Plural ist das Morphem *-en*: ›*der* jung*e* Konsul‹, ›d*ie* lang*e* Reise‹, ›da*s* artig*e* Kind‹, ›d*ie* letzt*en* Nachricht*en*‹. Gegenüber den Kasusmorphemen kann man diese Gruppe ›sekundäre Morpheme‹ nennen.
Adjektive sind dadurch gekennzeichnet, daß sie beide Gruppen von Morphemen annehmen können: ›de*r* Deutsch*e*‹, ›ein Deutsche*r*‹. Die sekundären Morpheme dienen der Wortverkettung: ›mit sein*em* geschlossen*en* Leibrock‹, ›sein*em* schmal*en*, schwarz*en*, *auf* männlich*e* und ernst*e* *Art* in die Mundwinkel hineingewachsen*en* *Schnurrbart*‹. Die Beziehung zwischen ›schmal‹, ›schwarz‹, ›hineingewachsen‹ einerseits und ›Schnurrbart‹ andererseits wird durch das sekundäre Morphem *-en*, das durch das ›primäre‹ Morphem *-em* gesteuert wird, gesichert. An Stelle des *s*-Morphems des zweiten Falles nimmt das Adjektiv heute nur noch das sekundäre Morphem an: ›wiegend*en* und selbstbewußt*en* Schritt*es*‹.
Das Adjektiv wird nur dann Morphemträger, wenn es vor dem Substantiv steht oder wenn es selbst durch den Artikel substantiviert wird: ›Bei einem Wirte wundermild (nicht: wundermilden), da war ich jüngst zu Gaste.‹ ›Edel sei der Mensch, hilfreich und gut.‹ Aber: ›der edl*e* Mensch‹. Im Deutschen werden Adjektiv und Adverb der Form nach meist nicht unterschieden (der Mann ist gut; er arbeitet gut); dagegen ist die Form des Adjektivs von seiner Stellung abhängig. Nur in gewissen Fällen wird es mit in die Verkettung durch Morpheme einbezogen.
Innerhalb der *Verbalmorpheme* lassen sich zwei Gruppen unterscheiden: 1. Sekundäre Verbalmorpheme, das sind solche, die einer Ergänzung durch 2. bedürfen, wenn ein Satz ent-

stehen soll: les*en*, les*end*, *ge*les*en*. Sätze: ›*Ich kann* lesen‹. ›Lesend *saß er* in der Sofaecke‹. 2. Primäre Verbalmorpheme, das sind solche, die nötig sind, um einen Satz zu bilden: ›Ich les*e*‹, ›wir l*asen*‹. Aus phonetischen Gründen *-en* usw. oft *-n*.

1. Die ergänzungsbedürftigen Verbalmorpheme treten auf

	rein verbal:	nominal nach der Form, verbal nach dem Sinn:
-en	Ich kann les*en*.	Da*s* Schreib*en* und da*s* Les*en* ist nie mein Fach gewesen.
-end	Sanft lächel*nd* reicht sie ihm die Tüte.	D*ie* Reise*nden* werden gebeten ......
		wiege*nden* Schrittes

(*ge*)...*t*, (*ge*).*x*..*t*, (ge).x.*en*.
(x ist inneres vokalisches und konsonantisches Morphem)

Er kam an*ge*hops*t*.

(als Teilmorphem:)

Er ist viel *ge*reis*t*.	ein weit*ge*reis*ter* Mann (= ein Mann, der viel gereist ist),
Er hat viel studier*t*.	studier*te* Leute (= Leute, die viel.studiert haben)
Es steht *ge*schr*ie*b*en*.	

2. Die primären Verbalmorpheme sind eine Gruppe von Morphemen, die meist verschmolzen auftreten. Am deutlichsten heben sich die Personalmorpheme ab. Die festen Personalmorpheme müssen meist von losen Personalmorphemen (Personalpronomen) begleitet sein. Sie deuten an:
Die Person und die Zahl:

ich ...*e* (0)	du ...*st*	(er, sie, es) ...*t* (0), *e*
wir ...*en*	ihr ...*t*	(sie) ...*en*

›*Ich* les*e*‹. Ein inneres Morphem kann hinzukommen: ›*Du* f*ä*hr*st*‹ (gegen: f*a*hren).
Die Zeitstufenmorpheme *-t-* und -x-, die eine Form der Vergangenheit andeuten, kommen nur zusammen mit den Personalmorphemen vor: ›ich studier-*t*-e‹; ›er studier-*t*-e‹. Das Zeitstufenmorphem *-t-* verlangt in der dritten Person Singular ein anderes Personalmorphem als das Zeitstufenmorphem 0 des Präsens: ›er sag*t* / er sagt*e*‹, aber: ›ich sag-*e* / ich sag-t-*e*; ihr sag*t* / ihr sag-t-e*t* (-e*t*, um das -*t* deutlich zu machen). Verben mit -x- haben in der dritten Person Singular 0: ›er träg*t* / er tr*u*g‹.

Eine Verschmelzung von Modus und Person zeigt sich in den Modusmorphemen, z. B. ›er leb*e* hoch‹ (Wunschmodus -*e* gegen den Wirklichkeitsmodus -*t*: er leb*t*). Verben mit dem Zeitstufenmorphem -x- (k*o*mmen — k*a*m) haben als Modusmorphem oft -x²-: ›wenn er doch k*ä*m*e* (k*a*m — k*ä*m-).
Die Form des *Imperativs* zeichnet sich dadurch aus, daß sie zum Teil keine losen Morpheme annehmen darf: 0 . . . . . *e* (-*e* häufig auch 0): ›trink(e)!‹ Plural: . . *t*: ›trink*t*!‹ Aber: ›Trink*en Sie*‹ (mit sinkendem Ton) gegen: ›Trinken Sie ?‹ (mit steigendem Ton). Im letzten Fall ist die Tonführung morphematisch wirksam.
Neben den festen Morphemen besitzt das Deutsche viele freie Morpheme, die die Beziehungen zwischen Wörtern, Wortgruppen und Sätzen anzeigen helfen. Unter den nominalen Morphemen wurden bereits einige erwähnt, die einige Lücken der festen Morphemen ausfüllen müssen (s. *von*). Ein Vergleich mit den morphematischen Verhältnissen in anderen Sprachen veranschaulicht am besten die Gleichwertigkeit der verschiedenen Ausdrucksmittel. Dieser Vergleich lehrt auch, daß es sinnlos ist, endlose Debatten darüber zu führen, ob eine Sprache ›Kasus‹ habe oder nicht. Z. B. kann man bei Betrachtung der Gleichung russ. piˈsat' karandaˈš*om* = ›*mit* de*m* Bleistift schreiben‹ nur folgende Feststellung treffen: Das russische feste Morphem -*om* entspricht im Deutschen dem freien Morphem *mit*, das das durch den Artikel getragene Morphem -*em* steuert.
Innerhalb des Deutschen selbst wird da, wo eine andere Sprache ein festes Morphem hat, einmal ein loses Morphem, das andere Mal eine Verschmelzung von losem und festem Morphem verwendet, z. B. ›ich fahre *nach* Ankara‹, ›ich gehe *ins* (in + (da)*s*) Theater‹, türkisch: Ankaray*a*, tiyatroy*a* gidiyorum.
Besonders reichlichen Gebrauch von freien Morphemen macht das deutsche Verbalsystem, z. B. *ich habe gelesen*, vgl. dagegen lat. *lēgī* und türk. *okudum*; ferner *ich hatte gelesen*; *ich werde lesen*, *ich werde gelesen haben*. Die letzte Form entspricht einem lat. *lēgerō*. Stellt man in der lateinischen und der deutschen Form das bedeutungstragende Morphem gegenüber den anderen funktionalen Morphemen heraus, die man als eine geschlossene Gruppe schreibt, so ergibt sich folgende Gleichung: *lēg*-erō = ichwerdege-*les*-enhaben.
Das Personalpronomen ist entweder ein freies, zur Verbalform gehöriges Morphem (*ich* les*e* — lat. leg*ō*) oder ein selbständiges Wort mit Bedeutungsinhalt: ›Wer war es ?‹ — ›Ich!‹ (lat. *ego*). Im Dänischen erkennt man an der Aussprache, ob *jeg* ›ich‹ ein Morphem oder ein selbständiges Personalpronomen ist (jə — jæi).

Alle Passivformen werden im Deutschen mit Hilfe freier Morpheme gebildet, die zum Teil ihrerseits wieder Träger fester Morpheme sind: ›Der Antrag *wird* (inneres Morphem -x-, -0 gegenüber werd-en) ab*ge*lehn*t* (Infix *ge*, Suffix *-t* gegenüber ablehn-en)‹. Eine allgemeine Passivform mit aktivischem Sinn wird mit dem festen Personalmorphem der dritten Person Singular und den üblichen Passivmorphemen gebildet: Hier *wird getanzt* (= Man tanzt hier). In Wendungen dieser Art findet sich oft das Satzbaumorphem *es*: ›*Es* wird getanzt.‹ ›*Es* darf hier nicht geraucht werden.‹ Eine weitere (zeitlich unbestimmte) Passivform, die gleichzeitig den Modus der Notwendigkeit oder der Möglichkeit enthält, wird mit Hilfe der festen Morpheme *zu* und *-end* gebildet: ›die *zu* ergreif*end*en Maßnahmen‹ (die Maßnahmen, die ergriffen werden müssen). Die Tatsache, daß *zu* mit dem folgenden Verb nicht in einem Wort geschrieben wird, darf nicht darüber hinwegtäuschen, daß es sich um ein festes Morphem handelt. Bei trennbaren Verben ändert sich das graphische Bild: ›die nicht ab*zu*leug*nend*en Tatsachen‹. Eine Gruppe freier Morpheme verbindet Wörter, Wortgruppen oder Sätze miteinander, ohne daß sie einen Einfluß auf feste Morpheme ausüben, z. B. *und*: ›die Königin und ihre Hofdamen‹. Das *und* ist nicht imstande, die Form der folgenden Wörter zu ändern. Denselben Sachverhalt kann man auch durch ein Morphem ausdrücken, das ein festes Nominalmorphem verlangt: ›die Königin *samt* ihre*n* Hofdame*n*, *mit* ihre*n* Hofdame*n*. Das Türkische macht in diesen Fällen z. B. meist keinen Unterschied: Nasrettin Hoca *ile* mektup ist wörtlich ›Nasrettin Hoca mit Brief‹, entspricht also dem deutschen *und*: Nasrettin Hoca *und* der Brief.‹

Zwischen den Aussagen ›*weil* es regnet, kommt er nicht‹ und ›*wegen* de*s* Regen*s* kommt er nicht‹ besteht nur ein morphologischer, kein inhaltlicher Unterschied. Das erste freie Morphem steuert einen Satz, ohne auf die festen Morpheme der Satzglieder einen Einfluß auszuüben, während das zweite freie Morphem ein Nominalmorphem verlangt. Verben können an andere Wörter (Substantive, Adjektive, Verben) durch das Morphem *zu* ...*en* angeschlossen werden: sein Versprechen *zu* komm*en*, bereit *zu* komm*en*, er verspricht *zu* komm*en*.

Wortgruppen, die zu einem Verb ein Objekt bilden, werden meist durch das freie Morphem *daß* an das Verb angeschlossen: ›Ich weiß, *daß er hier ist*‹. Eine Form mit nominalen Morphemen ist in diesem Fall nicht üblich (Ich weiß sein Hiersein). In vielen Sprachen, z. B. im Türkischen, ist die zweite Form die allgemein gebräuchliche. Dagegen kann das Deutsche die asyndetische Form der isolierenden Sprachen nachahmen. ›Ich weiß, er ist hier.‹

Das syntaktische System des Deutschen, das hier nur im engen Sinne als Erweiterung des morphematischen Systems betrachtet sei, zeigt ausgeprägte Besonderheiten, von denen die augenfälligsten nachstehend angeführt werden. In einem gewöhnlichen Satz nimmt das Verb mit dem Personalmorphem in der Regel die zweite Stelle ein, z. B. ›sie *trägt* heute den Fuchspelz‹. Wird die erste Stelle aus Gründen der subjektiven Betonung von einem anderen Wort (Objekt, adverbiale Bestimmung der Zeit) besetzt, muß das Subjekt seinen Platz räumen und hinter das Verb treten. ›*Heute* trägt *sie* den Fuchspelz‹; ›*den Fuchspelz* trägt sie heute.‹ Das freie Personalmorphem kann nur durch andere freie Morpheme, die z. B. einen Gegensatz herstellen, von dem Verb getrennt werden: ›Sie trägt einen Fuchspelz‹. ›Ich *aber* trage einen Luchspelz.‹ Dieses *aber* und einige andere freie Satzmorpheme haben den Stellenwert Null, z. B. auch das begründende freie Morphem *denn*: ›... *denn* sie wissen nicht, was sie tun‹. Andere Sprachen müßten auch hier konstruieren: Wegen des Nichtwissens ihres Tuns. Die Anfangstellung des Verbs mit folgendem Subjekt ist ein Kennzeichen der Frageform: ›*Trägt* sie wieder ihren Fuchspelz?‹ Die gleiche Stellung verlangt der Imperativ (ihm fehlt in der du- und ihr-Form das freie Personalmorphem): ›Trage den Fuchspelz!‹ ›Tragt den Fuchspelz!‹ In der Sie-Form muß die Tonführung Frage- und Befehlsform unterscheiden helfen. (Beispiel siehe unter Morphematik!)
Wird in einem Aussagesatz die erste Stelle frei, muß sie von dem Satzbaumorphem *es* besetzt werden, z. B. ›*viele Leute* kommen‹. ›*Es* kommen viele Leute.‹ ›*Hier* wird getanzt.‹ ›Getanzt wird hier.‹ Aber: ›*Es* wird (hier) getanzt.‹ Ohne das Satzbaumorphem hat der Satz die Fragestruktur: ›Kommen viele Leute?‹ ›Wird hier getanzt?‹
Eine der hervorstechendsten Merkmale des deutschen Satzbaus ist die Tendenz, eng zusammengehörige Bestandteile durch andere Satzglieder zu trennen: Das Morphem wird von dem Wort getrennt, das es klassifiziert und dessen Beziehung zu einem anderen Wort es verdeutlicht, z. B. ... mit seine*m* schmalen ..... (das *-m* zielt über einige Wörter und Wortgruppen hinweg auf:) ... *Schnurrbart.* Viele mit einem betonten Wortbildungsmorphem zusammengesetzte Verben zerfallen in bestimmten Stellungen in ihre Bestandteile: ›Wir *teilen* (→) Ihnen dieses für die künftige Entwicklung wichtige Ergebnis unserer Untersuchung natürlich nur unter dem Siegel der Verschwiegenheit (←) *mit.*‹ Freie Morpheme, die der Bezeichnung der Zeitstufe oder der Modalität dienen, werden vom Verb (d. h. dem bedeutungstragenden Morphem) getrennt: ›*Wir haben* Ihnen .... *mit*geteilt.‹ ›*Wir werden*

Ihnen ..... *mitteilen.‹* Entsprechend: ›Wir wollen, sollen, können ...‹ usw. Der wirkliche Inhalt des Ausgesagten wird in den beiden Beispielen erst klar, wenn das letzte Wort gesprochen worden ist. Die einleitenden Elemente *wir teilen* und *wir haben* deuten lediglich die Person, Zahl und Zeitstufe des Verbs an (*teilen*: Präsens; *haben* .... Vergangenheit). Im zweiten Beispiel machen die folgenden Satzglieder (Ihne*n*, diese*s*) deutlich, daß ein Verb, das diese Morpheme verlangt, folgen muß. Da das Verb noch nicht genannt ist, bleibt der Satz in der Schwebe; ein Anlaß dazu, daß die Gedanken des Hörers einen falschen Weg einschlagen, sind nicht gegeben. Im zweiten Beispiel können die einleitenden Wörter ›Wir teilen Ihnen dieses ....‹ noch völlig falsche Vorstellungen erwecken (z. B. ›wir teilen Ihnen dieses ... Gebäck gern in drei gleiche Teile‹).

Eine bestimmte Kategorie von Satzmorphemen verändern die Wortfolge grundlegend. An der Spitze eines Satzes stehend, scheinen sie den übrigen Satzgliedern den Befehl ›Richt' Euch!‹ zuzurufen. Sie ziehen nur das lose Personalmorphem des Verbs an sich und lassen das Verb mit dem festen Personalmorphem wie einen Ball an einem Gummiband bis an das Satzende vorprellen: ›*Wenn er* jeden Morgen .... *schritt* ...‹ ›*Obgleich wir* Ihnen dieses Ergebnis unserer Untersuchung .... *mitgeteilt haben*, ...‹

In der Umgangssprache werden mit Vorliebe auch einige Wörter aufgespalten: ›*Wo* gehst du *hin*?‹

Diese an den obigen Beispielen gezeigte Erscheinung — die Tendenz eben, eng zusammengehörige Elemente zu sprengen —, kann in zweifacher Weise charakterisiert werden.

Gewöhnlich geht man von den gespaltenen Elementen aus und bezeichnet diese als Klammern oder als einen Rahmen. Der gleichen Betrachtungsweise entspringt der Ausdruck ›*Distanzkomposition*‹. Man kann jedoch eine Charakterisierung dieses Satzbaus auch auf die zwischen den Klammern stehenden Wörter und Wortgruppen gründen. Diese ›eingeklammerten‹, ›umrahmten‹ Satzglieder sind in andere Wörter, deren Morpheme nur lose zusammenhängen, eingesprengt, infigiert worden. Es sind Infixe oder Infixgruppen. Damit ist das Deutsche in satzbaumäßiger Hinsicht als eine inkorpierende Sprache charakterisiert. Zwar bestehen Unterschiede zwischen den Infixen im Georgischen und Französischen. Im Georgischen sind es Morpheme, die sich um einen Verbkern fest gruppieren und phonetisch mit ihm verschmelzen; im Französischen gehen die Morpheme in eine Kette einfacher, offener Silben auf. Dagegen sind die Infixe im Deutschen ganze Wörter oder Wortgruppen, die phonetisch völlig unversehrt bleiben und nichts von ihrer Selbständigkeit einbüßen.

Diese Sätze mit Infixgruppen, die eine beträchtliche Länge erreichen können, kann man vielleicht mit einer Brücke vergleichen, die sich hoch über einem Abgrund von Ufer zu Ufer spannt. Nur zu Beginn und am Ende des Weges über die Brücke hat man festen Boden unter den Füßen. Wird der Pfeiler am Zielufer weggerissen (›Wir teilen Ihnen dieses für die Entwicklung //), so stürzt man in den Abgrund. Der angefangene Weg führt in die Sinnlosigkeit. Ein Satz dagegen wie ›Er fährt heute nach Hause‹ läßt sich mit einem Weg auf festem Grund vergleichen, den man an verschiedenen Stellen verkürzen kann. ›Er fährt.‹ ›Er fährt heute.‹ ›Er fährt heute nach Hause.‹ Dieser Satz wird allgemein als ›normal‹ empfunden. Das liegt wahrscheinlich daran, daß dieses Satzbauschema die Aufgaben zwischen dem Sender (Sprecher) und Empfänger (Hörer) gut verteilt. Jedenfalls hält der Empfänger immer Schritt mit dem Sender. Dagegen wird der Hörer durch den mit Infixen gespannten Satz von dem Sprecher gezwungen, seinen Worten, die er, der Sprecher, schon innerlich formuliert hat, mit großer Aufmerksamkeit zu folgen. Der Hörer wird von dem Sprecher hingehalten, ja herausgefordert. Will er den Satz verstehen, muß er so lange zuhören, bis das Verb mit der Personalendung lautbar wird. Zuweilen rächt sich der Hörer, fällt dem Sprecher ins Wort und sagt, schon bevor der Sprecher den Satz beendet hat, ein passendes Verb: Wir haben Ihnen dieses für die künftige Entwicklung wichtige Ergebnis ...‹ Und jetzt der ungeduldige Hörer: ›... unterbreitet‹.

Das Deutsche verfügt über reiche Mittel zur Wortbildung. Neue Wörter können 1. mit Hilfe von Wortbildungsmorphemen und 2. durch Zusammensetzung selbständiger bedeutungstragender Morpheme gebildet werden.

1. Die Wortbildungsmorpheme können innere Morpheme (Tr*a*nk von trinken, B*a*nd, B*u*nd von binden) und Adfixe (*Un*dank, Halt*ung*) sein. Ein Morphem Null liegt vor in *Versuch* von ›versuchen‹. Die Art des Morphems ist von der Wortart abhängig. *-ung*, das immer an Verbstämme tritt, hat substantivierende Kraft: *die* Halt*ung*, *die* Bind*ung*. Durch *-lich* ist das Adjektiv gekennzeichnet: freund*lich*. *un-* kann vor Substantive, Adjektive und Adverbien treten, nicht aber vor Verben, z. B. *Un*dank, *un*wahr, *un*gern. Ein bedeutungstragendes Morphem kann mehrere Wortbildungsmorpheme (Präfixe und Suffixe) annehmen: Dank — *Un*dank — undank*bar* — Undankbar*keit*; sicher — *ver*sicher*n* — *Ver*sicher*ung*.

Ein Junktim mit grammatischen Funktionen zeigt sich besonders bei den mit Verben verbundenen Präfixen. *er-* verändert die Aktionsart des Verbs, z. B. blühen — *er*blühen (perfektiv, inchoativ), lernen — *er*lernen (perfektiv, resultativ) (vgl. slawische Sprachen), *be-* verlangt beim Objekt die Morpheme des vierten Falles, z. B. ›er bereist da*s* Land‹ (aber: Er reist *durch* das Land). Andere Präfixe werden inAbhängigkeit von der Betonung durch das syntaktische System gesteuert, z. B. durch'dringen: ›Das Licht durch'dringt die Finsternis‹; aber: 'durchdringen: ›Er dringt mit seiner Ansicht nicht 'durch.‹ Bei Verben gibt es also untrennbare und trennbare Wortbildungsmorpheme (vgl. das syntaktische System).

2. Ein bequemes und überaus fruchtbares Mittel, neue Wörter zu bilden, ist die Zusammensetzung bedeutungstragender Morpheme. Das Ergebnis dieser Bildung ist meist nominaler Natur (Substantiv oder Adjektiv). Nur das letzte Glied nimmt die nominalen Morpheme an. Beispiele: Haus, Tür: *Haustür*, Haustüren; Stempel, frei: *stempelfrei*; trag-en, fähig: *tragfähig*. Zuweilen steht zwischen dem ersten Wort (dem Bestimmungswort) und dem zweiten (dem Grundwort) ein Fugenmorphem: Versicherung*s*gesellschaft; Augapfel, aber Aug*en*arzt; hängen, Matte: Häng-*e*-matte. Eine mehrgliedrige Zusammensetzung kann ein weiteres (auch mehrgliedriges) Bestimmungswort erhalten: Stellvertreter, Direktorstellvertreter; Feuerversicherungsgesellschaft.

Diese Möglichkeit, neue Wörter zu bilden, teilt das Deutsche u. a. mit den germanischen Sprachen, dem Chinesischen und Japanischen, nicht aber mit dem Französischen und Russischen, die wie das Deutsche indogermanische Sprachen sind. Das Französische und Russische müssen die Beziehungen zwischen den einzelnen Bestandteilen der Zusammensetzung, die im Deutschen unausgedrückt bleiben (Feuerversicherung ist eine Versicherung *gegen* das Feuer oder im Falle eines Feuers), durch freie (im Französischen) oder durch freie und feste Morpheme (im Russischen) anzeigen, z. B. compagnie *d'*assurance *contre* l'incendie, stracho'*voje ot* og'n'*a* 'obščestvo. (Vgl. dagegen die dem Deutschen gleiche Fügung im Chinesischen).

Viele Deutsche haben den Hang, diese wunderbare Möglichkeit der Sprache zur Erzeugung von Wortmißgeburten, ja wahren lexikalischen Scheusalen, zu benutzen. Im folgenden Satz sind einige Ungetüme der Kanzleisprache zusammengestellt, die in Briefen und Zeitungsabschnitten vorkamen. ›Die Realschuldirektorstellvertreterin begrüßte die Elternversammlungsbesucher, von denen viele nichtkrankenversicherungspflichtige Krankenkassenmitglieder waren. Man sprach über die leserechtschreibeschwachen und schreibeschwachverdächtigen Kinder.‹

ZUSAMMENFASSUNG. Das Flexionssystem des Deutschen weicht erheblich von dem anderer flektierender Sprachen, wie z. B. des Lateinischen oder Russischen, ab. Der Kasus wird im Deutschen meist durch ein vor dem Substantiv stehendes Element (präponiertes Morphem) angedeutet, das durch adjektivische Fügungen von dem Substantiv weit getrennt werden kann. Eine stärkere Verkettung dieser Art von Wortgruppen wird dadurch erreicht, daß das Adjektiv sekundäre Morpheme erhält. Die gleiche Tendenz, starke Verkettungen zu bilden, zeigt das Verbalsystem. In vielen Formen inkorporieren Bestandteile des Verbs andere Wörter und Wortgruppen und bilden somit einen großen, unzerreißbaren Block. In morphologischer Beziehung ist das Verbalsystem zweischichtig: Es ist wurzelflektierend und agglutinierend. Faßt man diese wesentlichen Merkmale der Struktur der deutschen Sprache in einem Satz zusammen, so kann man vielleicht sagen: Das Deutsche ist eine präponierend-flektierende, stark inkorporierende (oder polysynthetische) Sprache mit einem konstanten wurzelflektierenden (›inneres Morphem‹) und einem sich erweiternden agglutinierenden Anteil (›Suffix-Infix -t-‹).

Finnisch

Väinämöisen kantele.
Väinämöinens Leier.

Kun Väinämöinen pois purjehtimaan lähtiessään
als Väinämöinen weg zu-segeln-um Abfahren-bei-sein

nakkasi kanteleen kädestään, parahti se
er-warf Leier Hand-aus-sein, aufklang sie

surkeasti kolkoille rantakiville pudotessaan.
traurig düsteren-auf Ufersteine-auf Fallen-bei-ihr.

Silloin oli syksy ja kylmä pohjatuuli puhalteli
Damals war Herbst und kalter Nordwind wehte

lämpimän kesän jälkeen, jolloin kantele oli
warmen Sommer nach, als Leier war

soittajansa sormien alla soinut joka salolla,
Spielmanns-sein Finger unter gelautet jedem Ödwald-in,

laulellut joka lehdossa. Se oli ollut vanhan
gesungen jedem Hain-in. Es war gewesen der-alten

soiton viimeistä kilpailua uuden kanssa, joka
Musik letzter Wettkampf neuen mit, der

kaukaisista maista merien yli tunki sotatorven
fernen-aus Ländern-aus Meere über drang der-Kriegs-trompete

soittona ja kirkonkellon kuminana Suomen
Musik-als und der-Kirchenglocke Gedröhn-als finnischen

laulun entisille elonmaille. Ne uudet
Gesanges früheren-zu Saatböden-zu. Jene neuen

äänet olivat suuremmat ja voimakkaammat ja
Klänge waren größer und kräftiger und

ihmiskunta unohti metsäpuron lirinän, silloinkun
Menschheit vergaß Waldbaches Gemurmel, da-als

koski kohisi ja meren ranta pauhasi.
Wasserfall brauste und Meeres-Ufer toste.

Turhaan soitteli Väinämöinen ja koetti
Vergebens spielte Väinämöinen und versuchte

säveliensä viehätyksellä voitta vieraalta
Weisen-seiner Entzücken-durch abzugewinnen Fremden-von

vallan. Mutta kun ei kukaan häntä
Herrschaft. Jedoch als nicht-ist jemand ihn

enää kuunnellut ja kun lapsetkin lattialta
mehr angehört-habend und als Kinder-auch Boden-von

häntä pilkkasivat, niin heitti hän kiittämättömän
ihn verhöhnten, da verließ er undankbares

kansansa, astui haahteensa, viritti
Volk-sein stieg Schiff-in-sein, spannte

purjeet ja purjehti pois.
Segel und segelte fort.

Abschnitt aus: Lastuja (›Späne‹, ›Essays‹) von Juhani Aho (eigentlich Joh. Brofeldt), einem berühmten finnischen Erzähler (1861—1921).

Väinämöinen ist die Hauptgestalt des finnischen Nationalepos Kalevala.

Übersetzung: Die Leier des Väinämöinen. Als Väinämöinen aufbrach um fortzusegeln, da warf er die Leier aus seiner Hand; traurig klang sie auf, als sie auf die düsteren Ufersteine fiel (wörtlich: Als V. bei seinem Fortsegeln die Leier aus der Hand warf, da klang sie bei ihrem Fall auf die Ufersteine traurig auf). Damals war Herbst, und ein kalter Nordwind wehte nach einem warmen Sommer; in jener Zeit hatte die Leier unter den Fingern des Spielmannes in jedem Ödwald geklungen, in jedem Hain gesungen. Es war der letzte Wettkampf der alten Musik mit der neuen gewesen, die aus fernen Ländern über die Meere als Kriegsfanfare und als Gedröhn der Kirchenglocke zu den früheren Gefilden des finnischen Gesangs drang. Jene neuen Töne waren größer und stärker, und die Menschheit vergaß das Gemurmel des Waldbaches, als der Wasserfall brauste und die Brandung toste. Vergebens spielte Väinämöinen und versuchte durch den Zauber seiner Weisen, dem Fremden die Herrschaft zu entreißen. Als niemand ihn jedoch mehr anhörte und die Kinder ihn vom Boden verhöhnten, da verließ er sein undankbares Volk, bestieg sein Schiff, hißte die Segel und fuhr fort.

AUSSPRACHE. Die finnische Orthographie stellt die Phoneme der heutigen finnischen Sprache genau dar. Mit Ausnahme des Stimmlippenverschlußlautes [ʔ], der am Ende eines Wortes vorkommt und eine längere Dauer des Anfangskonsonanten der folgenden Silbe bewirkt, sowie der kombinatorischen Variante »ŋ« des Phonems *n* (*n* vor *k* und *g* wird wie im Deutschen wie ŋ gesprochen), kann die finnische Orthographie als im wesentlichen phonetisch betrachtet werden. Das Finnische unterscheidet scharf zwischen Kürze und Länge der Vokale und Konsonanten. Die Länge des Lautes wird durch Doppelsetzung des den Laut darstellenden Buchstabens wiedergegeben.

Das Finnische hat folgende acht Vokalphoneme:

vordere Reihe		mittlere Reihe	hintere Reihe
ungerundet	gerundet		
i [i]	y [y]		u [u]
e [ɛ]	ö [œ]		o [ɔ]
ä [æ]		a [ɑ]	

Die Vokale können sich zu einer großen Anzahl von Diphthongen miteinander verbinden; sie gelten als Phoneme. Die meisten Diphthonge sind fallend, d. h. der Hauptdruck liegt auf dem ersten Bestandteil: *Väinämönen* [væĭ . . .], *aina* »ɑĭnɑ« ›immer‹; nur *ie*, *uo* und *yö* sind steigend, d.h. der Hauptdruck liegt auf *-e*, *-o*, *-ö*.
Nicht immer bilden zwei aufeinander folgende Vokale einen Diphthong. Um sie als Diphthonge erkennen zu können, gibt es gewisse Regeln, z. B. können Diphthonge auf *-i* (ai, ei usw.) in allen Silben, die übrigen Diphthonge nur in der ersten Silbe eines Wortes vorkommen. Die Vokalfolge *ie* in *merien* (Gen. Plur.) ›der Meere‹ bildet also keinen Diphthong. Das Finnische ist im Vergleich zum Ungarischen (und auch allgemein zu anderen Sprachen) arm an Konsonanten. *d* kommt nur im Innern des Wortes vor, aber auch nur in der Schriftsprache. Die Dialekte haben statt dessen *-l-*, *-r-*, *-j-* oder nichts. Der Plural von *käsi* ›Hand‹ *kädet* lautet dialektisch *käret*, *kälet* usw. *g* kommt ebenfalls nur im Innern des Wortes in der Verbindung mit *-n* vor. Die Verbindung *ng* steht für

[ŋ:], also für ein langes [ŋ]. Die Laute *b* und *f* treten nur in Lehnwörtern auf. An echt finnischen Konsonanten bleiben: *h*, das immer, auch vor Konsonanten deutlich hörbar ist, z. B. lehdossa ['lɛhdɔssa] ›in dem Hain‹, *j*, *k*, *l*, *m*, *n*, *p*, *s*, *t*, *v* und das in der Orthographie nicht zum Ausdruck gebrachte ʔ, das am Ende mancher Flexionsendungen auftritt. *k p t* sind unbehaucht, *n* ist am Ende einer Silbe vor einer Pause sehr schwach, s = [s], v = [v].
Der Akzent ruht wie im Ungarischen immer auf der ersten Silbe eines Wortes: [kun'væĭnæmœĭnɛn pɔis 'purjɛhtimɑ:n 'læhtiɛs:æ:n 'nɑk:ɑsi 'kɑntɛlɛ:n 'kædɛstæ:n . . .].
Im Finnischen herrscht eine beschränkte Vokalharmonie; d. h. der Vokal der Wurzelsilbe ist richtungweisend für die Vokale der meisten Suffixe. Man unterscheidet wie in den → Türksprachen zwei Reihen, eine helle und eine dunkle. Dadurch, daß die beiden hellen Vokale *i* und *e* sowohl in der hellen als auch in der dunklen Reihe vorkommen, ist der akustische Eindruck völlig anders als im Türkeitürkischen, wo für türkische Wörter eine strenge Trennung der beiden Reihen besteht.

Für die Suffixe ist folgendes Schema wichtig:

1. helle oder vordere Reihe: *y*, *ö*, *ä*
2. dunkle oder hintere Reihe: *u*, *o*, *a*

} neutral *i*, *e*

In der Morphologie und Syntax kann man folgende Besonderheiten des Finnischen nennen:

1. Die Wurzel eines Wortes erscheint in verschiedener Gestalt. Die durch den Antritt oder Wegfall von Formelementen hervorgerufenen Änderungen erstrecken sich auf die Konsonanten *p t k*, die in zwei Stufen (schwach, stark) und mit einer sehr auffälligen Assimilation (*t* > *s* vor *i*) auftreten. Diese Erscheinung, Stufenwechsel oder Konsonantenablaut genannt, macht das Finnische zu einer stark flektierenden Sprache.

Substantiv und Adjektiv:

Nom. *soitto* ›die Musik‹	Gen. soi*t*on ›der Musik‹
Nom. *ranta* ›Strand‹	Adessiv ran*n*alla ›am Strand‹
Nom. *käsi* ›die Hand‹	Gen. kä*d*en ›der Hand‹
Nom. *onnellinen* ›glücklich‹	
Nom. *uusi* ›neu‹	Partitiv: Onnelli*sta*
Nom. *vuosi* ›Jahr‹	uu*tta* vuo*tta* ›Glückliches neues Jahr!‹

Verben:

alkaa ›anfangen‹	a*l*an ›ich fange an‹
kuunella ›zuhören‹	kuu*ntel*en ›ich höre zu‹
soittaa ›spielen‹	soi*tan* ›ich spiele‹.

2. Im Gegensatz zum ungarischen und auch anderen agglutinierenden Sprachen nimmt das attributive Adjektiv die gleiche Endung an wie das folgende Substantiv. Das prädikative Adjektiv stimmt in der Zahl mit dem Subjekt überein.
Nom. *kaukainen maa* ›ein fernes Land‹:
Elativ Plur. kaukais*ista* ma*ista* ›aus fernen Ländern‹. Ne uude*t* ääne*t* olivat suuremma*t* ›Jene neuen Klänge waren größer;‹ (suuri ›groß‹, suur*empi* ›größer‹, Plur. suuremma*t*, suurin, suurimp- ›größt-‹). Wie aus den Beispielen ersichtlich, wird der Plural im Nominativ (und auch im Akkusativ) mit dem Element *-t*, in den anderen Fällen mit *-i-* gebildet.
Es gibt also im Finnischen keine eindeutige Endung für den Plural, wie dies in den Türksprachen der Fall ist.
3. Das Passiv kann im Finnischen nur mit einer unpersönlichen Verbform gebildet werden, die man auch den ›Impersonal‹ nennt.
In manchen Fällen kann das Deutsche diese Form nachahmen (nicht das Englische oder Französische): *laulettiin* ›es wurde gesungen‹ = ›man sang‹ von *laula* ›singen‹.
Avattiin ikkuna ›das Fenster wurde geöffnet‹ = ›man öffnete das Fenster‹. Im Finnischen ist Fenster Objekt, nicht Subjekt; *avata* ›öffnen‹.
tullaan (es wird gekommen) = ›man kommt‹, Präsens Passiv von *tulla* ›kommen‹.
4. Das Finnische hat vier Infinitive, die Kasussuffixe annehmen können. (Die Formen der Kasussuffixe siehe weiter unten).

I. *lähteä* ›abreisen‹;

II. *lähtiessään* ›bei seinem Abreisen‹. Dieser Infinitiv kommt nur — wie hier — im Inessiv oder im Instruktiv vor.

III. *purjehtima-* ›das Segeln‹ kommt neben anderen Kasus häufig im Illativ (*-n*) vor: *lähteä* purjehti*maan* (Abfahren zum Segeln) ›lossegeln‹.

IV. *lähteminen* ›das Abreisen‹. Dieser substantivierte Infinitiv ist in allen Kasus gebräuchlich.

5. Die Verneinung erfolgt im Finnischen durch ein Verb: *emme maksa* ›wir bezahlen nicht‹ (maksaa ›zahlen‹); *minua ei kutsuttu* (mich nicht-ist eingeladen-worden) ›ich wurde nicht eingeladen‹ = ›mich hat man nicht eingeladen‹ (Verneintes Imperfekt des unpersönlichen Passivs).
6. Das Finnische hat einen Partitiv, in dem Subjekt, Objekt und Prädikatsnomen nach gewissen Regeln stehen müssen. Z. B. steht das Objekt in einem verneinten Satz immer im Partitiv (vgl. unter Punkt 5 *minua* (= Partitiv) ›mich‹).
7. Im Vergleich zu den Türksprachen macht das Finnische von der Möglichkeit der ursprünglich auch im Charakter der finnisch-ugrischen Sprachen liegenden synthetischen Ver-

knüpfung von Wortgruppen und Sätzen, d. h. von der konjunktionslosen, durch Partizipialformen bewirkten Unterordnung, nur einen begrenzten Gebrauch. Doch sind die im Finnischen mit zwei aktiven und zwei passiven Partizipien sowie mit den Infinitiven gebildeten Konstruktionen, die im Deutschen als Nebensätze erscheinen, auch in der Umgangssprache sehr gebräuchlich. *poika sanoi olevansa kipeä* (der Junge sagte seiend-sein krank) ›der Junge sagte, daß er krank sei‹; *sanoin hänelle jo löytäneeni kirjan* (ich sagte ihm schon gefunden-haben-mein das-Buch) ›ich sagte ihm, daß ich das Buch schon gefunden hätte‹ (löytää ›finden‹, löytänyt ›gefunden habend‹, Akkusativ: löytäneen + ni — Pronominalsuffix ›mein‹).

8. Die durch den Einfluß indogermanischer Sprachen geschaffenen Konjunktionen und Relativpronomina sorgen für eine analytische Verknüpfung von Wortgruppen und Sätzen, so daß der Satzbau ungleich leichter zu überblicken ist als der Satzbau der Türksprachen. Der Text liefert mehrere Beispiele dafür: *Kun* ›als‹, *jolloin* ›als‹; *joka* (Relativpronomen) ›der, die, das‹.

Einige Formen. Es gibt weder einen bestimmten noch einen unbestimmten Artikel. Ebenso besteht keine Einteilung der Substantive und Pronomina in verschiedene Klassen (maskul., femin. usw.): *hän* ›er, sie, es‹.

Nach der Zahl der Suffixe, die mit dem Substantiv oder Adjektiv eine enge Verbindung eingehen können, unterscheidet man 15 Fälle. Im Deutschen müssen viele dieser ›Fälle‹ durch Präpositionen wiedergegeben werden. Die deutschen Mittel sind also im Vergleich zum Finnischen meist analytisch, und im allgemeinen hält man die analytische Konstruktion für einfacher als die synthetische. Diese Ansicht trifft zweifellos in vielen Fällen nicht zu. Die Schwierigkeiten der finnischen Kasusformen liegen jedoch keineswegs in der Zahl der verschiedenen Suffixe, sondern in den Stammänderungen, die bei sehr vielen Wörtern auftreten. Ein Wort ohne Stamm änderung ist z. B. *talo* ›Haus‹:

	Singular		Plural
Nominativ	talo	›das Haus‹	talo*t*
Genitiv	talo*n*	›des Hauses‹	talo*jen*
Akkusativ	talo, talo*n*	›das Haus‹	talo*t*
Partitiv	taloa	›das Haus‹	talo*ja*
Instruktiv oder Instrumental	— (nur i. Pl.)	›mit den Häusern‹	talo*in*
Komitativ	—	›mit den Häusern‹	talo*ine*
Abessiv	talo*tta*	›ohne Haus‹	talo*itta*
Essiv	talo*na*	›als Haus‹	talo*ina*

	Singular		Plural
Translativ	talo*ksi*	›zum Haus‹	talo*iksi*
Partitiv	taloa	›das Haus‹	talo*ja*
3 Lokalfälle (innerhalb)			
Inessiv	talo*ssa*	›in dem Haus‹	talo*issa*
Elativ	talo*sta*	›aus dem Haus‹	talo*ista*
Illativ	talo*on*	›in das Haus‹	talo*ihin*
3 Lokalfälle (›außerhalb‹)			
Adessiv	talo*lla*	›auf dem Haus‹	talo*illa*
Ablativ	talo*lta*	›von dem Haus weg	talo*ilta*
Allativ	talo*lle*(ʔ)	›zum Haus hin‹ ›dem Haus‹	talo*ille*

Die Adjektive erhalten die gleichen Suffixe.
Das Attribut im Genitiv steht vor dem näher zu bestimmenden Wort: *Suomen Tasavalta* (Finnlands Republik) ›Republik Finnland‹.

Das Personalpronomen unterscheidet Personen und Sachen:

	ich	du	er, sie, es (Personen)	er, sie, es (Sachen)	wir	ihr
Nom.	*minä*	*sinä*	*hän*	*se*	*me*	*te*
Gen.	minun	sinun	hänen	sen	meidän	teidän

	sie (Plur.) (Personen)	sie (Plur.) (Sachen)
Nom.	*he*	*ne*
Gen.	heidän	niiden.

Die Possessivpronomina werden meist durch besondere Suffixe ausgedrückt: *-ni* ›mein‹, *-si* ›dein‹, *-nsa* (ʔ) ›sein‹, ›ihr‹, *-mme* (ʔ) ›unser‹, *-nne* (ʔ) ›euer‹, *-nsa* (ʔ) ›ihr‹. Vor das Substantiv treten zuweilen außerdem die Personalpronomen im Genitiv (*minun* usw.); *sen* und *niiden* stehen ohne Suffix. Der Antritt dieser Suffixe verursacht eine Konsonantenvereinfachung: talo*ni* ›mein Haus‹, aber auch ›meine Häuser‹ und ›meines Hauses‹ (aus talo*tni* und talo*nni*).
Die Verbformen werden synthetisch durch Suffixe oder analytisch mit dem Hilfsverb *olla* ›sein‹ gebildet. Einige Formen von *sanoa* ›sagen‹:

Präsens:	sano*n* ›ich sage‹	Imperativ:	sano(ʔ) ›sage‹
	sano*t* ›du sagst‹		sano*kaa* ›sagt!‹
	sanoo ›er sagt‹		
	sano*mme* ›wir sagen‹		
	sano*tte* ›ihr sagt‹		
	sano*vat* ›sie sagen‹.		

Imperfekt: sano*in* ›ich sagte‹, Perfekt: olen sano*nut*, Plusquamperfekt: ol*in* sano*nut*.
Eine besondere Form für das Futur existiert nicht. Es gibt ferner einen Potential: sano*nen* ›ich sage wohl‹ usw., lie*nen* sanonut ›ich mag gesagt haben‹; einen Konditional: sano*isin* ›ich würde sagen‹; ol*isin* sano*nut* ›ich würde gesagt haben‹. *lienen* = ›ich bin wohl‹.
Passiv: sano*taan* ›es wird gesagt‹, ›man sagt‹; sano*ttiin* ›es wurde gesagt‹, *on* sano*ttu* ›es ist gesagt worden‹, ol*i* sano*ttu* ›es war gesagt worden‹, sano*ttaisiin* ›es würde gesagt werden‹, ›man würde sagen‹ usw.
Partizip Präsens: sano*va* ›sagend‹, sano*nut* ›gesagt habend‹; Passiv: sano*ttava* ›das zu sagende‹, sono*ttu* ›gesagt‹.
Zusammenfassung: Finnisch ist in seiner heutigen Form eine vornehmlich flektierende Sprache mit agglutinierenden und analytischen Zügen. Es ist ferner dadurch charakterisiert, daß es die vorhandenen Beziehungsmittel (z. B. Pluralmorphem) nicht sehr ökonomisch verwendet (vgl. weiter oben Punkt 2!)

Finnisch-ugrische Sprachen Obwohl die Beziehungen zwischen den einzelnen Gruppen der finnisch-ugrischen Sprachen sehr verwickelt sind, wurde die Verwandtschaft dieser Sprachen schon 1730 von dem Schweden *Strahlenberg* erkannt. Zusammen mit den *samojedischen* Sprachen bilden sie die *uralische Sprachfamilie.* Anders als bei den → Türksprachen gibt es eine allgemein anerkannte Gliederung, die folgende Gruppen und Untergruppen umfaßt:

A. *Finnische Sprachen.*

1. *Ostseefinnische Sprachen.*

a) Nördliche Gruppe: *Finnisch*, etwa 5 Mill. in Finnland (Suomi; amtliche Bezeichnung: *Suomen Tasavalta* ›Republik Finnland‹); *Karelisch*, keine Schriftsprache, etwa 140000 in der Karelischen ASSR (vor einigen Jahren noch Karelo-Finnische SSR, die 1940 aus der Karelischen ASSR gebildet worden war); *Wepsisch* (etwa 8000), von kleinen Gruppen inmitten der russischen Bevölkerung in den Bezirken von Leningrad und Wologda sowie in der Karelischen ASSR gesprochen; *Ingrisch* oder *Ishorisch* (Ižorisch, etwa 700) an den Ufern der Newa im Ingermanland im Bezirk Leningrad.

b) Südliche Gruppe: *Estnisch* (1 Mill.) in der Estnischen SSR. Das Estnische ist seit dem Anfang des 16. Jh. gut bekannt; 1535 wurde bereits das erste Buch in estnischer Sprache gedruckt. Es hat ein kompliziertes

System hinsichtlich der Dauer der Konsonanten und Vokale. Es gibt drei phonematische Lautstufen, von denen die lexikalische und morphologische Bedeutung des Wortes abhängt, z. B. die Stufen *b- p- pp*: ka*b*i ›Huf‹; ka*p*i ›des Schrankes‹; ka*pp*i ›in dem Schrank‹ (von ka*pp* ›Schrank‹).

Livisch, das noch von einer kleinen Gruppe von Fischern im Gebiet von Dundanga (Lettland) gesprochen werden soll (350); *Wotisch* (100 Menschen zwischen dem Finnischen Meerbusen, dem Ilmen-See und dem Fluß Msta).

Das Livische war früher weit verbreitet und hat die Ausgestaltung der heutigen lettischen (also einer indogermanischen) Sprache merklich beeinflußt.

2. *Lappisch* (od. *Samisch*), gesprochen im Norden in Teilen Norwegens, Schwedens und Finnlands (etwa 30000) sowie von Lappen auf der Halbinsel Kola, UdSSR (etwa 1700).
3. *Wolga-Finnische* Sprachen.
   a) *Mordwinisch* mit den Untergruppen *Ersa(mordwinisch)* und *Moksche(mordwinisch)* (1,3 Mill.) in der Mordwinischen Autonomen SSR.
   b) *Marijisch* (früher *Tscheremissisch*, 620000), in der Marijischen Autonomen SSR.
4. *Permische Sprachen.*
   a) *Udmurtisch* (früher *Wotjakisch*; 700000) in der Udmurtischen Autonomen SSR;
   b) *Komi-Syrjänisch* (326000) und *Komi-Permjakisch* 150000 (kurz: Komi) in der Komi Autonomen SSR.

Für das heute in der Sowjetunion *Komi* genannte Volk war früher der Name *Syrjänen* gebräuchlich.

Nächst dem Ungarischen verfügt das *Syrjänische* über die ältesten Texte. Bereits in der zweiten Hälfte des 14. Jh. wurde ein ›altpermjakisches Schrifttum‹ geschaffen, das im 18. Jh. wieder verfiel. Es wurde zum Teil mit eigenen, von dem Bischof *Stephan dem Heiligen* aus dem kirchenslawischen Alphabet gebildeten Buchstaben geschrieben.

B. *Ugrische Sprachen.*

1. *Ungarisch* (13,5 Mill.) in Ungarn (→ Ungarisch);
2. *Ob-Ugrische* Sprachen Westsibiriens.
   a) *Mansisch* (7700; auch *Wogulisch*);
   b) *Chantyisch* oder *Chantisch*, *Ostjakisch* (30000), der größte Teil lebt im Nationalen Bezirk der Chanten und Mansen (Zentrum: Chantymansijysk).

Mordwinisch, Marijisch, Udmurtisch, Komi, Chantyisch und Mansisch wurden erst nach 1920 Schriftsprachen (wegen Komi, s. weiter oben); jetzt werden sie mit dem russischen Alphabet geschrieben.
Die finnisch-ugrischen Sprachen haben sich im Laufe ihrer Entwicklung in ihrem grammatischen Bau, ihrem Wortschatz und ihrem Lautstand weit voneinander entfernt. Sie haben jedoch einige Beziehungs- und Wortbildungssuffixe, eine, wenn auch ziemlich geringe, Anzahl von Wurzelwörtern sowie die Verwendung von Postpositionen gemeinsam (das Finnische z. B. hat allerdings auch einige Präpositionen). Trotz großer phonetischer Verschiedenheiten gestattet ihre Wortstruktur weder anlautend noch auslautend Konsonantenkombinationen. Diesen Zug teilen die Sprachen z. B. mit den türkischen. Der Sprachtypus wird im allgemeinen als agglutinierend bezeichnet; doch zeigt das heutige Finnisch trotz gewisser gemeinsamer Merkmale eine ganz andere Struktur. Die für die Türksprachen so charakteristische Vokalharmonie ist nicht in allen finnisch-ugrischen Sprachen vorhanden; am stärksten ist sie im Ungarischen ausgebildet, weniger konsequent im Finnischen (das zwei sogenannte neutrale Vokale *e* und *i* hat), und im Estnischen sowie in anderen Sprachen dieser Familie fehlt sie fast völlig.
Die Zahlen bis 6 und einige zum Grundwortschatz gehörende Wörter veranschaulichen die Art der Verwandtschaft. Ab 7 sind die Zahlen entlehnt, so daß man annehmen kann, daß das finnisch-ugrische Urvolk nur bis 6 zählen konnte. Für viele Menschen wird ein solches Ergebnis der Sprachenwissenschaft nicht sehr beeindruckend sein.
Das *Marijische* und *Chantyische* geben wir zum besseren Vergleich in der internationalen Lautschrift:

	estnisch	finnisch	marijisch	ungarisch	chantyisch
1	(üks	yksi ?)	ik	egy	it, ij
2	kaks	kaksi	kok	kettő (két)	katən, kăt
3	kolm	kolme	kun	három	xutəm
4	neli	neljä	nɨl	négy	njatə
5	viis	viisi	vitʃ	öt	wɛ:t
6	kuus	kuusi	kud	hat	xʊ:t
7	seitse	seitsemän	ʃɨm	hét	tapət
8	kaheksa	kahdeksan	kandaʃ	nyolc	njŭwtə
9	üheksa	yhdeksän	indeʃ	kilenc	jĭrjaŋ
10	kümme	kymmenen	lu	tíz	jaŋ

	finnisch	ungarisch	chantyisch
Herz	sydän	szív	sam
Fisch	kala	hal	xut (t < ł)
Haus	kota	ház	xɔ:t
Blut	veri	vér	wur
Netz	kalin	háló	xotəp
Winter	talvi	tél	tatə, tał
Gans	lintu (= Vogel)	lúd (Gans)	tunt

Estnisch und Finnisch stehen sich sehr nahe: ›Wald‹ (estn.): *mets*, (finn.): *metsä*; ›See‹ *järv*, *järvi*; ›Schnee‹ *lumi*, *lumi*; ›Tag‹ *päev*, *päivä*; ›Fuß‹ *jalg*, *jalka*; ›Hand‹ *käsi*, *käsi*; ›Bruder‹ *veli*, *veli*; ›Herz‹ *süda*, *sydän*; ›Wasser‹ *vesi*, *vesi*; ›Winter‹ *talv*, *talvi*.

Der Grad der Verwandtschaft zwischen Finnisch und Ungarisch ist bereits so wenig ausgeprägt, daß er für die praktische Erlernung der beiden Sprachen nicht mehr von Nutzen ist. Man vergleiche die folgenden drei Sätze:

›Man kann *zu Fuß* gehen‹
Finn.: Voitte kulkea *jalkaisin*
Ung.: Lehet *gyalog* is menni.
›*Fragen Sie* dort noch einmal!‹
Finn.: *Kysykää* tuolla vielä kerran!
Ung.: Ott tessék majd mégegyszer *megkérdezni*.
›Ich möchte *im Zimmer* frühstücken‹.
Finn.: Tahtoisin syödä aamiaista *huoneessani*
Ung.: *A szobámban* szeretnék reggelizni.

(Zur Orientierung sind einige sich entsprechende Wörter in den Sätzen durch den Druck hervorgehoben.)
Wegen der Aussprache → Finnisch, → Ungarisch.

Samojedische Sprachen.

Die samojedischen Sprachen werden im äußersten Norden der Sowjetunion im Küstengebiet des Nördlichen Eismeeres gesprochen. Man unterscheidet vier Gruppen:

1. Das *Nenzische* (etwa 29000, früher *Jurakisch*), das 1932 zur Schriftsprache mit zyrillischer Schrift erhoben wurde;
2. das *Enzische* (früher *Jenissej-Samojedisch*) am Unterlauf des Jenissej (1962: etwa 300 Personen);
3. das *Nganassische* oder *Tawgyische* (etwa 900);
4. das *Selkupische* (etwa 3600; früher *Ostjaksamojedisch*).

Georgisch. Das Georgische oder *Grusinische* ist eine alte Kultursprache mit einer reichen selbständigen Literatur. Die Bezeichnung grusinisch stammt aus dem russischen Грузия ['gru·ʑijɐ] ›Georgien‹, грузинский [gru'ʑi·nskɨj] ›georgisch‹. Die Eigenbezeichnung ist *'k'art'veli* ›Georgier‹. Man hat das Wort als Zusammensetzung von *veli* ›Feld‹, ›Land‹, *t'a* ›der‹ (Genitiv) und *k'ar* gedeutet. Die Wurzel *k'ar* tritt in verschiedener Form in Vorderasien auf, und es ist möglich, daß ein Zusammenhang dieser Wurzel mit dem alten *Kolchis* besteht. Das Georgische wird seit dem 5. Jh. in zwei eigenen Schriften aufgezeichnet, der *Chutsuri-Schrift* (›kirchliche Schrift‹; ხუცური ['xuts'uri] von ხუცესი ['xuts'esi] ›der Priester‹) und der *Mchedruli* (მხედრული ['mxedruli] ›Krieger-‹, ასოები [a'soebi] ›Buchstaben‹ = ›Kriegerbuchstaben‹, vgl. auch მხედარი ['mxedari] ›Reiter‹), die im Gegensatz zu der kirchlichen auch als die ›bürgerliche Schrift‹ aufgefaßt wird.

Wie die armenische Schrift soll die Chutsuri-Schrift von dem armenischen Hofsekretär und späteren Missionar *Mesrop* (oder Maʃt'ots') erfunden worden sein. Das früher fast ausschließlich für religiöse Schriften gebräuchliche Alphabet, das 38 Klein- und Großbuchstaben besitzt, wird heute kaum noch verwendet. Der Ursprung der noch heute üblichen Mchedruli-Schrift ist ebenfalls unsicher. Sie soll nach einigen (wohl legendären) Quellen auf den ersten georgischen Fürsten *P'arnavaz* (etwa 300 n. Chr.) zurückgehen und somit älter als die Chutsuri-Schrift sein. Doch besteht nach Ansicht von *Brosset*, *Junker* und *Dschawaschischwili* auch die Möglichkeit, daß sich die Mchedruli-Schrift als Kursive aus der Chutsuri-Schrift entwickelt hat. Junker leitet die Chutsuri-Schrift im wesentlichen aus einer nordiranischen Schrift der Arsakidenzeit (256 v. Chr. bis 226 n. Chr.) her, und auch *Jensen* zählt die georgische und armenische Schrift zu dem ›iranischen Schriftenkreis‹. Die Anordnung der Buchstaben ist zweifellos durch das griechische Alphabet beeinflußt worden.

Das Mchedruli-Alphabet besteht aus 40 Buchstaben, von denen heute nur 33 verwendet werden. Kleine und große Buchstaben werden nicht unterschieden. Zur Hervorhebung in Überschriften usw. stellt man alle Buchstaben, d. h. auch die mit Unterlänge, auf eine Zeile.

Obwohl das Alphabet schon jahrhundertealt ist, eignet es sich heute noch vorzüglich zur Wiedergabe der georgischen Phoneme. In der heutigen georgischen Orthographie wird ein Phonem durch einen Buchstaben wiedergegeben, oder umgekehrt, ein Buchstabe bezeichnet ein Phonem. Die Orthographie folgt also, wie etwa weitgehend die serbische, dem phonetischen Prinzip und ist der Orthographie anderer europäischer Sprachen, wie z. B. der deutschen, englischen und französischen, an Klarheit und Einfachheit weit überlegen.

Das Georgische, das eine im wesentlichen polysynthetische Sprache mit einer agglutinierenden und flektierenden Komponente ist (→ Klassifizierung, typologisch), wird von etwa 4 Mill. in der Georgischen SSR gesprochen.

Das Mchedruli-Alphabet

Buchstabe	Name	Lautwert	Buchstabe	Name	Lautwert
ა	ani	a	ს	sani	s
ბ	bani	b	ტ	t'ani	t'
გ	gani	g	უ	uni	u
დ	doni	d	ფ	p'ari	p'
ე	eni	ɛ	ქ	k'ani	k'
ვ	vini	v	ღ	ɣani	ɣ
ზ	zeni	z	ყ	qari	q
თ	t'ani	t	შ	ʃini	ʃ
ი	ini	i	ჩ	tʃ'ini	tʃ'
კ	k'ani	k'	ც	ts'ani	ts'
ლ	lazi	l	ძ	dzili	dz
მ	mani	m	წ	ts'ili	ts'
ნ	nari	n	ჭ	tʃ'ari	tʃ'
ო	oni	ɔ	ხ	xani	x
პ	p'ari	p'	ჯ	dʒani	dʒ
ჟ	ʒani	ʒ	ჰ	haɛ	*h*
რ	raɛ	r			

Germanische Sprachen, Allgemeines. Germanische Sprachen werden von etwa 450 Millionen Menschen gesprochen. Davon entfallen etwa 320 Mill. auf das *Englische*, das sich über weite Teile der Welt verbreitet hat (England, Irland, Nordamerika, Kanada, Neuseeland, Australien, teilweise in Südafrika und Indien). *Deutsch* wird von über 110 Mill. Menschen in Deutschland, Österreich, der Schweiz und Teilen des Elsaß und von Lothringen gesprochen. In Mittel-, Nord- und Südosteuropa erfüllt es außerdem die Rolle einer Verkehrssprache oder zumindest einer Korrespondenzsprache. Als Unterrichtssprache nimmt es in den Ländern slawischer Zunge, besonders in der Sowjetunion, einen bedeutenden Platz ein. Die übrigen germanischen Sprachgemeinschaften treten gegenüber der englischen und deutschen zurück: *Niederländisch* in den

Niederlanden und Belgien 19 Mill.; *Schwedisch* in Schweden 8,5 Mill. und in Finnland 370000; *Jiddisch*, vor dem zweiten Weltkrieg etwa 12 Mill., jetzt etwa 700000, hauptsächlich in Ost- und Südosteuropa; *Dänisch* 5 Mill. in Dänemark; *Norwegisch* in Norwegen 4 Mill., davon *Riksmål* 3 Mill., *Landsmål* 1 Mill.; *Afrikaans* — seit 1925 zweite Landessprache neben Englisch in der Republik SA — etwa 3 Mill. (dazu kommen wahrscheinlich noch mehrere Millionen Afrikaner, die Afrikaans als zweite Sprache neben ihrer eigenen sprechen); *Isländisch* in Island 250000; *Friesisch*: *Westfriesisch* (Schriftsprache) in der niederländischen Provinz Friesland) etwa ¼ Mill., *Ostfriesisch* im oldenburgischen Saterland einige Tausend, *Nordfriesisch* an der Westküste Schleswig-Holsteins etwa 12000, beide auf der Stufe von Dialekten; *Färöisch* auf den Färöern (›Schafinseln‹), 1939 amtlich als Schriftsprache anerkannt, etwa 40000; *Letzeburgisch* (Letzeburgescht) etwa 365000 in Luxemburg, gehört als moselfränkischer Dialekt zum Mitteldeutschen, gewinnt jedoch durch Rundfunk und Schule in Luxemburg neben Deutsch und Französisch allmählich den Status einer dritten Schriftsprache. Es gilt jetzt neben Französisch als Amtssprache. Trotz eines Erlasses vom 5. 6. 1946 zur Einführung einer neuen eigenen Orthographie (z. B. lezebuurjesh, shraiven ›schreiben‹) wird das Letzeburgische meist nach deutschen orthographischen Gepflogenheiten geschrieben. *Schottisch* oder *Lallans* etwa 3½ Mill., im Englischen enthalten, keine anerkannte Schriftsprache; *Plattdeutsch* oder *Niederdeutsch* etwa 12 Mill., im Deutschen enthalten, gilt heute als Mundart, in der jedoch eine erwähnenswerte — meist landschaftsgebundene — Literatur vorliegt.

GLIEDERUNG. Eine allgemein anerkannte Gliederung der germanischen Sprachen, die auf ein nicht überliefertes Urgermanisch oder Gemeingermanisch (5.—1. Jh. v. Chr. etwa) zurückgehen, gibt es bis heute noch nicht. Gewöhnlich teilte man das Germanische in die drei Gruppen West-, Ost- und Nordgermanisch, die sich etwa um Christi Geburt gebildet haben sollen. In neuester Zeit ist die früher als ›westgermanisch‹ bezeichnete Entwicklungsstufe umstritten. Die heutigen westgermanischen Sprachen (Deutsch, Niederländisch, Friesisch, Englisch) gehen wahrscheinlich auf drei Sprachgruppen zurück, von denen am häufigsten die Nordseegruppe (Ingwäonisch) genannt wird, da sie eine Art Bindeglied zwischen den nordischen Sprachen, dem Englischen und dem Niederländischen darstellt. Für diese Gruppe sind u. a. folgende Lauterscheinungen charakteristisch: 1. *n* fällt vor stimmlosen Reibelauten aus, z. B. deutsch u*n*s, fü*n*f, englisch *us*, *five*. Auch

das Niederländische ist von dieser Gruppe teilweise beeinflußt, z. B. *vijf* ›fünf‹, aber *ons* ›uns‹. 2. Konsonanten werden weitgehend palatalisiert, z. B. (deutsch — englisch): *K*irche — *ch*urch [tʃ], *K*inn — *ch*in, Ta*g* — da*y*, la*g* — la*y*; vgl. auch friesisch *tsj*erke — *K*irche, de*i* — Ta*g*.
Einen großen Wert für die Erkenntnis der Struktur und der Substanz der heutigen germanischen Sprachen hat die übliche auf historisch-geographischen Tatsachen fußende Gliederung nicht. Denn strukturell sind heute Englisch und Deutsch, die auf einer früheren Stufe der Geschichte enger zusammengehörten, weiter voneinander entfernt als Deutsch und Isländisch, die Glieder zweier verschiedener Hauptgruppen sind. Wortschatzmäßig steht das Deutsche dem heutigen Dänischen und Schwedischen ungleich näher als dem Englischen. Hinsichtlich der Erlernbarkeit einer germanischen Sprache ergeben sich daraus sehr wichtige Schlußfolgerungen, die aus einer den Grad ihrer geschichtlichen Verwandtschaft widerspiegelnden Übersicht nicht gezogen werden können. Die folgende — schematisierte — Gliederung muß man also mit Vorbehalten, von denen nur einige angedeutet werden konnten, lesen.

I. *Nordgermanisch* oder *Gotonordisch.*

A. *Ostgermanisch.* 1. †Gotisch, älteste überlieferte germanische Sprachform, in die der Westgotenbischof Wulfila (›Wölfchen‹) etwa in der Gegend des heutigen Bulgariens († etwa 385) die Bibel übersetzte. Die Übersetzung ist zum Teil in einer von Ostgoten in Italien angefertigten Handschrift aus dem 6. Jh. erhalten. Die wichtigsten Bruchstücke (Teile der vier Evangelien) bilden den *Codex argenteus* (›Silbernes Buch‹), der in der Universitätsbibliothek von Uppsala aufbewahrt wird. Geschrieben wurde das Gotische in einer neuen, von Wulfila hauptsächlich aus dem griechischen Alphabet geschaffenen Schrift. Heute verwendet man zum Drucken gotischer Texte eine lateinische Transkription.
2. Die ausgestorbenen Sprachen der Vandalen, Burgunder, Rugier und Heruler.
B. *Nordgermanisch* (im engeren Sinne) oder *Urnordisch*, das dem nicht überlieferten Urgermanischen wohl am nächsten stand, von etwa 0—800 n. Chr. Inschriften in germanischen Runen, bestehend aus 24 Zeichen, die wahrscheinlich aus einem nordetruskischen Alphabet im Alpengebiet des alten Rätien geschaffen und besonders in Skandinavien heimisch geworden waren. Wulfila hatte das den Goten bereits bekannte Runenalphabet (200 v. Chr.) wohl wegen seines heidnischen Beigeschmacks nicht benutzt. Got. *rūna* ›Geheimnis‹, vgl. deutsch ›raunen‹.

Die nächste Entwicklungsstufe — das *Altnordische* im weitesten Sinne — ist durch eine Spaltung charakterisiert in:

1. Westnordisch

a) Altisländisch (reiche Literatur vom 12.—14. Jh.): *Isländisch.*

b) Altnorwegisch: *Landsmål*

c) *Färöisch* (das phonetisch und lexikalisch den westnorwegischen Dialekten, morphologisch dem Isländischen nahesteht).

2. Ostnordisch

a) Altschwedisch: *Schwedisch*

b) Altdänisch: *Dänisch; Riksmål.*

Die altnordische Periode dauerte von etwa 800—1200 n. Chr. Viele Inschriften im nordischen Raum — besonders in Schweden — in einem aus 16 Zeichen bestehenden nordischen Runenalphabet, dessen phonologische Ungenauigkeit später durch Zusatzzeichen (Punkte, daher: ›punktierte Runen‹) beseitigt wurde. Die modernen Sprachen (Dänisch usw.) beginnen etwa mit dem Jahre 1530. Das Altnorwegische wurde durch das Dänische zurückgedrängt, das aus politischen Gründen schon im 14. Jh. in Norwegen als Schriftsprache benutzt wurde. Diese Gruppe (I. B.) ist mit der folgenden Gruppe (II. A. und II. B. 1) durch ›Ingwäonismen‹ verbunden, man vergleiche got. u*ns*, dän. *os*, engl. *us*, deutsch u*ns*.

II. *Südgermanisch.*

A. *Anglofriesisch* (oder Ingwäonisch im weiteren Sinne).

1. *Englisch* (Grundlage der Sprache sind Dialekte der Angeln, Sachsen und Jüten, die um 450 n. Chr. aus Schleswig-Holstein auswanderten und sich in England niederließen. Stufen: Angelsächsisch oder Altenglisch bis ins 12. Jh.; Mittelenglisch bis 1450; seitdem Neuenglisch).

2. *Friesisch*: Westfriesisch, Ostfriesisch, Nordfriesisch.

B. *Deutsch-Niederländische Gruppe.*

1. *Niederdeutsche Gruppe*

a) *Niederfränkisch*

West — Ost

↓

Niederländisch

b) *Niedersächsisch*

Altsächsisch oder Altniederdeutsch (800—1200); *Mittelniederdeutsch* (1200—1600); *Neuniederdeutsch* oder *Plattdeutsch*

Das Mittelniederdeutsche hatte seit Mitte des 14. Jh. eine beherrschende Stellung als Verkehrssprache der Hanse. Die nicht völlig normierte Schriftsprache richtete sich im wesentlichen nach dem Lübecker Vorbild. Zahlreiche niederdeutsche Wörter drangen während der Zeit der Hanse ins Schwedische und Dänische. Diese Bestandteile erwecken noch heute den Eindruck, als ob das Schwedische und Dänische mit dem Deutschen nahe verwandt seien. Als Schriftsprache wurde es ab 1500 von dem Hochdeutschen verdrängt. Obwohl auch später literarische Werke darin verfaßt wurden, wird es bis heute als Dialekt betrachtet und ist zum Teil ein Gradmesser für die soziale Stellung des Sprechenden.

Aus dem Westniederfränkischen entwickelte sich das *Niederländische* in folgenden Stufen: Im 13. Jh. entstand eine Schriftsprache auf flämischer Grundlage (d. h. auf Grund der südlichen Dialekte); seit 1585 gewann die Sprache der nördlichen Dialekte (d. h. der holländischen, daher auch: *Holländisch*) das Übergewicht. Diese Sprache ist mit Einwirkung anderer Dialekte, besonders des brabantischen, die Grundlage der heutigen Schriftsprache, die sowohl in den Niederlanden als auch dem germanischen Teil Belgiens allgemeine Verkehrssprache ist. Die heutige Form der niederländischen Schriftsprache wird *Algemeen Beschaafd Nederlands* — abgekürzt AB(N) — (›allgemeines gebildetes — wörtl. ›behobeltes‹ — Niederländisch‹) genannt. Sie gilt auch für Belgien, wo die Umgangssprache noch stärker dialektisch (d. h. ›flämisch‹) gefärbt ist.

2. *Hochdeutsche Gruppe.* Diese Gruppe ist schon etwa 500 n. Chr. durch die hochdeutsche Lautverschiebung von der niederdeutschen Gruppe getrennt.

a) *Mitteldeutsch*

West:	Ost:
Rheinfränkisch;	*Thüringisch*
Mittelfränkisch	*Obersächsisch*
Moselfränkisch *Ripuarisch*	

b) *Oberdeutsch*

Oberfränkisch

Südfränkisch *Ostfränkisch*

Schwäbisch-Alemannisch

Bayrisch-Österreichisch

Man unterscheidet drei größere Stufen:

Althochdeutsch (800—etwa 1000), dialektisch gebunden, aber mit deutlichen Ansätzen zu schriftsprachlichen Normen; *Mittelhochdeutsch* (1000—1500). Die Bestrebungen, eine einheitliche Dichtersprache zu schaffen, führten zu dem hochkultivierten ›klassischen Mittelhochdeutsch‹ (1170—1250).

Neuhochdeutsch: 1. Periode 1400 — etwa 1600;
2. Periode seit etwa 1600.

Die *neuhochdeutsche Schriftsprache* fußt auf der Sprache der *Bibelübersetzung Luthers*. Im Laufe seiner Übersetzungsarbeit hatte Luther auf der Grundlage der obersächsischen Kanzleisprache durch Verwendung volkstümlicher Wörter und Wendungen und durch eigene künstlerische Gestaltungskraft eine farbige und ausdrucksvolle Sprache entwickelt, die dazu bestimmt war, die Dialektgrenzen allmählich zu überwinden. Eine einheitliche Aussprache wurde erst spät — 1893 — durch *Siebs* erarbeitet. Die Aussprachenormen der Vokalphoneme wurden aus dem Niederdeutschen gewonnen; Grundlage des Konsonantensystems ist das Oberdeutsche. Dieser Kompromiß hat besonders bezüglich der Vokalphoneme ein erstaunlich ausgewogenes, festes System geschaffen (→ Deutsch).

Auf der Grundlage mittelhochdeutscher Dialekte bildete sich im Mittelalter unter den Juden eine besondere Verkehrssprache heraus, die durch Aufnahme vieler hebräischer Wörter den Bedürfnissen des jüdischen Lebenskreises angepaßt wurde. Weiter zum *Jiddischen* wurde diese Sprache in ostslawischen Ländern (Polen und Rußland) entwickelt, in welche die Juden nach Verfolgungen seit der zweiten Hälfte des Mittelalters ausgewandert waren. Der Einfluß des Slawischen zeigt sich besonders in lexikalischer und stilistischer Hinsicht (Lehnübersetzungen), weniger in morphologischer Hinsicht. Das Jiddische ist eine Schriftsprache; es wird mit dem hebräischen Alphabet nach bestimmten orthographischen Regeln geschrieben (→ semitische Sprachen).

Einige Sätze in Umschrift als Beispiel (š = [ʃ]; z = [z]; å offener als [o:]).

tsu wett španien bleiben neitral? Maura iz mit einige teg tsurikk arausgetroten in a red un gezågt, az španien kenn ništ bleiben neitral.

tsu Fragepartikel, polnisch *czy*; *wett* ›wird‹; *teg* ›Tage‹ (*teg* Umlaut!); *einige teg tsurikk*, ›einige Tage zurück‹, herausgetreten mit einer Rede = wörtliche Übersetzung aus dem Russischen, russische Ausdrucksweise; *az* alte Konjunktion ›daß‹. ›Wird Spanien neutral bleiben? Maura hat vor einigen Tagen in einer Rede erklärt, daß Spanien nicht neutral bleiben könne.‹ (Lemberger Tageblatt 1916, Nr. 221.)

das letste dawnen. a bild fun der itstiger tseit. dre teg håben zei gewart. zei håben alle gemeint, az gott wett doch tun a nēs

un di šrekklichste g'zērāh wett feršwinden. un zei håben går ništ getun, biz es iz ništ gekummen di letste minut.
Das letzte Beten. Ein Bild aus der Gegenwart. Drei Tage haben sie gewartet. Sie haben alle gedacht, daß Gott doch noch ein Wunder tun werde und daß die schrecklichste (judenfeindliche) Verordnung aufgehoben werde. Und sie haben gar nichts getan, bis die letzte Minute gekommen war.
(Schalom Asch im Lodzer Volksblatt 1915, Nr. 215.)

MERKMALE DER GERMANISCHEN SPRACHEN. *Phonetische Merkmale*: Die germanischen Sprachen sind von den übrigen indogermanischen Sprachen unter anderem durch folgende Erscheinungen getrennt:

1. Durch eine mehr oder minder regelmäßige Änderung einer Reihe von Verschlußlauten, die sich bis etwa um 500 v. Chr. vollzogen hat. Diese Änderung nennt man die *erste* oder *germanische Lautverschiebung* (*Grimmsches Gesetz*). Die aspirierten Reihen *p*ʻ usw. sind im folgenden nicht berücksichtigt. Das Indogermanische wird in den folgenden Beispielen durch lateinische oder griechische Wörter vertreten.

Indogermanisch:		*p*	*t*	*k*	(nicht sp st sk)	*b*	*d*	*g*
↓								
Germanisch	1.	*f*	*θ*	*x*	(später h)	*p*	*t*	*k*
	2.	*v*	*ð*	*γ*	nicht im Anlaut			
meist		*b*	*d*	*g*				

Für die von (1) abweichende Reihe (2) hat der Däne K. Verner gewisse Regeln gefunden (*Verners Gesetz*). Trug die Silbe vor *p t k* im Indogermanischen nicht den Hauptton (der im Indogermanischen wahrscheinlich ein Hochton war), so wurden *f θ k* stimmhaft, d. h. also zu *v ð γ*.

Beispiele:
lat. *p*elle — *F*ell; *p*ater — *V*ater; griech. *p*ende — *f*ünf;
*t*res — got. *þ*reis [θri:s] ›drei‹;
fra*t*er — got. brôþar ['bro:θar] ›Bruder‹; *t*u — got. *þ*u ›du‹
lat. *c*ornu — got. *x*aurn ›*H*orn‹;
se*p*tem — niederl. ze*v*en ›sie*b*en‹;
pa*t*er — got. fa*d*ar [-ð-]; niederl. va*d*er;
o*c*ulus — Auge, niederl. oo*g* [-x]
lat. la*b*ium — Li*pp*e;
*d*uo — got. *t*wai ›zwei‹; *d*ecem — got. *t*aihun [tɛ-] ›zehn‹
e*g*o — niederl. i*k* ›ich‹, a*g*er — Ac*k*er.

2. Indogermanisches o wird zu a, a: zu o::
lat. n*o*cte — N*a*cht; *o*cto — *a*cht; m*o*lo — m*a*hle;
m*ā*ter — dän. m*o*der ›Mutter‹; fr*a*ter — dän. br*o*der ›Bruder‹.

3. Der dezentralisierende Akzent des Indogermanischen wurde auf den bedeutungstragenden Teil des Wortes zentralisiert (Stammbetonung). In den meisten Fällen war dies die erste Silbe. Die heutigen germanischen Sprachen zeigen viele Abweichungen.

4. Auf innergermanische Verhältnisse bezieht sich die zweite oder hochdeutsche Lautverschiebung. Um den Gesamtüberblick zu wahren, wird sie hier aufgeführt. Sie trennt das Hochdeutsche von den übrigen germanischen Sprachen, also auch vom Niederdeutschen oder Plattdeutschen.

Übrige germanische Sprachen	*p*	*t*	*k*	*b*	*d*	*g*
↓						
hochdeutsch	*pf*	*ts*	(*kx*)	(*p*)	*t*	(*k*)
	f	*s*	*x*			

pf ts k stehen im Anlaut, wenn doppelt und nach Konsonant; doch wird *pf* nach *r* und *l* zu *f*. *f s x* im In- und Auslaut nach Vokalen.
Diese Erscheinung rückte für jeden Konsonanten in verschieden breiten Fronten oder Keilen, von den Alpentälern ausgehend, verschieden weit nach Norden vor, [kx] blieb z.B. nur auf einen sehr kleinen Bereich beschränkt; heute wird es noch im südlichen Elsässischen, nördlichen Schweizerischen und Südbayrischen gesprochen, z. B. kxind ›Kind‹.
Als Scheide zwischen den niederdeutschen (nördlichen) und den hochdeutschen (mittel- und oberdeutschen) Dialekten gilt die *Benrather Linie*. Diese Linie, die früher wohl südlicher verlief, beginnt südlich von Aachen, umfaßt Köln in weitem Bogen bis Benrath und verläuft von dort südlich von Kassel, Magdeburg bis nach Frankfurt an der Oder.
Beispiele in der Reihenfolge Niederländisch — Englisch — Schwedisch — Dänisch (vergleiche auch die Bemerkungen vor den skandinavischen Sprachmustern) — Deutsch:

p > *pf*: *p*ond — *p*ound — *p*und — *p*und: *Pf*und (sehr alte Entlehnung aus lat. pondō); a*pp*el — a*pp*le — ä*pp*le — æble: A*pf*el; hel*p*en — hel*p* — hjäl*p*a — hjæl*p*e: hel*f*en.

t > *ts*: *t*ien — *t*en — *t*io — *t*i: *z*ehn [ts-]; *t*ellen — *t*ell (›erzählen‹) — *t*ala — *t*ale (›sprechen‹): *z*ählen; har*t* — hear*t* — hjär*t*a — hjer*t*e: Her*z*; zi*tt*en — si*t* — si*tt*a — sidde: si*tz*en.

p > *f*: ho*p*en — ho*p*e — ho*pp*as — håbe: ho*ff*en; lo*p*en — lea*p* (›springen‹) — lö*p*a — løbe: lau*f*en.

t > *s*: ui*t* — ou*t* — u*t* — ud: au*s*; be*t*er — be*tt*er — bä*tt*re — bedre: be*ss*er.

k > *x*, *ç*: boe*k* — boo*k* — bo*k* — bog: Bu*ch* [x]; oo*k* — e*k*e (to eke out ›verlängern‹) — o*ck* — og: au*ch* [x]; i*k*: i*ch* [ç]. *d* > *t*: *d*eel — *d*eal: *T*eil; *d*ag — *d*ay — *d*ag — *d*ag: *T*ag;: *d*iep — *d*eap — *d*jup (nur noch orthographisch, Aussprache jʉ:p) — *d*yb: tief.

5. Besonders charakteristisch für das heutige phonologische System und das Lautbild der germanischen Sprachen mit Ausnahme des Englischen sind die gerundeten Vokale (z. B. *ø*, *y*) und die große Anzahl der Vokalphoneme. Die gerundeten Vokale haben die germanischen Sprachen mit den finnisch-ugrischen und den Türksprachen gemeinsam; das Französische hat sie z. T. durch ein germanisches Superstrat erhalten. Die gerundeten Vokale haben im heutigen phonologischen System keineswegs nur sekundären Charakter (es sind keine phonetisch bedingten Umlauterscheinungen wie z. B. j*u*ng — j*ü*nger), sondern sie sind phonologisch relevant, z. B. sch*o*n — sch*ö*n; l*u*gen — l*ü*gen; l*o*ten — l*ö*ten; dän. r*o*r ›Steuer‹ — r*ø*r ›Rohr‹; r*u* ›rauh‹ — r*y* ›Ruf‹, ›Ruhm‹.

Man kann die Entstehung der gerundeten Vokale leicht durch den weitverbreiteten Umlaut erklären. Ein folgendes *i* oder *j* palatalisierte den vorhergehenden Vokal, z. B. althochdeutsch h*ô*hiro wird mittelhochdt. *hœ*her ›h*ö*her‹. Dieser Vorgang kann wie folgt veranschaulicht werden:

o ist ein hinterer, *gerundeter* Vokal
i ist ein *vorderer*, ungerundeter Vokal:

Die vordere Artikulation des folgenden *i* wird vorweggenommen, und es entsteht ein *vorderer*, *gerundeter* Vokal: [ø]. Orthographisch wurden die gerundeten Vokale erst im Mittelhochdeutschen bezeichnet. Es ist jedoch sehr wahrscheinlich, daß sie schon im Althochdeutschen gesprochen wurden. Nicht erklären kann man jedoch, warum gerade die germanischen Völker zu einer solchen Assimilation neigten. Es scheint so, daß unbekannte Völker, die schon vor den Indogermanen auf dem Boden etwa des heutigen Sprachgebietes der Skandinavier, der Deutschen usw. siedelten, ihre phonetischen Gewohnheiten auf die neuen Sprachen, die sie aus irgendeinem Grunde angenommen hatten (oder annehmen mußten), übertrugen. Es ist auch wahrscheinlich, daß dieses völlig unbekannte Substrat (das Volk, das die breite ›Unterschicht‹ bildete) sehr vielschichtig war. Diese Vielschichtigkeit des Substrats hat schließlich die Zersplitterung des Germanischen in viele phonetisch so verschiedene Dialekte bewirkt.

Den Ausgangspunkt der *neuhochdeutschen Lautverschiebung* kann man genauer lokalisieren: Es sind die Alpentäler. Es ist möglich, daß die Artikulationsgewohnheiten einer alten, in den Alpentälern ansässigen Bevölkerung auch die Entwicklung des italienischen Lautstandes beeinflußt haben, vgl. lat. na*t*io [-t-] — ital. na*z*ione [ts].

Morphologische Merkmale:

1. Die germanischen Sprachen haben eine besondere Adjektivflexion, die in zwei Formgruppen, einer ›starken‹ und einer ›schwachen‹ erscheint. Die starken Formen erfüllen eine unabhängige, primäre, Klassen oder Kasus anzeigende Funktion, während die ›schwachen‹ Formen meistens von anderen formtragenden Wörtern (Artikel, Demonstrativpronomen usw.) sekundär bestimmt werden. Man vergleiche italienisch einerseits und deutsch und dänisch andererseits:

il libr*o* tedesc*o*	schwach:	*das* deutsch*e* Buch	*den* tysk*e* bog
un libr*o* tedesc*o*	stark:	*ein* deutsch*es* Buch	*en* tysk bog
libr*i* tedesch*i*	stark:	deutsch*e* Büch*er*	tysk*e* bøg*er*
i libr*i* tedesch*i*	schwach:	die deutsch*en* Büch*er*	*de* tysk*e* bøg*er*

Die Anzahl der Formen ist im Dänischen, Schwedischen und Niederländischen weitgehend reduziert. Doch weist auch in diesen Sprachen oft allein die starke Form des Adjektivs auf die Klasse, z. B. dän. *der var stort opløb på gaden* ›es war ein großer Auflauf auf der Straße‹. In der artikellosen Gruppe *stort opløb* weist das *-t* von *stor* ›groß‹ auf die Klasse von *opløb* hin, die neutral ist.

Die Steigerung erfolgt — anders als in den romanischen Sprachen — synthetisch durch ein *-r*-Element (got. *-iz-*) für den Komparativ und durch ein *-st*-Element für den Superlativ: lang — läng*er* — läng*st*-: schwed. lång — läng*re* — läng*st*, dän. lang — læng*ere* — læng*st*, niederl. lang — lang*er* — lang*st*, engl. long — long*er* — long*est*.

Die *Verben* haben nur wenige Zeitstufen. Ein Futur fehlte ursprünglich ganz. Es wurde später analytisch mit Hilfsverben gebildet. Ein reines Futur hat nur das Deutsche; in den übrigen germanischen Sprachen ist das Futur mit einem Modalbegriff verknüpft. Man vergleiche: Ich werde gehen — engl. *I shall go*, aber *you shall go* ›du sollst gehen‹. Im Niederländischen dient *zullen* zur Futurbildung; *zullen* kann aber auch ›wollen‹ und ›sollen‹ bedeuten: *gij zult niet stelen* ›du sollst nicht stehlen‹.

Die Konjugation umfaßt zwei grundverschiedene Kategorien: Sie erfolgt durch

1. Änderung innerer Morpheme (meist vokalischer, zuweilen auch noch konsonantischer), gewöhnlich *Ablaut* genannt.

Diese im Indogermanischen schon vorhandene Erscheinung haben die germanischen Sprachen zu einem leistungsfähigen System entwickelt, innerhalb dessen heute allerdings keine neuen Grundverben mehr gebildet werden können. Beispiel:

deutsch:	g*e*ben	g*a*b	geg*e*ben
niederl.:	g*e*ven	g*a*f	geg*e*ven
englisch:	g*i*ve	gave [gɛiv]	g*i*ven
schwedisch:	g*i*va (ge)	gav [gɑ:v]	g*i*vit (gett)
dänisch:	g*i*ve (gi)	gav [ga:]	g*i*vet

2. durch ein konstantes Morphem (deutsch: *t*, dänisch: -e*d*, -*t*), das als Infix zwischen Verbstamm und Verbendung steht, z.B. du sag-*t*-est, wir sag-*t*-en. Entstanden ist dies *t* vielleicht aus einer Form des Verbs *tun* (etwa *tat*), die nach dem Verb als Zeitanzeiger benutzt wurde. Es kann jedoch auch schon aus dem Indogermanischen stammen (vgl. das Partizipialsuffix *t* in lat. fac*t*us usw.).

Beispiele:

deutsch:	ich hoff*t*e	schwedisch:	jag hoppa*d*es
niederländisch:	ik hoop*t*e	dänisch:	jeg håbe*d*e
englisch:	I hope*d*		

Im *Grundwortschatz* sind die Abweichungen innerhalb der germanischen Sprachen größer als innerhalb der slawischen Sprachen:

	deutsch	niederl.	englisch	dänisch	schwed.	isländ.
1.	Mutter	moeder	mother	moder, mor	moder mor[ω:]	móðir
2.	Bruder	broeder	brother	broder, bror	broder, bror[ω:]	bróðir
3.	Schwester	zuster	sister	søster	syster	systir
4.	Hand	hand	hand	hånd [hɔnˀ]	hand	hönd
5.	Fuß	voet [fut]	foot	fod [fo:ʾð]	fot[u:]	fótur
6.	Herz	hart	heart	hjerte [j-]	hjärta [j-]	hjarta
7.	Tag	dag [dɑx]	day	dag [dæ̣:]	dag [dɑ:]	dagur
8.	Abend	avond	evening	aften	kväll, afton	kvöld
9.	Sommer	zomer	summer	sommer	sommar	sumar
10.	Herbst	herfst	*autumn*	*efterår*	höst	haust
11.	Winter	winter	winter	vinter	vinter	vetur
12.	Wasser	water	water	vand [vanˀ]	vatten	vatn
13.	Feuer	vuur [fy:r]	fire	fyr	*eld*	*eldur*
14.	Wind	wind	wind	vind	vind	vindur

15.	Schnee	sneeuw	snow	sne	snö	snjór
16.	Erde	aarde	earth	jord [jo:ˀʁ]	jord [ju:ɖ]	jörð
17.	Fluß	*rivier*	*river*	flod	flod	fljót
18.	Wald	*bos*	wood	*skov*	*skog*	*skógur*
19.	See (der)	meer	*lake*	*sø*	(*in*)*sjö*	*stöðuvatn*
20.	Meer	zee	sea	*hav, sø*	*hav*, sjø	*sjór, haf*
21.	Fisch	vis	fish	fisk	fisk	fiskur

Besonderheiten einzelner germanischer Sprachgruppen oder Sprachen. 1. Das Klassensystem zeigt in den heutigen germanischen Sprachen erhebliche Unterschiede. Geht man von einer grundlegenden Opposition Personen—Sachen aus, die sich zumindest in den Fragepronomen ›wer?‹, ›was?‹ in den meisten Sprachen findet, und ordnet diesen beiden Gruppen das indogermanische Genussystem ›maskulin — feminin — neutral‹ unter, so ergibt sich für das Deutsche, Niederländische, Schwedische und Englische folgendes Bild:

	Deutsch			Zahl der Klassen
Personen				
Substantiv:	der Mann	die Frau	das Kind	3
Personalpronomen:	er	sie	es	3
Sachen				
Substantiv:	der Stuhl	die Lampe	das Fenster	3
Personalpronomen:	er	sie	es	3

Ergebnis: Personen gleich Sachen: maskulin, feminin, neutral. Ähnliche Verhältnisse gelten für das Isländische.

	Niederländisch			Zahl der Klassen
Personen				
Substantiv:	de man	de vrouw	het kind	2
Personalpronomen:	hij	zij	het	3
Sachen				
Substantiv:	de stoel	de lamp	het venster	2
Personalpronomen:	hij	zij (hij)	het	3 (2)

Ergebnis: Personen meist gleich Sachen: *de*-Kategorie und *het*-Kategorie beim Substantivum; maskulin, feminin, neutral beim Pronomen, das Personen bezeichnet; bei Sachen besteht eine Entwicklung zur hij-het-Kategorie.

Germanische Sprachen

Schwedisch

				Zahl der Klassen
Personen				
Substantiv:	mannen	kvinnan	barnet	2
Personal-pronomen:	han	hon	det	3
Sachen (und fast alle Tiere)				
Substantiv:	stolen	lampan	fönstret	2
Personal-pronomen:	den	den	det	2

Ergebnis: Beim Substantiv sind Personen und Sachen in einer *en*-Klasse und in einer *et*-Klasse zusammengefaßt; dasselbe gilt für das Personalpronomen, das sich auf Sachen bezieht. Beim Personalpronomen, das die Stelle von Personen vertritt, wird das natürliche Geschlecht dann ausgedrückt, wenn das Substantiv der *en*-Klasse angehört (mannen — han, kvinnan — hon), nicht aber, wenn es der *et*-Klasse angehört, denn *barnet* (das Kind) kann ja männlich oder weiblich sein. Die Substantive der *en*-Klasse nennt man häufig Utra im Gegensatz zu den Neutra.

Entsprechende Verhältnisse gelten für das Dänische. Das Klassensystem des Schwedischen und Dänischen wird also beherrscht durch den Gegensatz Utrum — Neutrum (*en* / *et*) und den Gegensatz Personen — Sachen (*han, hon* / *den*).

Im neutralen Personalpronomen ist die Opposition aufgehoben: *det* = *det.*

Englisch

				Zahl der Klassen
Personen				
Substantiv:	the man	the woman	the child	0
Personal-pronomen:	he	she	he/she	2
Sachen				
Substantiv:	the chair	the lamp	the window	0
Personal-pronomen:	it	it	it	1

Ergebnis: Beim Substantiv sind alle Gegensätze aufgehoben: Es gibt wie z. B. in den Türksprachen und im Chinesischen keine Klassen. Beim Pronomen besteht eine Opposition Personen — Sachen (*he, she/it*) und eine Opposition innerhalb der Personen (*he/she*) nach dem natürlichen Geschlecht. Die Kategorie der Personen steht auch anderen Lebewesen (*dog* ›Hund‹ — he, *fox* ›Fuchs‹ — she) und einzelnen Körpern und Abstrakten (*sun* ›Sonne‹ — he, *Nature* ›Natur‹ — she) nach bestimmten Konventionen offen, über deren Ursprung und Bedeutung man viel rätseln kann.

Auf den ersten Blick scheint das deutsche System (das an sich jeder Logik bar ist) das geradlinigste zu sein. Es wird jedoch an einer anderen Stelle durch die Klasse der Sachen durchbrochen (→ Deutsch). Nur das Englische hat ein logisches und praktisches System entwickelt, während für die skandinavischen Sprachen eine weitere Verwirrung des an sich schon unlogischen ererbten indogermanischen Systems kennzeichnend ist. Man sieht an dem Beispiel, daß die in einer Sprache wirkenden Kräfte nicht immer auf eine Vereinfachung zielen.

2. *Artikel.* Mit Ausnahme des Isländischen haben die genannten germanischen Sprachen einen unbestimmten Artikel: deutsch: *ein — eine — ein*; niederländ. *een* (*'n*); englisch: *a* (*an*); schwedisch: *en, ett*; dänisch: *en, et.* Der *bestimmte Artikel* wird in den skandinavischen Sprachen meist postponiert (nachgestellt — wie im Bulgarischen und Rumänischen). Hinsichtlich der Stellung des Artikels ergeben sich zwei Gruppen:

präponiert (vorangestellt)		postponiert (nachgestellt)	
(nach dem Semikolon steht die Pluralform)			
deutsch:	*der, die, das*; *die*	dänisch:	*-en, -et*; *-ne*
niederländ.:	*de, het*; *de*	schwed.:	*-en, -et*; *-na, -en* (*-a*)
englisch:	*the*		

Vor einem Adjektiv wird der Artikel auch in den skandinavischen Sprachen präponiert (Dänisch und meist auch Isländisch); im Schwedischen steht sowohl der postponierte als auch der präponierte Artikel. Das Schwedische hat also in einem solchen Fall einen ›zirkumponierten‹ Artikel

Beispiele:

deutsch	dänisch	isländisch
Schiff	skib	skip
das Schiff	skib*et*	skip*ið*
das große Schiff	*det* store skib	*hið* stóra skip oder stóra skip*ið*

Dagegen schwedisch: *det* stora skepp*et.*

3. *Pluralbildung*: Deutsch und Isländisch viele Mittel (→ Deutsch), ebenso Schwedisch: *-or, -ar, -er, -r, -n,* 0; Dänisch: *-e, -er,* 0 (dazu in beiden Sprachen noch Umlaut); niederländ.: *-en, -s* (Umlaut fast verschwunden); englisch: *-s* (einige Ausnahmen).

4. *Kasusformen.* Isländisch: Vier formenmäßig stark ausgeprägte Fälle. Deutsch: Vier Fälle, deren Formen oft nur durch den Artikel bezeichnet werden. Beispiel: (de*r*) Stuhl, des Stuhl*s*, de*m* Stuhl, de*n* Stuhl, dagegen isländisch: stó*ll*, stól*s*, stól*i*, stó*l*. Deutsch hat hier am Substantiv einen bezeichneten Fall, Isländisch vier.

Die übrigen germanischen Sprachen haben nur noch ein Genitivmorphem *-s*, das im Niederländischen jedoch nur noch selten vorkommt. Die Funktionen der Kasus werden im allgemeinen durch lose Morpheme (analytisch) zum Ausdruck gebracht. Dieses lose Morphem ist im Niederländischen meist *van*, im Englischen meist *of*; in den skandinavischen Sprachen wird das deutsche Genitivverhältnis durch verschiedene Präpositionen bezeichnet. Beispiele:
Englisch: Men *of* the Imperial forces ... ›Männer der Kaiserlichen Streitkräfte ...‹.
Niederländ.: ... de kenmerken *van* het hedendaagse lijden *van* den tijd ... (*den* hier hoher Stil für *de*) ›die Kennzeichen des heutigen Leidens der Zeit ...‹.
Dänisch: Erobringen *af* Magdeborg ›die Eroberung Magdeburgs‹; et tegn *på* svaghed ›ein Zeichen der Schwäche‹.
Schwedisch: Syftet *med* denna språkkurs är att ... ›das Ziel dieses Sprachkursus besteht darin, ...‹.
Der mit *-s* bezeichnete Genitiv steht immer vor dem näher zu bestimmenden Wort, z. B. (englisch) the boy's name is Tom ›der Name des Jungen ist Tom‹; (dänisch) Kongen af Danmarks slot ... ›das Schloß des Königs von Dänemark ...‹
5. Ein besonderes Formelement zur Kennzeichnung des *Adverbs* gegenüber dem Adjektiv fehlt im Deutschen und Niederländischen; im Englischen wird das Adverb meist gekennzeichnet durch *-ly*, im Schwedischen und Dänischen durch *-t*, z. B. reich, rijk, rich*ly*, rik*t*, rig*t*.
6. *Verben.* Die Gruppe der skandinavischen Sprachen hebt sich von den anderen germanischen Sprachen besonders durch die Möglichkeit einer synthetischen Passivbildung ab. Englisch, Niederländisch und Deutsch können das Passiv nur analytisch durch ein ›Hilfsverb‹ bilden: *to be, worden, werden.* Englisch: I *am* called ›ich *werde* gerufen‹, niederländ. ik *word* geroepen; schwedisch dagegen jag kalla*s* (das *-s* ist ein Rest von sig ›sich‹). Daneben kann das Passiv im Schwedischen und Dänischen auch analytisch mit *bliva, blive* gebildet werden: jag *blir* kallad. Im Isländischen wird das Passiv mit *vera* ›sein‹ gebildet: *hann er kallaður* ›er wird gerufen‹, während die Form *kallast* als Medium gilt; sie hat meist reflexive, häufig jedoch auch (wie bei *kallast*) passive Bedeutung.
Die Person beim Verb wird durch das davorstehende Personalpronomen und durch ein System von Personalendungen angezeigt, das in den einzelnen germanischen Sprachen verschieden stark differenziert ist: Das isländische Verb hat im Präsens bis zu 5 lautlich differenzierte Endungen; es folgen deutsch mit 4, niederländisch mit 3, schwedisch mit 2 oder mit 0, englisch mit 1, dänisch 0. Beispiele (in der obigen Reihenfolge):

ég	kall*a* [kad̥l̥a]	ich	ruf*e*	ik	roep
þú	kall*ar*	du	ruf*st*	je	roep*t*
hann	kall*ar*	er	ruf*t*	hij	roep*t*
við	köll*um*	wir	ruf*en*	wij	roep*en*
þið	kall*ið*	ihr	ruf*t*	jullie	roep*t*
þeir	kall*a*	sie	ruf*en*	zij	roep*en*
jag	kalla*r*	I	call [kɔːɫ]	jeg	kalde*r*
du	kalla*r*	you	call	du	kalde*r*
han	kalla*r*	he	call*s*	han	kalde*r*
vi	kalla(*r*)	we	call	vi	kalde*r*
ni	kalla(*r*)	you	call	I	kalde*r*
de	kalla(*r*)	they	call	de	kalde*r*

Im Schwedischen wird die Pluralform ohne *-r* nur noch in sehr feierlicher Sprache gebraucht. Das *-r* ist wie im Dänischen kein Zeichen mehr zur Differenzierung der Personen (deshalb 0); es ist nur noch Tempuszeichen (Präsens); im Englischen ist das *-s* dagegen Zeichen der Person, denn call*s* steht in Opposition zu den anderen Formen *I*, *you* usw. *call.*

7. Die praktische Verständigung zwischen den germanischen Völkern. Von den betreffenden Völkern werden als eng verwandt empfunden: 1. Deutsch — Niederländisch — Afrikaans; 2. Dänisch — Riksmål — Landsmål — Schwedisch. Dagegen haben Isländisch, Färöisch und Englisch so ausgeprägte Eigenarten, daß sie für Sprecher anderer germanischer Sprachen, die nicht der isländischen, färöischen oder englischen Sprachgemeinschaft angehören, Fremdsprachen sind. Damit ist nicht gesagt, daß der Deutsche nicht viel Mühe aufwenden muß, um das nahe verwandte Niederländisch phonetisch und stilistisch wirklich gut zu sprechen. Besonders in phonetischer Beziehung weichen die germanischen Sprachen so stark voneinander ab, daß nur wenige Brücken von der einen zur anderen Sprache führen. Der Deutsche kann z. B. das Türkische oder Indonesische lautlich leichter nachahmen als das Dänische.

Ein Beispiel für die Eigenständigkeit des *Isländischen*:

Samkvæmt gjaldskránni	Nach der Gebührenordnung
ˈsamkvaihmt ˈg̊jald̥sg̊raunɪ	
er orðið helmingi meira	ist das Wort (halb mehr)
ɛr ˈɔrðɪð ˈhɛlmɪŋg̊jɪ mɛira	doppelt so teuer
en fyrir venjuleg símskeyti.	wie für gewöhnliche Tele-
ɛn fɪ·rɪr ˈvɛnjølɛɣ ˈsimsg̊jɛidɪ.	gramme.

Derselbe Satz auf dänisch: Ifølge taksten betales der doppelt så meget som for sædvanlige telegrammer. In phonetischer Beziehung sind im Isländischen die aspirierten Vokale (s. das erste Wort: *-aih-*), die fast ausnahmslose Betonung der ersten Silbe des Wortes, in lexikalischer Beziehung die stark puristischen Tendenzen, d. h. die Schaffung von Wörtern rein isländischer Prägung für die sogenannten internationalen Wörter, bemerkenswert.

Die Orthographie der germanischen Sprachen ist mehr oder minder historisch, am wenigsten im Niederländischen, Deutschen und Riksmål, am stärksten im Englischen und Dänischen. Englische, dänische und schwedische Wörterbücher ohne Angabe der Aussprache oder ohne Aussprachehilfen sind für Deutsche, die die betreffende Sprache auch sprechen wollen, wertlos. Für das Deutsche und Niederländische lassen sich dagegen weitgehende Ausspracheregeln geben.

Die historische Orthographie hat den Vorteil, daß man Wörter, die durch einen Lautwandel in verwandten Sprachen voneinander getrennt sind, leichter erkennen kann. Man vergleiche z. B. schwedisch — dänisch:

›Tier‹ *djur* [jʉ:r] — *dyr*
›Licht‹ *ljus* [jʉ:s] — *lys*
›machen‹ *göra* [ˇjœ:ra] — *göre* [ġ-].
(→ Orthographie).

Germanische Sprachen, Englisch

Then	Belisarius	ordered	the bugles	to be	blown
ðen	beləˈsɛəɹɪəs	ɔ:dəd	ðə bjʊ:gɫz	tə bi	bləʊn
Dann	Belisarius	befahl	die Signalhörner	zu werden	geblasen

for	a	general	assembly,	ȧnd	addressed	the
fɔɹ	ə	dʒenəɹəɫ	əˈsemblɪ	ænd	ədɹest	ðə
für	eine	allgemeine	Versammlung	und	sprach-an	die

troops	as	follows:	›Men	of	the	Imperial	and
tɹʊ:ps	æz	ˈfɔləʊz	men	əv	ði	ɪmˈpɪəɹɪəɫ	ənd
Truppen	wie	folgt:	Männer	von	der	kaiserlichen	und

allied	forces!	What	dog	has	bitten	you	that
ˈælaɪd	ˈfɔ:sɪz	wɔt	dɔ·g	hæz	ˈbɪtən	jʊ	ðæt
verbündeten	Kräfte	was	Hund	hat	gebissen	euch	daß

you	have	sent	your	officers	to	me	with	so	mad
jʊ	hæv	sent	jɔ:ɹ‿	ˈɔfɪsəz	tə	mi:	wɪð	səʊ	mæ:d
ihr	habt	gesandt	eure	Offiziere	zu	mir	mit	so	verrückt

a	request?	Do	you	not	know	when	you	are
ə	ɹɪˈkwest	dʊ	jʊ	nɔt	nəʊ	wen	jʊ	ɑ:
einer	Bitte?	Tut	ihr	nicht	wissen	wann	ihr	seid

well	off?	Here	are	the	Persians,	who	came	into
ˈweɫ(l)	ˈɔf	hɪəɹ	ɑ:	ðə	pə:ʃnz	hʊ:	kɛɪm	ɪntʊ
gut	weg?	Hier	sind	die	Perser	die	kamen	in

our	territory	with	no	less	an	intention
aʊə	ˈteɹɪtəɹɪ	wɪð	nəʊ	les	ən	ɪnˈtenʃn
unser	Gebiet	mit	nicht	geringer	einer	Absicht

than	that	of	sacking	the	great	city	of	Antioch,
ðæn	ðæt	əv	ˈsækɪŋ	ðə	gɹɛɪt	ˈsɪtɪ	əv	ˈæntɪɔk
als	der	von	plündern	die	große	Stadt	von	Antiochia

now	forced	by	our	prompt	action
naʊ	fɔ:st	baɪ	aʊə	pɹɔmpt	ækʃn
jetzt	gezwungen	durch	unsere	rasche	Aktion

to retreat	empty-handed	and	chagrined,	back	to
tʊ ɹɪˈtɹi:t	ˈemptɪ ˈhændɪd	ənd	ˈʃægɹɪnd	bæk	tʊ
zurückzuziehen,	leer-händig	und	verärgert,	zurück	nach

Persia.	›Do	not	spur	a	willing	horse‹	is	a
ˈpə:ʃə	dʊ	nɔt	spə:ɹ ‿	ə	ˈwɪlɪŋ	hɔ:s	ɪzə	
Persien.	›Tue	nicht	anspornen	ein	williges	Pferd‹	ist	ein

proverb	of	proved	merit,	as	you	horsemen
ˈpɹɔvəb	əv	pɹʊ:vd	ˈmeɹɪt	æz	jʊ	ˈhɔ:smen
Sprichwort	von	erwiesenem	Verdienst,	wie	ihr	Reiter

know,	and	it	has	appositeness	here,	especially	when
nəʊ	ænd	ɪt	hæz	ˈæpozɪtnɪs	hɪə	ɪˈspeʃəlɪ	wen
wißt,	und	es	hat	Angemessenheit	hier,	besonders	wenn

linked	with	the	proverb	›leave	well	alone‹.	So
lɪnkt	wɪð	ðə	ˈpɹɔvəb	li:v	wel	əˈləʊn	səʊ
verbunden	mit	dem	Sprichwort	›laß	gut	allein‹.	So

much	for	wordly	wisdom:	but	let	me	further
mʌtʃ	fɔ:	ˈwə:ɫdlɪ	ˈwɪzdəm	bʌt	let	mi:	ˈfə:ðə
weit	für	weltliche	Weisheit:	aber	laßt	mich	weiter

remind	you	in	your	Christian	enthusiasm	that	the
ɹɪˈmaɪnd	jʊ	ɪn	jɔ:	ˈkɹɪstʃən	ɪnˈθju:zɪæzm	ðæt	ðə
erinnern	euch	in	eurer	christlichen	Begeisterung	daß	die

Scriptures	strictly	enjoin	us,	›Thou	shalt	not	kill!‹
ˈskɹɪptʃəz	ˈstɹɪktlɪ	ɪnˈdʒɔɪn	ʌs	ðaʊ	ʃæɫt	nɔt	kɪɫ
Schriften	streng	befehlen	uns	›Du	sollst	nicht	töten!‹

Entnommen dem historischen Roman ›Count Belisarius‹(Graf Belisarius) von Robert (Ranke) Graves.

Übersetzung: Dann befahl Belisarius, die Signalhörner zum Generalappell zu blasen, und hielt folgende Ansprache an die Truppen: Männer der Kaiserlichen und verbündeten Streitkräfte! Welcher Hund hat euch gebissen, daß ihr eure Offiziere mit solch einem verrückten Ansuchen zu mir geschickt habt? Wißt ihr nicht, wenn ihr es gut habt? Die Perser, die mit einer nicht geringeren Absicht in unser Gebiet gekommen sind, als der, die große Stadt Antiochia zu plündern, sind jetzt durch unser rasches Handeln gezwungen, sich mit leeren Händen und verärgert nach Persien zurückzuziehen. ›Gebt einem willigen Pferd nicht die Sporen‹ ist ein wohlbewährtes Sprichwort, das gerade hier sehr angebracht ist, besonders in Verbindung mit dem Sprichwort ›Rühr nicht dran!‹ (Sinn des englischen Sprichwortes: Laß das Gute so, wie es ist, und versuche nicht, es noch besser machen zu wollen!). Das wäre also die weltliche Weisheit. In eurer christlichen Begeisterung möchte ich euch aber auch daran erinnern, daß uns die Heilige Schrift streng befiehlt: ›Du sollst nicht töten.‹

Das englische Alphabet:
a [ɛi] b [bi:] c [si:] d [di:] e [i:] f [ef] g [dʒi:] h [ɛitʃ] i [ai j [dʒɛi] k [kɛi] l [eɫ] m [em] n [en] o [əʊ] p [pi:] q [kjʊ:] r [ɑ:] s [ɛs] t [ti:] u [jʊ:] v [vi:] w [ˈdʌbljʊ:] x [ɛks] y [wai] z [zɛd]

Einige Lautwerte: j [dʒ], w [w], ch [tʃ], sh [ʃ], th [ð oder θ]; Ein Vokalbuchstabe kann viele Lautwerte haben: *a*: m*a*ke [mɛik], c*a*t [kæt], f*a*rm [fɑ:m], t*a*ll [tɔ:ɫ], w*a*tch [wɔtʃ], *a*bout [əˈbaut]. Das Englische hat 12 Vokalphoneme und zahlreiche Diphthonge: [ɪ] *it* ›es‹, [i:] *be* ›sein‹, [e] *bed* ›Bett‹, [æ:] *man* ›Mann, Mensch‹, [ɑ:] *father* ›Vater‹, [ɔ] *hot* ›heiß‹ (Variante [o] in *obey* ›gehorchen‹), [ɔ:] *all* ›alles‹, [ʌ] *come, but* ›aber‹, [ʊ] *book* ›Buch‹, [ʊ:] *two* ›zwei‹, [ə:] *bird* ›Vogel‹, [ə] *honour* [ɔnə] ›Ehre‹.
Das [ʊ] hat eine starke Neigung zu [ɨ]; das deutsche [u:] kommt im Englischen nicht vor. Der Diphthong in *blown* ›geblasen‹ wird phonetisch meist [ou] geschrieben, was der heutigen englischen Aussprache nicht mehr entspricht; die meisten gebildeten Engländer sprechen [əʊ]. Das *r* weicht stark vom deutschen Zäpfchen-r, aber auch von dem allgemeinen Zungenspitzen-r ab (→ Phonetik). Es gibt zwei l-Varianten (l und ɫ). ɫ fällt jedem Nichtengländer stark ins Ohr: well [weɫ]. Es steht im Silbenauslaut vor einem Konsonanten oder in Pausastellung. Die Bezeichnung dieser so wichtigen l-Variante wird fast immer — auch in Wörterbüchern — vernachlässigt.
Die historische Orthographie hat zahlreiche *Homographe* (gleichgeschriebene Wörter mit verschiedener Aussprache und verschiedener Bedeutung) geschaffen, z. B.:

bow [bəʊ] ›Bogen‹ — *bow* [baʊ] ›sich bücken‹
read [ɹi:d] ›lesen‹ — *read* [ɹe·d] ›las‹, ›gelesen‹
prayer [pɹɛə] ›Gebet‹ — *prayer* [pɹɛiə] ›Betender‹.

Die Struktur vieler, häufig gebrauchter Wörter ist: Konsonant — Vokal — Konsonant: *then, men, force* [fɔ:s], *what, has, that, have, with, mad, not, when, well, came, less, back, horse* usw. Die Tendenz zur Einsilbigkeit der Wörter ist offensichtlich, vgl. *back* — dän. *tilbage* ›zurück‹.

Der Akzent ist stark zentralisierend, z. B. territory, action, especially usw. Bei Wortzusammensetzungen tritt oft ein dezentralisierender Akzent mit doppelter Schallfülle auf, z. B. *'arm'chair* ›Lehnstuhl‹. Die Bedeutung einer Wortgruppe kann oft durch eine Zäsur (Pause) bestimmt werden: *a red wine barrel* ›ein Rotweinfaß‹, aber *a red // wine-barrel* ›ein rotes Weinfaß‹.

Morphologisches. Der flektierende Charakter des Englischen zeigt sich nur noch in den starken Verben (z. B. *know — knew — known* ›wissen — wußte — gewußt‹), in einigen unregelmäßigen Pluralformen (z. B. *child* ›Kind‹ — *children*) und in einigen Pronominalformen (z. B. *I* ›ich‹ — *me* ›mich‹; *who* ›wer‹ — *whom* ›wen‹).

Einige wenige feste grammatische Morpheme bezeichnen in höchst ökonomischer Weise die wichtigsten Funktionen und Beziehungen; bemerkenswert sind vor allem *-s* und *-ing*. 1. *-s* ist allgemeines Pluralmorphem: bugle*s*, troop*s*; *-es* steht aus phonetischen Gründen, z. B. church*es* ›Kirchen‹.

s ist außerdem Zeichen des sogenannten sächsischen Genitivs, der immer vor dem zu bestimmenden Wort steht: my brother'*s* shoes ›die Schuhe meines Bruders‹. Beim Verb ist *s* das Zeichen der dritten Person Singular Präsens: he call*s* ›er ruft‹. Die beiden letztgenannten Funktionen des Morphems *s* sind an sich überflüssig; denn die Genitivfunktion könnte immer durch den vorhandenen analytischen Genitiv bezeichnet werden: the shoes *of* my brother; das *s* bei *calls* könnte wegfallen, da *he* als Personenandeuter genügt.

2. *-ing* bezeichnet sehr verschiedenartige Funktionen, die durch die üblichen Begriffe ›Partizip‹ und ›Gerundium‹ nicht veranschaulicht werden können. Besonders erinnern die Erläuterungen des Begriffs ›Gerundium‹ oft an den schnurrigen Satz: ›Es ist eine Katze, aber doch keine Katze‹ (eben ein Kater). Das leitende Prinzip des Morphems *-ing* besteht darin, andere Morpheme einzusparen. Es erfüllt folgende wichtige Funktionen:

a) als Attribut: a smil*ing* face ›ein lächelndes Gesicht‹ (morphemsparend für a face *which* smile*s* ›ein Gesicht, *das* lächel*t*‹).

b) Es verknüpft Sätze bei gleichzeitiger Andeutung einer Kategorie (Gleichzeitigkeit, Nachzeitigkeit; Zweck; Grund usw.). Die Kategorie kann durch eine Präposition näher bestimmt werden: Hear*ing* a noise, he ran away (Hörend..) ›*als er* ein

Geräusch hörte, lief er weg‹. The weather be*ing* fine, we went for a walk ›*da* das Wetter schön *war* (Grund), gingen wir spazieren‹.

c) Es fungiert als Bindemittel zwischen Wortgruppen: ...with the *intention of* sack*ing* the city ... ›mit der Absicht, die Stadt zu plündern ...‹ Die Wortgruppe *intention of sacking* ist stärker miteinander verknüpft als die deutsche Wortgruppe.

d) Es schafft die Möglichkeit, das Verb mit substantivischen Eigenschaften auszurüsten, z. B. ihm die Funktion eines Subjekts oder eines Objekts zu verleihen: I can't understand *his* be*ing* angry with me (ich kann nicht verstehen [Objekt:] sein Bösesein mit mir) ›ich verstehe nicht, daß er mir böse ist‹. Die Konstruktion kann äußerlich mehr verbalen oder substantivischen Charakter haben: Building houses quickl*y* may be dangerous (Bauen Häuser schnell kann gefährlich sein) = *The quick* building *of* houses may be dangerous.

e) Es bildet mit der finiten Form des Verbs *to be* ›sein‹ eine Aktionsform auf allen Zeitstufen (→ slawische Sprachen). Diese Aktionsform bezeichnet man gewöhnlich als Ablaufform (progressive Form). Sie deckt sich nicht mit einer Aktionsform der slawischen Sprachen. He *is* read*ing* the paper. Diese Form ist wahrscheinlich durch keltische Substratwirkung entstanden.

Die Tendenz, Morpheme zu sparen, zeigt sich ferner in den stark verbreiteten Infinitivkonstruktionen (Akkusativ, Nominativ mit Infinitiv — auch schon im Lateinischen und Altgriechischen vorhanden) und in der Möglichkeit, das Relativpronomen in gewissen Fällen auszulassen. *Do you understand all I say?* Der Relativsatz *I say* (ich sage), der durch das Subjekt *I* ein grammatikalisch abgeschlossener Satz ist, wird asyndetisch (ohne Verbindung) wie im Arabischen nach dem Hauptsatz gestellt.

Der Akkusativ mit Infinitiv ist eine ziemlich verwickelte Verknotung zweier Sätze, die im Deutschen nur in sehr beschränktem Maße erscheint. Den Satz ›ich sah ihn kommen‹ muß man wie folgt zerlegen:

ich sah ihn	1. Stufe
(er) kam	2. Stufe

Die Verknotung der beiden Sätze erfolgt in dem Wort *ihn*, das als Objekt von *sah* betrachtet werden kann. Gleichzeitig ist es aber inhaltlich (nicht formal) Subjekt zu dem folgenden Verb *kommen*. Die objektivierende Kraft von *sah* geht aber über *ihn* hinaus und ergreift auch das durch keine Personal- oder Zeitendung bestimmte Verb *kommen*, so daß *ihn — kommen* als eine Objektgruppe gelten kann, die von *sah* abhängt: ›Ich sah sein Kommen.‹ Nach diesem Muster werden im Englischen alle möglichen Sätze gebildet: *I know him to be honest* (ich weiß ihn zu sein ehrlich).

Ich weiß (es) · .... ›Ich weiß, daß er ehrlich ist.‹
(er) ist ehrlich

Das Objekt wird nur durch die Stellung bezeichnet. Nach dem Verb stehende Präpositionen gehören begrifflich zum Verb, nicht zum Objekt. Daher kann im Englischen das Passiv immer als Umkehrung des Aktivs fungieren, z. B. he [*speaks to*] me ›er spricht mit mir‹ = (Passiv) I [*am spoken to*] by him.

Die Verneinung und die Frage werden bei Vollverben durch verbale Fügungen (vgl. Finnisch, Japanisch) verdeutlicht, z. B. *do you speak English* (tun Sie sprechen Englisch) ›Sprechen Sie Englisch?‹ *I don't* (oder *do not*) *agree* ›ich stimme nicht zu‹. Für die Anrede besitzt das Englische nur ein Pronomen: *you* ›du, ihr, Sie‹ (doch s. Text letzten Satz aus der Bibel).

Dic Grenzen zwischen den Wortarten sind fließend (vgl. Chinesisch), z. B. 1. *up* ›aufwärts‹, ›oben‹ (Adverb), 2. ›hinauf‹ (Präposition), 3. *the up train* ›der Zug in die Stadt‹ (Adjektiv), 4. ›sich erheben‹, ›hochtreiben‹ (Verb).

Wortschatzmäßig ist das Englische (wie z. B. das Rumänische Türkische, Japanische) eine ausgesprochene Mischsprache. Der überaus reiche Wortschatz des Englischen setzt sich in der Hauptsache aus germanischen (dazu gehören die Wörter des Grundwortschatzes) und romanischen Wörtern zusammen (lateinische aus der Zeit der Römerherrschaft, französische aus der Normannenzeit — 1066 — und aus späteren Jahrhunderten, lateinische und griechische Kunstwörter). Er ist zum Teil stark heterogen (vgl. Französisch → Romanische Sprachen), z. B. *king, queen, royal* ›König‹, ›Königin‹, ›königlich‹.

Die heutige englische Schriftsprache, deren Grundlage der Dialekt von London ist, tritt in einer britischen und in einer amerikanischen Variante auf. Diese Varianten unterscheiden sich vor allem durch die Aussprache, den angewandten Wortschatz und Stileigentümlichkeiten. Will man das Englische typologisch klassifizieren, so fallen vor allem die wenigen grammatischen Morpheme (die Suffixe *-s, -ing, -ed, -ly, -er, -est*) mit einem zum Teil beträchtlichen Funktionsbereich (*-s* und *-ing*) sowie die Tendenz zur Verwischung der Wortartgrenzen ins Gewicht. Die Flexionsreste (hauptsächlich starke Verben) können angesichts der allgemeinen Bedeutung der grammatischen Suffixe für das gesamte Sprachmaterial als einzelne Lexeme gewertet werden (z. B. *know* ›wissen‹ — *knew* ›wußte‹ — zwei Lexeme). Das Englische verkörpert einen höchst ökonomischen agglutinierenden Typus einfachster Art mit Tendenzen zum isolierenden Typus, ohne bisher die starken

Mängel aufzuweisen, die Sprachen dieser Typen auszeichnen (Riesenattribute im Türkischen, störende Homonymie im Chinesischen). Man kann es typologisch zwischen das Mongolische und Chinesische stellen.

Germanische Sprachen, Niederländisch.

De	verwarring	van	spel	en	ernst,	die	op	den
də	y̥erˈʋarɪŋ	y̥an	spɛɫ	ɛn	ɛrnst	di	ɔp	də
Die	Verwechslung	von	Spiel	und	Ernst,	die	auf	dem

bodem	ligt	van	alles	wat	hier	onder	den	naam
ˈbo·dəm	lɪxt	y̥an	ˈaləs	ʋat	hi:r	ˈɔndər	də	na·m
Grunde	liegt	von	allem,	was	hier	unter	dem	Namen

puerilisme	begrepen	werd,	is	van	al	de	kenmerken
pyeriˈlɪsmə	bəˈɣ̊re·pən	ʋɛrt	ɪs	y̥an	aɫ	də	ˈkɛnmɛrkən
Puerilismus	verstanden	wurde,	ist	von	all	den	Kennzeichen

van	het	hedendaagse	lijden	van den	tijd	ongetwijfeld
y̥an	ət	he·dənˈda·xsə	ˈlɛĭdən	y̥an də	ˈtɛĭt	ɔŋɣ̊əˈtʋɛĭfəɫt
des		heutigen	Leidens	der	Zeit	ohne Zweifel

een	der	belangrijkste.	De	vraag	blijft	over,	in hoeverre
e·n	dər	bəˈlaŋrɛĭkstə	də	y̥ra·x	blɛĭft	ˈo·y̥ər	ɪn huˈy̥ɛrə
eines	der	wichtigsten.	Die	Frage	bleibt	übrig,	inwieweit

het	puerilisme	samenhangt	met dien	anderen	trek
ət	pyeriˈlɪsmə	ˈsa·mənhaŋt	mɛt di	ˈandəre	trɛk
der	Puerilismus	zusammenhängt	mit jenem	anderen	Zug

van	modern	leven,	de	jeugdvereering.	Zij	moeten
y̥an	moˈdɛrn	ˈle·y̥ən	də	ˈjø:xty̥əre·rɪŋ	zə	ˈmu·tən
des	modernen	Lebens,	der	Jugendverehrung.	Sie	dürfen

geen	ogenblik	worden	verward.	Het	puerilisme
ɣ̊e·n	ˈo·ɣ̊əmblɪk	ˈʋɔrdən	y̥ərˈʋart	ət	pyeriˈlɪsmə
keinen	Augenblick	werden	verwechselt.	Der	Puerilismus

kent	geen	leeftijden,	het	tast	ouden	en	jongen aan.
kɛnt	ɣ̊e·n	ˈle·ftɛĭdən	hɛt	tast	ˈɔudən	ɛn	ˈjɔŋən a·n
kennt	kein	Alter,	er	berührt	Alte	und	Junge.

De	jeugdvereering,	op	het	eerste	gezicht	een	teken
də	ˈjø:xty̥əre·rɪŋ	ɔp	ət	ˈe·rstə	ɣ̊əˈzɪxt	e·n	ˈte·kən
Die	Jugendverehrung,	auf	den	ersten	Blick	ein	Zeichen

van	frisse	kracht,	kan	ook	als	ouderdomsverschijnsel
y̥an	ˈfrɪsə	kraxt	kan	o·k	aɫs	ˈɔudərdɔmsy̥ərˈsxɛĭnsəɫ
von	frischer	Kraft,	kann	auch	als	Alterserscheinung

beschouwd	worden,	als	een	abdicatie	ten gunste	van den
bəˈsxɔut	ˈʋɔrdən	aɫs	ən	abdiˈka·si	tɛn ˈɣ̊ənstə	y̥an də
betrachtet	werden,	als	eine	Abdankung	zugunsten	des

onmondigen	erfgenaam.	De	meeste	bloeiende	culturen
ɔn'mɔndɪɣ̥ən	'ɛrfɣ̥əna·m	də	me·stə	'blu·ĭəndə	kəɫ'ty·rən
unmündigen	Erben.	Die	meisten	blühenden	Kulturen

hebben	wel	de	jeugd	liefgehad	en	vereerd,	maar	haar
'hɛbən	ʋɛl	də	jø:xt	'li·fɣ̥əhat	ɛn	v̥ə're·rt	ma·r	ha·r
haben	zwar	die	Jugend	geliebt	und	verehrt,	aber	sie

niet	gecajoleerd	of	gefêteerd,	en	steeds	van	haar
ni·t	ɣ̥əkaʒo'le·rt	ɔf	ɣ̥əfɛ'te·rt	ɛn	ste·ts	v̥an	ha·r
nicht	umschmeichelt	oder	gefeiert,	und	stets	von	ihr

geëist	gehoorzaamheid	en	eerbied	voor	de	ouderen.
ɣ̥ə'ɛĭst	ɣ̥ə'ho·rza·mhɛĭt	ɛn	'e·rbi·t	v̥o·r	də	'ɔudərən
gefordert	Gehorsam	und	Achtung	vor	den	Älteren.

Aus: In de schaduwen van morgen (›Im Schatten von Morgen‹) von J. Huizinga, Haarlem 1939.

Übersetzung: Die Verwechslung von Spiel und Ernst, die all dem zugrunde liegt, was hier unter dem Namen Puerilismus verstanden wurde, ist zweifellos eins der wichtigsten Kennzeichen des heutigen Leidens der Zeit. Es bleibt die Frage, in wieweit der Puerilismus mit dem anderen Zug des modernen Lebens, der Jugendverehrung, zusammenhängt. Sie dürfen keinen Augenblick verwechselt werden. Der Puerilismus kennt kein Alter, er berührt jung und alt. Die Jugendverehrung, auf den ersten Blick ein Zeichen frischer Kraft, kann auch als Alterserscheinung betrachtet werden, als eine Abdankung zugunsten des unmündigen Erben. Die meisten blühenden Kulturen haben zwar die Jugend geliebt und verehrt, sie jedoch nicht umschmeichelt oder gefeiert und stets von ihr Gehorsam und Achtung vor den Älteren gefordert.

Das niederländische Alphabet.

a [a·] b [be·] c [se·] d [de·] e [e·] f [ɛf] g [ɣ̥e·] h [ha·] i [i·] j [je·] k [ka·] l [ɛɫ] m [ɛm] n [ɛn] o [o·] p [pe·] q [ky·] r [ɛr] s [ɛs] t [te·] u [y·] v [v̥e·] w [ʋe·] x [ɪks] y [ɣ̥ri·ksə i· oder i·'grɛk oder ɛĭ = ij] z [zɛt].

Einige Hinweise zur Aussprache: Vokale sind vor Doppelkonsonanten kurz, in offener Silbe lang; Doppelvokalbuchstaben werden lang gesprochen. Stimmhafte Konsonanten werden im Auslaut stimmlos (wie im Deutschen). Regressive Assimilation ist (anders als im Deutschen) häufig. Langes *a* ist hell, kurzes *a* dunkel (im Deutschen umgekehrt); kurzes *u* = [ɵ], langes *u* [y·], *ie* [i·], *oe* [u·], *ij* [ɛi], *ou* [ɔu], *ui* [ɵʏ]. *g* fast = [x] ohne Kratzgeräusch, genauer [ɣ̥], *v* fast = [f], *w* explosives [v] = [ʋ], *l* vor Konsonant und im Silbenauslaut = [ɫ], häufig [ɫə], z. B. *melk* [mɛɫək] ›Milch‹, *r* meist Zungenspitzen-*r*, *s* [s], *z* [z], *sj* [ʂ], *ch* [x], *sch* [sx]; *p t k* wie im Französischen unbehaucht. Die Endung *-en* wird in der amtlichen Rundfunksprache [-ən], von gebildeten Westniederländern [-ə] gesprochen.

VERSCHIEDENHEITEN DES NIEDERLÄNDISCHEN VOM DEUTSCHEN. Eine Gegenüberstellung einiger niederländischer und deutscher Wörter zeigt, daß die Bedeutung eines Lautes oder eines Lautkomplexes und andere damit verbundene Faktoren (z. B. Gefühlswerte) auf Konventionen innerhalb des Systems einer Sprache beruhen, die eine bestimmte Sprachgemeinschaft als die ihre anerkennt. Ein Deutscher, der den niederländischen Satz *hij schraapte z'n keel* wegen phonetischer Ähnlichkeiten als ›er schrapte seine Kehle‹ hört und deutet, erfaßt den niederländischen Satz in einer völligen Verzerrung. Das richtige deutsche Äquivalent ist ›er räusperte sich‹. Die Ähnlichkeit zwischen zwei Sprachen kann zwar das Verstehen erleichtern, sie kann aber auch die wahre Bedeutung und die wahren Gefühlswerte verzerren und große Unklarheiten herbeiführen. Einige Beispiele aus dem Text: *verward* ist nicht verwahrt, sondern ›verwirrt‹, *leeftijd* nicht Lebzeit und *ouderdom* nicht Altertum, sondern beides ist ›Alter‹; *gezicht* ist hier nicht Gesicht, sondern ›Blick‹; ... *die op den bodem ligt* ... nicht ... die auf dem Boden liegt ..., sondern ›die zugrunde liegt ...‹ usw.

Germanische Sprachen, Afrikaans. Die Grundlage des heutigen Afrikaans bilden die Dialekte der holländischen Kolonisten, die um 1662 Südafrika vom Kap der Guten Hoffnung aus besiedelten. Früher wurde ihre Sprache deshalb auch *Kapholländisch* genannt. Gegenüber dem Niederländischen ist das Afrikaans hauptsächlich durch zwei Züge gekennzeichnet: Weitgehende Reduzierung der grammatischen Morpheme und Schrumpfung der Wortkörper. Beispiele: Kein Genusunterschied beim Substantiv, ein bestimmter Artikel: *die man, die vrou* (Frau), *die kind.* Bis auf wenige Reste keine unregelmäßigen (starken) Verben, wenige Zeiten: *ek, jy, hy, ons, julle, hulle, het* ›ich habe, du hast usw.‹; für alle Personen nur eine Form *het*; *ek* usw. *lees* ›ich lese‹, *ek het gelees* ›ich las‹, ›ich habe gelesen‹, ›ich hatte gelesen‹. Die Form *lees* kann auch der Infinitiv und der Imperativ sein. Die einzigen wichtigen Unregelmäßigkeiten bestehen noch in den verschiedenen Pluralformen des Substantivs (*-e, -s, -te* u. a.).

Reduzierte Wortformen (in Klammern die niederländischen Formen): *wa* (wagen) ›Wagen‹, *hê* (hebben) ›haben‹, *aand* (avond) ›Abend‹, *lê* (liggen, leggen) ›liegen‹, ›legen‹, *ken* (kennen) ›kennen‹, *kyk* (kijk, kijken) ›Blick‹, ›gucken‹ *oë* (ogen) ›Augen‹, *weens* [vẽ:s] (wegens) ›wegen‹.

DAS ALPHABET ist fast das gleiche wie das niederländische, doch weichen einige Lautwerte ab: *v* immer [f], in romanischen

Wörtern jedoch [v], y [əi], ê [ɛ:], û [œ:]. Nasalvokale, angedeutet durch *-n*, z. B. *ons* [ɔ̃:s] ›wir‹, ›uns‹, afrikaans [afri'kã:s]. Niederländisches *z* ist im Afrikaans *s*, z. B. *sê* = *zeggen* ›sagen‹. Ein Beispielsatz:

Toe	die		bytjie	voor	die	stadspoort	kom,	moes
tu	di:		bəikji	fo:r	di:	statspo:rt	kɔm	mus
Als	die	kleine	Biene	vor	das	Stadttor	trat,	mußte

sy	haar	oë	sluit,	weens	die	vloed	van	lig,
səi	hɑ:r	o:ə	slœyt	wẽ:s	di:	flut	fan	lɪx
sie	ihre	Augen	schließen	vor	der	Fülle	von	Licht,

wat	haar	teëstroom.
vat	hɑ:r	te:əstro:m.
die	ihr	entgegenströmte.

Die Zeit wird im ersten Satz nur durch die Konjunktion *toe* ›als‹ angedeutet, denn *kom* ist deutsch ›kommen‹ oder Präsens ›(ich) komme‹ usw.

Bemerkenswert ist ferner die doppelte Verneinung: *ek kon my oë nie glo nie* (ich konnte meinen Augen nicht glauben nicht) ›Ich traute meinen Augen nicht‹.

Afrikaans ist auf dem Wege zu einer isolierenden Sprache am weitesten von allen germanischen (und indogermanischen) Sprachen fortgeschritten.

Germanische Sprachen, nordische Sprachen. Die nordischen Sprachen unterscheiden sich von den übrigen germanischen Sprachen durch folgende phonetische Merkmale:

1. Merkmale, die auf Lautveränderungen in der urnordischen Periode zurückgehen (Beispiele: Schwedisch — Dänisch — Deutsch — Englisch);

Verlust des anlautenden *j*:

år	år	Jahr	year
ung	ung	jung	young
ok	åg	Joch	yoke

Verlust des *w* [v] vor *o* und *u*:

ord	ord	Wort	word
önskan	ønske	Wunsch	wish
ull	uld	Wolle	wool
undra	undre	wundern	wonder

Verlust des auslautenden *n*

komma	komme	kommen

2. In der altnordischen Periode veränderte sich ein *e* der Stammsilbe durch ein *a* oder *u* in der nächsten Silbe und wurde (über verschiedene Zwischenstufen) zu *je* bzw. *jo* oder *jø*. Daher

ergeben sich heute folgende Gleichungen (Schwedisch — Dänisch — Deutsch):

fjäder	fje(de)r	Feder
stjärna	stjerne	Stern
hjärta	hjerte	Herz
jord	jord	Erde

Unterschiede zwischen Schwedisch — Norwegisch — Dänisch. Akzent. Die ersten zwei Sprachen haben zum Teil dezentralisierten Akzent. Der norwegische (riksmål und landsmål) weicht von dem schwedischen Akzent erheblich ab. Er hat andere Tonkurven und ist noch stärker dezentralisierend. Er wird deshalb im allgemeinen als noch auffälliger bezeichnet. Die Akzente sind bedeutungsunterscheidend.

Schwedisch. Der erste Akzent ist fallend wie im Deutschen: . Der zweite Akzent ist zusammengesetzt und verteilt sich über mehrere Silben; über zwei Silben etwa so: . Die Schallfülle ist etwas größer auf der Stammsilbe. Zeichen des zweiten Akzents ist meist ˇ, das vor das Wort gesetzt wird.

Akzent I.		Akzent II.	
buren	›Käfig‹	*buren*	›getragen‹
tanken	›der Tank‹	*tanken*	›der Gedanke‹
anden	›die Ente‹	*anden*	›der Geist‹

Norwegisch. Der zweite Akzent entspricht etwa dem schwedischen ohne die letzte Senkung. Der erste Akzent ist dagegen im Gegensatz zum Deutschen und Schwedischen in ein- und mehrsilbigen Wörtern steigend. Jedenfalls gilt diese Regelung für die normierten Schriftsprachen Riksmål und Landsmål. Akzentvarianten sind ziemlich häufig.

Akzent I. (steigend) *sol* ›Sonne‹
Akzent II. (etwas steigend—fallend—steigend) *soler* ›Sonnen‹

Dänisch: Stark zentralisierender Akzent. An Stelle der Tonhöhen hat das Dänische den Stød, der meistens dem deutschen ›Knacklaut‹ (Stimmlippenverschlußlaut) entspricht. Er kommt innerhalb der Vokale sowie innerhalb und außerhalb einiger Konsonanten vor. Bei langen Vokalen manifestiert er sich oft als Knarrgeräusch. Im Dänischen ist also wie z. B. im Vietnamesischen die ›Knarrstimme‹ bedeutungsunterscheidend.

hund [honˀ]	›Hund‹	*hun* [hon]	›sie‹
mord [mo:ˀr]	›Mord‹	*mor* [mo:r]	›Mutter‹

Laute. Die farblich ausgeprägten Vokale der Flexionsendungen des Schwedischen sind im Dänischen und Riksmål zu dem Mittelzungenvokal [ə] reduziert. Das Landsmål hat ebenfalls die vollen Vokale bewahrt:

Schwed.	Landsmål	Riksmål	Dänisch	
löpa	laupa	løpe	løbe	›laufen‹
gator	gator	gater	gader	›Straßen‹
vikar	vikar	viker	vige	›Buchten‹
älskat	elska	elsket	elsked	›geliebt‹

Im Dänischen werden die Verschlußlaute um einen Grad loser und zu Reibelauten [b̥ ð γ] (*dänische Lautverschiebung*):

Schwedisch	Dänisch	
löpa	løbe [b̥]	›laufen‹
bryta	bryde [ð]	›brechen‹
kaka	kage [γ]	›Kuchen‹
ut	ud [ð]	›aus‹

Norwegisch. Das Norwegische hat, wie die obigen Beispiele (laupa, løpe usw.) zeigen, die Verschlußlaute bewahrt. In Norwegen werden heute zwei Schriftsprachen verwendet: Riksmål oder Bokmål, Landsmål oder Nynorsk. Bokmål und Nynorsk sind die moderneren Bezeichnungen.

Das Riksmål entstand aus der Norwegisierung (Anpassung an die Aussprachegewohnheiten der Norweger und Anreicherung mit echt norwegischen Ausdrücken) der dänischen Schriftsprache, die bis zur Trennung Norwegens von Dänemark (1814) in Norwegen geherrscht hatte. Um die Schöpfung der zweiten norwegischen Schriftsprache, einer künstlichen Synthese der altertümlichen westnorwegischen Mundarten, hat sich besonders Ivar *Aasen* (1813—96) verdient gemacht. Beide Sprachen sind seit 1892 im Schulunterricht gleichberechtigt.

Das *Landsmål* (*Nynorsk*) steht in mancher Beziehung dem Schwedischen näher als dem Riksmål (s. die obigen Beispiele gat*or* — gat*or* — gat*er*). Die Unterschiede zwischen Riksmål und Landsmål sind erheblich: Landsmål hat die drei Genera bewahrt: *ein* [ɛin] *mann, ei gate* ›eine Straße‹, *eit hus* ›ein Haus‹. ›sehen‹ ist auf riksmål *se,* auf landsmål *sjå, jeg kommer* ›ich komme‹ — *eg kjem* [e:g çɛm].

Orthographie: *aa* wird jetzt in den skandinavischen Sprachen und im Dänischen *å* geschrieben. Die *å*-Schreibung im Dänischen und die Stellung des Buchstabens an das Ende des Alphabets erfolgte durch die Orthographiereform von 1948, die auch die Großschreibung der Substantive im Dänischen abschaffte. Einige Aussprachehilfen s. nach den Sprachmustern. Henrik *Ibsen* schrieb in der damals noch geltenden, im wesentlichen dänischen Orthographie, z. B. u*d* statt u*t*. (Morphologisches s. Germanische Sprachen, Allgemeines.)

Germanische Sprachen, Schwedisch.

Men, Gösta, vi är bara tolv, invända kavaljererna
men ˇjœsta vi: e: ˇbɑ:ra tɔlv ˇinvɛnda kava'lje:rəɳa
Aber, Gösta, wir sind nur zwölf, wenden die Kavaliere

och röra inte sina glas. Gösta Berling, som
o ˇrœ:ra ˇintə 'si:na glɑ:s ˇjœsta bæɭiŋ sɔm
ein, und rühren nicht ihre Gläser an. Gösta Berling, den

de kallade poeten, fastän han aldrig skrev vers,
di ˇkaladə pω'e:tən, ˇfastɛn han ˇaldri skre:v væʂ
sie nannten den Dichter, obwohl er niemals schrieb Verse,

fortsätter i orubbat lugn: — Kavaljerer och
ˇfωʈsɛtər i ˇω:rəbat ləŋn kaval'je:rər o
fortsetzt in unerschütterlicher Ruhe: — Kavaliere und

bröder! Har ni glömt vilka ni är. Ni är de, som
ˇbrø:dər hɑ:ɳi glœmt ˇvilka ni: e: ni: e: di sɔm
Brüder! Habt ihr vergessen welche ihr seid. Ihr seid die, die

håller glädjen vid makt i Värmland. Ni är de,
'hɔlər ˇglɛ:djən vi: makt i 'værmland ni: e: di
halten die Freude an Macht in Värmland. Ihr seid die,

som sätter fart i stråkarna, håller dansen
sɔm 'sɛtər fɑ:ʈ i ˇstro:kaɳa, 'hɔlər 'dansən
die bringen Schwung in die Fiedelbogen, halten den Tanz

i gång, låter sång och spel klinga genom landet.
i gɔŋ 'lo:tə ʂɔŋ o spe:l ˇkliŋa 'je:nɔm 'landət
in Gang, lassen Gesang und Spiel klingen durch das Land.

Ni förstår att hålla era hjärtan från guldet, era
ni: fœʂ'to:r at ˇhɔla e:ra ˇjæʈan fro:n 'gəldət e:ra
Ihr versteht zu halten eure Herzen vom Golde, eure

händer från arbetet. Om ni inte funnes, då
'hɛndər fro:n ˇarbe:tət ɔm ni: ˇintə ˇfənəs do:
Hände von der Arbeit. Wenn ihr nicht euch-fändet, da

skulle dansen dö, sommaren dö, rosorna dö,
'skələ 'dansən dø: ˇsɔmaɳ dø: 'rω:sωɳa dø:
würde der Tanz sterben, der Sommer, die Rosen sterben,

kortspelet dö, sången dö, och i hela
ˇkωʈspe:lət dø: 'sɔŋən dø: o i 'he:la
das Kartenspiel sterben, der Gesang sterben, und in ganzen

detta välsignade land skulle ingenting annat finnas
ˇdɛta vɛl'siŋnadə land 'skələ ˇiŋəntiŋ ˇanat ˇfinas
diesem gesegneten Land würde nichts anderes sich-finden

än järn och brukspatroner. Glädjen ska leva så
ɛn jæːɳ o ᵛbrʉːkspatrɷːnər ᵛglæːdjən ska ᵛleːva soː
als Eisen und Hüttenbesitzer. Die Freude wird leben so

länge som ni. I sex år har jag nu firat
ᵛlɛŋə sɔm niː i sɛks oːr hɑː jɑː nʉ ᵛfiːrat
lange wie ihr. In sechs Jahren habe ich nun gefeiert

julnatten i Ekeby smedja, och aldrig har
ᵛjʉːlnatən i ˈeːkəbyː ᵛsmeːdja o ᵛaldri hɑː
die Weihnachtsnacht in Ekeby Schmiede, und nie hat

någon förr vägrat att dricka för den trettonde.
nɔn fœr ᵛvɛːgrat at ᵛdrika fœː ɖɛn ᵛtrɛtɔndə
jemand vorher sich geweigert zu trinken auf den Dreizehnten.

Übersetzung: — Aber, Gösta, wir sind nur zwölf, wenden die Kavaliere ein und rühren ihr Glas nicht an. Gösta Berling, den sie den Poeten nannten, obwohl er niemals Verse schrieb, fährt in unerschütterlicher Ruhe fort: — Kavaliere und Brüder! Habt ihr vergessen, wer ihr seid? Ihr erhaltet doch die Freude in Värmland lebendig. Ihr gebt dem Fiedelbogen Schwung, haltet den Tanz im Gang, laßt Gesang und Spiel durch das Land klingen. Ihr versteht es, euer Herz vom Golde, eure Hände von der Arbeit fernzuhalten. Wenn ihr nicht wäret, würde der Tanz, der Sommer, die Rosen sterben, würde das Kartenspiel und der Gesang sterben, und in diesem ganzen gesegneten Land gäbe es nichts anderes als Eisen und Hüttenbesitzer. Die Freude wird leben so lange wie ihr. Sechs Jahre lang habe ich nun die Weihnachtsnacht in der Schmiede von Ekeby gefeiert, und niemand hat sich bisher geweigert, auf den Dreizehnten zu trinken. (Aus: Selma Lagerlöf, Gösta Berling.)

Alphabet. a b c [seː] d e f g h [hoː] i j [jiː] k [koː] l m n o [ɷː] p q [kʉː] r s t u [ʉː] v [veː] w [ˈdɵbəl veː] x [ɛks] y [yː] z [ᵛsɛːta] å [oː] oder svensk [oː] ä [ɛː] ö [øː]. Einige Lautwerte der Vokalbuchstaben: *o* = [oː] *sova* ›schlafen‹; = [uː] mit sich zusammenpressenden Lippen, genauer [u·w] oder [ɷː] *broder* ›Bruder‹; = [ɔ] *folk* ›Volk‹; [ɷ] *ost* ›Käse‹. *u* kurz = [ɵ] Mittelzungenvokal zwischen [o] und [ø], lang = [ʉː] Mittelzungenvokal zwischen [u] und [y]. Die langen schwedischen Vokale [iː, yː, ʉː, ɷː] sind dem Ende zu stark geschlossen, fast diphthongisch [i·j, y·ɥ, ʉ·w]. *å* = [oː] (nicht ɔː, wie vielfach angenommen wird!): *år* ›Jahr‹; = [ɔ] *sång* ›Gesang‹.

Konsonanten: *b d g* auch im Auslaut stimmhaft. Die Aussprache vieler Konsonantenbuchstaben hängt von der Art des folgenden Vokals ab. Man teilt die Vokale in zwei Gruppen: Velare (hintere oder dunkle) Vokale (*a o u å*) und palatale

(vordere oder helle) Vokale (*e i y ä ö*). Im folgenden wird die zweite Reihe durch (pal.) nach dem betreffenden Konsonanten bezeichnet, z. B. *g* (pal.) [j] heißt, daß *ge* wie [je:], *gö*.. wie [jœ—] usw., *gå* aber wie [go:] ausgesprochen wird. Mit diesen Angaben lassen sich bereits die meisten schwedischen Wörter richtig aussprechen. *ch* [ʃ], *dj* [j], *g* (pal.) [j], *gj* [j], *gn* [ŋg], *j* meist [j], *k* (pal.) [ç], *kj* [ç], *-lg* [lj], *lj* [j], *-rg* [rj], *sch*, *si* (+on), *sj*, *skj*, *ssj*, *stj* [ʃ], *sk* (pal.) [ʃ], *ti* (+on) [ʃ] oder [tʃ], *-tie* (in Fremdwörtern) [-tsiə], *tj* [ç], *-xion* [-ʃω:n].
r macht einen folgenden Konsonanten oft retroflex: *rd* [ɖ], *rl* [ɭ], *rn* [ɳ], *rs* [ʂ], *rt* [ʈ]. Dieselbe Erscheinung findet sich auch im Norwegischen. Retroflexe Laute kommen ferner u. a. im Chinesischen, Vietnamesischen und indischen Sprachen vor. Den richtigen Lautwert des Buchstaben *o* (ob [o] oder [ω]) kann man nur aus einem Wörterbuch mit Aussprachehilfen ersehen.
(Morphologisches s. Germanische Sprachen, Allgemeines.)

Germanische Sprachen, Dänisch.

Hvad skal der komme? Hvad skal fremtiden bringe?
vað sg̊a(l) d̥æ:ʁ ˈkʌmə vað sg̊a(l) ˈfʁɛmtiˀðn ˈbʁeŋə
Was wird da kommen? Was wird Zukunft-die bringen?

Jeg ved det ikke, jeg aner intet. Når en edderkop
je veˀð d̥e eg̊ə je ˈa:nʁ ˈend̥əð nɔ:ˀʁ en ˈɛðˀəʁkʌp
Ich weiß es nicht, ich ahne nichts. Wenn eine Spinne

fra et fast punkt styrter sig ned i sine
fʁa ed̥ fasd̥ pong̊ˀd̥ ˈsd̥øʁtʁ sæĭ neˀð i si:nə
von einem festen Punkt stürzt sich nieder in ihre

konsekvenser, da ser den bestandig et tomt rum
kɔnsəˈkvɛnˀsʁ d̥a se:ˀʁ d̥ɛn b̥əˈsd̥anˀd̥i ed̥ tʌmˀd̥ ʁom
Konsequenzen, da sieht sie immer einen leeren Raum

foran sig, hvori den ikke kan finde fodfæste,
ˈfʌʁan sæĭ vʌˈʁi:ˀ d̥ɛn eg̊ə kan ˈfenə ˈfoðfɛsd̥ə,
vor sich, worin sie nicht kann finden Halt,

hvormeget den end sprætter. Således går det mig; foran
vʌʁˈmæĭəð d̥ɛn ɛn ˈsb̥ʁɛd̥ʁ ˈsʌle:ðəs g̊ɔ:ˀʁ d̥e mæĭ ˈfʌʁan
wie sehr sie auch zappelt. So geht es mir; vorn

bestandig et tomt rum, hvad der driver mig frem,
b̥əˈsd̥anˀd̥i ed̥ tʌmˀd̥ ʁom vað d̥æ:ʁ ˈd̥ʁi:vʁ mæĭ ˈfʁɛm
immer ein leerer Raum, was treibt mich voran,

er en konsekvens der ligger bag mig. Dette liv er
ɛʁ en kɔnsəˈkvɛnˀs d̥æʁ ˈleg̊ʁ ba:ˀɣ mæĭ. d̥ed̥ə li:ˀv ɛʁ
ist eine Konsequenz die liegt hinter mir. Dieses Leben ist

bagvendt	og	raedsomt,	ikke	til	at	udholde.
ˈbaŭvɛnˀd̥	ɔ	ˈʁæðsʌmˀd̥	eg̊ə	te	ʌ	ˈuðhʌlˀə
verkehrt	und	entsetzlich,	nicht	zu	zu	aushalten.

Aus: Enten — Eller (Entweder — Oder) von Søren Kierkegaard (sœʁən ˈkeʁg̊əg̊ɔ:ˀʁ).

Übersetzung: Was wird da kommen? Was wird die Zukunft bringen? Ich weiß es nicht, ich ahne nichts. Wenn eine Spinne sich von einem festen Punkt in ihre Konsequenzen stürzt, so sieht sie dauernd einen leeren Raum vor sich, in dem sie keinen Halt finden kann, wie sehr sie auch zappelt. So geht es auch mir: Vor mir immer ein leerer Raum. Was mich vorantreibt, ist eine Konsequenz, die hinter mir liegt. Dieses Leben ist verkehrt und entsetzlich, nicht auszuhalten.

Alphabet. a [a:ˀ] b [b̥e:ˀ] c [se:ˀ] d [b̥e:ˀ] e [e:ˀ] f [ɛf] g [g̊e:ˀ] h [hɔ:ˀ] i [i:ˀ] j [jɔð] k [kɔ:ˀ] l [ɛl] m [ɛm] n [ɛn] o [o:ˀ] p [pe:ˀ] q [ku:ˀ] r [ɛʁ] s [ɛs] t [te:ˀ] u [u:ˀ] v [ve:ˀ] w [ˈd̥ɔb̥el ve:ˈ] x [ɛks] y [y:ˀ] z [sɛt] æ [æ:ˀ] o [o:ˀ] å [ɔ:ˀ].

Das System der dänischen Vokalphoneme weicht beträchtlich von dem des Deutschen ab. Während im Deutschen Vokaldauer und Vokalfarbe miteinander gekoppelt sind (Lied [i:] — litt [ɪ]), ist im Dänischen allein die Dauer (kurz — lang) entscheidend. Kompliziert wird das System weiter dadurch, daß es zu mehreren Vokalen durch die konsonantische Umgebung bedingte, ziemlich stark abweichende phonetische Varianten gibt, und daß das tatsächliche System weitgehend durch die historische Orthographie verschleiert wird. Neben den mindestens 18 Vokalphonemen gibt es noch mehrere diphthongische Phoneme. Übersicht über die Vokalphoneme:

i/i:	*spilde*	(sb̥ilə]	*spile*	[sb̥i:le]	›verschütten‹ — ›spreizen‹
e/e:	*inde*	(enə]	*ene*	[e:nə]	›drinnen‹ — ›allein‹
ɛ/ɛ:	*læsse*	[lɛsə]	*læse*	[lɛ:sə]	›laden‹ — ›lesen‹
a/a:	*bande*	[banə]	*bane*	[ba:nə]	›fluchen‹ — ›bahnen‹
o/o:	*bonde*	[bonə]	*bone*	[bo:nə]	›Bauer‹ — ›bohnern‹
ɔ/ɔ:	*toppe*	[tɔb̥ə]	*tåbe*	[tɔ:b̥ə]	›gipfeln‹ — ›Narr‹
u/u:	*kulde*	[kulə]	*kule*	[ku:lə]	›Kälte‹ — ›wehen‹
ø/ø:	*kølle*	[kølə]	*køle*	[kø:lə]	›Keule‹ — ›kühlen‹
y/y:	*hylle*	[hylə]	*hyle*	[hy:lə]	›hüllen‹ — ›heulen‹

[a] ist sehr palatal; es klingt sehr ›hell‹; Variante vor und nach *r* sehr ›dunkel‹; [ɛ] vor und nach *r* wie [æ]; [ɔ] meist fast wie [ʌ], [ɔ:] meist etwas geschlossener, aber nicht [o:]. [ø] häufig [œ]. Konsonanten: *p t k* vor betontem Vokal [*p*ʻ *t*ʻ *k*ʻ]; *b d g* = [b̥ d̥ g̊]; *d* zwischen Vokalen und nach Vokal fast [ð], zuweilen 0; *g* im Anlaut immer [g̊], sonst häufig [ɣ]. *gg*, *kk* = [g̊]; *bb*, *pp* = [b̥], *tt* = [d̥]. *s* und *z* = [s]. *r* Zungenwurzel-r [ʁ]; *-er* vokalisiertes [ʁ], silbenbildend.

Die Diphthonge sind meist durch Vokalisierung von Konsonanten entstanden: *afhente* [a͡u-] ›abholen‹, *steg* [sd̥a͡i] ›Braten‹, *bagvendt* [b̥a͡u-], kaum noch [b̥aɣ-], *liv* meist [li͡uˀ], feierlich [li:ˀv], *syv* [sy͡u] ›sieben‹, *nøgle* [nɔ͡ilə] ›Schlüssel‹.
Der auch phonologisch relevante Stød wird in der Orthographie nicht bezeichnet.
(Morphologisches s. in den vorstehenden allgemeinen Teilen.)

Griechisch. Text 1a: Altgriechische Textprobe:

Ταῦτα δή, ὦ Φαῖδρέ τε καὶ οἱ ἄλλοι, ἔφη μὲν
^tauta ¯dɛ:, ^ɔ: ^p‘aɪ¯drete \kaɪ hoɪ ¯aloɪ ¯ep‘ɛ: \men
dies also, o Phaidros und die anderen, sagte

Διοτίμα, πέπεισμαι δ'ἐγώ. πεπεισμένος
dio¯tima ¯pepe:zmaɪ de¯gɔ: pepe:z¯menos
Diotima, ich-bin-überzeugt-worden auch-ich; überzeugt

δὲ πειρῶμαι καὶ τοὺς ἄλλους πείθειν ὅτι
\de pe:^rɔ:maɪ \kaɪ tu:s ¯alu:s ¯pe:t‘e:n ¯hoti
also ich versuche auch die anderen zu-überzeugen, daß

τούτου τοῦ κτήματος τῇ ἀνθρωπείᾳ φύσει
¯tu:tu: ^tu: ¯ktɛ:matos ^tɛ: ant‘rɔ:¯pe:a: ¯p‘y:se:
dieses Gutes für-die menschliche Natur

συνεργὸν ἀμείνω Ἔρωτος οὐκ ἄν τις ῥᾳδίως
sy:ner¯gon a¯me:nɔ: ¯erɔ:tos u:k ¯antis r‘a:¯diɔ:s
Helfer besseren (als) die Liebe nicht wer ohne-Mühe

λάβοι. διὸ δὴ ἔγωγέ φημι χρῆναι
¯laboɪ. \dio \dɛ: ¯egɔ:¯ge‿ p‘ɛ:mi ^k‘rɛ:naɪ
bekommen-kann. Deshalb also ich sage nötig-sein

πάντα ἄνδρα τὸν Ἔρωτα τιμᾶν, καὶ αὐτὸς τιμῶ
¯panta ¯andra \ton ¯erɔ:ta ti^ma:n \kaɪ au\tos ti^mɔ:
jeder Mensch die Liebe ehren, auch selber ehre-ich

τὰ ἐρωτικὰ καὶ διαφερόντως ἀσκῶ καὶ
\ta erɔ:ti\ka \kaɪ diap‘e¯rontɔ:s as^kɔ: \kaɪ
das Eros-Geschaffene und besonders betreibe(es) und

τοῖς ἄλλοις παρακελεύομαι, καὶ νῦν τε καὶ ἀεὶ
^toɪs ¯aloɪs parake¯leŭomaɪ \kaɪ ^ny:n te \kaɪ a\e:
den anderen rufe-ich-zu, und jetzt auch und immer

ἐγκωμιάζω τὴν δύναμιν καὶ ἀνδρείαν τοῦ Ἔρωτος,
eŋkɔ:mi¯azɔ: \tɛ:n ¯dynamin \kaɪ an¯dre:an ^tu: ¯erɔ:tos,
preise-ich die Kraft und Tapferkeit des Eros,

καθ'ὅσον οἷός τ'εἰμί. τοῦτον οὖν τὸν λόγον, ὦ
ka¯t‘hoson ^hoɪ¯os te:¯mi. ^tu:ton ^u:n \ton ¯logon, ^ɔ:
so weit imstande ich-bin. Diese also die Rede, o

Φαῖδρε, εἰ μὲν βούλει, ὡς ἐγκώμιον εἰς Ἔρωτα
^pʻaɪdre, e:ˋmen ⁻bu:le:, hɔ:s eŋ⁻kɔ:mion e:s ⁻erɔ:ta
Phaidros, wenn du-willst, als Lobrede an Eros

νόμισον εἰρῆσθαι, εἰ δέ, ὅ τι καὶ ὅπῃ
⁻nomison e:^rɛ:stʻaɪ, e: ⁻de, ⁻hoti ˋkaɪ ⁻hopʻe:
annehme gesagt-haben, wenn nicht, was und wo

χαίρεις ὀνομάζων, τοῦτο ὀνόμαζε.
⁻kʻaɪre:s ono⁻mazɔ:n, ^tu:to o⁻nomaze
gern-hast-du nennend, dies nenne!

(Aus: ›Das Gastmahl des Plato‹, Schlußworte aus der Rede des Sokrates.)

Text Ib: Der erste Satz in neugriechischer Übersetzung (Katharévusa):

Αὐτὰ λοιπὸν, Φαῖδρε καὶ σεῖς οἱ ἄλλοι ἔλεγεν ἡ
afˈta liˈpɔn ˈfɛ·ðrɛ k̡ɛ sisi ˈa·li ˈɛ·lɛjɛn i
dieses also Phaidros und ihr die anderen sagte die

Διοτίμα, καὶ αὐτὰ πιστεύω καὶ ἐγώ. Καὶ μὲ τὴν
ðjɔˈti·ma, k̡ɛ afˈta pisˈtɛ·vɔ k̡ɛ ˈγɔ. k̡ɛ mɛ ti‿
Diotima und dies glaube-ich und ich. Und mit dem

πίστιν αὐτὴν προσπαθῶ καὶ τοὺς ἄλλους νὰ
ˈm̃bi·stin afˈtin prɔspaˈθɔ k̡ɛ tuˈs‿ a·lus na
Glauben diesem trachte-ich und die anderen daß

πείσω, ὅτι πρὸς ἀπόκτησιν τούτου καλύτερος
ˈpi·sɔ ˈɔ·ti prɔs‿ aˈpɔ·ktisin ˈtu·tu kaˈli·tɛrɔs
überzeuge-ich, daß zu Erwerb dieses bester

συμπαραστάτης τῆς ἀνθρωπίνης φύσεως ἀπὸ τὸν
sim̃baraˈsta·tis tis añθrɔˈpi·nis ˈfi·sɛɔs aˈpɔ tɔn
Helfer der menschlichen Natur von(als) den

Ἔρωτὰ δὲν εἶναι δυνατὸν νὰ εὑρεθῇ.
ˈɛ·rɔta ðɛˈninɛ ðinaˈtɔn na ɛvrɛˈθi.
Eros nicht ist möglich daß gefunden-wird.

Übersetzung: Dies also, Phaidros und ihr anderen, sagte Diotima, und sie hat mich überzeugt. In diesem Glauben such ich nun auch die anderen davon zu überzeugen, daß man zur Erlangung des höchsten Gutes keinen besseren Führer der menschlichen Natur als den Eros finden könne. Und gerade deshalb betone ich, daß jeder Mensch den Eros verehren muß; auch ich selbst halte die Werke des Eros in Ehren und wende sie an, und das empfehle ich auch den anderen. Jetzt und in Zukunft werde ich mit allen meinen Kräften die Bedeutung und die Stärke des Eros verkünden. Wenn du willst, lieber Phaidros, faß diese Rede als eine auf den Eros gehaltene Lobrede auf; anderenfalls nenne sie so, wie du sie gerade nennen möchtest.

Text II. Neugriechisch (Volkssprache)

Νίκου Καζαντζάκη Βίος καὶ Πολιτεία τοῦ 'Αλέξη Ζορμπᾶ
ni·ku kazaˈňdzaǐk̬i vi·ɔs k̬ε poliˈti·a tu aˈlε·ksi zɔrˈba
des-Nikos Kazantzakis Leben und Verhalten des Alexis Sorbas

Πρόλογος
prɔ·lɔγɔs
Vorwort

Πολλὲς φορὲς πεθύμησα νὰ γράψω τὸ βίο καὶ
pɔˈlεs fɔˈrεs pεˈθi·misa na ˈγra·psɔ tɔ ˈvi·ɔ k̬ε
viele Male wollte-ich daß ich-schreibe das Leben und

τὴν πολιτεία τοῦ 'Αλέξη Ζορμπᾶ, ἑνὸς γέρου ἐργάτη
tim̆bɔliˈti·a tu aˈlε·ksi zɔrˈba, εˈnɔz ˈjε·ru εrˈγa·ti
das Verhalten des Alexis Sorbas, eines alten Arbeiters

ποὺ πολὺ ἀγάπησα. Στὴ ζωή μου οἱ πιὸ μεγάλοι μου
pu pɔˈli aˈγa·pisa. sti zɔˈi·mu i pjɔ mεˈγa·limu
wo sehr ich-liebte. in-dem Leben-mir die mehr großen-mir

εὐεργέτες στάθηκαν τὰ ταξίδια καὶ τὰ ὀνείρατα· ἀπὸ
εvεrˈjε·tεs ˈsta·θikan ta taˈksi·ðja k̬ε ta ɔˈni·rata aˈpɔ
Wohltäter fanden-sich die Reisen und die Träume; von

τοὺς ἀνθρώπους, ζωντανούς καὶ πεθαμένους, πολὺ λίγοι
tus aˈňθrɔ·pus zɔňdaˈnus k̬ε pεθaˈmε·nus pɔˈli ˈli·ji
den Menschen, lebenden und gestorbenen, sehr wenige

βόηθησαν τὸν ἀγώνα μου. Ὅμως, ἂν ἤθελα νὰ
ˈvɔ·iθisan tɔn aˈγɔ·namu. ˈɔ·mɔs an ˈi·θεla na
halfen den Kampf-mir. Aber wenn ich-wollte, daß

ξεχωρίσω ποιοὶ ἄνθρωποι ἀφήκαν βαθύτερα
ksεxɔˈri·sɔ pji ˈa·ňθrɔpi aˈfi·kan vaˈθi·tεra
ich-unterscheide, welche Menschen hinterließen am tiefsten

τ'ἀχνάρια τους στὴν ψυχή μου, ἴσως νὰ
taˈxna·rǐa tus stim̆bziˈçi·mu ˈi·sɔs na
die Spuren-ihnen in der Seele-mir, vielleicht, daß

ξεχώριζα τρεῖς τέσσερεις: τὸν Ὅμηρο, τὸν Μπέρξονα,
ksεˈxɔ·riza tri·s ˈtε·sεris tɔn ˈɔ·mirɔ, tɔm ˈbεrksɔna
ich auswählte drei, vier: den Homer, den Bergson,

τὸ Νίτσε καὶ τὸ Ζορμπᾶ. Ὁ πρῶτος στάθηκε γιὰ
tɔ ˈni·tsε k̬ε tɔ zɔrˈba. ɔ ˈprɔ·tɔs ˈsta·θik̬ε ja
den Nietzsche und den Sorbas. Der erste wurde für

μένα τὸ γαληνὸ κατάφωτο μάτι — σὰν τὸ δίσκο τοῦ
ˈmɛ·na tɔ γaliˈnɔ kaˈta·fɔtɔ ˈma·ti — san dɔ ˈði·skɔ tu
mich das stille leuchtende Auge — wie die Scheibe der

ἥλιου — ποὺ φωτίζει μὲ ἀπολυτρωτικιὰ λάμψη τὰ πάντα·
ˈi·ʎu — pu fɔˈti·zi mɛ apɔlitrɔtiˈķa ˈla·m̆psi ta ˈpa·n̆da.
Sonne — die erhellt mit befreiendem Glanz das alles;

ὁ Μπέρξονας μὲ ἀλάφρωσε ἀπὸ ἄλυτες
ɔ ˈbɛrksɔnas mɛ aˈla·frɔsɛ aˈpɔ ˈa·litɛs
der Bergson mich befreite von ungelösten

φιλοσοφικὲς ἀγωνίες ποὺ μὲ τυραννοῦσαν στὰ πρῶτα
filɔsɔfiˈķɛs aγɔˈni·ɛs pu mɛ tiraˈnu·san sta ˈprɔ·ta
philosophischen Qualen, die mich quälten in der ersten

νιάτα· ὁ Νίτσε μὲ πλούτισε μὲ καινούργιες
ˈŋa·ta ɔ ˈni·tsɛ mɛ ˈplu·tisɛ mɛ ķɛˈnu·rjɛs
Jugend; der Nietzsche mich bereicherte mit neuen

ἀγωνίες καὶ μ'ἔμαθε νὰ μετουσιώνω τὴ δυστυχία,
aγɔˈni·ɛs ķɛ ˈmɛ·maθɛ na mɛtuˈsjɔ·nɔ ti ðistiˈçi·a
Qualen und mich lehrte, daß ich-umwandle das Unglück,

τὴν πίκρα, τὴν ἀβεβαιότητα σὲ περηφάνεια· κι ὁ
tiˈm̆bi·kra tinavɛvɛˈɔ·tita sɛ pɛriˈfa·nĭa. ķɔ
die Bitternis, die Unsicherheit in Stolz; und der

Ζορμπᾶς μ'ἔμαθε ν'ἀγαπῶ τὴ ζωὴ καὶ νὰ
zɔrˈbas ˈmɛ·maθɛ naγaˈpɔ ti zɔˈi· ķɛ na
Sorbas mich lehrte, daß ich-liebe das Leben und daß

μὴ φοβοῦμαι τὸ θάνατο.
mi fɔˈvu·mɛ tɔ ˈθa·natɔ.
nicht ich-fürchte den Tod.

Übersetzung: Nikos Kazantzakis: Das Leben des Alexis Sorbas. Vorwort. Schon oft wollte ich das Leben des Alexis Sorbas, eines alten Arbeiters, den ich sehr liebte, beschreiben. Die größten Wohltäter in meinem Leben waren Reisen und Träume; von den Menschen, lebend oder tot, haben mir nur sehr wenige in meinem Kampf geholfen. Wenn ich jedoch auswählen sollte, welche Menschen die tiefsten Spuren in meiner Seele hinterlassen haben, so würde ich vielleicht drei, vier nennen: Homer, Bergson, Nietzsche und Sorbas. Das erste war für mich das stille leuchtende Auge, das — wie die Sonnenscheibe —, alles mit befreiendem Glanze erhellt; Bergson befreite mich von unentwirrbaren philosophischen Ängsten, die mich in den ersten Jugendjahren quälten; Nietzsche erfüllte mich mit neuen Qualen und lehrte mich, Unglück, Bitternis und Unsicherheit in Stolz zu wandeln, und Sorbas lehrte mich, das Leben zu lieben und den Tod nicht zu fürchten.

Griechisch

(Text entnommen der griechischen Ausgabe des Verlages Dimitrios Dimitrakos A. G., Athen 1954.)

SCHRIFT. Das griechische Alphabet wurde um 875 v. Chr. aus dem Phönizischen — einem altsemitischen Alphabet — entlehnt. Ähnlichkeit, gleicher Lautwert und gleiche Reihenfolge der Zeichen sowie die Bezeichnungen der Buchstaben sprechen für diese jetzt allgemein anerkannte Theorie. Zwar sind die Reihenfolge und die Namen der Buchstaben aus dem Phönizischen nicht überliefert, doch kann man diese beiden Tatbestände unschwer aus dem hebräischen Alphabet folgern. Das Hebräische ist wie das Phönizische eine semitische Sprache (→ semitische Sprachen, Hebräisch). Für das Griechische, dessen Wortstruktur von der der → semitischen Sprachen stark abweicht, erwies sich die für eine semitische Sprache erträgliche Konsonantenschrift des Phönizischen als allzu defektiv. Durch Schaffung von Zeichen für ihre Vokalphoneme hatten die Griechen ein in der Geschichte der Schrift höchst bedeutsames Ziel erreicht: Sie besaßen eine Schrift, die fast alle Phoneme ihrer Sprache hinreichend deutlich wiedergab. Die neuen Vokalbuchstaben gewannen sie dadurch, daß sie schon vorhandenen Zeichen neue Formen gaben und einigen für sie überflüssigen Buchstaben den Wert von Vokalen beilegten, z. B. phönizisch *ʾalef*[ʾ] wurde [*a*], *ʿain* [ʿ] wurde [*o*]. Von mehreren örtlich verschiedenen Alphabeten fand das auf 24 Buchstaben ergänzte ***milesische*** (nach der Stadt Milet) ***Alphabet*** die weiteste Verbreitung; es wurde schließlich 402 v. Chr. amtlich in Athen eingeführt. Aus dem für den Laut [ɛ:] verwendeten Heta (vgl. den fünften Buchstaben des hebräischen Alphabets) wurde durch Halbierung erneut ein Zeichen für ***h*** (Ͱ) geschaffen, das im Attischen noch bestand, während im ostjonischen Dialekt — Milet war eine jonische Handelsstadt — das ***h*** geschwunden war. Diesen ***h***-Schwund nennt man *Hauchpsilose*, z. B. bei Homer (jonisch) ˇɛ:*mar* ἦμαρ gegen attisch *h*ɛ:ˈ*mera* ἡμέρα ›Tag‹ (aus dieser Form das neugriech. (*i*)ˈ*m*ɛ·*ra*).

Die Schrift verlief ursprünglich — wie die arabisch-persische und hebräische heute noch — von rechts nach links, dann furchenwendig, bis schließlich mit der Einführung des milesischen Alphabets die rechtsläufige Schriftrichtung festgelegt wurde. Man schrieb nur mit großen Buchstaben, ohne Akzente, Satzzeichen und Wortzwischenraum. Der Anfang des obigen Textes sah also etwa so aus: ΤΑΥΤΑΔΗΩΦΑΙΔΡΕ ΤΕΚΑΙΟΙΑΛΛΟΙΕΦΗΜΕΝΔΙΟΤΙΜΑ... Um Mißverständnisse zu vermeiden, wurde die andere Hälfte des ***h***-Zeichens, die sich zum Spiritus lenis entwickelte, zuweilen als Worttrenner benutzt. Die heute gebräuchlichen Kleinbuchstaben haben sich allmählich aus der im 9. Jh. n. Chr. auftauchenden *Minuskelschrift* entwickelt, die wohl aus Syrien stammt. Der dezentralisierende Akzent des Altgriechischen wurde erst bezeichnet, als sich der Akzent im 3. Jh. v. Chr. zu einem zentralisierenden zu wandeln begann, und man genötigt war, ihn für die Hochsprache (Poesie, Theater) zu bewahren. Um die Tonhöhen und die Verteilung des wahrscheinlich sehr leichten Druckes zu zeigen, schuf der griechische Grammatiker und Lexikograph *Aristophanes von Byzanz* (260 bis 180 v. Chr.) in Alexandrien die zunächst nur als Lesehilfen dienenden Tonzeichen, die erst später durch die Byzantiner in etwas abgewandelter Form allgemein Verwendung fanden. Trotz mancher Reformbestrebungen in Griechenland wird das Neugriechische mit der Orthographie von etwa 402 v. Chr. und Hilfszeichen, die erst im 9. Jh. n. Chr. obligatorisch wurden, geschrieben. Auch das zunächst hinter den Vokal, seit etwa 1200 n. Chr. unter den Vokal gesetzte *Iota subscriptum* (untergeschriebenes Iota) wird heute noch in der amtlichen Sprache gesetzt.

In den Spalten der Alphabettabelle sind verzeichnet: 1. Griechische Großbuchstaben, 2. Griechische Kleinbuchstaben, 3. Aussprache der Buchstaben im 5. Jh. v. Chr., 4. Heutige Aussprache der Buchstaben, 6. Griechische Namen der Buchstaben in neugriechischer Orthographie der sogenannten Volkssprache, 7. Neugriechische Aussprache der griechischen Buchstabennamen. Die neugriechischen Silben mit folgendem Punkt (·) sind halblang und tragen den Ton, 8. Allgemein verwendete Umschrift des Altgriechischen.

Weitere Zeichen über den Vokalen:

ʽ Spiritus asper (neugriech. δασεία [ðaˈsi·a]), altgr. [h], heute stumm.

ʼ Spiritus lenis (neugriech. ψιλή [psiˈli]). Möglicherweise war ʼ der Ausdruck für eine leichte Kehlkopfpressung, von der anlautende Vokale begleitet waren. Heute stumm.

Tonhöhenakzente:

´ Akut (neugriech. ὀξεία [oˈksi·a]). Bezeichnete im Altgriechischen den Hochton, der wahrscheinlich noch auf die nächsten Silben, soweit kein Akzent darauf stand, übergriff.

` Gravis (neugriech. βαρεία [vaˈri·a]). Bezeichnete im Altgriechischen den Tiefton.

῀ Zirkumflex (neugriech. περισπωμένη [pɛrispɔˈmɛ·ni]). Bezeichnete im Altgriechischen den Steig- und Fallton.

Heute bezeichnen die Akzente nur die betonte Silbe, die halblang ist.

Griechisch

DAS ALT- UND NEUGRIECHISCHE ALPHABET.

1.	2.	3.	4.	5.	6.	7.	8.
Α	α	a, a:	a	Alpha	ἄλφα	a·lfa	*a*
Β	β	b	v	Beta	βῆτα	vi·ta	*b*
Γ	γ	g	γ, j	Gamma	γάμμα	γa·ma	*g*
Δ	δ	d	ð	Delta	δέλτα	ðɛ·lta	*d*
Ε	ε	e	ɛ	Epsilon	ἔψιλον	ɛ·psilɔn	*e*
Ζ	ζ	zd, z	z	Zeta	ζῆτα	zi·ta	*z*
Η	η	ɛ:	i	Eta	ἦτα	i ta	*ē*
Θ	ϑ	t‘	θ	Theta	ϑῆτα	θi·ta	*th*
Ι	ι	i, i:	i, j	Iota	ἰῶτα	jɔ·ta	*i*
Κ	κ	k	k, ķ	Kappa	κάππα	ka·pa	*k*
Λ	λ	l	l	Lambda	λάμδα	la·mða	*l*
Μ	μ	m	m	My	μί	mi·	*m*
Ν	ν	n	n	Ny	νί	ni·	*n*
Ξ	ξ	ks	ks	Xi	ξί	ksi·	*ks*
Ο	ο	o	ɔ	Omikron	ὄμικρον	'ɔ·mikrɔn	*o*
Π	π	p	p	Pi	πί	pi·	*p*
Ρ	ρ	r (r)	r	Ro	ρό	rɔ·	*rh*
Σ	σ ς[1]	s (z)	s (z)	Sigma	σίγμα	si·γma	*s*
Τ	τ	t	t	Tau	ταῦ, τά	ta·f, ta	*t*
Υ	υ	y	i	Ypsilon	ὔψιλον	i·psilon	*y*
Φ	φ	p‘	f	Phi	φί	fi·	*ph*
Χ	χ	k‘	x, ç	Chi	χί	çi·	*ch*
Ψ	ψ	ps	ps	Psi	ψί	psi·	*ps*
Ω	ω	ɔ:	ɔ	Omega	ὠμέγα	ɔmɛ·γa	*ō*

[1]) Schluß-s.

GESCHICHTE. Die griechische Sprache hat die älteste Geschichte aller europäischen Sprachen. Keine Sprache läßt sich über einen so langen Zeitraum (fast 3000 Jahre) so genau verfolgen wie die griechische; denn durch die Eigenart der Schrift ist ihr alter Lautstand weit besser bekannt als der des Chinesischen, das, was die Länge einer dokumentierten Geschichte betrifft, mit dem Griechischen verglichen werden könnte.

Keine Sprache hat durch die in ihr geschriebenen Werke und durch ihr Wortmaterial auf alle späteren indogermanischen Sprachen Europas einen so nachhaltigen und wesentlichen

Einfluß ausgeübt wie das Griechische. Man darf annehmen, daß griechische Schriftsteller, Dichter und Philosophen ohne direkte Anlehnung an vorhandene Vorbilder durch Schöpfung neuer abstrakter Begriffe und durch den reich gegliederten Bau ihrer Sätze ihre Sprache zu einem Werkzeug entwickelten, das fähig war, verwickeltste Gedankengänge darzustellen und alle Regungen des menschlichen Gemüts eindringlich zu schildern. Die Griechen hatten auf eigenem Boden ein Instrument geschaffen, das anderen als Vorbild dienen konnte. Doch bei aller Würdigung ihrer großen Leistungen darf man nicht vergessen: Als griechische Stämme in mehreren Wellen seit etwa 2000 v. Chr. nach Griechenland eindrangen, trafen sie bereits auf ein dort ansässiges, kulturell hochstehendes Volk (oder Völker?), die man gewöhnlich ›*Pelasger*‹ nennt. Aus der Sprache dieser ›Pelasger‹ hat das Griechische zahlreiche Wörter und Elemente entlehnt, die jedoch mehr stofflicher Art sind. Jedenfalls hat man bis heute nicht ermittelt, ob die vielen Abstrakta und die hoch entwickelte altgriechische Syntax Entlehnungen aus einer anderen Sprache sind. Ursprünglich nicht griechisch sind z. B. die Ortsnamen Κόρινθος Korinth, Παρνασός Parnaß, Ὑμηττός Hymettos (Berg südöstlich von Athen, heute meist Trelós), Wörter wie θάλασσα [ˈ*thalassa*] ›Meer‹, νῆσος [ˈnɛ:sos] ›Insel‹, κυβερνῶ [ku:berˈnɔ:] ›steuern‹, ›regieren‹. Das letztere Wort wanderte auch ins Lateinische (*guberno*; wegen *g*- statt *k*- wahrscheinlich durch etruskische Vermittlung) und von dort in viele europäische Sprachen. In zahlreichen Abhandlungen hat man — nach Frisk bisher vergeblich — versucht, z. B. die Herkunft des Wortes ˈ*thalassa* zu klären. In letzter Zeit vertreten einige Forscher, darunter *V. Georgiev*, Sofia und *W. Brandenstein*, Wien, die Ansicht, daß das vorindogermanische Element, das als pelasgisch bezeichnet wird, eine bisher unbekannte indogermanische Sprache ist, die dem ausgestorbenen Illyrischen nahestehen soll. Sicher hat das Griechische auch zahlreiche Wörter, deren Etymologie nicht geklärt ist, aus der *kretischen Sprache* (oder Sprachen) entlehnt, die anscheinend in drei Schriften — einer Bilderschrift und zwei Linearschriften, einer Linearschrift A und deren anscheinend in Knossos reformierter Form Linear B (1450 —1260) — aufgezeichnet worden ist. Die Schriften sind Zeugen der hohen minoischen Kultur, die die Archäologen in drei Epochen (von 3500 bis 1100) teilen. Da sich die Linearschrift B nicht nur in Kreta, sondern auch in Inschriften auf dem Festland findet, vermutet man in diesen Inschriften eine andere Sprache als in den anderen Schriften. Die Engländer *Ventris* und *Chadwick* behaupten in ihren Veröffentlichungen von 1953 und

1956, diese Linearschrift B entziffert zu haben. Die Sprache sei griechisch. Deshalb findet man jetzt häufig in Nachschlagewerken die wohl etwas verfrühte Angabe, daß das Griechische auf eine Geschichte von 3500 Jahren zurückblicken könne. Diese Linearschrift B ist jedoch in ihrem entzifferten phonologischen Aufbau derart mangelhaft und ungeeignet für das Griechische, daß andere Forscher die Ergebnisse der Entzifferung für ganz unwahrscheinlich halten.
Das Altgriechische ist auf jeden Fall eine indogermanische Sprache, die sich auf einem vielfältigen Substrat entwickelt hat und deshalb viele eigene Züge aufweist. Ein großer Teil des griechischen Wortschatzes kann nicht als indogermanisch nachgewiesen werden und gehört wahrscheinlich älteren vorgriechischen Schichten an.
Nachstehend einige wichtige Merkmale, durch die sich das Griechische von der hypothetischen indogermanischen Grundsprache und anderen indogermanischen Sprachen unterscheidet. Griechische Wörter können im Auslaut nur die Konsonanten *s*, *n* und *r* haben. Gegenüber dem Indogermanischen sind die übrigen Konsonanten geschwunden. *m* wird im Auslaut zu *n*. Beispiele:

1. *ti* ›was‹, lateinisch qui*d*;
ˈ*epheron* ›sie trugen‹, lat. fereban*t*, altindisch ˈabharan*t*;
ˈ*meli* ›Honig‹, Genitiv: ˈmeli*t*os; hethit. mili*t*, gotisch miliθ;
ˈ*gala* ›Milch‹, Genitiv: ˈgala*kt*os;
ˈ*tina* ›wen‹, lat. que*m*;
tʻeˈon ›(den) Gott‹, lat. deu*m* (die Wörter selbst sind nicht verwandt);

2. *j* > *h* oder *z*(*d*): lat. *j*ecur ›Leber‹, griech. ˈ*hɛ:par* (medizinisches Fachwort *Hepar* usw.); lat. *j*ugum, deutsch *J*och, griech. *z*(*d*)*y:ˈgon*. Zwischen Vokalen fällt *j* weg: ˈ*trees* ›drei‹, altind. *trajah*.

3. *s* > *h* (neugriech.: –): *heks*, lat. *s*ex, deutsch *s*echs; *heˈpta*, lat. *s*eptem, deutsch *s*ieben; *hals*, deutsch *S*alz, lat. *sāl*; *hypnos* ›Schlaf‹ (vgl. das Kunstwort *Hypnose* seit dem 19. Jh.), lat. *s*omnus.

4. *bh*, *dh*, *gh*, die im Altindischen (Sanskrit) und noch heute im Hindi vorhanden sind (*gh* ist im Altind. meist *h*-), entsprechen *ph*, *th*, *kh* [pʻ, tʻ, kʻ] im Griechischen. Beispiele:
ˈ*pʻere:* ›er trägt‹ (neugriech.: *fɛ·rni*), altind. *bh*arati (lat. *f*ert);
tʻyˈmos ›Gemütswallung‹, altin. *dh*ūˈmah ›Rauch‹, ›Dampf‹; (lat. *f*umus); ˈ*kʻairɔ:* ›ich freue mich‹; altind. *h*arjati ›er begehrt‹ (althochdeutsch *gerōn* ›*begehren*‹; neuhochdeutsch *gern*).

5. Das *w*, der sechste Buchstabe des hebräischen Alphabets, wurde ursprünglich im Griechischen *Ϝ* geschrieben und Di-

gamma genannt. Der Laut schwand im Ionisch-Attischen bereits sehr früh; er klärt manchen Zusammenhang: griech. dialektisch *ˈwergon* ›Werk‹, ›Tat‹ (allgemein griech. *ˈergon*), deutsch *W*erk;
6. *kw* (lat. *qu*, althochdeutsch (*h*)*w*) entspricht im Griechischen je nach dem folgenden Vokal meist *p*, *t*: *tis* ›wer‹, lat. *quis*; *pu*: ›wo‹ aus einem Stamme, der im Lateinischen *quo-*, deutsch *wer*, *was* vorliegt; k̦w : *hippos* ›Pferd‹, lat. e*qu*us.
Als die ersten schriftlichen Denkmäler gelten Inschriften aus dem 7. Jh. v. Chr. Sie zeigen bereits dialektische Unterschiede. Man nimmt folgende Dialekte an:
Vordorisch (weil die Dorer als letzter Stamm nach Griechenland einwanderten):

1. *Jonisch-Attisch*:
   a) *Jonisch* (Homer: Ilias, Odyssee); beeinflußt vom *Äolischen*;
   b) *Attisch* (4. und 5. Jh. v. Chr.: Thukydides, Xenophon; Platon, Aristoteles; Demosthenes; Aischylos, Sophokles, Euripides und Aristophanes);

2. *Zentralgriechisch*:
   a) *Äolisch* (darin *Böotisch* mit nordwestgriech. Zügen);
   b) *Arkadisch-kyprisch*;

3. *Gemeindorisch*:
   a) *Nordwestgriechisch*;
   b) *Dorisch.*

Die Unterschiede sind hauptsächlich phonetischer, weniger morphologischer Art. Die größte Bedeutung erlangte das Attische, das auf der im 5. und 4. Jh. v. Chr. in Attika und besonders in seinem politischen und geistigen Zentrum, in Athen, gesprochenen Sprache fußt (s. Text und Alphabet). die Annahme dieser Sprache durch den mazedonischen Hof erleichterte ihre Verbreitung unter Alexander dem Großen im ganzen vorderasiatischen Raum, wobei allerdings auch Formen aus anderen Dialekten, hauptsächlich dem jonischen, eindrangen. An Stelle von attisch *ˈthalatta* ›Meer‹ wurde die jonische Form *ˈthalassa* verbreitet. Dieses Attische, das sich zur internationalen Verkehrssprache der damaligen Mittelmeerwelt entwickelte, nannte man die allgemeine Sprache, griechisch *koinē* (dialektos). In der *Koine*, in der das *Neue Testament* geschrieben ist, finden sich bereits die meisten phonetischen Merkmale des Neugriechischen. Geschichtlich kann man das Griechische in vier Abschnitte teilen. In jedem Zeitschnitt strahlte es stark auf andere Sprachen aus. Die folgende vereinfachte Tabelle zeigt die verschiedenen Epochen mit einigen Beispielen für die Wirkung des Griechischen auf andere Räume. Es werden nur — mit Ausnahme des Neugriechischen — einige Beispiele für die stoffliche Seite (Wortmaterial) gegeben.

1. *Altgriechisch* bis 300 v. Chr.
Auf dem Wege der fortlaufenden Entwicklung drangen über das Lateinische viele Wörter und Wendungen in westeuropäische Sprachen, z. B. Philosophie, Historie, Theater, Thema (zunächst in der Bedeutung ›Horoskop‹; in der Bedeutung ›Aufgabe‹, ›Leitgedanke‹ erst später durch das Mittellateinische), Politik, Metall.
In neuester Zeit schuf man aus griechischem Wortmaterial künstlich Wörter für neue Begriff: *Telegramm* (19. Jh.), *Telegraph* (Frankreich 1792), *Telephon*, chemische Ausdrücke, z. B. *Hydrid*, *Elektron*, *Proton*, *Atom* (schon bei Demokrit, etwa 460—370 v. Chr., wiederbelebt und mit neuem Inhalt erfüllt).
Viele Wörter, besonders die umfangreiche medizinische Terminologie, wurden zuerst im Mittel- oder Neulateinischen gebraucht, z. B. *Elektrizität*, *Atmosphäre*, *hepar* (Leber).

2. *Koine*.
a) Von 300 v. Chr. bis 0.
b) Von 0—300 n. Chr. In dieser Sprache ist das Neue Testament verfaßt. Viele Wörter der christlichen Terminologie gelangten über das frühe Mittellatein ins Deutsche, z. B. *Evangelium* ›frohe Botschaft› (*eu* ›gut‹, *aŋ'gellɔ*: ›melde, bringe Botschaft‹). Um diese Zeit begann eine Entwicklung, die zu der das griechische Volk stark belastenden ›*diglō'ssia*‹ (Zweisprachigkeit) führte. Die Gebildeten verschmähten in schriftlichen Niederlegungen die gesprochene Sprache und benutzten die alte klassische Sprache der attischen Schriftsteller. Damit war das Griechische in eine von einer dünnen Oberschicht gepflegte künstliche Sprache und eine vom Volk wirklich gesprochene Sprache gespalten (vgl. die ähnliche Entwicklung in China → Chinesisch).

3. *Mittelgriechisch* (300—1453 n. Chr.).
a) Etwa um 1100 n. Chr. hatte die gesprochene Sprache in der Aussprache und den Formen eine Stufe erreicht, die sich bis auf den heutigen Tag nur unwesentlich geändert hat. Der Abstand von der gewöhnlich
b) geschriebenen Sprache wird größer.
Zu den Wörtern, die ins Deutsche drangen, gehören *Kirche*, *Pfingsten*, *Pfaffe*. Sie wurden dem Deutschen wahrscheinlich durch das Gotische vermittelt. Bei *Kirche*, das auch ins Angelsächsische (heute engl. *church*) gelangte, wird eine Ent-

lehnung aus der Sprache der römischen Kolonisten an Donau und Rhein für möglich gehalten. Das Wort geht wohl zurück auf *kyria'kos 'ykos* (κυριακὸς οἶκος) ›des Herrn Haus‹, ›heiliges Haus‹ (= Kirche), genauer auf eine gesprochene Kurzform *'kiriki* mit Verlagerung des Akzentes und der weiblichen Form wegen *ekklē'sia* (Kirche). Im Zuge der hochdeutschen Lautverschiebung und durch Einreihung in die femininen Substantive auf *-a* entstand althochdt. *chiricha*, phonetisch wohl [kxirixa]. Im Anlaut drang das frikative Element [*x*] nicht durch; so entstand durch Wegfall der schwach betonten Mittelsilbe neuhochdeutsch *Kirche*.

Zahlreiche Wörter der kirchlichen Terminologie drangen durch das Altbulgarische oder direkt ins Russische, Ukrainische, Bulgarische, Serbokroatische, Rumänische.

4. *Neugriechisch* von 1453 bis heute. a) Als allgemeine Schriftsprache wurde bei der griechischen Staatswerdung 1832 die auf dem Attischen fußende Katharevusa καθαρεύουσα- (›Reinsprache‹) eingeführt. Diese besonders durch Geistlichkeit, Bürokratie, Wissenschaft und Nachrichtenwesen gepflegte Kanzleisprache, in der auch heute noch die Schulbücher für Gymnasien geschrieben sind, stellt in mancher Beziehung schon einen Kompromiß dar; denn wenn die Deklination — mit Ausnahme des fast geschwundenen Dativs — auch den alten Formen gleicht, so ist die Anzahl der Konjugationsformen gegenüber dem Altgriechischen doch erheblich eingeschränkt, und der allgemeine Systemwandel zeigt sich auch in dieser Sprachform. In syntaktischer Hinsicht ist die moderne *Katharevusa* mehr oder minder stark ein Abklatsch der b) neugriechischen Volkssprache, der *dhimotikí* — δημοτική —, der in verschiedenen, sozial abgestuften Varianten gesprochenen Sprache. Diese das Ergebnis einer natürlichen Entwicklung darstellende Sprachform spiegelte sich zunächst am unverfälschten in den Volksliedern wider. Dann wurde sie die Sprache der Poesie, der allgemeinen Literatur schlechthin, und heute werden auch schon viele wissenschaftliche Werke darin verfaßt. Seit einigen Jahrzehnten findet zwischen beiden Sprachformen ein Verschmelzungsprozeß statt in dem Sinne, daß die Volkssprache immer mehr Wörter und, dadurch bedingt, auch Flexionsformen aus der Schriftsprache entlehnt.

Auf strukturelle Eigenheiten des Neugriechischen gehen höchst wahrscheinlich wichtige Übereinstimmungen innerhalb der *Balkansprachen* zurück, z. B. das Erlöschen des Infinitivs im *Bulgarischen* zugunsten einer analytischen Verbindung, die auch besonders in der rumänischen Hochsprache verbreitet ist; Bildung des Futurs mit einer konstanten Partikel. Auch manche Dialekte des *Albanischen* und das *Serbische* haben an manchen Eigenarten teil. Mit der Feststellung und Erforschung der Gemeinsamkeiten der Balkansprachen beschäftigt sich die *Balkanologie.* Sie betrachtet also einige Sprachen unter einem typologischen Gesichtswinkel (nicht unter einem genealogischen, wie sonst universitätsüblich). Die Ergebnisse ihrer Forschungen, die sich besonders mit der Wirkung des Substrats, des Superstrats und Adstrats befassen müssen, können für die allgemeine Sprachwissenschaft von großer Bedeutung sein. Folgende Sätze, die keineswegs konstruiert sind, sondern unabhängig aus dem Deutschen ins Neugriechische, Bulgarische und Rumänische übersetzt wurden, zeigen ganz auffallende strukturelle Übereinstimmungen: ›Wie lange wollen Sie bleiben?‹ (Wieviel Zeit- bulg.: bis wann- wollen-Sie, daß Sie-bleiben:

Πόσο ˈpɔ·sɔ	καιρὸ kʲɛˈrɔ	θέλετε ˈθɛ·lɛtɛ	νὰ na	μείνετε; ˈmi·nɛtɛ
До do	кога koˈga	искате ˈiskaˈte	да dɐ	останете oˈstanɛtɛ
Cît kɯt	timp timp	vreţi vrets	să sə	rămîneţi rəˈmɯnets

„Ich möchte den Brief per Luftpost schicken (ich möchte, daß ich-schicke den Brief mit Luftpost).

θέλω ˈθɛ·lɔ	νὰ na	στείλω sti·lɔ	τὸ γράμμα tɔ γra·ma	ἀεροπορικῶς aɛrɔpɔriˈkɔs
Желая ʒɛˈłaja	да dɐ	изпратя isˈpratjɐ	писмото pisˈmɔto	с въздушна поща s vəzˈduʃnɐ pɔʃtɐ.
Aş vrea aʃ vrĕa	să sə	trimit triˈmit	scrisoarea skriˈ sŏarĕa	prin avion prin aviˈon

Die Entwicklung vom Altgriechischem zum Neugriechischen kann man umreißen durch die Veränderungen

1. des phonologischen Systems: Der dezentralisierende Akzent des Altgriechischen wurde ein zentralisierender. Die Vokalphoneme wurden auf die fünf Vokalphoneme *a o u i e* reduziert, die ein in vielen Sprachen verbreitetes und stabiles System bilden. An Stelle vieler Verschlußlaute entstehen entsprechende Reibelaute;
2. des morphologischen Systems: Konjugations- und De-

klinationstypen werden in größere Systemgruppen gebracht. Die Sprache arbeitet daran, die Funktion eines Morphems eindeutiger zu gestalten. Durch Änderung des morphologischen Systems muß sich auch die Syntax ändern; denn wenn z. B. das Morphem für den Infinitiv verloren geht, muß die Funktion des alten Infinitivs durch andere Morpheme, die auch eine andere Fügung verlangen, übernommen werden; 3. des Wortschatzes: die Veränderungen sind äußerlicher Art durch Verlust und Zuwachs von Wörtern, innerer Art durch Wandel der Bedeutung eines Wortkörpers.

Die Änderungen des phonologischen Systems sind so durchgreifend und zwingend, daß die künstliche Wiederherstellung eines alten Zustandes auf diesem Gebiet nur ganz beschränkt möglich ist. Man konnte wohl die Formen eines älteren Sprachzustandes konservieren, nicht aber den Lautstand. Es ist z. B. gelungen, den alten Nominativ πατήρ [pa'ti·r] als stilistische Variante (kirchlicher oder bürokratisch hoher Stil) gegenüber dem allgemeinen πατέρας [pa'tɛ·ras], das sich aus dem Akkusativ *pa'tɛ·ra* + *s* entwickelt hat, zu bewahren. Nicht bewahren konnte man jedoch den Laut des η [ɛ:] oder später [e:]. Man kann deshalb das phonologische System als die Basis der Sprache bezeichnen, die durch künstliche Eingriffe kaum zu ändern ist. Das stofflich-geistige System der Sprache (d. h. das lexikalisch-morphologische System) ist dagegen Konservierungsbestrebungen oder anderen künstlichen Eingriffen weit zugänglicher. So kommt es, daß beide Sprachformen, Katharévusa und Dhimotikí, fast das gleiche phonologische System haben. Nur einige Konsonantenverbindungen zeigen phonetische Varianten.

Dazu einige Einzelheiten. Die Lautwerte der altgriechischen Buchstaben im 5. und 4. Jh. v. Chr. sind ziemlich genau bekannt. Man ermittelt sie aus verschiedenen Erscheinungen, z. B. aus Schreibvarianten, Wortspielen, Wiedergabe der griechischen Wörter in anderen Sprachen, aus dem Metrum. Wenn griech. τραγῳδία im Lateinischen als *tragoedia* wiedergegeben wird, so heißt das, daß die Römer zur Zeit der Entlehnung ῳ [ɔ:e] als *oe*, also als Diphthong gehört haben. φιλόσοφος (heute: fi'lɔ·sɔfɔs) schrieben die Römer nicht mit *f*, einem Buchstaben, den sie in ihrem Alphabet hatten, sondern zuerst mit *p*, später mit *ph* (philosophus), weil die Griechen *p*ʻ sprachen. Länge und Kürze der Vokale hatten bedeutungsunterscheidende Kraft. Bei *e* und *o* trat auch ein Klangunterschied hinzu, bei *a i y* anscheinend nicht.

Der Akzent war beschränkt dezentralisierend; er bewegte sich nur über die letzten drei Silben. In dem Wort πέπεισμαι wurde die erste Silbe mit Hochton gesprochen, der wahrscheinlich wie heute im Serbischen auf die folgende Silbe oder folgenden Silben noch übergriff. Sicher ist es aber falsch, die folgenden Silben nach deutscher Art mit geringerer Schallfülle zu sprechen. Der aus sechs *Daktylen* (lang-kurz-kurz: –⏑⏑) bestehende *Hexameter* wird von den Deutschen nach deutschen Akzentuierungsgesetzen gelesen, und das ergibt dann rumm-da-da, rumm-da-da. In Wirklichkeit muß aber die erste lange Silbe nach den phonetischen Gewohnheiten der alten Griechen mit Hochton, müssen die nachfolgenden mit Tiefton gesprochen werden; denn das Altgriechische kannte ja gar nicht den zentralisierenden Akzent des Deutschen. Einen Eindruck von einer indogermanischen Sprache mit Tonhöhen vermittelt am besten das heutige Litauische.

Der erste Vers der Odyssee muß etwa so gelesen werden:
Ἄνδρα μοι ἔννεπε, μοῦσα, πολύτροπον, ὃς μάλα πολλά
¯andra moj/¯en:epe/¯mu:sa po/¯lytropon/¯hozmala/¯pol:a
πλάγχθη.... ¯plaŋk‘t‘ɛ:...
›Den Mann mir melde, o Muse, (den) vielgewandten, der sehr viel verschlagen-wurde...‹

Es werden nicht die Stellen der Betonung verschoben, sondern nur die Tonhöhenunterschiede. Aus πολλά [poˈl:a], wie die Deutschen betonen, wurde nicht etwa *ˈpol:a* (der letzte Versfuß kann ein *Trochäus* -lang-kurz –⏑ = drei Moren sein), sondern aus *po¯l:a* wurde *¯pol:a*, wobei sich die Schallfülle gar nicht oder nur geringfügig änderte.

Im heutigen Griechischen gibt das Akzentzeichen nur die Stelle mit der größeren Schallfülle an; diese Stelle hat wie im Deutschen auch meist einen höheren Ton. Seit September 1982 gilt das μονοτονικό σύστημα (das Einakzentsystem), dem gemäß auf mehrsilbigen Wörtern nur ein Akzent, der Akut (′), steht. Die Hauchzeichen (ʽ ʼ) entfallen gänzlich. Entsprechend wird heute der erste Satz aus Text II geschrieben: Πολλές φορές πεθύμησα να γράψω το βίο και την πολιτεία του Αλέξη Ζορμπά, ενός γέρου εργάτη που πολύ αγάπησα.

<table>
<tr><th>Altgriechisch</th><th>Neugriechisch</th><th>Altgriechisch</th><th>Neugriechisch</th></tr>
<tr><td>α [a, a:]</td><td>[a]</td><td>ει [e:]</td><td rowspan="6">[i]</td></tr>
<tr><td>ου [u:]</td><td>[u]</td><td>η [ɛ:]</td></tr>
<tr><td>ο [o]</td><td rowspan="2">[ɔ]</td><td>ι [i, i:]</td></tr>
<tr><td>ω [ɔ:]</td><td>οι [oɪ]</td></tr>
<tr><td>ε [e]</td><td rowspan="2">[ɛ]</td><td>υ [y, y:]</td></tr>
<tr><td>αι [aɪ]</td><td>υι [yɪ]</td></tr>
<tr><td>αυ [au]</td><td>[av, af]</td><td colspan="2" rowspan="3">Konsonantenverbindungen</td></tr>
<tr><td>ευ [eu]</td><td>[ɛv, ɛf]</td></tr>
<tr><td>ηυ [ɛ:u]</td><td>[iv, if]</td></tr>
</table>

οἱ υἱοί, altgriech. [hoɪ hyɪ¯oɪ] ›die Söhne‹ lautet heute [iˈji].

Der deutsche Humanist *Reuchlin* (1455—1522) schlug vor, das Altgriechische mit den neugriechischen Lautwerten zu lesen. Wegen der Häufigkeit des *i* nennt man die Anhänger der Reuchlinschen Aussprache *Itazisten*. Die andere von *Erasmus* vertretene Aussprache ist unter dem Namen *Etazismus* bekannt, weil η wie [e:] lautet. In der deutschen Schulaussprache entspricht kaum ein Laut weder dem Altgriechischen, noch dem Neugriechischen. Sie ist deutsch und wirft sämtliche griechischen Phoneme — besonders die Konsonantenphoneme — durcheinander.

Die Entwicklung der Vokalphoneme vom Altgriechischen zum Neugriechischen stand unter der Wirkung einer Kraft, die das in vielen Sprachen (z. B. Spanisch, Japanisch, Georgisch, Suaheli und anderen Bantusprachen) verbreitete einfache und vollkommene System der fünf Vokalphoneme schuf:

i				u
	ɛ		ɔ	
		a		

Konsonantensystem: Im Altgriechischen bestand, wie heute noch im Georgischen und zum Teil im Armenischen, eine Dreierreihe (*p b p*ʿ). Vielleicht wurde auch im Altgriechischen *p t k* mit Kehlkopfverschluß gesprochen, um es stärker von den aspirierten *p t k* abzuheben. Die Entwicklung des Konsonantensystems wurde von einer Kraft bestimmt, die den Verschluß zu beseitigen trachtete und Reibelaute herstellte:

Altgr.	Neugr.	Altgr.	Neugr.	Altgr.	Neugr.
π [p’]	[p]	β [b]	[v]	φ [pʿ]	[f]
τ [t’]	[t]	δ [d]	[ð]	ϑ [tʿ]	[θ]
ϰ [k’]	[k, ķ]	γ [g]	[ɣ, j]	χ [kʿ]	[x, ç]
’ [ʔ]	[–]			ʿ [h]	[–]

Die übrigen Konsonanten sind, wie die Tabelle zeigt, stabil geblieben.

Konsonantenverbindungen: Innerhalb eines Wortes und an der Fuge zwischen zwei Wörtern haben im Neugriechischen zahlreiche Assimilationen bzw. Sandhi-Erscheinungen stattgefunden. Dadurch haben sich im Neugriechischen erneut die Konsonanten *b, d, g* gebildet, so daß das neugriechische Konsonantensystem reicher als das altgriechische ist. μπ ergibt *b*, ebenso -ν π-, vgl. τὴν πολιτεία [tim̃bɔliˈti·a]; μπορῶ [bɔˈrɔ] ›ich kann‹; ντύνω [ˈdi·nɔ] ›ich ziehe (mich) an‹ < altgr. ἐνδύω; γκαρδιακός [garðjaˈkɔs] ›herzlich‹.

So bildet στὴν ψυχή μου [stim̃bziˈçi·mu] eine feste Wortgruppe, ein durch Sandhi gebundenes *Syntagma*.

Im Vergleich zu dem Entwicklungstempo anderer indogermanischen Sprachen (z. B. Altindisch > Hindi; Latein >

romanische Sprachen, insbesondere Französisch; Altpersisch > Neupersisch) hat sich das morphologische und lexikalische System des Griechischen in seiner fast 3000jährigen Geschichte so wenig gewandelt, daß man von einem Wunder der griechischen Sprache sprechen kann.

Die Deklination, die im Altgriechischen nach dem Ausgang des Stammes (vokalisch, z. B. *-o-*, *-a-*; konsonantisch) in mehreren Typen erfaßt wird, hat sich auf dem Weg zum Neugriechischen in einer Weise verändert, die eine Einteilung in die Gruppen *maskulin*, *feminin*, *neutral* rechtfertigt. Mit den in der untenstehenden Tabelle angeführten Endungen sind eine große Zahl der Substantive der neugriechischen Volkssprache erfaßt:

	Maskulin Singular	Maskulin Plural	Feminin Sing.	Feminin Plur.	Neutral Singular	Neutral Plural
Nom.	*-os*; *-is*, *-as*	*-i*; *-es* (zu *-is*, *-as*)	*-a*, *-i*	*-es*	*-o*, *-i*, *-os*, *-ma*	*-a*, *-ia*, *-i*, *-mata*
Gen.	*-u*; *-i*, *-a*	*-on*	*-as*, *-is*	*-on*	*-u*, *-ˈiu-*, *-us*, *-matos*	*-on*, *-ˈion*, *-on*, *-ˈmaton*
Akk.	*-o(n)*; *-i(n)*, *-a(n)*	*-us*; *-es* (zu *-i(n)*, *-a(n)*)	*-a(n)*; *-i(n)*	wie Nominativ		

Der Plural wird zum Teil mit dem Suffix *-ðes* gebildet: *o kaˈfes* ›der Kaffee‹, Plur.: *kaˈfeðes*. Während in der mask. und fem. Deklination das Wechselspiel zwischen *-s/ kein -s* eine große Rolle spielt, hat das Neutrum kein besonderes eindeutiges Merkmal. Seine Formen unterscheiden sich nur unwesentlich vom Altgriechischen. Die Funktion des alten Dativs (s. Text 1!), der etwa im 10. Jahrhundert erloschen ist, hat teils der Genitiv übernommen, teils die Präposition *is* (vor dem Artikel zu *s*), mit dem Akkusativ. Altgriech. *tois allois* ›den anderen‹ heißt heute *(i)stus allus*. Der letztere Dativ ist auch gleichzeitig Lokativ (›in‹ + Akk. oder Dat.). Die Verlagerung der Tonstelle innerhalb der Deklination wird heute meist an Hand der historischen Orthographie gelehrt. Schriebe man das Neugriechische mit lateinischen Buchstaben ohne Bezug auf die Geschichte, müßten die Substantive in Akzentklassen eingeteilt werden, damit dieser grammatische Akzent richtig erlernt werden kann. Das Substantiv wird durch einen bestimmten und einen seltener als im Deutschen gebrauchten unbestimmten Artikel individualisiert. Der bestimmte Artikel lautet:

	Maskulin		Feminin		Neutral	
	Sing.	Plur.	Sing.	Plur.	Sing.	Plur.
Nom.	*o*	*i*	*i*	*i*	*to*	*ta*
Gen.	*tu*	*ton*	*tis*	*ton*	*tu*	*ton*
Dat.	*sto(n)*	*stus*	*sti(n)*	*stis*	*sto*	*sta*
Akk.	*to(n)*	*tus*	*ti(n)*	*tis*	*to*	*ta*

Die Adjektive, deren Deklination im übrigen denen der Substantive gleicht, haben festen Akzent. Die Endungen für das Femininum und das Neutrum sind jedoch recht vielfältig. Die Formen der im Text (II) stehenden Substantive und Adjektive wird man mit Hilfe der obigen Tabellen leicht bestimmen können. Das Adjektiv mit der neutr. Pluralendung *-a* fungiert auch als Adverb. Gesteigert werden kann das Adjektiv analytisch oder synthetisch: *psi'los* ›hoch‹: *pjo psi'los* oder *psi'loteros* ›höher‹; *o pjo psi'los* oder *o psi'loteros* ›der höchste‹.

Das Pronomen hat betonte und unbetonte Formen, z. B. *mu* ›mir‹, *me* ›mich‹, betonte: *e'mena, e'mena.* Als Possessivpronomen gebraucht man die unbetonten Dativformen der Personalpronomen. Das Possessivpronomen ist also praktisch eine Partikel, die weder Zahl, noch Kasus, noch Genus ausdrückt. Auch als Relativpronomen wird am häufigsten das unveränderliche *pu* (›wo‹) verwendet (s. Text!).

Die Veränderungen des Deklinationssystems beruhen im wesentlichen auf einer Kraft, die die früher abweichende Form des Nominativs beseitigt hat:

Altgriechisch und heutige Katharevusa	Dimothiki
o pa'tir ›der Vater‹	o pa'teras
ton pa'tera ›den Vater‹	ton pa'tera

Die altgriechischen Verbalformen werden mit geringen Ausnahmen (z. B. Konjunkt. und Optativ Perfekt) synthetisch mit häufiger Veränderung der Wurzel gebildet. Im Indikativ werden sieben Zeitstufen ausgedrückt: Präsens, Perfekt, Futur, Perfektfutur (selten), Imperfekt, Aorist, Plusquamperfekt Es gibt neben dem Imperativ zwei weitere Modi, den Konjunktiv und den Optativ, in denen nur die Aktionsart zum Ausdruck kommt (→ slaw. Sprachen), ferner drei Genera: Aktiv, Passiv und Medium (meist in reflexiver Bedeutung), dessen Formen bis auf den Aorist und das Futur dem Passiv gleich sind. An unpersönlichen Formen besaß das Altgriechische mehrere Infinitive und Partizipien.

In seiner Gesamtheit ist das altgriechische Verbalsystem so unregelmäßig, unübersichtlich und unordentlich, daß man den darin sich offenbarenden Sprachgeist den Vorwurf der Liederlichkeit machen muß. Es wirkt wie ein vielschichtiges, unaufgeräumtes Trümmerfeld, auf dem zum Troste der das Altgriechische Lernenden noch einige unversehrte Tempel stehen.

Während der Sprachgeist selbst in der Entwicklung zum Neugriechischen daran ging, die Trümmer zu beseitigen und einen überschaubaren Plan der alten Trümmerstätte herzustellen, fanden die Menschen, die Träger dieser Sprache, an diesen Ruinen Gefallen und suchten, sie möglichst zu erhalten in dem Glauben, damit auch die alte Geisteskultur zu bewahren, die die griechischen Klassiker genial mit diesen Trümmern geschaffen hatten. Das Grundübel des indogermanischen Sprachtyps: viele Morpheme für eine Funktion, ein Morphem für viele Funktionen — tritt im Altgriechischen in aller Kraßheit zutage. Die bedeutungstragenden Phoneme (z. B. deutsch *sag* in *sagen* türkisch *bul* in *bulmak* ›finden‹, japan. *tabe* in *taberu* ›essen‹) werden im Altgriechischen mit den Morphemen, die Person, Zeit, Genus und Modus anzeigen, zu einem schwer zerlegbaren Block zusammengeschweißt, der vom praktisch beschreibenden Standpunkt oder vom Standpunkt einer anderen Sprache, z. B. des Chinesischen, aus als eine lexikalische Größe, als ein neues Wort, zu werten ist, das alle genannten Faktoren enthält. Beispiele (Text 1): In *pepe:zmai* ist *pe:z* der Träger des Begriffs ›überzeugen‹, wobei auch das *-z* nur insofern zu dem Träger gehört, als es in konsonantischer Vertretung von *tʻ* steht; denn der eigentliche den Begriff tragende Stamm ist *pe:tʻ-*. Das *z* (σ-) ist in Analogie zu anderen Formen entstanden. Das folgende Morphem *-mai*, das die erste Person, verbunden mit dem Passivbegriff wiedergibt, hat eine Änderung des Stammes bewirkt, und man kann dieses Verschmelzungsprodukt nicht ohne weiteres in seine Bestandteile zerlegen. Die den Perfektivbegriff andeutende Phonemgruppe *pe-* hat der Stamm *pe:tʻ* aus sich selbst heraus gezeugt. Dieser *Reduplikation* genannte Vorgang beruht in der Verdoppelung des ersten Konsonanten und einem Zuwachs von *e* : *pe*. *laboi* ist der Optativ von *lambanɔ:*, der in diesem Zusammenhang mit der Modalpartikel *an* die Bedeutung des Potentialis (›können‹) hat. Die Tendenz zu einem geordneten System kann man an nur vier Formen im Alt- und Neugriechischen veranschaulichen:

Altgriechisch	Neugriechisch
lambane: ›er nimmt‹	*la*ˈ*v*eni
lɛ:psetai ›er wird nehmen‹	θa ˈ*lav*i
elabe(n) ›er nahm‹	ˈ*elav*e
e:lɛ:pʻe(n) ›er hat genommen‹	ˈeçi ˈ*lav*i.

Die den Begriff tragende Phonemgruppe ist im Altgriechischen durch tiefgreifende Veränderung stark verdunkelt. Man nimmt zwar zwei Stämme an: *lab-* und *lɛ:b-*, doch tritt phonetisch unverändert nur *lab* in *elabe* auf (das *e-* ist ein die Vergangenheit andeutendes Morphem, das innerhalb der Beweglichkeitsgrenze des Akzents den Akzent auf sich zieht;

man nennt es nach dem Lateinischen *Augment* ›Zuwachs‹). Sieht man von der schriftsprachlichen Form *lam'vano* ab, die meist anstatt der volkstümlichen Form *la'veno* gebraucht wird, so hat das Neugriechische eine klare Phonemgruppe als Bedeutungsträger herausgebildet: *lav-*. Außerdem ist die altgriechische Futurform, die ganz ungereimt ein passivisches Phonem für die dritte Person Sing. hat, durch die klare analytische Form mit *θa*, in der das Morphem der dritten Person deutlich als *-i* ausgewiesen ist, ersetzt worden.

Während man im Altgriechischen die Konjugationstypen teilen kann in a) Verben mit ›Bindevokal‹, der aber mit den Personalmorphemen verschmilzt (-ɔ: ›ich‹), b) Verben ohne Bindevokal (*-mi* ›ich‹), c) kontrahierte (zusammengezogene) Verben (-'ɔ: ›ich‹ < -'*aɔ:*, -'*eɔ:*, -'*oɔ:*), lassen sich im Neugriechischen zwei große Gruppen unterscheiden: 1. Verben mit dem Akzent auf der vorletzten Silbe: '*γrafo* ›ich schreibe‹, 2. mit dem Akzent auf der letzten Silbe: *aγa'po* ›ich liebe‹.

Auch im Neugriechischen werden die gebräuchlichsten Passivformen noch synthetisch gebildet, z. B. *aγa'pjeme* ›ich werde geliebt‹, *aγa'pjomun* und *aγa'piθika* ›ich wurde geliebt‹ (vgl. Germanische Sprachen, Schwedisch, Dänisch).

Das neugriechische Verbalsystem beruht auf der Scheidung zweier grundsätzlicher Begriffe, der Scheidung zwischen dauernder oder nichtdauernder Handlung. Damit ist nur ein großer Rahmen gegeben. Im allgemeinen fällt der Begriff der nichtdauernden Handlung mit dem Begriff der perfektiven Handlung (→ slawische Sprachen) zusammen. Diese beiden Aspekte, die schon im Altgriechischen vorhanden, doch noch nicht das gesamte System beherrschten — häufig wurden die Unterschiede sogar mißachtet —, prägen sich im Neugriechischen in zwei Stämmen aus, z. B. *γraf-*, *γraps-*. Der zweite Stamm, der traditionell Aorist-Stamm genannt wird, ist meist durch das Morphem *-s-*, weniger häufig durch Stammänderung oder Nichtstammänderung gekennzeichnet *fern-*, *fer-* ›bringen‹; *steln-*, *stil-* ›senden‹. Das Neugriechische ist also mit Bezug auf das Verbalsystem — wie das Altgriechische — trotz mancher Vereinfachungen stammflektierend.

	durativer Aspekt (wiederholte Handlung)	perfektiver Aspekt (einmalige oder abgeschlossene Handlung)
Indikativ:	*γraf-*	*γraps-*
Präsens:	'*γrafi* ›er schreibt‹	(*γrapsi* — diese Form nur nach bestimmten Konjunktionen —; sie gilt als Konjunktiv)

Griechisch

Vergangenheit:

ˈeγrafe ›er schrieb‹	*ˈeγrapse* ›er schrieb‹
	ˈeçi ˈγrapsi ›er hat geschrieben‹
	ˈiçe ˈγrapsi ›er hatte geschrieben‹

Futur:

θaˈγrafi ›er wird schreiben‹	*θaˈγrapsi* ›er wird schreiben‹ (›zu Ende schreiben‹)
	θa ˈeçi ˈγrapsi ›er wird geschrieben haben‹

Konjunktiv:

na ˈγrafi ›daß er schreibe‹	*na ˈγrapsi*

Vergangenheit:

	na ˈeçi ˈγrapsi ›daß er geschrieben habe‹

Imperativ:

ˈγrafe!	*ˈγrapse!*

Im Neugriechischen gibt es nur noch zwei selbständige unpersönliche Formen:

Adverbialpartizip: *ˈγrafontas* [. . . oñdas] ›indem (man)schreibt‹ ›schreibend‹.

Partizip Passiv: *γraˈmmenos*, älter und Schriftsprache: *jeγraˈmmenos* (mit Reduplikation) ›geschrieben‹.

Viele Verben mit aktiver Bedeutung haben eine passivische Form, z. B. *foˈvume* ›ich fürchte‹ (s. Text II, letzter Satz), *foˈvase, foˈvate; foˈvumaste, foˈvaste, foˈvunte.* Auch die Formen von ›sein‹ haben passivische Formen: *ˈime* ›ich bin‹, *ˈise, ˈine; ˈimaste, ˈiste, ˈine.*

Gegenüber dem Altgriechischen werden viele Formen im Neugriechischen analytisch gebildet:

Altgriechisch	Neugriechisch
Aktiv:	
⁻grapso ›ich werde schreiben‹	*θa ˈγrafo; θa ˈγrapso*
⁻gegrapʻa ›ich habe geschrieben‹	*exo ˈγrapsi*
Passiv:	
graˈpʻε:somai ›ich werde mir etwas aufschreiben lassen‹ (ich werde geschrieben werden)	*θa ˈγrafome; θa γrafˈto* ›ich werde mich einschreiben‹, ›ich werde eingeschrieben werden‹
ˈgegrammai ›ich habe mir etwas aufschreiben lassen‹ (ich bin geschrieben worden)	*ˈexo γrafˈti* ›ich bin eingeschrieben worden‹

Die Personalendungen lassen sich in zwei Gruppen teilen:

Eine Präsens- und eine Vergangenheitsgruppe. Letztere umfaßt im Aktiv den Aorist und das Imperfekt, im Passiv hat nur das Imperfekt besondere passivische Endungen. Im Aorist wird das Passiv durch ein besonderes Element (*-θik-*, *-tik-*, seltener *-ik-*) angezeigt, an das die Endungen der Vergangenheitsgruppe des Aktivs treten.

I. Endung der 1. Pers. Sing. Präsens unbetont		II. Endung der 1. Pers. Sing. Präsens betont	
Aktiv	Passiv	Aktiv	Passiv
Präsens:			
1. -o	-ome	-ˈo	-ˈume, -ˈjeme
2. -is	-ese	-ˈis, -ˈas	-ˈase, -ˈjese
3. -i	-ete	-ˈi, -ˈa	-ˈate, -ˈjete
1. -ome	-ˈomaste	-ˈume (-ˈame)	-ˈumaste, -ˈjumaste
2. -ete	-este	-ˈite,-ˈate	-ˈaste, -jeste
3. -un	-onte	-ˈun (-ˈane)	-ˈunte, -ˈjunte
Vergangenheit:	Imperf. Aorist		Imperf. Aorist
1. -a	-ˈomun -θika	-a	-ˈ(j)omun -ˈiθika
2. -es	-ˈosun -θikes	-es	-ˈ(j)osun usw.
3. -e	-ˈotan -θike	-e	-ˈ(j)otan
1. -ame	-ˈomaste -ˈθikame	-ame	-ˈ(j)omaste
2. -ate	-ˈosaste -ˈθikate	-ate	-ˈ(j)osaste
3. -an	-ontan -θikan	-an	-ˈ(j)ontan

Die Verben der zweiten Kategorie haben als festes Imperfektzeichen das betonte Infix *-us-*, z. B. *tiraˈno* ›quälen‹, *tiraˈn-us-an* ›sie quälten‹; der Aorist hat meist das Infix *-is-* mit dem Ton davor, z. B. *aγaˈpo* ›ich liebe‹, *aˈγapisa* ›ich liebte‹.
Die einschneidendste Umgestaltung, die das Griechische in seiner Geschichte erfahren hat, der Verlust des Infinitivs und sein Ersatz durch die bereits weiter oben besprochenen Formen, gehen wahrscheinlich auf semitischen Einfluß zurück. Sowohl für das klassische Arabisch als auch für die modernen arabischen Dialekte ist die Formel ›er kann, daß er gehe‹ charakteristisch.
Man vergleiche:
Hocharabisch: ˈjaqdiru an ˈjamʃija
Neugriechisch: boˈri na piˈjeni (er kann daß er gehe) = ›er kann gehen‹.
Ägyptisch-Arabisch: *la:zɪm aˈru:ħ* (es ist nötig, ich gehe)
Neugriechisch: *ˈprepi na ˈfiγo* ›ich muß gehen‹.

Überhaupt scheint der Einfluß semitischer Sprachen (Phönizisch auf das Altgriechische, Aramäisch auf die Koine, Arabisch auf das Neugriechische auf dem Wege über Ägypten, Kreta und Syrien) auf den griechischen Satzbau und auf die Ausdrucksweise nicht unerheblich gewesen zu sein.

WORTSCHATZ. Der neugriechische Wortschatz setzt sich zusammen aus:

A. griechischen Wörtern; dazu gehören 1. Wörter, die immer im Munde des Volkes gelebt haben. Ihre phonologische Struktur trägt alle Spuren der allgemeinen Tendenzen des Lautwandels. Oft hat sich ihre Bedeutung auf dem Weg durch die Jahrhunderte gewandelt. Diese Wörter nennt man altererbte Wörter oder *Erbwörter*. Beispiele: πολύς [pɔˈlis] ›viel‹, γράφω [ˈγra·fɔ] ›schreiben‹, καί [k̡ɛ] ›und‹ ἄ(ν)θρωπος [ˈa-n̆ θrɔpɔs] ›Mensch‹ (das *n* ist sehr schwach und in den meisten Gegenden Griechenlands kaum mehr hörbar; es ist wahrscheinlich durch den Einfluß der Schriftsprache wiederhergestellt worden), φορά [fɔˈra] altgriech. ›Tragen‹, ›Bestattung‹, ›Lauf der Gestirne‹; neugriech. ›Lauf‹, ›Gang‹ mit Bedeutungsentwicklung zu ›Mal‹; διά [diˈa] [ðja] γιά [ja] im Altgriech. Präposition mit Genitiv und Akkusativ und großem Bedeutungsumfang, im Neugriech. nur mit Akkusativ (wie alle echten volkssprachigen Präpositionen) ›für‹, ›wegen‹, τάξις [ˈtaksis] altgriech. u. a. ›Truppenabteilung‹, mittelgriech. ταξίδι(ν) [taˈksiði(n)] (Verkleinerungsform): ›Feldzug‹, neugriech. ταξίδι ›Reise‹; das altgriech. ὀμμάτιον [ommation], Verkleinerungsform von ὄμμα ›Auge‹, ›Blick‹ ergab mit Abfall des ersten Vokals (›*Aphärese*‹) und Verlust der Endung neugriech. μάτι [ˈma·ti] ›Auge‹, im Altgriechischen und in der heutigen Schriftsprache dafür ὀφθαλμός (heutige Aussprache: [ɔfθalˈmɔs]) (s. die erwähnten Wörter im Text II). Das heutige Wort für ›Brot‹ ψωμί [psoˈmi] ist eine Verkleinerungsform von altgriech. ψωμός ›Brocken‹, ›Bissen‹, κρασί [kraˈsi] ›Wein‹ geht auf κρᾶσις ›Mischung‹ zurück, weil man den Wein meistens mischte; νερό [nɛˈrɔ] ›Wasser‹ wurde ursprünglich in der Form νεαρόν ›frisch‹ als häufiges Attribut vor ›Wasser‹ ὕδωρ [ˈi·ðor] gebraucht.

2. Wörter, die a) aus der alten Schriftsprache entlehnt wurden; b) die aus alten Wörtern und aus ihren Elementen für die Bedürfnisse der neuen Zeit künstlich gebildet wurden. Vorbild für diese Neuschöpfungen waren und sind oft die von nichtgriechischen Wissenschaftlern in Frankreich, Deutschland usw. mit altgriechischen Elementen geschaffenen Wörter. Beispiele: a) ξενοδοχεῖο [ksenɔðɔïˈçi·ɔ] ›Hotel‹; κατάστημα [kaˈta·stima] ›Geschäft‹, ›Laden‹; καθηγητής [kaθijiˈtis] ›Professor‹ usw.

b) δημοσιογράφος [ðımɔsjɔ'ɣra·fɔs] [Journalist]; ἠλεκτρισμός [ilɛktriz'mɔs] ›Elektrizität‹.

In einigen Fällen ist das gleiche Wort horizontal (A 1) und vertikal (A 2) in den neugriechischen Wortschatz gelangt. Diese Wörter nennt man phonetische Dubletten, z. B. ἐκκλησιά und ἐκκλησία [ɛkli'sja] und [ɛkli'si·a] ›Kirche‹; θεριό und θηρίο [θɛ'rjɔ und θi'ri·ɔ] ›wildes Tier‹; σκολειό und σχολεῖο [skɔ'ʎɔ und sxɔ'li·ɔ] ›Schule‹. Zuweilen sind die beiden phonetischen Varianten durch ihre Bedeutung geschieden, z. B. γωνιά [ɣɔ'ɲa] meist ›Straßenecke‹, aber γωνία [ɣɔ'ni·a] mathematisch: ›Winkel‹. Zusammengesetzte Wörter werden häufig mit gelehrten Bestandteilen gebildet. Man vergleiche: νερό ›Wasser‹, aber ὑδραγωγός ›Wasserleitung‹, μάτι ›Auge‹, aber ὀφθαλμίατρος ›Augenarzt‹

B. Lehnwörter aus anderen Sprachen. In den Lehnwörtern spiegelt sich weniger die Geschichte der Sprache als die Geschichte des Volkes wider. Die Lehnwortforschungen sind deshalb besonders für die Erkenntnis der kulturhistorischen Einflüsse von großer Bedeutung. Wenn z. B. das Neugriechische anstatt des altgriechischen οἶκος [oikos] das aus dem Lateinischen stammende σπίτι ['spiti] (< *hospitium*) ›Haus‹ verwendet, so zeigt das an sich weniger den Wandel der Sprache, als vielmehr den Einfluß, den die Römer in einer gewissen Epoche auf das griechische Alltagsleben hatten.

Im Neugriechischen finden sich vor allem Spuren aus dem Lateinischen, Türkischen (z. B. ταβάνι [ta'va·ni] ›Zimmerdecke‹, χαλί [xa'li] ›Teppich‹, τζάμι ['dza·mi] ›Fensterscheibe‹, φλιτζάνι [fli'dza·ni] ›Tasse‹), dem Italienischen — besonders dem Venezianischen — (z. B. καρέκλα [ka'rɛ·kla] ›Stuhl‹, βαλίτσα [va'li·tsa] ›Koffer‹, ›Reisetasche‹), aus dem Französischen (z. B. τραῖνο ['trɛ·nɔ] ›Zug‹, τράμ [tram] ›Straßenbahn‹).

Das Alt- und Neugriechische teilt im Gegensatz zu dem Lateinischen und den slawischen Sprachen mit den germanischen Sprachen die für die Schaffung einer praktischen Nomenklatur der Technik und Naturwissenschaften so wichtige Fähigkeit der Wortzusammensetzung. Man vergleiche καπνεργοστάσιον [kapnɛrɣɔ'sta·sjɔ] ›Tabakfabrik‹, französisch ›manufacture de tabac‹, russisch табачная фабрика (tabačnaja fabrika).

Zusammenfassung: Das Neugriechische hat besser als alle anderen lebenden indogermanischen Sprachen den z. B. durch das Altgriechische, Altindische und Lateinische verkörperten indogermanischen Sprachtypus bewahrt. Die Entwicklung, die das Griechische vom Altgriechischen her genommen hat,

hat keine Wandlung des Sprachtyps, sondern lediglich beschränkte Wandlungen der Systeme innerhalb der Sprache zur Folge gehabt. Das Neugriechische ist, wenn auch in etwas weniger unübersichtlicher Form als das Altgriechische, eine im wesentlichen stammflektierende Sprache, (fast 10 Mill. Sprecher, außerdem 3 Mill. Auslandsgriechen).

Haussa. Das Haussa ist eine der verbreitetsten Sprachen Afrikas. Es wird von etwa 25 Millionen Menschen und von weiteren 10–15 Mill. als Zweitsprache in Nord-Nigeria, in den Staaten Tschad, Niger, Burkina Faso in einem Gebiet zwischen dem Niger und dem Tschad-See gesprochen. Nach Norden und Süden greift es jedoch über dieses Gebiet hinaus, und man findet Haussa sprechende Gruppen und Siedlungen in den nördlichen Teilen Benins, Togos und Ghanas. Vielen Forschern gilt es heute als sicher, daß die Sprache Spuren einer alten Sprachverwandtschaft mit der semitisch-hamitischen Gruppe (zu der auch das Altägyptische gehört) bewahrt hat. Andererseits deuten gewisse Merkmale der Haussa-Sprache auf Verbindungen mit den Bantu-Sprachen (→ Afrikanische Sprachen). In der ersten Silbe der Wörter *mu*-ˈtum ›Mensch‹, *mi*-ji ›Mann‹, *ma*-che ›Frau‹ scheint der Rest eines Klassenpräfixes vorzuliegen, das mit dem Präfix der Menschenklasse im Suahili *m*- (→ Suahili, vgl. *m*tu ›Mann‹, ›Mensch‹, *m*ke ›Ehefrau‹) verwandt ist. Im Wortes. Sie werden nicht mehr als ›Formelemente‹ empfunden. Für die praktische Erlernung der Sprache bedeuten diese ›entfernten‹ verwandtschaftlichen Beziehungen kaum etwas; hierfür sind die in neuerer Zeit aus dem Arabischen entlehnten Wörter ungleich wichtiger, z. B. jamaʼa [dʒaˈmaʼa] ›Volk‹, ›Leute‹ aus arab. dʒaˈmaːˁatʊn ›Gruppe‹, ›Gesellschaft‹.

Das Haussa tritt in zwei wichtigen Dialekten auf, dem westlichen ˈSokoto und dem östlichen Kano-Dialekt. Der von den britischen Behörden seinerzeit geförderte Kano-Dialekt bildet die Grundlage der heutigen Schriftsprache (›Standard-Haussa‹). Das Haussa wird heute im allgemeinen mit lateinischen Buchstaben geschrieben; Grundlage für die Aussprache der Konsonanten bildet der Lautwert, den die Konsonanten im Englischen haben. Der Versuch der englischen Verwaltung, Anfang der 30er Jahre dieses Jahrhunderts eine auf der internationalen Lautschrift beruhende Orthographie einzuführen, ist nicht gelungen. Daneben wird das Haussa noch von einigen mit dem arabischen Alphabet geschrieben, das schon Jahrhunderte, bevor die Engländer Ende des 19. Jahrhunderts nach Nigeria kamen, für das Haussa verwendet wurde.

1) हिन्दी भारत की राष्ट्र-भाषा है।
hɪndi bharʌt (*m*) ki raʂʈr-bhaʂa (*f*) hæ.
Hindi Indien (*Gen.*) Nationalsprache ist.

2) यह निश्चय हो चुका है कि सन्
jʌh(je) nɪʃcʌj (*m*) ho cʊka hæ kɪ sʌn (*m*)
dieser Beschluß vollendet worden ist, daß Jahr

१९६५ में, सरकारी कार्यों में
ʊni:s sɔo pæ̃esʌʈh mẽ, sʌr'kari karjõ (*m*) mẽ
1965 in, amtlichen Geschäften- in

प्रयोग की जाने वाली भाषा के रूप
prʌjog ki ɟane vali bhaʂa (*f*) ke rup
Anwendung (*Gen.*) gehen sollende Sprache (*Gen.*) Form

में हिन्दी पूरी तरह अंग्रेज़ी का स्थान
mẽ hɪndi puri tʌrʌh (*f*) ã'grezi ka sthan (*m*)
in Hindi volle Weise Englisch (*Gen.*) Stelle

ले लेगी।
le legi.
einnehmen-wird.

3) इस परिवर्तन को क्रियात्मक रूप देने
ɪs pʌrɪvʌrtʌn(*m*) ko krɪjatmʌk rup dene
dieser Umstellung (*Dat.*) wirksame Form geben

के लिये, क्रमिक विकास का एक
ke lije, krʌmɪk vɪkas (*m*) ka ek
(*Gen.*) für, allmähliche Entwicklung (*Gen.*) ein

क्रम निश्चित किया गया है।
krʌm (*m*) nɪʃcɪt kɪja gʌja hæ.
System definitiv gemacht gegangen ist

4) इस क्रमिक विकास की पहली किश्त
ɪs kramɪk vɪkas ki pʌhli kɪʃt (*f*)
Diese allmähliche Entwicklung (*Gen.*) erste Rate

के रूप में राष्ट्रपति ने कुछ आदेश दिये
ke rup mẽ raṣṭrʌpʌtɪ ne kʊch adeʃ (*m*) dɪje
(*Gen.*) Form in Präsident von einige Maßnahmen gegeben

हैं, यथा —
hæ̃, jʌtha
sind, nämlich:

5) (क) जनता से हिन्दी में प्राप्त होने
ˈkʌkar: ɟʌnʌta se hɪndi mẽ prapt hone
a) Bevölkerung von Hindi in erhalten

वाले पत्र व्यवहार का उत्तर हिन्दी में
vale pʌtrʌ-vjʌvʌhar (*m*) ka ʊttʌr (*m*) hɪndi mẽ
(*Partizip*) Korrespondenz (*Gen.*) Antwort Hindi in

ही दिया जावे।
hi dɪja ɟave.
nur gegeben werde.

6) (ख) स्थाई प्रकृति की सभी आज्ञाएं
ˈkhʌkar: sthai prʌkrɪtɪ ki sʌbhi agjaẽ (*f*)
b) dauernde Natur (*Gen.*) alle Verfügungen

तथा आज्ञा-पत्र अंग्रेज़ी के साथ-साथ
tʌtha agja-pʌtrʌ ãˈgrezi ke sath-sath
sowie Gesetze Englisch (*Gen.*) zusammen mit

हिन्दी में भी प्रस्तुत किये जावें।
hɪndi mẽ bhi prʌstʊt kɪje ɟavẽ.
Hindi in auch bereit gemacht werden (*Konj.*)

7) (ग) प्रादेशिक सरकारों से हिन्दी में
gʌkar: pradeʃɪk sʌrˈkarõ (*f*) se hɪndi mẽ
c) Landes- Regierungen -von Hindi in

पाप्त होने वाले पत्र-व्यवहार का यथा
prapt hone vale pʌtr(ʌ)-vjʌvʌhar ka jʌtha
erhaltene (*Part. Präs.*) Korrespondenz (*Gen.*) entsprechend

सम्भव हिन्दी में ही उत्तर दिया जावे।
sʌmbhʌv hɪndi mẽ hi ʊttʌr dɪja ɟane.
Umstand Hindi in nur Antwort gegeben werde.

Übersetzung:
1. Hindi ist die Nationalsprache (Staatssprache) Indiens.
2. Es wurde beschlossen, daß Hindi im Jahre 1965 als die Sprache des amtlichen Verkehrs völlig die Stelle des Englischen einnehmen soll.
3. Um diese Umstellung in die Wege zu leiten, wurde ein System der stufenweisen Überleitung beschlossen.
4. Als erste Stufe dieser Übergangsperiode hat der Präsident einige Maßnahmen erlassen, und zwar:
5. (a). Die von der Bevölkerung in Hindi eingehende Korrespondenz muß in Hindi beantwortet werden.
6. (b). Alle Verfügungen und Gesetze bleibenden Charakters müssen nicht nur in englischer Sprache, sondern auch in Hindi abgefaßt sein.
7. (c). Die von den Landesregierungen (d. h. den Regierungen der einzelnen Staaten Indiens) in Hindi eingegangenen Schreiben sollten nach Möglichkeit nur in Hindi beantwortet werden.

Allgemeines. Das Hindi gehört zu den indogermanischen Sprachen Indiens. Diese Sprachen sind das Ergebnis einer durch eine tiefgreifende Strukturänderung charakterisierten Entwicklung aus einer alten indogermanischen Sprache, die man Indisch nennt. Den Entwicklungsgang vom Altindischen zu den heutigen modernen indischen Sprachen veranschaulicht folgende schematisierte Aufstellung:

Altindisch: Vedisch, die Sprache der alten Hymnen, vielleicht seit etwa 2000 v. Chr.;

Sanskrit: a) episch; altertümlicher und volkstümlicher als das klassische Sanskrit.
b) klassisch (von Panini u. a. 400 v. Chr.); pedantisch reglementiert; Sprache des Pancatantra; *sãskṛtam* ›zurechtgemacht‹; schon 400 v. Chr. keine gesprochene Sprache mehr; doch wurden 1958 in Indien noch 292 Bücher in Sanskrit — gegen 12422 in Englisch — veröffentlicht).

Das Sanskrit zeigt schon starke Einflüsse anderer nichtindogermanischer Sprachen, vor allem in der Phonetik (retroflexe Laute aus den Drawidasprachen) und im Satzbau (Vernachlässigung der zahlreichen morphologischen Mittel zugunsten riesiger amorpher Komposita: Eine Eigentümlichkeit, die aus Sprachen isolierenden Typs stammt. → Vietnamesisch).

Mittelindisch (bis 5. Jh. n. Chr.):
a) Dialekte der Inschriften König *Aśokas* (300 v. Chr.).
b) *Pali*, ›*die Sprache Buddhas*‹, in der auch der berühmte Pali-Kanon abgefaßt ist. Pali wird in verschiedenen Alphabeten geschrieben, vornehmlich in kambodschanischer,

siamesischer, birmanischer, singalesischer und — in Europa — in lateinischer Schrift.

c) *Prakrit-Sprachen* (›natürliche‹ Sprachen; Sanskrit: *prakṛti* ›Natur‹); die eine Form wurde im indischen Drama von vornehmen Frauen, die andere nur von Personen niedrigen Standes benutzt.

Spätmittelindische Sprachen: Apabhrãśa-Dialekte (›Verfallsdialekte‹).

Neuindische Sprachen (etwa seit 1200 n. Chr.):

Hindi (75 Mill. Sprecher), früher meist mit *Urdu* (90 Mill.) unter der Bezeichnung *Hindustani* zusammengefaßt (1958: 4836 Buchveröffentlichungen allein in Hindi).

Bengali (147 Mill. in Bangladesch; 1643 Bücher im Jahre 1958);

Marathi (50 Mill. in Westindien; 1958: 1615 Bücher);

Pandschabi oder *Panjabi* (64 Mill. in Nordindien);

Radschasthani oder *Rajasthani* (25 Mill. meist in Radschasthan);

Gudscharati oder *Gujarati* (34 Mill. in Westindien; 1958: 1825 Buchveröffentlichungen);

Orija oder *Urija* (über 26 Mill. in Ostindien);

Bihari (über 69 Mill. in Nordostindien). Varianten: *Bhojpuri* (30 Mill.), *Maithili* (20 Mill.), *Magahi* (10 Mill.)

Singhalesisch mit vielen fremden Bestandteilen (etwa 11 Mill. auf Ceylon); eng damit verwandt das *Devehi* oder *Maldivische* (150000) auf den Malediven. *Nepali* (od. *Nepalesisch*) als Verkehrssprache in Nepal (52% der Bevölkerung, etwa 8 Mill. Sprecher).

Außerhalb Indiens: *Zigeunersprachen*, das *Romani*, die Sprache der *Sinti* (wie sie sich selbst nennen) — dazu gehört nicht die Sprache der armenischen Zigeuner —, die sich im 5.—10. Jh. von den übrigen indischen Sprachen trennten.

Die Unterschiede zwischen den beiden schriftsprachlichen Varianten Hindi und Urdu sind ursprünglich religiöser Art (vgl. Serbisch und Kroatisch). Das im heutigen Pakistan herrschende Urdu, das von 65% der etwa 90 Mill. Einwohner gesprochen wird, entstand im Lager der mohammedanischen Großmogulen (persisch: *zaba:n-e ordu* ›Sprache des Lagers; *ordu* ist türkisch: (Heer) Lager‹). Es wird mit dem um einige diakritische Zeichen vermehrten arabischen Alphabet geschrieben, während das Hindi (persisch: *hindi* = ›indisch‹) als die Sprache der Hindus die indische *Devanagari-Schrift* benutzt, in der auch das Sanskrit geschrieben wird. Sowohl Hindi als auch Urdu enthalten zahlreiche Lehnwörter aus dem Arabischen und Persischen, doch ergänzt das Hindi seinen

Wortschatz jetzt durch aus dem Sanskrit entlehnte Wörter und trachtet überhaupt danach, den Anteil des islamischen Wortgutes zu verringern und durch indische Wörter zu ersetzen. Häufig bleibt das arabische oder persische Lehnwort im Hindi noch bestehen, und so trifft man im Hindi zahlreiche Dubletten, z. B. *uttʌr* = *ɟʌvab* (arabisch) ›Antwort‹.
Die komplizierte Phonetik (retroflexe Reihe, aspirierte Reihe, retroflex-aspirierte Reihe, gewöhnliche Reihe, z. B.: ʈ/th/ʈh/t), der stark heterogene Wortschatz, die Schwankungen in der Aussprache und die noch ziemlich vage Stilistik machen das Hindi zu einer schwer erlernbaren Sprache.
Der im allgemeinen Wortschatz so schwer erkennbare Zusammenhang zwischen dem Hindi und einer anderen indogermanischen Sprache wird durch einen Vergleich der Hindi-Zahlwörter von 2—10 mit den italienischen und neugriechischen deutlich:

hindi:	*do*	*tin*	*car*	*pãc*	*che, chʌ(h)*	*sat*	*aʈh*	*nɔo*	*das*
italien.:	*due*	*tre*	*quattro*		*sei*	*sette*	*otto*	*nove*	*dieci*
neugriech.:				*pende*					

Die Buchstaben des *Devanagari-Alphabets* in der in Hindi-Wörterbüchern üblichen Reihenfolge mit ihrem Lautwert in der internationalen Lautschrift.

Vokalzeichen		Konsonantenzeichen							
		*		*		*			
अ, अ	ʌ	क	kʌ	ट	ʈʌ	प	pʌ	श	ʃʌ
आ, आ	a	ख	khʌ	ठ	ʈhʌ	फ	phʌ	ष	ʂʌ, ʃʌ
इ	ɪ	ग	gʌ	ड	ɖʌ	ब	bʌ	स	sʌ
ई	i	घ	ghʌ	ढ	ɖhʌ	भ	bhʌ	ह	hʌ
उ	ʊ	ङ	ŋʌ	ण, ण	ɳʌ	म	mʌ	*	
ऊ	u	*		*		*		र्: r, wenn ein Konsonant folgt.	
ऋ	rɪ	च	cʌ	त	tʌ	य	jʌ		
ए	e	छ	chʌ	थ	thʌ	र	rʌ		
ऐ	æe	ज	ɟʌ	द	dʌ	ल, ल	lʌ		
ओ	o	झ, झ	ɟhʌ	ध	dhʌ	व	vʌ, ʋʌ		
औ	ɔo	ञ	ŋʌ	न	nʌ				
*		*		*					

Hindi

Vokalzeichen, die nur in Verbindung mit einem Konsonantenzeichen vorkommen.

ा ि ी ु ू [ृ] े ै ो ौ

a ɪ i ʊ u rɪ e æ o ɔo

Nasal- und h-Zeichen (Anusvar, Anunasik und Visarg)

ं ँ ः

˜, n, ŋ usw. -h

Zusatzzeichen mit Punkt für Laute, die in Lehnwörtern aus anderen Sprachen vorkommen

ख़ क़ ग़ फ़ ज़

x q ɣ f z

Schrift. Der Name *Devanagari*, oder kürzer *Nagari*, ist dunkel. Ein als *Brahmi-Schrift* bezeichneter Vorläufer dieser Schrift findet sich zuerst in einer Inschrift des buddhistischen Königs *Aśoka* im 3. vorchristlichen Jahrhundert. Nach *Jensen* kann die Herleitung der Brahmi-Schrift aus einer nordsemitischen Vorlage (etwa 8. Jh. v. Chr.) die bisher größte Wahrscheinlichkeit für sich beanspruchen. Um den Beginn unserer Zeitrechnung entstanden aus der ursprünglich einheitlichen Schrift zwei Haupttypen, die zur Quelle zweier weitverzweigter Schriftgruppen, der nördlichen und der südlichen, wurden. Der nördlichen Gruppe gehört das aus Nordwestindien stammende Devanagari-Alphabet an. Darin werden aufgezeichnet: Sanskrit, Hindi, Marathi, Nepali und einige nichtarische Sprachen, z. B. Gondi, Kuruchisch (Dravidasprachen) und die Mundasprachen Ho und Mundari. Sehr ähnlich im System sind die für andere indische Sprachen benutzten Schriften. Während die Gudscharati-Schrift nur wenig von der Devanagari abweicht, weist das zur Schreibung des *Bengali* und des *Santali* (einer Mundasprache) dienende *Bengali-Alphabet*, das sich seit etwa 1100 n. Chr. aus dem Devanagari-Alphabet gebildet hat, durchaus eigene Buchstabenformen auf.

Die Schrift läuft von links nach rechts. Sie ist keine Silbenschrift, wie häufig angegeben wird, sondern eine Buchstabenschrift mit der Eigentümlichkeit, daß das im Sanskrit und im Hindi so häufig vorkommende *a* [ʌ] nicht geschrieben wird, sondern jedem Konsonanten anhaftet. Die Vokallosigkeit des Konsonanten, d. h. das Verstummen des dem Konsonanten folgenden *a* [ʌ], wird durch ein besonderes Zeichen, durch

einen schrägen Strich unter dem Konsonanten (Viram), oder durch Verschmelzung der Konsonantenschriftzeichen (Ligatur) bewirkt. Das moderne Hindi vermeidet möglichst den Gebrauch von Ligaturen. In Sanskrittexten treten dagegen zahlreiche, zum Teil verwickelte Ligaturen auf, die das Lesen ungemein erschweren. In dem Mustertext finden sich u. a. folgende Ligaturen: *-ṣṭr* in dem Wort *raṣṭr*(ʌ) ›national‹; das *r* ist durch einen unter die Verschmelzung von *ṣ* und *ṭ* gesetzten Strich angedeutet; *-ʃc-* in *nɪʃcʌj* ›Beschluß‹, *kr* in *krʌm* ›System‹ usw. Mit Ausnahme des *a* [ʌ] werden alle Vokale durch besondere Zeichen ausgedrückt, was in einer Silbenschrift, wie z. B. der japanischen, nicht der Fall ist. Für jede Silbe gibt es da ein besonderes Zeichen, dessen Form keinerlei Hinweis auf den dem Konsonanten folgenden Vokal gibt. Vokal und Konsonant bilden einen Komplex, während in der Devanagari-Schrift die Gruppen Konsonant plus Vokal bis auf die Gruppe Konsonant plus [ʌ] zerlegt werden können.
In der Reihenfolge der Konsonanten, die nach der Artikulationsstelle — weicher Gaumen, harter Gaumen, Gegend des Zahndamms, Zähne, Lippen — gruppiert sind, offenbaren sich die vorzüglichen Kenntnisse der alten indischen Grammatiker, z. B. des indischen Grammatikers Panini [pa:ɳɪnɪ], der um 400 v. Chr. durch eine gedrängte Grammatik mit mehr als 4000 Regeln der Sanskrit-Sprache ein starres phonetisches und morphologisches Gerüst gab. Buchstabiert wird: *ʌkar, akar, ɪkar, ikar . . . kʌkar, khʌkar* usw.
Lautsystem: Drei Vokale sind offen und kurz: ʌ, ɪ, ʊ, die übrigen sind lang oder halblang, davon *i* und *u* geschlossen, *e* und *o* mehr oder minder geschlossen, *a* ist ein hinterer Vokal; die beiden Diphthonge *æe* und *ɔo* variieren ziemlich stark; *æe* ist in der Umgangssprache von Delhi *æ:*, in anderen Gegenden ʌɪ; *ɔo* ist *ɔ:* und ʌʊ. Die Länge der Vokale ist nicht so entscheidend wie ihre Klangfarbe. Der Lautcharakter des Hindi wird ganz wesentlich geprägt durch: 1. die retroflexen Laute, die bereits im Sanskrit vorhanden sind und sehr wahrscheinlich ein Erbteil der dravischen Sprachen darstellen; 2. das Vorhandensein von aspirierten und unaspirierten Verschlußlauten: *t/th, d/dh, p/ph* usw.; 3. die zahlreichen Nasalvokale. Jeder Vokal kann nasaliert werden und bildet eine Opposition zu dem gewöhnlichen Vokal (dem Oralvokal), z. B. *hæ̃* ›sie sind‹/*hæ* ›er, sie ist‹.
Der Akzent ist schwer zu fassen, da er im wesentlichen dezentralisierend ist. Die langen Vokale verlieren nie ihre Klangfarbe und sind deutlich wahrnehmbar. Eine Hervorhebung erfolgt mehr durch Erhöhung des Tones als durch Zunahme der Schallfülle. Die Satzmelodie ist sehr gleichmäßig und die

Tonhöhenunterschiede im allgemeinen sehr gering. Auf den Deutschen, der besonders an eine starke Änderung der Schallfülle und zum Teil damit auch der Tonhöhe gewöhnt ist, wirkt das gesprochene Hindi sehr monoton.

Die Struktur des Hindi kann durch die Andeutung folgender Wesenszüge sichtbar gemacht werden:

1. Die Beziehungen zwischen Wörtern und Wortgruppen werden durch feste Morpheme (Endungen) und durch lose Morpheme (Partikeln), die im Hindi Postpositionen sind, hergestellt.
2. Das Attribut, ob Adjektiv oder Substantiv oder Wortgruppe, steht vor dem Grundwort.
3. Alle Substantive, Pronomen, Adjektive und Partizipien werden in zwei Kategorien gruppiert, die als maskulin und feminin bezeichnet werden.
4. Es gibt zwei Fälle: Einen unabhängigen Fall (direkter Fall oder Nom./Akk.) und einen abhängigen Fall (Obliquus).
5. Das Adjektiv stimmt attributiv oder prädikativ im Genus (*m* oder *f*) und in der Zahl (Singular oder Plural) mit dem Beziehungswort überein.
6. Neben dem Aktiv und Passiv besitzt das Hindi ein Verschmelzungsprodukt beider Handlungsformen. In den vollendeten Zeitformen, die mit dem Partizip Perfekt gebildet werden, wird das logische Subjekt bei transitiven Verben durch die Partikel *ne* ›durch‹ angezeigt. Der durch die Postposition *ne* angedeutete Fall wird Agentialis genannt (s. Satz 4 des Textes). Eine ähnliche Konstruktion gibt es im Georgischen.
7. Die normale Wortstellung ist durch folgende Formel beschrieben: (Zeit- und Ortsbestimmung) (Attribut +) *Subjekt*, Dativobjekt, Akkusativobjekt, adverbiale Bestimmung *Prädikat*. Das Verb steht also wie in den Türksprachen am Ende des Satzes; es ist gleichzeitig grenzsignalisierend.

Das Wechselspiel zwischen den Endungen, die das Geschlecht, die Zahl und den Fall andeuten, vollzieht sich im wesentlichen nach folgender Tabelle:

Substantiv

	Maskulin Sing.	Maskulin Plur.	Feminin Sing.	Feminin Plur.
Nominativ:	*-a, -ʌ*	*-e*	*-i, -ɪ, -ɪja*	*-ɪjã*
	(anderer Ausgang)	—	(anderer Ausgang)	+ *ẽ*
			z. B. auch *-a*	
Obliquus:	*-e*	*-õ*	*-i, -ɪ, -ɪja*	*-ɪjõ*
	(anderer Ausgang)	+ *õ*	(anderer Ausgang)	+ *õ*

›Anderer Ausgang‹ bedeutet z. B. bei den maskulinen Wörtern im Singular, daß sie nicht auf *-a* (*-ã*) oder *-ʌ* enden, z. B. *mʌrd* ›Mann‹, das nur im Obliquus die Endung *-õ* annimmt, sonst aber unverändert bleibt.

Die allgemeine Funktionspartikel *ka*, die zur Herstellung des Genitivsverhältnisses dient:

	Maskulin		Feminin	
	Sing.	Plur.	Sing.	Plur.
Nominativ:	*ka*	*ke*	*ki*	*ki*
Obliquus:	*ke*	*ke*	*ki*	*ki*

Die gleichen Endungen wie die Partikel *ka* haben die auf *-a* (auch nasaliert *ã* usw.) ausgehende Adjektive und die Partizipien. Viele Adjektive mit anderer Endung oder auch Adjektive fremden Ursprungs bleiben immer unverändert.
ka, dessen Vokal mit dem Grundwort, d. h. dem folgenden Wort übereinstimmen muß, setzt das bestimmende Wort, das immer vor *ka* steht, in den Genitiv; oft ist der Obliquus an dem Wort selbst nicht erkenntlich, wie z. B. bei *pʌtrʌ-vjʌvʌhar* (*m*) ›Korrespondenz‹, das nicht auf *-a*, *-ʌ* ausgeht und deshalb nicht verändert werden kann. Das davorstehende Partizip *prapt-hone-vale* zeigt aber an der Endung von -vale den bei *pʌtrʌ-vjʌvʌhar* verkappten männlichen Obliquus.
Alle Postpositionen, ob einfach oder zusammengesetzt, bewirken die äußerlich erkennbare oder verkappte Form des Obliquus bei dem vor ihnen stehenden Nomen, z. B. *mẽ* ›in‹, *ko* ›zu‹ (drückt auch das deutsche Dativverhältnis aus, in gewissen Fällen, besonders bei Personen, auch Zeichen des Akkusativs), *se* ›aus‹, ›von‹, *tak* ›bis‹, ›zu‹, *ke lije* ›für‹; vgl. Satz 3: . . . dene ke lije (›für das Geben‹), ›um zu geben...‹.
Eine durch den Obliquus und Postpositionen fest verknüpfte Attributivgruppe, die bei *prʌjog* beginnt und bei *rup mẽ* schließt, liegt im zweiten Satz des Mustertextes vor. *rup* ›Form‹ ist maskulin und steht vor der Postposition *mẽ* im verkappten Obliquus, der die Form *ke* der Partikel *ka* bewirkt. Diese wiederum setzt *bhaṣa* ›Sprache‹, das entgegen der allgemeinen Regel weiblich ist, in den Obliquus, was sich in der Endung *-i* des Ausdrucks *ʒane-vali* und der Partikel *ki*, von der wieder *prʌjog* abhängt, zeigt. Der Ausdruck *ʒanevala* setzt sich aus dem Obliquus von *ʒana* „gehen" und dem häufig gebrauchten *vala* zusammen, das die handelnde Person bezeichnet oder ein Partizip der Absicht bildet.
Der Infinitiv der Verben besteht aus einem Stamm und der Endung *-na*. Viele Verben können durch das Kausativ-

infix *-a-* erweitert werden; intransitive Verben werden dadurch transitiv, z. B. *kʌrna* ›machen‹, *kʌrana* ›machen lassen‹.

Es gibt persönliche und unpersönliche Verbformen. Einige wichtige Formen von *bol-na* ›sprechen‹: *bol* ›sprich!‹, *bolo* ›sprich!‹, ›sprecht!‹, *bolɪje* ›sprechen Sie!‹.

Konjunktiv (s. die letzten Formen in Satz 5, 6 und 7 des Textes): ›daß ich spreche, ich möchte sprechen‹ usw.:

	Sing.	Plur.	
1.	*mẽ* (sprich: *mæ̃*) *bolũ*	*ham bolẽ*	
2.	*tu bole*	*tum bolo*	
3.	*vo bole*	*vo bolẽ*	
		ap bolẽ	›Sie möchten sprechen‹.

Das Futur entsteht aus den Formen des Konjunktivs unter Hinzufügung von *ga* (maskulin), *gi* (feminin) und *ge, gi* für den Plural: *mẽ bolũga* ›ich (der Mann) werde sprechen‹
mẽ bolũgi ›ich (die Frau) werde sprechen‹ usw.

Mit dem Partizip des Präsens *bol-ta* werden gebildet:

Präsens: *mẽ bolta hũ* (m); *mẽ bolti hũ* (›ich sprechend bin‹) = ich spreche
tu bolta hæ ›du sprichst‹
vo bolta hæ ›er, sie, es spricht‹
hʌm bolte hæ̃ ›wir sprechen‹
tʊm bolte ho ›ihr sprecht‹
ve/vo bolte hæ̃ ›sie sprechen‹

Imperfekt: *mẽ bolta tha* (m), *mẽ bolti thi* (f) ›ich sprach‹ (unvollendeter Aspekt; wegen der Aspekte → slawische Sprachen)

Konditional: *mẽ bolta, mẽ bolti* ›ich würde sprechen‹, ›ich spräche‹.

Mit dem Partizip der Vergangenheit *bol-a* werden die Zeitformen im vollendeten Aspekt gebildet:

Perfekt: *mẽ bola, mẽ boli* ›ich sprach‹
mẽ bola hũ, mẽ boli hũ ›ich habe gesprochen‹
mẽ bola tha, mẽ boli thi ›ich hatte gesprochen‹.

Unpersönliche Verbalformen: *bolta* (m) ›sprechend‹;
bolne-vala ›ein Sprechender, Sprecher‹, ›beabsichtigend zu sprechen‹;
bola ›gesprochen habend‹
bolta hua ›sprechend‹ (durativer Aspekt)
bola hua ›gesprochen habend‹ (perfektiver Aspekt)

Verbaladverb: *bol, bolkʌr, bolke, bolkʌrke* ›gesprochen habend‹ (›als, nachdem ich usw. gesprochen habe‹).

Das Passiv wird durch Verbindung des Partizips auf *-a* (*bola*) mit *ɟana* (›gehen‹) gebildet, z. B. *væsa bola ɟata hæ* (so gesagt gehend ist) ›so wird gesagt‹. Das *a*-Partizip von *dena* ›geben‹ ist *dɪja* ›gegeben‹; der Konjunktiv von *ɟana* ist *ɟae* oder *ɟave* für die dritte Person Singular, *ɟaẽ* für den Plural. Daher *uttʌr hɪndi mẽ dɪja ɟave* (›die Antwort in Hindi gegeben werde‹) ›die Antwort muß in Hindi gegeben werden‹.

Die persönlichen Pronomina haben für den Genitiv, der gleichzeitig als Possessivpronomen fungiert, und den Obliquus zum Teil verschiedene Formen:

mẽ ›ich‹	*tu* ›du‹
mera ›meiner‹	*tera* ›deiner‹
muɟh-ko ›mir‹	*tuɟh-ko* ›dir‹ usw.
muɟh-se ›von mir‹ usw.	

Doch findet sich in der Umgangssprache auch *mere ko* ›mir‹. *mera* hat dieselben Endungen wie *ka*.

Das Hindi — und auch die anderen indischen Sprachen, wie z. B. Bengal, Marathi — haben sich von dem indogermanischen Sprachtypus weit entfernt. Der Sprachbau des heutigen Hindi entspricht weitgehend dem Sprachbau der → Türksprachen, obwohl das Hindi im einzelnen durch das Vorhandensein zweier Kategorien (maskulin und feminin), verschiedener Pluralformen (Null oder Suffix), einiger unregelmäßiger Verbformen u. a. noch Züge aufweist, die in das Schema einer reinen Agglutination nicht passen. Obwohl Relativpronomen vorhanden sind, ist die Tendenz, ein Substantiv durch vorangestellte attributive Wortgruppen näher zu bestimmen, deutlich sichtbar. Dadurch erhält das Hindi einen polysynthetischen Zug, der zwar nicht so ausgeprägt ist wie in den eigentlichen Türksprachen. Das Hindi ist eine agglutinierende Sprache mit einem polaren Klassensystem (+/—) als Rest einer Flexion und einer polysynthetischen Komponente.

Japanisch

1. 猿と狐と兎
2. 昔々大昔或山奥で
3. 猿と狐と兎とが兄
4. 弟のように仲よく
5. 暮して居りました。
6. 或時お釋迦様がこ
7. の事をお聞きになっ
8. て，是非一度彼等

1. Saru to kitsune to usagi.
Affe und Fuchs und Hase.

2. Mukashi mukashi ō-mukashi aru yama oku de
alte-Zeit alte-Zeit Urzeit ein Berg Innere in

3. saru to kitsune to usagi to ga kyō-
Affe und Fuchs und Hase und Bruder

4. dai no yo-u (= yō) ni naka- yoku
(Gen.) Art in Verhältnis-gut

5. kura-shi-te o-ri-ma-shi-ta.
lebend waren.

6. Aru toki O-sha-ka Sama ga ko-
Eine Zeit erhaben Gautama Herr die-

7. no koto wo o-ki-ki ni natsu-
se Sache (Akk.) hören- in seiend

8. te (= natte), ze-hi ichi-do kare-ra
durchaus ein-mal sie

9. に會ひ度いとお思

10. ひになりました.

11. そこでお釋迦様は

12. わざと見窄しい老

13. 人の姿になってその

14. 猿や狐や兎のゐる

15. 處へお出でになり

16. ました.

9. ni a-i-ta-i to o-omo-
(Dat.) treffen-wollen: das denken

10. i ni na-ri-ma-shi-ta.
in war-er.

11. So-ko de O-sha-ka Sama wa
Darauf Gautama Herr

12. wa-za- to mi-suborashi-i rō-
absichtlich armselig alter

13. jin no sugata ni natsu-te (= natte), so-no
Mann (Gen.) Gestalt in werdend, dieser

14. saru ya kitsune ya usagi no iru
Affe und Fuchs und Hase (Gen.) wohnen

15.	tokoro	e	o-i-de		ni	na-ri
	Ort	zu	(höflich)	gehen	in	wur-
16.	ma-shi-ta.					
	de.					

Übersetzung: Der Affe, der Fuchs und der Hase. 1—5. Vor grauen Zeiten lebten einmal tief im Gebirge ein Affe, ein Fuchs und ein Hase in brüderlicher Eintracht. 6—10. Eines Tages hörte Buddha davon, und er dachte, daß er sie unbedingt einmal besuchen müsse (= er wollte sie unbedingt einmal besuchen). 11—16. Er verkleidete sich als ärmlichen alten Mann und begab sich an den Ort, wo der Affe, der Fuchs und der Hase wohnten.

Das phonologische System des Japanischen. Das Japanische wird gewöhnlich mit einer gemischten Schrift geschrieben: Mit chinesischen Zeichen, die meist den bedeutungstragenden Teil eines Wortes bezeichnen (*saru* ›Affe‹, *yama* ›Berg‹, *kura-* von *kurasu* ›leben‹, *o-* von *oru* ›sein‹) und über die Aussprache nichts aussagen; mit einer den Laut angebenden Silbenschrift, die zur Schreibung der losen und festen Formelemente (*to* ›und‹, *de* ›in‹, *ga* Nominativpartikel, *no* Genitivpartikel, *-shite* von *kurasu* + *te*, *-ri-mash-ta* von *oru*) und zur Schreibung von Wörtern (*yō* ›Art und Weise‹) benutzt wird.
Die Silbenschrift ist dem phonologischen System der japanischen Sprache angepaßt, so daß man das Japanische nur mit den Silbenzeichen ohne Zuhilfenahme der chinesischen Zeichen schreiben könnte. Im Jahre 1885 wurde die Gesellschaft zur Verbreitung der lateinischen Schriftzeichen für das Japanische, die *romaji-fukyū-kai* (wörtlich: Rom-Schriftzeichen-Verbreitungsgesellschaft) gegründet. Diese als Hepburn-System bekannt gewordene Lateinschrift gibt den Lautbestand des Japanischen getreuer wieder als z. B. das später entworfene und heute schon für bestimmte Zwecke zuweilen in Japan verwendete *kunrei*-System, das sich stärker an das phonologische System des Japanischen anlehnt und phonetische Varianten unberücksichtigt läßt.
Das Japanische hat fünf Vokalphoneme: *a i u e o*. Vor jeden Vokal können z. B. die Konsonanten *h* und *t* treten: *ha hi hu he ho*; *ta ti tu te to*. Das ergibt in diesem Fall zehn Silben, denen im japanischen Silbenalphabet zehn Silbenzeichen entsprechen. Nach dem *kunrei*-System werden die Silben in der obigen Form geschrieben, obwohl die Aussprache von *hi*, *hu*, *ti* und *tu* erheblich von den übrigen Verbindungen mit *h* und *t* abweicht. Das Hepburn-System berücksichtigt dagegen bei *hu*, *ti* und *tu* die durch die Vokale *i* und *u* hervorgerufenen Veränderungen und schreibt *fu*, *chi* und *tsu*.

In dieser Skizze ist das Hepburn-System verwendet worden. Die lateinischen Buchstaben und Buchstabengruppen haben folgende Lautwerte:

Vokale: *a* zwischen [a] und [ɑ], nach *k* immer [ɑ]; *i* offener als [i]; *u* ziemlich offen [ʊ], häufig ohne Lippenrundung ɯ]; *e* [ɛ]; *o* [ɔ].

Konsonanten: *ch* [tç]; *f* [Φ], der Luftstrom wird durch die fest aufeinander gelegten Lippen gepreßt; *g* am Anfang einer Wortgruppe nach einer Pause wie [g], sonst [ŋ], es nasaliert außerdem den voraufgehenden Vokal mehr oder minder stark; *k* [k], vor *a* wie [q], ein sehr weit hinten artikuliertes *k*, wie arabisch *qāf*; *h* [h], aber *hi* [çi]; *j* [dz]; *n* im Auslaut [ŋ], nasaliert auch den vorangehenden Vokal; *r* retroflex, schwankt zwischen sehr leichtem [ɾ], [ɭ] oder [ɖ]; *s* [s]; *sh* [ç]; *ts* [ts]; *w* [w]; *y* [j]; *z* [z], aber *zu* [dzu]. *b d t m p* fast wie im Deutschen.

Alle Konsonanten können palatalisiert werden, z. B. *kya*, *kyu*, *kyo*, *nya*, *nyu*, *nyo*; sya wird *sha* geschrieben usw. Im japanischen Silbenalphabet werden diese Lautgruppen durch je zwei Silben geschrieben: ki + ya, ki + yu; si + ya usw.

Länge und Kürze der Vokale und Konsonanten sind bedeutungsunterscheidend, z. B.

riko ›Egoismus‹
rikō ›Klugheit‹; ›Erfüllung‹.
shimi ›Fleck‹; ›Silberfischchen‹
shimmi ›Neuigkeit‹; ›Verwandte‹ u. a.

Die Länge des Vokals wird im Hepburn-System durch einen Strich über dem Vokal, im kunrei-System durch einen Zirkumflex oder durch Verdoppelung des Vokales angegeben. Die Länge des Konsonanten wird durch Doppelsetzung des Konsonanten bezeichnet.

Wort- und Satzakzent sind schwach ausgeprägt. Der Akzent äußert sich durch einen geringen Tonhöhenunterschied. Er ist jedoch deutlich wahrnehmbar, wenn er auf die letzte Silbe einer Wortgruppe oder des Satzes fällt.

Häufig hat die vorletzte Silbe einen etwas höheren Ton als die anderen, z. B. mukashi [mʊˈqɑçi̥]. *i* und *u* sind oft Flüstervokale; sie tragen dann nie den Ton, z. B. hito ›Mensch‹ [çi̥ˈto], fast [çto]. Die Grundform des Verbs auf *-u*, die Formen auf *-te* und *-ta* sowie die Wörter auf *-e* sind meist betont, z. B. *iˈku* ›gehen‹, *orimashita* [oɾimaçˈta] ›war‹, *kitsune* ›Fuchs‹ [ktsˈnɛ], suzume ›Sperling‹ [s-zˈmɛ]. Das Ende von Wortgruppen wird durch eine schwache Betonung der Partikeln wie *ga*, *wo*, *ni* usw. signalisiert. Bedeutungsunterscheidende Kraft scheint der japanische Akzent so wenig wie der französische zu haben. Doch sind die Untersuchungen hierüber noch nicht abgeschlossen. Die Zahl der gleichlautenden Wörter — auch der zweisilbigen — ist noch weit größer als im Chinesischen und macht sich sehr störend bemerkbar. Lange Vokale fallen stark ins Ohr. Das Klangbild des Japanischen wird ganz wesentlich durch drei Faktoren bestimmt: Schwachen, schwer bestimmbaren Gruppenakzent, mehr oder minder starke Nasalierung der Vokale in bestimmter konsonantischer Umgebung und die Flüstervokale *i* und *u*, die oft nur noch in einer Artikulationsandeutung bestehen (z. B. Verengung des Lippenspaltes bei *u* in *masu* [mas]) und für das Ohr kaum mehr wahrnehmbar sind.

Alle drei Faktoren sind jedoch — vielleicht bis auf den Akzent in gewissen Fällen — nicht imstande, die Bedeutung eines Wortes zu verändern, oder mit anderen Worten: Sie haben phonologisch keine Bedeutung. In der gewöhnlichen Umgangssprache kann der Satz (2—5) ungefähr wie folgt lauten:

mu'qaçi mu'qaçi 'o:muqaçi aɽu 'jama oku'de, saɽu'to
kts'ne'to usãŋi tõ'ŋa kjo:dãĩ n jõ:(n)ĩ
naka'joku kuɽaç'te oɽimaç'ta.

In häufig vorkommenden Wendungen sind die Verschleifungen noch größer: *soredewa* ›dann‹ klingt wie [soɽedʑa:] *sō desu ka?* (so ist was?) ›So?‹ ›Wirklich?‹ kann wie [so:sq] klingen, *kono kinjo ni* (diese Nähe in) ›in dieser Gegend‹ wie [kõ:kĩndʑõĩ], *shitsurei* ›Verzeihung!‹ wie [çtsrei].

Im allgemeinen wird ein ziemlich großer Unterschied zwischen der Aussprache der japanischen Frauen und derjenigen der japanischen Männer beobachtet. Die Aussprache der Frauen weicht viel weniger von dem lateinischen Schriftbild des Hepburn-Systems ab.

SCHRIFTSYSTEM. Um einen Vergleich des in chinesisch-japanischer Schrift geschriebenen Originaltextes mit dem entsprechenden Lateintext zu ermöglichen, ist folgende Anordnung getroffen worden: Die Zahl über der Spalte der Originalschrift entspricht der Zahl vor der Reihe des mit lateinischen Buchstaben geschriebenen Textes. Jede Spalte bietet Platz für höchstens acht Zeichen, die chinesische Zeichen oder japanische Silbenzeichen sein können. Die Anzahl der Zeichen in einer Spalte entspricht der Anzahl der Wörter oder der durch einen Bindestrich gekennzeichneten Silben in der Lateinschriftzeile. Das chinesische Zeichen ist oft ein aus mehreren Silben bestehendes japanisches Wort; dagegen ergeben zwei japanische Silbenzeichen oft nur ein japanisches Wort. Z. B.: Das erste Zeichen in der ersten Spalte ist das chinesische Zeichen für ›Affe‹ und wird japanisch *saru* gelesen. Das zweite Zeichen ist das japanische Silbenzeichen *to*; *to* ist hier eine Verbindungspartikel zwischen zwei Substantiven, etwa ›und‹.

In der Spalte (2) ist das zweite Zeichen ein Wiederholungszeichen; d.h. man soll das erste chinesische Zeichen, das japanisch *mukashi* ›alt‹, ›früher‹ gelesen wird, noch einmal lesen: *mukashi-mukashi*.
In der vierten Spalte ist das japanische Wort *yō* durch die beiden Silben *yo* + *u* (sie folgen den Silben *-dai no*) dargestellt.
Die Japaner haben die Schrift — wohl in den ersten Jahrhunderten n. Chr. — von den Chinesen entlehnt. Die chinesische Schrift eignete sich für das Japanische denkbar schlecht, denn das Japanische ist eine mehrsilbige Sprache, deren Wortstämme (Verben, Adjektive) sich durch den Antritt von Suffixen ändern können. Um das starre chinesische Schriftsystem, das für eine isolierende Sprache wie das Chinesische große Vorteile haben kann, der japanischen Sprache anzupassen, ging man bald dazu über, die chinesischen Zeichen als bloße Lautzeichen ohne Rücksicht auf ihre Bedeutung zu verwenden. Nach der ältesten japanischen Gedichtsammlung, dem Manyōshu (10000-Blätter-Sammlung), nennt man den phonetischen Gebrauch der chinesischen Zeichen *Manyōgana*. Durch Verkürzung der chinesischen Zeichen entstand im 8.—9. Jahrhundert die japanische Silbenschrift, die *Hiragana*, in der es für eine Silbe früher viele Varianten gab. Später schuf man (12. Jh.?) eine in den Schriftzügen weiter vereinfachte Silbenschrift, die *Katakana*. Beide Silbenschriften sind heute im Gebrauch; die *Hiragana* ist am verbreitetsten. Obwohl nur 47 Zeichen vorhanden sind, nennen die Japaner das Silbenalphabet *gojūin*, d. h. ›die fünfzig Kanalaute‹.
Die mit den Konsonanten *b d g j p z* anlautenden Silben werden durch Hinzufügen von zwei punktähnlichen Strichen (nigoriten) bzw. eines Kreises (maru) aus den Reihen der Hauchlaute und der stimmlosen Konsonanten geschaffen. Die mit *p* anlautenden Silben wurden von den Japanern als Ergebnis einer Halbtrübung (hannigori), die übrigen Silben mit zwei Strichen als Trübung (nigori) aufgefaßt. Diese Annahme war natürlich ein Aberglaube auf dem Gebiet der Phonetik.
Mit der Entlehnung der chinesischen Schrift begannen massenhaft chinesische Wörter ins Japanische einzudringen. Die Japaner konnten die chinesischen Laute nicht genau nachahmen und paßten sie ihren phonetischen Gewohnheiten an. Dennoch lassen sich aus dem japanischen Lautbild der chinesischen Wörter gewisse Rückschlüsse auf die Lautgestalt der entsprechenden chinesischen Wörter zur Zeit ihrer Entlehnung ziehen. Sie helfen bei der Rekonstruktion des altchinesischen Lautsystems. Für das Lesen eines japanischen Textes ergeben sich durch die zahlreichen Entlehnungen un-

Tabelle der japanischen Silbenschrift.

1. Reihe: *Katakana*; 2. Reihe: *Hiragana*; 3. Reihe: *Rōmaji.*

1.	パ	バ	ダ	ザ	ガ	ン	ワ	ラ	ヤ	マ	ハ	ナ	タ	サ	カ	ア
2.	ぱ	ば	だ	ざ	が	ん	わ	ら	や	ま	は	な	た	さ	か	あ
3.	pa	ba	da	za	ga	n	wa	ra	ya	ma	ha	na	ta	sa	ka	a
1.	ピ	ビ	ヂ	ジ	ギ		ヰ	リ	(イ)	ミ	ヒ	ニ	チ	シ	キ	イ
2.	ぴ	び	ぢ	じ	ぎ		ゐ	り	(い)	み	ひ	に	ち	し	き	い
3.	pi	bi	ji	ji	gi		(w)i	ri	(i)	mi	hi	ni	chi	shi	ki	i
1.	プ	ブ	ヅ	ズ	グ		(ウ)	ル	ユ	ム	フ	ヌ	ツ	ス	ク	ウ
2.	ぷ	ぶ	づ	ず	ぐ		(う)	る	ゆ	む	ふ	ぬ	つ	す	く	う
3.	pu	bu	zu	zu	gu		(u)	ru	yu	mu	fu	nu	tsu	su	ku	u
1.	ペ	ベ	デ	ゼ	ゲ		ヱ	レ	(エ)	メ	ヘ	ネ	テ	セ	ケ	エ
2.	ぺ	べ	で	ぜ	げ		ゑ	れ	(え)	め	へ	ね	て	せ	け	え
3.	pe	be	de	ze	ge		(w)e	re	(e)	me	he	ne	te	se	ke	e
1.	ポ	ボ	ド	ゾ	ゴ		ヲ	ロ	ヨ	モ	ホ	ノ	ト	ソ	コ	オ
2.	ぽ	ぼ	ど	ぞ	ご		を	ろ	よ	も	ほ	の	と	そ	こ	お
3.	po	bo	do	zo	go		(w)o	ro	yo	mo	ho	no	to	so	ko	o

sägliche Schwierigkeiten. Ein chinesisches Zeichen kann für ein rein japanisches Wort stehen, es kann aber auch Träger des chinesischen Lehnwortes sein, das je nach der Entlehnungsepoche verschieden gelesen werden kann. Die an sich schon großen Schwierigkeiten der chinesischen Schrift werden, auf das Japanische angewandt, mindestens verdreifacht. Die japanische Lesung eines Zeichens nennt man *kun*, die chinesische Lesung *on*. Das *on* kann eine dreifache Lesart haben:
1. *kan-on*, so genannt nach der chinesischen Han-Dynastie 206—221 v. Chr. Die Chinesen bezeichnen sich auch heute noch als die *Han-Nationalität*. Die Aussprache dieser chinesischen Wörter wurde zwischen dem 7. und 9. Jh. von buddhistischen Priestern aus Nordchina nach Japan gebracht. Sie wird als eleganter betrachtet als die ältere
2. *go-on*, *go* nach der chinesischen Provinz *Wu* (japanisch *Go*). Diese Lesung chinesischer Zeichen gelangte ungefähr im 6. Jh. mit der Einführung des Buddhismus nach Japan.
3. *tō-in* (*in*, nicht *on*!), *tō* nach der chinesischen Tang-Dynastie (620—907 n. Chr.). Sie wird jedoch erst später, im 17. Jh.,

nach Japan eingeführt und ähnelt am meisten der heutigen chinesischen Sprache.
Wegen des Systems der chinesischen Zeichen → Chinesisch.
Welche Art der Aussprache eines chinesischen Zeichens zu wählen ist, entscheidet allein der Sprachgebrauch. Um alle Zweifel einer Lesung zu beseitigen und überhaupt denen zu helfen, die nicht so viele chinesische Zeichen kennen, setzt man in vielen Zeitschriften und besonders Büchern volkstümlicher Art neben das chinesische Zeichen zur Angabe der Aussprache die entsprechenden Hiragana-Zeichen (Seiten-Kana).
Das Zeichen 人, das für chinesisch *rén* ›Mensch‹ steht, wird japanisch *hito* ›Mensch‹ gelesen. Dasselbe chinesische Zeichen kann aber auch nach go-on *nin* und nach kan-on *jin* gelesen werden. Steht das chinesische Zeichen allein und folgt ihm eine japanische Partikel, wird das Zeichen japanisch *hito* gelesen. In Verbindung mit einem anderen oder weiteren Zeichen kann es japanisch oder chinesisch-japanisch (go-on oder kan-on) gelesen werden. In den folgenden drei Verbindungen steht das Zeichen für ›Mensch‹ immer am Anfang, wird aber verschieden gelesen:

hitomae (Menschen vor) ›Öffentlichkeit‹;
ninsoku (nach go-on; Mensch, Fuß) ›Arbeiter‹, ›Kuli‹;
jindō (nach kan-on; Mensch, Weg) ›Humanität‹.

Der Chinese kann diese Wörter wegen ihrer japanischen Aussprache nicht verstehen. Sehr oft aber gibt es diese Wörter auch gar nicht im Chinesischen; sie sind erst auf japanischem Boden gebildet worden. Viele Ausdrücke der modernen Technik sind von den Japanern mit chinesischen Zeichen gebildet worden und dann nach China gelangt, wo sie dann nach den Ausspracheregeln des modernen Chinesischen ausgesprochen werden.
In der Verbindung ›alter Mann‹ (Spalte 12 und 13, letztes und erstes Zeichen) wird das letzte Zeichen *jin* gelesen: *rōjin* (chinesisch *lǎorén*).
Das erste Zeichen in der 5. Spalte gibt den Begriff von ›leben‹ *kurasu* wieder. In dem Originaltext ist der letzte veränderliche Bestandteil des Verbs (*-su* wird *-shi*), die Silbe *-shi*, durch das Hiragana-Zeichen angedeutet.
Dieses Zeichen kann chinesisch-japanisch auch *bo* oder *mu* gelesen werden. Es steht außerdem für das japanische Wort *kure* ›Abenddämmerung‹. Die Hiragana-Silbe *shi* und das folgende Suffix *-te* lassen jedoch die Lesung *kurashite* ›lebend‹ als allein richtig erscheinen. Das Lesen eines japanischen Textes erfordert nicht nur die Kenntnis der verschiedenen Lesarten eines Zeichens, sondern auch noch eine kombinatorische Arbeitsleistung beim Lesen selbst.

Um die Schwierigkeiten des chinesisch-japanischen Schriftsystems, dessen Erlernung und teilweise Beherrschung viele Jahre angestrengter Arbeit kostet, zu vermindern, hat das japanische Erziehungsministerium 1947 beschlossen, die Zahl der in Zeitungen und amtlichen Schriftstücken zu verwendenden Zeichen auf 1850 einzuschränken. Außerdem werden auch schon die von der Pekinger Regierung vorgeschlagenen vereinfachten Formen vieler chinesischer Zeichen benutzt.

Die Einführung der Lateinschrift ist bisher durch verschiedene Umstände verhindert worden: Man wehrt sich gegen den Bruch mit der alten, reichen literarischen Tradition und vielleicht auch gegen den Bruch mit der chinesischen Welt. Die große Zahl auch der zweisilbigen Homonyme, die durch die chinesisch-japanische Lesung der chinesischen Schriftzeichen entstanden und noch entstehen, macht das gesprochene Wort oft schwer verständlich. Der Gedanke, viele dieser gleichklingenden Wörter durch mehrsilbige, rein japanische und deshalb deutlichere Wörter zu ersetzen, ist durch den Hinweis auf die Kürze und Prägnanz der chinesisch-japanischen Wörter und auf die Schwerfälligkeit der neuen langen japanischen Wörter bisher ohne Wirkung geblieben. Man braucht nur ein japanisches Wörterbuch aufzuschlagen — die meisten japanischen Wörterbücher haben übrigens eine alphabetische Anordnung nach dem lateinischen Hepburn-Alphabet —, um sich eine Vorstellung von der erdrückenden Zahl der Homonyme zu machen. Der aus zwei Silben bestehende Lautkomplex *shinsei* hat mindestens 13 Bedeutungen, die durch die chinesischen Zeichen klar zum Ausdruck gebracht werden. *shinsei* bedeutet: 1. die göttliche Natur, ›Gottheit‹, 2. Theokratie, 3. direkte kaiserliche Herrschaft, 4. kaiserliche Expedition, 5. Heiligkeit, 6. Gesuch, Antrag, 7. Natur, Naturell, 8. Echtheit, 9. Redlichkeit, 10. Wesen, eigentliche Natur, 11. neu (gemacht), 12. neue Regierung, 13. neues Leben.

Die durch die Verquickung mit der chinesischen Sprache und Schrift geschaffene unglückliche japanische Sprachsituation wird durch das Bestehen zweier Sprachformen, einer Schriftsprache und einer Umgangssprache, noch vertrackter.

Die Schriftsprache unterscheidet sich von der Umgangssprache in erster Linie dadurch, daß sie andere Formelemente (Endungen der Verben, Adjektive, Partikeln) als die Umgangssprache benutzt. Auch im Wortschatz zeigen sich Abweichungen, doch sind die Grenzen zwischen den beiden Sprachformen fließend und hängen von dem Bildungsgrad des Schreibenden oder Sprechenden ab. Die alte Schriftsprache findet sich besonders noch im Briefstil. Die schöne

Literatur wird nur in der Umgangssprache geschrieben. Auch der Text und die hier gegebenen Formen gehören der Umgangssprache an, die ein immer weiteres Feld erobert.

Sprachbau und einige wichtige Formen. Das Japanische ist nach allgemeiner Auffassung wie das Türkische und das Mongolische eine agglutinierende Sprache. Seine Struktur ähnelt am meisten der des → Mongolischen; sie weist jedoch viele Eigenheiten auf. Genealogisch gesehen, steht das Japanische isoliert da. Person und Zahl werden beim Verb nicht ausgedrückt. Suffixe, die Zeit und Modus andeuten und eine weiter weisende Satzverbindung schaffen, treten an den Verbstamm, der dadurch oft Veränderungen erleidet. Das Substantiv bleibt unverändert. Der Plural wird meist nicht bezeichnet. Beim Pronomen findet man häufiger Pluralendungen, z. B. kare-*ra* ›sie‹ (Plur.), watashi-*tachi* ›wir‹. Einen Genusunterschied gibt es nicht (er=sie=es). Die Funktion des Substantivs oder einer nominalen Wortgruppe wird nicht wie im Türkischen und Mongolischen durch Endungen (feste Morpheme), sondern durch Partikeln (lose Morpheme) festgelegt. Eine Vokalharmonie, die die Suffixe stärker an den Stamm bindet, gibt es nicht. Das Attribut, ob Adjektiv, Substantiv oder Wortgruppe steht vor dem näher zu bestimmenden Wort. Das Adjektiv hat eine besondere Form, die vor allen Zeitwörtern gebraucht wird. Sie wird oft als Adverbialform bezeichnet.

Die Person, die durch die Verbform ja nicht ausgedrückt wird, ergibt sich häufig aus dem Bedeutungsinhalt des Verbs. Man verwendet z. B. für die zweite und dritte Person besondere Höflichkeitsverben oder -konstruktionen. Somit ist im Japanischen ein soziologischer Faktor, der feine Anstand, die Höflichkeit, zu einem morphologischen Element geworden. Die feine Gesittung ist grammatikalisiert worden.

Einige Formen. Überträgt man die Funktionsbereiche einiger japanischer Partikeln auf die herkömmliche europäische Grammatik, so muß man, um überhaupt etwas Klarheit über den japanischen Satzbau zu gewinnen, einen neuen Fall, der durch die Partikel *wa* ausgedrückt wird, einführen. Durch diesen Fall wird ein Wort oder eine Wortgruppe aus dem Satzganzen herausgehoben oder isoliert, oder es wird auf einen Gegensatz hingewiesen. Im Deutschen kann man sich die Funktion dieses Falles, der meist als ›Absolutus‹ bezeichnet wird, durch die Wendung ›was — anbetrifft‹ verdeutlichen, z. B. *Nippon wa// shima-guni desu* (Japan!! = was Japan anbetrifft, Inselreich sein) ›Japan (im Gegensatz zu anderen Ländern) ist ein Inselreich‹.

Absolutus	hito	*wa*
Nominativ	—	*ga* [ŋa] ›ein, der Mensch, Menschen, die Menschen‹
Genitiv	—	*no* ›eines Menschen‹ usw.
Dativ	—	*ni* ›einem Menschen‹ usw.
Akkusativ	—	*wo* [ɔ] ›einen Menschen‹ usw.

Die Partikel *ni* hat einen weiten Funktionsbereich; sie bedeutet auch ›in‹ mit Dativ oder Akkusativ ›nach‹, ›an‹ usw.

Verb. Ein Infinitiv fehlt. Die in japanischen Wörterbüchern angeführte Form ist die Form des allgemeinen Präsens, z. B. *taberu* ›ich esse‹, ›du ißt‹, ›er sie, es ißt‹, ›wir essen‹, ›ihr eßt‹, ›sie essen‹.

Nach dem Auslaut unterscheidet man zwei Konjugationen:

1. Konjugation: Stamm + *ru*:	tabe/ru ›essen‹ tazune/ru ›besuchen‹ mi/ru ›sehen‹.
2. Konjugation: Stamm + *u*:	kuras/u ›leben‹; or/u ›sein‹; kik/u ›hören‹; nobor/u ›klettern‹.

An diese einfachen oder erweiterten Stämme werden die Suffixe oder Höflichkeitsverben gefügt.

Einfacher Stamm: *tabe*, *mi*; *kuras*, *kik* usw.

Erweiterter Stamm: *tabe-re*, *mi-re*; *kurash-i*, *kik-i*.

Die zweite Konjugation kann auch neben dem *i*-Stamm einen *e*- und *a*-Stamm haben. Durch den Antritt an *-i* wird *s* zu *shi*, *ts* zu *chi*.

Suffixe:

-ta bezeichnet die Vergangenheit;

-te ist eine abhängige Form, deren Zeitstufe durch das folgende Hauptverb bestimmt wird. Sie wird deshalb Subordinationsform genannt.

-ō: Futur I; *-tarō*: Futur II.

-ba: Konditional I.; *-taraba*: Konditional II.

-tai: Wunschform.

Z. B. tritt *-te* an den einfachen Stamm von *tabe: tabete* ›essend‹, ›- - ißt und‹ usw., und an den *i*-Stamm der zweiten Konjugation; z. B. *kurashite* ›lebend‹. Dagegen wird *-ba* an den erweiterten Stamm der 1. Konjugation angefügt, z. B. *tabere-ba* ›wenn ich esse‹, ›wenn ich äße‹, und an den *e*-Stamm der 2. Konjugation, z. B. *kike-ba* ›wenn ich höre‹ usw.

Die direkte Form ohne Erweiterung oder Einschaltung eines Höflichkeitsverbs kommt hauptsächlich als Subordinationsform vor. Das *-te* bewirkt in der zweiten Konjugation erhebliche Änderungen des konsonantischen Stammauslauts. Für eine agglutinierende Sprache ist der Grad der Verschmelzung zwischen Stamm und Endung ungewöhnlich. In dieser Tatsache und in dem Vorhandensein von zwei Konjugationen muß man einen flektierenden Zug des Japanischen sehen. Beispiele: *kiite* ›hörend‹ aus kiki-te, *otte* ›seiend‹ aus ori-te, *nobotte* aus nobori-te, *yonde* ›rufend‹ oder ›lesend‹ aus yobu ›rufen‹ oder yomu ›lesen‹.

Das gewöhnlichste, zu einem Suffix verblaßte Höflichkeitsverb ist *masu*, das an den einfachen Stamm oder den *i*-Stamm tritt. An *masu* werden die üblichen Zeit-Modus-Suffixe gefügt: *...tabemono wo sagashimashita* ›Essen suchte er‹ aus dem *i*-Stamm von *sagasu* ›suchen‹ + *i*-Stamm von *masu* + *ta*; *iimashita* ›er sagte‹ aus dem *i*-Stamm von *iu* ›sagen‹. Das *masu* gibt im allgemeinen keinen Hinweis auf die Person. Die wichtigsten Formen eines Verbs in Verbindung mit *masu* lauten:

Präsens:	*mimasu* ›ich sehe‹
Vergangenheit:	*mimashita* ›ich sah‹, ›ich habe gesehen‹
Futur I:	*mimashō* ›ich werde sehen‹
Futur II:	*mimashitarō* ›ich werde gesehen haben‹
Konditional I:	*mimasureba* ›wenn ich sehe, sähe‹
II:	*mimashitaraba* ›wenn ich gesehen hätte‹

Dagegen ist die umschreibende Form *...ni naru* (werden zu), vor welche die Stammform des Verbs mit der lexikalischen Bedeutung tritt, ein Mittel, die zweite oder dritte Person höflich anzudeuten, z. B. *...omoi ni narimashita* ›er dachte‹ aus *i*-Stamm von *omou* ›denken‹, *nari* = *i*-Stamm von *naru* ›werden‹ +*i*-Stamm von *masu* + *ta*. In dieser Wendung sind zwei Höflichkeitsfaktoren vorhanden: *-ni naru* und *masu*. Der Begriff ›denken‹ wird allein durch die Lautgruppe *omo-* vermittelt, die übrigen Silben *i-ni-na-ri-ma-shi-* haben keine lexikalische Bedeutung. Bemerkenswert ist noch, daß der Begriff, auf den es ankommt, *omo-*, unbetont ist, während das Zeitelement *-ta* einen abschließenden Akzent trägt.

Es gibt außerdem die Höflichkeitspräfixe *o-* und *go-*, die vor ein Substantiv und nominale Gruppen treten können; *go-* wird vor Wörtern gebraucht, wenn sie noch als chinesische Lehnwörter erkannt werden, sonst sagt man *o-*, z. B. *o-kuni* ›geehrtes Vaterland‹ = ›Ihr Land‹, *O-shaka Sama ga kono koto wo o-kiki ni natte* ›Buddha hörend diese Sache ...‹ (Spalte 6—7). *aitai* ist die Wunschform von *au* ›treffen‹, das im Japanischen mit dem Dativ verbunden wird. Zusammen mit dem folgenden *to omou* heißt die Wendung ›besuchen wollen‹.

Es gibt auch einige als unregelmäßig bezeichnete Verben, von denen *da* ›ist‹, höflich *desu, aru* ›ist vorhanden‹, höflich *arimasu, suru* ›machen‹ häufig vorkommen.

Die Verneinung erfolgt durch das Adjektiv *-nai* oder höflich durch *-masen*, z. B. *dekiru* ›gemacht werden‹, ›können‹, ›imstande sein‹, *dekinai* ›nicht können‹ = ›unmöglich‹, höflich *dekimasen*. Der im Deutschen dem Modalverb folgende Infinitiv muß im Japanischen als substantiviertes Subjekt erscheinen ... *nani mo mitsukeru koto ga dekimasen deshita* (etwas finden-Sache // nicht-können war) ›... er konnte nichts finden‹.

Auch die übrigen Modalbegriffe ›müssen‹, ›dürfen‹, ›sollen‹ müssen durch komplizierte Wendungen ausgedrückt werden.

Die Sätze werden durch die Subordinationsform, die Konditionalform und durch zahlreiche Konjunktionen, die meist am Endes des Satzes stehen, in reichen Spielarten miteinander verknüpft. Die Verben können durch das Passivsuffix *areru* und das Kausativsuffix *saseru* erweitert werden.

Neue Wörter können mit größter Leichtigkeit wie im Chinesischen und Deutschen durch attributive Voranstellung eines Elementes vor ein Grundwort gebildet werden: *kaisai-hoken-kaisha* ›Feuerversicherungsgesellschaft‹, *mukashi-banashi* ›Märchen‹, ›alte Geschichte‹. Wie im Türkischen und Mongolischen fehlt ein Relativpronomen. Deutsche Relativsätze sind im Japanischen Wortgruppen, die asyndetisch vor das näher zu bestimmende Wort gestellt werden: ... *sono saru ya kitsune ya usagi no iru tokoro* ... (des Affen-und-des-Fuchses-und-des-Hasen-wohnen-Platz) ›... der Platz, wo der Affe, der Fuchs und der Hase wohnten ...‹.

Das unverbunden vor dem Substantiv stehende Verb hat kein bestimmtes Genus; es kann sowohl aktivisch als auch passivisch aufgefaßt werden. Beide Möglichkeiten ruhen in der Verbform, ohne daß es die Sprache für nötig hält, sie besonders zum Ausdruck zu bringen. Man kann *taberu* ›ich esse‹ usw. sowohl vor *hito* ›Mensch‹ als auch vor *ringo* ›Apfel‹ setzen. Es liegt nahe, daß es im ersten Fall aktivisch, im zweiten Fall passivisch aufzufassen ist und nicht umgekehrt: *taberu hito* ›der Mann, der ißt‹, *taberu ringo* ‹der Apfel, der gegessen wird‹. Steht *taberu* vor einem Wort wie *jibun* ›Zeit‹, so ergibt sich ein Abhängigkeitsverhältnis zwischen den beiden Wörtern, das im Deutschen durch einen adverbialen Temporalsatz verdeutlicht wird: ›(zur) Zeit, (da) er ißt‹ = ›während er ißt‹.

Die wenigen Hinweise zeigen, daß das Japanische nicht nur eine überaus eigenwillige Struktur hat, sondern daß diese Struktur, so einfach sie auf den ersten Blick erscheinen mag, durch die Fülle paralleler Ausdrucksmöglichkeiten sehr verwickelt ist. Zur Aufzeichnung seiner Sprache bedient sich der Japaner eines gemischten Schriftsystems, das an Kompliziert-

heit wohl unübertroffen in der Welt ist. Japanisch steht hinsichtlich der Zahl der Sprecher an sechster Stelle in der Welt. Es wird gegenwärtig von über 120 Millionen Menschen gesprochen. Es ist eine Kultursprache ersten Ranges mit einer ungemein reichen alten und neuen Literatur.
Typologisch kann man das Japanische in die große Gruppe der agglutinierenden Sprachen einordnen mit dem Hinweis jedoch, daß die Agglutination auf der einen Seite analytisch ist, auf der anderen Seite flektierende Züge aufweist.

Kaukasische Sprachen. Unter diesem Begriff vereinigt man alle die im Kaukasus gesprochenen Sprachen, die offenkundig nicht zu den übrigen im Kaukasus vorkommenden Sprachen, insbesondere den indogermanischen Sprachen (z. B. Ossetisch, Armenisch) oder den Türksprachen (z. B. Nogaiisch, Kumükisch) gehören. Dieser negative Abgrenzungsfaktor wird durch gewisse Gemeinsamkeiten ergänzt, den einzelne Gruppen dieser nichtindogermanischen und nichttürkischen Sprachen in morphologischer, phonetischer und wortschatzmäßiger Hinsicht aufweisen. Sie reichen jedoch nicht aus, um schon jetzt die Umrisse einer gemeinsamen Grundsprache zu erkennen. Es ist möglich, daß manche gemeinsamen Züge dieser Sprachen sich im Laufe der Zeit durch gegenseitige Berührung und Beeinflussung herausgebildet haben (*Adstrat*). Mit Ausnahme des Georgischen, das zu der Südgruppe der kaukasischen Sprachen gehört, ist keine dieser Sprachen vor 1920 als Schriftsprache verwendet worden. Der Forschung fehlt somit das Material, an Hand dessen frühere Stufen dieser Sprachen beleuchtet und mit dem späteren Zustand verglichen werden können. Von einigen Kaukasussprachen, dem Tscherkessischen, Ubychischen, Abchasischen und Mingrelischen, zeichnete der türkische Weltreisende Evliya *Çelebi* im 17. Jahrhundert Wortlisten und einige Sätze auf. Ein Vergleich dieses Materials mit dem heutigen Zustand der betreffenden Sprachen zeigt kaum Veränderungen. Nach 1920 wurden in der Sowjetunion einige kaukasische Sprachen zu Schriftsprachen entwickelt, doch sind auch heute noch die meisten kaukasischen Sprachen recht mangelhaft bekannt, so daß es schwer ist, wohlbegründete Vergleiche anzustellen.
Nach der geographischen Lage unterscheidet man zwei große Gruppen: *nordkaukasische Sprachen* und *südkaukasische Sprachen*. Die nordkaukasischen Sprachen werden in eine westliche Gruppe und eine östliche Gruppe geschieden. Andere Forscher teilen die kaukasischen Sprachen in drei auf gleicher Stufe stehende Gruppen, und zwar in eine Süd-, West- und Ostgruppe.

Aus diesen abweichenden Schemata darf man schließen, daß über die Trennung der Südgruppe von den übrigen Sprachen keine Zweifel bestehen, daß jedoch die Verwandtschaftsverhältnisse innerhalb der nördlichen Gruppe noch unklar sind. Die sowjetische Forschung hält die Hypothese, daß die beiden großen Gruppen, die Süd- und Nordgruppe, eine große Familie der Kaukasussprachen bilden, für unbewiesen.

Dagegen wird im allgemeinen die Verwandtschaft der nordkaukasischen Sprachen auf Grund von Gemeinsamkeiten in dem Benennungssystem der Zahlen, in den Pronominalstämmen und der Art des verbalen Ausdrucks nach dem Typ ›mir ist sichtbar‹ an Stelle von ›ich sehe‹ für gesichert gehalten.

GLIEDERUNG DER KAUKASISCHEN SPRACHEN: DIE NORDKAUKASISCHEN SPRACHEN.

I. A. Zur westlichen Gruppe der nordkaukasischen Sprachen gehören:

1. Das *Abchasische*. Es wird von etwa 100000 Personen in der Abchasischen ASSR (Hauptstadt Suchumi) gesprochen und mit georgischen Buchstaben geschrieben. Zu den Abchasen gehören die *Abasinen*, die zwei abchasische Dialekte sprechen: Das *Aschcharwa* und das *Tapanta*.

2. Das *Kabardinisch-Tscherkessische* in der Kabardisch-Balkanischen ASSR (350000 Sprecher); die Benennungen sind auch getrennt als *Kabardisch* und *Tscherkessisch* in Gebrauch. *Tscherkessisch* sprechen im Autonomen Gebiet der Karatschaier und Tscherkessen etwa 35000 Personen. Das *Adygejische* (früher auch *Kjakisch* od. *Westtscherkessisch* od. *Niedertscherkessisch*) wird von etwa 100000 Personen gesprochen.

3. Das wenig bekannte *Ubychische*.

Die Ubycher verließen vor etwa 100 Jahren ihr Gebiet am Ostufer des Schwarzen Meeres und wanderten in die Türkei aus, wo sie die türkische Sprache annahmen.

I. B. Die meisten der in der nordöstlichen Gruppe zusammengefaßten Sprachen werden in den schwer zugänglichen, wild zerklüfteten Gebirgen des Kaukausus gesprochen, die den größten Teil der Dagestanischen ASSR bilden. Diese Eigenart der Landschaft spiegelt sich in der starken Zersplitterung dieser Gruppe in zahlreiche Sprachen wieder, die zum Teil nur einigen hundert Menschen als Verständigungsmittel dienen. *Die nordöstliche Gruppe*, die auch als *die veinachisch-dagestanische Gruppe* bezeichnet wird, umfaßt:

1. *Die veinachischen oder batsisch-kistinischen Sprachen*. Zu ihnen gehören: a) *Das Tschetschenisch-Inguschische* in der Tschetschenisch-Inguschischen ASSR

(Hauptstadt Groznyj) mit etwa 900000 Sprechern. Sowohl das *Tschetschenische* als auch das damit nahe verwandte *Inguschische* sind zu Schriftsprachen entwickelt worden. Sie zeichnen sich durch einen reichen Konsonantenstand aus. b) Das *Batsische* (nur wenige Tausend) im Rajon Achmet der Georgischen SSR.

2. Die *dagestanischen Sprachen*, das sind die 27 dagestanischen Bergsprachen (Sprecher insgesamt etwa 1400000), die wie folgt gruppiert werden: a) die *awarisch-didoische Untergruppe*. Diese umfaßt: Das *Awarische*, deren etwa 480000 Sprecher eine der fünf größten Volksgruppen in der Dagestanischen ASSR bilden. Es ist seit 1938 Schriftsprache und wird mit dem russischen Alphabet geschrieben.

Die folgenden Sprachen werden je von weniger als 10000 Personen gesprochen; die drei letztgenannten nur von weniger als tausend Personen: *Andisch, Botlich, Ghodoberi, Karata, Tschamalal, Bagulal, Tindi, Achwach, Dido, Chwarschi, Kaputschi; Hunsal, Ginuch, Artschinisch.*

b) *Die darginisch-lakkische Untergruppe* umfaßt: Das *Lakkische* (Schriftsprache, etwa 95000), das *Darginische* oder *Hürkanische* (Schriftsprache, etwa 300000), das *Kubatschinische*, das jetzt als darginischer Dialekt gilt.

c) Die *lesgisch-tabassaranische Untergruppe* zerfällt in das: *Lesgische* (Schriftsprache, etwa 324000), *Tabassaranische* (Schriftsprache, etwa 55000). Die folgenden Sprachen werden von nur je höchstens etwa 11000 Menschen gesprochen: *Aghulisch, Rutulisch, Tsachurisch, Budugisch, Dschekisch.* d) *Udisch.* e) *Chinalugisch.*

Das *Lesgische* und *Rutulische* greifen auf das Gebiet der Aserbajdschanischen SSR über, während die vier letztgenannten (Budugisch, Dschekisch, Udisch und Chinalugisch) nur auf dem Gebiet der Aserbajdschanischen SSR gesprochen werden.

Die dagestanischen Sprachen haben folgende gemeinsamen Merkmale: Ein verwickeltes Lautsystem mit vielen Konsonanten des hinteren Gaumens und der Kehlkopfgegend. Behauchte und unbehauchte, einfache und gelängte Konsonanten sind bedeutungsdifferenzierend, bilden also Oppositionen. Die Substantive sind abweichend vom Georgischen nach Klassen geordnet, deren Zahl in den einzelnen Sprachen verschieden ist (2—6).

II. SÜDKAUKASISCHE SPRACHEN. Sie gliedern sich in

A. 1. Das →*Georgische*, das in der Georgischen SSR, in Nordaserbajdschan und in einigen angrenzenden Bezirken der nordöstlichen Türkei von etwa 3,3 Mill. Menschen gesprochen wird.

2. Die *sanische Gruppe* mit dem a) *Mingrelischen* (290000 im Westen der Georgischen SSR) und dem eng verwandten b) *Lasischen* (nur wenige hundert in der Adscharischen ASSR innerhalb der Georgischen SSR, etwa 47000 auf türkischem Gebiet).

B. Das *Swanische* oder, wie die Russen meistens sagen, das *Tschanische* (23000 in zwei Tälern südlich des Elbrus in der Georgischen SSR).

Mit Ausnahme des Georgischen werden die südkaukasischen Sprachen nicht geschrieben. Von allen kaukasischen Sprachen ist → *Georgisch* die bedeutendste.

Klassifizierung der Sprachen. ALLGEMEINES. Eine Klassifizierung ergibt sich aus den Faktoren der Ähnlichkeit und Verschiedenheit. Ähnliche Sprachen faßt man zu Gruppen zusammen, und der Grad der Ähnlichkeit ermöglicht eine weitere Einteilung in Unter- und Obergruppen.

Findet man Ähnlichkeiten auf Grund gewisser Merkmale, ohne nach ihrer Herkunft, d. h. ihrer Geschichte zu fragen, so kann man diese Ähnlichkeiten als typisch für die verglichenen Sprachen betrachten, und man spricht dann von einem Sprachtypus. Wie die auf Menschen angewandte Typenlehre nicht nach der Blutsverwandtschaft der Individuen fragt, so können unter einem Sprachtypus Sprachen verglichen werden, die ihre Zugehörigkeit zu einer Familie, einer Gruppe auf Grund ihrer uns bekannten Geschichte völlig unberücksichtigt lassen. Es ist allgemein bekannt, daß Englisch eine germanische und im weiteren Sinne eine indogermanische Sprache ist; sie ist damit dem Altgriechischen, das ebenfalls zu den indogermanischen Sprachen gehört, verwandt. In sehr vielen Zügen ist sie jedoch von ihren Verwandten so weit verschieden, wie es eine Nichte von ihrer Urgroßtante ist oder sein kann. Dagegen finden sich in der Welt Sprachen, die im Bau ähnliche Merkmale aufweisen wie das Englische. Die Entwicklungstendenzen des Englischen sind in eine Richtung gegangen, die z. B. zu einem Vergleich mit dem Sprachbau des Mongolischen oder Chinesischen reizen.

Diese Methode, die Sprache zu betrachten und zu untersuchen, nennt man nach F. *de Saussure* die *synchronische* (d. h. ›zeitgleiche‹), *beschreibende* oder *statische Sprachwissenschaft*. Kennt man eine Sprache nicht nur in ihrem gegenwärtigen Zustand, sondern durch schriftliche Überlieferung auch aus früheren Zeiten, so liegt es nahe, den Vergleich gewisser Merkmale auch auf diese Stufen auszudehnen. Man sieht gewisse typische Merkmale (Laute, Formen, Wortfolge, Wortschatz) in Abhängigkeit von der Zeit, und zu dieser Betrachtungsweise regte vor allem die Kenntnis der toten Sprachen Lateinisch, Griechisch und Sanskrit an. Der Anstoß zu dieser *diachronischen* (›durch die Zeit gehenden‹) oder *historischen Sprachbetrachtung* wurde gegeben, als man sich Ende des 18. Jh. in Europa näher mit dem Sanskrit zu beschäftigen begann (William *Jones* 1746—94). Man verglich die Laute, Formen und Wörter des Sanskrit, Griechischen, Lateinischen und vieler lebender europäischer Sprachen miteinander und fand gewisse Ähnlichkeiten. Die Verschiedenheiten zwischen den Lauten, Formen, Wörtern konnte man durch die Entwicklung erklären, die durch das Vorliegen schriftlicher Dokumente zu verfolgen war. Der Beginn der historisch-vergleichenden Sprachwissenschaft wird durch folgende Werke markiert: Friedrich *Schlegel*: ›Über die Sprache und Weisheit der Inder‹ (1808); Franz *Bopp* (1791—1867): ›Über das Konjugationssystem der Sanskritsprache in Vergleichung mit jenem der griechischen, lateinischen, persischen und germanischen Sprache‹ (1816), ›Vergleichende Grammatik‹ (1833—1852); Rasmus Kristian *Rask*: ›Untersuchungen zum Ursprung der altnordischen oder isländischen Sprache‹ (1818); A. Ch. *Wostokow*: ›Abhandlungen über die slawischen Sprachen‹ (1820); Jacob *Grimm*: ›Deutsche Grammatik‹ (1819—1834) ›Geschichte der deutschen Sprache‹ (1845); Friedrich *Diez*: ›Grammatik der romanischen Sprachen‹ (1836—1844).

In Anlehnung an die menschlichen Verhältnisse sieht man die Sprachen als lebende Organismen und spricht von einer *genealogischen Verwandtschaft*, von dem Stammbaum der Sprachen, von einer Sprachfamilie. In dieser sprachhistorischen Sicht sind z. B. die romanischen Sprachen Tochtersprachen des Lateins. Die Gruppe des Lateinischen bildete mit den oskisch-umbrischen Mundarten das sogenannte Uritalische, das in einigen Zügen durch eine vergleichende Betrachtung der beiden Gruppen erschlossen werden kann. Eine weitgehende Rekonstruktion des Uritalischen ist nicht möglich, da das Oskisch-Umbrische nur lückenhaft durch Inschriften und vereinzelte Angaben bei römischen und griechischen Schriftstellern bekannt ist. Es genügt aber, um zu erkennen, daß dieses Uritalische zum Griechischen im Verhältnis von Schwester zu Schwester steht.

Die *Sprachwissenschaft* hat sich in erster Linie mit der Erforschung genealogischer Zusammenhänge befaßt und besonderes Gewicht auf die Lautveränderungen gelegt. Die Ursache des Lautwandels und der dadurch zum großen Teil bewirkten Änderungen der anderen Systeme der Sprache (des morphematischen, syntaktischen, lexikalischen Systems) muß im Verhalten des Menschen gesucht werden. Der Mensch will

z. B. Abwechslung; wie die Kleidung ist die Sprache der Mode unterworfen. Der Ausfall einer Generation z. B. durch einen Krieg kann einen gewissen Bruch in der Übertragung der Sprachformen bewirken. Diese Fragen können nur zusammen mit der Psychologie, der Soziologie und der Geschichte behandelt werden.

Nach den Anschauungen vieler Forscher der zweiten Hälfte des vorigen Jahrhunderts erfolgten die Veränderungen der Laute nach bestimmten Gesetzen, die wie Naturgesetze wirkten. Ausnahmen von diesen Gesetzmäßigkeiten wurde durch die Wirkung von *Analogien* erklärt. Die Gültigkeit dieser von den sogenannten *Junggrammatikern* (Leskien, Brugmann, Osthoff, später dem Dänen K. Verner, dem Franzosen M. Bréal u. a.) aufgestellten Gesetze wird heute im allgemeinen insofern eingeschränkt, daß man die Lautveränderungen als historisch und geographisch abgegrenzte Vorgänge betrachtet. Der Italiener *G. I. Ascoli* trug mit seiner *Substrattheorie* dazu bei, über die äußere Registrierung der ›Gesetzmäßigkeiten‹ des Lautwandels hinaus die Ursachen des Lautwandels aufzuspüren. Die Substrattheorie besagt, daß ein zahlenmäßig starkes Volk, das unter irgendeinem Druck die Sprache eines anderen zahlenmäßig kleinen Volkes annimmt, seine Sprechgewohnheiten auf die Sprache des ›Siegers‹ überträgt und diese Sprache allmählich ändert. Erstaunlich ist, daß solche Sprechgewohnheiten erst sehr spät, Jahrhunderte, nachdem der Vorgang der Überschichtung durch das Eroberervolk schon abgeschlossen war, ihre Wirkung ausüben. Dieses sehr verwickelte Problem harrt noch seiner Lösung.

Wahrscheinlich werden sich die Veränderungen schon früher als beobachtet in einer Unterschicht der Bevölkerung ausgebildet haben; im Rahmen der damals herrschenden gesellschaftlichen Systeme traten diese Unterschichten als Träger einer Sprache historisch oder dokumentarisch nicht in Erscheinung. Sie und die von ihnen gesprochene Sprache führten ein Dasein unterhalb des geschichtlichen Bewußtseins.

Der Vergleich verschiedener Sprachen in ihrem gegenwärtigen Zustand und auf früheren Stufen war besonders fruchtbar auf dem Gebiet der indogermanischen Sprachen, da man von diesen viele Einzelsprachen und viele ältere Stufen kennt. Als erfolgreich erwies sich das Streben nach Aufstellung einer Genealogie noch bei dem semitischen und dem finno-ugrischen Sprachstamm. Verlangt man noch viele und genaue Kriterien, um eine Sprache der großen Familie der indogermanischen Sprachen zuordnen zu können (z. B. Übereinstimmung lexikalischer und morphologischer Elemente wie der ersten Grundzahlen, etwa 1—6, des Grundwortschatzes — Vater, Mutter usw., der wichtigsten Morpheme, Ablaut der Stammorpheme), so geben sich viele Forscher bei anderen Gruppen schon mit wenigen Merkmalen, die wohl typisch sind, aber deren Entwicklung oder frühere Stufen man gar nicht kennt oder nur mutmaßt, zufrieden, um auf Grund dieser Merkmale verschiedene Sprachen zu einer größeren Gruppe zusammenzufassen. Man spricht z. B. von einem uralaltaiischen ›Sprachstamm‹, dem nach einigen Forschern die finno-ugrische Gruppe, die türkische, mongolische und tungusische Gruppe, das Japanische und Koreanische angehören. Andere trennen das Japanische und Koreanische davon, und einige wollen nur die Gruppen der Türksprachen, des Mongolischen und der tungusischen Sprachen zu einer uralaltaiischen Gruppe zusammenfassen oder nehmen auch noch die Verwandtschaft dieser drei Gruppen als unbewiesen an.

Die übliche, auch weiter unten gegebene Klassifizierung der Sprachen beruht auf zwei Prinzipien, dem rein genealogischen und dem typologischen; denn von den meisten Sprachen kennt man ihre historischen Stufen so wenig, daß man in dem Bestreben, nach dem Muster der indogermanischen Sprachen eine riesige Familie zu gründen, viele Sprachen einfach auf Grund des ihnen gemeinsamen Typus zu einer Großgruppe zusammenfaßt.

Das Bild einer Sprachfamilie sei kurz an der indogermanischen Sprachfamilie gezeigt. Man ist der Meinung, daß viele heute gesprochene Sprachen und andere ausgestorbene Sprachen auf eine Grundsprache zurückgehen, die man nach ihren geographisch am weitesten voneinander entfernten Gliedern Indogermanisch (Indisch im Südosten — Germanisch im Nordwesten) oder Indoeuropäisch (so die Franzosen, Italiener, Engländer, Russen) nennt.

Diese nicht überlieferte Sprache glaubt man zum Teil aus den Erscheinungsformen jener heutigen Sprachen und ihrer früheren Stufe erschließen zu können, die auf Grund ihrer Merkmale als indogermanisch gelten. Man versucht, von all diesen Sprachen nach Möglichkeit die älteste Erscheinungsform zu finden und aus diesen Erscheinungsformen die letzte Stufe auf der Treppe in die dunkle Vergangenheit, das *Urindogermanische*, zu rekonstruieren. Man betrachte in den einzelnen Sprachen das Wort für *Mutter*. Das kurze *u* in neuhochdeutsch M*u*tter war im 12. Jh. lang: [u:], vor dieser Zeit ist eine andere Form *muoter* überliefert, die als althochdeutsch bezeichnet wird. Dasselbe Wort in anderen Sprachen:

altindisch:	mātā	altirisch:	māthir
avestisch: (→ Persisch)	mātār	lettisch:	māte

altgriechisch:	ˈmɛːtɛːr	altbulgarisch:	mati,
		Genitiv:	matere
dorischer Dialekt:	ˈmaːtɛːr	altenglisch:	mōdor
lateinisch:	māter	althochdeutsch:	muoter

Die große Ähnlichkeit dieser Formen ist auf den ersten Blick zu erkennen, und die Annahme liegt nahe, daß alle diese Formen auf ein gemeinsames Grundwort zurückgehen. An dem Anfangskonsonanten besteht kein Zweifel, da er allen Formen gemeinsam ist. Das *-r* fehlt nur bei indisch *māta*, lettisch *māte* und altbulg. *mati*. Dieses Fehlen ist jedoch nur scheinbar; denn der wirkliche Stamm wird wieder in anderen, flektierten Formen sichtbar, z. B. im Genitiv. Das intervokalische *t* weicht nur im Altenglischen ab, so daß man annehmen darf, daß es sich hier nur um eine der dem Germanischen eigene Entwicklung handelt.
Tatsächlich kann man durch Vergleich anderer Wörter in den germanischen Sprachen feststellen, daß das *t* in *muoter* eine besondere Entwicklung aus einem germanischen *-d-* ist. Demnach steht für die Grundsprache fest: *m- -t- -r*. Für den ersten Vokal entscheidet die Mehrheit der Formen, die *a* haben. Für das altgriechische *ε*: kann man eine innerhalb des Griechischen erfolgte Entwicklung annehmen. Die Formen des zweiten Vokals sind uneinheitlicher. Was soll man als älter betrachten, *a* oder *e*? Man muß andere Beispiele zu Rate ziehen und erkennt, daß in diesem Falle das Altindische und Avestische abweichen, daß sie nämlich dort, wo in anderen Sprachen ein *e*: steht, ein *a*: haben. Als Grundwort muß man also die Form *mātēr* betrachten, aus der sich die späteren Formen entwickelt haben müssen. Wörter, die nicht belegt, sondern aus anderen Formen erschlossen sind, bezeichnet man mit einem Sternchen: **mātēr*. Dieses erschlossene Wort ist eine Hypothese, eine Arbeitsgrundlage.
Um ein Wort zu erschließen, häuft man alle phonetischen Merkmale, deren man habhaft werden kann, aufeinander. Das Wort für die Zahl 10 hat z. B. in einer Reihe indogermanischer Sprachen dort ein *-k-* (z. B. griech. *deka*, lat. *decem* [dekẽ]), wo andere einen *ʃ/s*-Laut haben (altind. *daşa*, litauisch *dešimt*, tschech. *deset*). Um diese Entwicklung zu erklären, nimmt man an, daß die Grundsprache für *k/s*, *ş*, *ʃ* einen Laut gehabt habe, der beide Möglichkeiten — die Entwicklung zu einem *k* und einem palatalen Gegenlaut, etwa *s* — in sich berge. Man glaubt in einem palatalen k [ķ] die richtige Basis gefunden zu haben. Ähnlich verfährt man mit anderen Lauten. Das Ergebnis ist in diesem Fall *deķm̥* (*m̥* ist silbisches *m*). Niemand weiß, ob ein derartiges phonetisches Kuriosum jemals gesprochen worden ist. Das Merkwürdigste aber ist, daß man trotz des großen

Konsonanten- und Vokalphonemreichtums, den man der Grundsprache zuschreibt, zu homonymen Wurzeln gelangt, einem Ergebnis, das gerade für lautarme Sprachen (→ Chinesisch) charakteristisch ist.

Die erschlossene *indogermanische Grundsprache* ist in Wirklichkeit keine Sprache, sondern eine Reihe von Formeln, die auf der Schwundtheorie aufgebaut sind. Schwindet etwas von dieser Formel, so entsteht ein Wort in einer Sprache. Man bürdet dieser Formel alles auf, was man in den Einzelsprachen an besonderen Zügen findet. In Wirklichkeit können auch Elemente geschwunden sein, die keine Spuren hinterlassen haben.

Auf Grund der Entsprechungen dreier Gutturalreihen (k ķ kw, g ģ gw) — und da es Sprachen mit aspirierten Gutturalen gibt (→ Hindi), muß man diesen beiden Dreierreihen auch noch aspirierte Reihen hinzufügen (k‘ ķ‘ kw‘, g‘ ģ‘ gw‘) — teilt man die indogermanischen Sprachen nach dem Kennwort für 100 (*ķm̥tóm!) in Kentum-Sprachen und Satem-Sprachen (lat. *c*entum — avestisch *s*atəm). Die → romanischen Sprachen zeigen kein *K*entum mehr, sondern haben sich zu ›Satem-Sprachen‹ entwickelt. Daraus ist ersichtlich, daß die Einteilung Kentum/Satem nur für eine ganz bestimmte Zeitstufe gilt, die aber niemand genau angeben kann, da das frühere Entwicklungstempo der indogermanischen Sprachen ja nicht bekannt ist.

Zu den Kentum-Sprachen gehören: Griechisch, Italisch, Keltisch, Germanisch, Illyrisch, Tocharisch und Hethitisch; zu den Satem-Sprachen: Indisch, Iranisch, Armenisch, Slawisch, Baltisch, Phrygisch, Thrakisch.

Vor der Entdeckung des Hethitischen in Kleinasien und des Tocharischen in Ostturkistan gab die obige auf phonetischen Kriterien beruhende Einteilung gleichzeitig einen Hinweis auf die geographische Lagerung: Kentum-Sprachen = Westindogermanisch; Satem-Sprachen = Ostindogermanisch. Heute ist diese Hypothese nicht mehr haltbar.

GENEALOGISCHE KLASSIFIZIERUNG (die oft nur eine oberflächliche typologische oder rein örtlich-geographische Klassifizierung ist).

Indogermanisch

1. → Griechisch.
2. Italische Sprachen: a) Oskisch-umbrisch, b) Latino-Faliskisch (Lateinisch) → Romanische Sprachen.
3. → Germanische Sprachen.
4. Keltische Sprachen: a) *Gallisch*, früher weit verbreitet in Europa (Frankreich, Oberitalien, Süddeutschland), bis nach Kleinasien, erloschen in den ersten Jahrhunderten nach Chr.,

kaum bekannt. b) *Britannisch*: *Bretonisch* in der Bretagne (Frankreich), etwa 1/2 Mill. Sprecher; *Kymrisch* oder *Walisisch*, etwa 3/4 Mill. in Wales; *Kornisch* auf der Halbinsel Cornwall, im 18. Jh. erloschen. c) *Gälisch*, Inschriften aus dem 4.—7. Jh. nach Chr. in einer eigenartigen, um eine Mittellinie aus Punkten und Strichen aufgebauten Schrift, der sogenannten *Ogham-Schrift* (Südirland, Wales, Schottland): — *Altirisch*, *Mittelirisch* mit einer reichen Literatur, *Neuirisch* (340000) in der Republik Eire auf Grund des Dialektes von Munster in den letzten Jahrzehnten wieder zu einer Schriftsprache belebt. Sie wird meist in einer aus der lateinischen Halbunziale stammenden Schrift, der neuirischen Schrift, geschrieben. — *Schottisch* (etwa 81000) oder Gälisch im engeren Sinne. — *Manx*, auf der Insel Man, im Aussterben begriffen. Die Orthographie des Neuirischen ist stark historisch; phonetisch gehört es zu den kompliziertesten Sprachen der Welt. Sandhi, völlige Änderung des Anfangskonsonanten eines Wortes nach bestimmten Gesetzen sind allgemein.

5. Indisch → Hindi.
6. Iranisch → Persisch.
7. → Armenisch.
8. → Slawische Sprachen.
9. *Baltische Sprachen*: a) *Westbaltisch*: *Altpreußisch*, Dokument ›Elbinger Vokabularium‹ aus dem 14. Jh., Ende des 17. Jh. erloschen; b) *Ostbaltisch*: *Litauisch* (mehr als 3 Mill.) in Litauen. Von den lebenden indogermanischen Sprachen ist es besonders im nominalen System eine der altertümlichsten; es wird deshalb oft zum Vergleich herangezogen. Es hat völlig freien dezentralisierten Akzent mit Tonhöhen und gibt vielleicht Hinweise auf die Akzentverhältnisse des Altgriechischen. Kurze Sprachprobe mit Akzenten: *Mįslẽ* Rätsel. — *Pasakýk mán, kóks skìrtumas tar̃p dram̃blio ir̃ blùsos*? (Sag mir, was ist für ein Unterschied zwischen einem Elefanten und einem Floh?) — *Labaĩ áiškus*: *dramblỹs gãli turéti blùsų̃ õ blusà negãli turéti dramblių̃*. (Ein sehr deutlicher: Ein Elefant kann Flöhe haben, aber ein Floh kann keinen Elefanten haben.)
Lettisch, ältestes Denkmal 1585, 1,5 Mill. Sprecher. Auffällig ist der feste Akzent auf der ersten Silbe; lange Vokale werden zum Teil mit Knarrton (nicht bezeichnet) gesprochen. — *Kurisch* im Kurland (westliches Lettland), ausgestorben.
10. *Albanisch*, erst seit dem 15. Jh. belegt, etwa 4,5 Mill. Sprecher in Albanien und in den südlichen Teilen Jugoslawiens. Das Albanische zerfällt in zwei große als Schriftsprachen gebrauchte Dialektgruppen: *Toskisch* im Süden, *Gegisch* im Norden. Grenzscheide ist der Shkumbifluß. Einen Übergangs-

dialekt bildet das *Elbasanische*. Als offizielle Schriftsprache gilt seit 1950 das Toskische. Schriftsteller bedienen sich häufig der gegischen Variante. Manche Forscher bringen das Albanische in Zusammenhang mit dem ausgestorbenen Illyrischen. Strukturell hat das Albanische viel mit dem Bulgarischen und Rumänischen gemeinsam. Der Wortschatz ist stark mit Lehnwörtern aus dem Lateinischen, Türkischen, Griechischen und slawischen Sprachen durchsetzt.

Das Alphabet:
a b c [ts] *ç* [tʃ] *d dh* [ð] *e ë* [ə] *f g gj* [ɡ̧] *h i j k l ll* [ɫ] *m n nj* [ŋ̧] *o p q* [ķ] *r rr* [r:] *s sh* [ʃ] *t th* [θ] *u v x* [dz] *xh* [dʒ] *y* [y] *z* [z] *zh* [ʒ]. Das Gegische hat Nasalvokale: *â* [ã] usw. Das folgende Beispiel zeigt die für den ›Balkantypus‹ charakteristische enge Verkettung durch freie und feste Morpheme (Akzent meist auf der vorletzten Silbe): Lexoni *në* gazetën *e* sotmë (Ihr lest in Zeitung-der der heutigen) ›Sie lesen in der heutigen Ausgabe‹: Republik*a* Popullor*e* *e* Shqiper*isë* *do të* marr*ë* pjes*ë* në konferenc*ën* ndërkombëtar*e* *të së* drejt*ës* *së* det*it*. (Republik-die Volks-des Albaniens will daß nehme teil an Konferenz-der internationalen der des Rechtes des Meeres-des) ›Die Volksrepublik Albanien will an der internationalen Konferenz über das Seerecht teilnehmen‹.

11. Zu den ausgestorbenen indogermanischen Sprachen gehören: — das *Hethitische* (meist Keilschrifthethitisch), zuweilen auch *Neschanisch*, *Nesisch* (besonders im sowjetischen Schrifttum) nach der alten Stadt Neša genannt, bekannt aus zahlreichen Denkmälern seit Beginn des 2. Jahrtausend v. Chr. Die Zuordnung zum Indogermanischen stützt sich besonders auf die Formen; der Wortschatz besteht zum größten Teil aus nicht-indogermanischen Elementen; — *Luwisch*, eine wichtige Sprache im Hethiter-Reich wohl an der Südküste Kleinasiens und *Palaisch*. — Das *Hieroglyphen-Hethitisch*, das in Kleinasien und Syrien verbreitet war, gehört zu den Satem-Sprachen.

Tocharisch A (die Sprache von Karaschahr) und *B* (die Sprache von Kutscha) wurde im Gebiet Chinesisch-Turkestans gesprochen, Texte aus dem 6. und 7. Jh. in einer Schrift (tocharische Schrift), die letzten Endes auf das indische Brahmi-Alphabet zurückgeht.

Phrygisch im Nordwesten von Kleinasien (altphrygische Inschriften seit dem 7. Jh. v. Chr.) Es stammt von der Balkanhalbinsel und ist wahrscheinlich mit dem kaum bekannten *Thrakischen* im Norden des Balkans und dem Armenischen verwandt. — *Makedonisch* im Norden Griechenlands mit dem Griechischen verwandt. — *Illyrisch* in weiten Teilen Europas, bekannt aus Orts- und Personennamen und einigen

Glossen. Dazu gehört das *Mesapische* im alten Apulien und Kalabrien. — *Venetisch* in Ostoberitalien. — *Ligurisch* am Golf von Genua. — Wahrscheinlich sind auch die früher in Kleinasien gesprochenen Sprachen *Lykisch* und *Lydisch* indogermanisch. — Unbewiesen ist noch die Zugehörigkeit des *Etruskischen* in Italien und des *Karischen* in Kleinasien zum Indogermanischen.

Baskisch (Eigenbezeichnung: *euskera*, *euskara*) wird von etwa ¾ Mill. Menschen im Norden und Westen der westlichen Pyrenäen (zu ¾ in Spanien, zu ¼ in Frankreich) gesprochen. Struktur: Im wesentlichen agglutinierend; Syntax: Ähnlich der der Türksprachen, polysynthetisch, Riesenattribute. Hypothesen über die Verwandtschaft des Baskischen mit den →kaukasischen Sprachen, dem Etruskischen, mit dem Nubischen (→ Afrikanische Sprachen) und anderen Sprachen wurden mehrfach aufgestellt. Möglicherweise ist es, wie Wilhelm *v. Humboldt* glaubte, der letzte Rest der Sprache der alten Iberer, die jedoch kaum bekannt ist, so daß überzeugende Vergleiche nicht möglich sind. Die Entwicklung einzelner spanischer Laute (z. B. *f* > *h*) könnte durch ein Substrat bewirkt worden sein, das ein Vorläufer des heutigen Baskischen war.

→ Kaukasische Sprachen.
→ Semitisch-hamitische Sprachen.
→ Finnisch-ugrische Sprachen.

Zu den wichtigsten ausgestorbenen Sprachen, die keine Fortsetzungen haben oder die nach den bisherigen Forschungsergebnissen mit keiner bekannten lebenden Sprache verwandt sind, gehören:

Die Sprache der *Mohendscho-Daro-* und *Harappa-Kultur* (Wortbildzeichen auf Siegeln in den Ruinen einer Gebirgssiedlung aus der Mitte des 4. Jahrtausends v. Chr. in West-Pakistan, Provinz Sind, Indus-Becken).

Mittelmeersprachen. *Etruskisch*: Sprache der Etrusker im nordwestlichen Teil Italiens. Eigenes Schrifttum, das bisher nicht entziffert worden ist (etwa vom 6.—3. Jh. v. Chr.). *Eteokretisch* (1500 v. Chr.); Sprache der Minoer auf Kreta, Schrifttum in Hieroglyphen und in einem Linearalphabet A und B, nicht zufriedenstellend entziffert (vgl. Griechisch). *Eteozyprisch* in einigen Inschriften in einer Silbenschrift aus dem 4. (?) Jh. v. Chr.

Asianide Sprachen. *Sumerisch*, die älteste geschriebene Sprache der Menschheit, von Babylon bis zum Persischen Meerbusen. Zahlreiche Texte in Keilschrift (3500 v. Chr. etwa beginnend mit Wortbildzeichen). *Elamitisch* (oder *Susisch*) im alten Elam (Hauptstadt Susa), älteste Inschriften aus der Mitte des 3. Jahrtausends v. Chr. *Kossäisch* (oder *Kas-*

sitisch, Kaschitisch) zwischen dem 16.—10. Jh. v. Chr. im Zagros-Gebirge, nur aus einigen Eigennamen und ins Akkadische übersetzten Wörtern bekannt. *Chattisch* im 3. Jahrtausend v. Chr., bereits im 2. Jahrtausend erloschen, in der Mitte Kleinasiens, von dem indogerm. Hethitisch allmählich verdrängt, Texte aus den Archiven von Boghaz-Köy. *Chaldisch* (oder *Urartisch*), vorindogerm. Sprache in Armenien, in der Gegend des Wansees vom 9.—7. Jh. v. Chr. Damit verwandt ist wahrscheinlich das *Churrische* (oder *Mitannische*) in Mesopotamien und Syrien aus dem 3.—2. Jahrtausend v. Chr., Texte meist religiösen Inhalts, ferner ein Brief des mitannischen Königs Tušratta (1400 v. Chr.) an Amenophis III.

DRAWIDA-SPRACHEN — die Bezeichnung ›dravida‹ hat Caldwell (1856) eingeführt — werden von etwa 100 Mill. in Südindien, Pakistan und auf Ceylon gesprochen. Sie sind sich im Lautstand, in der Struktur und im Wortschatz sehr ähnlich. Man unterscheidet die

1. *Andhra-Gruppe*. Dazu gehört das '*Telugu* (59 Mill.) in den Sirkars an der Koromandel-Küste am Krishna (Kistna) und Godavari. Literatur aus dem 11. Jh.

2. *Drawida-Gruppe* (im engeren Sinne): '*Tamil* (58 Mill.), die wichtigste der Drawida-Sprachen. Die Tamil-Literatur ist nach der Sanskrit-Literatur die älteste und umfangreichste Literatur Indiens. Erste Inschriften im 7. und 8. Jh. Wahrscheinlich gab es jedoch schon vor Chr. eine Literatur in Tamil. Es wird gesprochen im Südosten der indischen Halbinsel (Madras, Pondicherry, Karikal, Madura) und im Norden Ceylons, wo es das zum Indogermanischen gehörende *Singhalesische* zurückdrängte. — *Malayalam* (25 Mill.) an der Malabar-Küste, das dem Tamil sehr nahe steht. — *Kanaresisch* (a. *Kannada*, 25 Mill.) im Hochland von Mysore (literarische Denkmäler aus dem 9. Jh. n. Chr.). — *Tulu* 1,4 Mill.) bei Mangalore, *Kota* (1300). Von kleinen Gruppen, die in Zentralindien, Orissa und Westbengalien gesprochen werden, sind zu nennen: *Bhili* (3 Mill.), *Kui*, *Gondi*, *Oraon* (od. *Kuruchi* 1,5 Mill.). Diese Sprachen und das in den Bergen des östlichen Belutschistans gesprochene *Brahui* (400000) sind wenig erforscht. Die drawischen Sprachen waren früher in Indien wahrscheinlich weit verbreitet. Die retroflexen Laute im Sanskrit und seinen Fortsetzungen erklärt man durch die Wirkung eines drawidischen Substrats. Einige Merkmale des *Tamil*. Phoneme: Retroflexe Konsonanten, zwei *r*-Phoneme, mehrere *l*-Phoneme; lange und kurze Vokale; starke Assimilationserscheinungen. Struktur: den Türksprachen ähnlich; regelmäßige Wortstellung ziemlich starr (Subjekt ...... Objekt, Prädikat).

Geschrieben werden *Tamil*, *Malayalam*, *Kanaresisch* und *Telugu* in südindischen Varianten der altindischen Brahmi-Schrift.

BURUSCHASKI, völlig isoliert dastehend, etwa 20000 im Karakorum-Gebirge.

ANDAMANEN-SPRACHEN, vielleicht noch von einigen Hundert Menschen auf den Andamanen gesprochen.

→ TÜRKSPRACHEN.

→ MONGOLISCHE SPRACHEN.

MANDSCHU-TUNGUSISCHE SPRACHEN sind über ein weites Gebiet verteilt, das sich vom Ob und Jennisei bis ans Nordostende des Ochotzkischen Meeres und vom Nördlichen Eismeer bis an den Baikalsee erstreckt. Nach der Zahl der Sprecher unbedeutend. Nördlicher Teil: *Ewenkisch* im Nationalen Kreis der Ewenki (Tura) etwa 25000 (mit *Orotschonisch*, *Managirisch*, *Solonisch*), *Negidalisch*; *Lamutisch* (oder *Ewenisch*) um das Ochotzkische Meer, etwa 12000. Südlicher Teil: *Goldisch* (oder *Nanajisch*), *Oltscha*, *Orokisch*, *Samagirisch*, *Udihe*. Die wichtigste Sprache dieses Teils ist die Fortsetzung der Sprache der Jutschenen, das *Mandschurische*, nur 15000 Sprecher im nordöstlichen Teil Chinas (heute Dungbe).

Das Mandschurische ist von größtem Wert zum Verständnis der chinesischen Klassiker, da viele klassische chinesische Werke, die syntaktisch oft schwer verständlich sind, in das Mandschurische übertragen wurden, das als agglutinierende Sprache die Beziehungen zwischen den Wörtern und Sätzen deutlich zum Ausdruck bringt. Auch viele prägnante chinesische Wendungen und Titel werden durch die mandschurische Übersetzung klar. Aufgezeichnet ist das Mandschurische in der 1599 leicht abgeänderten und später vervollkommneten mongolischen Schrift. Das mandschurische Alphabet hat 34 Zeichen, davon 6 Vokal-, 18 Konsonantenzeichen und 10 Zeichen für chinesische Laute in den vielen Lehnwörtern aus dem Chinesischen.

KOREANISCH, etwa 62 Mill. Sprecher in Korea. Sprachbau: Agglutinierend, dem japanischen Typ ähnlich, fast ohne Vokalharmonie; komplizierte Phonetik. Eigene Schrift, die 1443 von dem König Sedschong eingeführt sein soll, aber schon vor dieser Zeit in Gebrauch war. Sie besteht aus 40 einfachen und zusammengesetzten Buchstaben, die zu 230 Silben kombiniert werden. Geschrieben wurde meist in einer mit chinesischen Zeichen gemischten Schrift (vgl. Japanisch). In neuerer Zeit wird die Verwendung der chinesischen Zeichen zugunsten der koreanischen Buchstaben eingeschränkt oder ganz aufgegeben.

→ JAPANISCH.

MUNDA-SPRACHEN. Die *Munda-* (*oder Kol-*) Sprachen werden verstreut in Ostindien, vor allem in dem bewaldeten Bergland von Chota-Nagpur (sprich: Tschhota-), in Orissa und im südlichen Bihar, von etwa 7 Mill. Menschen gesprochen. Ostgruppe: Hierzu gehören die wichtigsten Sprachen: *Santali* (etwa 5 Mill.) und *Mundari* (1,5 Mill.). Westgruppe: *Kurku* (170000). Südgruppe: *Sora, Gadaba* u. a.

Die Sprachen waren früher in Indien weit verbreitet, und es ist möglich, daß sie einige auffällige syntaktische Eigenarten des Sanskrit, z. B. die Bildung der morphemlosen Riesenkomposita, bewirkt haben. Die Beziehungen zwischen den Wörtern werden durch Suffixe verdeutlicht. Durch mehr oder minder starke Einbeziehung der Pronomen in den Verbkörper zeigen sie eine deutliche inkorporierende Komponente, die früher vielleicht die gesamte Satzstruktur bestimmte. Die Wortbildung ist durch die Infixe, z. B. (Santali) *haso* ›weh tun‹ — h-*an*-as ›Schmerz‹ gekennzeichnet.

Von einigen Forschern werden sie mit den Mon-Khmer-Sprachen in Verbindung gebracht. Nach dieser Ansicht bilden diese beiden Gruppen die Obergruppe der *austroasiatischen Sprachen.*

MON-KHMER-SPRACHEN (10 Mill.) in Indien, Birma, Indochina und anderen Ländern Südostasiens, die folgende Gruppen umfassen: 1. Zentrale Gruppe: *Khmer* oder *Kambodschanisch* (8 Mill.) in der Volksrepublik Kampuchea (Kambodscha); *Mon* oder *Talaing* oder *Peguanisch* (700000) in Südost-Birma; *Bahnar* in Südost-Vietnam u.a. 2. Ostgruppe, Sprachen in Südost-Vietnam: *Tscham, Dscharai, Sedang, Rade* u.a. 3. Malakkaische Gruppe auf der Halbinsel von Malakka: *Semang, Sakai, Dschakun,* von der vormalaiischen Bevölkerung gesprochen. 4. *Nikobarisch* (10000) auf den Nikobarischen Inseln. 5. *Palaung, Wa* in Oberbirma, *Riang* u.a. 6. *Khasi* (250000) in Assam.

Das *Khmer* ist die wichtigste Sprache der obigen Gruppe. Die Khmer schufen in der Zeit vom 9.—13. Jh. in Kambodscha ein bedeutendes Kulturreich, an das die großartigen Ruinen von Angkor, besonders Angkor Wat (*wat* ›Pagode‹) erinnern. Das Khmer kennt keine Tonhöhen zur Bedeutungsdifferenzierung; viele Wörter sind zweisilbig. Der Lautstand ist ungemein stark differenziert; Wortbildung erfolgt z. Teil durch Infixe — häufig ein nasales Element. Struktur: Isolierend, etwa wie das Vietnamesische. Ordnung der Wörter vom Unbestimmten zum Bestimmten. Beispiel (Umschrift nach französischer Konvention): *hòpau k'ò rohèk* [hɑːɔpaʊ k'ɑːɔ rɔːhæək] (Tasche Hose zerrissen) ›Die Hosentasche ist zerrissen‹.

Die Mon gründeten 573 die Stadt Pegu. Ihr im 14.—16. Jh. blühendes Reich wurde von den Birmanen erobert.
Sowohl das *Mon* als auch das *Khmer* werden mit aus dem indischen Schriftenkreis stammenden Alphabeten geschrieben. Aus dem *Mon*-Alphabet ist die birmanische und tscham Schrift, aus dem *Khmer*-Alphabet (dem *Âksâr*) die thai und laotische Schrift entstanden. Die Schwarzen und Weißen Thai haben ihre Alphabete dem thai und laotischen Alphabet entlehnt.
MALAIISCH-POLYNESISCHE SPRACHEN (etwa 2 Mill.) werden von den zahlreichen Völkerstämmen und Völkern auf den Inseln Indonesiens und Ozeaniens von Madagaskar im Westen bis zu den Osterinseln im Osten gesprochen. Man unterscheidet zwei Gruppen:
1. *Polynesische Sprachen* (400000): *Maori* (über 100000) auf Neuseeland, *Sprachen des Fidschi-Archipels, Fidschianisch* (ca. 150000 Sprecher), *Tongan* (50000), *Samoanisch* (etwa 200000 in Westsamoa), *Hawaiisch* (70000), Sprachen der Gesellschaftsinseln, insbesondere *Tahitisch, Sprachen der Marquesas-Inseln.* Sie wurden zuerst von Reisenden des 18. Jh. in lateinischen Buchstaben aufgezeichnet.
2. *Indonesische Sprachen* auf Formosa, den Philippinen, großen und kleinen Sunda-Inseln, Molukken, den Inseln zwischen den Molukken und Neu-Guinea und auf Madagaskar. Die wichtigsten davon sind: *Pilipino* (etwa 23 Mill. auf den Philippinen, entwickelt als Verkehrssprache aus dem *Tagalog*); *Tagalog* (oder *Tagalisch*), 13 Mill. auf Luzón; *Iloko*, 6 Mill. im Nordwesten von Luzón; *Pampanga* im Inneren, *Bikol* im äußersten Süden von Luzón (3,5 Mill.); *Bisaya-Sprachen* auf den Inseln Ceba (*Cebuano* 13 Mill.), *Panay* oder *Hiligaynon* oder *Ilonggo* (5 Mill.); (*Samar-Leythe*, 2,5 Mill.), *Negros, Bohol* und *Samar*; *Dayak* (über 2 Mill.) auf Borneo; *Buginisch* (Verkehrssprache, 4 Mill.), *Makassarisch* im Südwesten von Celebes (zusammen 2,5 Mill.); *Balinesisch* (3 Mill.) auf Bali; *Madurisch* (9 Mill.) auf Maduva in Java; *Javanisch* (70 Mill.) in Ost-Java mit einer reichen Literatur (seit 800 n. Chr.), das hinsichtlich des Wortschatzes in zwei sozial abgestufte Varianten zerfällt: das *Kråmå* und *Ngoko*. Es wird mit einem letzten Endes aus den nordindischen Schriften stammenden Alphabet geschrieben. *Sundanesisch* (20 Mill.) auf West-Java; *Batak* (3,5 Mill.) auf Süd-Ost-Sumatra. *Malaiisch* (in der heutigen Form *Bahasa Malaysia*) auf der Malaiischen Halbinsel (15 Mill.). Das *Malaiische* wurde vor dem 13. Jh. mit einer eigenen Schrift, seit dem 15. Jh. mit dem arabischen und seit Anfang des

19. Jh. mit dem lateinischen Alphabet geschrieben, das seit dieser Zeit auch für das Tagalische und andere Sprachen dieser Gruppe benutzt wird. 1947 wurde das Malaiische Staatssprache in der Republik Indonesien. Dieses bestimmten normierenden Einflüssen unterliegende Malaiisch, jetzt als ›*Indonesisch*‹ (*Bahasa Indonésia*) (31 Mill.) bezeichnet, unterscheidet sich von dem ›klassischen‹ Malaiisch der Riau- und Lingga-Inseln südlich Singapurs besonders im Wortschatz, in den Redewendungen und Satzfügungen. *Madagassisch* (etwa 9,7 Mill.) auf Madagaskar; die Amtssprache beruht auf dem *Merina-* (oder *Hova-*) Dialekt. Die malaiisch-polynesischen Sprachen werden von einigen Forschern mit den *melanesischen Sprachen* (einige Hundert Sprachen auf Neukaledonien, den Loyalitätsinseln, den Neuen Hebriden, Banksinseln (hier bes. das *Mota*), Salomon-Inseln, im Bismarck-Archipel, an den Küsten Ost-Neu-Guineas, auf den mikronesischen Inseln, insges. etwa 1 Mill.) zu einer *austronesischen Sprachgruppe* zusammengefaßt. Gegenüber den polynesischen Sprachen sind die indonesischen konsonantenreicher. Allen Sprachen ist jedoch eine klare, gut differenzierte Wortstruktur etwa nach der Formel Konsonant-Vokal-Konsonant-Vokal eigen.

Die Vokalphoneme sind meist auf *i ę a o u ə* beschränkt, die Konsonanten gehören zu den gewöhnlichen, in vielen Sprachen verbreiteten Konsonanten. Tonhöhen sind nicht vorhanden. In phonetischer Beziehung sind diese Sprachen demnach von anderen Völkern leicht nachzuahmen. Sie stellen ein phonetisch-phonologisches Ideal dar. Die zum Grundwortschatz gehörenden Zahlen zeigen in den räumlich weit auseinanderliegenden Sprachen eine bemerkenswerte Ähnlichkeit:

	1	2	3	4	5
Madagassisch:	*isa*	*rua*	*telu*	*efatra*	*limi*
Indonesisch:	*satu*	*dua*	*tiga*	*empat*	*lima*
Samoanisch:	*tasi*	*lua*	*tolu*	*fā*	*lima*

lima auch ›Hand‹.

In morphologischer Hinsicht kann man die polynesischen Sprachen wegen der Verwendung freier Morpheme zu dem analytisch-agglutinierenden, die indonesischen Sprachen zu dem wortisolierenden Typus rechnen. Einige Sätze veranschaulichen die *Struktur des Indonesischen*:

Tuan	*yang*	*terhormat!*	*Telah*	*berse'lang*	*dua*	*tahun*	
Herr	der	geehrte!	schon	Zwischenraum	zwei	Jahr	
tuan	*hen'dak*		*belayar*		*ke*	*nege'ri*	*Indonésia.*
Sie	beabsichtigen		reisen-Schiff		nach	Land	Indonesien.
Tetapi	*tuan*	*be'lum*	*datang.*	*Sekarang*	*saya*	*minta*	
aber	Sie	noch-nicht	kommen.	Jetzt	ich	bitten	

tuan berangkat ke tanah air kami.
Sie abreisen nach Erde Wasser wir.

Übersetzung: Geehrter Herr! Schon vor zwei Jahren beabsichtigten Sie, eine Schiffsreise nach Indonesien zu machen. Aber bisher sind Sie noch nicht gekommen. Jetzt bitte ich Sie, (zum Besuch) unserer Heimat aufzubrechen.

Akzent auf der vorletzten Silbe; *e* meist [ə] oder Null, unbetont, also [brsə'lang, nəgə'ri]. *j* [j], *r* Zungenspitzen-r, *ng* [ŋ]. *-p*, *-b*, *-k*, *-t* ohne Lösung des Verschlusses (implosiv). Anlautendem Vokal geht ein [ʔ] vorauf, *anak* ›Kind‹ wie [ʔanaʔ]. Präfixe und Suffixe, die der Wortbildung dienen, deuten auch im beschränkten Umfang grammatische Kategorien an, z. B. *lajar* ›Segel‹, *be*lajar ›segeln‹, ›zu Schiff reisen‹. Die Wörter stehen unverknüpft nebeneinander. Konvention, Wahrscheinlichkeit und der Sinn des Wortes (→ Vietnamesisch) machen deutlich, in welcher Beziehung die Wörter zueinander stehen. Unterordnung — dem Allgemeinen folgt das Bestimmende — liegt vor in folgender Wortgruppe: *bunga matahari* (Blume Auge-Tag: Auge des Tages = Sonne; Blume der Sonne =) ›Sonnenblume‹; Nebenordnung in: *tanah air* (Erde — Wasser) ›Heimat‹. *saja minta tuan* ›ich bitte Sie‹, aber *tuan minta saja* ›Sie bitten mich‹.

TIBETISCH-CHINESISCHE SPRACHEN. 1. *Chinesisch*. 2. *Thai-Sprachen*.

Diese beiden Gruppen werden meist in einer Obergruppe ›thai-chinesische Sprachen‹ vereinigt. Die Thai-Sprachen umfassen: *Thai* (oder *Siamesisch*), die Sprache der Khon-Thai in Thailand (etwa 35 Mill.) mit einer reichen Literatur; die älteste Inschrift stammt aus dem Jahre 1293 n.Chr.; *Laotisch* (4 Mill. in Thailand, 3,3 Mill. in Laos, wo es Staatssprache ist); *die Sprachen der Schwarzen Thai* im Grenzgebiet von Laos und Nordvietnam (Tonkin); *die Sprache der Weißen Thai* (oder *Thô*) in Nordvietnam an den Ufern des Roten Flusses; *Schan* in Birma und Yünnan (etwa 2 Mill.); *Nung* in Kuangsi, *Khamti* in Assam u. a.

3. *Tibetisch-birmanische Sprachen*. Die beiden wichtigsten Sprachen dieser Gruppe sind das *Tibetische* und das *Birmanische*, deren Schriftdenkmäler im Mittelalter beginnen. *Tibetisch* mit den Dialektgruppen Ost, Zentral, West, etwa 7 Mill. Sprecher. Reiche mittelalterliche Literatur, meist ziemlich wortgetreue Übersetzungen aus dem Sanskrit, wobei dem Charakter des Tibetischen Gewalt angetan wurde. Belege aus dem 8. Jh. n. Chr. Das aus nordindischen Schriften im 7. Jh. entlehnte Alphabet war ursprünglich rein phonetisch und zeigt die für das ältere Tibetische charakteristischen Konsonantenbündel am Anfang eines Wortes (z. B. *brgyad* ›acht‹),

die im Laufe der Jahrhunderte weitgehend reduziert wurden. An Stelle der Konsonantenbündel scheinen heute in Abhängigkeit von der Art des anlautenden Konsonanten zwei oder drei Töne getreten zu sein.

Birmanisch (oder *Burmesisch*) (fast 30 Mill.) in Birma. Wegen der Schrift, in der die Töne bezeichnet werden, vgl. Mon-Khmer-Sprachen. Die schwankende Schreibung B*i*rma, B*u*rma rührt aus dem Bestreben, den einheimischen Laut des Wortes (bəma] durch die englische Orthographie wiederzugeben. Das Birmanische hat an Phonemen 8 Vokale, 4 Diphthonge, 32 Konsonanten, 4 Töne. Zahlreiche Lehnwörter aus dem Pali (mehrsilbig). Das Prädikat hat Endstellung. Die Gruppe hat zahlreiche morphologische Eigenarten, die diese Sprachen wesentlich von dem Chinesischen und den Thai-Sprachen entfernen. *Himalaya-Sprachen*: Almora-Gruppe um Darjeeling (200000). *Bodo*, *Naga*, *Katschin* (600000 Sprecher), *Kukitschin* in Mittel- und Süd-Assam. *Karen* in Unterbirma im Irawadi-Delta. *Lolo-Moso-Sprachen* im Norden Jünnans am Jangtsekiang. *Miao-Yao-Gruppe* in Kweitschou; davon *Miao* oder *Meo* mit 5 Mill. Sprechern. Die Sprachen der letzten Gruppe stehen in einigen Zügen den Mon-Khmer-Sprachen nahe. Die Sprachen der *Bodo-Naga-* usw. Gruppe und ein Teil der Himalaya-Sprachen zeigen eine ausgeprägte Tendenz zur Mehrsilbigkeit.

AUSTRALISCHE SPRACHEN. Die Sprachen Australiens sind wenig erforscht. Alle Sprachtypen sind unter ihnen vertreten. Die Sprachen sind schriftlos. Bemerkenswert ist die Armut an Zahlwörtern. Sie gehen meist über zwei oder drei nicht hinaus. Das Aranda bildet unter europäischem Einfluß einige weitere Zahlen: 1 *njinta*, 2 *tara*, 3 *urbut'a* (bedeutet auch ›einige‹), 3 (genau) *tara-ma-njinta*, 4 *tara-ma-tara*, 5 *tara-ma-tara-ma-njinta* (!). Man gliedert sie gewöhnlich nach geographischem Gesichtspunkt. Hier seien einige Gruppen genannt:
1. Süd-Ost-Australien (*Buandik*, *Kulin*, *Kurnai* u. a.). 2. Zentralaustralien (*Parnkalla*, *Dieri*, *Aranda*, *Pitjantjara* u. a.). 3. Zentral- und Süd-West-Australien (*Luridja*, *Yungar*, *Tyattyalla* u. a.). 4. Neu-Süd-West-Wales (*Kattang* u. a.). 5. Queensland-Gruppe. 6. Nord-Kimberley (*Wororo*, *Koko-Yimidir* u. a.).

PAPUA-SPRACHEN (malaiisch *papuwa* ›kraus‹), zahlreiche untereinander stark abweichende Sprachen der nicht-melanesischen Bevölkerung Neu-Guineas und der benachbarten Inseln, zum Teil von melanesischen Sprachen beeinflußt. Genannt seien nur das *Ono* im Osten des Bulum-Flusses und das *Kate* südlich davon. Als Verkehrssprache ist im südwestlichen Neu-Guinea das *Hiri Motu* (a. *Police Motu*, etwa 150000

Sprecher) verbreitet. Es ist eine Mischsprache, die auf dem *Motu*, einer melanesischen Sprache beruht.

TASMANISCHE SPRACHEN, nach Ausrottungskriegen gegen die Eingeborenen (1825) im Jahre 1877 ausgestorben. Nach *W. Schmidt* (›Grammatik und Lexikon der tasmanischen Sprachen‹) gehen die tasmanischen Sprachen, für die nur sehr mangelhafte Aufzeichnungen vorliegen, auf eine Sprachfamilie zurück.

PALÄOASIATISCHE (oder ALTASIATISCHE' oder ALTSIBIRISCHE) SPRACHEN. Diese Bezeichnung wurde in der Mitte des 19. Jh. für eine Reihe von Sprachen eingeführt, die in einem riesigen Gebiet von den Ufern des Nördlichen Eismeeres im Norden bis zu den Kurilen im Süden, vom Jennissei im Westen bis zum Bering-Meer im Osten von wenigen Menschen gesprochen werden. Man teilt sie gewöhnlich in drei Gruppen, die keinerlei Hinweis auf verwandtschaftliche Beziehungen geben.

1. *Tschuktschische Gruppe* (*Tschuktschisch*, etwa 14000 nördlich vom Amadyr; *Korjakisch*, etwa 8000 südlich vom Amadyr, *Kamtschadalisch* oder *Itelmenisch*, ca. 1400).
2. *Eskimo-Gruppe* (*Eskimo*, das in eine Ost-, Mittel- und Westgruppe — letztere meist *Grönländisch* (50000) genannt —, zerfällt, *Aleutisch*). Diese Gruppe rechnen manche Forscher auch zu den Indianersprachen (insgesamt etwa 82000).
3. *Ketisch* (oder *Jenissei-Ostjakisch*, 1200). *Ketisch* auf einigen Kolchosen im Gebiet des Jenissei; † *Arinisch* und *Assanisch*. Diese Gruppe wird von einigen Forschern mit dem Tibeto-Chinesischen in Zusammenhang gebracht. Isoliert stehen ferner:

Das *Jukagirische* (ca. 800 Personen) an den Flüssen Jana, Indigirka und Kolyma, das vielleicht mit den finnisch-ugrisch-samojedischen Sprachen verwandt ist; das *Ainu* (18000) auf der Insel Hokkaido; das *Giljakische* (oder *Niwchische*) im nördlichen Teil von Sachalin.

INDIANERSPRACHEN. Die Sprachen der in zahlreiche Volksstämme zersplitterten Urbevölkerung Amerikas werden meist unter dem weiten ethnologisch-geographischen Begriff ›Indianersprachen Amerikas‹ zusammengefaßt. Die genealogischen Zusammenhänge der bisher aufgestellten Sprachgruppen sind völlig unsicher.

Der Amerikanist *E. Sapir* teilt die Sprachen Nordamerikas, von denen viele schon ausgestorben oder im Aussterben begriffen sind, in folgende sechs Hauptgruppen: 1. *Eskimo-Aleutisch*. Diese Gruppe wird von anderen Forschern zu den paläoasiatischen Sprachen gerechnet. 2. *Nadena* (oder *Na-Dene*) (*Athapaskisch*, *Tlingit*, *Haida*), Hauptgebiet: Alaska und Nordwest-Kanada. 3. *Hoka-Sioux-Sprachen*

(*Hoka, irokesische Sprachen, Muskogi, Sioux* u. a.), weites Gebiet zwischen Kalifornien, Dakota, Texas. 4. *Algonkin-Wakasch* (*Algonkin-Sprachen, Selisch*) im Nordosten des Kontinents bis zur Westküste, Vancouver. 5. *Penuti* (*Kalifornische Sprachen*) u. a. 6. *Tano-Uto-Aztekisch* (auch *Uto-Aztekisch* — [*Tano*], *Nahua* in Mexiko, die Sprache des ehemals mächtigen Azteken-Reiches). Die Sprachen unter 5. und 6. werden zuweilen mit der mittelamerikanischen Gruppe der Indianersprachen *Maya-Soke* vereinigt (*Maya-Sprache* auf der Yukatan-Halbinsel mit einer reichen alten Literatur in einer anscheinend phonetisch noch kaum entwickelten Wortbildschrift, die noch entziffert wird). *Maya-Sprachen* werden heute noch von 2 Mill. Menschen gesprochen.

Dem Typus nach sind viele Sprachen dieser Gruppen stark inkorporierend. Das inkorporierte Wort, das aus nur einem Phonem bestehen kann, hat, wenn es ohne Zusammenhang, also absolut, genannt wird, eine ganz anders lautende, aus mehreren Phonemen bestehende Dublette.

Die wichtigste Sprache Mittel- und Südamerikas ist das *Ket(s)chua*, die Sprache des alten Inkareiches, die heute noch von etwa 9,5 Mill. Menschen in Peru, Ekuador, Bolivien und in den angrenzenden Gebieten Argentiniens, Chiles und Kolumbiens gesprochen wird. Die Sprache ist agglutinierend, etwa nach dem Typus des Ungarischen. Die Zahl der Sprachfamilien Südamerikas beträgt nach der Klassifizierung des Franzosen *P. Rivet* und des Tschechen *Č. Loubotka* 108. Die wichtigsten davon sind folgende Gruppen: *Arawakisch* in einem weiten Gebiet zwischen dem Orinoco, Rio Negro, den Nebenflüssen des Amazonas, von Venezuela über Brasilien nach Bolivien reichend; *Pano*; *Tukano*; *Karibisch*, Hauptgebiet nördlich des Amazonas; *Tupi-Guarani*, südlich des Amazonas bis nach Paraguay; *Tschibtscha* (*Chibcha*), von Mittelamerika über Kolumbien und Ekuador weiter nach Süden; *Tschon* mit dem *Tehueltsche*, östlich der Anden in Patagonien, Chile, Feuerland; *Araukanisch* westlich der Anden in Chile; *Guaikurú* an den Ufern des Paraguay im Chaco; *Aimara* (2 Mill.) in Peru und Bolivien; *Matako-Maka* im mittleren Chaco; *Ge* oder *Že* in der östlichen Hälfte des brasilianischen Berglandes und viele andere.

Typologische Klassifizierung. In dem Bestreben, die Sprachen nach ihrer Struktur in leicht erkennbare Gruppen zu gliedern, muß man nach Merkmalen suchen, die man für wesentlich erachtet. Man kann die Sprachen z. B. nach ihrem Bestand an Vokalen einteilen. Man kann Sprachen, die ein *ü* und/oder *ö* haben, gegenüber Sprachen zusammenfassen, die diese Vokale nicht haben. Nach diesem Prinzip geordnet, würden das Französische und die germanischen Sprachen ohne das Englische mit dem Finnischen, Ungarischen und den Türksprachen zu einer Gruppe vereinigt werden. Das Spanische und Neugriechische würden wegen ihrer gemeinsamen fünf Hauptvokalphoneme *a e i o u* mit dem Georgischen und den meisten Bantusprachen zu einer und derselben Gruppe gehören. Gegenüber allen anderen Merkmalen, die eine Sprache auszeichnen, scheinen die obenerwähnten geringfügig zu sein, und es wäre absurd, die Sprachen nach einem solchen Prinzip zu klassifizieren. Dabei ist nicht gesagt, daß eine solche Zusammenfassung nicht ihren Zweck hätte. Denn eigentümlich ist die Tatsache, daß gerade die germanischen Sprachen von den indogermanischen Sprachen die Vokale *ö* und *ü* besitzen (und das Französische wahrscheinlich unter dem Einfluß des fränkischen Superstrats; das *ü* im Französischen soll schon auf den Einfluß des keltischen Substrats zurückgehen). Diese Eigenart haben sie mit den finnisch-ugrischen und Türksprachen gemeinsam. Es kann sich um eine reine Zufälligkeit handeln; es ist möglich, daß sich diese Vokale im Laufe der Zeit selbständig durch Assimilation entwickelt haben. Es ist jedoch nicht ausgeschlossen, daß es sich um den Einfluß einer verdrängten Sprache handelt, die damals auf dem Gebiet, auf dem sich ein Teil der germanischen Sprachen ausbildete, verbreitet war und dem phonetischen Typ der finnisch-ugrischen Völker angehörte. Wie dem auch sei, für manche Zwecke ist es praktisch und notwendig, die Menschen z. B. in Kartoffelesser und Teetrinker einzuteilen. Als Prinzip für eine Klassifizierung der Menschen oder der Menschheit wird man eine solche Scheidung jedoch nie ernstlich in Erwägung ziehen.

Wesentlicher als die phonetischen Eigenarten scheint der grammatische Bau einer Sprache zu sein, der herkömmlicherweise in den beiden *Hauptgebieten der Grammatik*, der *Morphologie* und der *Syntax*, beschrieben wird. Beide Gebiete können jedoch kaum getrennt behandelt werden. Die Morphologie der Formenlehre lehrt z. B., daß es eine Form ›den Mann‹ oder ›dem Mann‹, daß es Formen wie ›trink‹, ›trank‹ gibt; damit ist aber schon gesagt, daß die Form eine bestimmte Aufgabe in einer Wortgruppe oder in einem Satz erfüllt. Mit der Form hat man gleichzeitig etwas über ihre syntaktische Funktion ausgesagt. In einem Extremfall kann sogar eine Form ein Wort zu einem ganzen Satz machen. Wenn man z. B. von ›geben‹ die Imperativform ›gib!‹ oder ›gebt!‹ bildet, so hat man damit schon zwei selbständige Sätze gesagt. Es gibt Sprachen, in denen bereits die Nebeneinanderstellung zweier Wörter ohne irgendwelche Veränderung eine syntaktische Fügung ergibt. Diese Erscheinung müßte innerhalb der Syntax erklärt werden. Doch kann man sie auch vom Standpunkt der Morphologie betrachten, und dann muß man sagen, daß die Formen den Extremwert Null angenommen haben. Tatsächlich fußt die typologische Gliederung der Sprachen auf diesen Überlegungen. Grundlage für die Typologisierung der Sprachen ist der Formenbestand.

Die Klassifizierung nach Formelementen begann erst 1806 mit der Arbeit von Friedrich *Schlegel* ›Über die Sprache und Weisheit der Inder‹. Die darin dargelegte Dreiteilung (1. Sprachen ohne Formelemente, 2. Sprachen mit selbständigen Formelementen ohne Veränderung des Stammes, 3. Sprachen mit Formelementen, die sich innerlich durch Veränderung der Wurzel und äußerlich durch Verschmelzung besonderer Endungen mit dem Stamm manifestieren) wurde von *A. Schleicher* in seinem ›Compendium der vergleichenden Grammatik der indogermanischen Sprachen‹, Weimar, 1861—1862 wieder aufgegriffen und erweitert. Vorher hatte *W. Humboldt* in seiner Schrift ›Über den Ursprung der grammatischen Formen und ihren Einfluß auf die Entwicklung der Ideen‹ und in seinem Werk ›Über die Kawisprache auf der Insel Java‹, Berlin 1836—1840, 3 Bände, den von Schlegel aufgestellten Typen einen neuen Typ hinzugefügt und die vier Typen folgendermaßen bezeichnet: 1. Isolierende, 2. Agglutinierende, 3. Flektierende und 4. Inkorporierende (oder heute oft: polysynthetische) Sprachen.

Schleicher läßt den vierten Typ unberücksichtigt, führt aber eine Unterteilung der agglutinierenden und flektierenden Sprachen nach einem Prinzip ein, das Schlegel schon für die flektierenden Sprachen allein vorgeschlagen hatte. Danach können die Beziehungen im Satz durch Formen der Wörter (synthetisch) oder durch Partikeln (analytisch) ausgedrückt werden.

Betrachtet man die indogermanischen Sprachen in ihrem heutigen Entwicklungszustand, so stellt man fest, daß sie eine Eigenart, die innere Flexion (deutsch: tr*i*nken — tr*a*nk, neugriech. b*e*no ›ich trete ein‹ — b*i*ka ›ich trat ein‹), zumindest in Resten beibehalten haben. Solche Reste im Formen- und Wortbestand genügen zwar, um Sprachen wie Englisch einerseits und Altgriechisch und Sanskrit andererseits als genealogisch verwandt zu betrachten; sie reichen aber nicht aus, um diese Sprachen (Englisch, Altgriechisch) einem der obigen Typen zuzordnen. Der flektierende Rest im Englischen ist nicht bedeutend genug, um diese Sprache wie das Altgriechische als flektierend zu bezeichnen. Andere Züge des Englischen, die sich erst im letzten Jahrtausend entwickelt haben, sind für die

Struktur des Englischen viel typischer (vgl. Germanische Sprachen): Der Ersatz vieler mit dem Stamm verschmolzener Formelemente durch allgemeiner gültige freie Formelemente (Partikeln, Präpositionen). Man kann nun das Englische auf Grund der flektierenden Restbestände (*know* — *knew* usw.) zunächst in die Gruppe der flektierenden Sprachen einordnen, diese Charakterisierung (›flektierend‹) aber einschränken, indem man die vielen freien Formelemente als einen ›analytischen‹ Charakterzug erklärt. Diese Typologisierung ist jedoch keineswegs von historischen Rücksichtnahmen frei, denn man hat damit den sehr wesentlichen analytischen Zug der heutigen Sprache dem in die Vergangenheit weisenden, aber heute erstarrten Merkmal der Flexion untergeordnet. Es scheint deshalb richtiger, bei der Zuordnung zu einem Typ von den wesentlichen Merkmalen auszugehen und diese Charakterisierung durch Erwähnung der erstarrten Restbestände einzuschränken.

Um die Struktur einer Sprache genauer zu erfassen, kann man das obige Klassifizierungssystem der vier von der Wirklichkeit kaum erreichten Idealtypen auf zweierlei Weise erweitern:

a) Man charakterisiert eine Sprache als einen Mischtyp von zwei, drei oder vier der genannten Haupttypen.

b) Man zieht andere wesentliche Merkmale zur Charakterisierung hinzu, z. B. die Art der Beziehungsmittel — analytisch oder synthetisch, wie oben schon angedeutet; die Häufigkeit, mit der die Beziehungsmittel auftreten (ob sie ökonomisch, sparsam oder unökonomisch, verschwenderisch verwendet werden); die Wortstruktur (Prinzip der Einsilbigkeit ohne Erweiterungsmöglichkeiten durch Affixe); syntaktische Eigenarten (Richtungsverlauf der Wortfügung, Art der Unterordnung, Nebenordnung).

Es ist auch möglich, einige der unter b) genannten Merkmale zur Grundlage einer Klassifizierung zu machen. Man könnte z. B. unterscheiden: Sprachen mit sparsamer Verwendung von Beziehungsmitteln; Sprachen mit verschwenderischer Verwendung von Beziehungsmitteln und innerhalb dieser Gruppen wieder Untergruppen nach der Art der Beziehungsmittel schaffen. In diesem Band sind die Sprachen in erster Linie auf Grund der vier Haupttypen charakterisiert worden; doch wurden die unter a) und b) genannten Faktoren zur schärferen Erfassung des Wesens der Sprache hinzugezogen. Die Beschreibung der Struktur einer Sprache ist von dem Bestreben geleitet, die tatsächlichen Wesenszüge einer Sprache, die durch oberflächliche Abstempelung wie ›Suahili ist eine agglutinierende, Deutsch eine flektierende, Französisch eine analytisch-flektierende Sprache‹ verzerrt oder völlig verwischt werden, sichtbar zu machen. Im folgenden seien die vier

Haupttypen und einige andere Merkmale mit kurzen Hinweisen auf die betreffenden Sprachmuster kurz erläutert:

1. *Isolierend*: Die Wörter bleiben im Satz unverändert. Ihre Beziehungen untereinander werden durch ihre Stellung, den Pausen zwischen ihnen usw. bestimmt (→ Vietnamesisch). Innerhalb dieses Typs heben sich zwei Gruppen heraus:

a) *Wurzelisolierend*: Die Wörter bestehen aus einer festen, nicht durch Affixe erweiterbaren Phonemgruppe, z. B. Chinesisch: *Nǐ huì shuō zhōngwén mā*? (Sie können sprechen Mitte-Sprache hm) ›Sprechen Sie Chinesisch?‹

b) *Wortisolierend*: Die durch Affixe erweiterbaren Wörter bleiben isoliert im Satz; die Affixe dienen der Wortbildung und der Andeutung grammatischer Funktionen, z. B. *Indonesisch*: *Pada waktu malam saja berkandilan bulan.* (In Zeit Nacht ich als-Lampe-haben Mond; *kandil* ›Lampe‹: *ber*-kandil-*an* ›zur Lampe haben‹) ›Nachts habe ich den Mond als Lampe‹. (→ Afrikanische Sprachen, Ewe.)

2. *Agglutinierend*: Die Beziehungen der Wörter im Satz werden durch Affixe mit meist eindeutiger Funktion festgelegt. Neue Wörter können ebenfalls durch Affixe gebildet werden. Dieser Typ muß durch andere Merkmale näher definiert werden:

a) *synthetisch*, z. B. Türkisch: *Bu fırsattan istifade ettim* (diese Gelegenheit-von Nutzen machte-ich).

b) *analytisch*, z. B. Japanisch: *Watashi wa ano kikai wo riyō shimashita.* (Ich — Partikel — diese Gelegenheit — Akkusativpartikel — Nutzen machend-war). ›Ich habe aus dieser Gelegenheit Nutzen gezogen‹.

c) *klassenpräfigierend*, z. B. Suahili: *watu warefu wawili* (*m-tu* ›Mann‹, *-refu* ›groß‹, *m-bili* ›zwei‹) ›zwei große Männer‹. *wa* ist Zeichen einer Personenklasse im Plural, das vor jedes Glied gesetzt wird. Die immer wiederkehrende Verwendung des Präfixes ist im Gegensatz zum Türkischen unökonomisch: *iki büyük adam* (zwei groß Mann). Das Türkische verzichtet auf jede Kategorieandeutung, da die Person und Zahl durch den Sinn von *iki* und *adam* gegeben sind.

(→ Türkei-Türkisch, Japanisch, Mongolisch, Englisch, Persisch, Armenisch, Ungarisch, Hindi).

3. *Polysynthetisch* (›vielfach zusammengesetzt‹): Das Verb nimmt andere Satzglieder, z. B. Pronominalobjekte, substantivierte Objekte u. a. in sich auf, z. B. Französisch, Deutsch: *J'ai dit* ›Ich habe gesagt‹ — *je le lui ai dit* [ʒ-edi — ʒələlɥi-edi] ›ich habe [*es ihm*] gesagt‹. Im Französischen ist der Grad der Verschmelzung höher als im Deutschen (→ Romanische Sprachen, Französisch; → Deutsch). Eine besonders enge Verschmelzung von Elementen, die auf andere Satzglieder hin-

weisen, findet im georgischen Verb statt, z. B. *ʃen dagavits'qda m-ist'vis mi-ts'era* (dir ver-dir-gessen-hat seiner-für das-Schreiben; *davits'q-eba* ›vergessen‹) ›du hast vergessen, ihm zu schreiben‹. Siehe auch → Suahili.
Dieser Typ ist namentlich in den Indianersprachen Amerikas entwickelt. Man kann den Begriff ›*polysynthetisch*‹ auch auf Satzfügungen ausdehnen, die erst dann einen Sinn ergeben, wenn das letzte Wort gesprochen worden ist. Solch ein polysynthetischer Satzbau bildet oft zwischen zwei Sprachen eine Schranke, die nur mit größten Mühen überwunden werden kann. Der stark polysynthetische Satzbau des Türkischen macht das Türkische für jeden, dessen Muttersprache solche Fügungen nicht kennt, zu einer überaus schwer erlernbaren Sprache. (Doch siehe auch Deutsch, Chinesisch, Hindi.)
4. *Flektierend*: Durch die Änderung der Wurzel werden vielfältige Beziehungen angezeigt und neue Wörter gebildet. Man kann unterscheiden:
Wurzelflektierend, z. B. Arabisch: *kataba* ›er schrieb‹, *kita:b* ›Buch‹, *kutub* ›Bücher‹, *uktub* ›schreib!‹.
Stammflektierend: Sprachen, in denen viele Wörter aus einem Stamm bestehen, der, um ein Wort zu werden, ein oder mehrere Suffixe annehmen muß. Der Bindungsprozeß zwischen Stamm und Suffixen erfolgt meist unter Veränderung des Stammes. Eigentümlich ist, daß ein Suffix mehrere Funktionen erfüllen kann, und daß eine Funktion von mehreren Suffixen versehen wird (Unökonomische Verwendung von Beziehungsmitteln ist also gleichzeitig charakteristisch für diesen Typ), z. B. lateinisch: amic*i* ›des Freundes‹ und ›die Freunde‹. Diesen Typus verkörperten alle indogermanischen Sprachen auf einer früheren Zeitstufe (→ Griechisch, romanische Sprachen, slawische Sprachen, germanische Sprachen; Finnisch). Die Kriterien ›synthetisch‹ und ›analytisch‹ beziehen sich nur auf ein System innerhalb der einzelnen Sprachen. Z. B. ist das Verbalsystem im Russischen zum großen Teil analytisch, im Bulgarischen synthetisch; im nominalen System ist das Verhältnis umgekehrt. Die Klassifizierung einer modernen indogermanischen Sprache als ›flektierend analytisch‹ besagt also sehr wenig.

Mongolische Sprachen. Die mongolischen Sprachen haben sich in der Zeit vom 14. bis zum 16. Jh. aus den Dialekten einer einzigen mongolischen Sprache entwickelt. Das Altmongolische des 13. und 14. Jh. war die Sprache des mächtigen Eroberers Dschingis Chans (oder *Khan* oder *Khagan* ›König‹) und seiner Nachfolger, die in 30 Jahren (1211—1241) riesige Gebiete Asiens und einen großen Teil Europas unterwarfen.

Mongolische Sprachen

Das klassische Mongolisch, das sich seit dem 15. Jh. herausbildete und in das im 17. und 18. Jh. zahlreiche buddhistische Werke aus dem Tibetischen übersetzt wurden, diente allen Mongolen außer den Kalmücken bis in die jüngste Zeit als gemeinsame Schriftsprache. Den Namen der heutigen Mongolischen Volksrepublik findet man in den neuesten Nachschlagewerken noch in seiner klassisch-mongolischen Form angegeben, nämlich *bügüde nairamdaqu* (oder *nairamdach*) *mongol arad ulus*. Die richtige Umschrift der amtlichen mongolischen Bezeichnung muß lauten: *Bügd Najramdach Mongol Ard Uls* (wörtlich: aller sich-versöhnender (harmonisierender) -mongolisches Volk-Staat; *bügd najramdach uls* = ›Republik‹, *mongol ard* ›mongolisches Volk‹; Aussprache von *bügd* fast *bükt*).

Heute unterscheidet man folgende mongolische Sprachen:

1. Das eigentliche *Mongolisch*, das sich auf den Chalka-Dialekt gründet und Staatssprache in der Mongolischen Volksrepublik ist (Sprecher etwa 1,8 Mill., dazu in China 3 Mill.).

2. *Burjätisch* (früher Burjatmongolisch) in der burjätischen ASSR am Baikal-See; Sprecher etwa 315000, sowie im Nationalen Kreis der Agin-Burjaten südöstlich von Tschita. Vor 1918 hatten die Burjatmongolen kein eigenes Schrifttum. Die damalige Oberschicht bediente sich der klassischen mongolischen Schriftsprache und Schrift. Seit 1939 wird das Burjatmongolische, dem der chorinische Dialekt — der Dialekt der Agin-Burjaten — zugrunde liegt, mit dem russischen Alphabet geschrieben. Die Entscheidung, das Ostburjatische, zu dem der chorinische Dialekt gehört, zur Schriftsprache zu erheben, war sehr praktisch, weil dadurch eine Brücke zu dem Chalkamongolischen geschlagen wurde, das dem Ostburjatischen weit näher als den westburjatischen Dialekten steht.

3. Das Oiratische ist die Sprache der Westmongolen, die in das eigentliche *Oiratische* und das *Kalmückische* zerfällt. Die Oiraten — so bezeichnen sie sich selbst — wohnen im Uigurischen Autonomen Rajon der chinesischen Provinz Sinkiang und in der Mongolischen Volksrepublik. Das von den Oiraten in China benutzte Alphabet wurde 1646 auf Grund der altmongolischen Schrift von dem Mönch Saja Pandit geschaffen. Die Oiraten in der Mongolischen Volksrepublik bedienen sich der heutigen mongolischen Schriftsprache.

Das Kalmückische wird von etwa 140000 Menschen in der Kalmückischen ASSR (Zentrum: Elista) gesprochen. An Stelle der von Saja-Pandit geschaffenen Schrift führten die Kalmücken 1930 das lateinische Alphabet ein, gingen aber Ende der dreißiger Jahre zum russischen Alphabet über.

Das Oiratische unterscheidet sich von dem Mongolischen hauptsächlich im Wortschatz sowie durch einzelne phonetische und grammatische Besonderheiten, z. B.

a) Das Verb hat Personalsuffixe: *bi orna:v* ›ich trete ein‹, *tʃi ornætʃ* ›du trittst ein‹ usw.

b) [x] ist in hochlautenden Wörtern [k], mongolisch *xereg* ›Angelegenheit‹; oiratisch (dem Altmongolischen ähnlicher) *kerek*.

c) *ö* und *ü* haben eine mehr vordere Artikulation als im Mongolischen.

4. *Mongorisch* (oder *Mongol* oder Monguor) im westlichen Teil der chinesischen Provinz Kansu, im Nordosten Tibets und am Koko-Noor (mongolisch *nu:r* ›See‹).

5. *Dachurisch* (oder Dahurisch) in der nordwestlichen Mandschurei.

6. *Mogulisch* (Mogolisch) der Hazara (persisch ›Tausendschaft‹) und der Aimak (mongolisch ›Stammesabteilung, in der heutigen Mongolei ›Verwaltungseinheit‹) in Afghanistan im Nordwesten von Kabul.

Im Sprachbau sind die mongolischen Sprachen den → Türksprachen sehr ähnlich. Vergleicht man die Zahlwörter und einige Wörter aus dem Grundwortschatz miteinander, so lassen sich keine Gemeinsamkeiten finden. Sicher sind solche Wortgleichungen kein unbedingtes Beweismittel für die Nichtzusammengehörigkeit zweier Sprachen, obwohl sie zwischen Sprachen, die auf Grund vieler Faktoren (besonders durch die Kenntnis geschichtlicher Stufen) als verwandt erwiesen sind, sehr eindrucksvoll sind. Sicher muß man in Betracht ziehen, daß Wortgleichungen wie türkisch ›Tag‹ gleich oder ähnlich mongolisch ›Tag‹ trügerisch sein können, weil Lautwandel, Bedeutungswandel, Entlehnungen solche Wortgleichungen zerstören oder ungeheuer komplizieren können. Solange man jedoch keine gemeinsame Stufe in der Vergangenheit findet — und das wird wegen fehlender schriftlicher Denkmäler sehr schwer sein —, solange ist es verfrüht, von einer genealogischen Verwandtschaft zwischen den Türksprachen und den mongolischen Sprachen zu sprechen. Die strukturellen Übereinstimmungen besagen wenig, da sich solche Übereinstimmungen leicht durch die Wirkung eines Substrates oder als Ergebnis einer *Adstrat*wirkung herausbilden können (→ Griechisch, vgl. Balkansprachen).

Vergleichstabelle zwischen Türkeitürkisch und dem heutigen Mongolisch:

Zahlen

	Türkeitürkisch	Mongolisch		Türkeitürkisch	Mongolisch
1	bir	negen	6	altı	dzurgaː
2	iki	xojor	7	yedi	doloː
3	üç	gurav	8	sekiz	najm
4	dört	döröv	9	dokuz	jes
5	beş	tav	10	on	arav.

Man vergleiche dagegen die Zahlen zweier indogermanischer Sprachen, z. B. des Sanskrit und des Französischen, die sich sonst weit voneinander entfernt haben:

2	*d*vi-	*d*eux	6	*şaş*	*six*
3	*tr*i-	*tr*ois	7	*sapta*	*sept*
4	tʃ*atur*-	qua*tr*e	9	*nava*	*neuf*
			10	*daşa*	*dix*.

Einige Wörter des Grundwortschatzes.

Mutter	ana, 'anne	eːdʒ	Wasser	su	us
Bruder	(erkek) kardeş	ax, dyː	Feuer	(ateş)	gal
Schwester	(kız) kardeş	egtʃ	Wind	yel	salxi
Hand	el	gar	Schnee	kar	tsas
Fuß	ayak	xœl	Erde	yer	gazar
Herz	yürek (=)	dzyrx	Fluß	ırmak	gol
Tag	gün	œdœr	Wald	orman	oj
Abend	akşam	ydeʃ	See	göl	nuːr
Sommer	yaz	dzun	Meer	deniz (—)	tenges
Herbst	(sonbahar)	namar	Fisch	balık	dzagas
Winter	kış	œbœl			

Wegen der Umschrift der mongolischen Wörter siehe das nachstehende Alphabet.

MONGOLISCH (Staatssprache der Mongolei).

SCHRIFT. Die Einführung der heutigen Schrift auf der Grundlage des zyrillischen Alphabets wurde zum erstenmal im März 1941 ernstlich erwogen und 1946 verbindlich beschlossen. Bis dahin bedienten sich die Mongolen der alten mongolischen Schrift, die man Anfang des 13. Jh. von den Uiguren (→ Türksprachen) entlehnt hatte. In dieser Schrift wurde ein mehr oder minder modernisiertes klassisches Mongolisch geschrieben, das erheblich von der gesprochenen Umgangssprache abwich. Die Orthographie in dieser alten mongolischen Schrift war also wie z. B. die Orthographie des Neugriechischen oder Englischen historisch. Man schrieb z. B. [tʃinoa ünegen xoyar dzamijar jabudʒu . . .] (Wolf Fuchs zwei des Weges gehend = ein Wolf und ein Fuchs . . .), während man tatsächlich [tʃono üneg xoyor dzamaːr javdʒ] sprach. Neben dieser Schwierigkeit, die sich aus der Entwicklung der Sprache ergab, hafteten der mongolischen Schrift ursprüngliche Mängel an. Anfangs besaß die Schrift nur 14 Zeichen, von denen nur drei — *l*, *m* und *r* — eine eindeutige Bedeutung hatten. Die übrigen elf Zeichen (a, o, i, g, d, t, s, tʃ, k, p, w) hatten gleichzeitig mehrere Bedeutungen. Trotz einer Reform Ende des 16. Jahrhunderts, die für einige mongolische Laute besondere Zeichen schuf, schleppte sich das Grundübel fort. Verschiedene Phoneme wurden immer noch mit einem Zeichen dargestellt. *o/u* - *ö/ü* wurden in der Schrift nicht geschieden, und die Konsonantenpaare k/g, q/γ und t/d, die in der Schriftsprache besondere Phoneme bildeten, waren nur in gewissen Stellungen deutlich zu unterscheiden. Die Schrift verläuft von oben nach unten, die Reihen werden von links nach rechts nebeneinander gesetzt. Eine 1269 aus dem tibetischen Alphabet geschaffene sogenannte Quadratschrift, die sich besser zur Wiedergabe des Mongolischen eignete, verschwand schon etwa ein Jahrhundert später aus dem amtlichen Gebrauch.

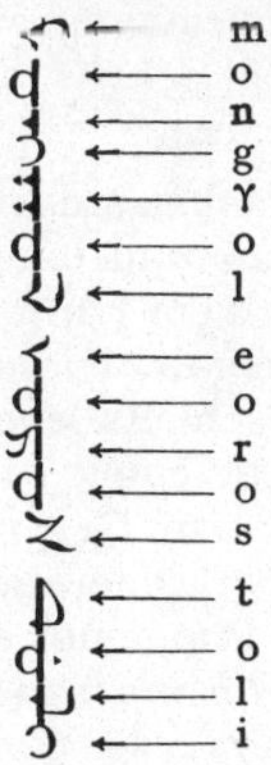

[mongγol (e)oros toli] = *Mongol oros tolj*

›Mongolisch-Russisches Wörterbuch‹

Der Vokal *o* kann am Anfang nicht allein stehen. Er muß — ähnlich wie im arabischen Alphabet — durch einen Vokalträger angedeutet werden, hier durch *e*.

Das letzte *i* wird heute nicht mehr als *i* gesprochen, sondern erweicht das *l*. Die alte mongolische Schrift wird zuweilen noch als Zierschrift verwendet.

Das heutige mongolische Alphabet.

		Lautwert			Lautwert			Lautwert
А	а	a	Л	л	l	Х	х	x
Б	б	b	М	м	m	Ц	ц	ts
В	в	v	Н	н	n, -ŋ	Ч	ч	tʃ
Г	г	g	О	о	ɔ	Ш	ш	ʃ
Д	д	d	Ө	ө	œ	Щ	щ	ʃtʃ
Е	е	jɛ	П	п	p		ь	'
Ё	ё	jɔ	Р	р	r	Ы	ы	ɨ
Ж	ж	dʒ	С	с	s		ъ	
З	з	dz	Т	т	t	Э	э	ɛ
И	и	i	У	у	u	Ю	ю	ju
Й	й	j	Ү	ү	y	Я	я	ja
К	к	k	Ф	ф	f			

SPRACHBAU. Der Sprachbau des Mongolischen entspricht im wesentlichen dem der → Türksprachen. Er ist gekennzeichnet durch: Vokalharmonie, Voranstellung des Attributs, Verwendung von Postpositionen, Verwendung von substantivierten Infinitiven und anderen Verbalnomina, die alle Kasussuffixe annehmen können, sowie von Adverbialpartizipien, die an Stelle von Konjunktionen der Verbindung und Unterordnung von Wortgruppen dienen, Endstellung des Verbs, Neigung zu Kettensätzen. Im Unterschied zum Türkischen läßt die Struktur des neumongolischen Wortes verschiedene Konsonantenkombinationen im Auslaut zu (z. B. *bagʃ* ›Lehrer‹, *bygd* ›alle‹ usw.). Das Mongolische hat mehrere Pluralsuffixe. Das Verb nimmt keine Personal- oder Pluralsuffixe an. Das Subjekt wird durch das Subjekt im Satz (z. B. *bi* ›ich‹) angedeutet oder fehlt ganz; dann muß es aus dem Zusammenhang ergänzt werden. Daraus folgt, daß das Mongolische noch sparsamer in der Verwendung seiner Beziehungsmittel ist als die → Türksprachen und damit einen Schritt näher an den chinesischen Sprachbau herangerückt ist.

Orthographie. Die Orthographien vieler Sprachen stellen die wirklich gesprochenen Laute nur sehr ungenau und inkonsequent dar. In vielen Orthographien spiegelt sich ein Lautstand wieder, der vor Jahrhunderten für die Sprache galt. Diese Art der Orthographien bezeichnet man als historisch. Es leuchtet ein, daß gerade alte Kultursprachen meist in einer *historischen Orthographie* geschrieben werden. Im Gegensatz zur historischen Orthographie steht die Orthographie, die die tatsächlich gesprochenen Laute (oder besser Phoneme) einer Sprache möglichst konsequent darstellt: Die *phonologische Orthographie*, die meist (ungenau) *phonetische Orthographie* genannt wird.

Mit den Begriffen ›historisch‹ und ›phonologisch‹ ist nur ungefähr ein Feld abgesteckt, innerhalb dessen viele Mischformen und Übergänge vorkommen. Die historische Orthographie kann man unterteilen in eine *etymologische Orthographie* und in eine *historisch-traditionelle*, je nachdem, ob man das Wort nach dem zugrunde liegenden Etymon schreibt (z.B. franz. [*tã*] = *temps* nach lateinisch *tempus*), oder ob man eine einmal eingeführte Schreibung beibehält (z. B. das sogenannte Dehnungs-*h* in *Jahr* seit dem 16. Jh. gegen ein altes *jar*; Großschreibung vieler Wörter, die im 17. Jh. auf die Substantive beschränkt wurde). Gemischt mit diesen Orthographiesystemen findet sich das für manche Sprachen sehr praktische *morphologische* Prinzip der Rechtschreibung. Im Deutschen schreibt man z. B. *Tag* [*ta:k*] mit *g*, weil der Plural *Tage* lautet, *las* [*la:s*] mit einfachem *s*, weil die Formen des Verbs mit einem folgenden Vokal (*lese, lesen*) ein stimmhaftes *s* haben [*le:zə, le:zən*]. Eine Orthographie, die den durch die Auslautstellung bewirkten phonetischen Wert des Konsonanten zum Ausdruck bringt (mittelhochdt. *tac* [*tak*], Plur. *tage* [*tagə*]) wird im allgemeinen für komplizierter gehalten, weil dadurch das Gefühl für die Zusammengehörigkeit der Formen leidet. Im Russischen ist die morphologische Rechtschreibung wegen des Akzentwechsels innerhalb der Flexion besonders wichtig, z. B. *'gorat* ›Stadt‹ (in buchstabenmäßiger Umschrift *gorod*), *gara'da* ›(die) Städte‹. Es ist keineswegs nötig, daß in einer phonologischen Orthographie für ein Phonem immer ein Zeichen steht. Ein Phonem kann auch durch eine Buchstabenverbindung oder durch einen Buchstaben mit einem diakritischen Zeichen wiedergegeben werden. Als man anfing, die lateinische Schrift für andere Sprachen zu verwenden, mußte man das lateinische Alphabet erweitern, um andere, dem Lateinischen fremde Phoneme wiedergeben zu können. Die Erweiterung erfolgte auf drei Wegen: Man schuf neue Buchstaben, z. B. *w* durch Verdoppelung des *v*; man legte einer Buchstabengruppe einen bestimmten Lautwert bei, z. B. deutsch *sch*, engl. *sh*, franz. *ch*, pol. *sz* usw., man versah die lateinischen Buchstaben mit besonderen Unterscheidungszeichen (diakritischen Zeichen) z. B. franz. *é* für geschlossenes *e*, tschechisch *č*, das etwa dem deutschen *tsch* entspricht; *ö* stellte man als Umlaut von *o* durch *o* mit einem darüber gestellten *e* dar (*oͤ*), das später nur als zwei Striche oder Punkte geschrieben wurde. Da die Lautwerte der lateinischen Buchstaben, Buchstabenverbindungen und diakritischen Zeichen nicht einheitlich für alle Sprachen festgelegt wurden, gibt es innerhalb der historischen und phonologischen Orthographien hinsichtlich des lateinischen Alphabets verschiedene Lautwertsysteme. Dem durch das deutsche *sch* dargestellte Phonem entspricht z. B. englisch *sh*, franz. *ch*, polnisch *sz*, ungarisch *s*, rumänisch und türkisch *ş*, kroatisch und tschechisch *š*.

Trotz dieser Mannigfaltigkeit in der Wiedergabe des Phonems haben die Zeichen *sz*, *s*, *ş*, *š* ein Merkmal der Einfachheit: Das Phonem des deutschen *sch* wird immer nur durch diese Buchstabenverbindung wiedergegeben. Selbst in fremden Eigennamen wird die ursprüngliche Buchstabenkombination für *sch* durch die betreffenden Zeichen ersetzt, z. B. tschechisch: *Šekspir* für *Shakespeare*.

Ein Gegenstück zu dieser Eindeutigkeit und konsequenten Anwendung des *š* im Tschechischen liefert z. B. das Schwedische: Der deutsche *sch*-Laut kann durch verschiedene Kombinationen dargestellt werden:

g vor *e* und *i* in Fremdwörtern (*genie, logi*)

j in einigen Fremdwörtern (*projekt*)
si in den Fremdwörtern auf *-sion* (*pension*)
sj, *sch*, *skj*, *stj*, *sc* in Fremdwörtern auf *-scent*, *-scens* und *-scion*.
sk vor den Vokalen *e*, *i*, *y*, *ä*, *ö*, wenn sie nicht in schwachtonigen Silben stehen;
-ti in Fremdwörtern (*nation*), hier häufig auch *-tsch*.

Diese Inkonsequenz hat sich aus der Beibehaltung einer Orthographie ergeben, die für eine vor Jahrhunderten übliche Aussprache galt, sowie aus der Übernahme von Wörtern aus anderen Sprachen in ihrer ursprünglichen Orthographie. Wenn man diese für die Erlernung einer Sprache und für den Vergleich des Lautstandes einer Sprache mit einer anderen sehr erschwerenden Tatsache positiv sieht, kann man sagen: In der etymologischen oder historisch-traditionellen Orthographie ist ein Stück Geschichte der schwedischen Sprache und damit ein Stück des nationalen Lebens bewahrt. Ähnliche Verhältnisse treffen für viele Sprachen zu, auch für das Deutsche, so daß die alte Regel: »Schreib' wie du sprichst« keineswegs den Tatsachen entspricht. Denn wenn man ein langes *i* hört, so weiß man nicht, ob man es *i*, *ie*, *ieh*, oder *ih* schreiben soll (*wir*, *Bier*, *empfiehlt*, *ihr*). Der graphische Unterschied zwischen *-iv* und *-ief* ist erheblich, aber die Aussprache dieser Buchstabengruppen ist in den Wörtern *positiv* und *rief* völlig gleich. Derselbe Laut [*f*] wird in *für* mit *f*, in *vor* mit *v* geschrieben. Man muß die Wörter kennen, sie in der Schule gelernt haben, damit man sie nach der amtlichen Orthographie schreiben kann.

Stark ausgeprägt ist der historische Standpunkt neben dem Schwedischen z. B. im Irischen, Englischen, Französischen, Dänischen und Neugriechischen. Während man im Französischen meistens, im Neugriechischen bis auf wenige Fälle die Aussprache aus der Schrift erschließen kann, weil die Unterschiede zwischen Schrift und Aussprache gewissen festen Typen folgen, muß man im Englischen bei sehr vielen Wörtern Schriftbild und Aussprache lernen: Zunächst einige Beispiele für Französisch und Neugriechisch:

französ.			neugriech.		
bois	[*bwa*]	›Wald‹	εἰκόνα	[*i'kɔ·na*]	›Bild‹ (vgl. *Ikone*)
lois	[*lwa*]	›Gesetz‹	εἰρήνη	[*i'ri·ni*]	›Friede‹ (vgl. Mädchenname *Irene*)
foie	[*fwa*]	›Leber‹	εἰρωνία	[*irɔ'ni·a*]	›Ironie‹
fois	[*fwa*]	›Mal‹	ὑγεία	[*i'ji·a*]	›Gesundheit‹ (vgl. *Hygiene*)

Vermehrt man obige Beispiele, kommt man zu dem richtigen Schluß, daß im Französischen *oi* wie [*wa*] lautet und daß die Schlußbuchstaben *s* meist und *e* immer stumm sind. Für das Neugriechische ergibt sich, daß die Buchstabenverbindungen ει (im Altgriech. *e:*) und der Buchstabe η (im Altgriech. ɛː)

heute immer [*i*] lauten. Für das Englische würden solche Regeln in die Irre führen, wie folgendes Beispiel zeigt:

beach	*i:*	›Strand‹	*learn*	*ə:*	›lernen‹
bear	*εə*	›Bär‹; ›tragen‹	*great*	*εi*	›groß‹
clear	*iə*	›klar‹	*death*	*e*	›Tod‹

Die Buchstabengruppe *ea* ist im Englischen zu einem Symbol für eine Auswahl verschiedener Vokale und Diphthonge geworden, deren Lautwert erst durch die umgebenden Konsonanten näher bestimmt wird. Für *ea* könnte man irgendein Zeichen, z. B. ☻ setzen:

b☻ch; b☻r; cl☻r; l☻rn; gr☻t; d☻th

Durch diesen Kunstgriff wird ein Zug der heutigen englischen Orthographie sichtbar, der durch die vertrauten lateinischen Buchstaben verschleiert wird. Die Unregelmäßigkeit der englischen Orthographie entwickelt die lateinischen Buchstaben und Buchstabengruppen, deren Aufgabe in der Darstellung der Phoneme einer Sprache bestand, zum Teil zurück zu abstrakten Bildzeichen oder besser phonetischen Komponenten (→ Chinesisch), die nur noch einen ungefähren Lautwert andeuten. Am weitesten vom Schriftbild entfernt sich das in Irland staatlich geförderte Irische. Ein Beispiel:
Baile Átha Cliath, der irische Name für ›Dublin‹, wird [*bla:'kliəh*] und in gewissen Verbindungen [*wla:'kliəh*] oder [*mla:'kliəh*] ausgesprochen.
Wie die obigen Vergleiche zeigen, ergeben sich für die Praxis innerhalb der historischen Orthographien beträchtliche Unterschiede. Während man Französisch und in noch stärkerem Maße Neugriechisch ziemlich richtig lesen kann, wenn man die ›Regeln‹ der Aussprache kennt, ist dies für das Englische unmöglich. Für die Erlernung einer Sprache ist die Art der Orthographie nicht unwesentlich. Ganz grob kann man auf Grund der obigen Einteilungsfaktoren drei Gruppen aufstellen:
1. Vorwiegend historisch, 2. Gemischt, 3. Vorwiegend phonologisch.
Auf diese drei Gruppen mögen einige Sprachen je nach dem Überwiegen des einen oder anderen Faktors verteilt werden:

1. Irisch, Englisch, Französisch, Neugriechisch, Dänisch, Schwedisch, Tibetisch (in tibetischer Schrift), Bengali (in bengalischer Schrift), Siamesisch (in siamesischer Schrift), Burmesisch (in burmesischer Schrift);
2. Deutsch, Niederländisch, Isländisch, Russisch, Italienisch, Portugiesisch, Norwegisch, Armenisch (in armenischer Schrift), Vietnamesisch (schwach historisch); Amharisch (in äthiopischer Schrift);
3. Sanskrit, Altgriechisch, Latein, Lettisch, Litauisch, Pol-

nisch, Tschechisch, Bulgarisch, Serbokroatisch (in zyrillischer und lateinischer Schrift mit stark phonetischem Einschlag), Ukrainisch, Finnisch, Estnisch, Spanisch, Rumänisch, Albanisch, Türkisch, Georgisch (in georgischer Schrift), Türkisch, viele Türk-Sprachen der Sowjetunion (in zyrillischer Schrift), Mongolisch (in zyrillischer Schrift), Indonesisch, Chinesisch (in der neuen lateinischen Hilfsschrift), Hindi (in Devanagari-Schrift), Suahili, Ewe, Haussa (sehr unvollkommen phonologisch).

Viele Sprachen (z. B. Persisch, Urdu, Arabisch, Hebräisch) werden mit defektiven Alphabeten geschrieben, in denen die kurzen Vokale gewöhnlich nicht ausgedrückt werden. Diese Sprachen sowie die mit einer Wort- oder gemischten Schrift geschriebenen Sprachen (Chinesisch, Japanisch) könnte man in die erste Gruppe einreihen.

ORTHOGRAPHIE-REFORMEN: Die erste Vereinheitlichung der Orthographie der im Entstehen begriffenen neuhochdeutschen Gemeinsprache ging von den Druckern des 16. und 17. Jh. aus, die den von ihnen gedruckten Büchern einen möglichst hohen Absatz über den engen Kreis ihres Heimatortes hinaus sichern wollten. Im 17.—19. Jh. bemühten sich besonders *J.G. Schottel*, *H. Freyer* (›Anweisung zur teutschen Orthographie‹ 1722), *Adelung* und *Campe* um die Vereinheitlichung der deutschen Orthographie. Die heute geltende, im ›*Duden*‹ niedergelegte Orthographie fußt auf den Beschlüssen der ›*Orthographischen Konferenz*‹ von 1901 in Berlin. Orthographie-Reformen, die die Einführung einer phonologischen, also den wirklichen Lautstand wiedergebenden Orthographie zum Ziel haben, stoßen aus verschiedenen Gründen auf starken Widerstand. Man weist darauf hin, daß durch eine solche Orthographiereform die bisher gedruckten Bücher veraltet wären. Andere sehen in einer derartigen Reform die Verletzung einer geheiligten Tradition, obwohl in dieser Tradition Mißverständnisse, Zufälligkeiten, Spitzfindigkeiten, Unwissenheit und Beharrungsvermögen eine große Rolle spielen. Für Sprachen, die erst in jüngster Zeit Schriftsprachen geworden oder von einem anderen Alphabet zur Latein- oder zyrillischen Schrift übergegangen sind, haben vielfach Sprachwissenschaftler im Auftrag ihrer Regierungen auf dem phonologischen Prinzip beruhende Orthographien ausgearbeitet, so z. B. für das Lettische, Litauische, Mongolische, das Türkeitürkische, viele Türksprachen der Sowjetunion und die neue lateinische Hilfsschrift für das Chinesische. Da die Aneignung einer historischen Rechtschreibung einen großen Arbeitsaufwand und auch Gedächtnis erfordert, kann ihre Beherrschung als Ausweis einer gewissen Bildung dienen.

Durch eine phonologische und damit einfachere Rechtschreibung würden vielen dieses Bildungsreservat geöffnet werden. Als z. B. die *Französische Akademie* 1673 beschloß, die etymologische Orthographie zum Grundsatz zu erheben, glaubte sie u. a., darin ein Mittel zu sehen, »die gebildeten Menschen von den Dummköpfen zu unterscheiden«. Für den Lateinkundigen war es leicht, das [*tã*] ›Zeit‹ gesprochene Wort richtig zu schreiben, da er das lat. *tempus* kannte. Durch die Akademie wurden allerdings auch etymologisch falsche Schreibungen gebilligt. Das *d* in dem Worte *poids* [*pwa*] ›Gewicht‹ stammt z. B. von pedantischen Kanzlisten, die glaubten, das Wort leite sich von *pondus* her. In Wirklichkeit aber kommt es von lat. *pensum*. Man kann mit Bezug auf dieses Beispiel sagen: Die einmal staatlich anerkannte Dummheit kann zu einem Merkmal der Bildung werden; denn *poids* heute nicht mit dem etymologisch falschen *d* zu schreiben, gilt durchaus als ungebildet.

ORTHOEPIE: Im Vergleich zu der Orthographie, der richtigen Schreibung der Wörter und der Zeichensetzung, spielt die Orthoepie (oder Orthoepik), die Lehre von der richtigen Aussprache der Schriftsprache, eine so geringe Rolle, daß das Wort den meisten unbekannt ist. Das liegt daran, daß sich eine die dialektischen Unterschiede ausgleichende allgemeine Verkehrssprache meist auf dem Wege über die geschriebene Sprache entwickelt hat. Auf dem deutschen Sprachgebiet wird diese durch Bühne, Schule, Presse und Rundfunk verbreitete Sprache als *Hochdeutsch* bezeichnet. Die Aussprache dieser Sprache, für die sich allmählich, von der Bühne ausgehend, feste Regeln ausgebildet haben, kann man als ›*Hochlautung*‹ bezeichnen. Die Orthoepie gibt also Regeln für die Hochlautung. Nach diesen Regeln soll man z. B. das *s* in *ist* nicht wie ein *sch* sprechen, dagegen soll das *s* in *sprechen* aber wie ein *sch* lauten usw. Abweichungen werden als dialektisch angesehen.

Nach der gegenwärtig herrschenden Skala der Bildungswerte ist die Beherrschung der richtigen amtlichen Schreibung der Wörter für jeden ›Gebildeten‹ eine unerläßliche Bedingung, während eine stark dialektisch gefärbte Aussprache — d. h. also dauernde Verstöße gegen die Orthoepie —, selbst wenn sie aus dem Munde einer hohen Amtsperson kommt, von jedem Deutschen meist mit Nachsicht und vergnügtem Lächeln entgegengenommen wird, ja sogar als besonders natürlich und reizvoll gilt.

Um nicht bei den Sprachen, von denen in diesem Band Muster angeführt werden, alle orthographischen Regeln mit allen Ausnahmen geben und die einzelnen dem Deutschen fremden

Laute immer erneut beschreiben zu müssen, bedienen wir uns zur Darstellung der auf dem lateinischen Alphabet fußenden Symbole der *Association Phonétique Internationale* (des *Weltlautschriftvereins*) (→ Phonetik).

Persisch

شخصی‌را ِکیسهٔ پول در	ʃax'si:rɑ: ki:'sɛ-je pu:l dar	Person-eine(r) Beutels Geld in
خانه گم شد بقاضی	xɑ:nɛ gom ʃod, be-qɑ: 'zi:	Haus verloren wurde, zu-Richter
خبر کرد. قاضی	xa'bar kard. qɑ:'zi:	Nachricht machte. Richter
همهٔ اشخاص	ha'mɛ-je aʃ'xɑ:s-e	alle Personen-von
آن خانه‌را خواست و	ɑ:n xɑ:'nɛ-rɑ: xɑ:st vɛ	jenem Haus verlangte und
بهریك چوبی داد	be-har-jɛk 'tʃu:bi: dɑ:d	an-jeden Holz-ein gab
که همهٔ آن چوبها	ke ha'mɛ-je ɑ:n tʃu:b'hɑ:	(Part.) alle-von jenen Stäben
بیك اندازه بودند و	be-jɛk andɑ:'zɛ 'bu:dand vɛ	nach-einer Größe waren und
گفت آن شخصی که	goft: ɑ:n 'ʃaxsi: ke	sagte: jene Person die
دزدی کرده است چوب	doz'di: kardɛ -ast, 'tʃu:b-e	Diebstahl gemacht ist, Stab-von
او بقدر یك انگشت	u: be-'qadr-e jɛk aŋ'goʃt	ihm in-Maße-von einem Finger
از چوبهای دیگر درازتر	az 'tʃu:b'ha:-je di:'gar derɑ:s'tar	von Stäben-von andere länger
خواهد شد. چون	xɑ:'had ʃod. tʃon	wird werden. als
همه مرخص شدند.	ha'mɛ mora'xxas 'ʃodand.	alle verabschiedet wurden.
دزدرا ترس گرفت و	'dozd-rɑ: tars ge'reft vɛ	Dieb-den Furcht ergriff und
از سر چوب خود	az sar-e tʃu:b-e xod	von Kopf-von Stab-von sein

بقدر یك انگشت	be-qadr-e jɛk aŋ'goʃt in-Maße-von einem Finger
تراشید. روز دیگر چون	tarɑ:'ʃi:d. ru:z- e di:'gar tʃon abschnitt. Tag- von anderem als
قاضی همه‌را احضار	qɑ:'zi: ha'mɛ-rɑ: ex'zɑ:r Richter alle Erscheinen
کرد معلوم شد که	kard, ma:'lu:m ʃod ke machte, bekannt wurde, daß
دزد کیست. کیسهٔ پول‌را	dozd ki:st. ki:'sɛ-je 'pu:l ra: Dieb wer-ist. Beutel-von Geld
از او گرفت و	az u: gereft vɛ von ihm nahm und
اورا تنبیه کرد.	'u:ra: tam'bi:h kard. ihn Bestrafung machte.

Übersetzung: Jemand hatte in einem Haus seinen Geldbeutel verloren und benachrichtigte den Richter. Der Richter bat alle Leute des Hauses zu sich, gab jedem einen Holzstab — alle Holzstäbe waren von einer Größe — und sagte: ›Der Stab desjenigen, der den Diebstahl begangen hat, wird um einen Finger länger als die anderen Stäbe werden.‹ Als alle nach Hause entlassen wurden, bekam der Dieb es mit der Angst, und er schnitt von der Spitze seines Stabes ein fingerlanges Stück ab. Am nächsten Tag, als der Richter sie alle zu sich rief, kam heraus, wer der Dieb war. Er nahm ihm den Geldbeutel ab und bestrafte ihn.

Das Persische hat eine lange Geschichte. Sie beginnt mit dem *Altiranischen*, das eine Sammelbezeichnung für zwei sehr ähnliche Sprachformen ist: a) Das ausgestorbene *Altbaktrische* oder *Awestische* im Osten, in dem die heilige Schrift der Anhänger des *Zarathustra*, das *Awesta*, abgefaßt war; b) Das in einer vereinfachten Keilschrift aufgezeichnete *Altpersische* der Achäminiden im Westen, die Amtssprache des persischen Hofes (seit *Darius* 522—486 v. Chr.).

Das Altpersische wurde etwa seit der Zeit der *Arsakiden* (256 v. Chr. bis 226 n. Chr.) von dem *Mitteliranischen* abgelöst, das schon in der Zeit der späteren Achäminiden neben der altpersischen Schriftsprache als Umgangssprache eine Rolle spielte. Das Mitteliranische zerfällt in das eigentliche Mittelpersische, das *Parthische*, das *Sakische* in der Gegend von Khotan und das *Soghdische*. Das meist unter dem Namen *Pehlevi* bekannte Mittelpersische, das mit einem aus dem Aramäischen entlehnten Alphabet geschrieben wurde, war die Amtssprache der *Sassaniden* (226—652 n. Chr.).

Die in verschiedenen Formen vorliegende Pehlevi-Schrift ist eine Mischschrift, in der viele persische Wörter durch die Konsonantengerüste der betreffenden aramäischen Wörter angedeutet werden. Man schrieb z. B. *m-l-k* (das semitische Konsonantengerüst für den Begriff ›König‹; → Semitische Sprachen), las aber persisch *ʃa:h* ›König‹.

Den Abschluß eines weiteren Entwicklungsabschnittes (etwa um 1000 n. Chr.) bildete das *Neuiranische*, das auf Grund einiger Merkmale, hauptsächlich phonetischer, eingeteilt wird in:

a) Eine westliche Gruppe: *Neupersisch* (etwa 32 Mill. Sprecher) und das damit sehr nah verwandte *Tadschikische* (8 Mill. in der Tadschikischen SSR und Teilen der Usbekischen SSR; es wird mit dem russischen Alphabet geschrieben), *Kurdisch* oder *Kurmandschi* (keine Staatssprache, nur Schätzungen von 7,5—12 Mill.), *Balutschi* (2 Mill.; schriftlos), *Tatt*, (*Tatisch*, 31000) in der nördlichen Aserbajdschanischen SSR und in Persisch-Aserbajdschan.

b) Eine östliche Gruppe: *Afghanisch* oder *Paschto* oder *Puschtu* (13 Mill. in Afghanistan und Pakistan, mit arabischen Buchstaben geschrieben), *Pamirdialekte* u.a. Hierzu wird oft auch das ziemlich isoliert dastehende, mit russischen Buchstaben geschriebene *Ossetische* (etwa 540000 in der Ossetischen Autonomen SSR innerhalb der Russischen SFSR und im Südossetischen Autonomen Gebiet innerhalb der Georgischen SSR) gerechnet, das mit dem aus Eigennamen und Glossen wenig bekannten *Altskythischen* historisch verbunden ist. Das Altskythische soll mit dem Altiranischen ›eng verwandt‹ sein.

Mit der erzwungenen Annahme der Religion und der Schrift der Araber (7. Jh. n. Chr.) durch die Perser ergoß sich eine Flut arabischer Wörter ins Persische. Wenn auch in der neuesten Zeit neue Wörter mit Mitteln und Bestandteilen der persischen Sprache gebildet werden, um arabische Wörter zu ersetzen und neue Begriffe wiederzugeben, so ist auch das heutige Persisch in lexikalischer Hinsicht noch eine ausgesprochene Mischsprache. Viele arabische Wörter sind durch Vermittlung des Persischen, das jahrhundertelang im Orient als Verkehrssprache in hohem Ansehen stand, besonders ins Türkische, Urdu und Hindi gedrungen. Auf die dem Persischen eigentümliche Struktur hat das Arabische keinen Einfluß auszuüben vermocht.

Alphabet. Das Persische wird mit dem um die folgenden vier Buchstaben vermehrten arabischen Alphabet geschrieben:

پ [p] چ [tʃ] ژ [ʒ] گ [g].

Bücher und Zeitungen werden in *nasxi* gedruckt. In Steindrucken wird meist die dekorative *nastaʔliq* (›die hängende Schrift‹) verwendet. Eine weitere weit verbreitete Handschrift ist die *ʃekästɛ* (›die gebrochene Schrift‹), die oft sehr schwer lesbar ist. Die Aussprache derjenigen arabischen Buchstaben, die nur in arabischen oder türkischen Lehnwörtern vorkommen, ergibt sich aus folgender Tabelle. Die Buchstaben sind nur in ihrer alleinstehenden Form gegeben. Wegen der anderen Formen → semitische Sprachen, Arabisch.

Konsonanten und lange Vokale:

ا	aː a, ɪ, o	د	d	ط	tʿ	م	m
ب	b	ذ	z	ظ	z	ن	n
پ	pʿ	ر	r	ع	ʔ	و	v; uː, oːw
ت	tʿ	ز	z	غ	q[1]	ه	h, -ɛ
ث	s	ژ	ʒ	ف	f	ی	j; iː, eːj
ج	dʒ	س	s	ق	q	ء	ʔ
چ	tʃ	ش	ʃ	ک	kʿ, ķ[2]		
ح	h	ص	s	گ	g, ģ[2]		
خ	x	ض	z	ل	l		

[1]) *q* ist zwischen zwei Vokalen ein stimmhafter uvularer Reibelaut, der an der Zungenwurzel gebildet wird.
[2]) ķ und ģ vor [iː, e, a] und am Ende eines Wortes.

Kurze Vokale: ـَ ـِ ـُ
a e o

گَرد *gard* ›Staub‹; گِرد *gerd* ›rund‹; گُرد *gord* ›Held‹.

Die persische Schrift wird dadurch sehr erschwert,
1. daß es für einen Laut mehrere Zeichen gibt. Diese Eigentümlichkeit ist durch die arabischen Wörter bedingt, die wie im Arabischen geschrieben, aber nach persischen phonetischen Gesetzen ausgesprochen werden.
2. daß die kurzen Vokale nicht geschrieben werden. Dadurch sind zahlreiche *Homographe* (gleichgeschriebene Wörter verschiedener Aussprache und verschiedener Bedeutung) entstanden. Die obenangeführten Wörter werden gewöhnlich nur *grd* geschrieben; die richtige Lesung ergibt sich allein aus dem Zusammenhang.

Phonologisches System: Das System der persischen Vokalphoneme ist einfach und regelmäßig:

lang:	i:	u:	ɑ:
kurz:	e	o	a

e tritt am Ende eines Wortes in einer Variante [ɛ] auf; ɑ: ist sehr dunkel, in der Umgebung von Nasalen fast [u]; [a] ist fast [æ]. Außerdem gibt es zwei Diphthonge: [e:j] und [o:(w)].
Auch das persische Konsonantensystem zeigt ein Bild erstaunlicher Ausgewogenheit. Der Gegensatz stimmhaft/stimmlos schafft aus 16 Konsonanten 8 Konsonantenpaare: b/p, d/t, dʒ/tʃ, g/k, v/f, z/s, ʒ/ʃ, ɣ/x. Unpaarig bleiben nur die im allgemeinen verbreiteten Konsonanten: m n l r j h ʔ. Gelängte Konsonanten kommen fast nur in Wörtern arabischen Ursprungs vor. Am Wortbeginn werden wie in den Türk- und den finnisch-ugrischen Sprachen keine Konsonantengruppen zugelassen. Das Persische hat also in der Phonologie völlig den indogermanischen Charakter verloren. Sein phonologisches System ist noch einfacher als das der Türksprachen, da es keine Vokalharmonie kennt. Wie in den meisten Türksprachen liegt der Akzent meist auf der letzten Silbe des Wortes; Ausnahmen machen (wie in den Türksprachen) vor allem Verbformen.
STRUKTUR. Ein Vergleich der Struktur des Persischen mit der des Altpersischen oder auch des Altgriechischen und Lateinischen offenbart, wie weit eine Sprache sich im Laufe der Jahrhunderte strukturell von ihrem Urtyp entfernen kann. Es fragt sich in einem solchen Fall, ob die Wörter des Grundwortschatzes, z. B. *pedar* ›Vater‹, *ma:dar* ›Mutter‹ (vgl. latein. pater, mater), *bera:dar* ›Bruder‹, die Zahlwörter, z. B. *do:* ›zwei‹, *pandʒ* ›fünf‹ (neugriech. *pende*), *noh* ›neun‹, *dah* ›zehn‹ (französ. *dix*), so wichtig sind, daß man die heutige Sprache noch als indogermanisch bezeichnen kann.
Sicher wäre es richtiger zu sagen, daß einige Spuren im Persischen noch heute verraten, daß frühere Erscheinungsformen dem indogermanischen Sprachtypus angehörten. Und diese Feststellung hat mehr kulturhistorischen als sprachwissenschaftlichen Wert.
Das Persische kennt (wie die Türksprachen) weder beim Substantiv noch beim Pronomen irgendwelche Genera: *u:* = ›er, sie, es‹. Das Englische unterscheidet dagegen Personen und Sachen: *the man* = *he*, *the thing* = *it*, und beim Pronomen außerdem männlich (*he*) und weiblich (*she*). Das Persische hat in dieser Hinsicht also noch tiefgreifendere strukturelle Wandlungen erlitten als das Englische, das häufig damit verglichen wird.
Der Plural wird durch das Suffix ˈ-*ha:* oder ˈ-*a:n*, zuweilen durch arabische Pluralbildung bei arabischen Nomen, be-

zeichnet: *tʃu:b'ha:* ›Stäbe‹. Im höheren Stil steht *-a:n* bei Personen: *i:ra:ni:'a:n* ›(die) Iranier‹, ›Perser‹.

Eine Verbindung zwischen Grundwort und Attribut (gleichgültig, ob Adjektiv, Substantiv, Infinitiv, Pronomen oder Wortgruppe) wird durch das unbetonte Suffix *-e* (*-je* nach Vokal außer *-i*) bewirkt, das auf das awestische Relativpronomen [*jo, jat*] zurückgeht und im Pehlevi als [i:] erscheint, z. B.

a:b-e garm (eigentlich: Wasser, das [ist] warm) ›warmes Wasser‹;

tʃu:b-e u: (Stab, der [ist von] er) ›sein Stab‹;

ru:z-e digar ›anderer Tag‹;

ki:sɛ-je pu:l (Beutel von Geld) ›Geldbeutel‹;

keʃ'var-e ʃa:hanʃa:'hi:-e i:'ra:n (Land-von kaiserlich-von Iran) ›Kaiserreich Iran‹ (offizieller Titel des Landes).

In deutscher Orthographie müßte man schreiben: *Kischware Schahenschahije Iran* (Akzent auf dem *-áre* und *-íje*).

Die Verbindung wird gewöhnlich als *Izafat* (oder Ezafat) bezeichnet nach dem arabischen *ʔaḍa:fa* ›hinzufügen‹ (IV. Stamm, → Semitische Sprachen, Arabisch).

Es gibt nur einen unbestimmten Artikel (vgl. Türkisch): *-i:* (unbetont) oder *jɛk*, wenn ›ein‹ hervorgehoben werden soll. *-i:* dient in Verbindung mit *ke* auch als Relativpartikel: *ʃax'si:ra: ke* ... ›eine Person, welche ihr Geldbeutel verloren gegangen war ...‹ = ›eine Person, deren Geldbeutel verloren gegangen war‹. Die unbetonte Postposition *ra:* (Umgangssprache *ro, re*) bezeichnet den Akkusativ: *dozd-ra: tars gereft* ›den Dieb die Furcht ergriff‹, seltener den Dativ wie im ersten Satz. Das *ra:* ist ein loses Morphem und kann an eine längere Wortgruppe gefügt werden (s. auch Text):

da:neʃdʒu:'ja:n-e fi:'zi:k / xazi:'nɛ-je sa'far-e
Studenten-von Physik Ausgaben-von Reise-von

ʔelmi:-e 'xodra: az ki:'sɛ-je xi:ʃ par'da:xtand.
wissenschaftlich selbst (Akk.!) aus Beutel-von eigen bezahlten.

›Die Physikstudenten haben die Kosten für ihre wissenschaftliche Reise aus ihrer eigenen Tasche bezahlt.‹

Präpositionen: *be* ›nach‹, ›zu‹, ›mit‹, ›an‹; erfüllt auch die Dativfunktion: *be qa:zi: xabar kard* ›... gab dem Richter Nachricht‹; *dar* ›in‹; *bar* ›auf‹; *az* ›von‹, ›aus‹ , ›seit‹; *ba:* ›mit‹ (zusammen); *bi:* ›ohne‹ u. a.

Es gibt viele zusammengesetzte Präpositionen, z. B. *pi:ʃ az* ›vor‹ aus *pi:ʃ* ›vorn‹ (Adverb) und *az*, *taraf* ›Seite‹ bildet: (*be*) *taraf-e* ›zu ... hin‹, ›gegen‹, *az taraf-e* ›von ... weg‹, *ru:* ›Gesicht‹: (*bar*)*ru:je* ›auf‹, *xedmat* ›Dienst‹: (*dar*) *xedmat-e* ›bei‹, ›Im Besitz von‹ usw.

Das ADJEKTIV wird nur verändert, wenn es substantivisch gebraucht wird. Suffix des Komparativs ist *-tar: bozorg'tar* ›größer‹; Suffix des Superlativs ist *-tari:n*: *bozorgta'ri:n* ›(der, die) größte‹. Jedes Adjektiv kann als Adverb benutzt werden, wenn seine Bedeutung es erlaubt, z. B. *tond harf 'mi:zanad* (schnell Wort schlägt) ›er spricht schnell‹.

PERSONALPRONOMEN.

man	›ich‹	*ma:*	›wir‹
to	›du‹	*ʃoma:*	›ihr‹, ›Sie‹
u	›er, sie, es‹ (Personen)	*i:ʃa:n, a:nha:*	›sie‹
a:n	›er, sie, es‹ (Sachen)		

In der Umgangssprache wird *a:n* auch für Personen gebraucht.
PERSONALSUFFIXE (immer unbetont):

-am	›mein‹	*-ema:n*	›unser‹
-at, -et	›dein‹	*-eta:n*	›euer‹
-aʃ, -eʃ	›sein‹, ›ihr‹	*-eʃa:n*	›ihr‹.

Die Possessivpronomen werden häufig durch die Personalpronomen in Izafet ausgedrückt: *tʃu:b-e u:* ›sein Stab‹, *pesar-e 'mara: di:d* (Sohn von ich — *ma-* statt *man* — (Akk.) er-sah) ›er sah meinen Sohn‹.
VERB. Im Indikativ werden neben vielen Zeitformen auch die Aspekte (vollendet und unvollendet) ausgedrückt; der Konjunktiv hat nur zwei Zeitformen. Außerdem gibt es besondere Formen für den Imperativ. Das Passiv wird analytisch mit dem Hilfsverb *ʃo'dan* ›werden‹ gebildet. An unpersönlichen Formen hat das Persische ein Partizip Präsens, ein Partizip Perfekt und zwei Infinitive. Die Bildungsweise der Zeitformen im Indikativ ist einfach (synthetisch) oder zusammengesetzt (analytisch).
Jedes Verb hat zwei Wurzeln, z. B. I. *kon-*, II. *kard(-an)* ›tun‹, ›machen‹. Von der I. Wurzel, die nie die Wurzel des Infinitivs ist, werden gebildet:

Präsens: *'mi:kon-am* ›ich mache‹
Konjunktiv: *'be-kon-am* ›daß ich mache‹
Imperativ: *'be-kon* ›mach es!‹; *'na-kon* ›mach es nicht!‹
Partizip Präsens: *kon-an'dɛ* ›machend‹.

Von der II. Wurzel, der Wurzel des Infinitivs, werden gebildet:

Imperfekt (vollendeter Aspekt): *'kard-am* ›ich machte‹
(unvollendeter Aspekt): *mi:kard-am* ›ich machte‹

Partizip Passiv: *kar'd-ɛ* ›gemacht (habend‹, davon:
Perfekt (voll. Aspekt): *kar'dɛ-am* ›ich habe gemacht‹
(unvoll. Aspekt): *'mi:kardɛ-am* ›ich habe gemacht‹
Plusquamperfekt: *kardɛ-budɛ-am* ›ich hatte gemacht‹
der volle Infinitiv: *kar'd-an* ›machen‹;
II. Wurzel und verkürzter Infinitiv: *kard*, davon: Futur: *xa:'ham kard* ›ich werde machen‹.

Die persischen Verben werden in eine regelmäßige und in eine unregelmäßige Gruppe geteilt; als regelmäßig werden die Infinitive bezeichnet, die die II. Wurzel mit dem Infix *-i:d-* bilden, z. B. *tara:ʃi:'dan* ›abschneiden‹, ›rasieren‹, Wurzel I: *tara:ʃ*, *xari:'dan* ›kaufen‹, Wurzel I *xar-*, Wurzel II *xari:d*.
Die Personalendungen sind für alle Zeitstufen bis auf die dritte Person Singular des Imperfekts, die gleichen. Die letztere Form ist mit der zweiten Wurzel identisch: *kard* ›er machte‹.

		Singular		*Plural*
1.	›ich . . .‹	*-am*	›wir . . .‹	*-i:m*
2.	›du . . .‹	*-i:*	›ihr . . .‹	*-i:d*
3.	›er . . .‹	*-ad* [-ɛ]	›sie . . .‹	*-and* [-an]
	(Imperfekt: ./.)			

Beispiele: *tʃe 'mi:koni:* ›Was machst du?‹; *ʃoma: a:lma:'ni: harf 'mi:zani:d*? (Sie deutsch Worte schlagen?) ›Sprechen Sie deutsch?‹
Dieselben unbetonten Suffixe geben das Präsens von *bu:dan* ›sein‹ wieder; nur die dritte Person ›ist‹ lautet *ast*, gesprochen meist [ɛ]. Beispiel: *bo'zorg-i:* ›du bist groß‹.
Die vollen Formen lauten: *hastam* ›ich bin‹, *hasti:* ›du bist‹, *hast* (meist:) ›es gibt‹, *hasti:m*, *hasti:d*, *hastand*, *'bu:dam* ›ich war‹ usw.
Einige Passivformen: Sie werden mit *ʃo'dan* (I. Wurzel *ʃav-*, II. Wurzel *ʃod*) ›werden‹ gebildet; daher im Text

xa:'had ʃod ›es wird werden‹;
kar'dɛ 'mi:ʃavad ›es wird gemacht‹;
kar'dɛ ʃod ›es wurde gemacht‹;
kar'dɛ ʃo'dɛ ast ›es ist gemacht worden‹ usw.

Mit *kardan* können aus Substantiven in unbeschränkter Zahl verbale Ausdrücke gebildet werden, z. B. (Text!) *xabar* ›Nachricht‹, *xabar kardan* (Nachricht machen) ›benachrichtigen‹. Damit ist *kardan* fast zu einem Ableitungssuffix geworden, das an Substantive gefügt, Verben schafft.
Zahlreiche Konjunktionen, und zwar sowohl nebenordnende als auch unterordnende, sorgen für eine übersichtliche und überaus bewegliche Verknüpfung von Wörtern, Wortgruppen oder Sätzen. In diesem Punkte, dem analytischen „Satzbau“,

unterscheidet sich das Persische vorteilhaft von den schwerfälligen synthetischen Satzgefügen des Türkischen.
Die Wesenszüge der persischen Sprache lassen sich vielleicht in den folgenden Worten zusammenfassen:
Durch seine Symmetrie und Ausgewogenheit hat das phonologische System der persischen Sprache einen hohen Grad von Vollkommenheit erreicht. Dieses phonologische Ebenmaß verbindet sich mit den Vorzügen einer einfachen, einprägsamen und sehr leistungsfähigen Morphologie, die auf alle in fernen Urgründen wurzelnden Unregelmäßigkeiten zugunsten einer leichten, praktischen Handhabung verzichtet. Ein dritter Vorzug ist die analytische Gliederung der Wortgruppen und Sätze. Kurz: Persisch ist eine analytisch agglutinierende Sprache von seltener Vollkommenheit. Sie könnte als Vorbild für eine künstliche Welthilfssprache dienen (→ Welthilfssprachen).

Phonetik ist eine exakte Naturwissenschaft, die die Tätigkeit der erzeugenden Organe und deren Erzeugnis (Laut) untersucht und beschreibt. Ihre Grundlagen sind die Anatomie und Physiologie des Menschen, Physik (Akustik) und Mathematik. Im folgenden werden die wichtigsten Laute unabhängig davon, ob sie als Bauelement eines Wortes irgendeiner Sprache benutzt werden, kurz erläutert und mit dem üblichen wissenschaftlichen Ausdruck bezeichnet, ohne daß im einzelnen auf die physikalischen Vorgänge eingegangen wird. Es wird z. B. erklärt, warum ein bestimmter Laut ein *o* ist und kein *a* oder *ü*; wie man einen Laut, der hier mit dem Zeichen *k* angegeben sei, nach der Art seiner Bildung bezeichnen kann usw. Ohne die Grundlagen dieser praktischen Phonetik zu kennen, ist ein Eindringen in die Struktur der Sprache nicht möglich.
Der *Laut* als solcher ist ohne Bezug auf ein Sprachsystem nur eine akustische Größe. Denkt man aber einen Laut, dessen optisches Zeichen *o* sei, als Bestandteil einer Sprache, z. B. des Französischen, so wird er Träger einer Bedeutung: Er kann die Vorstellung von ›Wasser‹ (*eau*) oder „hoch“ (*haut*)wecken. Durch das *o* werden also mit Bezug auf das Französische mehrere Wörter akustisch wiedergegeben. Der Laut *o* ist mit Bezug auf das System des Französischen ein *Phonem*, das in diesem besonderen Fall den Stoff für mehrere Wörter abgibt. (→ Phonologie). In den die Geschichte einer Sprache behandelnden Werken werden die beiden Begriffe Laut und Phonem meist miteinander vermengt. In diesem Band werden die Laute kurz mit den Zeichen des *Weltlautschriftvereins* (*A.P.I.*) dargestellt. Zwar stellen diese Symbole, die wir nach Möglichkeit unter Rücksichtnahme auf die Lautgewohnheiten

des Deutschen erklären, vom Standpunkt einer exakt-physikalischen Untersuchung nur grobe Mittelwerte dar, doch reichen sie aus, um die Aussprache der Wörter der verschiedenen Sprachen hinreichend zu verdeutlichen. Besonders praktisch erweist sich diese internationale Lautschrift bei Sprachen, die in einem nicht-lateinischen Alphabet (z. B. Russisch, Arabisch, Griechisch, Armenisch) oder mit Zeichen geschrieben werden, die über den Laut des dargestellten Begriffs überhaupt nichts aussagen (z. B. Chinesisch).

Um einen Laut zu definieren, begnügt man sich nicht mit einer Beschreibung des Eindruckes, den ein Laut auf den Hörer macht. Man sagt z. B. nicht: Das erste Element eines Wortes klingt gurgelnd, das zweite hell wie ein Freudenruf, das dritte dumpf-blasend, wenn man die Laute in *gab* charakterisieren will. Man geht vielmehr auf den Erzeuger der Laute zurück und gibt hier die Stelle an, wo der Laut gebildet, womit er gebildet und wie er hervorgerufen wird. Als verhältnismaßig unbewegten Teil nimmt man den Oberkiefer und teilt diesen in mehrere Zonen ein: Oberlippe, Zähne, Zahndamm, Gaumen, Gaumensegel, Zäpfchen, Rachen- und Kehlkopfgebiet. Das bewegliche Organ, das durch allerlei Bewegungen gegen die feste Zone Laute hervorbringt, ist die Zunge, ferner die Unterlippe. Auch die Zunge wird in mehrere Zonen unterteilt: Die Zungenspitze, der vordere, mittlere und hintere Zungenrücken.

Die Art und Weise der *Lautbildung* kann durch zwei Faktoren bestimmt werden: Die Größe des Hindernisses, den der Luftstrom zu überwinden hat, und die Art, wie er das Hindernis überwindet. Die Größe des Hindernisses ist durch den Öffnungsgrad, d. h. durch die Entfernung des artikulierenden Organes zur Artikulationsstelle — zu der Stelle, wo der Laut gebildet wird — gegeben.

Man kann dementsprechend von Enge, Verschluß und Nasalöffnung sprechen. Im letzten Fall hängt das Gaumensegel ungespannt in den Mundraum herab, so daß ein Teil des Luftstromes durch die Nase entweichen kann (z. B. bei *m*, *n*).

Bei der Art der Überwindung unterscheidet man Reibung, Sprengung und Schwingung. Laute können mit Schwingung der im Kehlkopf befindlichen Stimmlippen und ohne diese gebildet werden. Man nennt sie danach *stimmhafte* oder *stimmlose Laute*. Laute, die durch die oben erwähnten Vorgänge entstehen, nennt man gewöhnlich *Konsonanten*.

KONSONANTEN. Zur Kennzeichnung der Konsonanten verwendet man die oben geschilderten Merkmale der Lautbildung und bezeichnet Konsonanten, die mit einer Sprengung des Verschlusses gebildet werden, als *Plosive*; ferner spricht man von *Nasalen*, *Lateralengelauten* (Engebildung an der

Seite), *Frikativen* (Reibelauten), *Schwinglauten* (›Rollen‹). Anstatt des Ausdrucks ›Plosive‹ (*Sprenglaute*) und ›Frikative‹ (*Reibelaute*) gebraucht man häufig Verschlußlaute (oder Explosivlaute) bzw. Engelaute, weil Verschluß meist Sprengung und Enge meist Reibung verursacht.

Vokale werden dadurch charakterisiert, daß gewöhnlich die Stimmlippen schwingen, daß sie also mit Stimme gesprochen werden, daß der Mundurchgang weit geöffnet ist, so daß keine Geräuschbildung erfolgt, daß in der Mittellinie des Gaumens keine Berührung stattfindet und daß die Zungenspitze unbeteiligt ist. Man spricht daher von stimmhaften Lauten mit Mundöffnung.

Entweicht ein Teil des Luftstromes bei der Bildung der Vokale durch die Nase (das Gaumensegel hängt schlaff herab), dann wird der Vokal ›nasaliert‹, und man spricht von *Nasalvokalen*. Man sieht aus den obigen Erklärungen, daß allgemein bekannte Erscheinungen wie Vokal und Konsonant, in Wirklichkeit nicht so leicht von einander zu trennen sind.

Nach der Artikulationsstelle unterscheidet man die Konsonanten wie folgt:

Lippenlaute (*Labiale*); *Zahnlaute* (*Dentale*);
mit der Zungenspitze am Zahndamm gebildete Laute (deutscher Ausdruck nicht vorhanden) (*Alveolare*);

vordere Gaumenlaute	(*Präpalatale*);
mittlere Gaumenlaute	(*Mediopalatale*);
hintere ,,	(*Postpalatale*);
Gaumensegellaute	(*Velare*);
Zäpfchenlaute	(*Uvulare*);
Kehllaute	(*Laryngale*);

Nach dem artukulierenden Organ gibt es:

Lippenlaute	(*Labiale*)
Zungenspitzenlaute	(*Koronale* oder *Apikale*)
Laute der vorderen Zunge	(*Prädorsale*)
,, ,, *mittleren* ,,	(*Mediodorsale*)
,, ,, *hinteren* ,,	(*Postdorsale*)
Stimmlippenlaute	(*Laryngale*)

Beispiel für die Bestimmung eines Lautes:

p: Beide Lippen sind *geschlossen* (Verschluß), die Stimmlippen schwingen nicht:
Lippenlaut = Labial, zwei = latein. *bi-*, Zweilippenverschlußlaut = bilabialer Verschlußlaut. Er ist außerdem stimmlos, da die Stimmlippen nicht schwingen.
Demnach:

p ist ein bilabialer, stimmloser Verschlußlaut. Im Deutschen ist bei Öffnung des Verschlusses ein deutlicher Hauch spürbar, das *p* ist also behaucht oder ›aspiriert‹.

Das deutsche *p* in Peter ist also ein bilabialer, stimmloser, aspirierter Verschlußlaut. Zeichen der A. P. I. *ph* oder *p*ʻ. Man kann das *p* auch mit (fast) gleichzeitigem Verschluß des Kehlkopfes bilden; *p*ʼ. Diese und andere Laute (Implosive, Ejektive, Schnalzlaute) spielen eine wesentliche Rolle im Haussa, in den Afrikanischen Sprachen (Hottentottisch), im Armenischen und Georgischen.

d: Die Zugenspitze legt sich gegen das Zahnfleisch oberhalb der Schneidezähne (gegen die Alveolen). Die Stimmlippen beginnen zu schwingen. Die Gegend der Zungenspitze ist latein. *corona* (= Kranz), das Adjektiv davon koronal, demnach:

d ist ein alveolar-koronaler stimmhafter Verschlußlaut (*d*a, Mo*d*e, bin*d*en). Der Grad der Stimmhaftigkeit ist in diesen Wörtern verschieden. In *da* (wenn *d* am Anfang steht), ist er geringer als in Mo*d*e und bin*d*en. Im Deutschen ist also demnach *d* genau genommen nicht, wie man gewöhnlich annimmt, ein dentaler, ein Zahnlaut. *d* als Zahnlaut, wo also die Zungenspitze den Verschluß durch Anlegen der Zunge gegen die oberen Schneidezähne bewirkt, gibt es z. B. im Arabischen und bei vielen Sprechern im Französischen und Italienischen. Im allgemeinen reicht für den praktischen Gebrauch die Bezeichnung Zahnlaut (Dental) für *d* und *t* aus.

Ein stimmhafter Konsonant, z. B. *d*, kann weitgehend den Stimmton verlieren wie in deutsch en*d*lich. Der Laut nähert sich dem *t*, doch ist die Artikulation weniger fest als beim *t*. Diese oft ›stimmlose Mediae‹ genannte Konsonanten werden mit einem kleinen Kreis bezeichnet: *b̥*, *d̥*, *g̊*.

Die in den slawischen Sprachen häufigen *palatalen Konsonanten* unterscheiden sich von den gewöhnlichen dadurch, daß gleichzeitig mit der Artikulation des betreffenden Lautes durch Anlegen des Zungenrückens gegen den harten Gaumen eine Enge gebildet wird. Volkstümlich wird z. B. das palatale *t* als ein Verschmelzungsprodukt von *t* und *j* erklärt. Damit wird angedeutet, daß die Artikulationsstelle des palatalen *t* ungefähr in der Gegend des deutschen *j* liegt. Das palatale *t* ist jedoch ein Verschlußlaut; da bei der Lösung des Verschlusses, bedingt durch die Artikulationsstelle, ein geringes ›schmatzendes‹ Geräusch entsteht, wurden diese Konsonanten auch als ›mouilliert‹ (benetzt) oder ›erweicht‹ bezeichnet.

Um den Gegensatz dieser palatalen Konsonantenreihe zu der gewöhnlichen Konsonantenreihe einfach herauszustellen, ist es praktisch, von weichen und harten Konsonanten zu sprechen. Die palatalen Konsonanten werden durch ein Häkchen bezeichnet: *ƫ*, *ȡ*, usw. Auch die bilabialen Verschlußlaute *b*

und *p*, können palatal gesprochen werden. In einem Wort wie russisch [pæţ] ›fünf‹ darf dabei nach *p* kein *j*-ähnliches Reibegeräusch entstehen. Bei Lösung des Verschlusses ist eher ein ganz schwaches *i* zu hören. Biegt man die Zugenspitze nach hinten (man versuche im Munde mit der Zunge eine ›Roulade‹ zu machen), so kann man damit am vorderen oder mittleren Gaumen oder gegen den Gaumen mehrere Laute bilden. Diese Laute bezeichnet man als retroflex. *Retroflexe Laute* kommen in den indischen Sprachen (Sanskrit, Hindi; dravidische Sprachen), im Chinesischen, Vietnamesischen, Schwedischen und Englischen vor. Bildet man z. B. mit zurückgebogener Zungenspitze ein *t*, so entsteht ein [*ṭ*], das man in schwedisch *kort* ›Karte‹ hört.
Wegen der sogenannten *emphatischen Konsonanten* → Arabisch.
Die obigen Merkmale zur Bestimmung eines Konsonanten lassen sich durch folgende Tabelle veranschaulichen:

	1.	2.	3.	4.	5.	6.	7.	8.	9.	10.	11.
Plosive	pʿp ḅ b		tʿt ḍ d	ʈ ɖ			ţ ḑ	kʿk ġ g	q G		ʔ
Nasale	m		n	ɳ			ņ	ŋ			
Laterale			l ɫ	ɭ			ļ				
Schwinglaute mit mehreren Schwingungen			r				ŗ	ʀ			
eine Schwingung			ɾ	ɽ							
mit Reibegeräusch			r ɹ								
Frikative	ɸ β	f v	θ s ð z ɹ	ʂ ʐ	ʃ ʒ	ɕ ʑ	ç j	x ɣ	χ ʁ	ħ ʕ	h ɦ
Halbkonsonanten ohne oder mit geringer Reibung	w ɥ	ʋ	ɹ				j		ʁ		

Die Ziffern über den senkrechten Spalten bezeichnen die ungefähre Artikulationsstelle, und zwar fortschreitend von den Lippen (1.) bis zum Kehlkopf (11.). Es bedeuten:

1. Bilabial (mit beiden Lippen).
2. Labiodental (mit der Unterlippe und den oberen Schneidezähnen).
3. Dental und alveolar (an den oberen Schneidezähnen oder am Zahndamm).
4. Retroflex (mit zurückgebogener Zungenspitze; die Zungenspitze berührt einen Punkt des harten Gaumens).
5. Palato-alveolar (die Zungenspitze artikuliert gegen den vorderen Gaumen bis zu den Alveolen).
6. Präpalatal (der Zungenrücken artikuliert gegen den vorderen Gaumen).
7. Palatal (der Zungenrücken artikuliert gegen den mittleren Gaumen).
8. Postpalatal (der Zungenrücken artikuliert gegen den hinteren Gaumen).
9. Uvular (mit dem Zäpfchen).
10. Pharyngal (Pressung in der Rachengegend).
11. Laryngal (Verengung oder Verschluß des Kehlkopfes).

Die Zeichen in der Tabelle sind so angeordnet, daß das stimmhafte Gegenstück eines Konsonanten unter dem stimmlosen steht, z. B. steht *b* unter *p*, *d* unter *t* usw.

VOKALE. Die Klangfarbe der *Vokale* wird im wesentlichen durch die Resonanzen des Mundraumes bestimmt. Die Mundresonanz und damit die Klangfarbe des Vokals ergibt sich aus der Stellung der Zunge und dem Verhalten der Lippen. Die Bewegung der Zunge läßt sich in zwei Komponenten zerlegen: In eine senkrechte Bewegung, d. h. man kann die Zunge ›heben‹ oder ›senken‹, und in eine waagerechte Bewegung, d. h. man kann die Zunge ›vorschieben‹ oder ›zurückziehen‹. Den zwischen Zunge und Gaumen freibleibenden Raum bezeichnet man als Öffnung. Wird diese Öffnung größer, so vergrößert sich in der Regel auch der Abstand zwischen den Zahnreihen oder der Kieferwinkel. Im allgemeinen denkt man an diesen Abstand, wenn man von einem ›offenen *o*‹ usw. spricht. Die Lippen können sich neutral verhalten, oder sie können gerundet oder gespreizt werden.

Durch die Stellungen, die sich aus der Bewegung der Zunge und der Lippen ergeben, lassen sich die Vokale einigermaßen genau kennzeichnen. Bildet man durch Hebung der Zunge gegen den mittleren Gaumen eine kleine Öffnung, so kann man einen Vokal wie *i* in L*ie*d erzeugen. Hebt man die Zunge gegen den weichen Gaumen (das Velum), so daß dort eine kleine Öffnung entsteht, und rundet gleichzeitig die Lippen, so kann man einen Vokal von der Klangfarbe eines *u* in M*u*t hervorbringen. Senkt man die Zunge möglichst tief, versucht aber, sie in der vorgeschobenen Stellung wie bei *i* zu belassen, so entsteht ein ›helles‹ a, das in *was*, *Faß* usw. zu hören ist. Zieht man die Zunge, ohne sie im geringsten zu heben, zurück, so kann man ein ›dunkles‹ a wie im französ. *pâle* oder in deutsch *Vater* hervorbringen. Im Deutschen soll nach den Gesetzen der Hochlautung das kurze *a* nicht zu hell und das lange *a* nicht zu dunkel sein. SIEBS empfiehlt für die *Hochsprache* (besser: *Hochlautung*) in beiden Fällen ein mittleres a, das jedoch von kaum einem Deutschen gesprochen wird.

Die vier extremen Zungenstellungen bei der Bildung der beschriebenen Vokale, die man als ›Eckvokale‹ bezeichnen kann, lassen sich durch ein unregelmäßiges Viereck veranschaulichen; nur bei *u* sind die Lippen gerundet. Bei *i* tritt meist eine leichte Spreizung der Lippen ein.

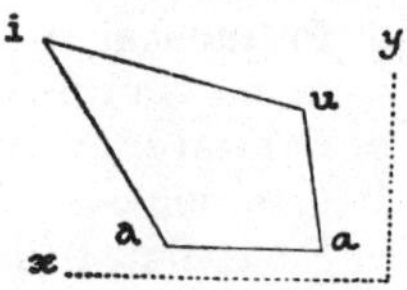

Die Koordinaten x und y stellen schematisch die Zungenbewegung dar. Auf der x-Achse schiebt sich die Zunge vor oder zieht sich zurück; auf der y-Achse hebt oder senkt sie sich.

Auf dem Wege der Zungenbewegung von *i* zu *a* liegen die übrigen ›vorderen‹ oder ›hellen‹ oder ›palatalen‹ Vokale. Nach der Größe der Öffnung ergibt sich folgendc Stufenleiter: Offenes i wie in *mit* [ɪ], geschlossenes *e* wie in *lesen* [eː], offenes *e* wie in *Bett* [ɛ], sehr offenes e wie in englisch *bad* [æː]. Spricht man dieselben Vokale mit Lippenrundung, so wird aus *i* ein *ü* wie in *Hüte* [yː], *Mühe*, aus dem offenen *i* ein *ü* wie in *Hütte* [ʏ], aus dem geschlossenen *e* ein *ö* wie in *Löwe* [øː], aus dem offenen *e* ein *ö* wie in *köstlich* [œ].

Auf dem Wege von *u* zu *a* liegen folgende Vokale, die alle mit gerundeten Lippen gesprochen werden: Offenes *u* wie in *Kunst* [ʊ], geschlossenes *o* wie in *wohnen* [oː], offenes *o* wie in *Kost* [ɔ]. Die als geschlossen bezeichneten Vokale sind im Deutschen in betonter Silbe immer lang, die offenen Vokale sind kurz.

Man kann die ›hinteren‹ oder ›dunklen‹ oder ›velaren‹ Vokale auch ohne Lippenrundung, also mit neutraler oder gespreizter Lippenstellung sprechen. Dann ergeben sich: *î* wie in rumänisch *gît* ›Hals‹ [ɯ] (î ist etwa ein ungerundetes *u*), *o·* im Vietnamesischen (ungerundetes geschlossenes o) [ɤ], *e* z. B. in chinesisch *he* ›und‹ (ungerundetes offenes o) oder *u* in englisch *but* [ʌ], kurzes *a* im Ungarischen z.B. in *nagy* [ɒ] ›groß‹ (sehr offenes ungerundetes o, oder gerundetes *a*).

Die den beschriebenen Vokalen entsprechenden Symbole der internationalen Lautschrift sind aus folgender Tabelle ersichtlich:

Die Öffnung wird größer	Vordere Vokale ungerundet	Vordere Vokale gerundet	Hintere Vokale ungerundet	Hintere Vokale gerundet
geschlossen	i	y	ɯ	u
offen	ɪ	ʏ		ʊ
geschlossen	e	ø	ɤ	o
offen	ɛ	œ	ʌ	ɔ
sehr offen	æ			ɒ
Höchster Öffnungsgrad			ɑ	

Außer den vorderen und hinteren Vokalen gibt es Vokale der mittleren Zunge, also Vokale, die auf der Linie zwischen *i* und *u* liegen, wenn der mittlere Teil der Zunge gehoben ist, oder die zwischen *e*/*ɛ* einerseits und *o*/*ɔ* andererseits liegen, wenn der Zungenrücken in der Stellung etwa zwischen der Linie *i*-*u* und *a*-*ɑ* verharrt. Diese mittleren Vokale können wiederum mit neutraler oder gerundeter Lippenstellung gesprochen werden. Das sogenannte helle *a*, das in der obigen Tabelle fehlt, wird meist als ein ungerundeter Mittelzungenvokal (die Zunge ist also nur etwas vorgeschoben) mit höchstem Öffnungsgrad gesprochen.

Die wichtigsten Mittelzungenvokale sind:

ɨ: zwischen *i* und *ɯ*; z. B. russisch ы und türkisch ı.
ʉ: zwischen *y* und *u*; z. B. in schwedisch h*u*s.
ɵ: zwischen *ø* und *o*; z. B. in schwedisch d*u*m.
ə: Mit diesem Zeichen werden in der Praxis voneinander ziemlich stark abweichende Vokale wiedergegeben.

Das deutsche [ə], das man in Gab*e*, geg*a*ng*e*n hört, liegt etwa zwischen *e*/*ɛ* und ɤ/ʌ. Es hat im Gegensatz zum französischen [ə] in *le* usw. eine deutliche e/ɛ-Färbung. Das Französische [ə] liegt etwa zwischen *ø*/*œ* und *o*/*ɔ*. Es macht ganz deutlich den Eindruck eines gerundeten Vokals.

ɐ: zwischen *æ*/*a* und *ɔ*/*ɑ*; z. B. das *a* in portugiesisch *para*.

Einen Überblick über die Zungen- und Lippenstellung bei der Bildung der behandelten Vokale verschafft man sich, wenn man die Vokale in das unregelmäßige Viereck einträgt. Die gerundeten Vokale stehen in runden Klammern rechts neben den Vokalen, die mit neutralen und gespreizten Lippen artikuliert werden.

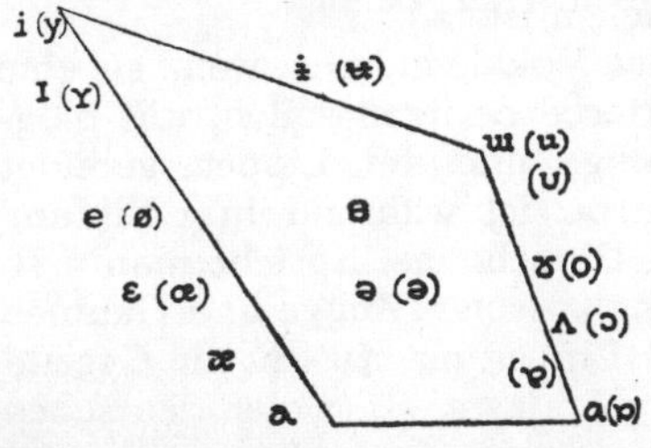

Die obige Beschreibung bezieht sich auf die Klangfarbe der Vokale. Diese Eigenschaft der Vokale wird häufig mit *Qualität* bezeichnet. Jeder Vokal kann kürzer oder länger tönen, er ist von kürzerer oder längerer Dauer. Für die Lautdauer oder Dauer oder Länge oder Dehnung findet man häufig die Bezeichnung *Quantität*. Die Ausdrücke Qualität und Quantität sind besonders in historischen Grammatiken gebräuchlich. Es genügt im allgemeinen, die langen und mittellangen Vokale im Gegensatz zu den kurzen Vokalen zu bezeichnen. Zeichen der Länge sind zwei kleine Dreiecke, Zeichen der Mittellänge ist ein hochgestelltes kleines Dreieck nach dem Vokal: ː und ˑ. Beispiel: Vokal [voˑ 'kɑːl]. Die Betonung einer Silbe wird durch einen vor die betreffende Silbe gesetzten, hochstehenden senkrechten Strich markiert. (→ Akzent).

Alle Vokale können mit lose in den Mund herabhängenden oder, wie meistens gesagt wird, mit gesenktem Gaumensegel gesprochen werden. Der Klang wird dann nicht nur durch die Mundresonanz, sondern auch durch die Nasenresonanz bestimmt. Diese mit Hilfe zweier Resonanzräume erzeugten Laute heißen *Nasalvokale*. Die Nasalität eines Vokals kann bedeutungsunterscheidende Kraft haben, wie z. B. im Französischen, Portugiesischen, Polnischen, Hindi und in vielen Sudansprachen. Sie kann aber auch nur eine phonetische Eigentümlichkeit sein, die in mehr oder minder starker Form das gesamte Vokalsystem ergreift (z. B. der *nasal twang* im amerikanischen Englisch) oder die sich nur stellenweise durch die Umgebung von nasalen Konsonanten (*m*, *n*, *ŋ*) ergibt, wie z. B. im Japanischen und Chinesischen. Zeichen der Nasalität ist die Tilde über dem Vokal, z. B. *õ*. Vokale erhalten durch eine nicht völlig durchgeführte, oft kaum noch wahrnehmbare Artikulation eines *r* (das ein Zungenspitzen-*r*, ein retroflexes *r* oder ein Zäpfchen-*r* sein kann) eine sogenannte *r*-Färbung. Die *r-haltigen Vokale* sind besonders charakteristisch für das Deutsche. Sie bilden für den Deutsch lernenden Ausländer die größte phonetische Klippe. Die im Deutschen *-er* geschriebene Endung wird als ein zu *ä* neigender Mittelzungenvokal mit einer schwachen Andeutung eines Zäpfchen-*r*'s gesprochen. Das phonetische Zeichen ist [ɚ].

Diphthonge. Die beschriebenen Vokale müssen, wenn sie eine reine, scharf umrissene Klangfarbe besitzen sollen, mit möglichst fester Stellung der Zunge und der Lippen gebildet werden. Vokale, deren Klangfarbe sich während ihrer Bildung wesentlich ändert, nennt man Diphthonge. Spricht man z. B. ein *a* und verringert die Öffnung zwischen Zunge und Gaumen bei gleichzeitiger Rundung der Lippen bis etwa in die Gegend des *o*, so entsteht ein Klangbild, das z. B. in der deutschen

Orthographie durch die Buchstabengruppe *au* wiedergegeben wird. Die Bewegung, die durch die Strecke *a—ɪ* beschrieben ist, ergibt [*ae*] oder [*aɪ*], in der deutschen Orthographie meist *ei*, z. B. das ›Ei‹; durch die Bewegung von ɔ mit Lippenrundung nach *øʏ* entsteht [ɔø] oder [ɔʏ], in der deutschen Orthographie *eu* oder *äu* geschrieben.

Da in diesen Verbindungen das erste Element eine größere Schallfülle aufweist, spricht man von *fallenden Diphthongen. Steigende Diphthonge* entstehen, wenn das zweite Element mit stärkerer Schallfülle als das erste gesprochen wird. Ein steigender Diphthong liegt z. B. in der im Italienischen vorkommenden Verbindung *uo* [ŭɔ·] (z. B. scuola) vor. Auch *oi* [*wa*] und *ui* [*ɥi*] im Französischen sind steigende Diphthonge. Man kann das erste Element nicht als Konsonanten betrachten, wie viele es wegen seiner Kürze tun, weil *oi* und *ui* z. B. nach *l m n r* (*loi, mois* usw.) stehen können, die sonst keinen Konsonanten hinter sich dulden (lt, lv- usw. ist nicht möglich). Man darf daraus folgern, daß *oi* und *ui* vokalische Verbindungen sind. Zahlreiche Diphthonge und *Triphthonge* — d. s. Laute, die aus einer Verbindung dreier wahrnehmbarer Vokale bestehen — kommen z. B. im Chinesischen, Vietnamesischen, Siamesischen vor (→ Chinesisch, Vietnamesisch). Die im Rumänischen durch *ea* und *oa* dargestellten Vokalverbindungen kann man als *schwebende* Diphthonge bezeichnen, da die Schallfülle gleichmäßig auf beide Diphthonge verteilt ist.

Koartikulation, Assimilation. Verbinden sich die in den obigen Abschnitten behandelten Laute (Konsonanten und Vokale) zu einem Lautkomplex miteinander, so erleiden sie meistens innerhalb eines gewissen Spielraumes Veränderungen, die im Sprechakt durch artikulatorische Angleichungen hervorgerufen werden. In *Kunst* wird z. B. das *k* weiter hinten am Gaumen artikuliert als das *k* in *Kind*, weil das folgende *u* ein hinterer Vokal ist. Diesen in der gleichen Artikulationsgegend stattfindenden Vorgang nennt man *Koartikulation*. Es gibt zahlreiche Arten von Koartikulation. In historischen und deskriptiven Grammatiken werden besonders stark die für die Lautentwicklung und für das Ohr leicht wahrnehmbare Assimilation von Konsonanten und die Fernassimilation von Vokalen berücksichtigt. Man unterscheidet eine Angleichung an den vorangegangenen Konsonanten (*progressive Assimilation*) und eine Angleichung an den folgenden Konsonanten (*regressive Assimilation*). Die regressive Assimilation findet sich durchgängig z. B. im Französischen und in den slawischen Sprachen, z. B. französisch absent [apsɑ̃], nicht [a*b*s-], second [zgɔ̃] ›zweiter‹ aus [səgɔ̃] mit Angleichung des [s] an das zwischen zwei Vokalen zu [g] gewordene *c* [k], russisch **сделать** ›machen‹ ['ʒ̊dʑɛ·łɐt̜], nicht [sd-]. Progressive Assimilation liegt z. B. in französisch *pied* [pçe] vor, wo das konsonantische *i* = [j] zu seinem stimmlosen Gegenstück [ç] wird. Eine über die Wortgrenze hinausgehende Assimilation kann man nach dem Vorbild des Sanskrit als S a n d h i bezeichnen, z. B. französisch une tasse de thé [yn taz‿də te] ›eine Tasse Tee‹ anstatt [ta*s*]. Viele rechnen auch die sogenannte Bindung im Französischen hierher (→ Französisch). Die Erscheinung des Sandhi ist besonders für das heute gesprochene Griechisch bezeichnend. Man schreibt z. B. [stɔ*n* '*k*ɔsmɔ] ›in der Welt‹, man spricht [stɔ'ŋgɔ·zmɔ].

In der deutschen Hochsprache sind nur geringfügige Assimilationen zugelassen. Absicht muß richtig ['ʔab̥zɪçt] mit stimmlosem *b* und folgendem stimmhaften *s* lauten, nicht ['ʔapsɪçt] mit progressiver Assimilation des *s* an das im Silbenauslaut stimmlos gesprochene b, ab = [apʿ]. Das häufig geforderte [apzɪçt] ohne jede Assimilation des b = [pʿ] an das folgende s = [z] klingt überaus unnatürlich und affektiert. Es wird von keinem Deutschen gesprochen.

Während die Assimilation zweier Konsonanten durch ihre unmittelbare Berührung (Kontaktstellung) bewirkt wird, beobachtet man den Vorgang der *Dissimilation* (›Entähnlichung‹) meist bei Konsonanten in Fernstellung. Das auf das lateinische mo*r*tā*r*ium zurückgehende deutsche Mö*r*te*l* zeigt in seinen mittelhochdeutschen Zwischenstufen zwei Formen: mo*r*te*r* mit den beiden erhaltenen *r* der lateinischen Form und mo*r*te*l*, in dem das zweite *r* zu *l* dissimiliert, d. h. lautlich von dem ersten *r* getrennt wurde.

Die regressive Assimilation der Vokale in Fernstellung wird, wenn sie in bestimmten grammatischen Kategorien auftritt, als *Umlaut* bezeichnet, z. B. althochdeutsch *erda* ›Erde‹ wird durch folgendes *-i* zu *irdīn* ›irdisch‹ (*e* und *i* stehen nicht unmittelbar zusammen, sie stehen getrennt, d. h. ›in Fernstellung‹); gotisch *gast* ›Gast‹, aber altisländisch *gest*, weil in einer Zwischenstufe **gasti* das *-i* eine Änderung des *a* > *e* bewirkte. Dieser *i*-Umlaut greift im Mittelhochdeutschen weiter um sich, und aus ihm erklären sich die heutigen neuhochdeutschen Formen wie b*ö*se — B*o*sheit, G*ü*te — g*u*t usw.

SILBE. Lautkomplexe, die von Sprechern einer gewissen Sprache als kleinste Teile einer Rede, unabhängig davon, ob diese Teile eine Bedeutung haben oder nicht, empfunden werden, bezeichnet man als *Silbe*. Träger einer Silbe ist entweder ein Vokal oder ein Konsonant mit großer Schallfülle, wie z. B. das Zungenspitzen-*r* oder *l*. Die Silbe, um deren Definition sich viele Forscher bemüht haben, ohne zu einem abschließenden und allgemein anerkannten Ergebnis zu kommen, ist eine vom Sprecher empfundene, mit den Mitteln der Phonetik aber keineswegs immer nachweisbare Sprecheinheit ohne Beziehung auf einen Bedeutungsgehalt. Die Silbe ist also keine absolute phonetische Größe, die unabhängig von der Sprache besteht. Sie ist vielmehr mit dem phonologischen System einer Sprache verknüpft und somit eine relative Größe. Ein Beispiel veranschaulicht das Wesen und die Abhängigkeit der Silbe von dem jeweiligen Sprachsystem. In dem Wort *bilden* ist, morphologisch gesehen, *bild-* der Stamm und *-en* die Endung. Der deutsche Sprecher zerlegt jedoch das Wort nicht in die Sprachsilben *bild-en*, sondern in die Sprechsilben *bil-den*, die jede für sich überhaupt keinen Sinn ergeben. Einen Sinn ergibt erst der gesamte Lautkomplex *bilden*. Eine Lautverbindung wie *-ps-* in Erbse [ˈʔɛrpsə] wird im Deutschen getrennt (Erb-se), im Neugriechischen dagegen nicht (z. B. *ˈgra -psa-me* ›wir schrieben‹), weil die Verbindung *ps* dem Griechen auch als Silbenanlaut (z. B. *psoˈmi* ›Brot‹) geläufig ist und sogar als ein Phonem empfunden wird. Bei der Zerlegung in Sprechsilben befolgt der Sprecher unbewußt die Gesetze der Phonologie seiner Sprache (→ Phonologie). Wie wenig die Silbe eine bedeutungsmäßige oder grammatische Funktion erfüllt, erkennt man an einem Beispiel wie *lesen*, das in der Umgangssprache einsilbig [le:zn], in der gehobenen Sprache zweisilbig [ˈle:|zən] gesprochen wird. Die Silbe kann einen Teil eines Wortes bilden: *Ga-be*; sie kann ein Wort darstellen: *gab* (von geben), oder sie kann mehrere Wörter in sich begreifen: Wie *geht's*? [ge:ts]; hier besteht die Sprechsilbe *geht's* aus zwei Wörtern: *geht* und *es*. In dem zweisilbigen Titel des von der Mistinguett gesungenen französischen Chansons ›*J'ai que ça*‹ [ʒe ksa] ›ich hab' nur das‹ sind vier Wörter verborgen *je* ›ich‹, *ai* ›habe‹, *que* ›nur‹ (aus *ne* .. *que* ›nicht .. als‹; das *ne* fällt in der volkstümlichen Sprache weg), *ça* ›das‹.

Französisch gehört zu den Sprachen, in denen Silben- und Morphembegriff (wegen Morphem → Deutsch) besonders weit auseinandergehen; im Vietnamesischen und Chinesischen dagegen ist die Silbe immer ein Wort oder zumindest ein Wortteil. Der *Akzent* ist als Sammelbegriff für verschiedene Erscheinungen (graphisches Zeichen, diakritisches Zeichen, phonetisches und phonologisches Mittel) in einem getrennten Sachwortartikel behandelt (→ Akzent). Die wichtigsten Zeichen der internationalen Lautschrift mit erläuternden Beispielen in alphabetischer Reihenfolge. Die neu geschaffenen Zeichen stehen in der Nähe der ähnlichen lateinischen Buchstaben:

a W*a*sser
ɑ· *Ak*ademie

ɑ: V*a*ter
ɒ englisch h*o*t
ɐ portugiesisch p*ara* ›für‹; s. S. 226
ɑ̃ französisch S*an*ssouci ›Ohnesorge‹
ʌ englisch b*u*t ›aber‹
æ englisch b*a*d ›schlecht‹
aɪ *Ei*
aʊ bl*au*
b *b*ar
b̥ a*b*laufen
ᶀ russisch *b*elyj ›weiß‹
β spanisch lo*b*o
c Mä*dch*en, enge Verbindung von [t] und [ç]; siehe auch ţ.
ç i*ch*
ɕ polnisch ś. Dialektisch *ch* in der Berliner Aussprache von ni*ch*t usw. Man spreche etwa ein *sch* und drücke die Zungenspitze gegen den vorderen Gaumen hinter dem Zahndamm.
d *d*a
d̥ en*d*lich
ᶁ russisch *d'*a*d'*a ›Onkel‹
ɖ schwedisch *rd* in bo*rd* ›Tisch‹
θ englisch th in ba*th* ›Bad‹. Man lege die Zunge zwischen die beiden Zahnreihen und spreche ein ›*s*‹.
ð englisch *th* stimmhaftes θ, wie in *th*e, *th*is
e T*e*lefon
e: B*ee*t
ɛ *E*rkältung, f*e*st
ɛ: Gew*äh*r
ɛ̃ französ. f*in* ›Ende‹, *teint* ›Teint‹
ɛ̃: T*eint*
ə g*e*geb*e*n
ɚ Lehr*er*
f *F*aß, *V*ater
ɸ japanisch *f*uku ›wehen‹
g *G*egend
g̊ we*g*laufen
ᶃ russisch *g*erb ›Wappen‹
ɣ ein stimmhaftes *ch* [x], wie *g* in Wa*g*en, sa*g*en nach Berliner dialektischer Aussprache.
h *H*aar
ɦ stimmhaftes *h*, tschechisch Pra*h*a
ɪ b*i*n
i: B*ie*ne
i· M*i*nute
ɪ̆ Lil*i*e

ɪ portugiesisch *fim* ›Ende‹, in süddeutschen Dialekten, schwäbisch h*in*
ɨ russisch ryba ›Fisch‹, polnisch r*y*ba
j *j*a
ɟ enge Verbindung von [d] und [j] oder [ʐ]
k französ. *c*oup, *k* ohne Hauch
kʻ *k*alt, behauchtes *k*
ḱ russisch *k*epka
l *L*ied
ɫ *l* mit gesenkter Mittelzunge. Wichtig ist, daß der Adamsapfel heruntergedrückt wird. Man bezeichnet diesen Laut als ›hartes *l*‹. russ. *l*ampa, engl. a*ll*, port. ma*l* ›schlecht‹.
ļ, λ { italienisch fig*li*o ›Sohn‹, spanisch ca*ll*e ›Straße‹, russisch *l*eto ›Sommer‹.
ɭ retroflexes l im Schwed. = rl
m *M*utter
ɱ *m*, das mit den Oberzähnen und den unteren Lippen gebildet wird, häufig im Neugriechischen.
n *N*ame
ņ, ɲ { französ. Allema*gne* ›Deutschland‹, russisch *n*ebo ›Himmel‹
ɳ retroflexes *n*, schwedisch *rn* in ba*rn* ›Kind‹
ŋ si*ng*en
o: S*oh*n
o· K*o*lonie
ɔ fl*o*tt
õ portugiesisch b*om* ›gut‹
ɔ̃ französisch b*on* ›gut‹
ø: H*öh*le
ø *Ö*konomie
ɤ vietnamesisch o·, s. S. 225
œ H*ö*lle
œ̃ franz. br*un* ›braun‹
ɵ schwedisch h*u*nd ›Hund‹
ɔʏ L*eu*te
p französ. *p*ère, *p* ohne Hauch
pʻ *P*eter, behauchtes *p*
ṕ russisch *p*'at' ›fünf‹·
q mit dem Zäpfchen gebildetes k, *qāf* im Arabischen
ʀ *R*at, französisch *r*a*r*e, Zäpfchen-r
r italienisch *r*a*r*o ›selten‹; deutsch provinziell; auch in Österreich und der Schweiz.
ɾ spanisch pa*r*a ›für‹
ʁ hie*r*, vo*r*; Zäpfchen-r ohne ›Rollen‹ und Reibegeräusch. Dieses *r* liegt zwischen einem Vokal, etwa [ə] und einem Konsonanten.

ɹ türkisch va*r*, mit starkem, *s*-ähnlichem Reibegeräusch
r̝ enge Verbindung zwischen [r] und [ʃ] oder [ʒ], tschechisch ř.
ɽ retroflexes r im Sanskrit und Hindi
ɹ Zungenspitzen-Reibelaut mit weiter Öffnung, englisches r vor Vokalen, z. B. *r*ed ›rot‹, nach stimmlosen Konsonanten stimmlos.
r̡ russisch *r*'ad ›Reihe‹
s Wa*ss*er, flie*ß*en
s̡ russisch *s*ertse ›Herz‹
ʂ retroflexes s im Schwedischen, z. B. va*r_s*å ... ›Seien Sie so ...‹
ʃ *Sch*uh
t französ. *t*an*t*e, *t* ohne Hauch
tʻ *T*an*t*e, behauchtes *t*
t̡ russisch *t*'otka ›Tante‹
ʈ retroflexes t, schwedisch ko*rt* ›Karte‹, auch englisch *t*ree
u: M*u*t
u· *zu*frieden, *U*nion
ŭ Stat*ue*
ʊ M*u*tter
ʉ schwedisch h*u*s
ɯ rumänisch î, s. S. 225
uɪ pf*ui*
v *w*as, labiodental
v explosives [v]
v̥ Laut zwischen [f] und [v]
w englisch *w*ell, bilabial
x a*ch*, Ko*ch*
y: f*üh*len
y· am*ü*sieren, Ph*y*sik
ʏ f*ü*llen
y̆ Et*ui*
ɥ gerundetes ›j‹, fast konsonantisches y, französisch p*u*is ›dann‹
z *S*onne, le*s*en
ʑ stimmhaftes [ç]
z̡ russisch *z'o*f ›Rachen‹
ʐ retroflexes *z* wie in chinesisch *r*en ›Mensch‹
ʒ stimmhaftes [ʃ] wie in *J*ournal
ʔ Stimmlippenverschlußlaut, z. B. vor anlautenden deutschen Vokalen: ʔIß ʔauch ʔein ʔEi, n i c h t: IßaucheinEi!

Phonologie. Gewöhnlich beschreibt und analysiert man einen Laut nicht um seiner selbst willen. Man glaubt, daß ein Laut in der Sprache eine bestimmte Aufgabe hat. Die mit naturwissenschaftlichen Methoden arbeitende Phonetik stellt z. B. fest, daß das *k* in *Kind*, *kalt*, *Kunst* nicht ganz derselbe Laut ist, obwohl er dem Deutschen als solcher erscheint. *k* ist, phonetisch gesehen, ein Laut, der durch Hebung des hinteren Zungenrückens (postdorsal) gegen den hinteren harten Gaumen (postpalatal) ohne Beteiligung der Stimmlippen hervorgebracht wird. Schon durch eigene Beobachtung ohne gründliche Untersuchung mit besonderen Geräten kann man feststellen, daß die Berührung zwischen dem hinteren Zungenrücken und dem hinteren harten Gaumen bei *Kind* weiter vorn und bei *kalt* etwa in der Mitte zwischen *Kind* und *Kunst* liegt; bei *Kind* ist also die Zunge weiter vorgeschoben als bei *Kunst*. Trotz dieser Verschiedenheit werden diese drei Laute von dem Deutschen als ein einziger empfunden und in der Orthographie auch durch ein Symbol, nämlich *k*, dargestellt. Man kann diese drei Laute austauschen, ohne daß sich der Sinn des Wortes ändert. Spricht man das *k* in *Kunst* mit dem *k* in *Kind* — *Kunst* würde dann fast wie *Kjunst* [k̹unst] mit einem palatalen *k* klingen — so würde das Wort — zumindest im Satzzusammenhang — nicht unverständlich werden. Allerdings klänge dem deutschen Ohr ein solches *k* in *Kunst* ungewöhnlich. Wird das *k* jedoch stimmhaft gesprochen, d. h., erzeugt man in der Kehle gleichzeitig einen Stimmton, so ändert sich der Sinn des Wortes. Aus dem stimmlosen postpalatalen-postdorsalen Verschlußlaut *k* wird der entsprechende stimmhafte Laut, der in der deutschen Orthographie mit *g* wiedergegeben wird: Aus *K*unst wird *G*unst; aus *k*alt wird *g*alt (von gelten). Während im System der deutschen Sprache die Verschiedenheit der drei *k* in *Kind*, *kalt*, *Kunst* oder der *g* in *galt*, *Gunst* völlig bedeutungslos ist, hat der Gegensatz stimmhaft/stimmlos bedeutungsunterscheidende Kraft.

Im Deutschen haben die drei *k* in *Kind*, *kalt* und *Kunst* offenbar einen gemeinsamen Kern, der durch die folgenden Vokale *i*, *a* und *u* zwar etwas variiert wird, dessen Wesen aber völlig gleich bleibt. Diesen Kern, den man, phonetisch gesehen, als ein Bündel mehrerer ähnlicher Laute auffassen kann, der sich im Bewußtsein des Sprechers jedoch als ein Laut offenbart, nennt man *Phonem*, und die Wissenschaft, die die Phoneme einer Sprache festzustellen sucht, heißt *Phonologie* oder *Phonematik*. *k* und *g* sind im Deutschen zwei Phoneme; es sind kleine sprachliche Bestandteile, mit denen deutsche Wörter gebaut werden. Den Bestand der Phoneme einer Sprache kann man dadurch ermitteln, daß man in einer Anzahl von Wörtern die Laute austauscht. Bedingung ist also, daß der Lautstand der Sprache bekannt ist. Ohne die von der Phonetik gelieferten Grundlagen ist die Phonologie nicht arbeitsfähig. Bei dem Austausch der Laute kann entweder ein neues Wort entstehen, oder das Wort kann zerstört werden. Wird in dem Wort *Kind* das *k* durch *g* ersetzt, so entsteht kein neues Wort, sondern das Wort *Kind* wird zerstört. Tauscht man dagegen das *k* durch *l*, *r*, *w* aus, so ergeben sich die Wörter *lind*, *Rind*, *Wind*. Zu *k* und *g* konnten durch diese Wortvergleichung drei weitere Phoneme *l*, *r*, *w* gefunden werden. Allen drei Wörtern ist ein kurzes *i* eigen. Durch Austausch kann man ermitteln, daß auch dieses *i* ein Phonem, ein Vokalphonem, ist. Es steht z. B. in Opposition zu *a*; denn wenn man für *i* in allen drei Wörtern *a* setzt, so ergeben sich: *Land*, *Rand*, *Wand*. Das *i* und *a* stehen ihrerseits wieder in Opposition zu *u*, das in der gleichen lautlichen Umgebung (l—nd, r—nd, w—nd) drei neue Wörter schafft: *Lund* (ein Vogel), *rund*, *wund*. Setzt man für das *u* ein *o* ein, so ergeben sich keine neuen Wörter. Man könnte glauben, daß *o* im Deutschen nur eine Spielart von *u* sei. Ein Vergleich von *Rock* und *Ruck* zeigt jedoch, daß [ɔ] und [ʊ] im Deutschen zwei Phoneme sind.

Tauscht man die durch *ch* dargestellten Laute [ç] und [x] miteinander aus, so wird man feststellen, daß durch dieses Verfahren keine neuen Wörter entstehen. Spricht man *nicht* mit einem *ch* wie in Nacht [x] und umgekehrt *Nacht* mit einem *ch* wie in nicht [ç], so klingen die Wörter falsch oder fast unverständlich, der Sinn der Wörter ändert sich jedoch nicht. [x] und [ç] sind phonetisch zwar sehr verschieden, phonologisch besitzen sie nur einen Wert. Der Laut [x] oder [ç] wird allein von dem vorangegangenen Vokal bestimmt, [x] steht im Deutschen nach hinteren Vokalen (a, o, u), [ç] nach den vorderen Vokalen. Im Neugriechischen ist dagegen der folgende Vokal bestimmend. Das *r* in Rock kann man sowohl mit einem Zungenspitzen-r [r] als auch mit einem Zäpfchen-r [ʀ] sprechen, ohne daß sich der Sinn der Wörter ändert. Die Verwendung des einen oder anderen *r* hängt von der Gewohnheit des Sprechers oder von Modeströmungen ab, die von bestimmten Kreisen zur Aussprachenorm erhoben werden können. Erscheinungen wie [x] oder [ç], die sich nach ihrer Stellung innerhalb anderer Laute, d.h. also nach der Kombination der Laute richten, nennt man *kombinatorische phonetische Varianten* oder *Allophone* eines Phonems.

Die ganz verschieden erzeugten Laute [r] und [ʀ], die das allgemeine Lautbild einer Sprache entscheidend prägen, sind *fakultative phonetische Varianten*. Sie hängen nicht von der Stellung innerhalb einer Lautgruppe ab, und sie können vertauscht werden, ohne die Bedeutung des Wortes zu ändern. Während sich Phoneme durch bedeutungsdifferenzierende Merkmale voneinander unterscheiden (*k* stimmlos, *g* stimmhaft; *i* Vokal mit geringem, *a* Vokal mit weitem Öffnungsgrad),

sind die Merkmale der phonetischen Varianten für die Bedeutung belanglos. Sie sind nur ein Bestandteil des allgemeinen Klangcharakters der Sprache.
Durch Wortvergleichung und Austausch von Konsonanten stellt man fest, daß im Deutschen die Lautverbindung *ts* ein Phonem ist (*w*eit, *s*eit — *Z*eit, *L*eitung — *Z*eitung usw.). In der Verbindung *hat's* (er hat's getan), das phonetisch dem Wort *Hatz* (Hetzjagd) völlig gleich ist [hats], ist die Lautverbindung *ts* jedoch nicht *monophonematisch* (›einphonemisch‹), sondern sie besteht offenbar aus dem Phonem *t*, das ein Bestandteil des Wortes *hat* ist, und dem selbständigen Phonem *s*, das ein abgekürztes *es* darstellt. Das Beispiel zeigt, daß sich bei der Aufstellung des Phoneminventars mancherlei Schwierigkeiten ergeben können. In dem erwähnten Fall muß sowohl *hat's* als auch *Hatz* als aus den drei Phonemen *h* — *a* — *ts* bestehend betrachtet werden.
Neben der Zahl der Phoneme muß man ihre Placierungs- und Kombinationsmöglichkeiten in einer Sprache zu ergründen trachten. Das stimmlose *s* kann im Deutschen z. B. nie am Anfang eines Wortes stehen; dagegen kann ein Wort im Deutschen nie mit einem stimmhaften *s* wie in *S*onne auslauten. Die Stellungsmöglichkeiten von [s] und [z] sind im Deutschen also beschränkt. Das Wort *geben* besteht aus den Phonemen *g-e:-b-e-n*, das Imperfekt *gab* wird dagegen aus den drei Phonemen *g-a:-p'* gebildet. Das phonetische Gesetz, nach dem im Deutschen im Auslaut keine stimmhaften Konsonanten stehen können, bewirkt die Änderung des Phonems *b* in ein aspiriertes *p'*. Es erhebt sich nun die Frage, ob man die Wandlung der stimmhaften Konsonanten in stimmlose im Auslaut eines Wortes — eine Wandlung, die das Ende des Wortes anzeigt, oder, wie man auch sagt, grenzsignalisierend wirkt — unter phonologischen Gesichtspunkten betrachten soll. Tut man es, so müßte man einen Begriff einführen, der *b* und das davon in bestimmten Funktionen abhängige *p'* umfaßt. Tatsächlich findet man für solche Phonempaare bei manchen Forschern den Ausdruck *Archiphonem*. Durch diese Einbeziehung rein phonetischer Faktoren wird die Phonologie unnötig kompliziert. Es ist klar, daß nicht alle lautlichen Erscheinungen phonologisch erklärt werden können. So wichtig die Phonologie zur Erkenntnis der kleinsten Bauelemente eines Wortes und der Lautstruktur einer Sprache ist, so unentbehrlich ist die phonetische Betrachtung zur Aufhellung und Präzisierung vieler lautlicher Erscheinungen. Der Begriff Phonem wird von manchen Forschern nur in dem Sinne einer kleinsten phonologischen Einheit, die sich nicht in noch kürzere phonologische Einheiten zerlegen läßt, verwendet. Damit werden die ein

Wort mitbildende Tonhöhenbewegung (z. B. im Vietnamesischen und Chinesischen) und der silbengruppierende Akzent (→ Akzent) nicht als Phonem anerkannt. Sie gelten vielmehr als *aphonematische Unterscheidungsmittel.* Zu diesen wird auch die Dauer eines Vokals oder Konsonanten gerechnet. Gegen diese Scheidung lassen sich Einwände erheben. Der Ton in einem chinesischen Wort hat durchaus die gleiche Funktion, die in einer anderen Sprache ein Konsonant oder ein Vokal hat; ja, man nimmt an, daß sich durch Schwinden von Konsonanten und zur Begegnung der dadurch entstandenen Homonyme Töne als Ersatz entwickelt haben. Diese wortunterscheidenden Töne bezeichnet man auch als *Toneme* (→ Akzent). Ein ›gelängtes‹ *t* in italienisch *notte* hat sich durch Assimilation aus lateinisch -ct- [kt] entwickelt. An Stelle des lateinischen [kt] steht im Italienischen [t:]. Die größere Dauer zwischen Bildung und Lösung des Verschlusses bei *t* ist ein Ersatz für das *k*. Man kann sagen, daß das lateinische Phonem *k* sich in diesem Fall in der ›Länge‹ des italienischen *t* manifestiert, und diese Länge könnte man als besonderes Phonem auffassen.

Als Funktionselement eines Systems wurde der Laut zuerst von dem Polen *Kruszewski* erkannt, der auch den Ausdruck Phonem prägte. Sein Lehrer Jan Baudouin *de Courtenay*, ebenfalls ein Pole, gilt als der Begründer der Phonologie (1870). Bekanntgeworden sind die Ergebnisse der Phonologie besonders durch den russischen Fürsten N. S. *Trubetzkoj* (›Grundzüge der Phonologie‹, 1939), den führenden Kopf der die strukturalistische Richtung vertretenden Prager Schule. Von ihm stammt die bekannteste wissenschaftliche Definition des Phonems: ›Phonologische Einheiten, die sich vom Standpunkt der betreffenden Sprache nicht in noch kürzere aufeinanderfolgende phonologische Einheiten zerlegen lassen, nennen wir Phoneme. Somit ist das Phonem die kleinste phonologische Einheit der gegebenen Sprache.‹ Um eine Definition des Phonems haben sich u. a. bemüht der Russe Ščerba, der Brite Daniel Jones, der Holländer van Wijk, der Franzose Martinet.

Das Aufgabengebiet der Phonetik und Phonologie kann man grob durch eine Formel umreißen: Die Phonetik betrachtet den Laut nur absolut als Lauterscheinung, die Phonologie relativ als Funktion eines Sprachsystems.

Obwohl die phonologische Betrachtungsweise eines Lautes nicht älter als etwa 100 Jahre ist, liegt sie bereits den ersten Buchstabenschriften (z. B. den semitischen Schriften, der griechischen und lateinischen Schrift) zugrunde. Bei der Übernahme und der Schaffung von Zeichen für bestimmte Laute wirkte die Phonologie, ohne daß man sich dessen bewußt war, als praktischer Regulator. Das phönizische Alphabet hatte je ein Zeichen für zwei verschiedene *k*-Laute, *kāf* (postpalatal) und *qof* (uvular) → Arabisch). Als die Griechen das phönizische Alphabet übernahmen, verwendeten sie für ihren unaspirierten k-Laut vor *a*, *e*, *i* zunächst das *kāf* und vor *o* und *u* das *qof*. Später gaben sie diese Unterscheidung wieder auf und verwendeten auch vor *o* und *u* *kāf*, weil sie gemerkt hatten, daß die Unterscheidung phonologisch ohne Bedeutung (irrelevant) war. Für das aspirierte *k*ʻ, das im Altgriechischen ein besonderes Phonem war und heute in zwei obligatorischen Varianten [ç] und [x] auftritt, schufen sie ein neues Zeichen. Das frei gewordene *qof* wurde nur noch als Zahlzeichen für 90 benutzt.

Für die Erlernung einer Sprache ist die Phonologie von größter praktischer Bedeutung, weil sie die Aufmerksamkeit auf die wesentlichen Elemente der Lautstruktur der Sprache lenkt. Eine praktische phonetische Umschrift kann sich jedoch nicht mit der Wiedergabe der Phoneme begnügen, da der Lautwert der Phoneme sehr stark variieren kann. Im Französischen sind [e] und [ə] zwei Phoneme, die auf jeden Fall bezeichnet werden müssen; man vergleiche *les* und *le*. Im Deutschen ist [ə] dagegen nur eine phonetische Variante von [e] oder [ɛ] in gewissen tonschwachen Silben. Die deutsche Orthographie gibt keine Auskunft über die Klangfarbe des *e*; deshalb muß die Umschrift diese rein phonetischen Varianten berücksichtigen. Es genügt nicht gegeben als [ge'ge:ben], verstehen als [fer'ʃte:en] zu schreiben. Man muß, soll die Umschrift dienlich sein, schreiben: [gə'ge:bən] und [fɛʀ'ʃte:ən]. Eine Umschrift, die dem Lernenden helfen soll, sich eine gut verständliche oder gar gefällige Aussprache anzueignen, muß in möglichst sinnreicher Weise die Darstellung der Phoneme durch Angabe der phonetischen Varianten ergänzen.

Romanische Sprachen, Lateinisch

1.	Cicero dicax	erat et	facetus,	adeo
	kikero dika:ks	erat et	fake:tus	adeo:
	Cicero witzig	war und	spaßhaft	soweit

ut	ab	inimicis	appellaretur	›scurra
ut	ab	inimi:ki:s	ap:el:a:re:tur	skur:a
daß	von	Feinden	er-wurde-genannt	Witzbold

consularis‹.	2. Cum	Lentulum,	generum
kõ:nsula:ris	kũ	lẽntulũ	generũ
konsularischer.	2. Als	den-Lentulus,	Schwiegersohn

suum,	exiguae	staturae	hominem,
suũ	eksigwa͡e	statu:ra͡ę	hominẽ
seinen,	kleiner	Statur	Menschen

vidisset	longo	gladio	accinctum:	›Quis,
wi:dis:et	lõngo:	gladio:	ak:ĩŋktũ	kwis
er-gesehen-hätte	langen	Schwert-mit	umgürtet	Wer

inquit,	generum	meum	ad	gladium	alligavit?‹
ĩnkwit	generũ	meũ	ad	gladiũ	al:iga:vit?
er-sagte	Schwiegersohn	meinen	an	Schwert	hat-gebunden?

Übersetzung: 1. Cicero war derart witzig und spaßhaft, daß er von seinen Feinden ›der Witzbold-Konsul‹ genannt wurde. 2. Als er einst seinen Schwiegersohn Lentulus, einen Menschen von kleiner Statur, mit einem langen Schwert umgürtet sah, sagte er: ›Wer hat meinen Schwiegersohn an das Schwert gebunden?‹

Schrift. Das lateinische Alphabet stammt höchstwahrscheinlich aus dem etruskischen, das seinerseits auf das griechische zurückgeht. Von allen Schriften hat die lateinische Schrift die größte Verbreitung erlangt; sie gewinnt noch ständig an Boden und ist zu einer Weltverkehrsschrift geworden: Für Sprachen, die lange Zeit in anderen Schriften geschrieben wurden (z. B. Türkisch, Malaiisch) wurde von Staats wegen aus praktischen Gründen die Lateinschrift eingeführt. In dem riesigen chinesischen Reich ist das lateinische Alphabet erste Hilfsschrift (→ Chinesisch). Für viele afrikanische Sprachen, die bisher schriftlos waren und jetzt Schriftsprachen werden, wird die lateinische Schrift eingeführt.

Die Lautwerte der lateinischen Buchstaben sind aus dem Alphabet selbst, aus Bemerkungen lateinischer Grammatiker, z. B. des unter Kaiser Augustus lebenden Verrius Flaccus, lateinischen Lehnwörtern in anderen, insbesondere germanischen Sprachen, Schreibfehlern usw. (→ Griechisch) ziemlich genau bekannt. Der Akzent scheint in der lateinischen Hochsprache frei dezentralisierend, in der lateinischen Umgangssprache (dem sogenannten Vulgärlatein) beschränkt frei zentralisierend gewesen zu sein.

Das *k*-Phonem wird durch *c* wiedergegeben, das in den romanischen Sprachen unter der Wirkung des folgenden Vokals mehr oder minder stark palatalisiert worden ist, z. B. italienisch *c* = [tʃ] vor *i* und *e*. Lateinisch *c* = [k] erhellt aus *cista* ›Kiste‹, *cellarium* ›Keller‹, *Caesar* ›Kaiser‹. Die *k*-Komponente des Phonems [kw] wird *q* (qu) geschrieben. Das Phonem *l* hatte zwei phonetische Varianten: [l] und [ɫ].

Länge und Kürze der Vokale (und wohl auch der Konsonanten) waren phonologisch relevant. Die Länge der Vokale wird z. T.

durch einen *apex* — ˀ ˡ ˡ — (›hohe Mütze‹, ›Krone‹), die der Konsonanten durch Doppelsetzung bezeichnet. Vokale wurden durch nachfolgendes *-m*, zum Teil sicher auch durch *-n*, nasaliert (z. B. *-em* = *-ẽ*). Aus diesem Grunde konnte z. B. *orandum est* ›es ist zu wünschen‹ dreisilbig gesprochen werden [o:rãndũst]. Heute wird die Länge in Lehr- und Wörterbüchern meist durch einen Strich über dem Vokal bezeichnet. Das Weglassen der Länge macht die lateinische Orthographie defektiv und bereitet dem Latein lernenden Schüler ziemliche Schwierigkeiten; in dem Satz *Europa antiqua historia sua clara est* ›das alte Europa ist durch seine Geschichte berühmt‹ muß er die *-a* in *Europa, antiqua* und *clara* kurz, in *historia sua* lang lesen, weil durch die Längung des *a* in diesem Fall die Funktion des Ablativs bewirkt wird. Er kann den Satz erst richtig lesen, wenn er den Sinn schon verstanden hat. In einem gebundenen Text (z. B. Hexameter) müssen die Wörter zum Teil ganz anders betont werden als in der Prosa, wenn man den sogenannten expiratorischen (d. h. zentralisierenden) Akzent des Lateinischen annimmt, z. B. (Vers) *'Dōnec e'ris sos'pes, mul'tōs nume'rābis a'mīcōs* ... ›Solange du glücklich bist, wirst du viele Freunde zählen‹ .... In gewöhnlicher Sprache: *'Dōnec 'sospes 'eris, 'multōs a'mīcōs nume'rābis* ... In Wirklichkeit wird der Akzent in beiden Fällen dezentralisierend gewesen sein, und das Wesen des Verses bestand in der Rhythmisierung dieses schwebenden Akzents. Eine Akzentverlagerung in dem Maße, wie die Schulaussprache sie fordert, ist phonologisch unmöglich. Man stelle sich im Deutschen vor: *'barfuß*, aber im Vers *bar'fuß*!

Das von der lateinischen Schriftsprache (dem klassischen Latein) bereits ziemlich abweichende Vulgärlatein wurde durch die Sprechgewohnheiten der auf dem Boden des römischen Weltreiches lebenden, anderssprachigen Völker weiter umgestaltet. Dieses phonologisch und phonetisch völlig veränderte Latein bildete besonders in lexikalischer, weniger in struktureller Hinsicht die Grundlage für eine große Zahl von Dialekten, von denen sich einzelne durch politische, verwaltungstechnische, soziologische und andere Faktoren zu Schriftsprachen entwickelten. Vier davon sind heute Weltsprachen: *Französisch*, eine der bedeutendsten Bildungs-, Verkehrs- und Diplomatensprachen (90 Mill. und viele Millionen Menschen, die es als zweite Bildungs- und Verkehrssprache sprechen, in Frankreich, Belgien, der Schweiz, großen Teilen Afrikas, Südostasien, Haiti, etwa 220 Mill.); *Spanisch* (280 Millionen in Spanien, Mittelamerika, Südamerika mit Ausnahme Brasiliens, Marokko, auf den Kanarischen Inseln); *Portugiesisch* (160 Mill. in Portugal, Madeira, Azoren, in der spanischen Provinz Galicien, den ehemaligen portugiesischen Kolonien und in Brasilien); *Italienisch* (65 Mill. in Italien, Äthiopien, Somalia, zum Teil Nordafrika — Libyen —). Auf Grund gewisser Eigentümlichkeiten (Pluralbildung) wird die italienische Schriftsprache zusammen mit dem in Südosteuropa gesprochenen *Rumänischen* (etwa 22 Mill. in Rumänien, dazu 2,7 Mill. in der Moldauischen SSR und in einigen Bezirken der Ukraine, die sich einer Variante des Rumänischen, des mit zyrillischen Buchstaben geschriebenen *Moldauischen* bedienen) zu einer losen Gruppe vereinigt, die in der Romanistik als *Ostromania* bezeichnet wird. Zur *Westromania* gehören neben dem Französischen, Spanischen, Portugiesischen und norditalienischen Dialekten, das *Okzitanische* mit *Provenzalisch* u. Varianten (2 Mill.) in Südfrankreich, das vom 11. — 13. Jh. eine bedeutende Schriftsprache (Troubadour-Lieder) war, und das sprachlich zwischen dem Provenzalischen und Spanischen stehende *Katalanische* (etwa 5,7 Mill. in Katalonien und auf den Balearen), das im Gegensatz zum Provenzalischen auch heute noch eine bedeutende Schriftsprache ist; ferner das *Rätoromanische* mit den Dialektgruppen Westrätisch oder Graubündnerisch oder Rumauntsch (40000, es ist seit 1938 vierte Landessprache in der Schweiz), das Mittelrätische oder *Ladinische* in Südwesttirol (17000) und das *Friaulische* in Italien (½ Mill.). Das auf Sardinien gesprochene Sardinische (1 Mill.) ist in einigen phonetischen Zügen dem Latein noch sehr nahe. Der *logudoresische* Dialekt des Sardinischen hat z. B. den *k*-Laut in *kentu* ›hundert‹ (lat. centum) bewahrt. Es ist keine Schriftsprache.

Aus der untenstehenden Tabelle kann man folgern, daß sich der lateinische Grundwortschatz im wesentlichen in den romanischen Sprachen erhalten hat. Man muß allerdings berücksichtigen, daß das Wurzelwort zuweilen nicht der lateinischen Schriftsprache, sondern dem Vulgärlatein angehörte, oder daß das Wurzelwort im gesamten lateinischen Sprachgebiet oder in einem Teil davon in anderer (z. B. erweiterter oder eingeengter) Bedeutung gebraucht wurde.

Die konservative Orthographie täuscht eine lautliche Ähnlichkeit vor, die schon lange nicht mehr besteht. Man vergleiche z. B. das Wort ›fünf‹:

latein.	italienisch	spanisch	portugies.
quīnque	*cinque* [tʃ-]	*cinco* ['θiŋko]	*cinco* [sĩkų]
französ. *cinq* [sɛ̃(:k)]		rumän. *cinci* [tʃintʃ]	

1. Mutter, 2. Bruder, 3. Schwester, 4. Hand, 5. Fuß, 6. Herz, 7. Tag, 8. Abend, 9. Sommer, 10. Herbst, 11. Winter, 12. Wasser, 13. Feuer, 14. Wind, 15. Schnee, 16. Erde (Weltkörper und

Boden), 17. Fluß, 18. Wald, 19. See (der), 20. Meer, 21. Fisch.

	latein.	italien.	spanisch	portug.	französ.	rumän.
1.	māter	madre	madre	mãe	mère	mamă
2.	frāter	fratello	hermano	irmão	frère	frate
3.	soror	sorella	hermana	irmã	sœur	soră
4.	manus	mano	mano	mão	main [mɛ̃]	mînă
5.	pēs, pedis	piede	pie	pé	pied [pçe]	picior
6.	cor	cuore	corazón	coração	cœur	inimă
7.	diēs, diurn-	giorno	día	dia	jour	zi
8.	(vesper), ser-, tard-	sera	tarde, noche	tarde, noite	soir	seară
9.	aestās, aestātis	estate	verano	verão	été	vară
10.	autumnus	autunno	otoño	outono	automne	toamnă
11.	(hiems); hibernu-	inverno	invierno [im'bjɛrno]	inverno ĩ'βɛrnu	hiver	iarnă
12.	aqua	acqua	agua	água	eau [o]	apă
13.	(ignis)	fuoco	fuego	fôgo	feu [fø]	foc
14.	ventus	vento	viento [bjento]	vento	vent [vɑ̃]	vînt
15.	nix, nivis	neve	nieve	neve	neige [nɛ:ʒ]	zăpadă
16.	terra	terra	tierra	terra	terre	pămînt
17.	fluvius, flūmen; rīvus	fiume	río	rio	fleuve	rîu
18.	silva	selva	bosque, selva	selva	forêt, bois [bwa]	pădure
19.	lacus	lago	lago	lago	lac	lac
20.	mare	mare	mar	mar	mer	mare
21.	piscis	pesce	pez	peixe	poisson	peşte

Zahlen:

	latein.	italien.	span.	port.	französisch	rum.
1.	ūnus	uno	un	um [ũ]	un [œ̃]	un
2.	duo	due	dos	dois	deux [dø]	doi
3.	trēs	tre	tres	três	trois [tʀwa]	trei
4.	quattuor	quattro	cuatro	quatro	quatre [katʀ]	patru
5.	quīnque	cinque	cinco	cinco	cinq [sɛ̃·k]	cinci
6.	sex	sei	seis	seis	six [sis:]	şase
7.	septem	sette	siete	sete	sept [sɛt:]	şapte
8.	octō	otto	ocho	oito	huit [ɥit:]	opt
9.	novem	nove	nueve	nove	neuf [nœf:]	nou
10.	decem	dieci	diez	dez	dix [dis:]	zece

Strukturwandel. Von den modernen indogermanischen Sprachen stehen dem Lateinischen das Neugriechische und die slawischen Sprachen mit Ausnahme des Bulgarischen typologisch am nächsten. Wie das Russische hat das Lateinische weder einen bestimmten noch unbestimmten Artikel. Beide Sprachen haben ein ausgeprägtes Kasussystem (Russisch 6 Fälle; Lateinisch 5: Nominativ, Genitiv, Dativ, Akkusativ, Ablativ). Im Verbalsystem weichen beide Sprachen jedoch erheblich voneinander ab: Das Russische hat nur noch sehr wenige synthetische Formen gegenüber dem Lateinischen (s. weiter unten und → slawische Sprachen). In der Wortbildung fehlt beiden Sprachen das bequeme Mittel der einfachen Zusammensetzung; man vergleiche *Sonnenfinsternis*, lat. *solis defectio*, russ. *'solnečnoje zat'menije*; *Haushaltung*, lat. *administratio rerum domesticarum*, russ. *do'mašneje cho'z'ajstvo*. Ein Vergleich des lateinischen Textes mit einer Übersetzung in das heutige Französische gibt eine Vorstellung von der grundlegenden Verschiedenheit der Strukturen der beiden Sprachen. Betrachtet man die Struktur einer Sprache als das Wesentliche, als eine darin sich manifestierende geistige Kraft, die *Lexik* (den Wortbestand und seine Probleme) aber als die materielle Seite, das Fleisch einer Sprache, dann muß man sagen, daß die romanischen Sprachen etwas durchaus Neues, Eigenständiges darstellen und mit dem Lateinischen nur noch wenig gemeinsam haben. Der Strukturwandel vom Lateinischen zu den romanischen Sprachen wird von der folgenden Grundtendenz bestimmt: Die festen mit dem Wortstamm verschmolzenen, mehrdeutigen Morpheme des Lateinischen werden durch freie, möglichst eindeutige Morpheme sowie durch Stellungsgesetze ersetzt. Der synthetisch-flektierende Typ des Lateinischen hat sich zu einem analytisch-flektierenden Typ gewandelt. Innerhalb dieses Typs weichen die einzelnen romanischen Sprachen erheblich voneinander ab. Für das Französische ist zum Beispiel der Zug zu Infigierungen (Einschüben), für das Rumänische ein Zug zu einem Typus charakteristisch, den man als ›balkanisch‹ bezeichnen kann. Die ziemlich wörtliche französische Fassung des ersten lateinischen Satzes lautet: Cicéron était railleur et facétieux, à tel point que par ses ennemis il était appelé ›le bouffon consulaire‹. Man vergleiche die Wortgruppe *ab inimicis* ›von den Feinden‹ mit franz. *par les ennemis* (in der Übersetzung ist sinngemäß *ses* ›seinen‹ gesetzt, das die prägnante Stilistik des Lateins vermeidet). Während im Lateinischen der Urheber beim Passiv durch zwei Morpheme (*ab*, das ein Ablativmorphem verlangt, hier *-is*) ausgedrückt wird, genügt im Französischen das lose Morphem *par*. Während das lateinische Ablativmorphem gleichzeitig den Singular- und Pluralbegriff mit enthält und seine Form sich nach anderen Klassifikationsfaktoren richtet (z. B. meist feminin Singular *-ā* in der ›ā-Deklination‹,

Singular m, f und n *-e* in der ›konsonantischen Deklination‹), ist das französische *par* völlig ungebunden. Es wirkt in keiner Weise mehr auf die Form des folgenden Wortes ein. Der Plural wird im Französischen durch das Morphem *les* [le] angezeigt, das mit dem folgenden Wort dadurch eine engere Einheit bildet, daß das *-s* von *les* vor einem Vokal wieder lautbar wird. Das lat. *appellaretur* ist ein Verschmelzungsprodukt aus mehreren Morphemen:

appella-: bedeutungstragende Morphemgruppe; *-re-*: ein Morphem mit Doppelfunktion: Es zeigt die Zeitstufe (Imperfekt) und den Modus (Konjunktiv) an, durch den mit der Konjunktion *adeo ut* eine Verkettung hergestellt wird.

-tur: ein Morphem mit Doppelfunktion: Es zeigt den Passivbegriff und die dritte Person Singular an. Dagegen im Französischen: *il était appelé. il* (dritte Person, und zwar immer, auch im Aktiv!), *était* (Zeitstufe, Imperfekt), *appel-* (Bedeutung), *-é* (festes Morphem, das sich nach der Verbalklasse richtet und dessen Bedeutung erst durch andere Morpheme bestimmt wird). Der Passivbegriff wird erst durch die Kombination von *était* und *-é* gesichert.

Der zweite Satz lautet in wörtlicher französischer Übersetzung etwa so: Comme il avait vu son gendre, Lentulus, homme de petite taille, ceint d'une longue épée: Qui, dit-il, a attaché mon gendre à une épée?

Im Lateinischen sind die Funktion der Wörter und ihre Beziehungen untereinander durch feste Morpheme hinreichend verdeutlicht. Die mit dem Akkusativzeichen *-m* versehenen Wörter hängen alle von dem Verb *vidisset* ab, (das nach *cum* ›als‹ im Plusquamperfekt Konjunktiv steht): Lentulu*m*, generu*m* suu*m*, ...homine*m*, ... accinctu*m* (vgl. deutsch: ›er hatte de*n* Lentulus, seine*n* Schwiegersohn, eine*n* .... umgürtete*n* Mensche*n* gesehen‹). Diese durch die festen Morpheme geschaffenen Querverweise haben dem Latein die Möglichkeit gegeben, die Wörter im Satz weitgehend nach subjektivem Ermessen anzuordnen, d. h., die Wortstellung kann großzügig als Stilmittel ausgenutzt werden. Das klassische Latein hat diese Möglichkeit besonders in der gebundenen Rede ausgeschöpft. Das Französische, das beim Nomen über kein das Akkusativ-Verhältnis zum Verb anzeigendes Morphem mehr verfügt, muß zu einem anderen Mittel greifen, um die betreffende Beziehung anzuzeigen: Es muß wie in den isolierenden Sprachen die Wörter nach einem bestimmten Prinzip im Satz ausrichten.

Wortstellung und Rhythmus, die im Lateinischen als stilistische Mittel benutzt werden, sind im Französischen zu wichtigen Teilen der Grammatik geworden (→ Vietnamesisch).

Mit der äußerlich so auffallenden Entwicklung von der synthetischen zur analytischen Struktur ist eine andere für den Wandel des Geistes der Sprache sehr wichtige Erscheinung verknüpft, die man als Tendenz zur Beseitigung gleichklingender Morpheme (Morphemhomophonie) bezeichnen kann. Im Lateinischen hat z. B. das Morphem *-ī* eine vielfache Funktion, wie aus der folgenden Tabelle hervorgeht, oder man kann auch sagen: Das Lateinische hat verschiedene Morpheme, die gleichklingen (homophone Morpheme). Diesen offensichtlichen Mangel haben die romanischen Sprachen durch die freien Morpheme beseitigt. Die freien Morpheme sind eindeutiger, und außerdem ist ihr Anwendungsbereich größer als die auf bestimmte Flexionstypen beschränkten festen Morpheme des Lateinischen. Wegen der Regelmäßigkeit und der Weite ihres Anwendungsbereichs kann man die freien Morpheme der romanischen Sprachen mit den (vokalharmonisch) gebundenen Morphemen des Türkischen vergleichen:

lateinisch		französisch	türkisch
amīc*ī*	›des Freundes‹	*de l'*ami	arkadaş*ın*
amīc*ī*	›die Freunde‹	*les* amis	arkadaş*lar*
leg*ī*	›dem Gesetz‹	*à la* loi	kanun*a*
mar*ī*	›dem Meer‹	*à la* mer	deniz*e*
mar*ī*	›von dem Meer‹	*de la* mer	deniz*den*
leg*ī*	›gelesen werden‹	*être* lu	ok*un*mak
lēg*ī*	›ich habe gelesen‹	*j'ai* lu	oku*dum*

In allen romanischen Sprachen wird das nominale Wesen eines Wortes durch einen bestimmten und einen unbestimmten Artikel angezeigt. Die Nomen werden in zwei Klassen (maskulin und feminin) gruppiert (doch s. Rumänisch). Das Neutrum des Lateinischen ist geschwunden. Im Pronominalsystem hat sich ähnlich wie im Neugriechischen im Objektsfall (im Französischen auch im Subjektsfall) ein Oppositionspaar unbetont — betont herausgebildet, z. B. heißt ›ihn‹ franz. *le* — (*c'est*) *lui* (*que*); ital. *lo* — *lui*; span. *lo, le* — *a él;* port. *o* — *a êle*; rum. *l, îl* — *pe el.* Das Subjekt ›ich‹ ist im Französischen das vor dem Verb stehende lose Morphem *je,* in den anderen romanischen Sprachen das feste Morphem *-o* oder Null, z. B. ›ich verstehe‹: franz. *je comprends*; ital. *capisco*; span. *comprendo*; port. *entendo*; rum. *înţeleg* (Morphem Null). Betontes ›ich‹ ist französisch *moi* (< lat. *mē*), in den anderen romanischen Sprachen *yo, io, eu, eu* [jeu] (< lat. *ego*).

Die stärksten Spuren des flektierenden Typs hat in allen romanischen Sprachen das Verbalsystem bewahrt. Es gibt verschiedene nach der Endung des Infinitivs eingeteilte Kategorien, die sich gegenüber den lateinischen Kategorien mehr oder minder geändert oder verschoben haben, außerdem viele Verben mit Unregelmäßigkeiten. Das gesamte Passiv und viele Zeiten des Aktivs werden analytisch gebildet. Doch bevorzugt das Spanische und besonders das Portugiesische in der erzählenden Vergangenheit auch der Umgangssprache im Aktiv noch synthetische Formen. Die synthetische lateinische Form *fēcī* ›ich habe gemacht‹ hat ohne Rücksicht auf den wirklichen Gebrauchswert folgende analytische Entsprechungen: franz. *j'ai fait*; ital. *ho fatto*; span. *he hecho*; port. *tenho feito*; rum. *am făcut*. Die lateinische Passivform *factum est* ›es ist gemacht worden‹ hat folgende um ein Element vermehrte romanische Entsprechungen: franz. (il) *a été fait*; ital. *é stato fatto*; span. *ha sido hecho*; port. *tem sido feito*; rum. *a fost făcut*. Von den Modi spielt der Konjunktiv, der besonders im Spanischen und Portugiesischen zahlreiche Formen aufweist, noch eine recht große Rolle.

Einige orthographische Eigentümlichkeiten der romanischen Sprachen. Obwohl sich der Lautwert z. B. von *c* und *g* vor den palatalen Vokalen [e] und [i] im Laufe der Jahrhunderte in den verschiedenen romanischen Sprachen verschieden entwickelt hat, hielt man an der alten lateinischen Schreibweise fest. Für einzelne Buchstaben und Buchstabengruppen ergeben sich folgende Lautwerte:

Orthographie	Lautwert in internationaler Lautschrift				
	franz.	span.	port.	ital.	rum.
c + *i*, *e*	s	θ	s	tʃ	tʃ
c + *a*, *o*, *u* (rum. *ă*, *î*)	k	k	k	k	k
ch (ital., rum. nur + *i*, *e*)	ʃ	tʃ	ʃ	k	ķ
g + *i*, *e*	ʒ	x	ʒ	dʒ	dʒ
g + *a*, *o*, *u* (rum.: *ă*, *î*)	g	g	g	g	g
gh + *i*, *e*	—	—	—	g	ģ
gu + *i*, *e*	g	g	g	gw	gu
qu + *i*, *e*	k	k	k	kw	—
qu + *a*, *o*	k	—	kwa, k(w)o	kw	—

Im Französischen wird der *i*-Laut zuweilen mit *y* geschrieben. Vor *a*, *o*, *u* wird der *tʃ*- bzw. der *dʒ*-Laut im Italienischen durch die Buchstabengruppe *ci*-, *gi*-, im Rumänischen durch *ce*-, *ge*- dargestellt, z. B. ital. *ciò* ›das‹ [tʃɔ], rum. *geam* ›Fensterscheibe‹ [dʒam]. Das Alphabet der romanischen Sprachen beruht also zum Teil auf dem silbischen Prinzip (vgl. Japanisch): *ci*, *ce*, *ca*, *co*, *cu* [tʃi, tʃe, ka, ko, ku].

Romanische Sprachen, Französisch

Oreille, exaspéré, ordonna à sa femme de lui
ɔʀɛːj / egzaspeʀe / ɔʀdɔna a sa famː / də lɥi
Oreille, erbittert, befahl seiner Frau zu ihm

choisir un nouveau riflard, en soie fine, de
ʃwaziːʀ œ̃ nuvo ʀiflaːʀ / ɑ̃ swa finː / də
wählen einen neuen Regenschirm in Seide feiner von

vingt francs, et d'apporter une facture
vɛ̃fʀɑ̃ / e dapɔʀte yn faktyːʀ
zwanzig Franken und zu bringen eine Rechnung

justificative. Elle en acheta un de dix-huit
ʒystifikatiːvː / ɛlɑ̃naʃta œ̃ də dizɥi‿
nachweisende. Sie davon kaufte einen von achtzehn

francs et déclara, rouge d'irritation, en le
fʀɑ̃ / e deklaʀa / ʀuːʒ diʀitɑsjɔ̃ / ɑ̃l
Franken und erklärte, rot vor Aufregung, in ihn

remettant à son époux: — Tu en as là pour
ʀəmɛtɑ̃ asɔ̃nepu: tyɑ̃nala puʀ
übergebend ihrem Gatten: Du davon hast da für

cinq ans au moins. Oreille, triomphant, obtint
sɛ̃kɑ̃ omwɛ̃ ɔʀɛːj / tʀĭɔ̃fɑ̃ / ɔptɛ̃
fünf Jahre wenigstens. Oreile, triumphierend, erzielte

un vrai succès au bureau.
œ̃vʀɛsyksɛ obyʀo.
einen wahren Erfolg im Bureau.

Aus: Le Parapluie (Der Regenschirm) von Maupassant.
Übersetzung: Erbittert befahl Oreille seiner Frau, ihm einen neuen Regenschirm aus feiner Seide zu zwanzig Franken zu besorgen und ihm eine Rechnung als Beleg zu bringen. Sie kaufte einen zu achtzehn Franken und erklärte rot vor Aufregung, indem sie ihn ihrem Mann überreichte: ›Daran hast du mindestens fünf Jahre.‹ Oreille jubelte und erzielte im Büro einen richtigen Erfolg.

ALPHABET: a [a], b [be], c [se], d [de], e [e], f [ɛf], g [ʒe], h [aʃ], i [i], j [ʒi], k [ka], l [ɛl], m [ɛm], n [ɛn], o [o], p [pe], q [ky], r [ɛ:ʀ], s [ɛs], t [te], u [y], v [ve], w [dubləve], x [iks], y [igʀɛk], z [zɛd].

Die französische → Orthographie ist im wesentlichen historisch. Aussprache einzelner Buchstaben und Buchstabengruppen: *h* ist stumm, signalisiert zuweilen die Wortgrenze: *le hasard* ›der Zufall‹, aber *l'habit* (nicht *le*) ›das Kleid‹; Endkonsonanten sind ebenfalls stumm (vgl. Text); *j* [ʒ]; *y* [j]; *z* [z]; mit diakritischem Zeichen: *ç* [s]; *â* [ɑ(:)]; *e* [ə > Null] *è, ê* [ɛ(:)]; *é* [e]; *ô* [o(:)]; *û* [y]; *ai* [e, ɛ]; *aim, ain* [ɛ̃]; *an* [ɑ̃]; *au, eau* [o]; *ei* [ɛ]; *ein* [ɛ̃]; *em, en* [ɑ̃]; *eu* [ø, œ]; *eun* [œ̃]; *im, in* [ɛ̃]; *oi* [wa]; *oin* [wɛ̃]; *om, on* [ɔ̃]; *ou* [u]; *ui* [ɥi]; *um, un* [œ̃] häufig schon [ɛ̃]; *gn* [ɲ]; *-il* [-j]. (Vgl. auch → Akzent und die vorstehende Tabelle über die orthographischen Eigentümlichkeiten der romanischen Sprachen.) Unter den zahlreichen Lautwandelerscheinungen, die man durch Vergleich der Entwicklungsstufen durch die Jahrhunderte festgestellt hat, seien hier einige genannt, die das auf den ersten Blick von den lateinischen Lautformen so stark abweichende französische Lautbild begreiflich machen. Auf dem Weg ins Französische kann man u. a. folgende Veränderungen beobachten: 1. Die Endkonsonanten verstummen: *vir(i)du* > *vert* [vɛ:ʀ] ›grün‹, *frons, fronte* > front [fʀɔ̃] ›Stirn‹. 2. Konsonanten zwischen zwei Vokalen schwinden, zuweilen auf dem Wege über eine Assimilation: *vita* > *vie* ›Leben‹; *patre* (> perre) *père* ›Vater‹; *securu* > *sûr* ›sicher‹. 3. Konsonanten werden auf dem Wege über eine Palatalisierung vokalisiert: *factu* > *fait* [fɛ] ›gemacht‹, nox, *nocte* > nuit [nɥi], *frig(i) du* > *froid* [fʀwa]. (Die Zwischenstufen, die die Entwicklung genauer erklären, sind hier nicht angegeben). 4. *c* wird vor *a* zu [ʃ]: *cantare* > *chanter* [ʃɑ̃te]. 5. Vokal wird durch folgenden Nasalkonsonanten zu Nasalvokal: *vinu* > [vɛ̃] ›Wein‹, *bonu* > [bɔ̃] ›gut‹. 6. Vokale ändern sich in Abhängigkeit von ihrer Stellung (betont-unbetont; in offener oder geschlossener Silbe), z. B. wird *a* in betonter offener Silbe zu *e*: *nā-su* > *nez* [ne] ›Nase‹, *mā-tre* > *mère*; Vokale hinter der betonten Silbe schwinden: *porta* > porte [pɔrt] ›Tür‹.

Die heutigen französischen Vokalphoneme gleichen mehr den Vokalphonemen der germanischen Sprachen als denen der anderen romanischen Sprachen. Das Französische ist in dieser Hinsicht keltisch-germanisch. Mit den vier Nasalvokalen, die nur offen sind ([ɔ̃] zeigt allerdings eine Tendenz zu [õ]) besitzt das Französische 16 Vokalphoneme: i e ɛ a ɑ o ø ɔ œ u y ə ɛ̃ ɑ̃ ɔ̃ œ̃. Davon kommen [e] und [ə] nur kurz vor, die übrigen kurz und lang. Die Vokaldauer ist nicht mehr bedeutungsunterscheidend; sie wird allein durch phonetische Gesetze und sehr oft durch subjektive Faktoren bestimmt. In *pomme* [pɔm] ›Apfel‹ und *paume* [po(ː)m] ›flache Hand‹ ist die Klangfarbe entscheidender als die Dauer. Ein Nasalvokal vor Konsonant ist z. B. immer lang: *chance* [ʃɑ̃:s]. Nur das [ə] hat eine phonetische Variante; dadurch, daß diese Variante Null ist, kann ein Wort im Vers oder im Gesang ein- oder mehrsilbig sein, z. B. *semaine* ›Woche‹ = [smɛn, səmɛn, səmɛ:nə]. Auch das [ɛ] kann unbeschadet des Sinnes gelängt werden. Das verhaltene [ə] bewirkt vor der Pause meist eine deutliche Längung des auslautenden Konsonanten.

AKZENT. Das Französische besitzt keinen objektiven Akzent. Er hat weder wortunterscheidende, noch grammatische, noch grenzsignalisierende Kraft. Dieser völlig freie dezentralisierende Akzent des Französischen erlaubt dem Sprecher, sowohl die Schallfülle als auch die Tonhöhe in ganz ungewöhnlicher Breite zu variieren, ohne die objektive Bedeutung des Wortes zu beeinträchtigen. Sehr ausgeprägt ist der subjektive Kontrastakzent: *Qui se ressemble, s'assemble* [kisə ⁻ʀəsɑ̃:bl ⁻sasɑ̃:bl] (wer sich ähnelt, versammelt sich) ›gleich und gleich gesellt sich gern‹; *l'homme propose, Dieu dispose* (der Mensch schlägt vor, Gott verfügt) ›Der Mensch denkt, Gott lenkt‹. Der Sinn erhellt durch die Hervorhebung von *pro-* und *dis-*. Gewisse zur Regel gewordene Intonationskurven können als Gruppenakzent gelten. Eine dreisilbige Gruppe, die einen Satz beschließt, wird im Rundfunk meist ohne Rücksicht auf den Sinn wie folgt betont: ... *dans la vie* [⁻dɑ̃la_vi] ... ›im Leben‹; ... *comme au bon vieux temps* [kɔmo = bɔ̃ vjø _tɑ̃] ... ›wie in der guten alten Zeit‹; also Hochton—Tiefton mit abnehmender Schallfülle. Zuweilen hört man einen Unterscheidungsakzent, z. B. *l'attention* [⁻latɑ̃sjɔ̃] ›die Aufmerksamkeit‹ gegen la tension [la⁻tɑ̃sjɔ̃] ›die Spannung‹.

WORTSTRUKTUR. Charakteristisch für die Struktur des französischen Wortes ist die aus einem Konsonanten und einem Vokal bestehende offene Silbe. Viele einzelne offene Silben sind bereits Wörter. Man kann sie als Minimalstruktur bezeichnen. Ein Vergleich mit dem entsprechenden italienischen oder rumänischen Wort lehrt, daß diese Sprachen trachten, die Struktur des Wortes auszubauen, zu ›verdichten‹, dem Wort ›mehr Körper‹ zu geben:

	›Hand‹	›Wind‹	›Feuer‹	›Fall‹	›gut‹	›warm‹
franz.	main [mɛ̃]	vent [vɑ̃]	feu [fø]	cas [kɑ]	bon [bɔ̃]	chaud [ʃo]
ital.	mano	vento	fuoco	caso	buono	caldo
rum.	mînă	vînt	foc	caz	bun	cald

Durch Konsonant plus [o] entstehen z. B. folgende französische Wörter: [bo]: *beau* ›schön‹, *baux*, Plur. von *bail* ›Verpachtung‹; [do]: *dos* ›Rücken‹; [fo]: *faux* ›falsch‹; *faux* ›Sense‹, *faut* ›es ist nötig‹; [lo]: *lot* ›Los‹, *l'eau* ›das Wasser‹; [mo]: *mot* ›Wort‹ *maux*, Plur. von *mal* ›Übel‹; [no]: *nos* ›unsere‹; [po]: *peau* ›Haut‹; *pot* ›Topf‹; [ro]: *ros* oder *rot* ›Weberkamm‹; *rôt* ›Braten‹, *rot* ›Aufstoßen‹; [so]: *saut* ›Sprung‹, *sceau* ›Siegel‹, *seau* ›Eimer‹ usw. Durch Nasalierung des [o] gewinnt man weitere zahlreiche Wörter.

Die bis aufs äußerste reduzierte Wortstruktur, die mit der chi-

nesischen verglichen werden kann, hat — wie im Chinesischen — das Entstehen vieler Homonyme bewirkt. Hierin liegt einer der Gründe, weshalb man an der traditionellen Orthographie festhält, die die wahren phonologischen Zustände der Sprache verschleiert (→ Chinesisch). Man vergleiche vier gebräuchliche Wörter, die im Französischen gleich klingen, mit den entsprechenden italienischen, die sich durch ihre größere Stofflichkeit lautlich gut voneinander unterscheiden: *ver* ›Wurm‹, *vers* ›gegen‹, *verre* ›Glas‹, *vert* ›grün‹ = [vɛːʀ], italienisch dagegen: *verme*, *verso*, *vetro*, *verde*!
Etwa 82 Prozent der Silben eines französischen Textes sind offen, 18 Prozent geschlossen. Im Italienischen und Spanischen ist dieses Verhältnis etwa 60 : 40. Wörter, Wortgruppen und ganze Sätze sind im Französischen zum größten Teil eine Folge von Silben, die aus einem Vokal und einem Konsonanten bestehen: Konsonant plus Vokal plus Konsonant plus Vokal usw. Beispiel: *Il est dangereux de se pencher au-dehors* (Es ist gefährlich, zu sich lehnen hinaus). Diese Warnung in Eisenbahnwagen wird durch folgenden Silbenablauf phonetisch dargestellt: i-lɛ-dɑ̃-ʒə-ʀø-də-sə-pɑ̃-ʃe-o-də-ɔːʀ. Man sieht daraus, daß das einzelne Wort im Französischen seine Unabhängigkeit in einer Reihe von gleichmäßig betonten Silben, die kein besonderes Kraftzentrum mehr haben, völlig einbüßt. Der Sinn des Satzes ergibt sich allein aus der konventionellen Reihenfolge der Silben. Der entsprechende italienische Wortlaut zeigt dagegen ganz andere Verhältnisse: *È pericoloso sporgersi* (ist gefährlich hinauslehnen-sich) ɛp:eriko-ˈlo:zo ˈspo·rdʒersi. Zwei Silben davon sind geschlossen, und eine von diesen beginnt sogar mit einer Doppelkonsonanz: *spor*. Diese körperlich kräftige Silbe trägt ganz sinngemäß den Hauptton. Das *è* (es-ist) ist keineswegs nur eine Silbe unter Silben, sondern verstärkt (längt) das folgende *p*-, wodurch das *è* eine gewisse Ausnahmestellung erhält. Vier Silben von *pericoloso* scharen sich um eine tonstärkere: pe-ri-ko-ˈ*lo*:-zo; dadurch wird das Wort als solches innerhalb des Satzes zusammengehalten.
Die Tendenz des Französischen, die oben beschriebene Silbenfolge herzustellen, wird durch eine Erscheinung gestützt (und historisch gesehen, wurde sie wohl dadurch mit geschaffen), die man ›Bindung‹ (franz. *liaison*) nennt: Ein auslautender stummer Konsonant wird gesprochen, wenn die Silbe des nächsten Wortes mit einem Vokal beginnt, z. B. *nous avons* (wir haben): nuz‿avɔ̃ (nach Silben: nu-za-vɔ̃), aber *nous pensons* (wir denken): nu-pɑ̃sɔ̃. Für die Bindung bestehen gewisse Regeln. So sollen nur inhaltlich eng zusammengehörige Wörter gebunden werden.

Morphologisches: Im Gegensatz zu den anderen romanischen Sprachen bezeichnet das Französische den Plural nur durch ein freies (nach dem Geschlecht unveränderliches) Morphem. Man vergleiche:

	›das Haus‹	›die Häuser	›das Buch‹	›die Bücher‹
franz.	la maison	les maisons	le livre	les livres
	[*la*mɛzɔ̃	*le*mɛzɔ̃	*lə*li·vʀ	*le*li·vʀ]
ital.	*la* cas*a*	*le* cas*e*	*il* libro	*i* libr*i*
rum.	cas*a*	cas*ele*	carte*a*	căr*ţile*
span.	*la* cas*a*	la*s* casa*s*	*el* libro	*los* libro*s*

Neben dem unbestimmten Artikel (m: *le*, vor Vokal *l'*, f: *la*, vor Vokal *l'*, Plural *les*) und unbestimmten Artikel (m: ***un***, f: ***une***) hat das Französische einen sogenannten Teilungsartikel zur Bezeichnung einer unbestimmten Menge, z. B. ***du pain*** ›Brot‹ (*du* < *de* + *le* = u. a. ›des‹). Der unbestimmte Plural ›Bücher‹ wird durch das Morphem *des* [de] (oder *de* [də] vor Adjektiv + Substantiv) angedeutet: *des* livres, ital. libr*i*, ***de*** bons livres, ital. buon*i* libr*i*. Andere Pluralbildungen können mit Bezug auf das allgemein herrschende System der Sprache als besondere Wörter (Lexeme) betrachtet werden, z. B. *le cheval* ›das Pferd‹ — *les chevaux* [leʃvo]. Die Analyse des einfachen, ohne Rücksicht auf die heutige Orthographie wiedergegebenen Satzes [ilnəməlapɑdi] ›er hat es mir nicht gesagt‹ zeigt a) den verwickelten Infixcharakter des Französischen, der besonders für kleine Wortgruppen gilt (→ Deutsch), b) die lautliche Auflösung der Wörter und Morpheme in eine Silbenkette, d. h. also den hohen Grad der phonetischen Verschmelzung, den Wörter und Morpheme eingehen (vgl. dagegen Georgisch, das einen stark konsonantischen einsilbigen Kern bevorzugt). Der Aufbau des Satzes kann durch folgende Stufen veranschaulicht werden:

1. di; bedeutungstragendes Morphem (Begriff des Sagens), das funktionell jedoch schon eingeengt ist (sagt, sagst, sagte u. a.), hier ›gesagt‹; lat. etwa [di:k-].
2. adi; **ɑ**: Morphem der Vergangenheit, funktionell eingeengt (hat, hast gesagt) lat. *dixit* [di:k-s-it].
3. iladi; *il* ›er‹, freies Morphem, lat. *dixit*.
4. iladi; *l*(ə) ›es‹, das zwischen *il* und ***a*** eingeschaltet (infigiert) wird: *il la di* wird *iladi*, da es gelängte Konsonanten phonologisch im Französischen nicht gibt. Wortgruppe 3. und 4. klingen also gleich. Es gibt im Französischen nicht nur homonyme Wörter, sondern auch homonyme Wortgruppen.

5. il*napa*di; (heute meist: inapadi) ›er hat nicht gesagt‹; die zweiteilige Verneinungspartikel *nə ..pa* umschließt das *a*; von *a* aus gesehen ist sie ein Zirkumfix. Dieses Zirkumfix wird mit dem Infix *a* wieder zwischen *il....di* eingeschaltet. Die lateinische Konstruktion ist dagegen klar und übersichtlich: *non dixit.*
6. ilnə*m*apadi; *m*(ə) ›mir‹, das als Infix die Infixgruppe *n/apa* sprengt: nə*m*apa; lat. *mihi non dixit.*
7. ilnəm(ə)*l*apadi; (*lə*) ›es‹, das als drittes Infix die Gruppe *nəm/apa* sprengt: *nəmlapa.*

In der gewöhnlichen Orthographie sind die einzelnen Elemente optisch leichter erkennbar: 1. *dit*, 2. *a dit*, 3. *il a dit*, 4. *il l'a dit*, 5. *il n'a pas dit*, 6. *il ne m'a pas dit*, 7. *il ne me l'a pas dit*!

DER WORTSCHATZ ist stark heterogen (uneinheitlich zusammengesetzt): Er besteht aus Trümmern, die nur derjenige zueinander ordnen kann, der die Beziehungen zwischen Erbwörtern (z. B. *sûr* ›sicher‹) und Buchwörtern (*sécurité* ›Sicherheit‹) kennt. Man vergleiche an einigen Beispielen damit die Homogenität des deutschen und ungarischen Wortschatzes:

œil	›Auge‹	szem
témoin oculaire	›Augenzeuge‹	szemtanu
empéreur	›Kaiser‹	császár
impératrice	›Kaiserin‹	császárné
impérial	›kaiserlich‹	császári

Neue Ausdrücke können nicht durch das Mittel der einfachen Zusammensetzung (Bestimmungswort — Grundwort) gebildet werden; vielmehr müssen die Bestandteile einer neuen lexikalischen Gruppe, die im Deutschen als Stichwort eines Wörterbuches erscheint, durch lose Morpheme miteinander in Beziehung gesetzt werden, z. B. ›Feuerversicherungsgesellschaft‹ ist *compagnie d'assurance contre l'incendie* (Gesellschaft von Versicherung gegen den Brand); ›Großserienproduktion‹ *construction en très grande série* (Konstruktion in sehr großer Serie).
Die ziemlich starre Wortstellung ist nicht, wie meist behauptet wird, Ausdruck einer besonders gut entwickelten Logik. Danach müßte das Chinesische und Vietnamesische noch ›logischer‹ als das Französische sein. Die strenge Wortfolge im Französischen ist vielmehr das allgemeinste morphologische Mittel, das zusammen mit einer ausgeprägten Rhythmisierung (s. Text!) der Rede dafür sorgt, das gesprochene Wort trotz der vielen Homonyme, der Minimalstruktur der Silben und des Fehlens eines objektiven Akzents verständlich zu machen. Wie das Chinesische hat das Französische viele starre Stilfiguren entwickelt.

Eine ästhetische Wertung dieser Sprache, die strukturell einen Typus ganz eigener Art zeigt und in dieser Hinsicht — kennte man ihre Geschichte nicht — sicher mit manchen Sudansprachen verglichen worden wäre, mag wegen ihres Rufs und ihrer Verbreitung hier angebracht sein. Es ist kein Zweifel: Die große Anzahl scharf umrissener Oral- und Nasalvokale; der Wechsel zwischen diesen Vokalen und gut ausgeprägten Konsonanten, der einen leichten Fluß der einfach gebauten Silben bewirkt, die Möglichkeit, die Silben durch den allein herrschenden subjektiven Akzent sowie durch Längung der Vokale hervorzuheben, machen das Französische zu einem von allen Völkern anerkannten sprachlichen Klangwunder.

Romanische Sprachen, Italienisch

Avevo ben capito che l'amico Tucci, nell'invi-
aˈve:vo bɛ·ŋkaˈpi:to kel:aˈmi:ko tut:ʃi nel:iɱvi-
Ich-hatte wohl begriffen, daß der-Freund Tucci, beim Ein-

tarmi con quelle sue calorose e pressanti
ˈta:rmi koŋˈkwel:e su:e kaloˈro:ze ep:reˈs:a·nti
laden-mich mit jenen seinen warmen und dringenden

lettere a passare l'estate a Milocca, in fondo
ˈlɛt:ere ap:aˈs:a:re lesta:te am:iˈlɔk:a iɱˈfo·ndo
Briefen zu verbringen den-Sommer in Milocca, im Grunde

non desiderava tanto di procurare un piacere
no:ndezideˈra:va ˈta·nto di prokuˈra:re umpjaˈtʃe:re
nicht wünschte so sehr zu verschaffen ein Vergnügen

a me, quanto a sè stesso il gusto di farmi
am:e, ˈkwa·nto as:e ˈstes:o ilˈgu·sto diˈfa·rmi
mir, wie sich selbst die Freude zu machen-mir

restare a bocca aperta mostrandomi ciò che
reˈsta:re aˈb:ɔk:a:ˈpɛ·rta moˈstra·ndomi tʃɔk:e
bleiben mit Mund offenen zeigend-mir das was

aveva saputo fare, con molto coraggio, in
aˈve:va saˈpu:toˈfa:re koˈm:o·lto koˈrad:ʒo in
er-hatte gewußt machen, mit viel Mut, in

tanti anni d'infaticabile operosità.
ta·ntĭˈan:i diɱfatiˈka:bile operoziˈta.
so vielen Jahren von unermüdlicher Tätigkeit.

Aveva preso a suo rischio e ventura certi
aˈve:va ˈpre:zo as:u:o ˈri·skjo ev:enˈtu:ra ˈtʃɛ·rti
Er-hatte genommen auf seine Gefahr und Zufall gewisse

terreni	paludosi	che	ammorbavano	quel	paese,
te'r:e:ni	palu'do:zi	ke	am:or'ba:vano	kwel	pa'e:ze
Gebiete	sumpfige,	die	verpesteten	jenes	Land

e ne aveva fatto	i campi	più	ubertosi
en:ea've:va'fat:o	ika·mpi	pju	uber'to:zi
und daraus hatte gemacht	die Felder	mehr	fruchtbare

di tutto	il circondario:	un paradiso!
di'tu·t:o	iltʃirkon'da:rjo:	umpara'di:zo
von ganzen	dem Gebiet:	Ein Paradies!

(Anfang einer Novelle von Luigi Pirandello [1867—1936])

Übersetzung. Ich hatte wohl begriffen, daß Freund Tucci, als er mich mit jenen warmherzigen und dringenden Briefen einlud, den Sommer in Milocca zu verbringen, eigentlich nicht so sehr darauf bedacht war, mir ein Vergnügen, sondern vielmehr sich selbst die Freude zu bereiten, mich mit offenem Munde dastehen zu sehen, wenn er mir all das zeigte, was er mit viel Mut in so vielen Jahren unermüdlicher Arbeit geschafft hatte. Er hatte gewisse sumpfige Grundstücke, die die Gegend dort verpesteten, übernommen, und hatte daraus die fruchtbarsten Felder des ganzen Bezirks gemacht: Ein Paradies!

Alphabet: a [a], b [bi], c [tʃi], d [di], e [e], f [ɛf:ə], g [dʒi], h ['ak:a], i [i], j [i'l:uŋgo], l [ɛl:ə], m [ɛm:ə], n [ɛn:ə], o [o], p [pi], q [ku], r [ɛrə], s [ɛs:ə], t [ti], u [u], v [vu], z ['dzɛ:ta]; k ['kap:a], y ['ipsilon], w [vu 'd:op:jo], x [iks]. Die letzten vier Buchstaben kommen in italienischen Wörtern nicht vor. Aussprache einzelner Buchstabengruppen: *sci* [ʃi], *scie* [ʃe], *schi* [ski] usw.; *gn* [ɲ], *gli* [ʎi], *glio* [ʎo] usw. *h* ist stumm. Es gibt sieben Vokalphoneme [i e ɛ a ɔ o u], die mit den fünf Vokalzeichen *i e a o u* geschrieben werden. è ist betontes [ɛ], é betontes [e], ò betontes [ɔ]. Auf *a i u* gibt der Gravis nur die Tonstelle an, ohne die Klangfarbe des Vokals zu verändern. Charakteristisch für das Italienische ist die Opposition zwischen kurzen und — in Wörtern durch Doppelsetzung bezeichneten — langen Konsonanten. Die Länge der Vokale ist nicht bedeutungsunterscheidend; sie ist lediglich phonetisch geregelt. In betonter offener Silbe ist der Vokal lang, in geschlossener, besonders vor *n*, *m*, halblang (vgl. im Text *tanto*), sonst kurz. Die Opposition zwischen o/ɔ und e/ɛ, die bedeutungsunterscheidend ist, wird in der Orthographie meist nicht zum Ausdruck gebracht, z. B. *venti* [e] ›zwanzig‹ — *venti* [ɛ] ›Winde‹, *ho* [ɔ] ›ich habe‹ — *o* [o] ›oder‹. Ebensowenig ist der Unterschied zwischen *z* = [ts] oder [dz] aus der Orthographie erkennbar, z. B. *zio* [tsi:o] ›Onkel‹, *zaino* [dz-] ›Tornister‹. Für die Aussprache des intervokalischen *s* gibt es zahlreiche

Regeln. Es empfiehlt sich, *s* zwischen zwei Vokalen nach Gepflogenheiten gebildeter Römer immer wie [z] zu sprechen. Sandhierscheinung: Eine enge Verbindung zwischen zwei Wörtern wird in vielen Fällen durch Längung des Konsonanten hergestellt, mit dem das zweite Wort beginnt. Diese Längung ist, historisch gesehen, oft der Rest eines durch totale Assimilation geschwundenen Konsonanten: lat. *octō* > *otto* ›acht‹, *septem* > *sette* ›sieben‹. Diese Erscheinung erstreckt sich auch über die Wortgrenze hinaus, und so hat das *-t* von lat. *et* ›und‹ (ital. *e*), *aut* ›oder‹ (ital. *o*), und das *-d* von *ad* ›zu‹ (ital. *a*) die Länge des folgenden Konsonanten bewirkt (s. Text *a passare, a me*). Präposition und Artikel gehen oft eine lautlich enge Verbindung ein, z. B. *di* + *il* > *del* (Genitivfunktion mit männlichem Artikel), z. B. *del padre* ›des Vaters‹, *nella città* (*in* + *la*) ›in der Stadt‹.
Morphologisches: Artikel (m) *il*, vor *z* und *s* plus Konsonant *lo*, vor Vokal *l'*; Plural *i* — *gli*; (f) *la*, vor Vokalen *l'*, Plural *le*. Der Plural wird meist durch Änderung des auslautenden unbetonten Vokalsphonems bezeichnet: la sorpres*a* ›die Überraschung‹ — le sorpres*e*; l'amic*o* ›der Freund‹ — gli amic*i*; aber: la città ›die Stadt‹ — le città. Im letzten Fall wird der Plural nur durch den Artikel angezeigt. Das Italienische unterscheidet wie das Lateinische vier Konjugationen nach der Infinitivendung *-are*, *-ere*, *'-ere* (unbetont, z. B. *'credere* ›glauben‹), *-ire*. Die italienische Schriftsprache fußt auf der toskanischen Mundart, die die Wortkörper am besten erhalten hat und deshalb den anderen zum Teil sehr stark abgeschliffenen Dialekten gegenüber den Vorteil größerer phonetischer Verständlichkeit hatte.

Romanische Sprachen, Spanisch

Estando así en la cama, rogó a los yernos
e'stando a'si· enla 'ka·ma ro'ɣɔ· aloz'jɛ·ɾnos
Seiend so in dem Bett, bat-er die Schwiegersöhne

que le diesen cierta cantidad de dinero, lo que
kele'd̪je·sen 'θjɛɾta kanti'd̪a·d̪ed̪i'nɛ·ɾo loke
daß ihm gäben gewisse Menge von Geld, was

hicieron ellos de buena voluntad, confiados
i'θjɛ·ɾon 'e·ļozd̪e'βwe·naβolun'ta·θ kɔɱ'fja·d̪os
taten sie von gutem Willen, vertrauend

en la herencia. Muerto Gavaza, hiciéronle
enlae'ɾenθja. muɛɾto ɣa'βa·θa i'θjɛ·ɾonle
in die Erbschaft. Gestorben Gavaza, sie-machten-ihm

solemnes exequias, y al cabo de los siete
so'lemnes‿e'kse·kjas ĭal'ka·βod̪elo'sje·te
feierliche Exequien, und am Ende von den sieben

días demandaron las llaves a los religiosos.
'd̪i·az‿d̪eman'da·ɾon laz'ʎa·βes alor:eli'xjɔ·sos.
Tagen baten-sie die Schlüssel den Mönchen.

Cuando abrieron el arca, sólo hallaron en
kwando a'βɾjɛ·ɾon e'laɾka 'so·lo a'ʎa·ɾon en
Als sie-öffneten die Truhe, nur sie-fanden in

ella una gran maza, en cuyo mango estaba
e·ʎa unaγɾam'ma·θa eŋ‿'ku·jo'maŋgo e'sta·βa
ihr eine große Keule, in deren Griff war

escrito: ›Yo, Juan Gavaza, digo: Al que
e'skɾi·to jo, xwaŋga'βa·θa 'd̪i·γo alke
geschrieben: Ich, Juan Gavaza, sage: Dem der

a sí se menosprecia por dar lo suyo a otro
a'si· se meno'spɾe·θja pɔɾda·ɾ lo'su·jo ao·tɾo
sich sich geringschätzt durch geben seins anderem

como hizo Juan Gavaza, que en la frente le den
ko·mo 'i·θo xwaŋga'βa·za ke·nla'fɾente le'd̪e·n
wie tat Juan Gavaza, daß an die Stirn ihm geben

con esta maza.‹
kɔ'n esta 'ma·θa.
mit dieser Keule.‹

Aus: La Herencia (Die Erbschaft), del libro de los ejemplos (aus dem Buch der Beispiele).

Übersetzung: Als er so im Bett lag, bat er seine Schwiegersöhne, ihm eine gewisse Summe Geldes zu geben, was sie auch im Vertrauen auf die Erbschaft bereitwillig taten. Als Gavaza tot war, bereiteten sie ihm ein feierliches Leichenbegängnis, und nach Ablauf der sieben Tage baten sie die Mönche um die Schlüssel. Als sie die Truhe öffneten, fanden sie nur eine große Keule darin, in deren Griff geschrieben stand: ›Ich, Juan Gavaza, sage: Demjenigen, der sich so geringschätzt, daß er das Seinige anderen gibt, wie Juan Gavaza es tat, möge man mit dieser Keule eins vor den Kopf geben.‹

Alphabet: a [a], b [be], c [θe], ch [tʃe], d [de], e [e], f ['efe], g [xe], h ['atʃe], i [i], j ['xɔta], k [ka], l ['ele], ll ['eʎe], m ['eme], n ['ene], o [o], p [pe], q [ku], r ['ɛɾe], rr ['ɛr:e], s ['ese], t [te], u [u], v [be], w ['dɔβleβe], x ['ekis], y [i 'γɾje·γa], [je], z ['θeta]. *h* ist stumm; *j* [x]; *ll* [ʎ], häufig jetzt nur [j], *ñ* [ɲ]; *z* [θ].

Bemerkenswerte Entwicklung einzelner lateinischer Laute und Lautgruppen: lat. '[ɛ], '[ɔ]: span. *'ie*, *'ue*. Das Portugiesische, Französische und meist auch das Italienische zeigen keine Diphthongierung: lat. s*e*ptem, span. s*ie*te (port. sete, franz. sept, ital. sette) ›sieben‹; v*e*ntus — v*ie*nto (vento, vent, vento) ›Wind‹; t*e*rra — t*ie*rra (terra, terre, terra) ›Erde‹; n*o*vem — n*ue*ve (nove, neuf, nove) ›neun‹; p*o*rta — p*ue*rta (porta, porte, porta) ›Tür‹; b*o*nus — b*ue*no (bom, bon, buono) ›gut‹.
lat. *f* > *h* [—]: *f*acere — *h*acer (port. aber *f*azer); *cl*, *pl* > ll: *cl*amare > *ll*amar ›rufen‹, *pl*orare > *ll*orar ›weinen‹, *pl*enus > *ll*eno ›voll‹; *ct*, *lt* > ch [tʃ]: o*ct*o > o*ch*o ›acht‹; lax, la*ct*e > le*ch*e ›Milch‹; nox, no*ct*e > no*ch*e ›Nacht‹; mu*lt*us > mu*ch*o; li > j: fi*li*us > hi*j*o ›Sohn‹; fo*li*um, fo*li*a > ho*j*a ›Blatt‹.
Es gibt fünf Vokalphoneme (i e a o u), die sich durch die konsonantische Umgebung nur geringfügig ändern, und eine Anzahl steigender und fallender Diphthonge. *b* und *v* = [b-], zwischen Vokalen, vor *-r* und *-l*, nach *s* = [β], sind ein Phonem. Ihre Unterscheidung ist historisch-orthographisch, z. B. *beber* [be'βɛr] ›trinken‹, *vino* ['bi·no] ›Wein‹. In ähnlicher Weise ist die Aussprache von *d* und *g* von der Stellung abhängig: d = [d] und [d̪]. [d̪] ist ein sehr dentales *d* (zwischen beiden Zähnen) mit leichtem Verschluß, zuweilen fast [ð]. g ist [g] und [ɣ]. *s* ist leicht palatal, fast [ç]. Sandhi: Innerhalb des Wortes gültige Assimilationen gelten auch über dic Wortgrenze hinweg, z. B. *combino* ›ich füge zusammen‹, *convino* ›er kam überein‹, *con vino* ›mit Wein‹ klingen gleich: [kom'bi·no]. Akzent: Betont ist die vorletzte Silbe, wenn die letzte Silbe offen ist oder mit einem *-s* oder *-n* schließt: *'cama* ›Bett‹ — *'camas* ›Betten‹. Auf einen Konsonanten endende Silben sind betont: *ha'cer* ›machen‹. Ausnahmen erhalten einen Akut: *nación* ›Nation‹, *Amadís*. Der Akut scheidet auch gleichlautende Wörter: *dí* ›ich gab‹, *di* ›sage‹. Der Ton ist schwach ausgeprägt, und Tonhöhenunterschiede sind sehr gering.
Morphologisches: Bestimmter Artikel (m) *el*; (f) *la*, vor femininen Wörtern, die mit *'a-* beginnen, aber *el*; Plur. *los* — *las*. Neutraler Artikel *lo*, der vor substantivierten Adjektiven gebraucht wird. Entgegen den anderen romanischen Sprachen kann das Spanische leicht unterscheiden zwischen *el bueno* ›der Gute‹ und *lo bueno* ›das Gute‹. Pluralzeichen: *-s*: *los yernos*, *los días* (Text!). Das Spanische vermeidet Verschmelzungen zwischen Artikel und Präposition (nur *del*, *al*; aber: *a los*, *en la* usw.). Der Akkusativ wird bei lebenden Wesen häufig durch *a* angezeigt: *vi a mi padre* ›ich sah meinen Vater‹.
Die heutige spanische Schriftsprache hat sich aus dem kastilischen Dialekt (*castellano* deshalb oft gleichbedeutend mit ›spanischer Sprache‹) entwickelt. Während der jahrhunderte-

langen Herrschaft der Araber in Spanien sind viele arabische Wörter ins Spanische gedrungen; sie machen noch heute einen wichtigen Teil des spanischen Wortschatzes aus.

Romanische Sprachen, Portugiesisch

A Raposa e o Burro.
ɐʀːɐˈpo·zɐ i u ˈβu·ʀːu.
Der Fuchs und der Esel.

Era uma vez um burro muito sendeiro, que
ˈɛ·rɐ u·mɐ vezũ ˈβuʀːu̥ mũitu̥ sẽnˈdɐiru̥ kə
es-war einmal ein Esel sehr ausgemergelt, der

queria por fôrça fazer de pimpão. Êle
kəˈri·a purˈfo·rsɐ fɐˈze·r ðə pĩm̦ˈpɐ̃u. ˈelə
wollte mit Gewalt machen von Großtuer. Er

embrulhou-se muito bem embrulhado na pele
ĩmbruˈʎo·sə mũitu̥ βɐ̃i ĩmbruˈʎa·ðu̥ nɐ ˈpɛ·lə
hüllte-sich sehr gut eingehüllt in-die Haut

de um leão, e os outros animais ficavam
ðũ lĩɐ̃u iuˈzo·truzɐniˈmaĭʃ fiˈka·vɐ̃u
von einem Löwen, und die anderen Tiere blieben

aterrados logo que o viam, e êle contentíssimo
ɐtəˈʀːa·ðu̥ʃ lɔγu̥ kĭu ˈvi·ɐ̃u i e·lə kõntẽnˈti·simu̥
erschrocken sobald daß ihn sahen, und er sehr-zufrieden

por os ver aterrados. Passa uma raposa
puruʒve·r ɐtəˈʀːa·ðu̥ʃ. ˈpa·sɐ u·ma ʀːɐˈpo·zɐ
durch sie sehen erschrocken. Kommt-vorbei ein Fuchs

e êle faz-lhe assim: — Huuh!
i e·lə ˈfaʒʎə ɐˈsĩ uː
und er macht-ihm so: — Hu!

Mas como lhe saiu um zurro em vez de um
mɐʃ ˈko·mu̥ʎə sɐˈi·ũ·ˈzu·ʀːu̥ ĩveʒðũ
Aber da ihm hinausging ein Eselsschrei anstatt von ein

rugido, diz-lhe a raposa sem mêdo
ʀːuˈʒi·ðu̥ di·ʒʎ(ə) ɐ ʀːɐˈpo·zɐ sɐ̃i ˈme·ðu̥
Brüllen sagt-ihm der Fuchs ohne Furcht

nenhum: — Bem sei! Conheço-te a voz
nĭˈɲũ bɐ̃i sɐi kuˈɲe·su̥tĭɐ vɔʃ
keine Gut ich-weiß! Ich-kenne-dir die Stimme

e chamas-te burro!
i ˈʃɐ·mɐʃtə ˈβu·ʀːu̥
und nennst-dich Esel!

Von: Trindade Coelho (1861—1910).

Übersetzung: Der Fuchs und der Esel. Es war einmal ein sehr ausgemergelter Esel, der mit Gewalt den großen Herrn spielen wollte. Er hüllte sich recht sorgfältig in das Fell eines Löwen; die anderen Tiere erschraken, sobald sie ihn sahen, und er freute sich, sie so erschrocken zu sehen. Da kommt ein Fuchs vorbei, und er macht so zu ihm: Böh! Da ihm aber anstatt eines Brüllens ein Eselsschrei entfuhr, sagt der Fuchs ohne Furcht zu ihm: ›Ich weiß Bescheid! Ich kenne deine Stimme, und du heißt Esel.‹

Alphabet: a [a], b [be], c [se], d [de], e [e], f [ɛfə], g [ʒe:] h [ɐ'ɣa], i [i], j ['ʒɔtɐ], k ['kapɐ], l [ɛɫ], m [ɛmə], n [ɛnə], o [ɔ], p [pe:], q [ke:], r [ɛʀə, ʀe], s [ɛsə], t [te], u [u], v [ve], w [ve: du'βra·ðu], x [ʃiʃ], y [i'ɣre·ɣu oder 'ipsilɔn], z [ze]. *h* ist stumm; *l* im Silbenauslaut [ɫ]; *nh* = [ɲ]; k, w, y nur noch in fremden Namen.

Das Portugiesische besitzt neun Vokalphoneme, von denen fünf nasaliert werden können, und zahlreiche Diphthonge, die ebenfalls nasaliert auftreten. Zur Bezeichnung der Vokalphoneme [u ɔ o ɐ a ə ɛ e i] dienen die fünf Vokalzeichen *u o a e i* und drei diakritische Zeichen, von denen zwei (´ und ˆ) gleichzeitig die Tonstelle angeben: *se* [sə] ›wenn‹, *sé* [sɛ] ›Kathedrale‹, *sê* [sẹ] ›sei‹; *avô* [ɐ'vo·] ›Großvater‹, *avó* [ɐ'vɔ] ›Großmutter‹; *para* ['pɐrɐ] ›für‹, *pára* ['pa·rɐ] ›er hält, bleibt stehen‹. Die Nasalierung wird durch ˜ oder *-m*, *-n* bezeichnet: *leão* [liɐ̃u] ›Löwe‹, *sim* [sĩ] ›ja‹. Betont ist die vorletzte Silbe, wenn die letzte offen ist, oder wenn die letzte auf *-m* oder *-s* endet. Auf Konsonanten (außer *-m* und *-s*) endende Wörter sind auf der letzten Silbe betont: *fa'zer* ›machen‹, *jor'nal* ›Zeitung‹. Abweichungen davon werden durch ´ oder ˆ bezeichnet, wobei *-io*, *-ia* usw. nicht wie im Spanischen als Diphthonge gelten: *funcionário* ›Beamter‹ (span.: *funcionario* ohne Akzentzeichen).

Die stark auffallenden Besonderheiten des Portugiesischen liegen in seiner ungemein verwickelten Phonetik, die durch folgende Erscheinungen charakterisiert ist:

1. Die betonte Silbe eines Wortes beherrscht die übrigen derart, daß die Vokale der übrigen Silben ihre Klangfarbe stark verändern und sogar bis zu Flüstervokalen reduziert werden können (→ Russisch).

2. Die Wortgrenze wird nicht markiert. Die Sandhierscheinungen sind so ausgeprägt, daß das einzelne Wort innerhalb einer Wortgruppe weitgehend seine Selbständigkeit einbüßt: Der Ausdruck *os outros animais* ›die anderen Tiere‹ besteht, isoliert gelesen, aus den Wörtern [uʃ, 'otruʃ, ɐni'maĭʃ], die, als Gruppe gelesen, eine phonetische Einheit mit folgender Silbenteilung bilden: [*u*-zotru-zɐni'maĭʃ]. Progressive Assimilation ist zwingend: ...*os ver* (Text!) [uʒve·r].

Die beiden r-Phoneme manifestieren sich in der Aussprache der gebildeten Lissaboner als schwaches Zungen-*r* (*r*) und als stark gerolltes Zäpfchen-*r* (*rr*), ein Oppositionspaar, das sehr selten ist, z. B. *caro* ›teuer‹ — *carro* ›Wagen‹ (r — ʀ:).
Die *brasilianische* Aussprache weicht erheblich von der portugiesischen ab. Auffallend ist besonders, daß das silbenauslautende *-s* und *-z* immer als [s] (nicht als [ʃ]) gesprochen wird.

MORPHOLOGISCHES: Artikel (m) *o* [u], (f) *a*; Plural *os* — *as*. Pluralzeichen *-s*, das jedoch einige phonetische Änderungen bewirkt, z. B. *animal* ›Tiere‹ — *animais*; *estação* [ĩʃta'sɐ̃u] ›Bahnhof‹ — *estações* [-'sõiʃ]. An bemerkenswerten Verbalformen besitzt das Portugiesische ein synthetisches Plusquamperfekt (z. B. *fôra* ›ich war gewesen‹), einen persönlichen Infinitiv (para compr*armos* ovos, entrámos na loja ›um zu kaufen-*wir* Eier, traten wir in den Laden ein‹).
Die heutige Schriftsprache beruht auf den Dialekten von Lissabon und Coimbra.

Romanische Sprachen, Rumänisch

Cît de triste sunt realităţile vieţii!
kɯt de'triste sunt reali'tətsile 'vĭetsi:
Wie traurig sind Wirklichkeiten-die Lebens-des.

De o parte, unii în saloane minunate
de o'parte 'uni: ɯn sa'lŏane minu'nate
von einer Seite einige in Salons wunderbaren

tolăniţi comod şi citind ziarele; de alta,
tolə'nitsĭ ko'mod ʃi tʃi'tind 'zĭarele de alta
ausgestreckt bequem und lesen Zeitungen; von anderer,

alţii biciuiţi de viscol, cu ochii înlăcrămaţi
altsi: bitʃu'itsĭ de'viskol ku 'okʲi: ɯnləkrə'mats
andere gepeitscht von Schneesturm mit Augen tränenvoll

de ger, cu mîinile înţepenite tun, nestiind
de dʒer ku 'mɯinile ɯntsepe'nite tun, neʃti'ind
von Frost, mit Händen, den erstarrt Kanone nicht-wissend

unde le mai e capul. Şi-mi spun, că o mare
unde le maĭ je 'kapul. ʃimĭ spun kə o mare
wo ihnen noch ist Kopf-der. Und-mir sagen daß eine große

nedreptate domneşte în viaţă. Cine ştie
nedrep'tate dom'neʃte ɯn 'vĭatsə. 'tʃine ʃtije
Ungerechtigkeit herrscht in Leben. Wer weiß

dacă şi într'o parte şi în cealaltă,
'dakə ʃi ɯntro parte ʃi ɯn 'tʃalaltə
ob und auf einer Seite und in der-anderen,

fiecare	este	la	locul	pe	care-l	merită?
'fijekare	'jeste	la	'lokul	pe	karel	'meritə
jeder	ist	am	Orte	den	welchen-den	er-verdient?

Aus: Panait Istrati: În Lumea Mediteranei (In der Welt des Mittelmeers), Bukarest 1934.

Übersetzung: Wie traurig sind die Wirklichkeiten des Lebens! Auf der einen Seite einige, die es sich in herrlichen Salons bequem gemacht haben und Zeitungen lesen; auf der anderen welche, die vom Schneesturm gepeitscht werden, deren Augen vor Kälte tränen, deren Hände völlig erstarrt sind, die nicht mehr wissen, wo ihnen der Kopf steht. Und man sagt mir, daß im Leben eine große Ungerechtigkeit herrsche. Wer weiß, ob auf der einen und anderen Seite jeder an dem Platz ist, den er verdient?

Alphabet: a [a], ă [ə], b [be], c [tʃe], d [de], e [e], f [ef], g [g̡e], h [ha], i [i], î [ɯ], j [je], k [ka], l [el], m [em], n [en], o [o], p [pe], r [er], s [es], ş [ʃe], t [te], ţ [tse], u [u], v [ve], x [iks], z [ze].

e im Anlaut und nach Vokalen = [je].

Die rumänische Orthographie ist im wesentlichen phonologisch (doch vgl. die Tabelle der orthographischen Eigentümlichkeiten). Die Phoneme behalten sowohl im Wort als auch in Wortgruppen im allgemeinen ihren fest umrissenen Wert. Die Wörter bleiben auch in Wortgruppen intakt und gehen miteinander keine engere phonetische Verbindung ein wie in den übrigen romanischen Sprachen. Von allen romanischen Sprachen ist Rumänisch die akustisch klarste und ausgewogenste. Der schwach zentralisierende freie Akzent, der auch grammatische Aufgaben erfüllt (z. B. *'cîntă* ›er singt‹ — *cîn'tă* ›er sang‹), wird in der Schrift nicht bezeichnet. Es gibt sieben Vokalphoneme [u ɯ o ə a e i], die in der Orthographie genau bezeichnet werden, und außerdem zwei schwebende Diphthonge [ĕa und ŏa], von denen jeder ein Phonem darstellt. Eine phonologische Opposition zwischen Länge und Kürze besteht nicht. Eine geringe Nasalierung stellt sich ein durch *-ns*, *-nci*, z. B. klingt *uns* ›gesalbt‹ fast wie [ũ·s] (Man vgl. das deutsche ›uns‹ dagegen: [ʔʊnt͡s]!). Von den Vokalphonemen tritt *i* als unsilbiger Flüstervokal auf, z. B. *lup* ›Wolf‹ — *lupi* [lupĭ] ›Wölfe‹. Viele glauben, daß dieses *i* den davorstehenden Konsonanten palatalisiert. Nach den neuesten Forschungen wird das *-i* jedoch, das sich oft fast als schwaches [ç] manifestiert, als getrenntes Phonem empfunden und gehört.

Die Flexion wird von einer Reihe von Lautveränderungen (Umlaut und Konsonantenveränderungen) entscheidend geprägt. Z. B. lautet das Genitivmorphem *-i* den Diphthong *ia*

in *viaţă* in *ie* um: *vieţi* ›(des) Lebens‹; ebenso bewirkt das Pluralmorphem *-i*, daß das *a* in *realitate* ›Wirklichkeit‹ zu *ă* und das *t* zu *ţ* wird: *realităţi*; *salon* wird durch *-e* zu *saloane*. Morphologisches: Die Substantive werden in drei Kategorien — maskulin, feminin und ambigen (= doppelgeschlechtlich) oder neutral — geteilt. Die Substantive dieser dritten Kategorie haben die Eigentümlichkeit, daß sie im Singular maskulin und im Plural feminin sind. Pluralzeichen: (m) *-i*; (ambigen) *-e* oder *-uri*; (f) *-e*, *-i*, zuweilen *-uri*: *pom* — *pomi* ›Bäume‹; *salon* — *saloane* ›Salons‹; *casă* — *case* ›Häuser‹.
Das rumänische Nomen ist ferner charakterisiert durch folgende Besonderheiten:
1. Es besitzt einen Fall, der die Funktion eines Genitivs und Dativs erfüllt. Dieser Fall ist im Singular feminin durch das aus dem Lateinischen ererbte Morphem *-e* oder durch *-i* gekennzeichnet. Identisch mit dieser Form ist die Pluralform, z. B. *casă* ›Haus‹, *case* ›Hauses‹ und ›Häuser‹.
2. Neben diesem Genitiv-Dativ-Fall gibt es noch einen Vokativ, z. B. domn*ule*! (Anrede an einen Herrn).
3. Die Funktion des Akkusativs wird vor Substantiven, die eine bestimmte Person bezeichnen, durch die Partikel *pe* erfüllt, z. B. *am întîlnit pe Ion* ›ich habe Johann getroffen‹.
4. Neben dem bestimmten und unbestimmten Artikel sorgen ein proklitischer Personalartikel, ein Adjektiv- und ein Possessivartikel für die Verdeutlichung der Beziehungen. Der bestimmte Artikel wird postponiert (nachgestellt) und bildet mit dem Substantiv oder Adjektiv eine phonetische Einheit. Beispiele: *om bun* ›guter Mensch‹, *omul bun* oder *bunul om* ›der gute Mensch‹; *omului bun* ›des/dem guten Menschen‹; *capul omului* ›der Kopf des Menschen‹. Proklitischer Artikel: *I-am scris lui Ion* (ihm-ich-habe geschrieben dem Johann) ›ich habe Johann geschrieben‹. Adjektivartikel: *Ştefan cel Mare* ›Stefan der Große‹; *cel mai frumos* ›der Schönste‹, *cartea cea frumoasă* (Buch-das das schöne) ›das schöne Buch‹.
Der Possessivartikel (*al*, *a*; *ai*, *ale* und selten Genitiv Plural *alor*) steht vor Possessivpronomen und Substantiven oder Pronomen im Genitiv, z. B. minister*ul* industri*ei* şi *al* comerţ*ului*: *-ul* = bestimmter Artikel maskulin Nominativ und Akkusativ Singular — das *l* von *-ul* wird häufig nicht ausgesprochen —; *-i* bestimmter Artikel feminin Genitiv Singular; *al* Possessivartikel maskulin Singular, der die durch *industriei* unterbrochene Verbindung zwischen *ministerul* und dem davon abhängigen Genitiv *comerţului* wiederherstellt, d. h. also für eine Verkettung sorgt; *-lui* bestimmter Artikel maskulin Genitiv Singular: Ministerium-das Industrie-der und das (!) Handel--des) ›Handels- und Industrieministerium‹.

Wie im Deutschen besteht im allgemeinen kein formaler Unterschied zwischen Adjektiv und Adverb: *ea lucrează conştiincios* ›sie arbeitet gewissenhaft‹.
Das Futur wird analytisch gebildet, und zwar auf dreifache Weise: *voi cînta* (ich will, — Kurzform von *a vrea* ›wollen‹ — singen), *am să cînt* (ich habe, daß ich singe), *o să cînt* (es-will, daß ich singe) ›ich werde singen‹. Die letzte Form kann man strukturell mit den Formen im Neugriechischen und Bulgarischen, die erste Form mit der des Albanischen vergleichen (→ Griechisch). Der Infinitiv wird nach dem Vorbild des Neugriechischen, das das Rumänische strukturell beeinflußt hat, oft zugunsten einer analytischen Form vermieden: *pot să cînt* oder *pot cînta* ›ich kann singen‹.
Der Wortschatz des Rumänischen zeigt ausgesprochenen Mischcharakter. Der lateinische Grundwortschatz wird ergänzt durch Bestandteile aus vorromanischen Sprachen, aus dem Slawischen (Dakoslawischen, Bulgarischen, später Russischen), aus Türksprachen, dem Neugriechischen, Albanischen, Ungarischen, Italienischen, Französischen und durch viele neue lateinische und griechische Kunstwörter.

Semitisch-hamitische Sprachen. Die semitisch-hamitischen Sprachen (oder häufig auch: hamito-semitische Sprachen) werden heute gewöhnlich in folgende Gruppen geteilt:
1. *Semitische Sprachen*, 2. *Kuschitische Sprachen*, 3. *Berbersprachen*, 4. *Altägyptisch* und seine moderne Fortsetzung, das *Koptische*.
Einige Forscher rechnen auch die *Haussa-Kotoko-Gruppe* der Sudansprachen (→ Afrikanische Sprachen, → Haussa) als fünfte Gruppe dazu.
Die Verwandtschaft des Koptischen mit den semitischen Sprachen bemerkte Ende des 18. Jh. zuerst der Franzose Volney. 1844 wies der deutsche Semitologe Theodor *Benfey* in einer Arbeit ›Über das Verhältnis der ägyptischen Sprache zum semitischen Sprachstamm‹ auf die Verbindung des Ägyptischen mit den semitischen Sprachen hin. Der deutsche Ägyptologe *R. Lepsius* führte 1863 die Bezeichnung ›hamitische‹ Sprachen ein; später (1880) sonderte er die nichtsemitischen Sprachen Äthiopiens als ›kuschitische‹ Sprachen von den anderen hamitischen Sprachen ab. Die Bezeichnungen gehen auf die Namen der Söhne Noahs (Semm, Ham) und des Sohns von Ham (Chus, Kusch) zurück. 1865 vereinte der Sprachforscher Friedrich Max Müller die semitischen und hamitischen Sprachen zu einem Zweig. Bis in die neueste Zeit faßte man die kuschitischen Sprachen, die Berbersprachen und das Ägyptische als Abkömmlinge einer gemein-

samen hamitischen Grundsprache auf, die in verwandtschaftlicher Beziehung zu der hypothetischen semitischen Grundsprache stehen sollte.
Heute sind viele Forscher geneigt, die oben erwähnten Gruppen 1 bis 4 als gleichberechtigte Glieder e i n e r großen Sprachfamilie zu sehen, die unter dem Oberbegriff ›semitisch-hamitische Sprachen‹ zusammengefaßt werden. Der aus zwei Gliedern bestehende Begriff ›semitisch-hamitisch‹ darf nicht dazu verleiten, eine Gruppe ›semitisch‹ einer anderen Gruppe ›hamitisch‹ nach der alten Anschauung gegenüberzustellen.
Obwohl eine vergleichende Grammatik der kuschitischen Sprache noch nicht existiert, herrscht über ihre Verwandtschaft kein Zweifel. Sie haben viel Gemeinsames mit dem Ägyptischen. Man unterscheidet folgende Gruppen:

1. *Bedauye* (insbesondere: Be(d)ja, Bischarim, Hadendoa) von Assuan bis Äthiopien.
2. *Saho* in Äthiopien südwestlich von Massaua.
3. *Afar* (a. *Danakil*), die Sprache der Dankali (700000 Sprecher).
4. *Oromo* (od. früher *Galla*, etwa 10 Mill.) in Südäthiopien und im Nordosten von Kenia.
5. *Somali* auf der gesamten Ostspitze Afrikas, seit 1972 Amtssprache in Somalia in Lateinschrift (etwa 5 Mill. Sprecher).
6. *Bilin*, Agau, Kafa in Äthiopien.

Die Struktur der kuschitischen Sprachen ähnelt stark der Struktur der semitischen Sprachen. Im Somali unterscheidet man veränderliche und unveränderliche Verben, z. B. *mʾd* ›kommen‹: 1. *imid* ›ich kam‹, 2. *timid* ›du kamst‹, 3. *jimid* ›er kam‹, *timid* ›sie kam‹ usw. 1. *imāda* ›ich komme‹, 2. *timāda* ›du kommst‹, 3. *jimāda* ›er kommt‹, *timāda* ›sie kommt‹ usw.; *jab* ›brechen‹, 1. *jabā* ›ich breche‹, 2. *jabtā* ›du brichst‹, 3. *jaba* ›er bricht‹, *jabta* ›sie bricht‹ usw.
Man vergleiche die Präfixe und Suffixe mit denjenigen im Arabischen!
Die Sprachen der *Berber*, der Urbevölkerung Nordafrikas (heute 5—6 Mill.), sind so nahe verwandt, daß einige Forscher sie als eine einzige, in mehrere Mundarten zerfallende Sprache betrachten. Man unterscheidet:

1. Das *Tamaschek* der *Tuaregs* in der westlichen Sahara (über 800000) mit einem eigenen, von ihnen selbst *Tafinagh* genannten, aus 24 Konsonantenzeichen bestehenden Alphabet, das eine Weiterentwicklung der altlibyschen (= numidischen) Schrift sein soll. Die Schriftrichtung ist linksläufig.
2. Das *Zanaga* in Mauretanien.

3. Das *Rifkabylische* in Nordmarokko, *Beraber* in Mittelmarokko, *Schlöch* (oder Schluch, Schilch) in Südmarokko.
4. Das *Kabylische* in Algier
5. Die Mundarten Südtunesiens (Insel Dscherba) und Tripolitaniens.
6. Die Mundarten der östlichen Oasen.
7. Die ehemalige Sprache der *Guantschen* auf den kanarischen Inseln (ausgestorben im 17. Jahrhundert).
8. Das ausgestorbene *Libysche*, das aus einigen 100 Inschriften (4. Jh. v. Chr.) vor allem im Gebiet des alten Karthagos bekannt ist Das altlibysche (oder numidische) aus 30 Konsonantenzeichen bestehende Alphabet ist höchstwahrscheinlich eine eigene Schöpfung.

Die im Wortschatz sehr ähnlichen Berbersprachen unterscheiden sich hauptsächlich durch ihren Lautstand voneinander. Sie besitzen wie die semitischen Sprachen eine innere Flexion und verwenden Präfixe und Suffixe. Die Konsonanten bilden das Wortgerippe, die Wurzel, während die Vokale das eigentliche Wort bilden und dessen Funktion festlegen. Beispiel aus der Schlöch-Sprache: *izbil* ›Haar‹, Plur : *izbel*; *aslem* ›Fisch‹, *islimen* ›Fische‹ Die Wurzel besteht häufig wie im Altägyptischen aus zwei Konsonanten.

Das *Ägyptische* ist aus zahlreichen Denkmälern (Hieroglypheninschriften) bekannt, deren älteste an den Beginn des 4. Jahrtausends v. Chr. zurückreichen. Die lange Geschichte der ägyptischen Sprache teilt man nach der Geschichte des Landes in drei Perioden: Alt-, Mittel- und Neuägyptisch. Die Entwicklung der Schrift wird grob umrissen durch die Stufen: Ideenschrift — Wortschrift — Buchstabenschrift. Da nur die Konsonanten geschrieben wurden, ist die wirkliche Lautgestalt der Wörter gar nicht oder nur sehr unvollkommen bekannt. Meist wurde in einer gemischten Schrift geschrieben: Den phonetisch geschriebenen Wörtern wurden zur Verdeutlichung oft Begriffdeuter beigefügt, und außerdem verwendete man in den Texten viele Wortbildzeichen, (→ Chinesisch, → Japanisch), die gar nichts über die Lautgestalt aussagten, sondern das Wort nach der Konvention darstellten. Die auf Papyri verwendete *hieratische Schrift* (ältestes Zeugnis etwa 2700 v. Chr.) ist nur eine Vereinfachung der *Hieroglyphen*, die noch lange als Schmuck- und Monumentalschrift in Gebrauch blieb. Die Entzifferung der Hieroglyphen gelang 1822 dem Franzosen J. Fr. Champollion durch das Studium des 1799 gefundenen Steines von Rosette, der einen Text in hieroglyphischer, demotischer und griechischer Schrift zu Ehren des Königs Ptolemäus Epiphanes (204—181 v. Chr.) enthält. Aus der hieratischen Schrift hat sich wahrscheinlich die für nicht-kirchliche, alltägliche Zwecke verwendete demotische Schrift (›Volksschrift‹ von griech. *dēmos* ›Volk‹) entwickelt, die allmählich seit dem 2. Jh. v. Chr. von der griechischen Schrift zurückgedrängt wurde. Die Fortsetzung des in demotischer Schrift geschriebenen Demotischen ist das *Koptische*, das nach der Einführung des Christentums in Ägypten Literatursprache wurde. Dieses mit dem um sieben demotische Buchstaben vermehrten griechischen Alphabet geschriebene Koptische wurde im 17. Jh. als Umgangssprache durch das Arabische abgelöst. Heute ist es nur noch Kirchensprache. ›Koptisch‹ bedeutet ›ägyptisch‹: griech. *aigyptios* > *gyptis* > arab. *qibt* > *qobt* > lat. *copt-icus* > *koptisch.*

Die semitischen Sprachen, um deren Erforschung sich der Franzose Renan, die Deutschen Nöldeke, Brockelmann, Bergsträsser u. a. verdient gemacht haben, können wie folgt gruppiert werden:

I. *Ostsemitisch: Akkadisch (Babylonisch-Assyrisch)*, aus zahlreichen Keilschriftdenkmälern bekannt, die mit dem 3. Jahrtausend v. Chr. beginnen und erst etwa im 2. Jh. v. Chr. aufhören. Der von einem sumerischen Substrat stark beeinflußte Lautstand weicht erheblich von dem der übrigen semitischen Sprachen ab. In der Wortstellung fällt die unsemitische Endstellung des Verbs im Satze auf.

II. *Ugaritisch* Die Sprache wurde zum ersten Male durch die 1929 bei Ras Schamra (dem alten Ugarit) in Nordsyrien gefundenen Tontafeln bekannt. Sie ist in einem keilschriftlichen Alphabet von 29 Zeichen aufgezeichnet und geht in das 2. Jahrtausend (14.—13. Jh. v. Chr.) zurück.

III. *Westsemitisch:* Alle übrigen semitischen Sprachen.

A. *Nordwestsemitisch.*

1. *Kanaanäisch:* Altkanaanäisch (einzelne Glossen aus den babylonischen Tel-Amarna-Briefen aus dem 15. Jh. v. Chr.).

a) *Hebräisch.* Es findet sich in einigen wenigen Inschriften aus dem 9. Jh. v. Chr. Vor allem ist es als Sprache der meisten Bücher des Alten Testaments bekannt. Als Umgangssprache wurde es schon im 4. Jh. v. Chr. durch das Aramäische abgelöst. Es wurde jedoch weiter als Kirchen- und Literatursprache gepflegt. Mit der Errichtung des Staates Israel wurde es im Jahre 1948 als Amtssprache eingeführt und als Umgangssprache neu belebt. Dieses jetzt oft als *Iwrit* bezeichnete Neuhebräisch weist gegenüber dem Althebräischen einige grammatische Neuerungen auf, die sich bereits im Mittelhebräischen, der Sprache der Mischna (dem ersten Teil des Talmud, 189 n. Chr.) finden.

b) *Moabitisch*, die Sprache eines ostjordanischen Stammes, bekannt durch die Inschrift des Königs Mescha von Moab aus dem 9. Jh. v. Chr.

c) *Phönizisch* älteste Inschriften aus Byblos etwa 1300 v. Chr. Jüngere Form: *Punisch*, Inschriften in Nordafrika (Karthago, Phönizisch: Kart-Chadascht = ›Neustadt‹), Spanien, Sizilien, Sardinien.

2. *Aramäisch.*

a) Westaramäisch. Texte aus dem 8. Jh. v. Chr. bis 4. Jh. n. Chr. in Inschriften von Zencirli, Hama; ferner Palmyrenisch, Nabatäisch, Sinaitisch und Samaritanisch, die Sprache von Jesus und seinen Jüngern. Das Aramäische begann bereits um 1000 v. Chr. die älteren Sprachen Babylons, Assyriens, Syriens und Palästinas, insbesondere das Akkadische, Hebräische und Phönizische, zu verdrängen. Als Verwaltungssprache des persischen Reichs gewann es unter den Achäminiden eine weitere Verbreitung und herrschte als internationale Verkehrssprache der damaligen Welt von Lydien bis Indien. Im 7. Jh. n. Chr. mußte es dem Arabischen weichen.

— *Biblisch-Aramäisch:* Kleine Teile des Alten Testaments (5.—2. Jh. v. Chr.). darunter einige Abschnitte des Buches Daniel.

— *Jüdisch-Aramäisch:* Texte der Targume (erläuternde Übersetzungen hebräischer Texte, auch schriftlich fixiert; *targūm* — arabisch: *tardʒama* — ›Übersetzung‹) und des palästinensischen *Talmud* (jüdische Schriftensammlung, Auslegungen zum Alten Testament, ›Belehrung‹, vgl. arabisch *talmaδa* ›Lehrzeit‹).

— *Samaritanische* Übersetzung und Kommentar des Pentateuch (3.—4. Jh. n. Chr.).

— Die lebende Sprache der Bevölkerung des Dorfes *Ma'lula* nordwestlich von Damaskus und zweier Dörfer im Antilibanon.

b) *Ostaramäisch:*

— *Syrisch* mit einer reichen Literatur christlich-religiösen Inhalts (2.—14. Jh. n. Chr.).

— *Babylonisch-talmudisch.*

— *Mandäisch* (7.—8. Jh. n. Chr.) Sprache der gnostischen Sekte der Mandäer.

— *Neusyrisch:* Aisor (oder Aissorisch) in der Sowjetunion in der Nähe von Erewan und anderen Gebieten von Transkaukasien (Literatursprache mit russischem Alphabet) ferner im Irak (Tur Abdin) und Nordwestiran.

B. *Südwestsemitisch.*

1. *Nordarabisch.* Klassisches Arabisch, die Sprache der vormohammedanischen Dichter, des Korans, der klassischen Literatur. Dieses klassische Arabisch ist heute noch Gemeinsprache aller arabischen Länder. Es wird in amtlichen Verlautbarungen, Aufschriften, dem allgemeinen Schrifttum, Zeitungen, Rundfunknachrichten und -kommentaren, Texten zu Kulturfilmen verwendet. Diese heute meist als Hocharabisch bezeichnete Sprache unterscheidet sich von dem strengen klassischen Arabisch hauptsächlich durch neue Wortprägungen, zum Teil auch durch Vernachlässigung alter grammatischer Formen.

Das Arabische war vom 9.—16. Jh. internationale Verkehrssprache des Nahen und Mittleren Ostens. Es hat zahlreiche Lehnwörter aus dem Aramäischen, Griechischen und anderen Sprachen aufgenommen. Arabische Wörter drangen massenweise ins Persische, Urdu (Hindustani), Türkische, Malayische, Suahili, Haussa u. a. orientalische und afrikanische Sprachen. Auch die europäischen Sprachen wurden durch viele arabische Wörter bereichert, die die materielle und geistige Kultur der Araber wiederspiegeln.

Heutige Dialekte: Ostgruppe Syrien, Ägypten, Irak, zum Teil Tripolitanien; Zentralgruppe: *Beduinendialekte;* Westgruppe mit sehr ausgeprägten, wahrscheinlich durch Berbersprachen bewirkten Wesenszügen: *Tunesisch*, *Algerisch*, *Marokkanisch* Maltesisch, stark mit italienischen Lehnwörtern vermischt, lateinisch geschrieben, auf Malta.

Obwohl die Dialekte kaum geschrieben werden, sind sie doch oft die einzige Muttersprache vieler Araber. Die Erlernung des Hocharabischen ist besonders für die die westlichen Dialekte sprechenden Araber eine schwere Belastung. Die Einführung einer auf den Dialekten basierenden allgemeinen Schrift- und Literatursprache würde das im Aufbau befindliche Erziehungswesen der jungen Republiken sicher beträchtlich fördern und den Völkern den Wert ihrer eigenständigen, organisch gewachsenen Kultur in natürlicher, ungekünstelter Weise vor Augen führen.

2. *Südarabisch: Minäisch* und *Sabäisch* Inschriften von 800 v. Chr. bis 6. Jh. n. Chr. Heute: Das *Mechri* in Südarabien und das *Sokotri* auf der Insel Sokotra.

3. *Abessinisch: Äthiopisch* oder *Geʾez*, Inschriften aus dem 4. Jh. n. Chr., Kirchensprache der abessinischen Christen. Das Äthiopische blieb bis zum 17. Jh. Literatursprache.

Heute: *Amharisch*, das bereits 1270 durch die salomonische Dynastie zur Staatssprache erhoben wurde; seit dem ersten Weltkrieg erscheinen Zeitschriften in Amharisch. In der Struk-

tur weicht es stark von den übrigen semitischen Sprachen ab. Charakteristisch ist die Stellung von bestimmenden Wörtern und ganzen Wortgruppen vor dem zu bestimmenden Wort (vgl. Türksprachen, mongolische Sprachen und Chinesisch). Aus dem Äthiopischen entwickelte sich das in der Nähe der alten Hauptstadt Aksum gesprochene *Tigrinja* (3 Mill. Sprecher) und das in Eritrea und dem äthiopischen Grenzgebiet gesprochene *Tigre* (600000 Sprecher). Südlich von Addis Abeba wird das *Gurage* und östlich der heutigen abessinischen Hauptstadt das *Harari* gesprochen.
Semitische Sprachen werden heute insgesamt von mind. 190 Millionen Menschen gesprochen. Hebräisch (4 Mill.) in Israel; Amharisch (15—18 Mill.), Tigre, Tigrinja (etwa 3 Mill.) u. a. in Äthiopien; Maltesisch (330000) auf Malta; Arabisch (151 Mill.) in Aden, Ägypten, Algerien, Bahrain, Vereinigte Arabische Emirate, Irak, Jemen, Jordanien, Kuwait, Libanon, Libyen, Marokko, Oman, Saudi-Arabien, Sansibar, Sudan, Syrien, Tunesien.

Die wichtigsten semitischen Schriften. Sowohl die arabische als auch die hebräische Schrift sind Abkömmlinge einer Schrift, deren älteste Form in der phönizischen Grabinschrift des Königs Achiram von Byblos (13. Jh. v. Chr.) vorliegt. 1945 hat *M. Dunand* (Byblia Grammata, Beyrouth, 1945) allerdings zwei Inschriften aus Byblos veröffentlicht, die er dem 17. bzw. dem 15. Jh. v. Chr. zuweist. Doch scheinen alle Zeitangaben nicht ganz gesichert zu sein, denn sie weichen in verschiedenen wissenschaftlichen Werken oft ab, und bei Jensen (›Die Schrift in Vergangenheit und Gegenwart‹) findet man häufig das Wort ›wohl‹. Die sogenannte phönizische Schrift wird heute als ›altnordsemitische‹ Schrift bezeichnet. Dieser Schrift steht die Gruppe der in ihren Formen viele Gemeinsamkeiten aufweisenden südsemitischen Schriften gegenüber. Das Problem der Herkunft dieser beiden alten Schriftgruppen und der Zusammenhang zwischen ihnen ist überaus verwickelt und noch nicht gelöst. Bei der Erörterung des Ursprungs der altsemitischen Alphabets spielen Vergleich der Formen, der Namen und der Reihenfolge der Buchstaben sowie das Prinzip der Schrift (Konsonantenschrift) eine Hauptrolle. Mehrere Ursprungshypothesen stehen miteinander in Wettstreit. Die Schrift geht letzten Endes zurück 1. auf die ägyptischen Hieroglyphen. Diese Ansicht wird am meisten vertreten. 2. Auf die kretische Linearschrift A (1675—1600 v. Chr.) oder ist zumindest unter dem starken Einfluß dieser Schrift entstanden. 3. Sie ist eine selbständige Erfindung eines einzelnen in Anlehnung an die ägyptische oder vielleicht die kretische Schrift. Auch gewisse Einflüsse der assyrischen Keilschrift sind nicht ausgeschlossen.

Die Zusammenhänge zwischen den Schriften lassen sich aus folgender vereinfachter Tabelle erkennen:

A. Schriften des nordsemitischen Typus:

1. Phönizisch, 2. Kanaanäisch (Samaritanisch) u. a., 3. Aramäisch.

Aus der aramäischen Schrift entwickelte sich im 3. und 2. Jh. v. Chr.

a) die hebräische Quadratschrift, die noch heute in Gebrauch ist;

b) die nabatäische und

c) die *arabische Schrift*, die in zwei Duktus auftritt: In der nach der Stadt Kufa in Mesopotamien genannten *kufischen Schrift* mit eckig-geometrischen Zügen (älteste Inschrift 691/2 n. Chr. auf dem Felsendom in Jerusalem); der *Neschi* ['nɛsxi]-Schrift, in der heute außer Arabisch noch Persisch, Urdu und Neuuigurisch in China geschrieben werden. Früher diente sie auch zur Schreibung des Türkischen (Osmanischen) und anderer Türksprachen sowie des Malaiischen, Suaheli und Haussa. Sporadisch wird sie auch heute noch zur Aufzeichnung sonst schriftloser Sprachen, z. B. der Berberdialekte, verwendet. Die arabische Schrift hat neben der lateinischen, der zyrillischen und der chinesischen Schrift Weltgeltung.

B. Schriften des südsemitischen Typus.

1. Nordarabisch. 2. Südarabisch. a) Minosabäische Schrift der zahlreichen Denkmäler Südwestarabiens. b) Äthiopische Schrift, in der das alte Geʾez und heute einige Sprachen Abessiniens, das Amharische, Tigre und Tigrinja geschrieben werden.

Eigenarten der semitischen Schriften. Ein Charakteristikum der meisten semitischen Schriften (auch der arabischen und hebräischen) besteht darin, daß sie nur die Konsonanten darstellen, z. B. *k-t-b* (= *kataba* ›er schrieb‹ oder *kutub* ›Bücher‹). Die Schriften sind also defektiv, und das in der Schrift Nichtausgedrückte muß der Lesende ergänzen. Das, was die Schrift dem Schreibenden an Mühe spart, bürdet sie dem Lesenden auf. Der Lesende muß nicht nur lesen, sondern auch kombinieren. Zur richtigen Lesung verhilft: 1. Die Struktur der Sprache. Im Hocharabischen (anders in den westlichen Dialekten) kann z. B. kein Wort mit zwei Konsonanten beginnen. Folglich kann eine Konsonantengruppe wie *jktb* nur mit einem Vokal nach dem *j-* gelesen werden. 2. Die Kenntnis der grammatischen Formen. Man weiß, daß eine mit *j-* beginnende Form eine Verbform (3. Person maskulin) ist und daß das Konsonantengerippe *ktb* wie folgt vokalisiert werden muß: *ja-ktu-bu* ›er schreibt‹. 3. Die Wahrscheinlichkeit, die für eine bestimmte Lesung im Satzzusammenhang spricht. Am naheliegendsten ist die Aktivform *jaktubu*, obwohl das Konsonantengerüst auch *juktabu* ›er wird geschrieben‹ gelesen werden könnte. Wo Zweifel bestehen könnten, wird in Zeitungen oft der erste Konsonant vokalisiert um anzuzeigen, daß die Passivform gelesen werden soll. Ähnliche Verhältnisse gelten auch für das Hebräische und andere semitische Sprachen.

Um alle Mißverständnisse besonders beim Lesen der heiligen Schriften (hebräisch: des Alten Testaments; arabisch: des Korʾans) auszuschließen, wurden sowohl für das Hebräische als auch für das Arabische Vokalzeichen geschaffen, die über oder unter den betreffenden Konsonanten gesetzt werden. Besonders wichtig erwies sich eine solche Vokalisierung für das Hebräische, dessen richtige Aussprache in Vergessenheit zu geraten drohte, da das Volk schon 400 v. Chr. dazu überging, Aramäisch zu sprechen. Nach der Form der Vokalzeichen (Punkte) nennt man die jüdischen Gelehrten, die mehrere Jahrhunderte nach Christi Geburt begannen, hebräische Texte nach der Aussprache ihrer Tradition (also nicht der wirklichen Aussprache) zu vokalisieren, *Punktatoren*.

Die Vokalbezeichnung der arabischen Schrift begann wahrscheinlich schon in vorislamischer Zeit. Das Arabische besitzt nur drei Vokalphoneme, die durch die konsonantische Umgebung und durch die Akzentverhältnisse vielfach gefärbt werden. Die Tatsache, daß die arabischen Punktatoren nur drei Vokalzeichen (s. Tabelle) schufen, zeigt, daß sie die phonologische Struktur ihrer Sprache bereits damals mit einer erstaunlichen Schärfe erkannt haben.

Sowohl im Hebräischen als auch im Arabischen ist demnach Sprache und Schrift aufs engste miteinander verflochten. Zeitungen und Bücher allgemeiner Art werden in beiden Sprachen ohne Vokalzeichen gedruckt. Nur die heiligen Schriften, Schulbücher (Fibeln, Grammatiken) sind vokalisiert. Beide Schriften laufen von rechts nach links. Kennzeichnend für die arabische Schrift sind die vielen Ligaturen; sie bewirken, daß die meisten Buchstaben in vier Formen auftreten. Die hebräischen Buchstaben stehen unverbunden nebeneinander. Nur fünf Buchstaben haben am Wortende eine besondere Form (s. die Alphabettabellen).

Die vollkommenste Schrift aller semitischen Schriften ist die *äthiopische Schrift*. Alle Vokale werden bezeichnet, und zwar durch kleine Veränderungen der Konsonanten (Ringe, Striche usw.). Das System entspricht dem der indischen Schriften (→ Hindi, Devanagari-Schrift). Man glaubt daher, daß das Äthiopische diese Eigentümlichkeit, die eine wesentliche Verbesserung der Schrift darstellt und das Lesen sehr erleichtert, von den Indern übernommen hat. Die Schrift ist außerdem rechtsläufig.

Semitisch-hamitische Sprachen, Arabisch (vokalisierter Text)

سَفَرَاتُ	safa'ra:tu‿ Die-Reisen
ٱلسِّنْدَبَادِ ٱلْبَحْرِيِّ	s:anda'ba:di‿lbaħ'rɪj:i des-Sinbad des Seefahrers,
مَنْقُولَةٌ مِنْ كِتَابِ أَلْفِ	man'qu:latun min kɪ'ta:bi ʔalfi transportiert aus Buch Tausend
لَيْلَةٍ وَلَيْلَةٍ	'lailatɪn wa 'laila. Nacht und eine-Nacht.
حِكَايَةُ ٱلسِّنْدَبَادِ	ħɪ'ka:jatu‿ s:anda'ba:di. Die-Erzählung Sinbads.
بِسْمِ ٱللّٰهِ ٱلرَّحْمَانِ	bɪsmi‿ɫ:ɒ:hi‿r:aħ'ma:ni‿ Im-Namen Allahs des-Erbarmers
ٱلرَّحِيمِ	r:a'ħɪ:mi. des-Barmherzigen.
قَالَتْ شَهْرَزَادُ	qɒ:lat ʃahr'za:d Es-erzählte Scheherazade, die
بِنْتُ ٱلْوَزِيرِ بَلَغَنِي	bɪntu‿ lwa'zi:ri 'balaɣani:/ Tochter des Wesirs: Es-gelangte
أَيُّهَا ٱلْمَلِكُ أَنَّهُ كَانَ	'aj:uha:‿ l'maliku/ ʔan:ahu ka:na zu mir, o König, daß-ihn war
فِي زَمَانِ ٱلْخَلِيفَةِ	fi: za'ma:ni lxa'li:fati in der-Zeit des Kalifen
أَمِيرِ ٱلْمُؤْمِنِينَ	ʔa'mi:ri‿ lmu ʔmɪ'ni:na des Beherrschers der Gläubigen,
هَارُونَ ٱلرَّشِيدِ بِمَدِينَةِ	ha:'ru:na‿ r:a'ʃi:di bɪma'di:nati Harun Al-Raschids in der Stadt
بَغْدَادَ رَجُلٌ يُقَالُ	baɣ'da:da 'radʒulun ju'qa:lu Bagdad ein-Mann es-wird-gesagt
لَهُ ٱلسِّنْدَبَادُ ٱلْحَمَّالُ،	lahu ssanda'ba:du‿ lħa'm:a:lu, zu ihm Sinbad der-Lastträger,
وَكَانَ رَجُلًا	waka:na 'radʒulan und er war ein-Mann
فَقِيرَ ٱلْحَالِ يَحْمِلُ	fa'qɨ:ra lħa:li 'jaħmilu arm des-Standes er-trägt
بِأُجْرَتِهِ عَلَى رَأْسِهِ	bɪ'ʔudʒratihi ʔala: 'raʔsihi für-Lohn-seinen auf Kopf-seinem

فَاتَّفَقَ لَهُ أَنَّهُ	fa'tːafaqa lahu 'anːahu da-passierte-es ihm, daß-ihn
حَمَلَ فِي يَوْمٍ مِنَ ٱلْأَيَّامِ	'ħamala fiː jaumin mina‿lʔa'jːaːmi er-trug an einem Tage von den Tagen
حَمْلَةً ثَقِيلَةً وَ كَانَ	'ħamlatan θa'qɨːla(tan) wakaːna eine-Last schwere und es-war
ذَلِكَ ٱلْيَوْمُ شَدِيدَ ٱلْحَرِّ	'ðaːlika‿ljaumu ʃa'diːda‿lħarːi, dieser Tag heftig die-Hitze
فَتَعِبَ مِنْ تِلْكَ	fa'taʕiba min'tilka‿ und-er-war-müde von dieser
ٱلْحَمْلَةِ وَ عَرِقَ . . .	l'ħamla(ti) wa'ʕariqɒ Last und er schwitzte . . .

Übersetzung: ›Die Reisen Sinbad des Seefahrers‹, entnommen dem Buch ›Tausendundeine Nacht‹. Die Erzählung Sinbads. Im Namen Allahs, des Allerbarmers. Scheherazade, die Tochter des Wezirs erzählte: Es gelangte die Kunde zu mir, o König, daß zur Zeit des Kalifen, des Beherrschers der Gläubigen, Harun Al-Raschids, in der Stadt Bagdad ein Mann namens Sinbad der Lastträger wohnte. Es war ein Mann in sehr ärmlichen Verhältnissen, der gegen Lohn Lasten auf seinem Kopf trug. Eines Tages nun geschah es, daß er eine schwere Last schleppte; an diesem Tage war es sehr heiß, und er war von der Last ganz erschöpft und schwitzte . . . Gewöhnlich wird der Text ohne die Flexionsendungen gelesen, z. B. (Aussprache der Umgangssprache angenähert) :[sæfæ'ræːt‿æsːændæ'bæːd‿ul'baħriː man'quːlæ min kɪtæːb ʔælf 'leːlæ wa 'leːlæ].

Text II (unvokalisierter Zeitungstext)

كتبت وزارة الدّاخليّة	'katabat wi'zaːratu‿dːaxɪ'lɪjːa es-schrieb Ministerium inneres
الى السلطات المختصّة	ʔila‿sːul'ŧɒːti lmux'taɵːɒ an die-Behörden zuständigen
تقول انّ القانون	ta'quːlu ʔinːa lqɒ'nuːna es-sagt sieh-da das Gesetz
يقضى بتبديل	'jaqđɪː bɪtab'diːli es-bestimmt den-Eintausch
تذاكر الهويّة كلّ	ta'ðaːkɪri lhu'wɪjːa kulːa der Karten der-Identität alle
خمس سنوات مرّة —	xams(i) sana'waːt(in) 'marratan. fünf der-Jahre einmal.

Übersetzung: Das Ministerium des Innern schrieb an die zuständigen Behörden, daß auf Grund des Gesetzes die Personalausweise alle fünf Jahre erneuert werden müßten.

DAS ARABISCHE ALPHABET.

allein	am Ende	Mitte	am Anfang	Name	Lautwert
ا	ـا	–	–	alıf	ʔ, a:
ب	ـب	ـبـ	بـ	ƀa:	b
ت	ـت	ـتـ	تـ	ta:	t
ث	ـث	ـثـ	ثـ	θa:	θ
ج	ـج	ـجـ	جـ	dʒi:m	dʒ
ح	ـح	ـحـ	حـ	ħa:	ħ
خ	ـخ	ـخـ	خـ	xa:	x
د	ـد	–	–	da:l	d
ذ	ـذ	–	–	ða:l	ð
ر	ـر	–	–	ra:	r
ز	ـز	–	–	za:	z
س	ـس	ـسـ	سـ	si:n	s
ش	ـش	ـشـ	شـ	ʃi:n	ʃ
ص	ـص	ـصـ	صـ	ꞩɒ:d	ꞩ
ض	ـض	ـضـ	ضـ	đɒ:d	đ
ط	ـط	ـطـ	طـ	ŧɑ:	ŧ
ظ	ـظ	ـظـ	ظـ	ƶɒ:d	ƶ
ع	ـع	ـعـ	عـ	ʕajn	ʕ
غ	ـغ	ـغـ	غـ	ɣajn	ɣ
ف	ـف	ـفـ	فـ	fa:	f
ق	ـق	ـقـ	قـ	qɒ:f	q
ك	ـك	ـكـ	كـ	ka:f	k
ل	ـل	ـلـ	لـ	la:m	l
م	ـم	ـمـ	مـ	mi:m	m

allein	am Ende	Mitte	am Anfang	Name	Lautwert
ن	ن	ﻨ	ﻧ	nu:n	n
ه	ﻪ	ﻬ	ﻫ	ha:	h
و	ﻮ	–	–	wa:w	w, u:
ى	ﻰ	ﻴ	ﻳ	ja:	j, i:, a:

Im Ägyptisch-Arabischen ist [θ] = [t] oder [s]; [dʒ] = [g]; [ð] = [d] oder [z]; [q] = [ʔ].

Vokalzeichen: ـَ (fatha) ɑ, *a*, *æ*; ـِ (kasra) i, ɨ; ـُ (damna) *u*, *ʊ*, *o*; ـْ (suku:n ›Ruhe‹) zur Bezeichnung der Vokallosigkeit des Konsonanten.

Andere wichtige Zeichen: ة (*ta marbu:ta*), Endung femininer Wörter (*-tun* oder meist *-t*), die in der gewöhnlichen Sprache nur noch beachtet wird, wenn ein bestimmendes Wort folgt, z. B. *ma'di:na* ›Stadt‹, aber *ma'di:nat al-'malik* ›die Stadt des Königs‹; *al-dʒumhu:'rɪj:a(tu)* ›die Republik‹, aber *al-dʒumhu:'rɪj:atu t:u:nɪ'sɪj:a* (eigentlich *al-tu:nɪ'sɪj:a* mit Assimilation des *l-* an *t-* und Ausfall des *a*) ›Die tunesische Republik‹. In deutscher Othographie müßte man etwa schreiben: Al-Dschumhurija oder, da in Ägypten das [dʒ] wie [g] ausgesprochen wird, *al-Gumhurija*.

Bedingt durch die Natur der Konsonanten und das System der Sprache, werden *Alif*, *Waw* und *Ja* häufig als lange Vokale gelesen [*a:*, *u:*, *i:* oder *a:*], z. B. قال *qa:la* ›er sagte‹, يقول *jaqu:lu* ›er sagt‹.

Werden diese Wörter jedoch vokalisiert, so muß das erste *q* ein *fatha* und das zweite *q* ein *damna* tragen. In *huwɪj:a* und *sanawa:t* (2. Textprobe) sieht man, daß die beiden *Waw* als Konsonanten auftreten und ihrerseits Träger von Vokalen sind. Für das Hebräische gelten ähnliche Verhältnisse.

Die semitischen Sprachen zeichnen sich durch gewisse Gemeinsamkeiten aus, von denen sich die meisten im klassischen Arabisch finden. Man nimmt an, daß sich der ursprüngliche semitische Sprachbau, insbesondere das phonetische System, am besten im klassischen Arabisch bewahrt hat. Daher ergibt die folgende kurze Beschreibung der wesentlichen Merkmale des Arabischen eine Charakteristik für das Semitische überhaupt.

PHONOLOGIE UND PHONETIK: Das Arabische besitzt nur drei Vokalphoneme (*a* — *i* — *u*), deren Dauer bedeutungsunterscheidend ist. *a* und *a:* usw. bilden also Oppositionen. Phonetische Varianten entstehen durch die umgebenden Konsonanten und durch die Akzentverhältnisse, z. B. lautet *i* nach *q* fast wie ɨ, *a* fast wie ɒ.

Konsonantenphoneme: Neben den stimmhaften Konsonanten *d* und *z* und den entsprechenden stimmlosen *t s* steht eine dritte Reihe mit gespannter Artikulation, die durch Velarisierung (Hebung der hinteren Zunge) und/oder durch Pressung der Kehlkopfgegend erzeugt wird: đ ƶ ŧ s. Man lege die Zungenspitze hinter die untere Zahnreihe und artikuliere die Laute mit dem Zungenblatt gegen die obere Zahnreihe unter Berührung des vorderen Gaumens. Gleichzeitig tritt dabei meist eine leichte Kehlkopfpressung ein.

Kennzeichnend für den Konsonantenbestand des Semitischen sind ferner die Kehllaute: *q* (ein mit der Zungenwurzel gebildetes *k*), *h* (stimmhaft), ħ (*h* mit Kehlkopfpressung ohne Kratzgeräusch), ʕ (derselbe Laut wie ħ, jedoch stimmhaft; er klingt wie ein ›gestöhntes‹ *ah* ohne das vokalische Geräusch), *x*, *γ* und das Hamsa ʾ, das dem Stimmlippenverschlußlaut im Deutschen entspricht. Längung der Konsonanten ist wie die der Vokale phonologisch relevant.

Akzent: Der Akzent ist noch wenig erforscht. Hier nur einige Anhaltspunkte: 1. Im klassischen Arabisch kann die letzte Silbe nie den Ton tragen. 2. Von den übrigen Silben wird die Silbe betont, die einen langen Vokal enthält oder durch einen Konsonanten geschlossen ist: *manˈqu:la(tun)*, *ˈħamla(tun)*. Sind alle übrigen Silben kurz und offen, trägt die erste Silbe den Ton: *ˈkataba*, *ˈkatabat*. 3. Durch Abfall der Flexionsendungen fällt der Ton in der Umgangssprache oft auf die letzte Silbe.

Struktur: Noch stärker als in den indogermanischen Sprachen wird im Arabischen die Struktur des Wortes geändert. Die meisten arabischen Wörter enthalten drei Konsonanten (wenige zwei oder vier), die einen allgemeinen Begriff ohne jegliche Beziehung andeuten. Durch die drei Konsonanten *k-t-b* wird z. B. in der angeführten Reihenfolge der Begriff des Schreibens wiedergegeben. Dieses als *Wurzel* bezeichnete Konsonantengerüst, das nur in der Vorstellung, in der Idee lebt, wird erst durch die Verbindung mit einem oder mehreren der drei Vokalphoneme zur sprachlichen Wirklichkeit: Es wird ein Wort mit einer bestimmten Bedeutung und einer mehr oder minder fest umrissenen Funktion, z. B. *kataba* ›er schrieb‹. Der Infinitiv ›schreiben‹ hat die Strukturform *katb* oder *kitba* oder *kita:ba*. Durch das Wechselspiel von Konsonanten- und Vokalphonemen können weitere Wörter geschaffen werden, z. B. *kita:b* ›Buch‹ und der Plural davon *kutub*.

Neben der Veränderung der Wurzel, die man auch ›innere Flexion‹ oder ›Ablaut‹ nennt, dienen eine beschränkte Anzahl von Präfixen, Infixen und Suffixen dazu, Wörter zu bilden und grammatische Funktionen zu bezeichnen. Eine wesentliche Rolle spielt dabei das Phonem *-t*, das als Präfix, Infix und Suffix viele grammatische und wortbildende Funktionen versieht.

Der morphologische Unterschied zwischen Adjektiv und Substantiv ist gering. Die Zahl der Fälle beträgt im klassischen Arabisch (wie im Ursemitischen) drei (Nominativ, Genitiv, Akkusativ), die jedoch im Hebräischen und in den modernen arabischen Dialekten aufgegeben wurden. Erhalten hat sich dagegen in beiden Sprachen eine besondere Dualform, z. B. ägyptisch-arabisch: *rigl* ›Fuß‹, *rigle:n* ›(zwei) Füße‹. Der Zeitbegriff ist noch schwächer als in den slawischen Sprachen entwickelt. Dagegen sind die beiden Aspekte, der durative und perfektive, scharf ausgeprägt. Formal ist der durative Aspekt durch Präfixe, der perfekte durch Suffixe gekennzeichnet. Im Neuhebräischen und in den arabischen Dialekten wird mit dem Partizip Aktiv ein neues Präsens gebildet.

Einige wichtige Formen:

Substantiv: Zwei Kategorien: Maskulin und Feminin; drei Zahlen: Singular, Dual, Plural. Ein bestimmter Artikel *al* (dialektisch *el*, *il*), der einem folgenden sogenannten Sonnenbuchstaben (z. B. *t*, *θ*, *d*, *ð*, *r*, *z*, *s* usw.) assimiliert wird. Der Plural wird durch a) Änderung der Wurzel nach bestimmten Typen (›gebrochener Plural‹) oder b) durch Endungen (›gesunder Plural‹) gebildet, z. B. a) *film* ›Film‹ — *afla:m*, *kita:b* ›Buch‹ — *kutub*; b) *hɪˈka:ja* ›Erzählung‹ — *hɪka:ˈja:t*; *muˁal:im* ›Lehrer‹ — *muˁal:imu:n*. Dual: *-a:ni* : *malika:ni* ›zwei Könige‹.

Deklination:

al-kita:bu	›das Buch‹	*kita:bun*	›ein Buch‹
al-kita:bi	›des Buches‹	*kita:bin*	›eines Buches‹
al-kita:ba	›das Buch‹	*kita:ban*	›ein Buch‹

Das Schluß-*n* nennt man Nunation (von *nu:n -n*). Die Endungen *-un*, *-in*, *-an* werden in der Schrift durch Doppelsetzung der betreffenden Vokalzeichen ausgedrückt. In der gesprochenen Sprache und am Schluß eines Abschnittes (Pausastellung) fallen die Endungen meist weg (immer: *kita:b*). Die Funktion des Wortes ist (wie in den isolierenden Sprachen) nur durch den Inhalt und durch die Stellung ersichtlich.

Adjektiv: Deklination wie die des Substantivs. Komparativ nach der Formel *a K K a K*, also *kabi:r(un)* ›groß‹, *akbar(u)* ›größer‹ für beide Geschlechter und alle Zahlen; Superlativ: *alˀakbaru* ›der größte‹, mit besonderer Femininform *alˈkubra:* ›die größte‹.

Verb Die durativen Formen werden um einen Kern mit einem

Vokal gruppiert: *ktb* → kt*u*b. Dieser Vokal wird im Wörterbuch nach der Form *kataba* (!) vermerkt.

	Aktiv		
Durativ			Perfektiv
Singular			
1. ʔ*a*ktub*u*	›ich schreibe‹		1. katab*tu* ›ich schrieb‹ usw.
3. *ja*ktub*u*	›er schreibt‹	(!)	3. katab*a*
*ta*ktub*u*	›sie schreibt‹		katab*at*
	Passiv		
*ju*kt*a*b*u*	›es wird geschrieben‹ usw.		k*u*t*i*b*a* ›es wurde geschrieben‹ usw.

Das Verb hat mehrere Modi (Indikativ, Konjunktiv, Imperativ, Jussiv, ein oder mehrere Verbalsubstantive, ein Partizip Präsens und Passiv, z. B. *uktub* ›schreib!‹, *ka:tib* ›schreibend‹ auch ›Schreiber‹, ›Sekretär‹; *maktu:b* ›geschrieben‹, auch ›Brief‹.

Ziemlich starke Unregelmäßigkeiten in der Abwandlung des Verbs ergeben sich dadurch, a) daß die beiden letzten Konsonanten gleich sind (z. B. *sar:a* ›erfreuen‹, eigentlich sarara), b) daß einer der Wurzelkonsonanten Alif, Waw oder Ja ist.

Die Bedeutung des einfachen Verbs kann durch verschiedene Mittel, Längung des mittleren Konsonanten, Präfixe u. ä., verändert werden. Das Arabische kennt elf solcher ›erweiterten Stämme‹, das Hebräische sieben. In europäischen Grammatiken werden sie durch römische Ziffern bezeichnet. So wird z. B. der zweite Stamm durch Längung des zweiten Konsonanten gebildet: II. *kat:aba*. Der II. Stamm hat Intensiv-, oft auch Kausativbedeutung, hier ›schreiben lassen‹. Der III. Stamm entsteht durch Längung des ersten Vokals: *ka:taba* (oft Reflexivbedeutung), hier ›korrespondieren‹. Man sieht an diesem Beispiel, wie eng verflochten Grammatik und Wortbildung im Arabischen miteinander sind.

Pronomen. Selbständig kommen die Personalpronomen nur im Subjektsfall vor. Die diesen Pronomen entsprechenden Suffixe drücken beim Substantiv den Besitz, beim Verb und Präpositionen den Objektsfall aus: *ana:* ›ich‹, Suffix beim Verb *ni:*, sonst *i:*; *huwa* ›er‹, Suffix *hu*, direkt nach *i* steht *hi*. Beispiele: *kita:buhu* ›sein Buch‹, *kita:bihi* ›seines Buches‹; *balaγani:* ›er gelangte zu mir‹; *juˈqa:lu lahu* ›es wurde zu ihm gesagt‹ (*li* ›für‹, bezeichnet auch den Dativ, vor *-hu* wird *li* zu *la*) usw.

Das Relativpronomen (Sing. Mask. *aˈl:aδi*) steht nur nach einem schon bestimmten Nomen. Sonst wird das Relativ-pronomen gar nicht zum Ausdruck gebracht. Beispiele: *aˈr:adʒulu -l:aδi 'dʒa:ʔa* ... ›der Mann, der gekommen ist ...‹; aber (Text): *'radʒulun ju'qa:lu lahu,* ... . ein Mann, gesagt wird zu-ihm Sinbad‹ (= ›ein Mann, der Sinbad heißt‹). Im zweiten Fall werden beide Sätze unverbunden (asyndetisch) nebeneinander gestellt. In Wirklichkeit ist jedoch auch der erste nicht in derselben Weise verbunden wie im Deutschen (und in anderen indogermanischen Sprachen); denn der Satz ›der Mann, den ich gesehen habe‹ lautet arabisch: *a'r:adʒulu -l:aði ra'ʔajtuhu,* dessen Konstruktion etwa so aufzufassen ist: ›Der Mann, der: ich habe ihn gesehen‹ ... Das arabische Relativpronomen ist im Grunde also nur eine hinweisende Partikel. Die Tendenz, Satzglieder und Wörter ohne äußere Beziehungsmittel nebeneinanderzustellen, hat sich in der Umgangssprache und in den Dialekten durch den Verlust der Kasusendungen noch verstärkt. In syntaktischer Hinsicht hat das Arabische also wesentliche Züge mit den isolierenden Sprachen (→ Vietnamesisch, → Chinesisch) gemeinsam. Das Verhältnis zwischen dem bestimmten und dem bestimmenden Wort, das im Hocharabischen durch Endungen verdeutlicht wird (*bajtu -'r:adʒuli* ›das Haus des Mannes‹) muß in der Umgangssprache (wie in den isolierenden Sprachen) durch die Stellung geregelt werden (*be:t e'r:adʒul*). Das bestimmende Wort, ob Substantiv oder Adjektiv, steht wie im Vietnamesischen nach dem bestimmten Wort. Eine weitere Eigentümlichkeit des arabischen Satzbaus besteht in der strengen Scheidung zwischen Verbalsatz (der Satz beginnt mit einem Verb) und einem Nominalsatz (der Satz beginnt mit einem Subjekt). Ein Nominalsatz wird oft durch die Partikel *ʔinna* eingeführt. Um diese Art der Konstruktion zu verstehen, muß man den Satz (s. Text II) in zwei unverbundene Teile zerlegen: *ʔinna lqɒ'nu:na* ›... siehda das Gesetz: es bestimmt ...‹ Im Arabischen ist damit jedoch keine besondere Hervorhebung verbunden, wie die erklärende deutsche Übersetzung vermuten läßt.

Zusammenfassend läßt sich der Sprachtypus des Arabischen etwa so charakterisieren: Das Arabische ist mit Bezug auf das einzelne Wort eine stark wurzelflektierende Sprache, mit Bezug auf Wortgruppen zeigt es hingegen deutlich isolierende Tendenzen.

Semitisch-hamitische Sprachen, Althebräisch

Text I.

בְּרֵאשִׁית	1.	bəre:ʔ'ʃi:θ Im-Anfang
בָּרָא אֱלֹהִים		ba:'ra:ʔ ʔɛlo'hi:m schuf Gott

אֵת הַשָּׁמַיִם		ʔe:θ ha-ʃ:a:ˈmajim (Akk.) den-Himmel
וְאֵת הָאָרֶץ׃		wə ʔe:θ ha:ˈʔa:rɛs. und (Akk.) die-Erde.
וְהָאָרֶץ הָיְתָה	2.	wə ha:ˈʔa:rɛə ha:jəˈθa:h Und die-Erde ist-gewesen
תֹהוּ וָבֹהוּ		ˈθohu: wa:ˈwohu: (eine) Wüste und-Leere
וְחֹשֶׁךְ עַל־פְּנֵי		wə-ˈħoʃɛx ʕal-pəˈne:ĭ und-Finsternis über-Oberfläche
תְהוֹם		θəˈho:m (der) Tiefe,
וְרוּחַ אֱלֹהִים		wə- ˈru:aħ ʔɛloˈhi:m und (der) Geist Gottes
מְרַחֶפֶת		məraˈħɛfɛθ schwebend
עַל־פְּנֵי הַמָּיִם׃		ʕal-pəˈne:ĭ ha-ˈm:a:jim. über-Oberfläche (des) Wassers.

Aus der Bibel, Moses 1, 1—2: Am Anfang schuf Gott Himmel und Erde. 2. Und die Erde war wüst und leer, und es war finster auf der Tiefe; und der Geist Gottes schwebte auf dem Wasser.

Anm.: *Tohuwabohu* eigentlich ›wüst und leer‹, jetzt: ›Wirrwarr‹.

Neuhebräisch

Text II. (o allgemein = ɔ)

יוסֵף הָלַךְ לָעֵמֶק	1.	joˈsɛ:f haˈlax laˈʔɛmɛk Josef ging in Tal
אֶל קִבּוּץ· גַּם		ɛl kiˈbu:ts. gam zu Kibbutz. Auch
יְהוּדִית הָלְכָה		jəhu:ˈdi:t halˈxa: Judith ging
לְשָׁם.		lʃa:m. nach dort.
קִבּוּץ זֶה הָיָה	2.	kibu:ts zɛ haˈja: Kibbutz dieser ist
הָרִאשׁוֹן בְּאֶרֶץ		ha-ri:ˈʃo:n bəˈʔɛ:rets der-erste in Land

יִשְׂרָאֵל.		jisra'ʔɛ:l. Israel.
בַּקִּבּוּץ חַי הָאָח	3.	ba-kibu:ts xaj haʔa:x in Kibbutz lebend der-Bruder
שֶׁל יוֹסֵף, אַבְרָהָם.		ʃɛ:l jo'sɛ:f, avra'ha:m. von Josef, Abraham.
אַבְרָהָם מֵהַחֲלוּצִים	4.	avra'ha:m mɛ-ha--xalu:'tsi:m Abraham von-den-Pionieren
הָרִאשׁוֹנִים בַּקִּבּוּץ		ha-riʃo'ni:m ba-kibu:ts. den-ersten in Kibbutz.
הוּא אוֹהֵב אֶת	5.	hu: ʔo:'hɛ:v ɛt er liebend (Akk.)
הָאֲדָמָה, אֶת		ha-ʔada'ma:, ɛt den-Boden, (Akk.)
הָעֲבוֹדָה, אֶת		ha-ʔavo:'da:, ɛt die-Arbeit, (Akk.)
הַחֲבֵרִים, אֶת		ha-xavɛ'ri:m, ɛt die-Kameraden, (Akk.)
הַקִּבּוּץ־אֶת כָּל		ha-kibu:ts — ɛt kol den-Kibbutz — (Akk.) ganze
הַסְּבִיבָה.		ha-svi'va:. die-Umgebung.
אַבְרָהָם שָׂמַח	6.	avra'ha:m sa'max Abraham sich-freute
מְאֹד בָּאוֹרְחִים		mʔo:d ba- ʔor'xi:m sehr über-Gäste
שֶׁלּוֹ.		ʃɛ'lo:. von-ihm.

Aus: Everyday Hebrew (Alltägliches Hebräisch) von Eliezer Rieger. Jerusalem 1954.

Übersetzung. Besuch eines Kibbutz. 1. Joseph ging in das Tal (d. h. von Jesril) auf ein Kibbutz. Auch Judith ging dorthin. 2. Dieser Kibbutz war der erste im Lande Israel. 3. In dem Kibbutz lebte der Bruder Josefs, Abraham. 4. Abraham ist einer der ersten Pioniere in dem Kibbutz. 5. Er liebt den Boden, die Arbeit, die Kameraden, den Kibbutz — die ganze Umgebung. 6. Abraham freute sich sehr über seine Gäste (seinen Besuch).

DAS HEBRÄISCHE ALPHABET.

	A.	B.	C.	D.
1.	א	ʔ	ʔ, a	ˈalɛf
2.	בּ ב	b w	b v	bɛ·t vɛ·t
3.	גּ ג	g γ	g	ˈgimɛl
4.	דּ ד	d ð	d	ˈda·lɛt
5.	ה	h	h; -a	hɛ·
6.	ו	w	v; u, ɔ	va·v
7.	ז	z	z	ˈza·jin
8.	ח	ħ	x	xɛ·t
9.	ט	ŧ	t	tɛ·t
10.	י	j	j; i, ɛj	jɔ·d
11.	כּ כ (ך)[1]	k x	k x	ka·f xa·f
12.	ל	l	l	ˈla·mɛd
13.	מ (ם)[1]	m	m	mɛ·m
14.	נ (ן)[1]	n	n	nu·n
15.	ס	s	s	ˈsa·mɛx
16.	ע	ʕ	ʔ, ʕ	ˈa·jin
17.	פּ פ (ף)[1]	p f	p f	pɛ· fɛ·
18.	צ (ץ)[1]	ɵ	ts	ˈtsa·di
19.	ק	q	k	kɔ·f
20.	ר	r	r, ʀ	rɛ·ʃ
21.	שׁ	ʃ	ʃ	ʃi·n
22.	שׂ	s	s	si·n
23.	תּ ת	t θ	t	ta·v

[1] ( ) Form des Buchstabens am Ende eines Wortes.

Die Spalten geben an: A) Die gewöhnliche hebräische Druckschrift. Es existiert außerdem noch eine Schreibschrift, deren Formen ziemlich abweichen. B) Die altsemitische Aussprache der Konsonanten. C) Die heutige Aussprache der Konsonanten, die mehr oder minder die sephardische ist; nach den im Spätmittelalter aus Spanien und Portugal (*Sefaˈrad* = hebr.

Pyrenäenhalbinsel) vertriebenen Juden. D) Namen der Buchstaben nach der heutigen Aussprache.

Die heutige Aussprache liegt noch keineswegs fest; viele Juden, besonders die des Arabischen kundig sind, sprechen die richtigen semitischen Laute (ħ, ʕ). Die Länge der Vokale schwankt sehr. Sie tritt besonders in den betonten Endsilben auf und ist nicht bedeutungsunterscheidend.

Vokalzeichen nach der heutigen Aussprache (X steht an Stelle des Konsonanten):

Xָ	[a; o]	Xִ	[i]	יXֵ	[ɛj]	וּX	[u]
Xַ	[a]	יXִ	[i]	˙X	[ɔ]	Xֻ	[u]
יXַ	[aj]	Xֶ	[ɛ]	וֹX	[ɔ]	Xְ	Schwa = Zeichen der Vokallosigkeit

Das hebräische Alphabet dient auch zur Schreibung des Jiddischen. Im Jiddischen werden alle Vokale ausgedrückt, zum größten Teil mit Hilfe der Konsonantenzeichen, Alif = a, Ajin = e usw.

Es gibt noch zahlreiche andere Hilfszeichen, die der Akzentuierung und Gliederung der Rede dienen. Phonetisch sehr wichtig ist das sogenannte Dagesch (Punkt im Konsonanten), das die Funktion hat, 1. als *Dagesch lene* aus einem Reibelaut den entsprechenden Verschlußlaut zu machen (s. Tabelle, z.B. *v* zu *b*), 2. als *Dagesch forte* den Konsonanten zu längen (meist wird ›verdoppeln‹ oder ›schärfen‹ gesagt, was phonetisch falsch ist), z. B. das letzte Wort im Text I. *ha-ˈm:a:jim* ›das Wasser‹. Konsonanten unter 1. werden mit der Längung auch explosiv, z. B. *da:var* ›sprechen‹ hat in der zweiten sogenannten *piʕel*-Form *dib:ɛr* ›sprechen‹.

Einige Besonderheiten des Hebräischen im Vergleich zum Arabischen.

1. Im Hebräischen werden die Verschlußlaute *b g d p t k* in bestimmten Stellungen zu Reibelauten, z. B. arab. *kataba* ›er schrieb‹ lautet hebr. *ka:θav* (neuhebr. *katav*); arab. *maktu:b* ›Brief‹ ist neuhebr. *mixta:v*. Im Neuhebräischen ist dieser komplizierte phonetische Wechsel auf die drei Konsonanten *b* (*v*), *k* (*x*) und *p* (*f*) beschränkt.

2. Die zahlreichen Wörter, die sich im Arabischen und Hebräischen bis heute erhalten haben, sind, wenn man die erwähnten Verschiebungen in Betracht zieht, einander sehr ähnlich.

Einige arabische Wörter des Grundwortschatzes und ihre hebräische Entsprechung: *ʔumm* — *ʔɛ:m* ›Mutter‹, *ʔax* — *ʔa:x* ›Bruder‹, *jad* — *ja:d* ›Hand‹, *ridʒl* — *ˈrɛgɛl* ›Fuß‹, *lubb* — *lɛ:v*

›Herz‹, *jaum* (*jo:m*) — *jɔ:m* ›Tag‹, *ma:ʔ* — *ˈmajɪm* (Pluralform) ›Wasser‹, *ʔarđ* — *ˈʔɛrɛts* ›Erde‹, *θaldʒ* — *ˈʃɛlɛg* ›Schnee‹.

3. Die meisten Wörter werden auf der letzten Silbe betont. Der Konsonantenstand ist vereinfacht. Im Neuhebräischen wird die Längung der Konsonanten nicht beachtet. Durch die sephardische Aussprache hat das Neuhebräische den semitischen Lautcharakter verloren. Viele trachten, die semitische Aussprache der Konsonanten wiederherzustellen auf Kosten des leichter zugänglichen universalen Charakters der sephardischen Aussprache.

4. Das Hebräische hatte schon früh die Deklinationsendungen verloren. Das Nomen tritt jedoch in zweierlei Form auf: Dem *status absolutus* (ohne enge Verbindung mit einem anderen Wort, z. B. *davar* ›Wort‹) und dem *status constructus*, in dem die Vokale des Grundwortes meist verändert (reduziert) werden, z. B. *dəvar ha-ʔaˈda:m* ›das Wort des Menschen‹.

5. Der bestimmte Artikel ist *ha-* (mit phonetischen Varianten). Die Längung des folgenden Konsonanten wird im Neuhebräischen nicht beachtet.

6. Der Plural wird durch Endungen bezeichnet, und zwar maskulin meist *-i:m* (status constr. *-ɛj*), feminin *-ɔt*; Dual maskulin: *-ajɪm* (status constr. *-ɛj*). Durch Antritt der Pluralendung verändern sich oft die Wurzelvokale, z. B. *ɔˈrɛʔax* ›Gast‹, Plur. *ɔrˈxi:m*.

7. Das Genitivverhältnis kann durch die Partikel *ʃɛl*, an die auch die Personalsuffixe treten, verdeutlicht werden, z. B. *ha-ʔadaˈma: ʃɛl jəru:ʃaˈla:jɪm* ›der Boden Jerusalems‹..

8. Der Akkusativ wird häufig durch die Partikel *ɛt* bezeichnet.

9. Das Adjektiv stimmt in Geschlecht und Zahl mit dem zugehörigen Substantiv überein. Gesteigert wird es analytisch durch Vorsetzen von Adverbien (z. B. ›mehr‹).

10. Schlußfolgerung: Das Hebräische ist wie das Arabische eine wurzelflektierende Sprache, deren Wurzeln jedoch durch die unter 1 gezeigten Eigentümlichkeiten noch stärkeren phonetischen Veränderungen unterliegen als im Arabischen. Die Pluralbildung weist durch eindeutige Suffixe ein ziemlich regelmäßiges einfaches System auf. In seinen Genitiv- und Akkusativpartikeln zur Regelung der Beziehungen zwischen Wörtern und Wortgruppen zeigt das Hebräische eher analytische als isolierende Tendenzen.

Slawische Sprachen

Allgemeines. Slawische Sprachen werden gegenwärtig von etwa 250 Mill. Menschen gesprochen. Auf Grund historisch-geographischer und phonetischer Prinzipien werden die slawischen Sprachen in drei Gruppen geteilt:

1. *Ostslawisch*: *Russisch* (oder *Großrussisch*, über 270 Mill.), *Ukrainisch* (oder *Kleinrussisch*, 44 Mill.), *Weißrussisch*, (oder *Belorussisch*, 9 Mill.).
2. *Westslawisch*: *Polnisch*, (40 Mill.), *Polabisch* (früher bis westlich der Elbe, im 18. Jh. ausgestorben), *Ostseeslawisch* (*Pomeranisch* östlich der Oder, *Rugisch* und die slawischen Dialekte um Berlin, ausgestorben), *Kaschubisch* (etwa 4500, letzter Rest des Pomeranischen, oft als polnischer Dialekt bezeichnet), *Obersorbisch*, *Niedersorbisch* (Sorbisch auch gleich *Wendisch*, in der Oberlausitz um Bautzen und in der Niederlausitz um Cottbus, 50000), *Tschechisch* (10,3 Mill.), *Slowakisch* (4,4 Mill.).
3. *Südslawisch*: *Slowenisch* (1,8 Mill.), *Serbokroatisch* (20 Mill.), *Mazedonisch* (1,5 Mill.), *Bulgarisch* (9 Mill.).

Nähme man die heutige Struktur der slawischen Sprachen als Grundlage für die Einteilung, müßte man das Bulgarische und Mazedonische wegen ihrer ausgeprägten strukturellen Besonderheiten zu einer selbständigen Gruppe gegenüber der großen Gruppe der übrigen slawischen Sprachen zusammenfassen.

Man glaubt, daß die Slawen einst (etwa in den Jahrhunderten um Christi Geburt) eine mehr oder minder einheitliche Sprache — das nicht überlieferte *Urslawische* — gesprochen haben. Dem zum Teil hypothetisch erschlossenen Urslawischen in seiner jüngsten Form stand, so nimmt man an, die älteste slawische Schriftsprache (Denkmäler aus dem 10. Jh.), das *Altslawische* (oder *Altkirchenslawische* oder *Altbulgarische*) noch ziemlich nahe. Dieser Sprache bedienten sich die Slawenapostel *Kyrill* und *Method* (zwei Brüder) aus Mazedonien (Saloniki), als sie die christliche Lehre im Großmährischen Reich (seit 864) verbreiteten. Das Altslawische, das damals noch von allen Slawen verstanden wurde, wurde besonders von der Kirche gepflegt und gewann durch die Bestrebungen der Ost- und Südslawen, es als gemeinsame Schriftsprache zumindest im kirchlichen Bereich zu erhalten, einen großen Einfluß auf die sich seit dem 11. Jh. allmählich bildenden slawischen Nationalsprachen. Besonders stark ist der Einfluß des Altkirchenslawischen auf das Russische. Das heute noch im Gottesdienst der orthodoxen Slawen verwendete Kirchenslawische ist eine stark russifizierte Form des Altkirchenslawischen.

Die ältesten Denkmäler des Russischen stammen aus dem 11. Jh., des Serbischen aus dem 12., des Tschechischen aus dem 13. und des Polnischen aus dem 14. Jh.

SCHRIFT. Geschrieben wurde das Altslawische in zwei Alphabeten, dem *glagolitischen* (Gla'goliza) und dem *zyrillischen* (oder dem *kyrillischen*, der Ky'rilliza). Die Bezeichnung ›zyrillisch‹ leitet sich von dem Namen Kyrill her, der als Schöpfer dieser Schrift angesehen wird. Fest steht, daß Kyrill in Mähren ein für das Slawische geeignetes Alphabet geschaffen hat, das von den einen für das zyrillische, von den anderen für das glagolitische Alphabet gehalten wird. Der zyrillischen Schrift liegt die griechische Unzialschrift des 9. und 10. Jh. zugrunde, die um eine Anzahl aus orientalischen Schriften entlehnter oder frei erfundener Zeichen für die dem Slawischen eigenen Laute (z. B. *š*, *ž*, *št*, *ć*, *dž*), die das Griechische nicht besaß, vermehrt wurde. Der Ursprung der glagolitischen Buchstaben, deren Formen von denen des zyrillischen Alphabets völlig abweichen, ist noch nicht ganz geklärt. Die beiden Alphabete stimmen in der Folge, der Namen und der Lautwerte der Buchstaben fast völlig überein. Die Glagoliza war nur kurze Zeit (etwa bis ins 12. Jh.), hauptsächlich bei den südwestlichen Slawen (in Kroatien und Dalmatien), in Gebrauch. Entgegen der vorherrschenden Ansicht hält *E. Georgiev* (Bulgarien) die glagolitische Schrift für jünger als die zyrillische. Das zyrillische Alphabet wurde durch die von *Peter dem Großen* veranlaßte Reform (1708—1710) den Formen der lateinischen Buchstaben angeglichen. Später wurden zwei Zeichen *й* [*j*] und *ё* [*jɔ*] hinzugefügt. Nach 1917 (Erlaß v. 23. Dez. 1917 und 10. Okt. 1918) wurden im Zuge der Vereinfachung der russischen Orthographie die Buchstaben *i* [*i*], ѣ (*jat'*) [*jɛ*] und ѳ (*fi'ta*) [*f*] abgeschafft.

Bestimmend für die Annahme des zyrillischen Alphabets durch die slawischen Völker war ihre Religionszugehörigkeit. Während die orthodoxen Slawen (Russen, Weißrussen, Ukrainer, Bulgaren, Mazedonier und Serben) zyrillisch schreiben, bedienen sich die übrigen Slawen (Polen, Tschechen, Wenden, Slowenen, Kroaten) des lateinischen Alphabets, in dem zuerst unter Verwendung von Buchstabenkombinationen zur Darstellung slawischer Laute alttschechische Texte des 13. Jh. aufgezeichnet wurden. Der tschechische Reformator Jan *Hus* (1369—1415) führte diakritische Zeichen für lange Vokale (′) und für spezifisch tschechische Laute ein (z. B. *č*, *ř* usw.). Während die meisten anderen mit lateinischen Buchstaben geschriebenen slawischen Sprachen diesem Beispiel folgten, verwendet das Polnische nach wie vor viele Buchstabenverbindungen. Außerhalb der Sowjetunion wird das zyrillische Alphabet noch zur Schreibung des → Mongolischen benutzt. Die zyrillischen Alphabete der slawischen Sprachen weichen gegenüber dem russischen nur geringfügig ab. Die Abweichungen bestehen 1. in der Aussprache einiger Buchstaben, 2. im Verzicht auf einige Buchstaben, 3. in der Verwendung einiger zusätzlicher Buchstaben. Das Bulgarische hat nach der Orthographiereform von 1945 keine dem russischen Alphabet fremde Buchstaben. Das Ukrainische verwendet die zusätzlichen Zeichen є [*jɛ*] und ї [*ji*], früher noch ґ [*g*]; Aussprache von г [*h*], и [*ɨ*, fast *e*], е [*e*]; Weißrussisch ў [*u*]; г = [*h*].

Das russische Alphabet.

Druckschrift	Name	Umschrift	Lautwert	Druckschrift	Name	Umschrift	Lautwert
А а	a	a	a	**Р р**	ɛr	r	r
Б б	bɛ	b	b	**С с**	ɛs	s	s
В в	vɛ	v	v	**Т т**	tɛ	t	t
Г г	gɛ	g	g	**У у**	u	u	u
Д д	dɛ	d	d	**Ф ф**	ɛf	f	f
Е е	jɛ	e, je	jɛ	**Х х**	xa	ch	x
Ё ё	jɔ	’o, o, jo	jɔ	**Ц ц**	tsɛ	c	ts
Ж ж	ʒɛ	ž	ʒ	**Ч ч**	tʃe	č	ʨ
З з	zɛ	z	z	**Ш ш**	ʃa	š	ʃ
И и	i	i, ji	i	**Щ щ**	ʃtʃa	šč	ɕʨ
Й й	i¹)	j	j	**Ъ ъ**	²)	—	—
К к	ka	k	k	**Ы ы**	ɨ, je'rɨ	y	ɨ
Л л	ɛł	l	ļ, ł	**Ь ь**	³)	’	**Palatalisierung**
М м	ɛm	m	m	**Э э**	ɛ⁴)	e	ɛ
Н н	ɛn	n	´n	**Ю ю**	ju	’u, ju	ju
О о	ɔ	o	o	**Я я**	ja	’a, ja	ja
П п	pɛ	p	p				

Russische Wörter werden im folgenden mit den Zeichen der Umschriftspalte geschrieben.

Anmerkungen zur Spalte ›Name‹: 1. *i* '*kratkoje* (›kurzes *i*‹), 2. *tv'ordyj znak*, (›hartes Zeichen‹, stand vor 1917 nach jedem auslautenden Konsonanten, der hart ausgesprochen wurde; heute noch im Wortinnern, um anzuzeigen, daß der folgende

Vokalbuchstabe mit j-Anlaut ausgesprochen werden soll). 3. *'m'achkij znak* (›weiches Zeichen‹ zur Palatalisierung eines Konsonanten). 4. *e obo'rotnoje* (umgekehrtes *e*).

Anmerkungen zur Spalte ›Umschrift‹: Die in dieser Spalte gegebene Umschrift findet jetzt allgemein in der Sowjetunion Verwendung. Sie wurde von dem Sprachwissenschaftlichen Institut der UdSSR ausgearbeitet. *e* nach Konsonanten, *je* am Wortanfang, nach Vokalen und nach hartem und weichem Zeichen; *'o* nach Konsonanten (außer *ж, ч, ш, щ*); nach den letztgenannten Konsonanten: *o*; am Wortanfang und nach hartem und weichem Zeichen: *jo*; *ji* nur nach weichem Zeichen; das harte Zeichen bleibt unbezeichnet; weiches Zeichen am Wortende und vor Konsonanten: ' ; vor Vokalen unbezeichnet; *'u* und *'a* nach Konsonanten; am Wortanfang, nach Vokalen und nach hartem und weichem Zeichen: *ju, ja*. Die in deutschen (und anderen nicht-russischen) Bibliotheken übliche Umschrift deckt sich im wesentlichen mit der vorstehenden; man schreibt jedoch für *e* immer *e*; für *jo* ebenfalls *e*, zuweilen *ë*; *i* immer *i*, für hartes Zeichen einen kurzen Bindestrich; weiches Zeichen wird durch ʹ auf dem Konsonanten oder, wenn dieser Oberlänge hat, durch ʹ neben dem Konsonanten wiedergegeben; *e oborotnoje: ė*; *ju* und *ja* immer *ju, ja*.

Einige Besonderheiten der slawischen Sprachen

Phonetisches. 1. Das Klangbild der slawischen Sprachen wird entscheidend durch die Palatalisierung der Konsonanten geprägt. Die die velaren Konsonanten betreffende Palatalisierung hat sich — historisch gesehen — in mehreren Stufen vollzogen und die zahlreichen, für das Ohr so auffälligen Zischlaute geschaffen. Es seien zwei wichtige Stufen genannt: a) Durch folgendes *ɛ, e:, ɛ̃, i, ĭ* wird *k* > *tʃ*, *g* > *dʒ* > ʒ, *x* > *ʃ*; b) *k* > *ts*, *g* > *z*, *x* > *s* (*ʃ*). In einigen slawischen Sprachen wird diese Erscheinung zum Teil wieder rückgängig gemacht. Beispiele: tschech. *člověk* ›Mensch‹, Vok. *člověče* ›o Mensch!‹; russ. *bog* ›Gott‹, Vok. *bože* ›Gott!‹; bulg. *čo'vek* ›Mensch‹, Plur. *čo'veci* [*-tsi*]; *uče'nik* ›Schüler‹, ›Lehrling‹, Plur. *uče'nici*, aber russ. *uče'nik*, Plur. *učeni'ki*.

Vom heutigen rein phonetischen Standpunkt aus ist der Wandel von [*k*] zu [*ts*] im Bulgarischen keine Palatalisierung, sondern nur das Ergebnis einer solchen Erscheinung; dagegen ist das *k* vor *i* im Russischen palatalisiert [*ķi*].

2. Charakteristisch sind gewisse Konsonantengruppen im Anlaut von Wörtern und Silben, deren Aussprache den meisten Nicht-Slawen mühevoll erscheint. Das Bulgarische hat diese Konsonantenbündel weitgehend beseitigt, das Serbokroatische zum Teil. Man vergleiche insbesondere die folgenden Texte in Russisch, Polnisch und Tschechisch.

3. Die Anzahl *farblich ausgeprägter* Vokalphoneme ist beschränkt:

Russisch:	*u*	*ɔ*	*a*	*ɛ*	*i*	(*ɨ*)
Polnisch:	*u*	*ɔ*	*a*	*ɛ*	*i*	(*ɪ*) *ɔ̃ ɛ̃*
Serbokroatisch:	*u*	*ɔ*	*a*	*ɛ*	*i*	, silbisches *r*
Bulgarisch:	*u*	*o*	*a*	*ɛ*	*i*	*ə*
Tschechisch:	*u*	*ɔ*	*a*	*ɛ*	*ɪ*	
	u:	*ɔ*:	*a*:	*ɛ*:	*i*:	; *ɔu*
	silbisches *r* und *l*					

Die phonetischen Varianten sind besonders im Russischen sehr zahlreich (Reduktion in unbetonter Silbe). Durch Tonhöhe und Länge können die Vokale im Serbokroatischen vierfach variiert werden. Da diese Varianten phonetisch relevant sind, kann man von 24 Vokalphonemen sprechen.

4. Gegenüber anderen indogermanischen Sprachgruppen zeigt das Slawische *Metathese* (Umstellung) der Lautgruppe *Vokal* + *l* oder + *r*, z. B. *Milch* — poln. *mleko*; schwed. *välde* — tschech. *vláda* (›Herrschaft‹, ›Macht‹); *Berg* — poln. *brzeg* [*bʒɛk*], bulg. *br'ak* ›Ufer‹ (poln. *r* vor *e* zu *rz* [*ʒ*] ist eine sekundäre Erscheinung). *Arbeit* — russ. *ra'bota*.

5. Stimmhafte Konsonanten werden im absoluten Auslaut stimmlos. Eine Ausnahme macht das Serbische. Die dadurch signalisierte Grenze eines Wortes oder einer Wortgruppe wird durch die allgemein verbreitete regressive Assimilation wieder abgeschwächt (anders im Deutschen, → Germanische Sprachen). Beispiel: *drug* [*druk*] ›Freund‹, aber *drug s drugom* [*drug z dru·gɐm*] ›miteinander‹.

MORPHOLOGISCHES. 1. Alle slawischen Sprachen unterscheiden (wie das Deutsche, Neugriechische, Lateinische) drei Kategorien (meist ›Genera‹ genannt): maskulin, feminin, neutral —, die im Nominativ Singular zum großen Teil durch folgende Endungen (Morpheme) charakterisiert sind: maskulin = Null, feminin = *a*, neutral = *o*, *e*. (Die folgenden Angaben beziehen sich zum größten Teil nicht auf das Bulgarische und Mazedonische; s. diesbezüglich Bulgarisch.)

2. Die erwähnten Kategorien (Genera) bilden gleichzeitig — wie in der neugriechischen Volkssprache — den Rahmen für die Deklination der Substantive. Innerhalb jedes Rahmens (maskulin, feminin, neutral) gibt es zwei phonetisch unterschiedene Deklinationstypen: a) Wörter, die auf einen harten (gewöhnlichen) Konsonanten ausgehen; b) Wörter, die auf einen weichen (palatalen) Konsonanten ausgehen. Beispiel: russ. *brat* ›Bruder‹ (hart), *gost'* ›Gast‹ (weich); *stra'n-a* ›Land‹ (hart), *zeml'-a* ›Erde‹ (weich).

3. Die Funktion des Nomens wird im allgemeinen durch sieben Fälle festgelegt. Die Deklinationsmuster des Russischen und

Slowenischen, die den Vokativ nur noch in Resten besitzen, berücksichtigen nur sechs Fälle. Als Beispiel diene das Wort für ›Nachbar‹: russ. *so'sed*, poln. *sąsiad*, serbisch *sŭsed* (kroat. *sŭsjed*). Das russ. *sosed* [*sa'şɛ·t*] hat heute im Plural ›weiche‹ Endungen, früher hatte es ›harte‹.

	Russisch		Polnisch		Serbisch	
	Sing.	Plur.	Sing.	Plur.	Sing.	Plur.
Nom.	*sosed*	*-d**i***	*sąsiad*	*-e**dzi***	*sused*	*-d**i***
Gen.	*sosed**a***	*-d**ej***	*sąsiad**a***	*-ad**ów***	*sused**a***	*-d**ā***
Dat.	*sosed**u***	*-d'**am***	*sąsiad**owi***	*-ad**om***	*sused**u***	*-d**ima***
Akk.	*sosed**a***	*-d**ej***	*sąsiad**a***	*-ad**ów***	*sused**a***	*-d**e***
Vok.	= *Nom.*	= *Nom.*	*sąsie**dzie***(!)	= *Nom.*	*sused**e*** (!)	= *Nom*
Instr.	*sosed**om***	*-d'**ami***	*sąsiad**em***	*-ad**ami***	*sused**om***	*-d**ima***
Lok. (oder Präp.)	*sosed**e***	*-d'**ach***	*sąsie**dzie***	*-ad**ach***	*sused**u***	*-d**ima***

Die alten Pluralendungen von russ. *sosed* lauteten: *-dy*, *-dow*, *-dam* usw. Der Vokativ Plural ist immer gleich dem Nominativ Plural.

Der Lokativ wird nur nach einer Präposition, z. B. russ. *v* ›in‹, *o* ›über‹ usw. gebraucht; daher die im Russischen besonders übliche Bezeichnung Präpositiv.

4. Neben den obigen drei Kategorien hat sich eine Kategorie der Beseeltheit entwickelt, die sich z. B. im Russischen darin zeigt, daß Substantive, die Lebewesen bezeichnen, im Singular der männlichen Deklination und im Plural aller Deklinationen als Zeichen des Akkusativs die Endungen des Genitivs haben (s. oben *sosed*). In den anderen slawischen Sprachen ist diese Erscheinung eingeschränkt oder anders verteilt.

5. Eine besondere Form für den Dual gibt es nur noch im Sorbischen und Slowenischen.

6. Adjektive haben entweder eine bestimmte oder unbestimmte Form, z. B. serb. *bògat* ›reich‹ — *bògatī* ›der reiche . . .‹. Im Russischen unterscheidet man entsprechend eine Kurz- und eine Langform, deren Gebrauch syntaktisch geregelt ist: Die Langform steht attributiv, die Kurzform prädikativ, z. B. *star**yj*** *traktor* ›der alte Traktor‹; *traktor star* ›der Traktor ist alt‹. Im Polnischen und Tschechischen haben die meisten Adjektive die Kurzform verloren. Historisch gesehen, ist die attributive Langform aus der Verschmelzung der substantivischen Morpheme mit den pronominalen Morphemen entstanden, z. B. Genitiv maskulin *dobra* (poln. ›gut‹) + *jego* (›seiner‹) > *dobrego*. Die entsprechende Endung lautet im Russischen *-ogo*, gesprochen [*-ɔvɐ*], tschech. *-ého*, serbokroat.

-og(*a*). Zwischen Substantiv und Adjektiv herrscht daher meist eine ›ungleichmäßige‹ Kongruenz, z. B. russ. *čelo'vek 'mal***ogo** *'rost***a** gegen lat. homo *exigu***ae** *statur***ae** ›ein Mensch von kleiner Statur‹.

7. Das Verbalsystem ist gekennzeichnet durch: a) eine geringe Anzahl von Formen, die eine reine Zeitstufe bezeichnen, b) durch eine große Anzahl verschiedener Mittel zum Ausdruck der Art eines Vorgangs. Nach der Art, wie man eine Handlung betrachtet, kann sie vollendet oder unvollendet sein. Diese durch eine bestimmte Blickrichtung geschaffenen Kategorien nennt man Aspekte (*Aspekt* = Blickrichtung), und man unterscheidet einen perfektiven (vollendeten) und einen durativen (oder imperfektiven oder unvollendeten) Aspekt.

Ein konstantes Morphem zur Bildung des einen oder anderen Aspektes gibt es nicht. Der perfektive Aspekt kann z. B. grammatikalisch durch Präfigierung (*robiłem* — **z***robiłem*), durch Veränderung der Wurzel (poln. *wrócić* — *wr***acać** ›zurückkehren‹) u. a. gebildet werden. Zuweilen wird der Aspektunterschied durch zwei verschiedene Wörter (lexikalisch) ausgedrückt, z. B. poln. *zobaczyłem* (pf.) — *widziałem* (dur.) ›ich sah‹.

Innerhalb dieser durch die (subjektive) Anschauung festgelegten Aspekte sagt das ›betrachtete‹ Verb etwas Genaueres (Objektives) über den Verlauf der Handlung aus. Diese im wesentlichen am Bedeutungsgehalt des Verbs haftende Kategorie nennt man *Aktionsart*. Die Zahl der Aktionsarten ist noch Gegenstand langer Erörterungen in Fachkreisen. In den Wörterbüchern wird im allgemeinen nur der Aspekt des Verbs bezeichnet. Nur in einigen tschechischen Wörterbüchern finden sich auch genaue Angaben über die Aktionsart. Folgende Einteilung mit Angabe der Symbole mag sich als praktisch erweisen (Beispiele s. im russ. u. tschech. Text):

A. *Perfektiver Aspekt* (pf.): Die Handlung ist
1. *momentan* oder *punktuell*: ·
2. *resultativ* oder *effektiv* (sie deutet auf das Ende): $\dashv$
3. *inchoativ* (sie weist mit auf den Beginn): $\vdash$.

B. *Durativer Aspekt* (dur.): Die Handlung ist
1. *durativ* (sie bezeichnet eine Dauer ohne Rücksicht auf Anfang und Ende): —
2. *iterativ* (sie zeigt eine wiederholte Handlung ohne Rücksicht auf Anfang und Ende des jeweiligen Handlungsabschnittes an): — — —
3. *inchoativ* (sie bezeichnet die Dauer mit Hinblick auf den Beginn an): $\vdash$ oder $<$.

In dieses Aspekt-Aktionsarten-System ist das Zeitstufensystem hineingewoben. Die wenigen Zeitstufen sind in den slawischen Sprachen zu einem sekundären Faktor geworden, z. B. russ. *on 'pišet pis''mo* ›er schreibt einen Brief‹ (B 1—); *on napišet pis''mo* ›er wird den Brief schreiben (A 2 —|); das Verb hat die Form des Präsens, aber die Bedeutung des vollendeten Futurs: Die Kategorie der Zeitstufe ist der Kategorie des Aspektes untergeordnet. Die Aspektopposition wird kurz in dem russischen Text durch (pf.) oder (dur.), der Wechsel der Aktionsarten in dem tschechischen Text durch die Symbole veranschaulicht.

8. Die Vergangenheitsform besteht aus der Verbindung eines nach Zahl und Genus veränderlichen Partizips mit dem Kennzeichen *-l* (nach Konsonant oft *l* = Null) und Formen, die die Person anzeigen. Beispiel: russ. *ja byl* = poln. *byłem* = tschech. *byl jsem* (ein Mann sagt:) ›ich war‹. ›ich bin gewesen‹, ›ich war gewesen‹; (eine Frau sagt): *ja by'la* , *byłam*, *byla jsem* usw.

Einige wichtige Merkmale phonetischer Art zur Abgrenzung der slawischen Sprachen voneinander sind:

1. das *Polnoglasije* (›Voll-Lautung‹), das das Ostslawische charakterisiert. Die Lautgruppen *oro, olo, ere* sind ›voll‹ gegenüber *ra, la, re* in den anderen slawischen Sprachen. Einige Beispiele in der Reihenfolge russ. – poln. – tschech. – serbokroat. – bulg.:

›Stadt‹	*'gorod*	*gród*	(›Burg‹)	*hrad*	(›Burg‹)	*grad*	*grad*
›Stimme‹	*'golos*	*głos*		*hlas*		*glas*	*glas*
›Kopf‹	*golo'va*	*głowa*		*hlava*		*glava*	*gla'va*
›Ufer‹	*'bereg*	*brzeg*		*břeh*		*breg*	*br'ag*

2. die urslawischen Lautgruppen **tj*, (**kt*), **dj*. Sie sind in den verschiedenen slawischen Sprachen verschieden vertreten. Beispiele in der obigen Reihenfolge:

›Nacht‹	*noč'*	*noc*	*noc*	*noć*	*nošt*
›Kerze‹	*sve'ča*	*świeca*	*svíce*	*sveća*	*svešt*
›Rain‹	*me'ža*	*miedza*	*mez*	*međa*	*mež'da*

Die altbulgarischen Lautgruppen entsprachen den angeführten neubulgarischen. Die Entwicklung des durch *jat'* wiedergegebenen Lautes ist besonders für das Südslawische wichtig (s. Serbokroatisch und Bulgarisch). Die Verwandtschaft der slawischen Sprachen ist, wie alle obenstehenden Ausführungen zeigen, sehr eng, weit enger als die Verwandtschaft der → romanischen oder → germanischen Sprachen untereinander. Diese Tatsache spiegelt sich auch in dem Grundwortschatz wieder, dem folgende Wörter entnommen sind:

		Russ.	Poln.	Tschech.	Bulgar.	Serbisch
1.	Mutter	*mat'*	*matka*	*matka*	*majka*	*màti*
2.	Bruder	*brat*	*brat*	*brat*	*brat*	*brȁt*
3.	Schwester	*se'stra*	*siostra*	*sestra*	*se'stra*	*sèstra*
4.	Hand	*ru'ka*	*ręka*	*ruka*	*rŭ'ka*	*rúka*
5.	Fuß	*no'ga*	*noga*	*noha*	(*krak*)	*nòga*
6.	Herz	*'serdce*	*serce*	*srdce*	*sŭr'ce*	*sȑce*
7.	Tag	*den'*	*dzień*	*den*	*den*	*dân*
8.	Abend	*'večer*	*wieczór*	*večer*	*'večer*	*vȅčē*
9.	Sommer	*'leto*	*lato*	*léto*	*'l'ato*	*lèto*
10.	Herbst	*'osen'*	*jesień*	(*podzim*)	*'esen*	*jȅsēn*
11.	Winter	*zi'ma*	*zima*	*zima*	*'zima*	*zíma*
12.	Wasser	*vo'da*	*woda*	*voda*	*vo'da*	*vòda*
13.	Feuer	*o'gon'*	*ogień*	*oheň*	*'ogŭn*	*òganj*
14.	Wind	*'veter*	*wiatr*	*vítr*	*'v'atŭr*	*vȅtar*
15.	Schnee	*sneg*	*śnieg*	*sníh*	*sn'ag*	*snȇg*
16.	Erde	*zem'l'a*	*ziemia*	*země*	*ze'm'a*	*zemlja*
17.	Fluß	*re'ka*	*rzeka*	*řeka*	*re'ka*	*réka*
18.	Wald	*les*	*las*	*les*	(*go'ra*)	(*gòra*)
19.	See (der)	*'ozero*	*jezioro*	*jezero*	*'ezero*	*jȅzero*
20.	Meer	*'more*	*morze*	*moře*	*mo're*	*mȍre*
21.	Fisch	*'ryba*	*ryba*	*ryba*	*'riba*	*rȉba*

Man nimmt an, daß etwa zwei Drittel des Wortschatzes der slawischen Sprachen übereinstimmen.
Als Glieder des Indogermanischen sind auch die slawischen Sprachen mit den germanischen Sprachen verwandt. Einige Wörter der obigen Liste (1. 2. 3. 6. 12. 15. 20.) zeigen mit den entsprechenden deutschen Wörtern noch große phonetische Übereinstimmungen. Man vergleiche damit auch die Liste der romanischen Sprachen.

Slawische Sprachen, Russisch.

Несколько	**дней**	**спустя**	**после**	**приезда**
ŋɛ·skɐɭkɐ	ɖŋe·j	spuʂʈa·	pɔ·ʂɭə	pʈij ɛ·zdɐ
einige	Tage	nach	nach	Ankunft

учителя	**Троекуров**	**вспомнил** (*pf.*)	**о нём и**
uʈʃ i·ʈəɭɐ	trɔjɪku·rɐf	fspɔ·mŋił	a ŋɔm i
des-Lehrers	Trojekurow	sich-erinnerte	an ihn und

вознамерился (*pf.*)		**угостить** (*pf.*)	**его в**	**медвежьей**
vɐznaɱe·ʈiłʂɐ		ugaʂʈi·ʈ	jɪvɔ·	vɱɪɖʁe·ʒjɪj
beschloß		zu-bewirten	ihn	in Bären-

комнате:	**для**	**сего,**	**призвав** (*pf.*)	**его**	**однажды**
kɔ·mnaʈɪ	dɭɐ	ʂɪvɔ·	pʈizva·f	jɪvɔ·	adna·ʒdɨ
zimmer;	zu	diesem	gerufen-habend	ihn	einmal

утром,	**повёл** (*pf.*)	**он**	**его**	**с собою**	**тёмными**
u·trɐm	pav̡ɔ·ł	ɔn	jɪvɔ·	s:abɔ·ju	ţɔ·mnɨm̡i
morgens	führte	er	ihn	mit-sich	durch-dunkle

коридорами	**—**	**вдруг**	**боковая**	**дверь**
koŗidɔ·rᵉm̡i		vdru·k	bɐkava·jɐ	ḑv̡e·ŗ
Korridore	—	plötzlich	Seiten-Tür	

отворилась (*pf.*)	**—**	**двое**	**слуг**	**вталкивают** (*dur.*)
ɐtvaŗi·łɐş	—	dvɔ·jɪ	słu·k	fta·łķivɐjut
öffnete-sich	—	zwei	Diener	stoßen

в неё	**француза**	**и**	**запирают**	(*dur.*)	**её**	**на**
vņɪjɔ·	frantsu·zɐ	i	zɐp̡ira·jut		jɪjɔ·	na
in-sie	den-Franzosen	und	schließen	sie		auf

ключ.	**Опомнившись** (*pf.*),	**учитель**	**увидел** (*pf.*)
kļu·ţʃ	apɔ·mņifʃɨş	uţʃi·ţəļ	uv̡i·ḑəł
Schlüssel.	zu-sich-gekommen-seiend	der-Lehrer	erblickte

привязанного	**медведя,**	**зверь**	**начал** (*pf.*)
pŗiv̡a·zan:ɐvɐ	m̡ɪḑv̡e·ḑɐ	z̡v̡e·ŗ	na·ţʃɐł
angebundenen	Bären,	das-Tier	begann

фыркать (*dur.*),	**издали**	**обнюхивая** (*dur.*)	**своего**
fɨ·rkɐţ	i·zdɐļi	abņu·x̡ivɐjɐ	svɐjɪvɔ·
zu-schnaufen,	von-weitem	beschnüffelnd	seinen

гостя,	**и**	**вдруг,**	**поднявшись** (*pf.*)	**на задние**
gɔ·şţɐ	i	vdru·k	pɐdņa·fʃɨş	na za·dņijə
Besucher	und	plötzlich	sich-erhoben-habend	auf hintere

лапы,	**пошёл** (*pf.*)	**на него........**	**Француз**	**не**
ła·pɨ	paʃɔ·ł	na ņɪvɔ·	frantsu·s	ņɪ
Pfoten,	er-ging-los	auf ihn . . .	der-Franzose	nicht

смутился, (*pf.*)	**не**	**побежал** (*pf.*)	**и**	**ждал** (*dur.*)
smuţi·łşɐ	ņɪ	paɦ̡ɪʒa·ł	i	ʒda·ł
verwirrte-sich,	nicht	lief-weg	und	wartete

нападения.	**Медведь**	**приблизился.** (*pf.*)	**Деforж**
nɐpaḑe·ņijɐ.	m̡ɪḑv̡e·ţ	pŗiɦ̡ļi·z̡iłşɐ	dəfɔrʒ
(auf) Angriff.	der-Bär	näherte-sich.	Deforges

вынул (*pf.*)	**из**	**кармана**	**маленький**	**пистолет,**
vɨ·nuł	is	karma·nɐ	ma·ļəņķɨj	pistaļɛ·t
nahm-heraus	aus	der-Tasche	kleine	Pistole

вложил (*pf.*)	**его**	**в**	**ухо**	**голодному**	**зверю**
vłaʒɨ·ł	jɪvɔ·	v-u·xɐ		gałɔ·dnɐmu	z̡v̡e·ŗu
legte	sie	an	das-Ohr	dem-hungrigen	Tier

и	**выстрелил.** (*pf.*)	**Медведь**	**повалился** (*pf.*)
i	vɨ·stŗəļił.	m̡ɪḑv̡e·ţ	pɐvaļi·łşɐ
und	schoß-los.	der-Bär	umfiel.

Всё	**сбежалось** (*pf.*) —	**двери**	**отворились.** (*pf.*)
vᶊɔ	ᶎᶀɪʒa·ɫɐᶊ	ᶁᶌe·ᶉi	ɐtvaᶉi·ᶅiᶊ.
alles	zusammenlief —	die-Türen	öffneten-sich.

Кирила	**Петрович**	**вошёл,** (*pf.*)	**изумлённый**
ᶄiᶉi·ɫa	ᶈitrɔ·ᶌiţʃ	vaʃɔ·ɫ	izumᶅɔ·n:ɨj
Kirila	Petrowitsch	hineinging,	erstaunt

развязкою	**своей**	**шутки.**
rɐzᶌa·skɐju	svɐje·j	ʃu·tki.
über-den-Ausgang	seines	Scherzes.

Aus: Dubrowskij von A. S. Puschkin.

Übersetzung. Einige Tage nach der Ankunft des Lehrers erinnerte sich Trojekurow seiner und beschloß, ihm eine Kostprobe von dem Bärenzimmer zu geben; er ließ ihn deshalb eines Morgens rufen und führte ihn durch dunkle Gänge — plötzlich öffnete sich eine Seitentür, und zwei Diener stießen den Franzosen hinein und schlossen (dann) die Tür ab. Als der Lehrer zu sich gekommen war, erblickte er den angebundenen Bären. Das Tier begann zu schnaufen und seinen Besucher von weitem zu beschnüffeln; plötzlich stellte es sich auf die Hinterbeine und ging auf ihn los ... Der Franzose verlor keineswegs die Fassung, lief nicht weg und wartete auf den Angriff. Der Bär kam näher. Deforges holte eine kleine Pistole aus der Tasche, legte sie dem hungrigen Tier ans Ohr und drückte ab. Der Bär fiel hin. Alle liefen zusammen, die Tür ging auf, Kirila Petrowitsch trat ein, erstaunt über den Ausgang seines Scherzes.

ALPHABET und Lautwerte der Buchstaben s. weiter vorn.
Der russische Konsonantismus zeigt einen ausgeprägten Gegensatz zwischen harten (normalen) und weichen (palatalen) Konsonanten: [b ᶀ, v ᶌ, g ᶃ, d ᶁ] usw. Einige Konsonanten gelten heute konventionell als hart, z. B. [ts, ʃ], andere nur als weich, z. B. [ţʃ, ʃţʃ]. Sie beeinflussen die Klangfarbe des folgenden Vokals, [i] steht nur nach weichen Konsonanten, [ɨ] nur nach harten, z. B. цирк [tsɨrk] ›Zirkus‹, obwohl *i* geschrieben wird. Man kann deshalb — wie Steinitz — [i] und [ɨ] als zwei phonetische Varianten eines Phonems betrachten. Man vergleiche: *bit'* [ᶀiţ] ›schlagen‹ und *byt'* [bɨţ] ›sein‹. *a*, *o* und *e* haben eine ausgeprägte Klangfarbe nur in betonter Silbe (immer halblang, in der Umschrift unter dem Text durch · markiert); in unbetonter Silbe (vortonig, nachtonig) treten Reduktionen (Verkürzung der Dauer und Änderung der Klangfarbe) auf, die durch das folgende vereinfachte Schema zum größten Teil erfaßt werden:

	unbetont vor		betonte Silbe	unbetont nach
	2	1		
nach harten Konsonanten	ɐ	a	a	ɐ
	ɐ	a	o	ɐ
nach weichen Konsonanten	'ɪ		'a	'ɐ
	'ə	'ɪ	'e	'ɪ 'ə

Die Aussprache des unbetonten *o* als *a* [a, ɐ], die auch für das Weißrussische charakteristisch ist, dort aber auch orthographischen Ausdruck findet (z. B. адзін [adzin] ›ein‹ — russ. один [a'ḍin]), nennt man '*Akanje*. Die Aussprache der heutigen russischen Schriftsprache gründet sich auf das im Gebiet von Moskau gesprochene Russisch, in dem auch das Akanje herrscht.
Akzent: Stark zentralisierend (→ Akzent: Leistung).
Der Wortkörper wird durch den Antritt der Endungen oft stark verändert: *den'* ›Tag‹, *dn*ej ›der Tag‹; *son* ›Traum‹, *sn*a ›des Traumes‹. Gegenüber den anderen slawischen Sprachen hat das Russische das *-t* der 3. Person Singular in der Präsenskonjugation erhalten: i'd'o*t* ›er geht‹ — poln. idzie, tschech. jde (ohne *-t*).
Besonderheiten: Das Verb ›haben‹ wird im Russischen meist durch eine Wendung wiedergegeben, die der finnischen Ausdrucksweise entspricht, z. B.:

russ.	*u men'a*	*jest'*	*karandaš*
finn.	minulla	on	lyijykynä
	bei-mir	ist	Bleistift
	›ich habe einen Bleistift‹.		

Das finnische Substrat hat wahrscheinlich auch die Systematisierung der Kasus begünstigt. Nach der Revolution wurden viele neue Wörter künstlich durch Abkürzung und Zusammensetzung gebildet, z. B. *vuz* ›Hochschule‹, '*vuzovec* ›Student‹ (aus *v*yssěje *u*čebnoje *z*avedenije = höhere Lehranstalt), *prom*-'*bank* (pro'myšlennyj bank) ›Industriebank‹. Durch diesen künstlichen Eingriff will man den den slawischen Sprachen im allgemeinen anhaftenden Mangel ausgleichen, der in der Abneigung gegen Bildung neuer Wörter durch einfache Zusammensetzung besteht (→ Romanische Sprachen).

Slawische Sprachen, Tschechisch.

Pan Cicvárek,	který	se nyní	od strachu
pan 'tsɪtsva:rɛk	'ktɛri:	sɛ'nɪɲi:	'ɔtstraxu
Herr Cicvárek,	der	sich jetzt	vom Schrecken

vzpamatoval (·), umínil (—|) si pro vyražení dámám
'fspamatɔval, 'ʊmi:ɲɪl sɪ 'prɔvɪraʒɛɲi: 'da:ma:m
erholte, beschloß zu Unterhaltung den-Damen

římskou historii vypravovat (————) a začal (|—) těmi
'ŗi:mskɔu 'hɪstɔrɪi 'vɪpravɔvat a 'zatʃal 'ţɛmi
römische Geschichte zu-erzählen und begann mit-diesen

slovy : ›Romulus a Remus byli (—) bratři,‹ v tom
'slɔvɪ 'bɪli 'braţrɪ, ftɔm
Worten: Romulus und Remus waren Brüder, in-dem

však vrazilo (·) kolo na kámen, kočár sebou
fʃak 'vrazɪlɔ 'kɔlɔ 'naka:mɛn 'kɔtʃa:r 'sɛbɔu
aber stieß-an das-Rad an-Stein, die-Kutsche sich

hodil (·), a pan Cicvárek chytě (·) se oběma rukama
'hɔɖɪl a pan 'xɪţɛ sɛ 'ɔbjɛma 'rʊkama
warf, und Herr Cicvárek haltend-sich mit-beiden Händen

sedadla volal (—): ›Kočí! Pozor!‹ Když
'sɛdadla 'vɔlal 'kɔtʃi: 'pɔzɔr gdɪʃ
des-Sitzes rief: Kutscher, Achtung! Als

bylo (—) po nebezpečenství, mluvil (—) pan Cicvárek
bɪlɔ 'pɔnɛbɛspɛtʃɛnstvi:, 'mlʊvɪl
war nach-der Gefahr sprach Herr Cicvárek

dále: ›a byli (—) od jedné vlčice kojeni (—)‹.
'da:lɛ a 'bɪli 'ɔdjɛdnɛ: 'vl̩tʃɪtsɛ 'kɔjɛɲi
weiter und sie-waren von einer Wölfin gesäugt.‹

›Ale probůh vás prosím (—), račte teď
Aber für Gott Sie ich-bitte, belieben-Sie jetzt

nechat (—|) Římany na pokoji!‹ skočila (·) mu
zu-lassen die-Römer in Ruhe! sprang ihm

švadlenka do řeči; ›Římané byli (—) lupiči,
die-Näherin in die-Rede; die-Römer waren Räuber,

a lupičů máme (—) i v tomto lese dost‹.
und Räuber haben-wir auch in diesem Wald genug‹.

Pan Cicvárek zbledl (—|), když to slovo ›lupič‹
Herr Cicvárek erblaßte, als das Wort ›Räuber‹

zaslechl (|—), sáhl (·) si hned po hodinkách a
er-hörte, griff sich sofort nach der-Uhr und

bázlivým hlasem promluvil (—|): ›Neudělají (—|) nám
mit-furchtsamer Stimme sagte: Nicht-sie-werden-tun uns

snad ale nic‹.
vielleicht aber nichts‹.

Aus: Lehce nabyl, lehce pozbyl (wörtlich: Leicht er erlangte, leicht er verlore) ›Wie gewonnen, so zerronnen‹ von F. J. Rubeš.
Übersetzung. Herr Cicvárek, der sich jetzt vom Schrecken erholt hatte, beschloß, den Damen zur Unterhaltung etwas aus der römischen Geschichte zu erzählen, und begann mit diesen Worten: ›Romulus und Remus waren Brüder‹; da aber stieß das Rad an einen Stein, die Kutsche bekam einen Ruck, und Herr Cicvárek, der sich mit beiden Händen am Sitz festhielt, rief: ›Kutscher, Achtung!‹ Nachdem die Gefahr vorüber war, sprach Herr Cicvárek weiter: ›und sie wurden von einer Wölfin gesäugt‹.
›Aber um Gottes willen, ich bitte Sie, lassen Sie doch die Römer in Ruhe!‹ unterbrach ihn die Näherin. ›Die Römer waren Räuber, und Räuber haben wir auch in diesem Wald genug‹.
Herr Cicvárek erblaßte, als er das Wort ›Räuber‹ hörte, griff sofort nach seiner Taschenuhr und sagte mit furchtsamer Stimme: ›Aber hoffentlich werden sie uns nichts tun‹.

DAS TSCHECHISCHE ALPHABET:
a [a] b [bɛ] c [tsɛ] č [tʃɛ] d [dɛ] ď [ɖɛ] e [ɛ] ě [i'jɛ] f [ɛf] g [gɛ] h [ha] ch [xa] i [i] j [jɛ] k [ka] l [ɛl] m [ɛm] n [ɛn] ň [ɛɳ] o [ɔ] p [pɛ] q [kwɛ] r [ɛr] ř [ɛr̝] s [ɛs] š [ʃ] t [tɛ] ť [ʈɛ] u [u] v [vɛ] x [iks] y ['ipsilɔn] z [zɛt] ž [ʒɛt].
[r̝] ist eine enge Verschmelzung von r und ʒ oder ʃ.
AUSSPRACHE: Siehe Umschrift unter dem Text und Vokalphoneme (Einige Besonderheiten der slawischen Sprachen).
r und *l* fungieren als silbenbildende Vokale: *krk* ›Hals‹ *prst* ›Finger‹, *trh* ›Markt‹, *trn* ›Dorn‹, *vrt* ›Bohrung‹, *blp* ›Tölpel‹, *mlž* ›Muschel‹, *plst* ‹Filz‹, *vlk* ‹Wolf‹.
AKZENT: Fest, rhythmisch, auf der ersten Silbe eines Wortes. Mehrsilbige Wörter haben einen Nebenakzent, meist auf jeder ungeraden Silbe: 'Česko,sloven,sko ›die Tschechoslowakei‹. Die meisten einsilbigen Präpositionen bilden mit dem folgenden Wort eine phonetische Einheit und ziehen den Hauptakzent auf sich. Dem Tschechischen am nächsten steht das *Slowakische*. Die Unterschiede sind hauptsächlich phonetischer, weniger morphologischer Natur. Verständigungsschwierigkeiten zwischen Tschechen und Slowaken gibt es praktisch nicht. Das slowakische Alphabet hat folgende Buchstaben mehr als das tschechische: ä [æ], ĺ [l:], ľ [ɭ], ô [wɔ] und ŕ [r:]. Ihm fehlen die tschechischen Buchstaben: ě, ř und ů.
Einige Gleichungen Tschechisch — Slowakisch: ›Fleisch‹ m*a*so — m*ä*so; ›Boden‹ p*ů*da — p*ô*da; ›Straße‹ ulic*e* — ulic*a*; ›ich weiß‹ v*í*m — v*ie*m; ›erblassen‹ zbledn*ou*ti — zbledn*ú*ť; ›Volk‹ l*i*d — ľ*u*d;
›zwischen‹ me*z*i — me*dz*i; ›Rede‹ *ř*eč — *r*eč ›sie waren Brüder‹ (s. Text) — b*o*li brat*ia*.

Historisch gesehen, stellen die tschechischen Laute das Ergebnis einer weiteren Entwicklung dar; sie sind also ›jünger‹. Bemerkenswert ist im Tschechischen der Instrumental Plural auf *-y* (*-i*) in einigen Deklinationen, z. B. slov*y* ›mit den Worten‹, slow. slov*ami*; russ. und poln. ebenfalls *-ami*, serbokroat. *-ima*.

Slawische Sprachen, Polnisch.

Fryderyk Wielki i Krasicki.
frɨdɛrɨk v̧ɛlki i kraçitski
Friedrich der Große und Krasicki.

Razu jednego, gdy Krasicki w świetnym płaszczu
razu jɛdnɛgɔ gdɨ kraçitski fçv̧ɛtnɨm pwaʃtʃu
Mals eines als Krasicki in prächtigem Mantel

biskupim przyszedł do króla na wielką ucztę,
biskupim pʃɨʃɛt dɔ krula na v̧ɛlkɔ̃ utʃtɛ̃
Bischofs- kam zu König auf großes Fest

Fryderyk chciał go w obecności wielu gości
frɨdɛrɨk xtçaw gɔ w ɔbɛtsnɔçtçi v̧ɛlu gɔçtçi
Friedrich wollte ihn in Gegenwart vieler Gäste

niespodzianie zmieszać i rzekł: ›Biskupie,
ŋɛspɔdʑaŋɛ zmŋɛʃatç i ʒɛk(w): biskuŋɛ
unerwartet verwirren und sagte: Bischof,

jeżeli umrzemy razem, przyjm mnie pod swój
jɛʒɛli umʒɛmɨ razɛm pʃɨjm mŋɛ pɔt svuj
wenn wir-sterben zusammen nimm mich unter seinen

płaszcz i wprowadź do nieba, bo ja dostanę
pwaʃtʃ i fprɔvatç dɔ ŋɛba bɔ ja dɔstanɛ̃
Mantel und führe-ein in Himmel, denn ich gelange

się tam chyba ukradkiem‹. ›Daruj, Najjaśniejszy
çɛ tam xɨba ukratķɛm. daruj naj:açŋɛjʃɨ
sich dort höchstens verstohlen. Verzeih, erlauchtester

Panie, odrzekł biskup, nie mogę, bo mi bardzo
paŋɛ ɔdʒɛk(w) biskup ŋɛ mɔgɛ̃ bɔ mi bardzɔ
Herr erwiderte Bischof, nicht kann denn mir sehr

mój płaszcz kazałeś okroić‹. Rozśmiał się
muj pwaʃtʃ kazawɛç ɔkrɔitç rɔç:mŋaw çɛ
mein Mantel du-befahlst beschneiden. Auflachte sich

król z tak trafnej odpowiedzi i wyznaczył
krul stak trafnej ɔtpɔv̧ɛdʑi i vɨznatʃɨw
König über so treffende Antwort und aussetzte

Krasickiemu znowu tyle rocznych dochodów, jak
kraçitsķɛmu znɔvu tɨlɛ rɔtʃnɨx dɔxɔduf, jak
dem-Krasicki erneut so viele jährliche Einkünfte wie

miał przedtem.
mɲaw pʃɛt:ɛm.
er-hatte vorher.

Übersetzung: Als Krasicki einmal in einem prächtigen Bischofsmantel zu einer großen von dem König gegebenen Festlichkeit kam (= gekommen war), wollte Friedrich ihn in Gegenwart vieler Gäste überraschend in Verlegenheit bringen und sagte: ›Bischof, wenn wir zusammen sterben, nehmen Sie mich unter Ihren Mantel und bringen Sie mich in den Himmel, denn ich komme dort höchstens nur heimlich hinein‹. ›Verzeihen Euer Majestät, erwiderte der Bischof, das kann ich nicht, denn Sie haben mir meinen Mantel sehr beschneiden lassen.‹ Der König lachte laut über die so treffende Antwort und ließ Krasicki wieder so viele Einkünfte anweisen, wie er worher gehabt hatte.

Alphabet: a [a] ą [ɔ̃] b [bɛ] c [tsɛ] ć [tçɛ] d [dɛ] e [ɛ] ę [ɛ̃] f [ɛf] g [gɛ] h [ha] i [i] j [jot] k [ka] l [ɛl] ł [ɛw] m [ɛm] n [ɛn] ń [ɛɲ] o [ɔ] ó [o kreskowane) p [pɛ] r [ɛr] s [ɛs] ś [ɛç] t [tɛ] u [u] w [vu] y [igrɛk] z [zɛt] ź [ʑɛt] oder [zɛt] s kreską, ż [ʒɛt] oder [zɛt] s kropką.

Aussprache: ó [u], y [ɨ], fast [ɪ]. Im übrigen gehen die Lautwerte aus dem Alphabet und der Umschrift unter dem Text hervor. Alle Vokale sind kurz und bewahren ihren Lautwert; *e* wird in palataler Umgebung zu [e], nicht [ɛ]. Die Nasalvokale, die von den heutigen slawischen Sprachen nur das Polnische besitzt, werden je nach dem folgenden Konsonanten oft zu Vokal + Nasalkonsonant [ɛŋ, ɛm, ɔŋ, ɔm], ę im Auslaut häufig [ɛ]. Hartes ł verbreitet wie [w]. Buchstabenverbindungen: Folgendes *i* erweicht den vorangegangenen Konsonanten: nie [ɲɛ], ci [tçi], cie [tçɛ]; ch [x] cz [tʃ] dż [dʒ] dź [dʑ] rz [ʒ] sz [ʃ] szcz [ʃtʃ]
Akzent: Fest, rhythmisierend — mit einigen Ausnahmen — auf der vorletzten Silbe eines Wortes. Ausnahme ist zum Beispiel *rceczpo'spolita* ›Republik‹.

Slawische Sprachen, Serbokroatisch.

Cvŕčak i mrâvi
die-Grille und die-Ameisen

Ȕ zîmnjē dȍba dȏđe cvŕčak mrávima,
in Winter-Zeit geht Grille den-Ameisen,

mòlēči ih, da mu ùzājmē kòje zȓno žȉta,
bittend sie, daß ihr sie-borgen irgendein Korn Getreide

da se prèhrānī i da ȍd glādi ne ùginē.
daß sich ernähre und daß von Hunger nicht umkomme.

Mrâvi ga zapítājū:
die-Ameisen sie fragen:

— A što si lȅtos čìnio?
und was du-bist letzten Sommer gemacht-habend?

— Svírao sam! — odgòvori cvŕčak.
gepfiffen-habend ich-bin! antwortet Grille.

— Svírao si? A tî sȁd ȉgraj, da te
gepfiffen-habend du-bist? und du jetzt tanze, daß dich

glâd prôđē. Hȁjde, mȉči se
der-Hunger vorbeigeht. los pack dich

s nȁšīh vrátā!
von unserer Tür!

Von Dosìtej Obrádović.

Übersetzung: Die Grille und die Ameisen. In der Winterszeit geht die Grille zu den Ameisen und bittet sie, ihr ein paar Körner Getreide zu borgen, damit sie sich ernähren könne und nicht vor Hunger umkomme. Die Ameisen fragen sie: ›Und was hast du den letzten Sommer gemacht?‹ ›Ich habe gepfiffen‹, antwortet die Grille. ›Du hast gepfiffen? Nun, so tanze jetzt, damit dir der Hunger vergeht. Los, pack dich fort von unserer Tür!‹

Das serbokroatische Alphabet, zyrillisch und lateinisch. In Wörterbüchern, die mit lateinischen Buchstaben gedruckt sind, gilt die Buchstabenfolge des gewöhnlichen lateinischen Alphabets (aber man merke: c č ć, d đ).

а a б b в v г g д d ђ đ [dʑ] е e ж ž [ʒ] з z и i ј j
к k л l љ lj [ʎ] м m н n њ nj [ɲ] о o п p р r с s
т t ћ ć [tɕ] у u ф f х h ц c [ts] ч č [tʃ] џ dž [dʒ] ш š [ʃ]

Die serbokroatische Schriftsprache wird in zwei Varianten gesprochen und geschrieben. Diese Varianten sind phonetisch geschieden durch die Entwicklung des alten *jat'*. Man unterscheidet

1. das *E*kavische (Belgrad): r*e*ka ›Fluß‹, v*e*tar ›Wind‹, l*e*tos (Text!) ›heuer‹, r*e*čnik ›Wörterbuch‹.

Diese Variante (Serbisch) wird meist wegen der Zugehörigkeit der Sprecher zur orthodoxen Kirche mit dem zyrillischen Alphabet geschrieben. Der Text ist ekavisch, aber mit lateinischen Buchstaben geschrieben.

2. das *Je*kavische (Zagreb, Dalmatien): ri*je*ka, v*je*tar, l*je*tos, r*je*čnik ›Wörterbuch‹.

Diese Variante (Kroatisch) wird gewöhnlich lateinisch geschrieben. Außerdem gibt es noch eine dritte, selten geschriebene Variante, das *I*kavische, z. B. r*i*ka. Grundlage der serbokroatischen Schriftsprache ist der im Osten gesprochene štokavische Dialekt (nach *što* ›was‹), der in den obengenannten drei Varianten auftritt. Die beiden anderen, nach dem Kennwort für ›was‹ (*ča* und *kaj*) geschiedenen Dialekte sind praktisch unbedeutend: Čakavisch in Dalmatien und auf den Inseln; Kajkavisch im Nordwesten als Übergang zum Slowenischen.

Akzent: Beschränkt dezentralisierend (nie auf der letzten Silbe) mit Tonhöhenunterschieden. Er wird nur in wissenschaftlichen Werken, Lehr- und Wörterbüchern bezeichnet. Folgende Zeichen sind in der Slawistik jetzt allgemein üblich:

` : kurz steigend, auf die nächste Silbe übergreifend;
˵ : kurz fallend (wie im Deutschen: Bann).
´ : lang steigend;
ˆ : lang fallend (wie im Deutschen: Bahn);
¯ : langer Vokal in unbetonter Silbe.

Das Verb besitzt noch Imperfekt- und Aoristformen (s. Bulgarisch), die jedoch nur noch selten gebraucht werden. Im Auslaut wird das *l* des aktiven Partizips Perfekt vokalisiert: bi*o* sam ›ich war‹, aber (f) bi*la* sam.
Im Wortgebrauch weicht das Kroatische, in dem sich puristische Tendenzen zeigen (internationale oder deutsche Wörter werden künstlich durch slawische ersetzt), oft vom Serbischen ab, z. B. kroat. *liječnik* ›Arzt‹ — serb. *lekar*.
Das in Slowenien (Hauptstadt Ljubljana, deutsch: Laibach) gesprochene *Slowenisch* zerfällt, bedingt durch die stark zerklüftete Alpenlandschaft, in zahlreiche Dialekte (sieben Hauptdialekte). Maßgebend für die slowenische Schriftsprache sind die Zentraldialekte. Bemerkenswert sind: Drei Akzente; der Akzent kann auch auf die letzte Silbe fallen; Dual in der Deklination und Konjugation; verhältnismäßig einfaches Konsonantensystem, verwickeltes Vokalsystem.

Slawische Sprachen, Bulgarisch.

Скарване	**за**	**нищо.**
ˈskarvɐnɛ	zɐ	ˈniʃto
Streit	um	nichts.

Двама	**селяни,**	**добри**	**приятели,**	**се**	**разговаряха**
ˈdvama	ˈsɛljani	doˈbri	priˈjateli	sɛ	rɐzgoˈvarjɐxɐ
Zwei	Bauern	gute	Freunde	sich	unterhielten

през една ясна нощ. Те гледаха небето,
prɛs ɛd'na 'jasnɐ nɔʃ. tɛ 'glɛdɐxɐ nɛ'bɛto
in einer hellen Nacht. Sie betrachteten Himmel-den

пълно със звезди и единът каза: „Аз желая
'pəłno səz zvɛ'zdi i ɛ'dinət kɐ'za az ʒɛ'ľaja
voll mit Sternen und einer-der sagte: Ich wünsche,

да имам една ливада голяма като небето.“
da 'imɐm ɛd'na li'vadɐ go'ljamɐ kɐ'tɔ nɛ'bɛto.
daß ich-habe eine Wiese groß wie Himmel-der.

Другият каза: „Аз пък искам да имам толкова
'drugijat kɐ'za az pək 'iskɐm da 'imɐm 'tɔłkovɐ
andere-der sagte: Ich aber ich-will, daß habe soviel

овци, колкото звезди има на небето.“ Първият
of'tsi 'kɔłkoto zvɛ'zdi 'imɐ nɐ nɛ'bɛto 'pərvijat
Schafe wie Sterne es-hat an Himmel-dem. Erste-der

попита: „Де би пасъл толкова овци?“
po'pitɐ dɛ bi 'pasəł 'tɔłkovɐ of'tsi
fragte: Wo würdest weiden soviel Schafe?

Вторият отговори: „На голямата ти ливада.“
'ftɔrijat odgo'vɔri nɐ go'ljamɐtɐ ti li'vadɐ
Zweite-der antwortete: Auf großer-der dir Weide.

„Да“, каза първият, „ако те бих оставил.“ „И
da kɐ'za 'pərvijat 'ako tɛ bix o'stavił i
Ja, sagte erste-der, wenn dich würde lassen. Und

без да искаш, ще го направя.“ Те се
bɛz da 'iskɐʃ ʃtɛ go nɐ'pravja tɛ sɛ
ohne daß du-willst, ich-werde es ich-mache. Sie sich

скараха, сбиха се и се разсърдиха завинаги.
'skarɐxɐ 'zbixɐ sɛ i sɛ rɐ's:ərdixɐ zɐ'vinɐgi.
stritten, schlugen sich und sich erzürnten auf immer.

Übersetzung: Zwei gut befreundete Bauern unterhielten sich in einer klaren Nacht. Sie betrachteten den mit Sternen besäten Himmel, und einer von ihnen sagte: ›Ich möchte eine Wiese so groß wie den Himmel haben.‹ Der andere sagte: ›Aber ich möchte so viele Schafe haben, wie es Sterne am Himmel gibt.‹ Der erste fragte: ›Wo würdest du denn so viele Schafe weiden?‹ Der zweite antwortete: ›Auf deiner großen Wiese.‹ ›Ja‹, entwortete der erste, ›wenn ich das zuließe‹. ›Auch ohne daß du's willst, werde ich das tun.‹ Sie stritten sich, schlugen sich und erzürnten sich auf immer.

Das bulgarische Alphabet:

а [a] **б** [bɛ] **в** [vɛ] **г** [gɛ] **д** [dɛ] **е** [ɛ] **ж** [ʒɛ] **з** [zɛ] **и** [i] й [i kratko] к [kɛ] л [lɛ] м [mɛ] н [nɛ] о [ɔ] п [pɛ] р [rɛ] с [sɛ] т [tɛ] у [u] ф [fɛ] х [xɛ] ц [tsɛ] ч [tʃɛ] ш [ʃɛ] щ [ʃtɛ] ъ [ɛr go'ljam] ь [ɛr 'malək] ю [ju] я [ja].

Umschrift: Wegen der Umschrift mit lateinischen Buchstaben siehe das russische Alphabet. ъ meist = ŭ, Aussprache = [ə]. Grundlage für die bulgarische Schriftsprache und Lautung ist das Nordostbulgarische. Vor der Rechtschreibereform im Jahre 1945 wurden zwei weitere Zeichen verwendet ѫ [ə], das durch ъ ersetzt wurde, und ѣ [ɛ 'dvɔjno] (das alte *jat'*), das je nach der Aussprache durch e oder я ersetzt wurde. Früher schrieb man бѣх ›ich war‹, бѣше ›er war‹, heute schreibt man, wie man nach nordostbulgarischer Lautung spricht: бях, беше [bjax, bɛʃɛ]. Stummes ъ und ь am Wortende fielen ganz weg. *a* in unbetonter Silbe ɐ, *o* betont = [ɔ], sonst [o].

Akzent: Frei beweglich, auch grammatisch wirksam (→ Akzent). Der Akzent läßt sich jedoch weit leichter systematisieren als der russische. Eine einfache Übersicht ist in dem ›Bulgarischen Lesebuch‹ von Stantscheff—Rankoff—Leyn, Halle, enthalten.

Einige Formen: Bestimmter Artikel (m): *-ət, -'at*, in der Umgangssprache fast nur noch *-a, -'a*; (f) *-ta*; (n) *-to*; Plural *-te* (nach der Pluralendungen *-e* oder *-i*); *-ta* (nach der Pluralendung *-a* oder *-'a*). Kasusbezeichnung: 1. Nominativ-Akkusativ ohne Morphem, 2. Genitiv-Dativ durch loses Morphem *na* : *na čo'veka* ›des Menschen‹, ›dem Menschen‹; *na pri'jatelite* ›der Freunde‹, ›den Freunden‹. Pluralbezeichnung: (m) *-ove* (die meisten einsilbigen), *-i*; (f) *-i*; (n) *-a, -ta, -na*.

Adjektiv: Steigerung durch lose Morpheme: *'blizək* ›nahe‹, *'po-blizək, 'naj-blizək*; z. B. ***naj**-blizka**ta** apteka* ›die nächste Apotheke‹; russ. dagegen: *bliž**ajš**aja apteka.* Pronomen: Wiedergabe des Possessivpronomens oft durch die kurze Dativform des Personalpronomens, z. B. *ba'gaža mi* (Gepäck das mir; vgl. neugriech. *i aposke'ves mu*) ›mein Gepäck‹.

Verb: Das Aspektsystem wird durch eine Anzahl scharf umrissener Zeitstufen (Erbe des Altbulgarischen) und einen besonderen Modus, den Präsumptiv (wahrscheinlich unter dem Einfluß einer Türk- oder ähnlichen Sprache → Türksprachen entstanden oder gefördert) ergänzt. Einen Infinitiv gibt es — wie im Neugriechischen — nicht; er muß durch finite Verbformen ersetzt werden.

Im Laufe der Jahrhunderte ist das Bulgarische durch die Wirkung eines Substrates (nicht überliefert), eines Adstrates (Neugriechisch) und eines Superstrates (Türk-Bulgarisch) typologisch völlig umgestaltet worden. Die heutige Struktur des Bulgarischen ist von derjenigen der anderen slawischen

Sprachen so verschieden wie etwa die Struktur des Französischen von der des Lateinischen. Um die Kräfte, die diese Wandlungen herbeigeführt haben, zu ergründen, muß man den Rahmen der Slawistik verlassen und das Bulgarische mit anderen Sprachen, wie z. B. dem Rumänischen, Albanischen, Neugriechischen, Armenischen und den Türksprachen, vergleichen. Gegenüber den anderen slawischen Sprachen besitzt das Bulgarische einen bestimmten (postponierten) und einen unbestimmten Artikel. Es gibt nur e i n kasusanzeigendes Mittel im Bulgarischen (*na*). Dieser Sparsamkeit und Regelmäßigkeit der nominalen Funktionsmittel steht eine große Zahl fester verbaler Morpheme gegenüber, auf welche die anderen slawischen Sprachen verzichten. Zwei Verben werden dadurch stärker miteinander verkettet, daß jedes Verb eine Personalendung tragen muß, z. B.

russ. *spe'šili spas'ti* — bulg. *bərz**axa** da spas'**at***
›sie eilten, um zu retten‹.

Zusammenfassend: Das Bulgarische ist im Nominalsystem analytisch, im Verbalsystem vorwiegend synthetisch; in den übrigen slawischen Sprachen ist das Verhältnis umgekehrt. Das Mazedonische gehört typologisch zum Bulgarischen (postponierter Artikel — in drei Formen (!), z. B. (m) *-ot*, *-ov*, *-on* —, analytische Kasusbildung, kein Infinitiv). Das Alphabet ist dem serbischen sehr ähnlich; ѓ [g̡] und ќ [k̡] entsprechen serbisch ђ und ћ. Aus dem altslawischen Alphabet wurde das Zeichen *s* für [dz] entlehnt. Der Akzent ist fest rhythmisierend auf der drittletzten Silbe. Es wird in der Bundesrepublik Mazedonien gesprochen, die zu der Föderativen Volksrepublik Jugoslawien gehört.

Suahili.

Mtini.

(Der)Feigenbaum.

1. **M**tu **m**moje **aliku**wa na **m**tini
2. Person eine sein mit Feigenbaum
3. Jemand hatte (einen) Feigenbaum

1. **ume**pand**wa** katika shamba **l**ake **la** **mi**zabibu;
2. pflanzen in Feld sein (Gen.) Traube;
3. der war gepflanzt in seinem Weinberg;

1. **aka**enda **aki**tafuta **ma**tunda juu **y**ake, **asi**pate.
2. gehen suchen Frucht auf sein, nicht-bekommen.
3. er ging und suchte Frucht darauf, bekam (sie aber) nicht.

1. **Akamw**ambia **m**tunzaj**i** **wa** shamba **la** **mi**zabibu:
2. sagen sorgen (Gen.) Feld (Gen.) Traube:
3. (Da) sagte er zu dem Besorger des Weinberges:

1. ›Tazama, **mi**aka **mi**tatu h**ii** **na**ja **niki**tafuta
2. schauen Jahr drei diese kommen suchen
3. ›Sieh, drei Jahre lang komme ich und suche

1. **ma**tunda juu **ya** **m**tini h**uu**, **nisi**pate
2. Frucht auf (Gen.) Feigenbaum dieser, nicht-bekommen
3. Frucht auf diesem Feigenbaum, bekomme (aber)

1. **ki**tu. **Uu**kate, mbona hata **n**chi
2. Sache schneiden warum sogar Boden
3. keine. Hau ihn ab, warum soll er sogar den Boden

1. **unai**haribu?‹ **Aka**jibu **akamw**ambia: ›Bwana
2. zerstören antworten sagen: ›Meister
3. zerstören?‹ Er (aber) antwortete und sagte: ›Herr,

1. **uu**ache **mw**aka h**uu** nao, hata **niu**palili**e**,
2. lassen Jahr dieses und-es, bis Unkraut jäten
3. laß ihn dieses Jahr noch, bis ich das Unkraut

1. **niu**tili**e** samadi; nao **uki**zaa
2. hineintun Dünger; und-es tragen
3. jäte und Dünger hineintue; und wenn er nachher

1. **ma**tunda baadaya, vema! la,
2. Frucht nachher, gut nicht
3. Frucht trägt, (ist es) gut; (und wenn) nicht,

1. **usipo**zaa ndipo **uu**kat**e**.
2. nicht-tragen, dann abschneiden.
3. wenn er keine trägt, dann hau ihn ab!‹

(Aus der ins Suahili übersetzten Bibel, Lukas 13. 6—5, als Lesestück enthalten in ›Teach Yourself Swahili‹, von D. V. Perrott, The English Universities Press Ltd., London 1957.) Deutsche Bibelübersetzung: Es hatte einer einen Feigenbaum, der in seinem Weinberg gepflanzt war; und er kam und suchte Frucht darauf und fand sie nicht. Da sprach er zu dem Weingärtner: Siehe, ich bin nun drei Jahre lang alle Jahre gekommen und habe Frucht auf diesem Feigenbaum gesucht und finde sie nicht; haue ihn ab, was hindert er das Land? Er aber antwortete und sprach zu ihm: Herr, laß ihn noch dies Jahr, bis daß ich um ihn grabe und ihn bedünge (ob er wollte Frucht bringen); wenn nicht, so haue ihn danach ab. Die größte Verbreitung von den Bantusprachen hat das stark mit Lehnwörtern aus dem Arabischen durchsetzte Suahili erlangt. Zur Aufzeichnung des Suahili bediente man sich jahrhundertelang des arabischen Alphabets, wobei die kurzen Vokale in Suahili-Wörtern meist durch arabische Vokalzeichen angedeutet wurden. Die Orthographie war ungenau und sehr schwankend; heute wird Suahili nach festen orthographischen Regeln mit lateinischen Buchstaben geschrieben. Das Wort *Suahili* selbst stammt aus dem Arabischen; es ist der Plural von *'sa:ħɪl* ›Küste, Gestade‹: *sa'wa:ħɪl*. Die Endung *-i* in Suahili rührt wahrscheinlich von *'sa·ħɪli:* ›Küstenbewohner‹ her. Die heutige Schriftsprache beruht im wesentlichen auf dem auf Sansibar (Unguja) gesprochenen Dialekt, dem Kiunguja, das sich auch über das Gebiet des früheren Deutsch-Ost-Afrika, heute Tanganyjika, ausgebreitet hatte. Die deutsche Schreibweise mit -e- ›Suaheli‹ erklärt sich aus dem Schwanken des arabischen i-Lautes, der ursprünglich wohl nach arabischer Art sehr offen gesprochen wurde (ɪ > e). In der heutigen einheimischen Orthographie wird nur *Kiswahili* geschrieben. Das *w* ist bilabial wie im Englischen, daher die deutsche Schreibung *u* als Ersatz für *w*. Suahili ist Staatssprache in Tansania, Kenia (seit 1974), Uganda.

Lautwerte der Buchstaben:

Vokale a [a], e [ɛ], i [i], o [ɔ], u [u]. Konsonanten: ch [tʃ], h [h], auslautend schwaches [x], j [ɟ], ng' [ŋ], *r* wird sehr leicht mit der Zungenspitze artikuliert; es nähert sich dem *l* und wird häufig damit verwechselt. Es bildet also kein besonderes Phonem.

s [s], sh [ʃ], v [v], w [w], y [j], z [z], nj [nɖ] oder fast [ndʒ], ny [nj].

m kann auch silbisch und betont sein [m̩].

In Lehnwörtern — fast ausschließlich aus dem Arabischen — finden sich noch dh [ð], th [θ], gh [ɣ], die vielen Suahili schwer fallen und von ihnen durch *z*, *s* und *g* ersetzt werden.

b d j g sind gewöhnlich Injektive, also [b' d' ɟ' g']; In der Verbindung *mb* z. B. wird *b* jedoch gewöhnlich gesprochen [mb]. Eine Vernachlässigung dieser Artikulationsart ist häufig, und da b und b' keine Opposition bilden, kann man einfach b usw. sprechen, ohne das Verständnis des gesprochenen Wortes zu gefährden. Der Wortton ruht immer auf der vorletzten Silbe. Er ist nur schwach ausgeprägt, so daß sich zwischen den Silben keine großen Tonhöhenschwankungen ergeben. Die Vokale der unbetonten Silben sind kurz, die der betonten Silben lang. In dem Text sind alle Formelemente durch den Druck hervorgehoben. Die in gewöhnlicher Schrift gesetzten Bestandteile geben den Begriff des Wortes in seiner allgemeinsten Prägung wieder, z. B. besteht das Wort *alikuwa*

aus den drei Formelementen *a-li-ku* und einem den Begriff wiedergebenden Lautkomplex *wa*.
wa bedeutet ›sein‹; *ku* ist ein Infinitivandeuter, der bei einsilbigen Wörtern oft beibehalten wird, wenn Zeitstufenandeuter hinzutreten. Die Zeitstufe — hier das Imperfekt — findet in dem Element *-li-* ihren Ausdruck. *a* — ist ein auf das Subjekt des Satzes bezügliches Element. Das Subjekt *mtu* ›Person‹ gehört zu der sogenannten *m-wa*-Klasse, die auf das folgende Verb eine weitere klassifizierende Kraft ausübt. Das auf eine Person deutende Singularklassenelement *m-* fordert beim Verb das Singularklassenelement *a-*. Man kann auch sagen, daß das Klassenelement *a-* das Verb *-wa* an das Subjekt *mtu* kettet: *mtu a-likuwa*. ›Person war . . .‹.
Aus dem Text läßt sich unschwer ersehen, daß das Suahili alle Arten von Affixen verwendet: Präfixe, z. B. *m*tu, *m*moje, *a*likuwa, *m*tini, *mi*zabibu; Infixe: a*liku*wa, u-*na*-*i*-haribu (-*na*- ist Präsenselement, -*i*- pronominales Objekt); u-*u*-kate (das erste *u*- ist Subjektandeuter, das zweite pronominales Objekt), umepand-*w*-a (-*w*- ist Passivelement, -*a* Infinitivsuffix); Suffixe: asipat*e* (-*e* ist Konjunktivendung), mtunza*ji* (-*ji* ist Wortbildungssuffix).
Während die Rolle der Präfixe in erster Linie daraus besteht, das gesamte Wortgut in bestimmte Klassen einzuteilen und Wörter und Wortgruppen auf einen Klassennenner zu bringen, haben die Suffixe mehr die Aufgabe, Erweiterungen und Veränderungen verschiedener Art vom Verbstamm zu bilden. Sie dienen der Wortbildung, ändern den Modus (-*e* Konjunktivsuffix), schaffen adverbiale Wortfügungen, z. B. das Suffix -*ni*, das den Ort angibt: *nyumbani* ›in dem Haus‹, ›in das Haus‹ (von *nyumba* ›Haus‹). Von besonderer Bedeutung sind die Infixe, die sich um den Verbstamm herum gruppieren und meistens je nach ihrer Stellung Präfixe (wenn sie vor dem Verbstamm stehen) und Suffixe (wenn in dem Verbstamm folgen) genannt werden. Zu den Infixen gehören die Zeitstufenandeuter, z. B. -*li*- für das Imperfekt, die Objektinfixe, z. B. a-ka-*mw*-ambia ›er sagte ihm‹, die Elemente zur Bildung der relativen, kausativen, reziproken, passiven usw. Form der Verben, z. B. u-si-*po*-zaa (*po* ist Relativpartikel ›wo‹, ›wenn‹: er-nicht-wenn-trägt = ›wenn er nicht trägt‹), ali*ye*tafuta ›er, *der* suchte‹, *enda* ›gehen‹, end-*esh*-a ›gehen machen‹ = ›treiben‹, *panda* ›pflanzen‹, pand-*w*-a ›gepflanzt werden‹ usw. Wie in den anderen Bantu-Sprachen wird auch im Suahili jedes Substantiv einer bestimmten Kategorie oder Klasse zugeordnet. Im Suahili gibt es acht Klassen; mit Ausnahme der VII. und VIII. hat jede Klasse eine Form für den Singular und eine für den Plural.

Kenntlich ist die Klasse an dem sogenannten Klassenpräfix. Aus der Tatsache, daß die Adjektive im wesentlichen dieselben Präfixe wie die Substantive annehmen, darf man folgern, daß ein wirklicher Unterschied zwischen Substantiv und Adjektiv im Bantu-Sprachbau nicht begründet ist. Die Klassenpräfixe der Genitivpartikel und der Verben werden von dem Substantiv gesteuert: Sie müssen nach gewissen Regeln mit der Klasse der Substantive übereinstimmen. Die richtige Zuordnung der Klassenpräfixe bezeichnet man mit Konkordanz, und in Suahili-Grammatiken findet man Konkordanztabellen, aus denen man das Klassen-Präfix für das Verb ersehen kann, wenn man das Klassenpräfix des dazugehörigen Subjekts (Substantivs oder Pronomens) kennt. Das Klassenpräfix des Substantivs muß man — wie in vielen indogermanischen Sprachen das Genus — lexikalisch erlernen. Man findet in Wörterbüchern hinter dem Substantiv Zahlenhinweise (I., II. usw.) oder das betreffende Pluralpräfix: z. B. *mtu* I. oder *mtu*(*wa*) ›Mensch‹, Plural also *watu* ›Menschen‹.

Einige Präfixe haben phonetisch bedingte Varianten, so lautet das Präfix der ersten oder ›Menschen‹-Klasse vor Vokal *mw* — anstatt *m* —, z. B. '*mtu* ›Mensch‹, *mweusi* ›schwarz‹ = *mtu mweusi* ›Neger‹.

Die Klassen werden am besten nach den Singular- und Pluralpräfixen bezeichnet, da die Begriffsbereiche in den meisten Klassen kaum mehr klar faßbar sind. Die I. oder Menschen-Klasse umfaßt z. B. nur Personen, die VIII. oder ku-Klasse enthält alle Infinitive. Dagegen gehören zu der II. oder Baum-Klasse nicht nur Bäume, sondern auch einige Körperteile, geographische Begriffe u. a. Außerdem haben sowohl die I. als auch die II. Klasse im Singular das Präfix *m-* (Homonympräfix), wodurch der ursprüngliche Zweck dieses Systems einen lautlichen Hinweis auf einen bestimmten Begriffskreis zu geben, wieder hinfällig geworden ist, vgl. *m*tu ›Mensch‹ *m*tini ›Feigenbaum‹.

Durch die Klassenpräfixe werden Wörter und Wortgruppen miteinander verkettet. Einen typischen Beispielsatz, dessen Gruppenverkettung durch einen Blick auf die Präfixe unter I klar wird, führt Meinhof an:

I. Klasse Plural:

wa-le	*wa*-toto	*wa*-zuri	*wa*-wili	wa
jene	Kinder	schöne	zwei	Genitivpartikel

I. Klasse Sing.:

m-zungu	*m*-zee	*yu*-le	(*yu*- ist Pronominalpräfix)
Europäer	alter	jener	

I. Klasse Plur. (Verb):

wa-me-ku-ja, ni-me-*wa*-ona.
sie-sind-gekommen, ich-habe-sie-gesehen.
›Jene beiden schönen Kinder des alten Europäers sind gekommen; ich habe sie gesehen.‹

Die Funktion des Substantivs im Satz wird weder durch feste Suffixe (→ Türkisch, Ungarisch) noch durch lose Kasuspartikeln (→ Japanisch) angedeutet. Es kann lediglich durch ein Objektinfix im Verb hervorgehoben und bestimmt werden, z. B. na-*ki*-ona kitabu (›ich-es-sehe das Buch‹) = ›ich sehe das Buch‹. Auf das indirekte Dativ- oder präpositionale Objekt wird durch eine erweiterte Verbform hingewiesen, z. B *leta kitabu* ›Bring das Buch!‹ Aber: Let*ea* *bwana* kitabu ›Bring dem Herrn das Buch!‹
Ein Abhängigkeitsverhältnis zwischen zwei Substantiven wird durch eine Genitivpartikel zum Ausdruck gebracht, die in der Klasse mit dem zu bestimmenden Grundwort übereinstimmen muß. *Shamba* ›bebautes Feld‹ gehört z. B. der fünften Klasse an und fordert deshalb die Genitivpartikel *la*. *Mzabibu* ›Traube‹ hat die Klassenpräfixe der II. oder sogenannten Baum-Klasse, im Plural *mi*zabibu ›Trauben‹. Die Verbindung *shamba la mizabibu* heißt also ›Feld der Trauben‹ = ›Weinberg‹. Nur der Gebrauch lehrt, ob es sich um eine provisorische, nur für den bestimmten Fall geschaffene Genitivverbindung oder um ein festes Genitivverhältnis handelt, durch das beide Substantive zu einem neuen Begriff verschmolzen werden. Diese umständliche Verbindung ist also auch ein Mittel zur Schaffung neuer Wörter.

Einige wichtige Formen. Personalpronomen:

Als Subjektpräfixe vor dem Verb:			Objektinfixe	
Bejahend	Verneinend			
1. *ni-*	*si-*	›ich‹	*-ni-*	›mir, mich‹
2. *u-*	*hu-*	›du‹	*-ku-*	›dir, dich‹
3. *a-*	*ha-*	›er, sie, es‹	*-m-*	›ihm, ihn‹ usw.
Plur.				
1. *tu-*	*hatu-*	›wir‹	*-tu-*	›uns‹
2. *m-*	*ham-*	›ihr‹	*-wa-*	›euch‹
3. *wa-*	*hawa-*	›sie‹	*-wa-*	›ihnen, sie‹.

Wie man sieht, unterscheidet das Suahili in der dritten Person nicht das Geschlecht. Nicht *er/sie* bilden wie in den meisten indogermanischen Sprachen und z. B. im Haussa oder Arabischen eine Opposition, sondern *Person/Baum, Person/Ding* usw. Deshalb muß die 3. Person Singular und Plural noch

durch die Formen der übrigen 7 Klassen ergänzt werden: man muß also schreiben: Singular 3. Person I. *a-*, II. *u-*, III. *i-*, IV. *ki-*, V. *li-*, VI. *u-*, VII. *mu-*, *pa-*, *ku-*, VIII. *ku-*.
Die betonten Personalpronomen sind: *mimi* ›ich‹, *wewe* ›du‹, *yeye* ›er, sie, es‹; *sisi* ›wir‹ , *ninyi* ›ihr‹, *wao* ›sie‹. Je nach dem Zusammenhang können sie auch mit ›mir‹, ›mich‹ usw. übersetzt werden.
Die Demonstrativpronomen sind *-le* ›jener‹ und *h-* ›dieser‹ mit dem Klassenpräfix *yu, u, i, ki, li, u, pa, ku* für den Singular. Sie werden vor *-le* gesetzt: *yule* usw. ›jeder‹. Die Formen von *h-* entstehen durch Vorsetzen des Vokals des Präfixes vor das Präfix (*yu* gibt *uyu*, *u* gibt *uu* usw.) und Anfügen dieser Gruppe an *h-*, also: *huyu*, *huu* usw. Eine solche Bildung kann man als *Reduplikation* bezeichnen.
Die Possessivpronomen setzen sich aus dem ersten Konsonanten der Genitivpartikel (I. *wa-*, Plur. ebenfalls *wa-*, II. *wa-*, *ya-*, III. *ya-*, *za-* usw.) und den folgenden Suffixen zusammen: *-angu* ›mein‹, *-ako* ›dein‹, *-ake* ›sein‹, ›ihr‹; *-etu* ›unser‹, *-enu* ›euer‹, *-ao* ›ihr‹; *shamba* (V. Klasse!) *lake* ›sein Feld‹.
VERBINFIXE. Es bedeuten:
-a- Präsens: *n-a-ja* (*n-* anstatt *ni-*) ›ich komme‹
-na- Präsens: *ni-na-soma* ›ich lese‹ (gerade)‹
-li- Imperfekt: *a-li-kuwa* ›er war‹
-me- Perfekt: *u-me-pand-w-a-* „er wurde (war) gepflanzt“
-ka- Imperfekt, durch das die Erzählung fortgeführt wird.
-ki- eine Abhängigkeitsform, deren Zeitstufe sich aus den anderen Verben des Satzes ergibt. Sie gibt den Begriff der Konjunktion ›und‹, ›während‹, ›indem‹ u. a. wieder.
A-ka-enda ›Und er ging . . .‹; *a-ki-tafuta* ›und suchte . . .‹
-si- . . . e Verneinter Konjunktiv (der Konjunktiv hat nur eine Form für alle Zeitstufen):
a-si-pat-e ›(daß er sie nicht bekommen möge)‹ ›ohne sie zu bekommen‹.
Der Konjunktiv wird nicht bei Verben arabischen Ursprungs ausgedrückt, z. B. *nijibu* ›daß ich antworte‹. Der Konjunktiv wird auch als höflicher Imperativ gebraucht. *U*ache mwaka *huu nao* ›laß ihn doch dieses Jahr noch!‹. Das erste *u-* ist das Subjektpräfix ›du‹, das in ›laß‹ steckt, das zweite *-u-* ist das Pronominalinfix der II. Klasse ›ihn‹ (d. h. *m*tini ›den Feigenbaum‹), *ach-* ›lassen‹, *-e* Konjunktivsuffix.
-nge- Konditional I: Kama *ni-nge-jua* ›wenn ich wüßte‹ . . .
-ngali- Konditional II: Kama *ni-ngali-jua* ›wenn ich gewußt hätte . . .‹.
Die Anzahl der Konjunktionen ist beschränkt, da die *-ka-ki-* Verbformen und der Konjunktiv viele der von Konjunktionen ausgeübten Funktionen einschließen. Die meisten Prä-

positionen bestehen aus einem Begriffswort, das heute meist als Adverb fungiert, und der Genitivpartikel. Die Genitivpartikel deutet darauf hin, daß diese Adverbien früher Substantive waren. *juu* ›oben‹, *juu ya* ›auf‹. Die Genitivpartikel kann die Possessivsuffixe annehmen: *juu yake* ›auf ihm‹, ›darauf‹. Eigentliche Präpositionen sind heute *katika* ›in‹, *kwa* ›zu, bei‹.

Einige Zahlen: 1 *moja*, 2 *mbili*, 3 *tatu*, 4 *nne*, 5 *tano*, 6 *sita*, 7 *saba*, 8 *nane*, 9 *tisa* (*kenda*), 10 *kumi*, 11 *kumi na moja*, 12 *kumi na mbili* usw., 20 *ishirini* . . ., 100 *mia*, 1000 *elfu*, *Sita, saba, tisa*, alle Zehner sowie *mia* und *elfu* sind arabisch.

Zusammenfassung: Die folgenden Erwägungen über den Sprachtyp des Suahili gelten auch für die übrigen Bantu-Sprachen. Der Sprachbau des Suahili wird meist als agglutinierend, selten als inkorporierend bezeichnet. Die Unterschiede zu dem Sprachbau der Türksprachen, der meist als Muster des agglutinierenden Typs angeführt wird, sind erheblich. Der Sprachbau des Suahili kann am besten durch einen Vergleich mit den Türksprachen beleuchtet werden.

1. Im Gegensatz zum Türkischen (Türkeitürkisch), das nur Suffixe verwendet, spielen im Suahili die Präfixe die größte Rolle. Die Anreihung verläuft im Suahili im wesentlichen von rechts nach links: *aliku*-wa (←) türk.: i-*di* (→) ›er war‹.

2. Im Türkischen wird eine Funktion von einem Suffix erfüllt, im Suahili von verschiedenen Präfixen: z. B. der Plural:

wa-tu	adam-*lar*	›Menschen‹
mi-aka	yıl-*lar*	›Jahre‹
ma-shamba	tarla-*lar*	›Felder‹.

3. Das Türkische macht sparsamen Gebrauch von seinen Beziehungsmitteln, das Suahili verschwendet sie nur zu dem Zweck, eine enge Verkettung zwischen Wörtern und Wortgruppen herzustellen:

Suahili:	*Türkisch*:
*vi*tabu *vi*kubwa *vi*wili	iki büyük kitap

›zwei große Bücher‹.

Das Türkische läßt nach der Zahl ›zwei‹ den Plural unausgedrückt, da er schon in dem Begriff ›zwei‹ enthalten ist; das Suahili wiederholt ihn dreimal (*ki*tabu ›Buch‹, entlehnt aus arab. *ki'tæ:b*, im Suahili aber in die IV. Klasse eingeordnet, daher *vi*tabu; -kubwa ›groß‹ -wili ›zwei‹).

4. Im Türkischen stehen die Attribute vor dem zu bestimmenden Wort, im Suahili folgen sie ihm (vgl. Beispiel unter 3). Mit Bezug auf kleine und große Wortgruppen ist das Suahili im Gegensatz zum Türkischen stark analytisch:

katika shamba *l*ake *l*a mizabibu = türk.: üzüm bağında ›in seinem Weinberg‹.

Aus dem letzten Beispiel geht klar hervor, wie groß der Unterschied zwischen den Strukturen der beiden Sprachen ist. Die auf die Bantu-Sprachen angewandte Bezeichnung ›agglutinierend‹ kann also nur ganz falsche Vorstellungen erwecken.

Die Einteilung der Substantive in acht Klassen, für die Kommunikation völlig überflüssig, ist in ihrer Unregelmäßigkeit ein flektierender Charakterzug.

Die Beziehungen zwischen den Wörtern werden nicht nur durch die Präfixe, sondern auch durch Elemente geregelt, die gewöhnlich als Infixe auftreten. Es scheint deshalb angebracht, dieses Merkmal bei der Typologisierung des Suahili nicht außer acht zu lassen. Die Eingruppierung in eine der vier Haupttypen scheint mißlich. Kennzeichnend ist dagegen die Verschwendunng der zur Verkettung von Wörtern dienenden Beziehungsmittel, die durch ihre Gleichförmigkeit der Sprache einen Rhythmus und eine Musikalität verleihen (Stabreim), die als allgemeinstes morphologisches Element gewertet werden kann (wa . . wa . . wa . . wa . . wa . . m . . . m . . .). Trotz der Präfixverkettung ist die Fügung von Wörtern und Wortgruppen jedoch stark analytisch. Es erscheint deshalb zweckmäßig, für diesen Sprachtyp den Begriff ›klassenagglutinierend‹ als Hauptmerkmal zu prägen. Bezieht man die anderen Merkmale bei der Klassifizierung mit ein, so kann man zusammenfassend sagen: Suahili ist eine analytische klassenagglutinierende Sprache mit polysynthetischer Komponente.

Türkeitürkisch

Atatürk'ün okul yılları.
Atatürks Schuljahre.

1. Mustafa, pek küçük yaşta öksüz kaldı.
Mustafa sehr klein Alter-in Waise blieb.

2. Ailenin geçineceği olmadığı için,
Der-Familien Durchkommen nicht-sein wegen,

anası oğlunu okuldan alarak, Lankaza
Mutter-seine Sohn-ihren Schule-von nehmend, Lankaza

taraflarında kardeşinin çiftliğine
Gegenden-in Bruders-ihres Landgut-sein-nach

gittiler. 3. Dayısı, Mustafa'yı çiftlik
sie-gingen. Onkel-sein, den-Mustafa Landgut

işlerinde yetiştirmeğe karar verdi.
Arbeiten-in heranbilden-zu Beschluß gab.

4. Mustafa işe yaramıyor değildi.
Mustafa Arbeit-zu er-taugt-nicht nicht-war.

5. Kız kardesi ile beraber karga
Mädchen Geschwister-sein mit Krähen

konmasın diye bakla
mögen-sie-sich-nicht-niedersetzen sagend Saubohnen

tarlası bekçiliği ettigini hiç
Acker-sein Bewachung machen-sein nie

unutmamıştır. 6. Devlet Başkanlığı
nicht-vergessen-haben-ist. Staatsoberhauptstellung

zamanında bir arkadası bu tarla bekçiliği
Zeit-in ein Kollege-sein diese Acker-Bewachung

hikâyesini misafirlere anlattığı zaman
Geschichte-ihre den-Gästen das-Erklären Zeit

içlerinden biri:
unter-ihnen einer:

— Aman Efendimiz ... diye hikâyeye
Ach Herr-unser sagend Geschichte-an

inanmamazlık göstermesi üzerine, Atatürk:
Nicht-Ungläubigkeit Zeigen-ihr darauf, Atatürk:

— Evet, doğrudur. Ben de herkes gibi doğdum,
— Ja, wahr-ist. Ich auch jeder wie geboren-bin,

büyüdüm. Doğuşumda ayrılık
groß-geworden-bin. Geburt-meiner-in Unterschied

varsa, Türk olarak doğmaklığımdan
gäbe-wenn, Türke als Geboren-werden-meinem-aus

ibarettir, demişti.
bestehend-ist, gesagt-habend-ist.

Übersetzung: 1. Mustafa wurde in sehr jungen Jahren Waise. 2. Da die Familie ihren Lebensunterhalt nicht bestreiten konnte, nahm die Mutter ihren Sohn von der Schule und zog mit ihm auf den Bauernhof ihres Bruders in der Gegend von Lankaza. 3. Sein Onkel beschloß, Mustafa in den Arbeiten des Bauernhofes heranzubilden. 4. Nicht, daß Mustafa zu der Arbeit nicht taugte. 5. Nie vergaß er, daß er zusammen mit seiner Schwester auf dem Saubohnenfeld Wache hielt, um die Krähen zu vertreiben. 6. Als ein Kollege Atatürks

einmal zur Zeit, als Atatürk Staatsoberhaupt war, Gästen die Geschichte von der Feldbewachung erzählte, sagte einer der Anwesenden, indem er so tat, als ob er die Geschichte nicht glaubte: »Ach nein, unser Atatürk?!«
Darauf Atatürk: »Doch, das stimmt. Auch ich bin wie jeder andere geboren und groß geworden. Wenn es hinsichtlich meiner Geburt einen Unterschied gäbe, so bestünde er darin, daß ich als Türke geboren bin.«
Das Türkeitürkische oder kurz das *Türkische* wird in der Türkischen Republik (türkisch: Türkiye Cumhuriyeti, Abkürzung T. C.) von etwa 38 Mill. Menschen gesprochen. Seit dem 3. November 1928 wird es mit lateinischen Buchstaben geschrieben, die, abgesehen von der Länge der Vokale in Wörtern nichttürkischer Herkunft, die tatsächliche Aussprache der Wörter ziemlich genau widerspiegeln. Dadurch erübrigt sich eine vollständige Umschrift des Textes mit den Lautzeichen der A.P.I. Für die Aussprache des Textes beachte man folgende Regeln: Der Akzent ist im Türkischen mehr durch eine höhere Tonlage als durch größere Schallfülle gekennzeichnet. Bei den meisten Wörtern fällt dem Nichttürken die letzte Silbe stärker ins Ohr, doch trägt in zwei- und dreisilbigen Wörtern auch die erste Silbe einen wahrnehmbaren Nebenton. Die Hervorhebung einer Silbe hängt außerdem stark von dem Satzrhythmus ab. Viele Wörter tragen jedoch deutlich einen festen Ton auf der vorletzten oder drittletzten Silbe, z. B. ˈAnkara, Istanbul (meist ˈstambul), ˈAdana, ˈMersin; ˈyarın ›morgen‹. Auch wird die Verneinung eines Verbs wesentlich durch den Ton bestimmt. Die Verneinung wird durch die Partikel *ma, me,* (*mı, mi*) und eine Betonung der vor diesen Partikeln stehenden Silbe bewirkt: *yaˈramıyor* ›er taugt nicht‹ von *yaramak* ›taugen‹. Lautwert einzelner Buchstaben, deren Aussprache vom Deutschen abweicht:

ç [tʃ]   c [dʒ]

g vor und zum Teil nach hellen Vokalen: [g̟]

ğ [ɣ] (türk.: yumuşak g = weiches g) sehr schwach artikukuliert, nach hinteren Vokalen. [j] nach vorderen Vokalen. Zwischen Vokalen verschwindet sowohl [ɣ] als auch [j] fast ganz. Der Vokal wird dabei oft gelängt.

h vor Vokalen [h], vor anderen Konsonanten und am Ende eines Wortes fast [x]

ı [ɨ]   j [ʒ]

k vor und zum Teil nach hellen Vokalen [k̟]

l in der Umgebung von hinteren Vokalen [ɫ]

r [r], Zungenspitzen-r. Im Auslaut hört man eine deutliche Reibung; es ist ein Mittelding zwischen einem r und s, frikatives r [ɹ] ş [ʃ] v [v] y [j] z [z]

' [ʔ] Der Apostroph bezeichnet im Inneren eines Wortes arabischen Ursprungs den Stimmbandverschlußlaut. Bei Eigennamen steht er zur Trennung des eigentlichen Namens vor der Endung.

^: Der Zirkumflex steht in vielen Wörtern arabischen und persischen Ursprungs, um ein langes helles a [a:] und ein langes u [u:] mit Palatalisierung des vor dem Vokal stehenden Konsonanten anzudeuten: hikâye [hɪˈk̡a:ˈjɛ] ›Erzählung‹. Über i steht er in arabischen Adjektiven mit der Ableitungssilbe -i *ilmî* ›wissenschaftlich‹. In allen übrigen Fällen wird die Länge eines Vokals in Wörtern arabischen und persischen Ursprungs nicht angedeutet. Die Länge der Vokale wird in größeren Wörterbüchern angegeben.

Für den lautlichen Aufbau der Sprache ist das Vokalschema wichtig:

		Flache Vokale		Runde Vokale	
		1	2	3	4
		weit	eng	weit	eng
hintere Reihe	dumpf	**a** meist [ɑ]	**ı** [ɨ]	**o** [ɔ]	**u** [ʊ]
vordere Reihe	hell	**e** [ɛ]	**i** [ɪ]	**ö** [œ]	**ü** (y)

Demnach spricht man: ***küçük*** [kyˈtʃyk], ***yaşta*** [jaʃˈtɑ], ***kaldı*** [kałˈdɨ], ***geçineceği*** [ɡ̡ɛtʃɪnɛdʒeˈɪ̯], ***olmadığı için*** [ˈɔłmadɨ: ɪˈtʃɪn]; **oğlunu** [ɔ: łʊˈnʊ], **karar** [kaˈrɑ:ɹ].

Vergleicht man die Wörter des Textes, so wird man mit wenigen Ausnahmen feststellen können, daß die Wörter entweder die hellen Vokale (der vorderen Reihe) oder die dunklen Vokale (der hinteren Reihe) enthalten. Die meisten Wörter im Text bestehen aus dem eigentlichen Wort, dem Stamm, und einer Endung, und zwar entweder aus einem Suffix, um dem Stammwort eine andere Bedeutung zu geben, oder der grammatischen Endung, die die Funktion des Wortes im Satz festlegt. Maßgebend für die Vokale der Endungen ist der Vokal des Stammes. Man nennt diese Erscheinung die *Vokalharmonie.* Die Endungen werden also durch den Stamm lautlich geprägt; durch diese lautliche Abhängigkeit werden die Suffixe stärker mit dem Stamm verbunden. Die Vokalharmonie ist demnach ein Mittel, die Funktion der Bildungselemente (der grammatischen Endungen und der Suffixe) für das Ohr besonders deutlich zu machen; sie hilft dabei, die Beziehungen der Wortgruppen im Satz plastischer zu machen und ist damit ein Element der Grammatik oder ein morphologisches Element; und da es alle Wörter betrifft, kann man es als das allgemeinste morphologische Element betrachten. Diese Tatsache wird noch durch die Wahl der Vokale erhärtet, die für bestimmte Endungen nach bestimmten Gesetzen erfolgen muß. Man unterscheidet die kleine und die große Vokalharmonie. Bei der ersteren können in den Endungen nur die Vokale *a* oder *e* stehen, bei der zweiten die Vokale *ı u* oder *i ü*. Die Vokale *o* und *ö* kommen also in Endungen nicht vor.

Beispiel: *yıl* (›das Jahr‹).

Der Pluralbegriff wird durch die Endung -ler oder -lar ausgedrückt. Im Stamm steht ein dumpfer Vokal (hintere Reihe). Demnach darf nur ein Vokal derselben Reihe stehen. Die Wahl bewegt sich nur zwischen zwei Möglichkeiten, zwischen *-lar* und *-ler*. Da ı in *yıl* steht, muß es heißen yıl*lar*.

Der Name ATATÜRK ist ein ohne Bildungselemente zusammengesetztes Wort; es besteht aus *ata* (›Vater‹) und *türk* (›Türke‹). Auf Stämme greift die Vokalharmonie nicht über. Die Genitivendung *-ün* hinter Atatürk zeigt die große Vokalharmonie, ebenso die Endung -ı hinter yıllar. -ı ist ein Suffix zur Bezeichnung des Besitzverhältnisses in der dritten Person, also ›sein‹, ›ihr‹. Wörtlich: ›Des Atatürk seine Schuljahre‹. Die Verteilung der Reihenfolge ist so:

-ın, *-ı* treten an Stämme mit *a* oder *ı*

-un, *-u* treten an Stämme mit *o* oder *u*, entsprechende für die ›helle‹ Reihe.

Aus dem Text läßt sich leicht eine weitere Eigenschaft des Lautstandes ersehen:

1. Kein Wort beginnt mit einer Konsonantengruppe.
2. Die meisten Silben sind offen oder werden durch einen Konsonanten geschlossen: ok*ul*, yı*l*, pe*k*, küçü*k*, ya*ş*, aile (*offen*), ana (*offen*), tara*f*, karde*ş*. Wird die Silbe durch 2 Konsonanten geschlossen, so muß der vorletzte ein *r* oder *l* sein im Text: Atatürk.

Der Akzent hebt nicht wie im Germanischen die sinngebende Wurzel hervor, sondern läßt sie gegenüber den formalen Elementen zurücktreten. So ist in dem Satz ›ailenin *geç*ineceği olmadığı için ‹ keineswegs die sinntragende Wurzel *geç* (›durchkommen‹) am stärksten betont, sondern *ol* . . . und *çin*, also deutsch etwa ›weil . . . nicht ist‹, treten deutlich durch eine höhere Stimmlage hervor.

Sprachbau. Das Türkische wird durch folgende Wesenszüge gekennzeichnet:

1. Das Wortmaterial läßt sich gliedern in: erweiterbare Wörter: Substantiv, Pronomen, Adjektiv, Verb;
   und nicht erweiterbare: Adverbien, Partikeln und Interjektionen. Zwischen Substantiv und Adjektiv besteht keine scharfe Grenze.

2. Die Erweiterungen erfolgen durch Suffixe, deren Reihenfolge gebunden ist. Präfixe gibt es nicht.
3. Die Suffixe dienen a) der Wortbildung, b) als Beziehungsmittel.
4. Die Partikeln sind Postpositionen, die die Beziehungen zwischen einzelnen Wörtern, kleinen und großen Wortgruppen regeln helfen. Im Deutschen wird diese Aufgabe durch Präpositionen und Konjunktionen erfüllt.
5. Es werden keine Nominalklassen (mask., fem., neutral) unterschieden. Das Pronomen *o* heißt ›er‹ ›sie‹, ›es‹. Zur näheren Bestimmung bedient man sich besonderer Wörter, z. B. im Text: kız (Mädchen) und kardes (›Bruder‹ oder ›Schwester‹ oder ›Geschwister‹).
6. Singular und Plural werden nur soweit wie unbedingt nötig unterschieden. *yıl* ›das Jahr‹, *yıllar* ›die Jahre‹; aber: *sekiz yıl* = ›acht Jahre‹, da der Pluralbegriff bereits in ›acht‹ enthalten ist.
7. Diese Tendenz zur Sparsamkeit in der Verwendung der Beziehungsmittel läßt sich auch bei längeren Wortgruppen beobachten.
8. Das türkische Verb besitzt Aktionsarten, zahlreiche Zeitstufen und Nominalformen, durch die die Kategorie der deutschen Nebensätze ersetzt wird.
9. *Wichtigste Formen:* Es gibt nur einen unbestimmten Artikel: *bir* ›ein‹

Deklination		*Singular*	*Plural*	
Nom.	yıl	das Jahr	yıll*ar*	die Jahre
Gen.	yılın	des Jahres	yıll*arın*	der Jahre
Dat.	yıla	dem Jahr	yıll*ara*	den Jahren
Akk.	yılı	das Jahr	yıll*arı*	die Jahre
Lok.	yılda	in dem Jahr	yıll*ar*da	in den Jahren
Abl.	yıldan	vom Jahr, aus dem Jahr	yıll*ar*dan	von den (aus den) Jahren

Die Reihenfolge der Suffixe ist nicht gleichgültig! (siehe Punkt 2).

Possessivsuffixe:

Singular	(große Vokalharmonie)		
kardeş*im*	mein Bruder	kardeş*imiz*	unser Bruder
kardeş*in*	dein Bruder	kardeş*iniz*	euer Bruder
kardeş*i*	sein, ihr Bruder	kardeş*leri*	ihr Bruder

Plural

kardeş*ler*im meine Brüder usw.

Verbalsuffixe:

Stamm	kal	›bleib!‹
Infinitiv	kal*mak*	(kleine Vokalharm.) ›bleiben‹;
	kal*ma*	›das Bleiben‹;
	gel*mek*	›kommen‹
	gel*me*	›das Kommen‹
Partizip Präs.	kal*an*	(kl. Vokalh.) ›bleibend‹
Iterativform	koş*a* . . . koş*a*	›durch vieles Laufen‹
Adverbialform	kal*arak*	(kl. Vokalh.) ›indem (er . . .) bleibt‹
	Text: al*arak*	(kl. Vokalh.) ›indem sie nimmt‹
	Türk ol*arak*	›indem ich ein Türke bin‹, ›ich als Türke‹; *olmak* ›sein‹
Partizip Aorist	kal*ır*	(meistens große Vokalh.) ›bleibend‹ (der Aorist-Vokal muß gelernt werden).
Partizip Futur	kal*acak*	(kl. Vokalh.) ›bleiben werdend‹
Partizip Perfekt	kal*mış*	›geblieben‹
Verbalnomen	kal*dık*	(gr. Vokalh.) ›das Bleiben‹ oder ›das Gebliebensein‹ meist mit den Possessivsuffixen, z. B. kaldığ*ım* ›mein Bleiben‹. *k* wird zwischen zwei Vokalen zu *ğ*, Aussprache: -dığım [-dɨ:m]
Passiv:	ver*il*mek	(gr. Vokalh.) ›gegeben werden‹; nach *l* steht *-in:*
	kal*ın*mak	(muß deutsch mit ›man‹ übersetzt werden, z. B.
	kalınacaktır	(›es wird geblieben werden‹) ›man wird bleiben‹
Kausativ:	anla*t*mak	›erklären‹ (wörtl. ›verstehen machen‹), von anlamak ›verstehen‹
	yetiş*tir*mek	›heranbilden‹ (von yetişmek ›heranwachsen‹).
Reziprok:	anla*ş*mak	›einander verstehen‹
Reflexiv:	al*ın*mak	›genommen werden‹
Nezessitativ	bul*malı*	(kl. Vokalh.) ›er muß finden‹
Möglichkeitsform:	ge'le*bil*mek	›kommen können‹
	ge'*leme*mek	›nicht kommen können‹

Personalendungen des türkischen Verbs:

1. *Typ*	-im (gr.Vokalh.)	diese Suffixe werden auch an Substantive, Adjektive und Partikeln angehängt und bedeuten dann: ›bin‹, ›bist‹ usw. Wesentliches Merkmal ist, daß sie immer unbetont sind.
	-sin	
	-(dir)	
	-iz	
	-siniz	
	-(dir)ler	

'Türk*üm* ›ich bin Türke‹. 'Ankara'dayım / Ankara-in-bin } ›ich bin in Ankara‹

Yarın Ankara'ya gitmeliy*iz* / morgen Ankara-zu fahren-müssen-wir- } ›Morgen müssen wir nach Ankara fahren‹. (Vor dem Vokal wird ein *y* [j] als Gleichlaut eingeschoben).

Text:

Evet, doğru*dur*. ›Es ist richtig‹. . . . ibaret*tir* ›besteht aus‹.

Mit diesen Endungen werden die Präsensformen gebildet:

1. Verb + Vokal gemäß gr. Vokalh. + yor + obige Endung:
 veri'*yor*um ›ich gebe (gerade)‹
 veri*yor*sun ›du gibst‹
 veri*yor* ›er gibt‹

Text:

ya'*ramı*yor von *yara*mak + Verneinungspartikel *mı* (kleine Vokalharmonie: mı aus *ma* vor -*y*) + yor: ›er taugt nicht‹.

2. Verb + Vokal nach bestimmten Regeln + r (= Partizip Aorist) + obige Endungen ohne *dir*
 ver*ir*im ›ich gebe‹, ›pflege zu geben‹
 ver*ir*sin ›du gibst‹, ›pflegst zu geben‹
 ver*ir* ›er gibt‹, ›pflegt zu geben‹.

Die verschiedenen Vergangenheitsformen werden durch Hinzufügen des Zeitsuffixes *-di* (große Vokalharmonie) an den Stamm gebildet. Mit diesem Zeitsuffix, das auch an andere Wortarten treten kann, werden folgende Endungen gebraucht, die vom ersten Typ abweichen:

2. *Typ* *-m* *-n* — *-k* *-niz* *-ler*

Mit einem Stamm *i-* bedeuten die Formen id*im* usw. ›ich war‹ usw.; kald*ı*m ›ich blieb‹; kald*ı*n ›du bliebst‹

Text:

kal*dı* ›er blieb‹;
gitt*i*ler ›sie gingen‹ von *git*mek ›gehen‹ mit regressiver Assimilation von *d* an *t*
verd*i* ›er gab‹
değild*i* ›es war nicht‹
doğ*du*m ›ich bin geboren‹ von *doğ*mak ›geboren werden‹;
büyü*düm* ›ich bin groß geworden‹ von büyümek ›groß werden‹, ›wachsen‹.

Eine zweite Zeitform mit der Bedeutung ›wie man hört . . .‹, ›ist wohl . . .‹ wird mit dem Suffix *miş* (gr. Vokalharmonie) + Endungen des ersten Typs gebildet: *unutmuş* ›wie ich höre, hat er (es) vergessen‹, ›er soll (es) vergessen haben‹. Mit der Partikel-*dir* wird jedoch die Nuance der Ungewißheit beseitigt und *unutmuştur* heißt: ›Er hat vergessen‹.

Verneint: *unutmamıştır* ›er hat nicht vergessen‹.

Neben diesen Formen können noch viele weitere gebildet werden. Es gibt z. B. einen Optativ, der bis auf die erste Person Plur. die Form des 1. Typs hat: al*alım* (< al-a-lım) ›wir möchten (sollen usw.) nehmen‹; ferner einen (irrealen) Konditional mit dem Suffix *-se* (*-sa*): var*sa* ›wenn es gäbe‹.

Auf jeder Zeitstufe kann der Aspekt der Handlung oder des Geschehens (Anfang, Dauer, Gewohnheit usw.) ausgedrückt werden, z. B. kann man ›ich komme‹ durch folgende Formen übersetzen: *geliyorum* (›ich komme gerade‹); *gelirim* (›ich pflege zu kommen‹); *gelmekteyim* (›ich bin im Kommen‹); *gelmekte oluyorum* (›ich befinde mich gerade im Kommen‹) usw. Durch Aneinanderreihung verschiedener Ableitungssilben entstehen Verben, die im Deutschen nur durch mehrere selbständige Wörter übersetzt werden können: sönmek ›ausgehen‹ (Licht usw.); sön*dür*mek ›auslöschen‹; sön*dürül*mek ›ausgelöscht werden‹; sön*dürüleme*mek ›nicht ausgelöscht werden können‹ usw.

In einem türkischen ›Buch für den Ersten Lese- und Schreibunterricht‹, 1939, findet sich folgender Satz, der eine Häufung verschiedenster Morpheme zeigt:

Şöhretlen'dirmediklerinizdendir. ›Er gehört zu denen, die ihr nicht berühmt gemacht habt‹. Von dem *şöhret* ›Ruhm‹, das arab. Urpsrungs ist, wird ein Wort şöhretlen-mek ›berühmt, bekannt werden‹ gebildet.

Weitere Stufen:

şöhretlen'dirmedik ›Nichtberühmt-gemacht-haben‹
şöhretlen'dirmedikleriniz ›eure Nichtberühmtgemacht-habenden‹

Der türkische Satzbau wird im wesentlichen durch zwei allgemeine Prinzipien bestimmt:

1. Morpheme werden von links nach rechts an das näher zu bestimmende Wort angereiht (s. das Beispiel weiter oben).
2. Selbständige Wörter, Wortgruppen und Sätze werden vor das zu bestimmende Wort gestellt: *yaş* ›Lebensalter‹; *küçük yaşta* ›in jungen Jahren‹; *Atatürk'ün okul yılları* ›Atatürks Lebensjahre‹.

Im Deutschen gilt die Voranstellung nur in bestimmten Fällen, z. B. für das flektierte Adjektiv: ›Das hohe Haus‹: *yüksek ev*; Eigennamen im Genitiv: ›Atatürks Lebensjahre‹; Wortzusammensetzungen ›Schuljahre‹.

Während längere Wortgruppen im Deutschen nur in der geschriebenen Sprache vor dem zu bestimmenden Teil stehen können und durch die Verwendung der beiden Partizipien beschränkt sind, ist diese attributive Konstruktion für das Türkische typisch. Selbst über mehrere Zeilen gehende Relativsätze — d. h. Sätze, die z. B. im Deutschen als solche bezeichnet werden — müssen im Türkischen mit Hilfe der Verbalnomen attributiv vor das Wort gestellt werden, das durch die andere Wortgruppe näher bestimmt werden soll. ›Der nach Istanbul fahrende Dampfer‹ wird in der gesprochenen deutschen Sprache durch eine Relativsatzkonstruktion ›Der Dampfer, der nach Istanbul fährt‹ ausgedrückt. Im Türkischen ist nur die erste Konstruktion üblich, wenn man in einzelnen Fällen von der aus dem Persischen entlehnten Relativpartikel *ki* absieht. Die Wortgruppe lautet türkisch: *Istanbula giden vapur* ...

Neben der Häufung von Suffixen (die von links nach rechts erfolgt) besteht in dieser Eigenart die Hauptschwierigkeit des türkischen Satzbaus, eine Schwierigkeit, die angesichts der Vorliebe für lange Sätze einem Nichttürken oft unüberwindlich erscheint. Aber auch kürzere Sätze, die im Deutschen leicht überblickbar sind, erfordern von dem Nichttürken beim ersten Hören angestrengte Aufmerksamkeit: Türkçen*in*, meselâ Şemsettin Sami Beyin Kamusu intişar ettiği günden itibaren geçirdiğ*i* başlıca tahavvülât, hulâsatan şöyle ifade olunabilir. (Wörtl.: Des Türkischen, z.B. Şemsettin Sami's Wörterbuch Erscheinen-Seiend-sein-Tag seit Durchgemachthaben hauptsächliche Wandlungen ...) ›Die hauptsächlichen Wandlungen, die das Türkische seit dem Erscheinen des Wörterbuches von Ş. S. durchgemacht hat, können kurz folgendermaßen beschrieben werden‹.

Die Genitivverbindung Türkçen*in* ... geçirdiğ*i* (›des Türkischen Durchgemacht-haben‹) wird durch weitere Gruppen gesprengt und attributiv wie ein riesiges Adjektiv vor *başlıca tahavvülât* (›hauptsächliche Wandlungen‹) gestellt.

In diesem Zusammenhang kann die Art der Bildung neuer Begriffe durch Wortzusammensetzung erwähnt werden. Es gibt zwei Arten: Beide Wörter werden unverbunden nebeneinander gestellt: *Demir* (›Eisen‹) plus *kapı* (›Tor‹) = *Demirkapı* ›Eisernes Tor‹.

Diese Bildung ist sehr selten. Das Substantiv vor dem zu bestimmenden Wort nimmt hier die Funktion eines Adjektivs an und verschmilzt völlig mit dem zweiten Wort. Geographische Namen werden meist auf diese Art gedildet. Die zweite Art der Wortbildung besteht darin, daß das zweite Wort das Personalsuffix der dritten Person Singular erhält, das die Verbindung zu dem ersten Wort herstellt: Demiryol*u* wörtlich: ›Eisen-Weg-sein‹ (›dem Eisen sein Weg‹), ›Eisenbahn‹. Im Deutschen wird die Verbindung zwischen zwei Bestandteilen häufig durch ein Fugen-*s* gebildet: Bahnhof*s*platz, aber Bah*nh*of.

Postpositionen und Kasusendungen kann man dadurch unterscheiden, daß die Postpositionen sich nicht mit dem Wort, auf das sie sich beziehen, durch die Vokalharmonie verbinden. Daher ist in der Gruppe *küçük yaşta -ta* ein Kasussuffix, das den Begriff der deutschen Präposition ›in‹ mit dem Dativ ausdrückt, also ›*im* jungen Alter‹. Der Begriff der deutschen Präposition *in* mit dem Akkusativ wird im Türkischen allein durch den Dativ ausgedrückt: Okul*a* giden çocuk ›das *in die* Schule gehende Kind‹. Der Abschluß des Satzes wird immer durch das Verb mit der Personalendung signalisiert. Bei den vor 1928 in arabischer Schrift ohne Punktion geschriebenen Texten muß man deshalb nach diesen Verbformen suchen, um sich einen Überblick über die Gliederung des Satzes zu verschaffen.
Text: kal*dı*, git*ti*ler, ver*di*, değil*di*, unutmam*ıştır*, demiş*ti*.
Der Nebensatz ›da die Familie nicht durchkommen konnte‹ muß im Türkischen durch ein Verbalnomen (ein substantiviertes Verb) mit einer den Grund angebenden Postposition wiedergegeben werden. Das Partizip Futur von *geçinmek* (›durchkommen‹) heißt *geçinecek* ›durchkommend werdend‹, häufig auch nur ›durchkommend‹. Jedes Adjektiv oder Partizip kann auch als Nomen gebraucht werden, demnach: ›Das Durchkommen‹. Die genitivische Verbindung *ailenin geçineceği* kann man übersetzen mit: ›Das Durchkommen der Familie‹. Entsprechend *olmadık* ›das Nichtsein‹ von *olmak* (›sein, werden‹). Mit dem Personalsuffix versehen, weist es auf den davorstehenden Ausdruck *ailenin geçineceği olmadığı*: ›Das Nichtsein des Durchkommens der Familie‹. Mit *wegen*: ›Wegen des Nichtseins ...‹: ›Da die Familie nicht durchkommen konnte, ...‹ Daß der türkische Satz im Imperfekt steht, ist nur an dem letzten Verb zu erkennen: git*ti*ler. In der deutschen Übersetzung müssen alle übrigen Verben des Satzes den gleichen Zeitbegriff ausdrücken: konn*te*, zog, n*a*hm. Vergleiche Punkt 7!
Der letzte Satz (6) im Sprachmuster ist eine Periode, die mehrere vollständige Sätze enthält (Evet, doğrudur. Ben de herkes gibi, doğdum, büyüdüm). Subjekt des Hauptsatzes ist *Atatürk*, Prädikat das den Abschluß der Periode bildende *demişti*. Als Nebensätze kann man die mit ... *zaman* und ... *üzere* endenden Wortgruppen auffassen. Die deutsche Konjunktion ›als‹ wird durch das Substantiv *zaman* ›Zeit‹ vertreten, dem eine lange Wortgruppe attributiv vorangestellt ist. Man fragt: ›Welche Zeit?‹ Man antwortet: ›Die-einer-seiner-Kollegen-diese-Acker-Bewachungs-Geschichte-den -Gästen-erklären-habende-Zeit‹.
Der doppelt verneint Aoriststamm (z. B. *inanmamazlık*) gibt in der Verbindung mit einigen Verben den Sinn von ›so tun,

als ob ...‹ wieder. Außer dem sehr komplizierten Satzbau, der auf den ersten Blick (bei kurzen Sätzen) so klar und einfach erscheint, muß man, will man Türkisch sprechen und verstehen, einen großen Schatz idiomatischer Redewendungen kennen, deren Sinn in ihrer jetzigen versteinerten Form oft nicht mehr sofort verständlich ist.

VERHÄLTNIS DES HEUTIGEN TÜRKISCH ZU DEM ÄLTEREN.

Das Türkisch vor den Reformen 1928 wird meist nach dem Namen des Gründers des osmanischen Reiches *Osman* als *Osmanisch* bezeichnet. Man kann drei Perioden unterscheiden. *Altosmanisch* (13. Jh. bis 15. Jh.), *Mittelosmanisch* (bis etwa 1850) und *Neuosmanisch* (1850 bis 1928). Durch die massenhafte Einverleibung arabischer und persischer Wörter und kleinerer Wortgruppen ist das Osmanische in lexikalischer Hinsicht zu einer typischen Mischsprache geworden. Der türkische Satzbau ist jedoch durch diese fremden Bestandteile nicht berührt worden.

Das Osmanische war stark nach den sozialen Schichten gestuft, und nach der Anzahl der verwendeten persisch-arabischen Bestandteile unterschied man das *Fasih-türkçe* (›das reine, feine Türkisch‹) der hohen Poesie und gelehrten Werke, das *Orta-türkçe* der gebildeten Kreise und das *Kaba-türkçe*, die Sprache des Volkes mit einer begrenzten, fest eingebürgerten Anzahl persisch-arabischer Wörter. Das mit arabischen Buchstaben geschriebene Osmanisch war nicht Allgemeingut des ganzes Volkes, sondern höchstens einer Schicht von etwa 10%. Das in Europa gelernte Türkisch war also zum großen Teil nicht eine organisch im Volke gewachsene Sprache, sondern ein von einer bestimmten sozialen Schicht geschaffenes und geprägtes Erzeugnis. Dabei muß jedoch immer beachtet werden, daß sich die künstlichen Eingriffe fast nur auf den Wortschatz beziehen. Durch die Reformbewegung nach 1928 versuchte man, einen großen Teil der persisch-arabischen Bestandteile durch türkische Wörter zu ersetzen.

Obwohl sich viele dieser neuen türkischen Wörter, die älterem türkischen Sprachgut entnommen oder künstlich geschaffen wurden, durchgesetzt haben, ist der Prozentsatz an persisch-arabischen Elementen im heutigen Türkisch immer noch sehr hoch. Die neuen Wörter wurden meist durch die Presse und die Schule eingeführt, und es kam oft vor, daß Eltern ihre Kinder nicht verstanden, wenn diese die neu in der Schule gelernten Wörter verwendeten. Statt *mektep* ›Schule‹ sagten sie *okul*, statt *muallim* ›Lehrer‹ *öğretmen*; statt *vekâlet* ›Ministerium‹ schrieben die Zeitungen *bakanlık* usw. Heute werden oft beide Wörter nebeneinander gebraucht, und man trifft

auch noch die aus dem → Persischen stammende Izafet-Verbindung, z. B. *müdafaai milliye* ›nationale Verteidigung‹ (wörtl. Verteidigung — die nationale; das *i* in müdafaa*i* ist nicht betont!), die ja ganz dem türkischen Sprachgeist widerspricht, der eine Voranstellung verlangt: *millî müdafaa.*
Die schriftliche Darstellung des Osmanischen durch die arabische Schrift war mit Bezug auf die Vokale höchst mangelhaft, und das Lesen eines Textes war immer mit einem Rätselraten verbunden. Die Buchstabengruppe (alef-waw-nun) (→ Arabisch) konnte *on* ›zehn‹ und *un* ›Mehl‹ gelesen werden. Anhaltspunkte für die richtige Lesung gaben allerdings häufig die Konsonanten und die Möglichkeiten der lautlichen Struktur, z. B. konnte das vokallose Schriftbild كلمك (*klmk*) wegen des letzten *-k* nur mit hellen Vokalen gelesen werden. In *mk* erkennt man die Infinitivendung *-mek. kl* kann nicht *kl* gelesen werden, weil kein türkisches Wort mit einer Konsonantengruppe beginnt. Man muß also *k*-Vokal *-l* lesen. Wegen *-mek* kann in der ersten Silbe nur *e, i, ö, ü* stehen; *i* hätte man wahrscheinlich mit *jâ* und *ö* oder *ü* bestimmt mit *waw* geschrieben. Es bleibt nur *e*, also *kelmek*; da es ein solches Wort nicht gibt, muß das *k* hier *g* vertreten, also: *gelmek* ›kommen‹.
Zusammenfassung: Der Begriff des agglutinierenden Sprachtypus wird nach allgemeiner Ansicht am reinsten vom Türkischen verkörpert. Aus den Erläuterungen und Beispielen geht hervor, daß man die Agglutination entsprechend der Flexion in den indogermanischen Sprachen nur auf die Erweiterung der Wortwurzeln durch Suffixe bezieht und deshalb zum Schluß kommt, daß agglutinierende Sprachen im Vergleich zu den flektierenden Sprachen wegen ihres regelmäßigen Formenbaus einfach seien. Tatsächlich ist durch den Begriff Agglutination der einfachste Teil des türkischen Sprachbaus charakterisiert; sein verwickeltster Teil, die strenge Verkettung der Wortgruppen mit Hilfe sparsamster Mittel zu einem Satzgefüge, das, ganz schematisch gesehen, aus einem komplizierten zusammengesetzten Riesenattribut plus Subjekt plus Prädikat bestehen kann, wird bei der Charakterisierung gänzlich außer acht gelassen. Das Türkische benutzt das Mittel der Agglutination also nicht zum Aufbau kleinerer, selbständiger Wortgruppen, die analytisch zu einem größeren übersichtlich gegliederten Ganzen gefügt werden, sondern setzt Wörter und Wortgruppen synthetisch zu einem Wortkoloß zusammen, der durch ein abschließendes bedeutungsleeres Zeitsuffix (z. B. *-di*) zum Satz wird.
Kurz gesagt, das Türkische ist eine agglutinierende Sprache mit starker polysynthetischer Komponente hinsichtlich größerer und größter Wortgruppen. Sie macht von ihren Be-

ziehungsmitteln wohl einen sehr sparsamen Gebrauch, schafft jedoch durch deren verzwickte Anordnung starre und häufig unübersichtliche Sätze.

Türksprachen. Mit Ausnahme des *Tschuwaschischen* sind die Türksprachen sowohl im grammatischen Bau als auch im Grundwortschatz so nahe miteinander verwandt, daß sich ihre Sprecher auf dem ganzen Verbreitungsgebiet von Osteuropa und dem Kaukasus bis nach Zentralasien und Sibirien zumindest notdürftig miteinander verständigen können. Eine allgemein anerkannte Klassifizierung der Türksprachen gibt es noch nicht. Um eine Gliederung bemüht haben sich hauptsächlich die Russen *Korsch*, *Radloff*, *Bogo'rodickij*, *Samojlovič* und *Ma'lov*, die Finnen *Ramstedt* und *Räsänen* sowie der Ungar *Ligeti*. Malov teilt alle Türksprachen auf Grund historischer Kriterien in vier Hauptgruppen ein: Älteste, alte, neue und neueste Türksprachen. Eine andere auf phonetischen Merkmalen fußende, z. B. in der Enzyklopädie des Islam benutzte Gliederung stammt von Samojlovič. Nach dem Kennwort ›Fuß‹ unterscheidet er *D-Sprachen* (a*d*aq oder a*ð*aq) und *Y-Sprachen* (a*y*aq, y = [j]). Die letzteren teilt er nach dem Wort qalγan ›bleibend‹ in die Sprachen, die das -*γ*- in dem Suffix -*γ*an erhalten haben (das sind die meisten) und die *qalan-Sprachen*, die das -γ- verloren haben. Die *qalγan-Sprachen* werden ihrerseits wieder nach ähnlichen Kriterien in weitere Untergruppen geteilt. Zu den qalan-Sprachen gehört z. B. das heutige Türkisch der Türkei (→ Türkeitürkisch, s. dort auch das Beispiel *kal-*). Ganz allgemein wird eine Klassifizierung dadurch erschwert, daß ein zur Abgrenzung zweier Gruppen dienendes Merkmal sich sporadisch in allen Türksprachen findet. Die Verhältnisse sind noch ziemlich verworren, und schon die Tatsache, daß es verschiedene Einteilungen gibt, zeigt, daß der subjektive Faktor eine ziemlich große Rolle dabei spielt. Außerdem haben sich die Türksprachen in dem Zeitraum, in dem sich einzelne Gruppen überblicken lassen (etwa vom 8. Jh. an) nur wenig entwickelt: z. B. *bul-* ›finden‹, das bereits in den alten Inschriften erscheint, heißt im heutigen Türkisch genau so. Das türkeitürkische Wort für ›fünf‹ *beş* [bɛʃ] konmt im *Altuigurischen* in zwei Varianten biš und bäš [bɛʃ] vor, im *Komanischen* (westmitteltürkisch etwa von 1050—1300) heißt es ebenfalls beš, wahrscheinlich mit einem engen ė [beʃ]. Die neuesten sowjetischen Forschungen befürworten eine Teilung in einen westlichen und östlichen Zweig. Auf dieser Grundlage ergibt sich folgende Klassifizierung:

Westlicher Zweig

1. *Bulgarische Gruppe.* Früher: Die Sprache der alten Wolga-Bulgaren (8.—14. Jh.) mit nur sehr spärlichen Denkmälern, vielleicht auch der Awaren (um 660) und Chasaren, von denen noch weniger bekannt ist als von den Bulgaren. Ein Teil der Wolga-Bulgaren wanderte im 7. Jh. nach dem Balkan aus. Die wohl nur sehr dünne Oberschicht dieser Bulgaren gab dem südslawischen Volk den Namen Bulgaren. Heute: *Tschuwaschisch,* etwa 1700000 Sprecher, davon ein großer Teil in der Tschuwaschischen ASSR, Hauptstadt Čeboksary (Tschuwaschisch: Şupaşkar). Die heutigen Tschuwaschen werden als Reste der alten Bulgaren betrachtet.
Da diese Türksprache erheblich von den übrigen Türksprachen abweicht, wird sie von vielen Forschern als besondere Hauptgruppe angeführt.

2. *Die oghusische Gruppe.*

a) *Oghusisch-Turkmenisch.* Früher: Die alte Sprache der Oghusen im 10.—11. Jh. (Oghusen, Onoghusen, Toghusghusen).
Heute: *Turkmenisch,* etwa 2 Mill. Sprecher in der Turkmenischen SSR (Hauptstadt Aschchabad) und teilweise im Gebiet der Kasachischen SSR und der Karalkalpakischen ASSR. Hauptstämme: Jomud, auf deren Dialekt die heutige Schriftsprache beruht; Tschaudur, Teke, Ersary, Saryk; Salyr oder Salar im Nordwesten Afghanistans, Göklen zum größten Teil auf persischem Gebiet und *Truchmenisch* in Nordkaukasien bei Stavropol.

b) *Oghusisch-Bulgarisch.* Früher: Sprache der Usen und Petschenegen (10.—11. Jh.). Das *Petschenegische* ist aus ein paar Stammesnamen bekannt, und wahrscheinlich gehören die Inschriften des ›Goldschatzes von Nagy-Szent-Miklós‹ in Ungarn dazu. Lehnwörter aus dem Petschenegischen finden sich sicher im Russischen, Rumänischen usw. Wahrscheinlich kommt z. B. das im Russischen, Rumänischen und anderen südosteuropäischen Sprachen verbreitete *Bojar* sowie das Wort ›Dolmetsch‹ (rumän. tălmaci, polnisch tłumacz) aus dem Petschenegischen.
Heute: *Gagausisch,* Gruppen in der Moldauischen SSR, in der Ukrainischen SSR, Bulgarien und Rumänien (etwa 175000).

c) *Oghusisch-Seldschukisch.* Früher: Seldschukisch, Altosmanisch (etwa bis 1450) und Altaserbeidschanisch.
Heute: → *Türkeitürkisch* bei weitem die wichtigste aller Türksprachen, *Aserbeidschanisch* oder *Aseri* hauptsächlich in der Aserbeidschanischen SSR, Hauptstadt Baku, und im Iran ½ Mill. Sprecher, wird seit 1939 mit dem russischen Alphabet geschrieben.

3. *Kiptschakische Gruppe.*

a) *Kiptschakisch-oghusische* Gruppe, zu der die ausgestorbene Sprache der Komanen (oder Kumanen) gehörte, die durch eine Ende des 13. Jh. von deutschen und italienischen Mönchen in einem Kloster auf der Krim geschaffene Sammlung hauptsächlich religiöser Texte, Rätsel u. a. gut belegt ist. Die Sammlung ist unter dem Namen ›Codex Cumanicus‹ bekannt. Die Russen nennen dieses Volk ›Polovci‹. Der russische Komponist Borodin läßt die Kumanen in seiner Oper ›Fürst Igor‹ die feurigen ›Polowetzer Tänze‹ aufführen.

Heute: *Karaimisch*, von einer kleinen Volksgruppe auf der Krim, ferner in Luck, Halicz und in der Litauischen SSR (Troki und Poniewież) gesprochen, früher mit hebräischen Buchstaben geschrieben. Die Karaimen gehören der jüdischen Sekte der Karäer an (unter 1000).

Das *Krimtatarische* der 1945 ausgesiedelten tatarischen Bevölkerung der Krim.

Kumükisch in der Daghestanischen ASSR, Hauptstadt Machatsch-Kala, etwa 220000, wird seit 1940 mit dem russischen Alphabet geschrieben.

Karatschaisch und das sehr nahe verwandte *Balkarisch*, die vor 1941 eine gemeinsame Schriftsprache hatten. Karatschisch wird von etwa 190000 Menschen in dem Karatschaisch-Tscherkessischen Autonomen Gebiet, Balkarisch von etwa 60000 in der Kabardinisch-Balkarischen ASSR, im Tscherkessischen Autonomen Gebiet und teils in der Kirgisischen SSR gesprochen. Beide Sprachen werden mit russischen Buchstaben geschrieben.

b) *Kyptschakbulgarisch* (oder *Kyptschaktatarisch*).

Früher: Amtssprache der westlichen Goldenen Horde.

Heute: *Tatarisch*, auch *Kasantatarisch*, insgesamt etwa 6 Mill., insbesondere *Kasantatarisch*, etwa 2 Mill. in der Tatarischen ASSR, Hauptstadt Kasan, ein Teil in der Baschkirischen ASSR; Dialekte von Astrachan, Kasimov, Mischär, Turinsk, Ischin, Tara, Jalutorovsk, Barabinsk, Tobolsk und Tümen.

Das *Komanische* und das Kyptschaktatarische (die Amtssprache der Goldenen Horde) haben in den ost- und südosteuropäischen Sprachen viele Spuren hinterlassen, von denen ein Teil bisher oft für bulgarisch (d. h. türkbulgarisch) oder osmanisch gehalten wurden. Auch das Deutsche hat einige Wörter (durch Vermittlung anderer Sprachen) von ihnen erhalten, z. B. Turban, Tulpe.

Baschkirisch in der Baschkirischen ASSR, Hauptstadt Ufa, 1,25 Mill. Baschkiren.

c) Die *kyptschakisch-nogaiische* Gruppe.
Heute: Die Dialekte der *Ak-Nogaier* (Weißnogaiisch) im Tscherkessischen Autonomischen Gebiet (Groznyj), etwa 52000; der Zentral- und Kara-Nogaier (*Nogaiisch* und *Schwarz-Nogaiisch*) in der Daghestanischen ASSR; *Kasachisch* in der Kasachischen SSR (Kasachstan), Hauptstadt Alma-Ata (kasachisch: Almaty), 6,5 Mill., zum Teil in der Mongolischen Volksrepublik. Von der Mitte des 19. Jh. ab bediente man sich des arabischen Alphabets, das später besser dem kasachischen Lautstand angepaßt wurde; seit 1941 wird Kasachisch mit dem russischen Alphabet geschrieben.
Die Kasachen wurden früher häufig als Kirgisen bezeichnet; die heutigen Kirgisen nannte man dagegen Karakirgisen.
Karakalpakisch, das nur geringfügig vom Kasachischen abweicht, in der Karakalpakischen ASSR, Hauptstadt Nukus, und zum Teil in der Usbekischen SSR, insgesamt etwa 300000. Es wird seit 1940 mit dem russischen Alphabet geschrieben.
4. *Karlukische Gruppe.*
a) *Karluk-Uigurisch.* Früher: Die türkische Sprache der Bevölkerung des Karachaniden-Reiches in Ostturkestan und in Zentralasien mit den Hauptstädten Kaschgar und Balasagun (Ende des 10. Jh. bis Anfang des 13. Jh.), die von Mahmud-al-Kaschgari, Verfasser einer Sammlung türkischer Mundarten (1072—74), und in dem Literaturdenkmal Kutadgu Bilig (›Glücksbringendes Wissen‹) aufgezeichnet ist; die Sprache der nachkarachanidischen Epoche, bekannt durch das Hibat-al-hakā'ik (1070) und andere Werke.
b) *Karluk-Choresmisch.* Früher u. a.: *Tschagataiisch*; die Sprache der östlichen Goldenen Horde; *Altusbekisch.*
Heute: *Usbekisch* (in Taschkent, Fergana, Kokand, Samarkand, Buchara, Chiwa) in der Usbekischen SSR, Hauptstadt Taschkent, etwa 12 Mill. Sprecher zum Teil in der Tadschikischen, Turkmenischen und Kirgisischen SSR, in Afghanistan und der chinesischen Provinz Sinkiang.
Neuuigurisch, mit zwei Dialektgruppen (Süddialekte: Türken der Oasen Kaschgar, Chotan, Aksu; Norddialekte: Turfan, Tarantschi.) Das auf den Süddialekten fußende, mit einem reformierten arabischen Alphabet geschriebene Neuuigurische ist Staatssprache in der mit einer Selbstverwaltung ausgestatteten chinesischen Provinz Sinkiang (Chinesisch-Turkestan), etwa 5,5 Mill. Sprecher. In der Sowjetunion ist das mit dem russischen Alphabet geschriebene Nord-Neuuigurische die Sprache nationaler Minderheiten in der Usbekischen, Kasachischen und Kirgisischen SSR (insgesamt etwa 180000).

Östlicher Zweig

1. *Uigurische Gruppe.* Früher: Die Sprache der Orchon- und Jenissej-Inschriften (vom 7. Jh. an) z.B. die Grabinschrift von Prinz Kül; *Altuigurisch* und Mitteluigurisch mit einer ziemlich umfangreichen religiösen (buddhistischen, manichäischen) Literatur (etwa bis ins 14. Jh.); *Altkirgisisch.*

Heute: a) *Tuwinisch* oder *Tannu-Tuwinisch* (Sojonisch, Sojotisch, Urianchaj) im Tuwinischen Autonomen Gebiet der RSFSR., etwa 160000; es wird seit 1941 mit dem russischen Alphabet geschrieben. Bemerkenswert ist der phonematische Gegensatz zwischen langen und kurzen Vokalen.

Karagassisch oder *Tofaisch* am Nordabhang des Sajan-Gebirges zwischen den Flüssen Oka, Uda und Birjussa, etwa 417 Menschen.

b) *Jakutisch* in der Jakutischen ASSR, Hauptstadt Jakutsk und im Nationalen Bezirk Tajmyr, etwa 300000 (russisches Alphabet seit 1940); *Dolganisch* im Gebiet der Jenissej-Mündung im Nationalen Bezirk Tajmyr, etwa 4000.

c) *Chakassisch* (alte Bezeichnung: *Abakantatarisch*) als Sammelname für die Dialekte der Kyzyl, Sagaier, Beltiren, Katschinen und Koibalen im Jenissej-Gebiet im Autonomen Gebiet der Chakassen (Hauptstadt Abakan), etwa 70000 (russisches Alphabet seit 1939). *Schorisch* (alte Bezeichnung: *Kusnjetzer-Tatarisch*); *Tschulim-Tatarisch* (Dialekte der Küäräk, Kamassinen u. a.) im Süden des Gebietes von Kemerovo; Norddialekte der *Altai-Sprachen* (Kumandinisch, Tuba, Tschalkan); *Saryg-Uigurisch*, Sprache der Sarö Yögur, der ›Gelben Uiguren‹, einer Splittergruppe in der chinesischen Provinz Kansu.

2. *Kirgisisch-kyptschakische Gruppe.*

Kirgisisch (früher auch *Karakirgisisch* genannt) in der Kirgisischen SSR, Hauptstadt Frunze, zum geringen Teil auf chinesischem und afghanistanischem Gebiet (Gesamtzahl etwa 1,9 Mill.); *Altaiisch*, d.s. die Süddialekte der *Altai-Sprachen*, auch *Oirotisch* genannt, im Gorno-Altaiischen Autonomen Gebiet (Dialekte: *Telengitisch*, *Teleutisch* u. a.), etwa 48000.

Das *Alttürkische* ist in mehreren Alphabeten überliefert. Die Inschriften sind in einer runenartigen Schrift verfaßt (›*türkische Runenschrift*‹), die bei Jensen ›*siberische Schrift*‹ genannt wird. Ihr Ursprung ist noch nicht ganz geklärt. Die größte Verbreitung hat die uigurische Schrift gefunden, in der die meisten Handschriftenreste und auch einige Inschriften geschrieben sind. Sie leitet sich aus der ursprünglich für eine mitteliranische Sprache Zentralasiens, das *Soghdische*, benutzten *soghdischen Schrift* her, die wie die von den mani-

chäischen Türken verwendete manichäische Schrift auf die aramäische — also eine semitische — Schrift zurückgeht. Der Gebrauch der soghdischen Schrift durch die Türken ist auf einige buddhistische Handschriften beschränkt. In einer aus Indien stammenden Schrift, der sogenannten *Brāhmī-Schrift*, schrieben anscheinend nur buddhistische Türken. Aus der *uigurischen Schrift* wurden die mongolische und später im 17. Jh. die mandschurische Schrift entwickelt. Mit Bezug auf das phonologische System der alttürkischen Sprachen waren die Schriften mangelhaft; auch in der eigens für das Türkische entwickelten uigurischen Schrift gibt es z. B. für die vier Phoneme *p b k g* nur zwei Zeichen, eins für *p/b* und eins für *k/g*. Diese in der soghdischen Schrift begründete Erscheinung — im Soghdischen hatten sich die stimmhaften Verschlußlaute zu frikativen entwickelt, z. B. b >[w], [v] —, stellte sich in der uigurischen Schrift als empfindlicher Mangel heraus. Später, als andere Türkvölker die arabische Schrift übernahmen, gelang es ihnen zum Teil noch weniger, diese Schrift den Phonemen ihrer Sprache anzupassen.
Die heutigen türkischen Schriften in der Sowjetunion werden nach einer Periode der Lateinschrift, die kurz nach der Oktoberrevolution begann, mit dem russischen Alphabet geschrieben, das die Phoneme der betreffenden Türksprache möglichst genau berücksichtigt (→ Türkeitürkisch).

Ungarisch.

Húsz	év	múlva
huːs	eːv	ˈmuːlvɔ
Zwanzig	Jahre	vergangen.

Elbeszélés	Jókai	Mór-tól
ˈɛlbɛseːleːʃ	ˈjoːkɔi	ˈmoːrtoːl
Erzählung	Jokai	Moritz-von

1.	Öt	vagy	hat	éves	voltam.	2. Kis	városunkban
	øt	vɔɖ	hɔt	eːvɛʃ	voltɔm.	kiʃ	ˈvaːroʃuŋgbɔn
	fünf	oder	sechs	jährig	war-ich.	klein	Stadt-unser-in

valami	társas	mulatságot	adtak,	hol
ˈvɔlɔmi	ˈtaːrʃɔʃ	ˈmulɔtʃaːgot	ˈɔtːɔk	hol
irgendeine	gesellige	Unterhaltung	gaben-sie,	wo

több	család	szerzi	össze	a	készleteket.
tøbː	ˈtʃɔlaːd	ˈsɛrzi	ˈøsːɛ	ɔ	ˈkeːslɛtɛkɛt.
mehr	Familien	schafft	zusammen	die	Vorräte.

3.	Valami	barbár	néven	ugy	híják	hogy
	ˈvɔlɔmi	ˈbɔrbaːr	ˈneːvɛn	uɖ	ˈhiːjaːk	hoɖ
	irgendeinem	barbarischen	Namen-nach	so	nennen-sie-es	daß

piknik. 4. Engem is elvitték e
ˈpiknik ˈɛŋgɛm‿iʃ ˈɛlvitːeːk ɛ
Picknick mich auch sie-nahmen-mit diese

mulatságba. 5. Mondták, hogy lesznek ott
ˈmulɔtʃaːgbɔ ˈmontːaːk hoɟ lɛsnɛk otː
Unterhaltung-in. Sie-sagen, daß werden-sein dort

hozzám való apró gyerekek többen is, majd
ˈhozːaːm ˈvɔlo: ˈɔproː ɟɛrɛkɛk tøbːɛn iʃ mɔjd
zu-mir gehörig kleine Kinder mehrere auch, schon

mulathatok velök;
ˈmulɔthɔtok ˈvɛløk
unterhalten-kann-ich-mich mit-ihnen;

táncolhatunk is. 6. Én pedig nem
ˈtaːntsolhɔtuŋk iʃ ˈeːn pɛdig nɛm
tanzen-können-wir auch. Ich dagegen nicht

szerettem azokat a hozzám való apró gyerekeket,
ˈsɛrɛtːɛm ˈɔzokɔt ɔ ˈhozːaːm ˈvɔloː ˈɔproː ɟɛrɛkɛkɛt
liebte diese die zu-mir gehörigen kleinen Kinder,

és utáltam mindenféle táncot. 7. Még nézni
eːʃ ˈutaːltɔm ˈmindɛnfeːlɛ taːntsot. meːg neːzni
und verabscheute jederlei Tanz. Noch sehen

sem szerettem. 8. Mindjárt elálmosodtam
ʃɛm ˈsɛrɛtːɛm ˈminɟːaːrt ˈɛlaːlmoʃotːɔm
auch-nicht liebte-ich. Sogleich ich-wurde-schläfrig

mikor azt a sok összevissza
ˈmikor ɔst ɔ ʃok øsːɛvisːɔ
wenn diese die viel durcheinander

lótó-futó alakot láttam. 9. Olyan
ˈloːtoːfutoː ˈɔlɔkot ˈlaːtːɔm ˈojɔn
hin und her laufende Gestalt sah-ich so

sebesen keringeltek, vágtattak szemeim
ˈʃɛbɛʃɛn ˈkɛriŋgɛltɛk ˈvaːktɔtːɔk ˈsɛmɛim
schnell walzten-sie galoppierten-sie Augen-meinen

előtt, mintha nem akarnák, hogy jól
ˈɛløːtː ˈminthɔ nɛm ˈɔkɔrnaːk hoɟ joːl
vor, als-ob nicht sie-wollten, daß gut

megnézzem arcáikat. 10. Pedig anélkül
ˈmɛgneːzːɛm ˈɔrtsaːikɔt. ˈpɛdig ˈɔneːlkyl
anschaue-ich Gesichter-ihre. Jedoch ohne-das

sem	ismertem	közülök	egyet	is.
ʃɛm	ˈiʃmɛrtɛm	ˈkøzyløk	ˈɛɟɛt	iʃ
auch-nicht	ich-kannte	unter-ihnen	einen	auch.

11.	Az	a	gondolat	pedig	éppen	kétségbe
	ɔz	ɔ	ˈgondolɔt	ˈpɛdig	eːpːɛn	ˈkeːtʃeːgbɛ
	Dieser	der	Gedanke	aber	gerade	Verzweiflung-in

ejtett,	hogy	olyan	magam	korabeli	kis
ˈɛjtɛtː	hoɟ	ˈojɔn	ˈmɔgɔm	ˈkorɔbɛli	kiʃ
ließ-fallen,	daß	so	ich-selbst	gleichaltrig	kleines

leánnyal	én	is	elinduljak	táncolni
ˈlɛːaɲːɔl	ˈeːn	iʃ	ˈɛlindujːɔk	ˈtaːntsolni
Mädchen-mit	ich-auch		aufbreche	zu tanzen

valamennyi	ember	előtt,	mint	valami	igazi
ˈvɔlɔmɛɲːi	ˈɛmbɛr	ˈɛløːtː	mint	ˈvɔlɔmi	ˈigɔzi
sämtlichen	Mensch	vor	wie	irgendein	richtiger

bolond.	12.	Hogy	ott	leüljek	›nasi-vasi‹-t
ˈbolond		hoɟ	otː	ˈlɛyjːɛk	ˈnɔʃi vɔʃit
Narr.		Daß	dort	ich-mich-hinsetze	Wischi-waschi

játszani,	az	minden	önérzetem	ellen	volt.
jaːtsːɔni	ɔz	ˈmindɛn	ˈøneːrzɛtɛm	ˈɛlːɛn	volt
zu-spielen,	daß	jedes	Selbstgefühl-mein	gegen	war.

Moritz Jokai 1825—1904 (ungarisch Jókai Mór — der Vorname steht im Ungarischen immer nach dem Familiennamen) ist einer der fruchtbarsten und originellsten ungarischen Erzähler gewesen.

Übersetzung. Zwanzig Jahre später. Erzählung von Moritz Jokai. 1. Ich war fünf oder sechs Jahre alt. 2. In unserer kleinen Stadt gab man eine jener Gesellschaften, auf denen mehrere Familien ihre Vorräte zusammenzutun pflegen. 3. Mit einem barbarischen Namen bezeichnen sie so etwas als Picknick. 4. Auch mich nahm man zu dieser Gesellschaft mit. 5. Man sagte, daß dort noch mehrere zu mir passende kleine Kinder sein würden; ich würde mich schon mit ihnen unterhalten können; auch tanzen könnten wir. 6. Die zu mir passenden kleinen Kinder schätzte ich jedoch gar nicht; und die Tanzerei war mir zuwider. 7. Nicht einmal zusehen mochte ich. 8. Wenn ich diese wirr durcheinander laufenden Gestalten sah, wurde ich gleich schläfrig. 9. So schnell walzten und galoppierten sie vor meinen Augen, als ob sie nicht wollten, daß ich mir ihre Gesichter genau betrachtete. 10. Aber ohnehin kannte ich keinen von ihnen. 11. Der Gedanke, daß ich mich aufmachen sollte, mit einem mir gleichaltrigen kleinen

Mädchen vor allen Leuten wie ein richtiggehender Narr zu tanzen, stürzte mich direkt in Verzweiflung. 12. Mich dort hinzusetzen und Wischi-Waschi zu spielen, war ganz und gar gegen mein Selbstgefühl.

Das ungarische Alphabet in der Reihenfolge der Buchstaben, wie sie in den neuesten ungarischen Wörterbüchern verwendet wird. In eckigen Klammern stehen die Lautwerte in der internationalen Lautschrift.

a [ɔ]	e [ɛ, æ]	j [j]	ö [ø]	u [u]
á [aː]	é [eː]	k [k]	ő [øː]	ú [uː]
b [b]	f [f]	l [l]	p [p]	ü [y]
c [ts]	g [g]	ly [j]	r [r]	ű [yː]
cs [tʃ]	gy [ɖ]	m [m]	s [ʃ]	v [v]
d [d]	h [h]	n [n]	sz [s]	z [z]
dz [dz]	i [i]	o [o]	t [t]	zs [ʒ]
dzs [dʒ]	í [iː]	ó [oː]	ty [ƫ]	

Es gibt noch ein geschlossenes kurzes *e*, das häufig mit *ö* wechselt und in der Orthographie nicht zum Ausdruck gebracht wird. Die meisten Sprecher, besonders in Budapest, machen jedoch keinen Unterschied zwischen den beiden *e* und sprechen immer [ɛ] oder [æ]. Der sehr offene Laut ist vor allem in der Vorsilbe *meg-* auffällig. In Familiennamen findet man häufig noch die alte Schreibweise:

aa, aá [a:]	eö [ø]	y [i]
ch, ts [tʃ]	cz [tʃ]	th [t].

In Fremdwörtern und Namen kommen außerdem noch die Buchstaben *q*, *w* und *x* vor.

Wie im Finnischen können sowohl Vokale als auch Konsonanten kurz und lang sein. Die Länge der Vokale wird durch einen Strich oder bei *ö* und *ü* durch zwei Striche markiert, die Länge der Konsonanten durch Doppelsetzung und bei Doppelbuchstaben wie *sz* durch Wiederholung nur des ersten Elementes: *ssz*.

Während im Finnischen die offene Silbe vorwiegt, ist die Silbe im Ungarischen meist geschlossen. Konsonantenassimilation ist daher im Ungarischen häufig und für die Aussprache sehr wichtig. Einen Stimmlippenverschlußlaut (Knacklaut) gibt es nicht; die Wörter werden also ›gebunden‹. Einige Beispiele:

Magyarország [ˈmɔɖɔrorsaːg] ›Ungarn‹;

zsebkendő [ˈʒɛpkɛndøː] ›Taschentuch‹ mit Assimilation des *b* an *k*, deshalb [-pk-];

nyelvtan [ˈɲɛlftɔn] ›Grammatik‹;

egység [ˈɛtƫʃeːg] ›Einheit‹ nicht [ˈɛƫʃeːg].

Die Vokalharmonie ist im Ungarischen strenger durchgeführt

als im Finnischen; neutraler Vokale ist *i*, seltener kommt *e*, *é* auch mit dunklen Vokalen gemischt vor.

Die Länge des Konsonanten wird zuweilen nicht bezeichnet, z. B.

látja ['laːt̡ːɔ] ›er sieht (ihn)‹;
leüljek ['lɛyjːɛk] ›daß ich mich setze‹.

Neben einigen Glossen bei byzantinischen Schriftstellern ist die aus dem Anfang des 13. Jh. stammende Leichenrede, die *halotti beszéd*, das älteste Denkmal des Ungarischen. Diese Leichenpredigt ist in einer phonologisch offenbar sehr unvollkommenen Orthographie geschrieben. Wie der folgende kurze Vergleich zeigt, ist der Unterschied zwischen der früheren und heutigen Orthographie selbst dann sehr beträchtlich, wenn man gewisse Wandlungen der Sprache im Laufe der Jahrhunderte in Betracht zieht.

Latiatuc feleym zumtuchel, mic vogmuc. ysa
Látjátok feleim szemetekkel, mik vagyunk. Bizony
pur es chomuv uogmuc.
por és hamu vagyunk.

›Ihr sehet, meine Nächsten, mit euren Augen, was wir sind. Wahrlich Staub und Asche sind wir.‹

STRUKTUR. Wegen der Struktur vergleiche man das unter → *Finnisch* und *Finnisch-ugrische Sprachen* Gesagte. Hier einige Besonderheiten des Ungarischen:

1. Im Unterschied zum Finnischen bleibt das Adjektiv als Attribut (das immer vor dem Substantiv steht) unverändert, als Prädikat stimmt es in der Zahl mit dem Subjekt überein, z. B. *kis városunkban* ›in unserer kleinen Stadt‹ (*kis* = ›klein‹); *apró gyerekek* ›kleine Kinder‹; aber: *Ezek a gyerekek vidámak* (diese die Kinder fröhliche) ›diese Kinder sind fröhlich‹ (*vidám* ›fröhlich‹). Die Kopula ›ist‹, ›sind‹ fehlt im Ungarischen, z. B. *Az idő pénz* (die Zeit Geld) ›Zeit ist Geld‹.

2. Der Stamm des Wortes bleibt im allgemeinen wie in den Türksprachen erhalten; es findet kein Stufenwechsel statt wie im Finnischen. Der im wesentlichen agglutinierende Typ des Ungarischen ist besonders innerhalb der Konjugation durch Unregelmäßigkeiten, die sich nicht mit phonetischen Gesetzmäßigkeiten erklären lassen, eingeschränkt. Es gibt eine Anzahl ›unregelmäßiger Verben‹.

3. Pluralzeichen ist *-k*, Akkusativzeichen *-t*; der Dativ wird durch das Suffix *-nek*, *-nak* markiert. Zwischen dem Wort und den Suffixen *-k*, *-t* treten nach bestimmten phonetischen Gesetzen (Vokalharmonie) Bindevokale (hintere, vordere und vordere gerundete Vokale). Plural- und Akkusativsuffix bilden die Morphemkette *--k---t*. Beispiele für die Pluralbildung: *készlet* ›Vorrat‹, *készlet-ek* ›Vorräte‹; *gyerek*

›Kind‹, *gyerek-ek* ›Kinder‹; *város* ›Stadt‹ *város-ok* ›Städte‹; mit Dehnung des letzten Vokals: *utca* ['utːsɔ] ›Straße‹, *utcák* ›Straßen‹; Akkusativ: *mulatság-ot* ›Unterhaltung‹; *tánc-ot* ›(den) Tanz‹; Akkusativ im Plural: *készlet-ek-et* ›Vorräte‹. Dativ: *Isten az ember-ek-nek észt adott* (Gott den Menschen Verstand gab) ›Gott hat den Menschen Verstand gegeben‹.

4. In der Konjugation des Verbs werden zwei Kategorien unterschieden. a) Die bestimmte oder objektive Konjugation, deren Formen durch ein bestimmtes Akkusativobjekt bedingt sind; b) Die unbestimmte oder subjektive Konjugation, die in allen anderen Fällen gilt, und zwar auch dann, wenn ein unbestimmtes Akkusativobjekt steht. So steht in dem Satz *valami társas mulatságot adtak* ›man gab irgendeine Gesellschaft‹ die unbestimmte Form von *adni* ›geben‹, d. h. *adtak* (nicht die bestimmte Form *adták*), weil das Akkusativobjekt *mulatság-ot* in diesem Fall nach ungarischem grammatischem Gebrauch unbestimmt ist.

5. Das Ungarische hat im Unterschied zum Finnischen einen bestimmten Artikel (*a*, vor Vokal *az* : *az ember* ›der Mensch‹) und einen unbestimmten Artikel (*egy* [ɛɖːɪ], dem Zahlwort für ›eins‹ gleich), der aber weit seltener als im Deutschen Verwendung findet.

6. Das Verhältnis zwischen Grundwort und Beziehungswort (Besitzverhältnis) wird im Ungarischen durch eine Formel geregelt, die mehr der Konstruktion in den Türksprachen als im Finnischen entspricht, z. B. heißt der Titel eines berühmten Dramas von Madách Imre *Az ember tragédiája* (›der Mensch seine Tragödie‹) ›Die Tragödie des Menschen‹. Wie im Türkischen trägt das Grundwort das Personalsuffix der 3. Person Singular, hier *-ja* ›sein‹. Zur Verdeutlichung wird das Bestimmungswort (im Deutschen: das Wort im Genitiv) zuweilen mit dem Dativsuffix versehen. In diesem Fall muß der Artikel auch vor dem Grundwort stehen: *az orvosnak a munkája* (dem Arzt die seine-Arbeit) ›die Arbeit des Arztes‹.

Einige wichtige Formen. Man unterscheidet Suffixe, die mit dem betreffenden Wort zusammengeschrieben werden und von denen die meisten der Vokalharmonie unterliegen, und Postpositionen, vor denen das Wort im Nominativ oder mit einem Suffix verbunden steht. Die mit dem Wort zusammengeschriebenen Suffixe werden von manchen als Kasusanzeiger aufgefaßt. Auf diese Weise ergeben sich 15 mit einem lateinischen Namen belegte Fälle. Da die Suffixe jedoch nicht wie im Finnischen den Stamm des Wortes verändern und eine große Selbständigkeit bewahren, ist diese Nomenklatur kein Mittel zum besseren Verständnis der Struktur sondern nur eine Erscheinung gelehrter Pedanterie.

Einige Suffixe (in Klammern der Bindevokal):

-*(e, ö, o)n*: *a földön* ›auf der Erde‹; *néven* (auf den) ›mit Namen‹.

-nél, -nál: 1. *az embernél* ›bei dem Menschen‹; 2. ›als‹ beim Komparativ: *nagyobb a háznál* ›größer als das Haus‹.

-re, -ra (mit Assimilation einiger Konsonanten): ›auf‹ (+ Akk.): *az asztalra* ›auf den Tisch‹; *a viszontlátásra* ›auf Wiedersehen‹;

-ből, -ból: *Bécsből* ›aus Wien‹;

-vel, -val (mit Assimilation des *v* an den auslautenden Konsonanten): *leánnyal* ›mit einem Mädchen‹, (léany + val >léany*n*yal > léannyal).

-ért : *Mikor jöhetek a képekért*? (Wann ich-kann-kommen die Bilder-für) ›Wann kann ich die Bilder abholen?‹

-ig: *egy hétig* ›bis zu einer Woche‹.

Postpositionen: *előtt* ›vor‹ (+ Dat.), *elé* ›vor‹ (+ Akk.); *mellett* ›neben‹ (+ Dat.), *mellé* ›neben‹ (+ Akk.); *ellen* ›gegen‹; *nélkül* ›ohne‹, *után* ›nach‹, *múlva* ›nach‹ u. a.

Possessivsuffixe:

-m	›mein‹	*-nk*	›unser‹
-d	›dein‹	*-tek, -tök, -tok*	›euer‹
-je, -ja	›sein‹, ›ihr‹	*-jük, -juk*	›ihr‹

Vor den Suffixen, die auch an die Postpositionen treten, stehen nötigenfalls Bindevokale. Beispiele: *órám* ›meine Uhr‹; *cipőd* ›dein Schuh‹; *kapuja* ›seine, ihre Tür‹; *előttem* ›vor mir‹ usw.; mit Suffix: *nálam* ›bei mir‹, *ránk* ›auf uns‹, *velük* ›mit ihnen‹ usw.

Zeichen des Plurals ist bei den Possessivsuffixen *-i-*, das meist als Infix auftritt, z. B. *óráim* ›meine Uhren‹; *gyermekeink* ›unsere Kinder‹; *szemeim előtt* ›vor meinen Augen‹ (*szem* ›Auge‹).

Verb. Das Ungarische besitzt zahlreiche zusammengesetzte Verben, deren Präfix unter bestimmten Bedingungen vom eigentlichen Verb getrennt wird, z. B. *összeszerez* ›er bringt zusammen‹ (so wird die Form im Wörterbuch angeführt), aber *sok pénzt szerez össze* ›er verdient viel Geld‹ (s. auch Text!).

Besondere Personalendungen hat das Ungarische nur für folgende Zeitstufen und Modi: Präsens, Vergangenheit; Konditional, Adhortativ (oder Konjunktiv), Imperativ. Das Futur und das Imperfekt des Konditional werden analytisch gebildet. Nur das Futur von *lenni* ›sein‹ hat eine besondere synthetische Form: *leszek* ›ich werde sein‹ usw.

An unpersönlichen Verbformen gibt es a) den Infinitiv, der immer auf *-ni* endet (*adni* ›geben‹, *mulatni* ›sich unterhalten‹, *szeretni* ›lieben‹, *látni* ›sehen‹ usw.) und die Possessivsuffixe annehmen kann: *Szabad kérnem*? (frei bitten-mein?) ›Darf ich bitten?‹;

b) das Partizip des Präsens auf *-ő, -ó*, z. B. *éneklő* ›singend‹ (*énekelni*), das häufig als Substantiv verwendet wird, z. B. *tanító* (lehrend) ›Lehrer‹; *való* ›seiend‹ dient dazu, Attribute vor das Substantiv zu stellen, z. B. *a létért való küzdelem* (das Dasein-für seiende Kampf) ›der Kampf ums Dasein‹;
c) das Gerundivum auf *-endő, -andó*, z. B. *fizetendő összeg* ›eine zu zahlende Summe‹;
d) das Verbaladverb auf *-ve, -va*, z. B. *Sietve közeledett* ›Eilend näherte er sich‹;
e) das Partizip Perfekt auf *-t* (*-ett, -ött, -ott*), z. B. *adott* ›gegeben‹, *főtt tojás* ›ein gekochtes Ei‹. Diese Form entspricht auch der dritten Person Singular der Vergangenheit, also *adott* ›er gab, er hat gegeben‹.
Ein — selten gebrauchtes — Plusquamperfekt kann durch Hinzufügung von *vala* gebildet werden. Die Personalformen des Verbs bildet man durch Anfügen der Personalendungen an den Verbstamm. Der Verbstamm ist identisch mit der dritten Person Singular des Präsens in der unbestimmten (subjektiven) Form. Daneben gibt es noch Verben, die in dieser Form das Suffix *-ik* haben. Sie unterscheiden sich nur in der Einzahl von der Konjugation der übrigen Verben.
EINIGE DEKLINATIONSMUSTER:
vagyok ›ich bin‹ *vagy* ›du bist‹ *van* ›ist‹, ›es gibt‹
vagyunk ›wir sind‹ *vagytok* ›ihr seid‹ *vannak* ›sie sind‹.
Die Personalpronomen *én, te, ő, mi, ti, ők* ›ich‹ usw. sind betont und werden meist weggelassen.
In der objektiven Konjugation kann in einzelnen Fällen auch das Objekt der zweiten Person (›dich‹) in der Verbform enthalten sein: *szeretek* ›ich liebe‹, *szeretem* ›ich liebe es‹ usw., *szeretlek* ›ich liebe dich‹.
Präsens: ›ich sage‹.
Subjektiv:
mond*ok* mond*sz* mond mond*unk* mond*tok* mond*anak*
Objektiv:
mond*om* mond*od* mond*ja* mond*juk* mond*játok* mond*ják*
Zum Beispiel heißt es im Rundfunk: *Híreket mondunk* (Nachrichten sagen-wir) ›wir geben jetzt Nachrichten‹. Da ›Nachrichten‹ nicht näher bestimmt ist, muß das Verb in der subjektiven Konjugation stehen.
Im Text: *adtak, mulathatok, táncolhatunk* usw. subjektiv, da das Akkusativobjekt unbestimmt oder die Verben intransitiv sind. Dagegen: *hívják, elvitték, mondták* usw. objektiv, weil das Objekt bestimmt ist oder ein Objektsatz (*hogy* . . .) folgt.
Futur: *kérni fogok* oder (objekt.:) *fogom* usw. Das Verb kann durch Suffixe bzw. Infixe erweitert werden:
-tet, -tat; -at, -et hat die Funktion des deutschen ›lassen‹, z. B.

kér-et ›er läßt bitten‹. Es bewirkt außerdem die passivische Handlungsform des Verbs. Es steht dann immer mit *-ik*, z. B. *adatik* ›es wird gegeben‹. In diesem passivischen Sinne wird *-et* usw. kaum noch gebraucht.
-het, *-hat*: ›können‹, z. B. *mulat*hato*k* ›ich kann mich unterhalten‹; *táncol*hat*unk* ›wir können tanzen‹. Durch Präfixe, Suffixe und Zusammensetzung kann das Ungarische leicht und ohne jede Beschränkung neue Wörter bilden.
Zahlreiche Konjunktionen schaffen ganz im Gegensatz zu den Türksprachen gut übersehbare und bewegliche Satzgefüge. Das Ungarische, das im Laufe der Jahrhunderte zu einer Kultursprache ersten Ranges ausgebildet worden ist, wird gegenwärtig von insgesamt etwa 15 Millionen Menschen gesprochen, davon etwa 10 Millionen innerhalb des ungarischen Staates.
Das Ungarische kann als eine agglutinierende Sprache analytischen Typs mit geringen flektierenden Tendenzen (Unregelmäßigkeiten der Verben) betrachtet werden.

Vietnamesisch.

Ma	nói	chuyện
¯mɑ:	ˈnɔi	_cwien’
Geist	erzählen	Geschichte

1.	Có	ngu·ò·i	trốn	tránh	quân
	ˈkɔ	_ŋɯəi	ˈʈron	ˈʈraĭŋ	kwən
	haben	Mensch	entfliehen		Leute

thù	nghịch,	đi	ẩn	núp
_ţhu	_ŋic’	¯di	ˌən	ˈnup
Feind	Rebell	gehen	sich	verbergen

ở·	chỗ	núi	thẳm,	hang	cùng.
ˌɤ	ˈco’	ˈnui	ˌţhaɯm	¯hɑ:ŋ	_kuŋ
bleiben	Platz	Berg	tief	Höhle	bis Ende.

2.	Một	đêm,	gió	mát,	giăng	trong,
	_mot’¯dem		ˈʐɔ	ˈmɑ:t	¯ʐaɯŋ	¯ʈrɔŋ
	eine	Nacht,	Wind	frisch,	Mond	klar,

ngu·ò·i	ấy	bỗng	thấy	một	con
_ŋməi	ˈei	ˈbouŋ’	ˈţhei	_mot’	¯kən
Mann	der	plötzlich	bemerken	ein	(Art.)

ma	vẩn-vo·		quanh-quẩn	ở·		du·ó·i
¯mɑ:	ˌvən¯vɤ		¯kwaĭŋ ˌkwen	ˌɤ		ˈʐɯəi
Geist	unstet	(sein)	umhergehen	zu	bleiben	unter

cây du·o·ng-liễu, sọ· quá, cú·
¯kei ¯ʐɯəŋ /lieu' _ʂɤ' /kwa: /kɯ
Baum Weide; fürchten Übermaß fortsetzen

nằm phục xuống, không dám
_naɯm _fuk' /ʂuəŋ ¯kxoŋ /ʐa:m
liegen sich-strecken nieder, nicht wagen

giở· dậy.
,ʐɤ _ʐei'
umdrehen aufstehen.

3. Con ma thấy thế lại tận no·i
¯kɔn ¯ma: /ṭhei /ṭhe _lai' _tən' ¯nɤi
(Art.) Geist bemerken solches, kommen Ende Platz

bảo: -Sao không ra đây mà
/bau ʂau ¯kxoŋ ¯ʐa ¯dəi _ma:
sagen: Warum nicht kommen hier um-zu

cho·i. 4. Ngu·ò·i kia run cầm-cập
¯cɤi. _ŋɯəi ¯kiə ¯ʐun _kəm_kəp'
spielen? Mann jener zittern-zittern

mà giả lò·i: — Thu·a ông,
_ma: ,ʐa _lɤi ¯ṭhɯə ¯oŋ
aber zurückgeben Rede: — (Anrede) Herr

con sọ· ông lắm.
¯kɔn _ʂɤ' ¯oŋ /laɯm.
ich(-Kind) fürchten Herr sehr.

5. Con ma nói:
¯kɔn ¯ma: /nɔi
(Art.) Geist sagen:

Sao mà gàn thế! Việc chi
¯ʂau _ma: _ga:n /ṭhe _viek' ¯ci
Warum das dumm so! Sache was

mà sọ·; kể mà đáng
_ma: _ʂɤ' ,ke _ma: /da:ŋ
das fürchten? erwähnen was wert-sein

sọ· thì chỉ có giống ngu·ò·i
_ʂɤ' _ṭhi ,ci /kɔ /ʐoŋ _ŋɯəi
fürchten, so einfach-nur Rasse Mensch

là đáng sọ· ho·n cả mà thôi.
_la: ¯da:ŋ _ʂɤ' ¯hɤn /ka: _ma: ¯ṭhoi
sein wert-sein fürchten übertreffen was genug-sein

6.	Bác	thủ·	nghĩ	xem:	Ai	làm
	'ba:k	ˌṭhu	'ŋi'	¯ʂɛm	¯ai	_la:m
	(Sie!)	versuchen	denken	nachdenken:	Wer	macht

cho	bác	đến	nỗi	co·	¯cụ·c
¯cɔ	'ba:k	'den	'noi'	¯kɤ	_kɯk'
geben	Sie	kommen	Zustand	Not-Unglück	

nhu·	thế	này,	ngu·ò·i	hay	là	ma?
¯ɲɯ	'ṭhe	_nɛi	_ŋɯəi	¯hɛi	_la:	¯ma:
ähnlich	so	dies-hier,	Mensch	oder		Geist?

7.	Ma	nói	xong,	cu·ò·i	một
	¯ma:	'nɔi	¯ʂɔŋ	_kɯəi	_mot'
	Geist	sprechen	zu-Ende,	lachen	ein

hồi	rồi	biến	mất.
_hoi	_ʐoi	'bien	'mət
Augenblick	dann	verschwinden	verschwinden.

(Text aus: G. Cordier. Cours de langue annamite. Hanoi 1932.)

Übersetzung:

Der sprechende Teufel.

1. Ein Mann floh einmal vor seinen Feinden und verbarg sich in einem fernen Berg in einer tiefen Höhle.
2. Eines Nachts, der Wind war frisch und der Mond schien, bemerkte der Mann plötzlich einen Teufel, der unter einem Weidenbaum umherstreifte; in höchster Angst streckte er sich der Länge nach aus und wagte nicht, sich zu rühren.
3. Als der Teufel das bemerkte, kam er heran und sagte: — Warum kommst du nicht her, um dich zu unterhalten?
4. Der Mann zitterte wie Espenlaub, antwortete aber: —(Verzeihen Sie), edler Herr, ich habe solche Angst vor Ihnen.
5. (Darauf) sagte der Teufel: — Wie (kann man) so dumm sein! Was ist da zu fürchten? Wenn man schon von etwas Schrecklichem spricht, so ist es vor allem das menschliche Geschlecht, (das) man mehr als alles andere fürchten muß.
6. Bitte, denken Sie doch mal nach: Wer hat Sie in ein derartiges Elend gestürzt, die Menschen oder der Teufel?
7. Nachdem der Teufel das gesagt hatte, lachte er auf und verschwand.

Aussprache und Alphabet. Die Buchstaben des lateinischen Alphabets haben im Vietnamesischen folgende Lautwerte:

a [ɑ:] ă [a] oder vor *m* fast diphthongisch wie [aɯ] â [ə] e [ɛ] ê [e] o [ɔ] o· [ɤ] ô [o], zuweilen fast [ou] u [u] u· [ɯ].

Es gibt zahlreiche Diphthonge und Triphthonge, von denen viele im Text vorkommen. Ihre Aussprache geht aus der Umschrift unter dem Text hervor. Wir bemerken hier folgende:

ai [ai] ây [ei]
oi [ɔi], nur dieses oi entspricht also etwa dem deutschen *eu*
ôi [oi] o·i [ɤi] uô [uə] u·o· [ɯə].

Bei den Diphthongen ist meist der erste Bestandteil, bei den Triphthongen der mittlere Bestandteil etwas stärker betont. Das u der Buchstabenverbindung *qu* gehört zu *q*, also *qu* = [kw].

Konsonanten: Die nicht angeführten Konsonanten entsprechen mehr oder minder der deutschen Aussprache.

c [k] ch [c]
d [ʐ] retroflexes [z], wie *r* in der neuen chinesischen Orthographie
gh [g] gi [ʑ] oder [ʑ], zwischen [z] und [ʒ]
kh [kx], beide Laute werden leicht artikuliert, nach einigen Forschern nur [x]
ng (ŋ] nh [ɲ] ph [f] r [ʐ] wie d qu [kw] s [ʂ]
tr [tr], fast [tʂ]
th [t̪h], ein dentales t mit starker Aspiration.
v [v]
x [ʂ] oder [ç], zwischen [s] und [ʃ].

Im Auslaut stehende [p], [t], [c], [k] werden kurz abgebrochen; der gebildete Verschluß wird ohne Sprenggeräusch gelöst.

In der Umgangssprache der gebildeten nordvietnamesischen Stadtbevölkerung, die jedoch nicht von den Schulen anerkannt wird, fallen folgende Laute zusammen:

s und x werden wie [ʂ] oder [ç],
d, gi, r wie [ʑ] gesprochen, tr lautet wie [tç].

Neben die Vokale und Konsonanten tritt als drittes Bauelement des vietnamesischen Wortes die Tonführung des Vokals. Das Vietnamesische unterscheidet sechs Töne, die als eigene Phoneme wirksam sind, d. h. also die Bedeutung des Wortes mitbestimmen.

Fünf Töne werden durch diakritische Zeichen, die über und unter dem Vokal stehen, angedeutet. Ihre Form gibt eine ungefähre Vorstellung von der Art des Tons. Wir verwenden in den eckigen Klammern die Tonzeichen der internationalen Lautschrift. Dadurch ist ein Vergleich mit der Art der Töne anderer ›Tonsprachen‹, z. B. des Chinesischen, leicht möglich.

Zur Veranschaulichung der bedeutungsdifferenzierenden Wirkung der Töne bietet sich das erste Wort des Textes, *ma*, an.

Nach Lê-Van-Ly kann man die Töne des Vietnamesischen in drei Gruppen teilen:

a) in zwei ebene Töne, bei denen die Stimme ungefähr auf der gleichen Höhe bleibt;
b) in zwei ›melodische‹ Töne, bei denen die Stimme von einem gewissen Punkt an steigt;
c) in zwei ›knarrende‹ Töne, das sind Töne, die von einer Zusammenpressung der Stimmlippen im Kehlkopf begleitet sind (→ Germanische Sprachen, Dänisch).

Der hohe oder mittlere ebene Ton wird in der Schrift nicht bezeichnet. Er liegt in *ma* [¯mɑ:] ›Teufel‹ vor. Spricht man die Silbe um einige Noten tiefer ohne Veränderung der Tonhöhe (nach einigen Forschern mit leicht sinkender Stimme), so ergibt sich mà [_mɑ:] ›damit‹, ›um zu‹, ›das‹, ›was‹, ›aber‹ usw. (wichtige Satzbaupartikel mit einer großen Skala von Bedeutungen).

Die beiden Tonstufen, der mittlere ebene Ton und der tiefe ebene Ton, stellen keine absoluten Werte dar; vielmehr bezeichnet der mittlere Ton die gewöhnliche Stimmlage des Sprechers, und der tiefe Ton ist nur im Verhältnis zu der gewöhnlichen Stimmlage des Sprechers tief. Es handelt ich also um relative Werte.

Der hohe steigende Ton beginnt etwas unter der Höhe des mittleren ebenen Tones und steigt dann an. Die meisten Europäer müssen darauf achten, daß sie die Stimme nicht wieder sinken lassen, da für sie dieser Ton mit einem Fragesinn verknüpft sein kann und als Aussageton besonders fremd anmutet.

má [ˈmɑ:] ›die Wange‹.

Der tiefe steigende Ton beginnt ungefähr auf der Stufe des tiefen ebenen Tones, fällt etwas und steigt dann an: mả [ˏmɑ:] ›das Grab‹.

Die beiden ›Knarrtöne‹ sollen in der Stimmbewegung ungefähr den Tönen unter b) entsprechen. Doch sind die Meinungen besonders über den mit einem . (Punkt unter dem Vokal) bezeichneten Ton nicht einheitlich.

Die durch Kehlkopfpressung begleiteten Vokale bezeichnen wir durch einen Apostroph nach dem Vokal oder dem auslautenden Konsonanten:

mã [ˈmɑ:'] ›Pferd‹
mạ [_mɑ:'] ›junge Reispflanze‹.

Lê-Van-Ly gibt folgenden Überblick über die Töne:

	eben	mit Stimmbiegung	knarrend
hoch	a [¯ɑ]	á [ˈɑ]	ã [ˈɑ']
tief	à [_ɑ]	ả [ˏɑ]	ạ [_ɑ']

Die beiden tiefen Töne à und ả sollen nach Beobachtungen anderer Forscher ›behaucht‹ gesprochen werden. Aus dem

oben Beschriebenen ersieht man, daß nicht nur die Tonführung, sondern auch die Veränderung des Stimmcharakters in der Sprache eine entscheidende Rolle als bedeutungsgebenden Faktor spielen kann.
Die verhältnismäßig einfache Struktur des Wortes — im wesentlichen (Konsonant) — Vokal oder Diphthong — (Konsonant), wobei nur eine beschränkte Zahl der konsonantischen Phoneme im Auslaut stehen können, ergibt nur ein lautlich begrenzt differenziertes Wortmaterial, das nicht ausreicht, um alle nötigen Begriffe für das Ohr deutlich zu machen. Soll die Gefahr, die in einer großen Zahl gleichklingender Wörter besteht, vermieden werden, muß die Sprache zur Scheidung der gleichlautenden Wörter nach anderen Mitteln suchen. Durch die sechs Tonstufen besitzt das Vietnamesische theoretisch die Möglichkeit, sein Phoneminventar zu versechsfachen. In Wirklichkeit werden jedoch nicht alle Möglichkeiten wie in dem obigen Beispiel *ma* ausgenutzt, d. h. nicht jede Silbe kann in allen sechs Tönen gesprochen werden. Manche in einem bestimmten Ton gesprochene Silben bedeuten gar nichts. Sie haben also in dem System den Wert Null. Dennoch ist das Vietnamesische in lautlicher Beziehung weit reicher gegliedert als das Chinesische, und die Gefahr der Homonyme ist weitgehend gebannt.
Es ist klar, daß das Vietnamesische gegen Verzerrungen in der Wiedergabe seiner Lautnormen weit empfindlicher ist als z. B. das Deutsche. Eine Verzerrung der Lautnorm, d. h. also schon geringe Abweichungen in der Aussprache, zu der ja auch die Töne gehören, macht eine gesprochene Mitteilung absolut unverständlich oder verändert völlig den Sinn des Gesagten. Für die Praxis bedeutet das: Was die Sprache dem Lernenden in der Formenlehre schenkt, fordert sie in der Phonetik von ihm. Weit mehr noch als in den meisten europäischen Sprachen ist die Phonetik der Angelpunkt bei der Erlernung des Vietnamesischen. Andere Sprachen, z. B. das Deutsche, dulden ziemlich große lautliche Variationsbreiten. Man kann den Satz ›Wo bist du?‹ phonetisch weitgehend verzerren, indem man die Vokale diphthongisch ausspricht [vɔu bɪs dou], ohne unverständlich zu werden.

Allgemeines. Das Vietnamesische oder Annamitische wird gegenwärtig von etwa 43 Millionen Menschen in Indochina, und zwar im Norden im Deltagebiet der Landschaft Tongking, im Süden im Mekongdelta und in dem diese beiden Landschaften verbindenden gebirgigen Küstenland Annam gesprochen. Seit dem 17. Jh. wird es mit dem um einige diakritische Zeichen bereicherten lateinischen Alphabet geschrieben. Die Lautwerte der Buchstaben wurden von portugiesischen Missionaren festgelegt, die zum Teil die portugiesische Orthographie zum Vorbild nahmen: ê und ô mit Zirkumflex um anzudeuten, daß die Laute geschlossen sind. Die merkwürdige Verwendung des d zur Bezeichnung des retroflexen [ʐ] rührt daher, daß das portugiesische *d* in den meisten Fällen wie [ð] gesprochen wird. *x* stellt das [ʂ] dar und *nh* das [ɲ]. Dieses lateinische Alphabet wird von den Vietnamesen (chữ) quốc ngữ, [ˈkwok ˈŋɯ'], ›Vaterland-Sprache‹, also ›nationale Sprache‹ genannt und ist trotz vieler Reformvorschläge, die wegen der mannigfachen Unzulänglichkeiten der Orthographie immer wieder gemacht wurden, bis heute unverändert geblieben. Ursprünglich wurde das Vietnamesische mit sino-annamitischen Zeichen geschrieben. Sie waren noch lange neben dem lateinischen Alphabet im Gebrauch, hatten aber nie große Verbreitung gefunden, weil die damaligen führenden Schichten fast ausschließlich das Chinesische als Literatur- und Verwaltungssprache benutzten. Diese sinoannamitische Schrift wurde zum größten Teil aus chinesischen Zeichen dadurch geschaffen, daß man die Radikale der betreffenden Zeichen beibehielt und ihnen andere phonetische Komponenten, die für den ungefähren Lautwert des vietnamesischen Wortes standen, beifügte. Die zahlreichen Lehnwörter aus dem Chinesischen wurden natürlich mit den entsprechenden chinesischen Zeichen wiedergegeben. Diese Schrift heißt chữ nôm [ˈcɯ' nom], ›gewöhnliche Schriftzeichen‹.

Das Vietnamesische zerfällt in zwei Dialektgruppen, von denen die im Norden in Tongking (Hauptstadt Hanoi) gesprochene Mundart maßgebend geworden ist.

Die Bezeichnung Annam (*an* ›Frieden‹, ›friedlich‹, *nam* ›Süden‹, also ›friedlicher Süden‹) wurde dem Lande ursprünglich von den Chinesen gegeben. Daneben wurde (man weiß nicht, seit wann) unter Gebildeten auch der Name *Việt-nam* üblich. *Việt* ist ein chinesisches Wort für nichtchinesische Stämme, so daß man *Việt-nam* mit ›der Süden der nichtchinesischen Stämme‹ übersetzen kann. Der Ausdruck verbreitete sich besonders in revolutionären Kreisen und wurde schon vor der Teilung in die beiden Staaten Nordvietnam und Südvietnam im März 1946 offiziell von den Franzosen eingeführt.

Die Stellung des Vietnamesischen innerhalb größerer Sprachgruppen ist nicht eindeutig geklärt. Der französische Forscher Maspéro rechnet es zur Gruppe der Thaisprachen, hält jedoch die Substratwirkung der Mon-Khmer-Sprachen für sehr bedeutend. Auf Grund der vielen Wörter, die das Vietnamesiche mit den Mon-Khmer-Sprachen gemeinsam hat, halten andere

Forscher das Vietnamesische für eine durch die Überlagerung einer Thaisprache stark veränderte Mon-Khmer-Sprache. Auf jeden Fall handelt es sich um eine Mischsprache, die den Typus einer isolierenden Sprache in noch eindrucksvollerer Weise vertritt als das Chinesische.

Durch das kulturelle Übergewicht der Chinesen, das durch viele Jahrhunderte wirksam war, sind zahlreiche chinesische Wörter in das Vietnamesische gedrungen, die meist leicht erkennbar sind.

Sprachbau und Erläuterungen zum Text. Ein Blick auf den Text und die darunter stehende wörtliche Übersetzung läßt einen wesentlichen Zug der grammatischen Struktur des Vietnamesischen erkennen: Die aus einer Silbe bestehenden Wörter sind ohne Hilfe irgendwelcher Beziehungselemente aneinander gereiht. Will man den Sinn der Wörter richtig erfassen, so muß man offenbar die Gesetze kennen, nach denen die Wörter gefügt sind. Der Sinn der Sätze ergibt sich aus:

1. der Reihenfolge der Wörter, d. h. der Wortstellung;
2. der rhythmischen Aufgliederung der Wortreihe oder den Zäsuren oder Pausen zwischen den einzelnen Wortgruppen;
3. einigen Wörtern, deren Aufgabe darin besteht, andere Wörter oder Wortgruppen funktionell festzulegen oder nach irgendeinem Prinzip zu klassifizieren.

   Als weitere Punkte, die das Verständnis des Textes erleichtern helfen, aber mehr sekundärer Art sind, nennen wir:
4. die Häufigkeit, mit der gewisse Wortgruppen in einem bestimmten Sinn und in einer bestimmten Funktion vorkommen, so daß sie beim Lesen oder Hören sofort als zusammengehörig empfunden werden;
5. den Grad der Wahrscheinlichkeit, den der Sinn einer Wortgruppe für sich beanspruchen kann;
6. die Kombinationsfähigkeit des Hörers oder Lesers.

Im Vergleich zu Sprachen mit morphologischen Elementen tritt eine Verschiebung der Arbeitsleistung mit Bezug auf das Verhältnis Sprecher-Hörer ein. Anders ausgedrückt: Dem Empfänger (Leser oder Hörer) werden einige Brocken hingeworfen; mag er jetzt sehen, wie er aus diesen Sprachbrocken das richtig erkennen kann, was der Sender (der Schreiber oder Sprecher) ihm mitteilen will. Der Empfänger erhält keine fertig ausgearbeitete Botschaft mit allen Hinweisen (Flexionsendungen, Kasuspartikeln usw.), um jede Zweideutigkeit der Mitteilung von vornherein zu beheben, sondern er muß die Beziehungen zwischen den Wortgruppen zum großen Teil selbst herstellen. Die Faktoren unter Punkt 4 und 5 unterstützen den Empfänger bei der Verarbeitung der Mitteilung.

Den durch die genannten Merkmale beschriebenen Sprachtypus bezeichnet man als isolierend. Der Ausdruck ›isolierend‹ bezieht sich auf die Form des Wortes, das unverändert bleibt. Es kann weder durch die Veränderung seiner Bestandteile noch durch die Anfügung irgendwelcher Formelemente (z. B. Kasusendungen, Verbendungen usw.) zu einem anderen Wort oder Wortblock in Beziehung gesetzt werden. Die Beziehungen ergeben sich allein aus Mitteln, die der Syntax angehören, wobei der Faktor der Zäsur oder Pause zwischen zwei Wörtern oder Wortgruppen eine wichtige Rolle spielt. Für ›isolierend‹ kann man auch ›amorph‹ (aus griechisch *a* = ohne, *morphé* = Form, d.h. ›ohne Form‹) sagen. Vietnamesisch, Chinesisch, Siamesisch u.a. sind also amorphe Sprachen, d.h. Sprachen, deren Wörter keine grammatischen Formen haben. In den nichtisolierenden Sprachen wird der den Begriff anzeigende Wortteil, den man bildlich als Rumpf ohne Glieder auffassen kann, häufig Wurzel genannt. In Anlehnung daran spricht man auch von ›wurzelisolierenden‹ Sprachen, wenn man das Vietnamesische, Chinesische usw. charakterisieren will.

Als logische Reihenfolge der Wörter gilt im allgemeinen: Subjekt — Prädikat — Objekt. Dieses einfache Satzgerüst kann im Vietnamesischen wie folgt erweitert werden:

> Subjekt + Attribut (z. B. Adjéktiv, Substantiv) — (Adverbialbestimmung) + Verb + (Adverbialbestimmung) — Objekt:
> *ngu·ò·i ấy bỗng thấy một con ma.* Mann-jener plötzlich-bemerkte ein-Lebewesen-Teufel = ›Der Mann bemerkte plötzlich einen Teufel‹.

(Satz 4) *Ngu·ò·i kia run cầm-cập.* ›Der Mann zitterte sehr‹. Die Wortgruppe *cầm-cập* verstärkt adverbial das Verb *run*, das auch allein ›zittern‹ heißt. *cầm* und *cập* können auch die Funktion von Vollverben haben; das erstere heißt dann ›nehmen‹, ›ergreifen‹, das letztere ›ankommen‹, ›erreichen‹. Es ist offenbar, daß die Verbindung dieser Wörter zusammen mit *run* eine ganz andere Bedeutung hat als die Wörter, wenn sie für sich stehen. Die Zusammengehörigkeit dieser Wörter wird beim Sprechen durch das Sprechtempo deutlich, das diese Gruppe von den vorhergehenden und folgenden Wörtern abgrenzt. Umstellung der Satzglieder aus Gründen des Nachdrucks ist nicht selten: *Con sợ· ông lắm.* ›Ich fürchte Sie sehr‹. In diesem Satz steht das betonte *lắm* ›sehr‹ wie im Deutschen am Ende des Satzes.

Die rhythmische Aufgliederung gibt Aufschluß über die Funktion der Wörter und die größeren Zusammenhänge der Wortgruppen:

Môt đêm gió mát giăng trong
1 2 / 1 2 / 1 2

Der Takt 1, 2 wiederholt sich dreimal, und nach dieser Taktreihe erscheint ein nach dem üblichen Muster gebauter Satz ›Der Mann bemerkte plötzlich einen Teufel‹, dessen Subjekt und Objekt klar durch die Stellung sowie durch die Hilfswörter *ây* als Pronom ›jener‹, ›der‹ und durch das Zahlwort *một* ›ein‹ mit einem Klassifikator *con* umrissen sind. Man kann daraus schließen, daß die vorhergehenden 6 Wörter, die in drei Takte zerlegbar sind, dem folgenden Satz in irgendeiner Weise untergeordnet sind oder ihn näher bestimmen. *Một đêm* ›eine Nacht‹ ist offenbar eine adverbiale Bestimmung der Zeit, die wir mit ›eines Nachts‹ übersetzen. Die folgenden zwei Takte *gió mát* ›Wind frisch‹, *giăng trong* ›Mond klar‹ kann man als eine Mitteilung im Telegrammstil betrachten: ›Der Wind ist frisch‹, und da die Geschichte in der Vergangenheit spielt, was durch das einleitende Wort *có* ›haben‹ fur die ganze Geschichte signalisiert wird, übersetzt man richtig: ›Der Wind war frisch‹. Der nächste ähnlich gefügte Ausdruck (wieder 1! 2!) steht auf einer Stufe mit dem vorangegangenen: ›Mond klar‹ und heißt demnach: ›Der Mond war klar‹. Aus den Takten 1! 2! ... muß man schließen, daß *mát* ›frisch‹ und *trong* ›klar‹ eine selbständige Funktion als Prädikate von *gió* ›Wind‹ und *giăng* ›Mond‹ haben und nicht etwa in engerer Beziehung zu ihnen in der Funktion von Attributen stehen: ›Eines Nachts ein frischer Wind und ein klarer Mond‹ ... wäre der Anfang eines Satzes. Das zu erwartende Prädikat erscheint jedoch nicht. Anstatt dessen macht der folgende vollständige Satz ›Der Mann bemerkte plötzlich einen Teufel‹ die Zäsur nach den 3 Takten unbedingt deutlich. Demnach muß man die beiden Wortgruppen, die nur aus zwei Wörtern bestehen, als zwei nebengeordnete Sätze betrachten, die man im Deutschen durch ›und‹ verbinden kann: ›Der Wind war frisch, und der Mond war klar‹. Diese beiden Sätze könnte man wieder als Attributsatz zu ›eines Nachts‹ stellen: ›Eines Nachts, als ein frischer Wind wehte und der Mond schien, bemerkte der Mann plötzlich einen Teufel ...‹ In der Übersetzung ist die deutsche Wortfügung stärker an das Original angelehnt worden, um die Eigenart des vietnamesischen Satzbaus deutlicher hervortreten zu lassen. Im Deutschen ist diese asyndetische (= verbindungslose) Fügung jedoch ein Mittel, das in die Stillehre gehört. Es ist ein Kunstmittel, das dem Sprachbau des Deutschen zuwiderläuft. Um verständlich zu werden, müssen diese sozusagen in Klammern stehenden Sätze im Deutschen mit einer besonderen Intonation (beschleunigtes Tempo mit etwas sinkender Stimme) gesprochen werden.

Aus dem oben Geschilderten ist ersichtlich, daß selbst die Taktordnung noch keinen völligen Aufschluß über alle Funtionen der Wörter und ihre Beziehungen zueinander gibt. Erst der folgende Satz beleuchtet die wirklichen Zusammenhänge der im ›Telegrammstil‹ aufgereihten Wörter. Die einleitende Wortgruppe *một đêm* gehört als adverbiale Bestimmung der Zeit zu dem Hauptsatz, und diese adverbiale Bestimmung wird durch den temporalen Attributsatz näher erklärt. In dem deutschen Satzgefüge: ›Eines Nachts, als der Wind frisch und der Mond klar war, ...‹ werden die Funktionen und die Beziehungen der Wörter zueinander durch folgende Mittel kenntlich gemacht:

a) eine*s* Nacht*s*: Durch *-s* wird *Nacht* zur adverbialen Bestimmung;
b) *als* deutet den temporalen Konjunktionalsatz an (hier Attributsatz zu *Nacht*);
c) *und* verbindet die beiden nebengeordneten Sätze;
d) *der* läßt *Mond* und *Wind* als Substantive im Nominativ erkennen; Substantive im Nominativ bilden fast immer das Subjekt des Satzes;
e) *war* als Kopula (Satzband) macht *frisch* und *klar* zum Prädikativum und gibt durch seine Form außerdem die Zeitstufe an.

Im Deutschen stehen also sechs Beziehungsmittel, im Vietnamesischen keins dieser Art. Das Vietnamesische muß in diesem Fall mit zwei Mitteln, der Taktordnung und der Zäsur hinter 1—2, 1—2, 1—2 auskommen.

Neben der Wortstellung und der rhythmischen Aufgliederung der Wortgruppen, die man als innere oder stumme syntaktische Mittel bezeichnen kann, gibt es im Vietnamesischen als Satzbaupartikeln fungierende Wörter, die als äußere oder hörbare syntaktische Mittel charakterisiert werden können. Zu diesen gehören in erster Linie Substantivandeuter, die, da sie häufig nach Zahlwörtern stehen, auch Zählwörter oder Numerative genannt werden. Es gibt eine ganze Reihe solcher Wörter, von denen jedes nur mit ganz bestimmten Substantiven verbunden werden kann. Sie erfüllen also mehr oder minder die Aufgabe, die dem Artikel im Deutschen zufällt, und deshalb ist es praktisch, sie einfach Artikel zu nennen. In Anlehnung an das englische ›classifier‹, das den Gesichtspunkt der Klasseneinteilung der Substantive in den Vordergrund stellt, könnte man auch ›Klassifikator‹ sagen. *con*, das selbständig gebraucht die Bedeutung ›Kind‹ hat, klassifiziert z. B. Lebewesen, deshalb *một con ma* ›ein Lebewesen Teufel‹ = ›ein Teufel‹. *du·o·ng-liễn* heißt ›Weide‹, ›Weidenbaum‹, als Artikel dient in diesem Fall *cây* ›Baum‹. Erfordert die Aussage

unbedingt die Andeutung des Plurals, so kann man u. a. *nhũ·ng* ›mehrere‹ gebrauchen. ›Bücher‹ heißt mit dem Artikel für Bücher *quyển* dann: *nhu·ng quyên sách* [kwien ʂaĭk].
Die im Deutschen durch die Kasusformen hergestellten Beziehungen werden im Vietnamesischen nur ausgedrückt, wenn es zum Verständnis unbedingt erforderlich ist. Der Akkusativ ist, wie schon gesagt, nur durch die Stellung des Objektes im Satz gekennzeichnet. Die im Deutschen durch den Dativ ausgedrückte Funktion wird meist von dem Verb *cho* ›geben‹ erfüllt: *Nó đem co·m cho vo· nó* (er, bringen, Reis, geben, Frau, er) ›Er bringt seiner Frau das Essen‹. Auch im Chinesischen dient das Wort ›geben‹ (*gĕ*) als Zeichen des Dativs. Das Genitivverhältnis kann sich aus einer einfachen Nebeneinanderstellung und durch das Verbindungswort *của* ›Sache‹, ›Ding‹ ergeben. Das im Deutschen im Genitiv stehende Bestimmungswort steht im Vietnamesischen immer nach dem Grundwort, d. h. dem Wort, das näher bestimmt wird, z. B. *Tôi thấy cái nhà của ông Phủ* (ich, sehen, Artikel für Unbelebtes, Haus, Sache, Herr, Phu) ›Ich sehe das Haus des Herrn Phu‹; *nhũ·ng quyển sách của anh tôi* (mehrere, Artikel für Bücher, Buch, Sache, Bruder, ich) ›die Bücher meines Bruders‹.
Der Begriff des Possessivpronomens ergibt sich durch die gleiche Verbindung: Das Personalpronomen wird meist unter Auslassung von *của* dem Substantiv nachgestellt: *anh tôi* (Bruder, ich) ›mein Bruder‹.
Die zahlreichen Personalpronomina, deren systematische Zusammenstellung in einer Grammatik des Vietnamesischen ganze Seiten füllen, sind eigentlich Substantive, deren Anwendung durch das unter den Sprechern herrschende Verhältnis geregelt wird. Für das Verhältnis sind Rangunterschiede, Alter und Verwandtschaft maßgebend. Der Teufel redet (in der Erzählung) den Menschen zunächst überhaupt nicht mit einem Pronomen an, während der Mensch gleich weiß, was er dem Teufel schuldig ist: Für ›Sie‹ sagt er das allgemein höfliche ›Herr‹, und für ›ich‹ benutzt er *con* ›Kind‹ (das übrigens aus einer Mon-Khmer-Sprache stammt und auch als Artikel für belebte Wesen fungiert). *Con* sagen die Eltern zu ihrem Kind (*con* also gleich ›du‹) und Kinder zu ihren Eltern sowie zuweilen Untergebene zu ihren Vorgesetzten (*con* = ›ich‹).
Das in dem Satz ›*Việc chi mà sọ·?*‹ hinter *việc* stehende Fragepronomen *chi* ›was‹ ist funktionell ein Genitiv ›Sache von was‹ = ›welche Sache ist da zu fürchten?‹
Durch diese Nebeneinanderstellung werden auch feste Verbindungen geschaffen, die durch das Wörterbuch zu erfassen sind, z. B. *mắt trò·i* (Auge, Himmel = Auge des Himmels

›Sonne‹ (vgl. indonesisch *mata hari*); *thợ may* (Handwerker, nähen) ›Schneider‹. Der für solche Fälle wünschenswerte Bindestrich wird heute nur sehr selten, bei Namen z. B., gesetzt. Um den Sinn größerer Wortgruppen zu erfassen, muß man in der großen Flucht der einsilbigen Wörter zunächst die einen Begriff bildenden, enger zusammengehörigen Silben erkennen (vgl. Französisch).

Das Verhältnis, in dem zwei Wurzelwörter, die sich zu einem Begriff zusammengeschlossen haben, zueinander stehen, ergibt sich allein aus dem Bedeutungsinhalt der Silben. Die Art der Wortbildung läßt sich in den isolierenden Sprachen im wesentlichen auf zwei Prinzipien zurückführen: Das Prinzip der Beifügung und das Prinzip der Durchdringung. In dem ersten Fall wird das erste Wort durch das zweite näher bestimmt, wird eingeengt, und beide Bestandteile ergeben einen neuen einheitlichen Begriff: *mắt trời* (Gesicht des Himmels) ›Sonne‹. Im Gegensatz zum Deutschen und Chinesischen steht im Vietnamesischen das Bestimmungswort hinter dem Grundwort: *nước Đức* (Land deutsch) ›Deutschland‹; im Chinesischen dagegen steht der Begriff für ›Deutschland› = *dé* vor dem Begriff für ›Land‹: *déguó*; ebenso vietnamesisch *xe hỏa* (Wagen, Feuer) ›Eisenbahnzug‹, chinesisch dagegen *huǒchē* (Feuer-Wagen) ›Eisenbahnzug‹.

In der Stellung des Bestimmungswortes unterscheidet sich das Chinesische einerseits wesentlich vom Vietnamesischen und Siamesischen andererseits.

In diesen Zusammensetzungen kann das zweite Glied auch ein Wort sein, das man in anderen Sprachen als Adjektiv bezeichnen würde; denn im Vietnamesischen und überhaupt in den isolierenden Sprachen sind die Grenzen zwischen den Wortarten durchaus fließend. Dennoch gibt es einige Merkmale, die ein Wort zum Träger einer bestimmten Wortart stempeln: Die Artikel oder Klassifikatoren machen ein Wort zum Substantiv; der häufige Gebrauch eines Wortes in einer bestimmten Funktion legen die Wahrscheinlichkeit nahe, daß es z. B. in anderen Sprachen einem adjektivischen Äquivalent entspricht, z. B. fungiert *khôn* ›klug‹, ›weise‹ meist als Adjektiv. Das Substantiv ›Weisheit‹ wird durch den allgemeinen Begriff *sự* ›Sache‹ mit dem Attribut *khôn* gebildet: *sự khôn* ›Weisheit‹.

Für die zweite Art der Wortzusammensetzung liefert der Mustertext einige Beispiele. Die beiden Wurzelwörter *trốn* und *tránh* enthalten je ein Bündel von Bedeutungen mit der Grundbedeutung ›meiden‹; sie sind also mehr oder minder gleichbedeutend oder synonym. Der neue Begriff ›fliehen vor‹ entsteht aus der Deckung oder, wie man auch sagen kann, Durchdringung der Bedeutungsteile der beiden Wurzelwörter, die den Begriff ›fliehen‹ ausmachen. Man bezeichnet sie im allgemeinen als ›*Synonymkomposita*‹.

Diese Art der Wortzusammensetzung, die ja auch nur durch den Bedeutungsinhalt der Wurzelwörter und nicht durch äußere Mittel gekennzeichnet ist, ist in allen isolierenden Sprachen weit verbreitet. Im Text findet man noch weitere Beispiele: *ẩn núp* ›sich verbergend‹, *quanh quẩn* ›umhergehen‹, *nghĩ xem*; das zweite Wort *xem* heißt ›sehen‹ und ›prüfen‹, ›erwägen‹. Es trifft sich oder durchdringt sich in dieser Bedeutungskomponente mit *nghĩ* ›denken‹, zusammen: ›nachdenken‹.

Die Zeitstufen und Aspekte der Verben werden durch besondere Wörter angedeutet, die auch eine selbständige Bedeutung haben und die man als Adverbien auffassen kann: *Tôi đi* ›ich gehe‹; *tôi đã đi* (ich, schon, gehen) ›ich bin gegangen‹; *tôi sẽ đi* (ich, langsam, gehen) ›ich werde gehen‹.

Die perfektive (abgeschlossene) Handlung wird durch das Verb *rồi* ›beendigen‹ bezeichnet: *Tôi đã làm rồi* (ich, schon, machen, beenden) ›ich habe es fertig‹. Dieselbe Funktion erfüllt *xong*: *Ma nói xong* (Teufel, sprechen, beendet). Im Deutschen könnte man den Begriff der abgeschlossenen Handlung in diesem Fall durch das Wort ›ausreden‹ recht genau wiedergeben: ›Nachdem der Teufel ausgeredet hatte, ...‹. Die übrigen Verben der Anekdote stehen ohne Zeitandeuter, da die allgemeine Zeitform durch das einleitende *có*, das in solchen Fällen der deutschen Formel ›es war einmal‹ entspricht, für die ganze Geschichte signalisiert ist. Aspekte sind dagegen zum Ausdruck gebracht, der Verlauf der Handlung z. B. durch *đi* vor dem Ausdruck *ẩn-núp* ›sich verbergen‹, der plötzliche Eintritt einer neuen Handlung durch *bỗng* ›plötzlich‹: ... *bỗng thấy* ... ›plötzlich sah er‹.

Als Präpositionen werden Substantive, Adverbien, Verben und besondere Partikeln verwendet. Wie schon gesagt, liegen die Grenzen zwischen den Wortarten nicht fest. Erst der Satz läßt erkennen, in welcher Funktion ein Wort gebraucht ist. Z. B. bezeichnet *ở* ganz allgemein den Begriff des Verweilens, und der Satz *tôi ở Hà-nội* heißt ›ich wohne in Hanoi‹. In diesem Fall erfüllt das Wort *ở* die Funktion eines deutschen Verbs und einer deutschen Präposition zugleich. Um den Begriff der deutschen Präposition ›unter‹ auszudrücken, die, mit dem Dativ verbunden, die Ruhe oder Bewegung an einem Platz als zweiten Begriff umschließt, wird im Vietnamesischen *ở* als Zeichen der Ruhe und *dưới* als Zeichen für ›unten‹, ›unter‹ gesetzt: *ở dưới cây dương liễu* ›unter einem Weidenbaum‹. Alle Lage- und Richtungsverhältnisse werden im Vietnamesischen genau angedeutet.

Die Verknüpfung von Wortgruppen und Sätzen kann durch Partikeln erfolgen, meist sorgen andere Faktoren — Satzzäsuren, rhythmische Aufgliederung, Gründe der Wahrscheinlichkeit und inneren Logik — dafür, daß der Gedankengang richtig verstanden wird. Während z. B. ›als‹ und ›nachdem‹ in dem Text nicht durch Konjunktionen ausgedrückt werden, finden sich andere wie *thì* ›so‹ zur Einleitung des Hauptsatzes, dann vor allem die Partikel *mà*, die vielfältige Funktionen übernommen hat. In einer vietnamesischen Grammatik müßte ihr ein besonderes Kapitel eingeräumt werden, um alle Eigenarten ihres Gebrauchs aufzuzeigen. Einige Funktionen seien kurz angedeutet: *mà* steht für ›aber‹ ›damit‹, ›um ... zu‹; es hebt das vorangegangene Wort hervor, dient als Kopula ›ist‹ und gibt häufig das deutsche Relativpronomen ›der‹ usw. oder ›das, was‹ wieder.
Meist wird jedoch auch das Relativpronomen ausgelassen. Die Entscheidung darüber, ob eine Wortgruppe als Relativsatz gelten muß, wird von der prinzipiellen Überlegung bestimmt, ob eine attributive Angliederung oder eine prädikative Weiterführung vorliegt. Die drei Wörter *việc tôi nói* bedeuten ›Angelegenheit — ich — sprechen‹. Faßt man ›ich‹ als Attribut zu ›Angelegenheit‹ auf, dann heißt *việc tôi* (siehe weiter oben) ›meine Angelegenheit‹ und *nói* wäre das den Satz weiter fortführende Prädikat. Die Zäsur wäre *việc tôi//nói*. Nur der weitere Zusammenhang und die aus dem Gebrauch zu erschließende Möglichkeit der betreffenden Wortfügung kann darüber entscheiden, ob die Zäsur hier richtig ist. Man kann jedoch auch die beiden Wörter *tôi nói* (ich, sprechen) ›ich spreche‹ als von *việc* abhängige attributive Gruppe betrachten: ›Die Angelegenheit, (über die) ich spreche, ...‹. Der im Deutschen vor allem durch das Relativpronomen kenntliche Relativsatz wird im Vietnamesischen nur durch eine kurze Zäsur ausgedrückt: *việc//tôi nói*. Die Häufigkeit des Gebrauchs entscheidet für diese Ausdeutung des Sinnes der Wortgruppe. Das Chinesische erzielt auch in diesem Fall durch die Verwendung der Partikel *dì* eine größere Klarheit. Auch in dem Titel der Anekdote ist die Gruppe *nói chuyện* attributivisch zu *ma* aufzufassen: *ma//nói chuyện* = ›der Teufel, der erzählt‹ oder ›der spricht‹ oder ›der sprechende Teufel‹. In diesem Fall ist *nói chuyện*, vergleicht man es mit der Funktion des deutschen Äquivalents, ein aktives Partizip des Präsens ›sprechen‹. Die folgende Überschrift eines alten Gesprächsbuches enthält zur Verdeutlichung der Beziehungen nur die eine Partikel *và* ›und‹: *Lò·i chúa tàu và ngu·ò·i An-nam vấn đáp cùng nhau.* (Wort, Führer, Schiff, und, Mensch, Annam, Frage-Antwort, mit, einander.)

Eng zusammen gehören *chúa tàu* ›Schiffskapitän‹, *ngu·ò·i An-nam* ›Annamit‹, *vấn đáp* ›sich unterhalten‹, *cùng nhau* ›miteinander‹. Singular und Plural sind nicht bezeichnet. Man schließt aus dem Zusammenhang, daß *lò·i* im Plural steht und *chúa tàu* usw. im Singular. Genitiv- und Relativpartikel fehlen. Die Übersetzung lautet etwa: ›Worte eines Schiffskapitäns und eines Annamiten, die ein Gespräch miteinander führen‹.

Auf Grund der obigen Beschreibung kann man hinsichtlich der dem Sprachbau des Vietnamesischen innewohnenden Kräfte oder Tendenzen zu folgendem Schluß kommen: Faßt man die morphologischen Mittel, über die eine Sprache verfügt, als ein System von Oppositionen auf (Singular—Plural; Substantiv—Verb; Gegenwart—Vergangenheit usw.), so wird das Vietnamesische durch eine einzige großartige Verzichtleistung charakterisiert: Es verzichtet nach Möglichkeit auf die Andeutung des Plurals im Gegensatz zum Singular, des Verbs im Gegensatz zum Substantiv oder zur Präposition oder anderen Wortklassen, des Präsens im Gegensatz zum Imperfekt oder Futur, des Konjunktivs zum Indikativs, des Aktivs zum Passivs usw. usw. Die morphologischen Oppositionspaare werden nur dann geschaffen, wenn sie unbedingt zum Verständnis erforderlich sind: Der Plural durch die Partikel *nhũ·ng*, das Substantiv im Gegensatz zu den übrigen Wortarten durch den sogenannten Artikel oder Klassifikator usw.

Mit dem Verzicht auf die Andeutung der Oppositionen ist nicht gesagt, daß sie nicht vorhanden wären. Alle Möglichkeiten, alle Oppositionen ruhen in der Sprache, kurz, sie sind immanent. Die Sprache hält es aber nicht für nötig, die Beziehungen zwischen den Wörtern durch besondere Funktionszeichen immer wieder anzudeuten. Sie geht mit diesen Mitteln ungemein haushälterisch um. Man kann deshalb nicht sagen, daß die isolierenden Sprachen keine Grammatik hätten. Im Gegenteil, man kann sogar die Grammatik der isolierenden Sprachen als höchst kompliziert bezeichnen, weil sie sich nicht in immer wiederkehrenden Formelementen manifestiert wie z. B. in den indogermanischen Sprachen, sondern fast unentwirrbar mit dem lexikalischen Gebrauch verknüpft ist, unter den nicht nur die Bedeutung der einzelnen Wurzelwörter, sondern auch die wahrscheinliche Abhängigkeit ganzer Wortgruppen fällt. Will man das Vietnamesische mit einem Satz charakterisieren, so mag man wohl treffend sagen: Die vietnamesische Sprache verwirklicht den Grundsatz strengster Ökonomie aller Beziehungsmittel.

Welthilfssprachen. Unter Welthilfssprachen versteht man im allgemeinen künstliche Sprachen. Der Wunsch, eine künstliche Sprache zu schaffen, entsprang folgenden Überlegungen. Die natürlichen Sprachgemeinschaften unterscheiden sich hinsichtlich der Zahl ihrer Sprecher, ihres Verbreitungsgebietes und ihrer kulturellen und wirtschaftlichen Bedeutung beträchtlich voneinander. Der Geltungsbereich der weitaus meisten der über 2500 auf der Erde gesprochenen Sprachen ist (und war auch früher, als es mehr oder weniger (?) Sprachen gab) sehr beschränkt. Nur 26 Sprachen werden heute von mehr als je 40 Mill. Menschen gesprochen. In den Zahlen der großen Verkehrssprachen sind die Sprecher mit einer Zweitsprache (z. B. Englisch, Französisch, Hindi) inbegriffen.

Englisch	1400
Chinesisch	1100
Hindi	750
Spanisch	280
Russisch	270
Französisch	220
Arabisch	175
Portugiesisch	160
Bengali	147
Japanisch	120
Deutsch	100
Urdu	90
Javanisch	70
Bihari	69
Italienisch	65
Pandschabi	64
Koreanisch	62
Telugu	59
Tamil	58
Vietnamesisch	50
Thai	50
Türkisch	47
Suahili	45
Indonesisch (mit Malaiisch)	40
Polnisch	40
Burmesisch	40

Einige Sprachen entwickelten sich durch die politische, wirtschaftliche und zum Teil auch kulturelle Überlegenheit ihrer Sprecher in einem größeren Gebiet der Erde zu Verkehrssprachen, d.h. Sprachen, in denen Verlautbarungen und Schriftstücke einer großräumigen Verwaltung, Handels- und diplomatische Urkunden im zwischenstaatlichen Verkehr verfaßt und auch mündliche Verhandlungen geführt wurden. Dazu gehörten: *Akkadisch* (*Babylonisch*), *Aramäisch*, *Griechisch*, *Arabisch*, *Latein*, *Sanskrit*, die *chinesische Schriftsprache*; in neuerer Zeit: Die *chinesische putonghua* in China, *Russisch* in der Sowjetunion, *Deutsch* in Mitteleuropa, *Spanisch* in Spanien, Mittel- und Südamerika, *Hindi* in Indien, *Indonesisch* in der südostasiatischen Inselwelt. Nur zwei Sprachen können bis jetzt eine wirklich fast weltumspannende Geltung für sich in Anspruch nehmen: *Französisch*, die die aristokratischen und geistigen Schichten vieler Länder (z. B. Deutschland, Rußland, Balkanländer, der vordere Orient, Persien, Südamerika) als Ausdruck feiner Gesittung und Bildung und als Träger neuer, zukunftweisender Ideen aus eigenem Antrieb erlernten; *Englisch*, das durch die Zahl und die wirtschaftliche Macht seiner Sprecher sowie durch seine Verbreitung den Geltungsbereich des Französischen immer mehr einengt. Seiner Einführung als einer allgemein anerkannten Welthilfssprache stehen hauptsächlich zwei Hindernisse entgegen: Die Besorgnis vieler Völker vor einem damit verbundenen Machtzuwachs der angelsächsischen Welt (bewußte und unbewußte Beeinflussung der Nichtangelsachsen durch die in der Sprache allmählich angehäuften Denkklischees). Die Tatsache, daß das Englische trotz seiner einfachen, im wesentlichen agglutinierenden Struktur wegen seines eigenwilligen Lautstandes, seines ungeheuren Wortschatzes und der großen Fluktuation in dem Wortschatz selbst, seiner stark historischen Orthographie für die meisten Völker eine sehr schwer zu erlernende Sprache ist. Die lexikalischen Schwierigkeiten sucht man durch ein im Wortschatz künstlich beschränktes (850 Wörter) *Englisch*, das sogenannte *Basic English* des englischen Sprachwissenschaftlers C. K. OGDEN zu überwinden. Für viele Menschen stellt aber die Forderung, ihre Gedanken durch Kombination von 850 Wörtern auszudrücken, eine Aufgabe dar, die man mit den gewagtesten Balanceakten geübter Akrobaten auf einem dünnen Seil vergleichen könnte. Die einzige Lösung des Problems, allen Völkern ein neutrales, leicht erlernbares Verständigungsmittel zu geben, scheint in der Schaffung einer künstlichen Sprache zu bestehen. Die erste praktische Bedeutung gewann das von dem badenschen Pfarrer Schleyer 1879 konstruierte *Volapük*. Es wurde durch das von dem polnischen Augenarzt Dr. Zamenhof 1887 veröffentlichte *Esperanto* völlig verdrängt, das bis heute trotz weiterer Entwürfe seine beherrschende Stellung als Welthilfssprache behauptete. Die wichtigsten Entwürfe waren: *Mundolingue* des Wieners Julius Lott (1888), das *Idom Neutral*, ein umgestaltetes Volapük (1902), das *Latino sine flexione* oder *Interlingua* des italienischen Mathematikprofessors Peano (1903), das *Universal* von Prof. H. Molenaar (1906), das *Ido*, ein von dem Franzosen L. de Beaufort reformiertes Esperanto (1908), *Occidental* (später *Interlingue*) des Baltendeutschen E. von Wahl (1922), das *Novial* des dänischen Sprachwissenschaftlers O. Jespersen (1928). Die 1934 in New York von dem Ehepaar Morris gegründete International Auxialiary Language Association (*IALA* wörtl.: ›Internationale Hilfssprache-Vereinigung‹) unterstützt das vom *Occidental* bereits vertretene ›naturalistische Prinzip‹, nach dem der Wortschatz einer *Plansprache* — um diese Frage geht es in erster Linie — aus den international bekannten griechisch-lateinisch-romanischen Wörtern aufgebaut sein soll. Es zeigt sich, daß den Vertretern dieser Richtung das zum Teil auf reinen Zufälligkeiten fußende historische Schriftbild wichtiger ist als ein klares phonetisch-phonologisches System, die Basis einer jeden natürlichen Sprache. Das *Occidental* und die von der *IALA* vertretene Sprachform ist also in Wirklichkeit weder eine natürliche, noch eine künstliche Sprache. Es ist eine historische Lese-, Augensprache, eine bloße ›Schreibe‹. Dagegen haben sowohl das *Volapük* als auch das *Esperanto* ein klares phonetisch-phonologisches, morphologisches und syntaktisches System, wie jede natürliche Sprache. Beide Sprachen sind analytisch agglutinierend.

Hinsichtlich des Verhältnisses der Morpheme zum Wort ist das *Volapük* an den türkischen, das *Esperanto* an den englischen Typ angelehnt (z. B. ›des Vaters‹: türk. baba*nın*, volapük fat*a*; engl. *of the* father, esperanto *de la* patro; ›ich weiß‹ — biliyor*um* — sev*ob*; *I* know — *mi* sci*as*). Die Wörter des *Volapüks*, die nach der häufigen englischen Wortstruktur Konsonant-Vokal-Konsonant aus meist englischen Wurzeln gebildet wurden, waren zwar nicht gleich, aber doch so ähnlich, daß man auf eine gut artikulierte Aussprache viel Mühe verwenden mußte. Außerdem waren sie durch ihre geringe lautliche Differenziertheit schwer einprägsam. Diese Mängel wurden im *Esperanto* vermieden, das seine Wortwurzeln hauptsächlich den romanischen Sprachen entnimmt, sie aber zur Erzielung einer größeren lautlichen Differenziertheit durch Anleihen aus germanischen Sprachen glücklich ergänzt. Die grammatischen Morpheme und Wortbildungsaffixe sind im *Volapük* künstlich; im *Esperanto* gehen sie auf natürliche Vorbilder zurück, z. B. *vol* ›Welt‹ aus engl. world, *pük* „Sprache" aus engl. speak, vol*a* ›der Welt‹, volapük ›der Welt Sprache‹: ›die Weltsprache‹; auf esperanto: *la internacia lingvo*. Folgender Vergleichstext — ein Satz aus dem

Werk: Occidental, die Weltsprache. Stuttgart 1930 — veranschaulicht die Struktur und die Zusammensetzung des Wortschatzes des *Volapüks*, *Esperantos* und *Occidentals*; die grammatischen Morpheme sind kursiv gesetzt:

Söl*s* *pa*lestim*öl*,
*E*lilädo*b* in gased zif*a* ol*sik* The Eastern Morning News, das ned*ols* konodel*i* sev*öl*, plä bukamav, flentän*a*pük*i* e Occidental.

Altestim*ataj* Sinjor*oj*,
En la gazet*o* de vi*a* urb*o* The Eastern Morning News mi leg*is* ke vi bezon*as* kontorist*on* kon*antan* krom la librotenad*o* ankaŭ la lingv*ojn* franc*an* kaj Okcidental*an*.

Altestim*at* seniore*s*,
In li gazette de vor cité The Eastern Morning News yo *ha* le*et* que vu beson*a* un contorist quel ultra li tenida de libres conoss*e* frances e Occidental.

Die wichtigsten Eigenarten und Morpheme der obigen Sprachen:

	Volapük	*Esperanto*	*Occidental*
Orthographie:	phonetisch	phonetisch	historisch
Akzent:	letzte Silbe	vorletzte Silbe	schwankend
Artikel, bestimmt:	—	*la*	*li*
— unbestimmt:	—	—	*un*
Substantiv:	—	*-o*	— oder *-e*
Genitiv	*-a*	*de*	*de* (*del*)
Dativ:	*-e*	*al*	*a* (*al*)
Akkusativ:	*-i*	*-n*	—
Plural:	*-s*	*-j*	*-s*
Adjektiv:	*-ik*	*-a*	— oder *-i*
Adverb:	*-iko*	*-e*	—, *-men*, *-li*
Verb (Infinitiv):	*-ön*	*-i*	*-ar*, *-er*, *-ir*
Partizip (*-end*):	*-öl*	*-ant-*	*-ant*, *-ent*, *-ient*
Part. Passiv:	*pe- -öl*	*-at-*	*-at*, *-et*, *-it*
Präsens:	—	*-as*	*-a*, *-e*, *-i*
Imperfekt:	*e-*	*-is*	*-at*, *-et*, *-it*
Perfekt:	*ä-*	*-is*	*ha... -at,-et,-it*
Plusquamperf.:	*i-*	*-is*	*hat... -at*, *-et*, *-it*
Futur:	*o-*	*-os*	*va . . . -ar*, *-er*, *-ir*

Auffällig ist, daß das viel geschmähte Volapük dem Bedürfnis der modernen Welt nach Kürze und Prägnanz am meisten entgegenkommt.

Kurze Erläuterung des Textes: *lilädön* ›lesen‹, *lilädob* ›ich lese‹, *elilädob* ›ich habe gelesen‹; *zif* ›Stadt‹, *ol* ›du‹, *ols* ›ihr‹, *olsik* ›eurer‹, gased *zifa* ›Zeitung der Stadt, ‹ *zifa olsik* ›Ihrer

Stadt‹; *nedön* ›brauchen‹, ned*ols* ›ihr braucht‹, ›Sie brauchen‹, *konodel* ›Kontorist‹, *sevön* ›kennen‹, *sevöl* ›kennend‹, *buk* ›Buch‹ buk*amav* ›Buchhaltung‹, *flentän* ›Frankreich‹, *flentän-a-pük* (Frankreichs-Sprache) ›Französisch‹; *stimön* ›ehren‹, *lestimön* ›sehr ehren‹, *palestimöl* ›geehrt‹: Sehr geehrte Herren, Ich las in der Zeitung Ihrer Stadt The Eastern Morning News, daß Sie einen Kontoristen brauchen, (kennend) der außer der Buchhaltung (auch) Französisch und Occidental beherrscht.

Reduzierte Mischsprachen

Die natürlichen Weltverkehrssprachen Englisch, Französisch, Spanisch und früher vor allem Portugiesisch wurden im Munde vieler Völker, die diese Sprachen aus verschiedenen Gründen sprechen mußten oder wollten, stark modifiziert, und zwar im Sinne einer Vereinfachung der grammatischen Formen, einer Reduzierung des Wortguts und einer Anpassung an vertraute Wort- und Satzgefüge. Die unterste Stufe dieser Mischsprachen nennen die Franzosen sabir. Eine höhere Stufe stellt das auch im Deutschen geläufige Pidgin dar, bekannt durch das Pidgin-English und heute auch durch das Pidgin-Melanesische. Beiden Typen ist gemeinsam, daß sie nur als Zweitsprache dienen. Wird das Pidgin in einer weiteren Entwicklung, meist verbunden mit einer schriftlichen Fixierung, zur allgemeinen Umgangssprache und damit zur Muttersprache einer Gemeinschaft, spricht man von einer Kreolsprache (französisch créole). Am bekanntesten sind das haitische Kreolische (5 Mill.) und das auf Curaçao gesprochene Papiamento (200000); ferner das *Krio* (200000 Sprecher) in Sierra Leone.

BIBLIOGRAPHIE

Das folgende Verzeichnis will dem Leser Hinweise für weitere Studien geben. Bei der großen Anzahl in- und ausländischer Veröffentlichungen kann hier nur eine Auswahl wichtiger Schriften vorgelegt werden.

Allgemeines

ACHMANOVA, O. C. Slovar' lingvističeskich terminov. Moskau 1966

AGUIRRE, MANUEL. La escritura en el mundo. Madrid 1961

AMMER, KARL. Einführung in die Sprachwiss. Halle 1958

ARENS, HANS. Sprachwissenschaft. Frankfurt/M. 1974. Bd. 2. Das 20. Jahrhundert

BALLY, CH. Linguistique générale et linguistique française. Bern 4. Auflage 1965

BENVENISTE, ÉMILE. Probleme der allgemeinen Sprachwissenschaft (Problèmes de linguistique générale). Frankfurt/M. 1977

BLOOMFIELD, L. Language. London 1935

BODMER, FREDERICK. Die Sprachen der Welt. Köln, Berlin 5. Auflage 1976

CHOMSKY, N. Selected Readings. (Herausgeb. Allen/van Buren). London 1971

ČIKOBAVA, A. S. Vvedenije v jazykoznanije. Moskau 1953

DITTMAR, NORBERT. Soziolinguistik. Königstein/Ts. 1980

DOBLHOFER, ERNST. Zeichen und Wunder. Die Entzifferung verschollener Schriften und Sprachen. München 1964

FAENSENS, JOHANNES. Sprachen in der UdSSR. Osnabrück 1983

FINCK, F. N. Die Haupttypen des Sprachbaus. Darmstadt 1980

FUNK-KOLLEG SPRACHE. Eine Einführung in die moderne Linguistik. Bd. I, II. Frankfurt/M. 1983

GRAUR, AL. Introducere în lingvistică. Bukarest 1958

GÜNTERT-SCHERER. Grundfragen der Sprachwissenschaft. Heidelberg 1956

GUNNEMARK, ERICK/KENRICK, DONALD. A Geolinguistic Handbook, 1985 Edition. Gothenburg 1986

HAMP, E. P. A Glossary of American Technical Linguistic Usage, Utrecht, Antwerpen 1966

HJELMSLEV, L. Principes de grammaire générale. Kopenhagen 1928

HOCKETT, CHARLES F. A Course in Modern Linguistics. New York 1958

JENSEN, HANS. Die Schrift in Vergangenheit und Gegenwart. Berlin 1984

JESPERSON, OTTO. Language, its Nature, Development and Origin. London 1954

KIECKERS, E. Die Sprachstämme der Erde. Heidelberg 1931

LEPSCHY, GIULIS C. Die strukturelle Sprachwissenschaft. München 1972

LEROY, MAURICE. Les Grands Courants de la Linguistique Moderne. Brüssel, Paris 1966

LEWANDOWSKI, THEODOR. Linguistisches Wörterbuch 1–3. Heidelberg 1985

LOKOTSCH, KARL. Etymologisches Wörterbuch der europäischen Wörter orientalischen Ursprungs. Heidelberg 1975

MANGOLD, MAX. Sprachwissenschaft. Darmstadt 1973

MAROUZEAU, J. Lexique de la terminologie linguistique. Paris 3. Auflage 1951

MEILET-COHEN. Les langues de monde. Paris 1964

MULLER, SIEGFRIED H. The World's Living Languages. New York 1964
PEI, MARIO. Language for Everybody. New York 1956
— Glossary of Linguistic Terminology. New York, London 1966
— The World's Chief Languages. London 5. Aufl. 1960
PERROT, JEAN. La linguistique. Paris 1959
PORZIG, WALTER. Das Wunder der Sprache. München 6. Aufl. 1975
POTTER, SIMEON. Language in the Modern World. Harmondsworth 1960
SAPIR, EDWARD. Die Sprache (Language). München 1961
SAUSSURE, FERDINAND DE. Grundfragen der allgemeinen Sprachwissenschaft. Berlin 2. Aufl. 1967
SCHMIDT, W. Die Sprachfamilien und Sprachkreise der Erde. Heidelberg 1977
STORZ, GERHARD. Sprachanalyse ohne Sprache. Stuttgart 1975
ULRICH, WINFRIED. Wörterbuch — Linguistische Grundbegriffe. Kiel 1981
VENDRYES, J. Le langage. Paris 1950
WARTBURG, W. VON. Einführung in die Problematik und Methodik der Sprachwissenschaft. Tübingen 3. Aufl. 1970
ZAUNMÜLLER, W. Bibliographisches Handbuch der Sprachwörterbücher. Stuttgart 1958
ZISCHKA, G. A. Index lexicorum. Wien 1959

Zeitschriften

Acta Linguistica. Kopenhagen 1939ff.
Babel. Revue Internationale de la Traduction. Avignon
Izvestija Akademii nauk SSR. Otdelenije literatury i jazyka
Language. Journal of the Linguistic Society of America
Lebende Sprachen. Berlin 1956ff.
Mitteilungen des Seminars für Orientalische Sprachen
Moderna språk. Saltsjö-Duvnäs
Die neueren Sprachen. Frankfurt/M. seit 1894
Neusprachliche Mitteilungen. Berlin
Nordisk Tidskrift for Sprogvidenskap. Oslo
Revues des langues vivantes. Brüssel
Revue de linguistique. Bukarest
Sprachforum. Bonn 1955ff.
Zeitschrift der Deutschen Morgenländischen Gesellschaft. Leipzig
Zeitschrift für Phonetik und allgemeine Sprachwissenschaft. Berlin 1947ff.
Zeitschrift für vergleichende Sprachforschung. Bd. 1–13 (1960)

Afrikanische Sprachen

ABRAHAM, R. C. Dictionary of Modern Yoruba. London 1958
ASHIWAJU, M. Lehrbuch der Yoruba-Sprache. Leipzig 1967
ASSIRELLI, O. L'Afrique polyglotte. Paris 1950
BRAUNER, S. Lehrbuch des Bambara. Leipzig 1974, lf.bar 1985
BRAUNER, S. u. HERMS, I. Lehrbuch des modernen Suahili. Leipzig, lf.bar 1985
BRAUNER, SIGMUND et al. Verkehrs- u. Nationalsprachen in Afrika. Berlin 1985

BRYAN-TUCKER. Distribution of the Nilotic and Nilo-Hamitic Languages of Africa. London 1948
CHRISTALLER, J. G. Dictionary of the Asante and Fante Language (called Tshi-Twi). Basel 1933
DOKE, C. M. The Southern Bantu Languages. London 1967
GREENBERG, J. H. Languages of Africa. The Hague 1966
GUTHRIC, MALCOLM. African Language Studies. London 1960
— Languages of West Africa. London 1959
FRIEDLÄNDER, M. Lehrbuch des Susu (Sussu). Leipzig 1974, lf.bar 1985
HOMBURGER, L. Les langues négro-africaines. Paris 1957
JOHNSTON, H. H. A Comparative Study of the Bantu and Semibantu Languages 2 Bde. Oxford 1922
MEINHOFF, C. Grundzüge einer vergleichenden Grammatik der Bantu-Sprachen. Hamburg 1948
TUCKER, A. N. The Eastern Sudanic Languages. London 1940
TUCKER-BRYAN. The Non-Bantu Languages of North-Eastern Africa. London 1956
WARD, IDA, C. An Introduction to the Yoruba Language. Cambridge 1952
WERNER, A. The Language-Families of Africa. London 1925
WESTERMANN, D. A Short Grammar of the Shilluk Language. Neudeln/Liechtenstein 1973
Die Ewe-Sprache in Toge. Berlin 1961
Handbuch der Ful-Sprache. Berlin 1909
The Languages of West-Africa. London 1952
Die westlichen Sudansprachen. Berlin 1927
Wörterbuch der Ewe-Sprache. Berlin 1954

Akzent

SCHMITT, A. Untersuchungen zur allgemeinen Akzentlehre. Heidelberg 1924
Siehe auch Phonologie, Phonetik

Armenisch

ABEGHIAN, Artasches. Neuarmenische Grammatik. Berlin und Leipzig 1936
DIRR, A. Praktisches Lehrbuch der ostarmenischen Sprache, Wien–Leipzig 1912
FEYDIT, F. Manuel de la langue arménienne. Paris 1948
FROUNDJIAN, D. Armenisch-deutsches Wörterbuch. München 1952
KOVYOUSUDJIAN, M. G. A Comprehensive Dictionary English-Armenian. Cairo 1961

Chinesisch

Bejing waiguoyu xueyuan deyuxi (Pekinger Fremdsprachen-Institut, Abt. Deutsche Sprache). Chinesisch-deutsches Wörterbuch. Peking 1960
CHAO-KUNG-SABBAN. Chinesisch für Deutsche. Hamburg 1979
GABELENTZ, Georg von der. Chinesische Grammatik. Halle 1960

GASDE, Horst-Dieter. Chinesisch-Deutsches Wörterbuch in 2 Bdn. Autorenkollektiv des Zentralinst. der Sprachwiss. der Akad. d. Wiss. d. DDR unter Leit. v. Gasde, Berlin 1985
HAENISCH, E. Lehrgang der klassischen chinesischen Schriftsprache. I–IV. Leipzig 1984
KARLGREN, Bernhard. The Chinese Language. New York 1949
Lehrbuch der chinesischen Sprache (shidai chubanshe: Verlag der Epoche) I, II, Peking 1959
LIU, Mau-Tsai. Chinesisch-deutsches Stilwörterbuch für Konversation. Berlin, New York 1980
MARTIN, Helmut. Chinesisch-Deutscher Wortschatz. Politik und Wirtschaft der VR China. Berlin, München 1977
PIASEK, Martin. Gesprochenes Chinesisch. 2. Auflage. Leipzig 1975
— Chinesisch-Deutsches Wörterbuch. Leipzig 1975
Revue bibliographique de sinologie
RÜDENBERG-STANGE. Chinesisch-Deutsches Wörterbuch. Berlin 3. Auflage 1963
SHAFER, Robert. Introduction to Sino-Tibetan. Wiesbaden 1974
STERMANN, Klaus. Langenscheidts Sprachführer Chinesisch. Berlin, München 2. Auflage 1983
ZBOREK, Bohuslav. Chinesisch. Bern, Stuttgart 1979

Deutsch

ADMONI, W. Der deutsche Sprachbau. München 1982
BACH, A. Geschichte der deutschen Sprache. Heidelberg 9. durchges. Aufl. 1970
Die deutsche Sprache. Kleine Enzyklopädie. 2 Bde. Leipzig 1969–1970
Duden. Der Große Duden. Bd. 1–9. Mannheim 1984
DAM, J. van. Handbuch der deutschen Sprache. I. Bd. 4. Auflage, II. Bd. 3. Auflage, Groningen 1972
ERBEN, Johannes. Abriß der deutschen Grammatik. München 12. Aufl. 1980
GLINZ, H. Die innere Form des Deutschen. Bern, München 6. Aufl. 1973
KLUGE-MITZKA. Etymologisches Wörterbuch der deutschen Sprache. Berlin, New York 21. Aufl. 1975
MACKENSEN, Lutz. Deutsches Wörterbuch. Herrsching 1983
— Die deutsche Sprache unserer Zeit. Heidelberg 1971
— Muttersprache. Mannheim, Zürich 1890ff.
PAUL, Hermann. Deutsche Grammatik. 5 Bde. Tübingen 1. Auflage 1968
SIEBS. Deutsche Hochsprache, Bühnensprache. Berlin 1957
— Deutsche Aussprache. Berlin 1969
Sprach-Brockhaus, Der. Deutsches Bildwörterbuch für jedermann. Wiesbaden. 9. Aufl. 1984
STAMMLER, Wolfgang (Hrsg.). Deutsche Philologie im Aufriß. I–III. Berlin 2. Aufl. 1978 Bd. 1 u. 2; 1979 Bd. 3
THIERFELDER, Franz. Die deutsche Sprache im Ausland Berlin 1956
VIËTOR, Wilhelm. Deutsches Aussprachewörterbuch. Leipzig 5. Auflage 1931
WAHRIG, Gerhard. Deutsches Wörterbuch. Gütersloh 1982
WASSERZIEHER, Ernst. Woher? Ableitendes Wörterbuch der deutschen Sprache. Bonn 18. Aufl. 1974

WEISGERBER, L. Vom Weltbild der deutschen Sprache. 2 Bde. Düsseldorf 2. Auflage 1953/54
Der Sprachdienst. Wiesbaden.
Zeitschrift für deutsche Philologie.

Finnisch

HAKULINEN, L. Handbuch der finnischen Sprache. Bd. I 1957, Bd. II 1960, Wiesbaden
KATARA, Pekka. Finnisch-deutsches Wörterbuch. 7. Auflage Helsinki 1960
RANKKA-RENKONEN. Deutsch-finnisches Wörterbuch. Helsinki 7. Auflage 1957
SAUVEGEOT, A. Esquisse de la langue finnoise. Paris 1949
SEMRAU, Richard. Praktisches Lehrbuch Finnisch. München 2. Aufl. 1985

Finnisch-ugrische Sprachen

DÉCSY, Gyula. Einführung in die finnisch-ugrische Sprachwissenschaft. Wiesbaden 1965
LAVOTHA, Ödön. Kurzgefaßte estnische Grammatik. Wiesbaden 1973
Mémoires de la Société finni-ougrienne. Helsingfors
P'ALL', E. Učebnik estonskogo jazyka. Tallinn 1955
RAUN/SAARESTE. Introduction to Estonian Linguistics. Wiesbaden 1965
SELL, Elisabeth. Estnisch-deutsches Wörterbuch. Tartu 1942
STEINITZ, Wolfgang. Ostjakische (Chantische) Grammatik und Chrestomathie. Leipzig 1950
ZSIRAI, M. A finnugorság ismertetése. Budapest 1953

Georgisch

MARR-BRIÈRE. La langue géorgienne. Paris 1963
MECKELEIN, R. Deutsch-georgisches Wörterbuch. Berlin 1943
RUDENKO, B. T. Grammatik gruzinskogo iazyka. (Moskau-Leningrad 1940) Reprint. Thettaque 1972
TSCHENKELI, K. Einführung in die georgische Sprache. Bd. I und 2. Zürich 1958
— Bearb. v. Yolanda Marchev. Georgisch-deutsches Wörterb. Bd. 1–3. Zürich 1965–74

Germanische Sprachen

KLOSS, Heinz. Die Entwicklung neuer germanischer Kultursprachen von 1800 bis 1950. Düsseldorf 1978
KRAHE, H. Germanische Sprachwissenschaft Berlin 7. Aufl. 1969
MEILLET, A. Caractères généraux des langues germaniques. Paris 1937
SCHWARZ, E. Deutsche und germanische Philologie. 1951
STREITBERG-MICHELS-JELLINEK. Germanisch (Geschichte der indogermanischen Sprachwissenschaft II, 2) 1927–1936

BLÖNDAL-STEMANN. Praktisk Lærebog i islandsk Nutidssprog. Kopenhagen 2. Aufl. 1953

GLENDENING, P. I. T. Teach yourself Icelandic. London 1961
KRESS, B. Laut- und Formenlehre des Isländischen. Halle 1963
ZOËGA, G. T. Íslenzk-Ensk Orðabók. Ensk-Íslenzk Orðabók. Reykjavík 1954

BIRNBAUM, S. Praktische Grammatik der jiddischen Sprache. Hamburg 1984
WEINREICH, Uriel and Beatrice. Yiddish Language and Folklore. A Selective Bibliography for Research. Den Haag 1959

BRUNNER, K. Die englische Sprache. 2 Bde. Tübingen 1984
The Concise Oxford Dict. of Current English. Oxford 1964
LAMBRECHT, Adolf. Grammatik der englischen Sprache. Berlin 1956
MESSINGER-RÜDENBERG. Langenscheidts Handwörterbuch Englisch-Deutsch/Deutsch-Englisch. Berlin 14. Aufl. 1985/10. Aufl. 1982
MURET-SANDERS. Langenscheidts Enzyklopädisches Wörterbuch Englisch-Deutsch, 2 Bde. Berlin, München 7. Aufl. 1983. Deutsch-Englisch, 2. Bde. Berlin, München 3. Aufl. 1983
ZANDVOORT, R. M. Handbook of English Grammar. London 1903

DALE, van. Groot Woordenboek der Nederlandse Taal. Den Haag 10. Aufl. 1976, Teil I + II
BEERMANS, Fr. 30 Stunden Niederländisch für Anfänger. Berlin, München 6. Aufl. 1984

CALLESEN, Aase. Langenscheidts Praktisches Lehrbuch Afrikaans. Berlin 3. Aufl. 1973

MEISSNER-ANDRESEN, J. 30 Stunden Dänisch für Anfänger. Berlin, München 5. Aufl. 1985

BJØRNSKAU, Kjell. Langenscheidts Prakt. Lehrbuch Norwegisch. Berlin 8. Aufl. 1984
Retskrivningsordbog. Kopenhagen 1957
Gyldendals Ordbøker. I. Norsk-Tysk. 7. Aufl., II. Tysk-Norsk. 3. Aufl. Oslo 1961

HAMMAR, Elisabet. Schwedische Grammatik. Stockholm 1958
LIDE-CORNELIUSSON, K. Langenscheidts Praktisches Lehrbuch Schwedisch. Berlin, München 4. Aufl. 1984
WESSÉN, Elias. Svensk språkhistoria. I., II. Stockholm 1958

Griechisch

FRISK, Hjalmar. Griechisches Etymologisches Wörterbuch. Heidelberg 1960–72
GEORGIEV, V. Vorgriechische Sprachwissenschaft. Sofia 1941/46
HOFMANN, J. B. Etymologisches Wörterbuch des Griechischen. München 2. unveränderte Aufl. 1971
MENGE-GÜTHLING. Enzyklopädisches Wörterbuch der griech. und dt. Sprache. I. Griech.-Deutsch. 24. Aufl. 1981, II. Deutsch-Griechisch 4. Aufl. 1963
MIRAMBEL, André. La langue grecque moderne. Description et analyse. Paris 1959
SANDFELD, K. Linguistique balcanique. Paris 1930
SLOTTY, Friedrich. Einführung in das Griechische. Berlin 5. Auflage 1964

TEGGE, A. Methode Toussaint-Langenscheidt Altgriechisch (36 Unterrichtsbriefe). 12. Auflage Berlin 1943
WENDT, Heinz F. Praktisches Lehrbuch Neugriechisch. Berlin 10. Aufl. 1984
— Langenscheidts Taschenwörterbuch Neugr.-Deutsch. Berlin 12. Aufl. 1985
— Taschenwörterbuch Deutsch-Neugr. Berlin 1. Aufl. 1985

Haussa

BARGERY, G. P. A Haussa-English and English-Haussa Dictionary. London 1957
BRAUNER, S., Ashiwaju, M. Lehrbuch der Haussa-Sprache. Leipzig 1966
KRAFT, C. H. u. KIRK-GREENE, A. H. M. Haussa. London 1973
TAYLOR, F. W. A Practical Haussa Grammar. London 1959

Hindi

BESKROVNYJ, V. M. Chindi-russkij slovar'. Moskau 1953
CAPELLER, C. Sanskrit-Wörterbuch. Berlin 1966
DEV, A. T. Students' Favorite Dictionary Bengali to English. Calcutta 1957
GATZLAFF-HÄLSIG. Grammatischer Leitfaden des Hindi. Leipzig 1985
JENSEN, H. Grammatik der Kanaresischen Schriftsprache. Leipzig lf.bar 1985
KLEMM, Erika. Hindi-deutsches Wörterbuch. Leipzig 1971
LAMBERT, H. M. Marathi Language Course. Oxford 1943
— Introduction to the Devanagari Script for Students of Sanskrit, Marathi, Gujarati und Bengali. London 1953
MATZEL, K. Einführung in die singhalesische Sprache. Wiesbaden 2. Aufl. 1983
MORGENROTH, W. Lehrbuch des Sanskrit. Leipzig 1975
PATHAK, R. C. Bhargava's Standard Illustrated Dictionary. Hindi-English. Anglo-Hindi. Gaighat, Benares 1957
RICHTER, Eberhard. Wörterbuch Tibisch-Deutsch. Leipzig 2. Aufl. 1983
SCHMIDT, Kurt. Pali, Buddhas Sprache. Konstanz 1951
SHARMA-VERMEER. Einführung in die Grammatik des modernen Hindi. Heidelberg 3. Aufl. 1983
SPIES-BANNERTH. Lehrbuch der Hindustani-Sprache. Leipzig 1945
STENZLER, A. F. Elementarbuch der Sanskrit-Sprache. Berlin 17. Aufl. 1980
ZBARITEL', Dusan. Lehrbuch des Bengalischen. Heidelberg 1970

Japanisch

HADAMITZKY, W. Kanji & Kana. Ein Lehrbuch und Lexikon der japanischen Schrift. Berlin, München 5. Aufl. 1985
— Kanji & Kana. Übungsbuch 1–3. Berlin, München 2. Aufl. 1984
— u. FUJIE-WINTER. Japanisch. Grundstufe 1. Berlin 1985
OMM, W. Universal-Wörterbuch Japanisch. Berlin, München 1981

SCHINZINGER-YAMAMOTO-NANBARA. Wörterbuch der deutschen und japanischen Sprache. Deutsch-Japanisch 1972. Japanisch-Deutsch 1980. Tokio
WENCK, G. Systematische Syntax des Japanischen. 1–3. Wiesbaden 1974
WERNECKE-HARTMANN. Japanisch-Deutsches Zeichenlexikon. Leipzig 1977
ZACHERT, H. Japanische Umgangssprache. 4. Aufl. 1976

Kausakische Sprachen

DIRR, A. Einführung in das Studium der kaukasischen Sprachen. Leipzig 1978
GEIGER-KUIPERS-HALASI-KUN-MENGES. Peoples and Languages of the Caucasus. Den Haag 1959

Klassifizierung

CAMAJ, Martin. Lehrbuch der albanischen Sprache. Wiesbaden 1969
DAUZAT, Albert. L'Europe linguistique. Neue Auflage Paris 1953
DÉCSY, Gyula. Die linguistische Struktur Europas. Wiesbaden 1973
GRANDSAIGNES D'HAUTERIVE, R. Dictionnaire des racines des langues européennes. Paris 1949
HIRT, H. Die Indogermanen, ihre Verbreitung, ihre Urheimat und ihre Kultur. Straßburg 1905/07
IVANOV, V. V. Die genealogische Klassifikation der Sprachen und der Begriff der Sprachverwandschaft. Halle 1956
KRAHE, H. Sprache und Vorzeit. Europäische Vorgeschichte nach den Zeugnissen der Sprache. Heidelberg 1954
KRAUSE, E.-D. Wörterbuch Indonesisch-Deutsch. Leipzig 1985
KRUPA, Victor. Polynesian Languages. The Hague 1973
KUMMER, Manfred. Einführung ins Thailändische. Heidelberg 2. Aufl. 1981
KUZNECOV, P. S. Die morphologische Klassifikation der Sprachen. Halle 2. Auflage 1960
MEILLET, A. La méthode comparative en linguistique historique. Oslo 1925
PINNOW, Heinz-Jürgen. Die nordamerikanischen Indianersprachen. Wiesbaden 1964
POKORNY, J. Indogermanisches etymologisches Wörterbuch. Bd. 1–2, Bern, Stuttgart 1948–65
SACHER, R. u. NGUON PHAN. Lehrbuch des Khmer. Leipzig, lf.bar 1985
SCHRIJNEN, Jos. Einführung in das Studium der indogermanischen Sprachwissenschaft. Heidelberg 1921
WURM, S. A. Languages of Australia and Tasmania. The Hague 1972

Mongolisch

ČEREMISOV, K. M. Bur'at-mongol'sko-russkij slovar'. Moskau 1951
GRØNBECH-KRUEGER. An Introduction to Classical (Literary) Mongolian. Second Ed. Wiesbaden 1976
POPPE, N. Grammar of Written Mongolian. Third Printing. Wiesbaden 1974
VIETZE, H.-P. Lehrbuch der mongolischen Sprache. Leipzig, lf.bar 1985
ZEBEK-SCHUBERT. Mongolisch-deutsches Wörterbuch. Leipzig 1984
siehe auch Türksprachen, Benzing

Orthographie

siehe Deutsch, Phonologie, Phonetik

Persisch

ALAVI, B. und LORENZ, M. Lehrbuch der persischen Sprache. Leipzig 4. Aufl. 1976
BRANDENSTEIN-MAYRHOFER. Handbuch des Altpersischen. Wiesbaden
EILERS, Wilhelm. Deutsch-persisches Wörterbuch (etwa 20 Lieferungen). 1964 bis Lieferung 9. Wiesbaden 1976
HINZ, W. Persisch. I. Praktischer Sprachführer. Berlin u. New York 5. Aufl. 1971
JUNKER, H. F.–ALAVI. Persisch-deutsches Wörterbuch. Leipzig 1981
LORENZ, M. Lehrbuch des Pashto. Leipzig, lf.bar 1985
MONTEIL, Vincent. Le Persan contemporain. Textes et vocabulaires. Paris 1954
SOBHANI, F. Persisches Lehr- und Lesebuch für die Umgangssprache. Berlin u. New York 3. Aufl. 1971

Phonetik

BATTISTI, C. Fonetica generale. Mailand 1938
DIETH, E. Vademecum der Phonetik.
ESSEN, Otto von. Allgemeine und angewandte Phonetik. Berlin 5. erw. Aufl. 1979
FOUCHÉ, P. Études de phonétique générale. Paris 1927
Langenscheidts Ausspracheplatten für Deutsch, Englisch, Französisch, Italienisch, Portugiesisch, Spanisch, Russisch. Berlin, München
MALMBERG, Bertil. La phonétique. Paris 1958
SIEVERS, Th. Grundzüge der Phonetik. Hildesheim, New York 1976
The Principles of the International Phonetic Association. London 1963
TRAGER, George L. Phonetics: Glossary and Tables. Buffalo 1958
VIËTOR, Wilhelm. Elemente der Phanetik des Deutschen, Englischen und Französischen. Leipzig 1923
WÄNGLER, H.-H. Grundriß einer Phonetik des Deutschen. Marburg 4. Aufl. 1983
ZINDER, L. R. Obščaja fonetika. Leningrad 1960

Phonologie

AHMANOVA, O. S. Fonologija. Moskau 1955
BRANDENSTEIN, Wilhelm. Einführung in die Phonetik und Phonologie. Wien 1950
HOCKETT, Ch. F. A Manual of Phonology. Bloomington 1955
JONES, Daniel. The Phoneme, its Nature and its Use. Cambridge 1950
TRUBETZKOJ, N. S. Grundzüge der Phonologie. Göttingen 6. Aufl. 1977

Romanische Sprachen

GRÖBER, G. Grundriß der rom. Philologie. Straßburg 1985
MEYER-LÜBKE. Einführung in das Studium der romanischen Sprachwissenschaft. Heidelberg 5. Aufl. 1972

— Romanisches Etymologisches Wörterbuch. Heidelberg 1935
ROHR, Rupprecht. Einführung in das Studium der Romanistik. Berlin 3. überarb. Aufl. 1980
REICHENKRON, Günter. Historische Latein-Altromanische Grammatik. I. Teil. Wiesbaden 1965
Revue des langues romanes. Paris 1870ff.
Romance Philology. Berkeley-Los Angeles 1947ff.
Vox Romanica. Zürich 1936ff.
Zeitschrift für romanische Philologie. 1877ff.

AHRENS, G. Naturwissenschaftliches u. medizinisches Latein. Leipzig 8. unveränd. Aufl. 1983
PERTSCH, E. und LANGE-KOWAL, E. E. Lateinisch-deutsches Schulwörterbuch. Berlin 15. Aufl. 1982
MENGE-GÜTHLING. Langenscheidts Enzyklopädisches Wörterbuch der lateinischen und deutschen Sprache. Berlin. I. Lat.-Dtsch. 21. Aufl. 1981. II. Dtsch.-Lat. 12. Aufl. 1979
SCHMIDT-WECKER. Lat. Sprachlehre. Göttingen 16. unveränd. Aufl. 1980
SCHNEIDER, L. mit einem Autorenkollektiv. Cursus Latinus Medicinalis. Leipzig 1981
WILLING, Carl. Methode Toussaint-Langenscheidt Lateinisch (36 Unterrichtsbriefe). Berlin 17. Aufl. 1943

BERTAUX-LEPOINTE. Dictionnaire français-allemand, allemand-français. Wiesbaden 1966 und 1968
DAUZAT, Albert. Le génie de la langue française. Paris 1947
Dictionnaire étymologique. Paris 1938
GREVISSE, Maurice. Le bon usage. Gembloux 8. Aufl. 1964
LANGE-KOWAL, E. E. Langenscheidts Handwörterb. Französ.-Dt. Berlin. München 12. Aufl. 1982. Dt.-Französ. 2. Aufl. 1983
PASSY, Paul. Les sons du français. Paris 1906
Publications Larousse pour l'étude du français (Larousse du XXe siècle, Nouveau Petit Larousse illustré u.a.)
Vie et langage. Paris 1952ff.

FRENZEL, H., FRENZEL, W. Handwörterbuch Dt.-Ital. Berlin, München. Neubearbeitung v. V. Macchi. 2. Aufl. 1982
GIOVANNELLI, P., FRENZEL, W. Handwörterbuch Ital.-Dt. Berlin, München 1. Aufl. 1985
PANCONCELLI-CALZIA, G. Italiano, Fonetica-Morfologia-Testi. Leipzig u. Berlin 1911

ALONSO, Martín. Español para extranjeros. Madrid 1957
NAVARRO TOMÁS, T. Handb. der span. Ausspr. Leip.-Berl. 1923
Real Academia Española: Diccionario manual e ilustrado de la lengua española. Madrid 1950

BEAU, A. E. Langenscheidts Taschenwörterbuch Deutsch-Portugiesisch. Berlin 16. Aufl. 1984

EY-KRÜGER. Portugiesische Konversations-Grammatik. 13. Aufl. Heidelberg 1962
FIGUEIREDO, C. de. Dicionário da língua portuguesa. 2 Bde. Lissabon 14. Aufl. 1949

FIGUEIREDO-BRAUER. Langenscheidts Praktisches Lehrbuch Portugiesisch. Berlin, München 5. Aufl. 1980
IRMEN, F. Langenscheidts Taschenwörterbuch Portugiesisch-Deutsch. Berlin, München 12. Aufl. 1980
SILVA NETO, S. da. Introducão ao estudo da língua portuguesa no Brasil. 1950

Academia Republicii Populare Romîne. Gramatica limbii romîne. Bukarest 1954
CARTIANU-LEVITCHI-STEFĂNESCU-DRĂGĂNESTI. A Course (and an Adv. Course) in Modern Rumanian. Bukarest 1958
IBĂSESCU, Mihai. Dictionar German-Romîn. Bukarest 1966
TAGLIAVINI, Karl. Rumänische Konversations-Grammatik. Heidelberg 1938

Semitische Sprachen

BERGSTRÄSSER, Gotthelf. Einführung in die semitischen Sprachen. Darmstadt 2. unveränd. Aufl. 1975
FLEISCH, Henri. Introduction à l'étude des langues sémitiques. Paris 1947
KRAMERS, J. H. De Semietische Talen. Leiden 1949
MORENO, Martino-Mario. Il somalo della Somalia. Rom 1955
TUCKER-BRYAN. The Non-Bantu Languages of North Eastern Africa. London 1956

BASSET, André. La langue berbère. London 1952
ERMAN, Adolf. Kurzer Abriß der ägyptischen Grammatik. Darmstadt 1958

TILL, Walter C. Koptische Grammatik. Leipzig 2. Aufl. 1961

SODEN, Wolfram v. Grundriß der akkadischen Grammatik. Rom 1952
UHLENDORFF, Edward. The Semitic Languages of Ethiopia. 1955

ALONE-STOKES. Short Manual of the Amharic Language. London 1966
ARMBRUSTER, C. H. Initia Amharica. An Introduction to Spoken Amharic I–III. Cambridge 1908–1920
JUŠMANOV, N. V. Amcharskij jazyk. Moskau 1959

ELIAS, E. A. Pocket Dictionary English-Arabic and Arabic-English. Kairo o. J.
FISCHER, W. u. JASTROW, O. Handbuch der arabischen Dialekte. Wiesbaden 1980
FUNK, Harald. Praktisches Lehrbuch Arabisch. Berlin, München 1. Aufl. 1985
JOURDAN, J. Cours pratique d'Arabe dialectale (Tunesisch). Tunis 1956
KRAHL, G. und REUSCHEL, W. Lehrbuch des modernen Arabisch. Leipzig 1980
MITCHELL, T. F. Egyptian Colloquial Arabic. Oxford 1956
KROTKOFF, Georg. Taschenwörterbuch Arabisch-Deutsch. Berlin, München. 8. Aufl. 1985
SCHREGLE, A. Deutsch-Arabisches Wörterbuch. Wiesbaden 1963
WEHR, H. Arabisches Wörterbuch für die Schriftsprache der Gegenwart. Wiesbaden 4. Aufl. 1968
— Supplement zum Arabischen Wörterbuch. Wiesbaden 1959

CHOMSKY, W. Hebrew: The Eternal Language. Philadelphia 1964
KÖNIG, Eduard. Hebräisches und aramäisches Wörterbuch zum Alten Testament. Wiesbaden 1969
LAVY, Jaakov. Handwörterbuch Hebräisch-Deutsch. Berlin, München, Tel-Aviv 3. Aufl. 1981. Deutsch-Hebräisch 1. Aufl. 1980
STEUERNAGEL, G. Hebräische Grammatik. Leipzig 16. Aufl. 1971
WILLING, C. Methode Toussaint-Langenscheidt Hebräisch (36 Unterrichtsbriefe). 3. Auflage Berlin 1939
SIMON, Heinrich. Lehrbuch der modernen hebräischen Sprache. Leipzig 1970

MOSCATI (Hrsgb.). An Introduction to the Comparative Grammar of the Semitic Languages. Wiesbaden 2. Aufl. 1969

LESLAU, Wolf. An Amharic Conversation Book. Wiesbaden 1963
— Concise Amharic Dictionary. Amharic English/English-Amharic. Wiesbaden 1976
— Amharic Textbook. Wiesbaden 1967

Slawische Sprachen

Archiv für slawische Philologie. Berlin 1876–1929
BRAY, R. G. A. de. Guide to the Slavonic Languages. London 1951
BROCH, Olaf. Slawistische Phonetik. Leipzig 1977
HILLE, A. Bibliographische Einführung in das Studium der slawischen Philologie. Halle 1959
JAROSCH, Günther. Einführung in die Slawistik (Lehrbriefe für das Fernstudium der Oberstufenlehrer). Potsdam 1957
LEHR-SPLAWIŃSKI-KURASZKIEWICZ-SLAWSKI. Przegląd i charakterystyka języków slowinańskich. Warschau 1954
SADNIK, Linda und AITZETMÜLLER, R. Vergleichendes Wörterbuch der slawischen Sprachen. Wiesbaden Bd. I 1963/1975
TRAUTMANN, Reinhold. Die slawischen Völker und Sprachen. Leipzig 1948

Zeitschrift für slawische Philologie. Leipzig 1924ff.
Zeitschrift für Slawistik. Berlin 1956ff.

BIELEFELDT, H. H. Russisch-deutsches Wörterbuch. Berlin 1982. Deutsch-Russisch 1984
OŽEGOV, S. I. Slovar' russkogo jazyka. Moskau 1972
PAFFEN, K. A. Russische Grammatik. 3 Bde. Berlin/Halle 1960/69
Русский язык эа рубежом. Журнал ... Moskau seit 1967
TSCHIŽEWSKIJ, Dimitrij. Über die Eigenart der russischen Sprache. Halle 1948
UNBEGAUN, B. O. A Bibliographical Guide to the Russian Language. Oxford 1953
VASMER, Max. Russisches etymologisches Wörterbuch. 3 Bde. Heidelberg 1953/58

KABESCH. Praktisches Lehrbuch Tschechisch. Berlin, München 8. Aufl. 1985
— Taschenwörterbuch Deutsch-Tschechisch. Berlin, München 3. Aufl. 1985

ULBRICH, Rolf. Taschenwörterbuch Tschechisch-Deutsch. Berlin, München 1. Aufl. 1978
TRÁVNÍČEK, F. Slovník jazyka českého. Prag 4. Auflage 1952
VOLNÝ, Jan. Deutsch-tschechisches Wörterbuch. Prag 1955
CHODERA-KUBICA. Handwörterbuch Deutsch-Polnisch. Warschau/Berlin 1971

CHODERA-KUBICA-BZĘDGA. Handwörterbuch Polnisch-Deutsch. Warschau, Berlin o. J.
WALEWSKI, St. Taschenwörterbuch Polnisch-Deutsch. Berlin, München 6. Aufl. 1983. Deutsch-Polnisch 6. Aufl. 1985
FALKENHAHN-ZIELKE. Grammatik der polnischen Sprache. Berlin 3. durchgesehene Aufl. 1964
— Lehrbuch der polnischen Sprache. Berlin 1964
DOROSZEWSKI. Slownik poprawnej polszczyzny. Wiesbaden 2. Aufl. 1975

HAMM, Jossip. Grammatik der serbokroatischen Sprache. Wiesbaden 1967
IVANIĆ, Josef. Serbokroatische Sprachlehre. Wien 1926
KANDUTH-OŠTRIĆ, Elsa. Serbo-Kroatisch. Klagenfurt. 6. Aufl. 1981
REITER-FAENSEN. 30 Stunden Serbokroatisch. Berlin, Munchen 5. Aufl. 1985
RISTIĆ-KANGRA. Wörterbuch. I. Deutsch-Serbokroatisch. II. Serbokroatisch-Deutsch. München 1963
SCHMAUS, A. Lehrbuch der serbokroatischen Sprache. München 8. Aufl. 1982

SVANE, Gunnar Olaf. Grammatik der slowenischen Schriftsprache. Kopenhagen 1958
TOMŠIĆ, F. Slowenisch-deutsches Wörterbuch. Ljubljana 1958

BEAULIEUX, Léon. Grammaire de la langue bulgare. Paris 2. Aufl. 1950
DORIČ-MINKOVA-STANČEV. Bulgarsko-nemski rečnik. Sofia 1962

RUDNYĆKYJ, J. Lehrbuch der ukrainischen Sprache. Wiesbaden 4. Aufl. 1965

Suaheli

ASHTON, Ethel O. Swahili Grammar. London 1964
BRAUNER-HERMS. Lehrbuch des modernen Swahili. Leipzig 1979
JOHNSON F. A. Standard Swahili-English, English-Swahili Dictionary. London 1967
MEIER, E. Kiswahili-Sprachführer. Wiesbaden 1960

Türkeitürkisch

KORNRUMPF, H. J. Taschenwörterbuch Deutsch-Türkisch. Berlin, München 1. Aufl. 1986
REDHOUSE. Yeni Türkçe-İngilizce Sözlük. Istanbul 3. Aufl. 1979
İngilizce-Türkçe Sözlük. Istanbul 6. Aufl. 1979
STEUERWALD, L. Taschenwörterbuch. I. Türkisch-Deutsch. II. Deutsch-Türkisch. Berlin, München 17. Aufl. 1984
TÜRKÇE SÖZLÜK. Bd. I A–K, Bd. II L–Z genişletilmiş. Ankara 7. erw. Aufl. 1983
WENDT, Heinz F. Praktisches Lehrbuch Türkisch. Berlin, München 8. Aufl. 1985

Türksprachen

BENZING, Joh. Einführung in das Studium der altaischen Philologie und der Turkologie. Wiesbaden 1953

BROCKELMANN, C. Osttürkische Grammatik. Leiden 1954

GABAIN, A. von. Alttürkische Grammatik. 3. Auflage 1974

MENGES, Karl H. The Turkish Languages and Peoples. An Introduction to Turkish Studies. Wiesbaden 1968

POPPE, N. Tatar Manual. Descriptive Grammar and Texts with a Tatar-English Glossary. Den Haag 2. Aufl.

— Introduction to Altaic Linguistics. Wiesbaden 1965

RADLOFF, W. Versuch eines Wörterbuchs der Türkdialekte. I–IV. St. Petersburg 1893–1911. Neudruck Wiesbaden 1970

RAUN. Basic Course in Uzbek. Den Haag

Ungarisch

ÉRSEK, Iván. Praktisches Lehrbuch Ungarisch. Berlin, München 3. Aufl. 1982

HAJDU, P. Einführung in die uralische Sprachwissenschaft in ungarischer Sprache. Budapest.

HALÁSZ, Elöd. Handwörterbuch der ungarischen und deutschen Sprache. I. Ungarisch-Deutsch. II. Deutsch-Ungarisch. Budapest/Berlin 1973 und 1969

Vietnamesisch

BOSCHER, W. unter Mitarb. v. PHAM TRUNG LIÊN. Wörterbuch Vietnamesisch-Deutsch. Leipzig 1985

EMENEAU, M. B. Studies in Vietnamese (Annamese) Grammar. Berkeley and Los Angeles 1951

HO-GIA-HUANG, DO-NGOAN u. BOSCHER, W. Wörterbuch Deutsch-Vietnamesisch. Leipzig 1985

JONES-THONG. Introduction to Spoken Vietnamese. Washington 1960

LE VAN HUNG. Vietnamese-English Dictionary. Paris 1955

LÊ-VAN-LY. Le parler Vietnamien (Essai d'une grammaire vietnamienne). Paris 1948

Welthilfssprachen

BLANKE, Detlev. Plansprachen. Eine Einführung. Berlin 1986

DAHLENBURG, T. u. LIEBIG, P. Taschenbuch Esperanto. Leipzig, lf.bar 1985

GÖHL, Hermann. Ausführliche Sprachlehre des Esperanto. Berlin Nachdr.. 1973

KIRCHHOFF, Alfred. Volapük. Halle 1887

KRAUSE, E.-D. Wörterbuch Deutsch-Esperanto. Leipzig 1984
Taschenwörterbuch Esperanto-Deutsch. Leipzig 1985

PIGAL, E. Occidental die Welthilfssprache. Stuttgart 1930

RÓNAI, Paulo. Der Kampf gegen Babel oder das Abenteuer der Universalsprachen. München 1969

REGISTER

Die Stichwörter sind im Text auf den angegebenen Seiten jeweils durch *Kursivschrift* hervorgehoben. Die im **Fettdruck** erscheinenden Wörter und Seitenzahlen verweisen auf die Sachwortartikel und deren Anfänge. In der Bibliographie angeführte Namen wurden in das Register nicht aufgenommen.